荔园国学丛书

主编／景海峰

古代哲学文化与人格型范

王兴国 著

科学出版社

北京

内 容 简 介

本书是作者三十余年以来所写的有关“古代哲学文化与人格型范”论文的结集，展现了作者在哲学文化和人格型范领域研究历程中的探索和思考，分为两编：第一编为古代文化与哲学，探论中国古代精神与文化、中国哲学的起源、中国哲学与“后现代科学”的关系、龟占蓍卜和青铜纹饰的意象观念、原始思维以及孟子哲学和韩国的霞谷学等内容；第二编为人格观念与型范，论述中国古代人格的观念、型范和研究方法以及晚明释大错、王船山和日本茶圣千利休的人格典范。全书有三篇文章首次公开面世。

本书适合文史哲研究者与人文爱好者以及其他有兴趣的读者阅读。

图书在版编目（CIP）数据

古代哲学文化与人格型范/王兴国著. —北京：科学出版社，2022.11

（荔园国学丛书 / 景海峰主编）

ISBN 978-7-03-073854-7

Ⅰ. ①古…　Ⅱ. ①王…　Ⅲ. ①古代哲学－研究　Ⅳ. ①B12

中国版本图书馆 CIP 数据核字（2022）第 220323 号

责任编辑：郭勇斌　彭婧煜　杨路诗 / 责任校对：杜子昂
责任印制：张　伟 / 封面设计：黄华斌

科学出版社 出版
北京东黄城根北街 16 号
邮政编码：100717
http://www.sciencep.com

北京中石油彩色印刷有限责任公司 印刷
科学出版社发行　各地新华书店经销

*

2022 年 11 月第　一　版　开本：720 × 1000　1/16
2022 年 11 月第一次印刷　印张：26 1/2
字数：534 000

定价：178.00 元

（如有印装质量问题，我社负责调换）

丛 书 序

深圳大学的国学研究始于1984年，在新一轮的国学热潮兴起之前，已着先鞭。

那是在改革开放的春天，伴随着深圳经济特区的建设，1983年9月即诞生了特区的第一所大学——深圳大学，并在建校的第二年成立了国学研究所。当时，国学一词并不流行，国学之说尚有禁忌，为什么会用这个概念来命名一所人文学术研究机构？这就要从它的创办人汤一介先生说起了。汤先生时任北京大学哲学系教授，也是中国哲学教研室的主任，他在20世纪80年代初赴美访学时，接触到了海外中国文化研究的许多新信息和新理念。这在当时封闭的状况下是有很多新鲜感和强烈刺激的，也由此产生了许多新的想法。他与夫人乐黛云教授一起回国之后，恰逢深圳大学正在筹办，于是应张维校长的邀请，乐先生出任了中文系的主任，并创办了比较文学研究所，而哲学系暂不能成立，只好先办一个偏重中国哲学的研究机构，这便是国学研究所，由汤先生主持。国学一名，当时的人们并不熟悉，但具有家学渊源的汤先生却不陌生，中华民国时期的北大即有国学门，办有《国学集刊》，而矗立其间的“台柱子”便是他的父亲汤用彤先生。所以，当时用了国学之名，究诸原委，实有其缘，是不是有先见之明，就另当别说了。

国学研究所成立之后，恰是当时国内的文化大讨论如火如荼之时，在汤先生的带领下，国学研究所的同仁们投入其中，做了很多具有开创意义的工作。举其要者：一是创办了大型的国际性学术集刊《中国文化与中国哲学》，先后出版4辑，发文百余篇，在国内外学术界产生过广泛影响；二是召开了第一次全国东西方文化比较研究协调会议，集中了一批中心城市的知名学者制定规划，对20世纪80年代后期国内“文化热”的兴起起了重要的作用；三是与当时的全国高等院校古籍整理研究工作委员会联合举办了两届国际“中国学”研讨班，为全国30余所高校培训了100多名从事比较文化和汉学研究的青年教师；四是较早和境外的学术界建立了联系，特别是与香港的几所高校有了密切的交往；五是在古籍整理方面，参加了广东高校“岭南丛书”大型项目，并在古籍整理的电子化方面做了一些奠基性的工作。这些活动的开展，在当时都是借了改革开放的东风，在国内具有一定的拓荒意义，起到了引领风气的作用。国学研究所在深圳大学建校之初的80年代，也为学校的文科建设，特别是传统学术研究的积累，为提升学校的学术声誉，作出了重要的贡献。

到了90年代，随着市场经济的全面展开，在商业大潮的冲击下，高校的人文学术遭遇了寒流，传统学科一蹶不振，深圳大学的国学研究也一度沉寂了下来，几乎陷于停顿。正所谓斗转星移、时事难料，在学院内部的传统文化研究遇到顿挫、文史哲学科陷于生存困境之时，在市场经济活力的冲击和挟裹下，社会上却悄然兴起了一股国学潮，传统文化在社会上有了复苏的迹象，国学理念也渐渐为社会大众所接受和熟知。这个翻转本身就很有戏剧性，而自90年代中期以来的国学热，伴随着中国经济的腾飞和大国地位的显豁，则演绎出了一场波澜壮阔的剧情，锣鼓铿锵、人腾马跃、各色粉墨、正谐相随，一幅好不热闹的场景，实为近代以来所罕见。

经过了20多年的发展，国内的国学热，潮涨潮落，几度翻腾，浪花相逐，亦泡沫堆积，呈现出了远比最初的时候要复杂得多的面相，可以说是五光十色，令人眼花缭乱。到了今天，对国学的理解和国学之研究早已不是往昔的景象了，也已不具有解释的统一性，其边界宽泛得已经让人无话可说；无处不在的国学、无人不谈的国学，五花八门的杂乱样子，又几乎让人不忍置喙，不知从何处落脚了。清代学者凌廷堪（约1755—1809年）在论及天下学术变迁之大势时，有谓："学术之在天下也，阅数百年而必变。其将变也，必有一二人开其端，而千百人哗然攻之；其既变也，又必有一二人集其成，而千百人靡然从之。夫哗然而攻之，天下见学术之异，其弊未形也；靡然而从之，天下不见学术之异，其弊始生矣。当其时亦必有一二人矫其弊，毅然而持之。及其变之既久，有国家者，绳之以法制，诱之以利禄，童稚习其说，耄耋不知非，而天下相与安之。天下安之既久，则又有人焉，思起而变之，此千古学术之大较也。"（《校礼堂文集》卷23）当此时刻，国学作为一种时代的表征和映照学术潮流之走向的标尺，是处在"将变""既变"之际邪？抑或已经有了一点"天下相与安之"的苗头呢？这是需要我们去认真思考的问题。当然，如何认识、如何判断之，或者采取怎样的态度、怎样的行动来对待之，这是见仁见智的事情，不必强求一律，更没有必要摆出一副唯我独尊的架势来，判断权完全掌握在每个人的手中。

作为高校的国学研究，当然有它的学术持守，不能随波逐流；有它的学科规范，不应漫越无度；有它的独特责任，不必包打天下。做自己应该做的、做自己能够做的、做自己必须做的，是从事文史哲等传统文化研究和教学工作的高校教师的职责，也是时代所赋予的任务。深圳大学人文学院集中了文史哲三个学科门类的人马，在国学研究所和国学本科实验班的基础上，又于今年新成立了国学院，隶属于学校，挂靠在学院，实行一体两牌的互动机制，凸显出国学研究的平台性、基础性和融合性，以国学来寻求人文学科之间的内在交融和体制创新，以博雅教育为宗旨，努力为人文学科的发展与繁荣创造新的增长点。根据我院现有的学科优势和师资特色，新的国学学科架构，以教学为基础，以科研为导向，以社会服务为目标，努力寻求国学建设的突破口和国学发展的新路径，强调融合文史哲不同学科之间的力量，以凝聚起人文基础学科的创造力和吸引力，为提高深圳大学文科建设的水平作出应有的贡献。正是本着这样的想法和目标，我们在学校领导和相关机构的大力支持下，申报了“以国学为平台的人文基础学科融合与创新”项目，得到中央财政支持地方高校发展专项资金的资助。作为该项目的具体实施计划之一，我们编选了这套“荔园国学丛书”，集中收入我院教师在国学研究方面的新著，以贡献予社会。

深圳大学地处南国，荔子飘香，别号荔园。每年的六月份，荔枝成熟，挂满枝头，又是一年丰收时，也恰临毕业季。校园里，行将走入社会的学子们，身穿蓝袍，穿行于红荔绿荫之间，构成了一幅最美的图画。我们的“荔园国学丛书”正是伴随着这样的校园美景一同诞生的，愿它像学子们一样，带着成熟，带着希望，走遍天涯。

景海峰

2017 年 6 月 5 日于荔园

自　序

古来“立言”为世间不朽之大业，诚为士林与大学所望重。人文学院为支持院内学者“立言”面世而推出了“荔园国学丛书”出版计划，索稿于余，遂将三十余年来所写部分文字，分编数集，是为其一。“哲学文化与人格”，是自我摸索学术门径之伊始，竟无意间触摸碰及之混沌庞杂问题。顾往思今，发见在我学术之旅程中，新出于硎而莫能离于是。“我思古人，实获我心。”故未已也。所留下的文字固为刻涂墙之玩迹，然于我不失纪念之义也。更在岁月匆匆，多次迁徙之间，顾此失彼，面对残稿，抚今追昔，感慨系之，竟有敝帚自珍之心。于是不避残全，不顾短长，不介意已刊未刊或将刊，故国他邦，凡自一九八六年之后所撰文（此前皆为学步之幼稚习作除外），大旨相贯相近者，皆应允收入，冠名“古代哲学文化与人格型范”，本非为“立言”而立言，在荔园角落，超然俗物以外，略添雅趣，聊可与娱耶矣。

王兴国

二〇二〇年十二月二日于深圳湾畔

目　　录

第一编　古代文化与哲学

中国古代的“精神”与“文化”及其哲学意义释论

“精神”与“文化”虽然是两个概念，它们之间具有明显的不同，但是它们在中国古代却是完全相通与契合的。至今看来，仍然不失重要的哲学意义。

一、精神释义

“精神”在古汉语中由“精”与“神”二字合成。

“精”字在已知的甲骨文中没有出现，自战国以后多见。其字形变化如图 1①所示。《说文解字》释：“精，择也，从米，青声。”《庄子·人间世》有云：“鼓筴（策）播精，足以食十人。”王筠《说文句读》说：“简米曰精。”段玉裁《说文解字注》曰：“简即柬，俗作揀者是也。”简米即拣米，是为食之精粹，所以孔子云：“食不厌精。”（《论语·乡党》）《庄子·秋水》云：“非练实不食。”可见，“精”的本义为拣米，即挑选出来的去掉了杂质的纯净的米。至于“米”字，《字源》解释如图 2 所示。“精”的本义既然是去掉了杂质的纯净的米，可见其中含有拣选、挑选、选择，以及去除、汰除之义。在此意义上，“精”与“粗”是相对的。

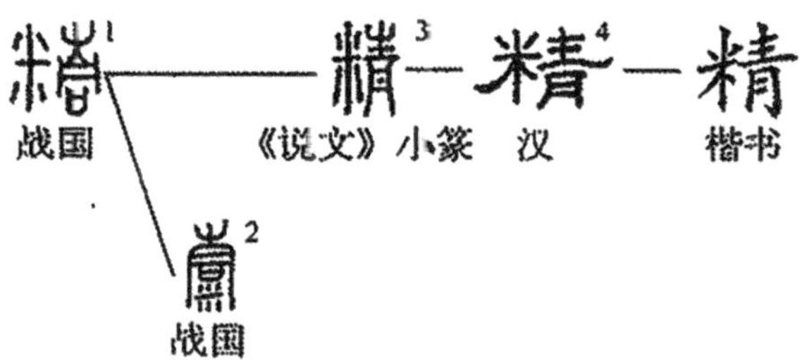

1、2《古文典》822页。3《说文》147页。4《隶辨》256页。

图 1

① 李学勤：《字源》，天津：天津古籍出版社，2012 年，第 645 页。

1《甲文编》313页。2《金文编》508页。3《汉语字形表》282页。4《说文》147页。5《隶辨》382页。

象形字。像一堆米粒之形。原像在一横的上下各有三点,各个点都像米粒之形。后来上下中间的两点都变成长竖,又后来两个长竖连在一起,与原有的一横交叉成十字形。楷书化后,下面左右的两点分别变成了一撇一捺,本义是去掉皮的粮食作物的子实。《说文》:"米,粟食也。"《周礼·地官·舍人》:"掌米粟之出入,辨其物。"《史记·货殖列传》:"楚汉相距荥阳也,民不得耕种,米石至万。"后词义泛化,指所有脱去皮的籽粒,如花生米。又引申指像细米一样的绣纹,还引申作量词,表示少量。(张玉金)

图 2

"神"字亦不见于已知的卜辞,但自西周以后则多有出现。其字形变化如图 3[①]所示。"神"在《说文解字》中为"天"或"天神",即"引出万物者也。从示"。《广雅疏证》曰:"神,引也。"研究成果表明,"神"的字源为"申"。"申"则见于卜辞,其字形的演变如图 4[②]所示。《解字说文》释"虹"字曰:"籀文虹,从申。申,电也。""申"的本义是"电",故"申"为"电"之本字。在甲骨卜辞中没有发现从"示"旁的"神"字,金文中的一些"神"字亦不从"示"旁,如父辛卣:"用乍(作)大御于氒(厥)且(祖)匕(妣)父母多申(神)。"[②]而金文中从"示"旁的"神"字,为"申"声,即由"申"与"示"合为"神"字,故"申"可与"神"通用,如此"毁"(《殷周金文集成》)铭文即以"申"为"神"。因此,诚如研究所证明,"神"为"申"的孳乳分化字。[②]"申"既然为"电"的本字,那么它就与"雷"密切地联系在一起。"雷"的字形结构及其演变和解释如图 5[③]所示。

① 李学勤:《字源》,第 6 页。

② 同①第 1286 页。

③ 同①第 1022—1023 页。

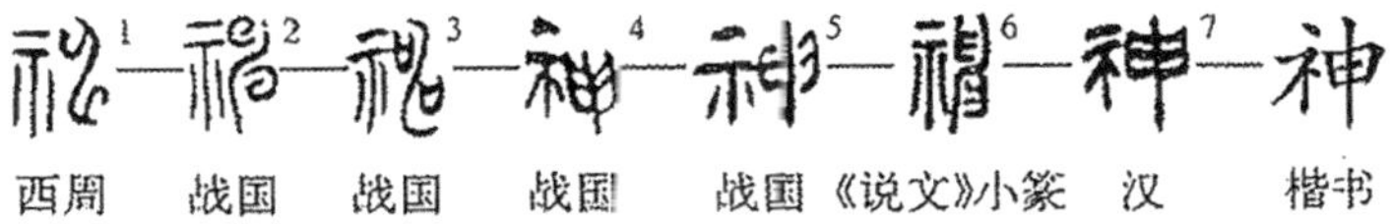

1《金文编》10页。2、4、5《战文编》5、6页。3《楚系简帛》21页。6《说文》8页。7《篆隶表》9页。

图3

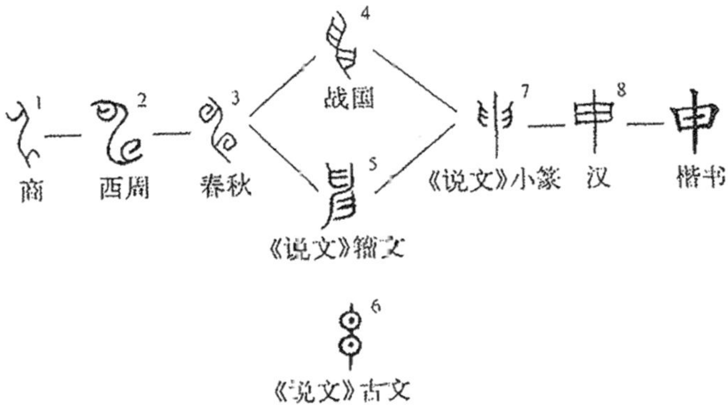

1–4《类编》428页。5、6、7《说文》311页。8《篆隶表》1066页。

图4

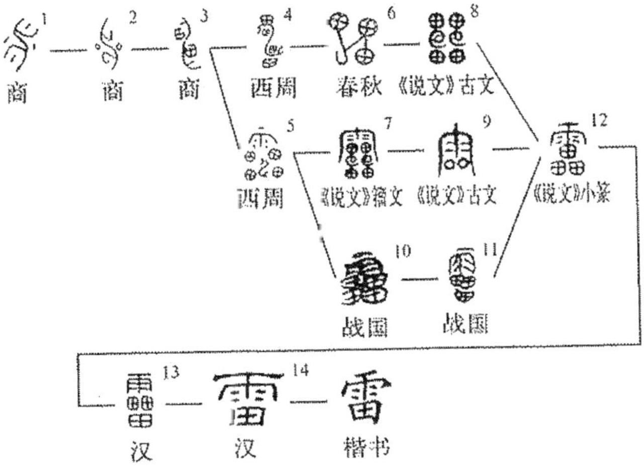

1、2、3《甲文编》453页。4、5《金文编》751页。6《汉语字形表》440页。7、8、9、12《说文》241页。10、11《战文编》765页。13《金石典》卷31，6页。14《隶辨》109页。

会意字。甲骨文ㄣ像闪电之形，中间的四个点先变为两个口，又变为两个田，表示闪电后发出的声响。金文闪电形变异，两个田变为四个田。西周晚期，金文"雷"字加形符"雨"，表示天下雨时发生的现象。小篆省略闪电形，又将四个田字简化为三个。隶书、楷书笔画化，把三个田字形简省为一个。本义是带异性电的两块云相接近时，因放电而放出的强大声音。《说文》："靁，阴阳薄动，雷雨生物者也。"《诗·小雅·采芑》："戎车啴啴，啴啴焞焞，如霆如雷。"郑玄笺："戎车既众盛，其声威如雷霆。"又引申为打雷。汉贾谊《旱云赋》："云惟布而雷动兮，相击冲而破碎。"由打雷来比喻迅速。唐柳宗元《晋问》："河渔之大，上迎涛波，罗缍津涯，千里雷驰，重马轻车。"

图5

雷（靁）是雨天出现的放电现象，由于在"阴阳薄动"产生万物的过程中放电而发出强大的声响。这表示雷电一体不分。在卜辞中有"帝令雷"以及祀雷的记录，如：

> 贞，告雷于河。
> 王占曰：帝惟今二月令雷。①
> ［丙］子卜，贞，兹雷其雨。
> 七日壬申雷，辛巳雨，壬午亦雨。②

可见，殷人视雷为神，那么电自然亦为神。但是，雷电神从属于上帝并听命于上帝。不仅如此，殷人把自然现象中的雷、雨、虹、风、云等都视为由上帝驱使的神祇。卜辞中有许多"帝令雨""帝令雷""帝云""帝令凤（风）""帝史凤"等记录，可为明证。《礼记·月令》说："孟冬之月……天子乃祈来年于天宗。"又曰："仲冬之月……乃毕山川之祀，及帝之大臣，天之神祇。"郑玄注："天宗，谓日

① 郭沫若：《甲骨文合集》，胡厚宣总编辑，中国社会科学院历史研究所编，北京：中华书局，1982年，第13413、14129号。

② 同①第13408、13417号。

月星辰也”;“天之神祇，司中、司命、风师、雨师之属”。不难想见，诸神之中，唯有上帝（亦称“帝”或“天”）是至高无上的神，因此其他一切神祇无不为其所驱使。

在此，最值得关注的是“雷”“震”“神”三者之间的关系。《易·说卦》有云：“帝出乎震……万物出乎震，震东方也。”王弼注：“帝者，生物之主，兴益之宗，出震而齐巽者也。”孔颖达《周易正义》卷九疏云：“帝出乎震，以震是东方之卦，斗柄指东为春，春时万物出生也”，“鼓动万物者，莫疾乎震，震象雷也”。《京房易传》云：“震：分阴阳，交互用事，属于木德，取象为雷，出自东方。震有声，故曰雷，雷能警于万物，为发生之始，故取东也。为动之主，为生之本。”《说文解字》云：“震，劈历振物者。”又云：“霆，雷余声也铃铃，所以挺出万物。”段玉裁《说文解字注》卷十一注：“古义霆电不别。许意则统言之谓之雷，自其振物言之谓之震，自其余声言之谓之霆，自其光耀言之谓之电。”《礼记·月令》载：“仲春之月……日夜分，雷乃发声，始电，蛰虫咸动，启户始出。”由此可见，最初的时候，春雷发动，天降甘露，帝生万物，欣欣向荣。上帝在雷霆的配合下创生了万物。所以，《易》赞曰：“天地之大德曰生。”这就证明了“神”（天神）为“引出万物者”的解释是正确的。

综合上述的分析来看，“精”与“神”合为“精神”一词，似乎包含着这样的蕴义，即一方面，粟米本身乃天神所造之物，但是另一方面，人在祭祀天神的时候，理当选取去除杂质的精米献祭于天神，以示报恩之意。然而，祭祀天神也是有所选择的，而不是祭祀一切天神。因此，“精神”又有“柬神”之义，即选择所需信仰与献祭的神。这个神只可能是无与伦比的至高无上的上帝（亦称“帝”或“天”）。上帝就是一切神中的精粹、精华，即“精神”。据丁山先生对于卜辞中“帝”字的考释，他断言“束茅为藉以象征上帝，这种宗教仪式的发端，至晚不能迟于殷商中期武丁以后”[①]。既然找到与确定了至上的神之精粹，那么自然就要对他进行献祭了。从这意义上说，“精神”就是柬选食之精粹以供奉或献祭上帝或“天”之义了，这是中国古人“敬天”的一种宗教活动形式，这一“敬天”活动包含了对“天”或“天帝”信仰的确定。其中，很可能经过了从多神崇拜到一神崇拜的历程。对“天”或“天帝”信仰与祭祀，获得了人格神的超越意义。具有超越意义的“天”或“帝”，在中国古人那里得到了至高无上的地位，“天”或“神”就是天地万物及其秩序的创造者，同时又是天地万物“生生不息”的推动者，这表明“精神”尚残留着崇拜“天”、“天神”、“天帝”或“上帝”的原始宗教色彩。丁山先生指出：“其实，天只是一个天，天神合该是一个；这个至高无上的天神，夏后氏曰天，殷商曰上帝，周人尚文，初乃混合天与上帝为一名，曰‘皇

① 丁山：《中国古代宗教与神话考》，上海：上海书店出版社，2011年，第194页。

天上帝'，音或讹为'昊天上帝'，省称曰'皇天'，或'昊天'。"[①]而就"帝"之名称言，丁山又说："通检武丁时代的甲骨文，天神单称为'帝'，尚未见'上帝'之号者，正因为帝字本谊，即是束茅象征上帝，所以帝上不必冠以'上'字。但是风云山川比较重大的神祇，自武丁以后，有时于专名之上或下，亦冠以'帝'号，而拟若天神了。"[②]可见，帝或上帝为"精神"，是必须享受供奉之祀的。因此，完整地说，"精神"兼具二义而有之，它既是指创生万物的最高的神（帝或上帝），又是指以食之精华献祭或供奉最高的神（帝或上帝）。这两者之间具有一种互相感通感应的关系，表现出一种宇宙生命流行的意味。因此，"精神"是产生万物的本原和动力，贯穿于万事万物包括生命之中。此后，"精神"在使用中被泛化，引申出精气、精力、气力等含义，分别从自然界事物的运行与社会中人的生命活动中表现出来。《庄子·刻意》云："精神四达并流，无所不极，上际于天，下蟠于地。"成玄英疏："流，通也。夫爱养精神者，故能通达四方。"所谓"爱养精神者"是人，但是又不限于人，可以就整个宇宙生命而言之。《荀子·赋》中咏叹"云"曰：

> 有物于此，居则周静致下，动则綦高以钜，圆者中规，方者中矩，大参天地，德厚尧禹，精微乎毫毛，而大盈乎大寓（宇）。忽兮其极之远也，攭兮其相逐而反也，卬卬（昂昂）兮天下之咸蹇也。德厚而不捐，五采备而成文，往来惛憊，通于大神，出入甚极，莫知其门。天下失之则灭，得之则存。弟子不敏，此之愿陈，君子设辞，请测意之。曰："此夫大而不塞者与？充盈大宇而不窕，入郄（隙）穴而不偪（逼）者与？行远疾速而不可托讯者与？往来惛憊而不可为固塞者与？暴至杀伤而不亿忌者与？功被天下而不私置者与？讬地而游宇，友风而子雨，冬日作寒，夏日作暑，广大精神，请归之云。

这固然是古人对于天神之一的云神的崇拜，但云神也是具有德性的宇宙生命也活脱而见。

必须看到，精神见之于山川、大地中亦为精气，《礼记·聘义》有云："精神见于山川、地也。"即是一例。精神既然是宇宙万物的动力本原，那么它就是无处不在的。从大地山川到生命个体之中，无不贯穿了精神。《庄子·列御寇》云：

> 彼至人者，归精神乎无始，而甘冥乎无何有之乡。

这里是说，"至人"的精神境界在"为道日损"中归于"道"，与"道"相契合。

---

① 丁山：《中国古代宗教与神话考》，2011年，第190页。

② 同①第194页。

换言之，贯彻在“至人”“真人”生命中的精神是开悟的“体道”“体无”的精神。精神又被视为生命的真元、真精、元神或灵魂，使生命得以“生”。因此，中国古人认为人的生命离开精神就死亡了。人生是短暂的，只有精神永存。孔子向宰我说鬼的故事就表明了这一点。事见《礼记·祭义》所云：

> 众生必死，死必归土，此之谓鬼。骨肉毙于下，阴为野土，其气发扬于上，为昭明，焄蒿凄怆，此百物之精也，神之著也。

由此可知，人与鬼的真正区别并不见于表面形象，而在于精神，由精神来规定。人有精神，鬼则是丧失了精神的人，因而没有精神。人的生命徘徊于人鬼之间，其中的关键就在于有无精神。可见，人的生命与精神是一体而不分的。一旦分离，精神丧失，人必为鬼。

精神作为万事万物的本原动力，原是至高无上的“天”或“天神”，具有超越的意义，但它不是孤立、固定和静止不动的，而是见之于大地山川和生命个体之中，说明它是往下贯注的。《尚书·召诰》云：“今天其命哲，命吉凶，命历年。”由此可知，对人来说，“天”或“天神”往下贯注就表现为降命与消命。“天”或“天神”降命于人而又内在于人，则成为人的内在精神。今之所谓“人文精神”，系根源于此。

在中国文化的发展中，随着人类知识的增长和理性思维的逐渐发达，“天”“天神”“帝”“天帝”的宗教色彩日趋淡化而消失，甚至“天神”“帝”“天帝”“上帝”的观念也已成为明日黄花，“天”、“天命”或“天道”的观念则不再有人格神的含义，而只是代表宇宙天地的“创生不已之真机”。中国古代哲人视宇宙本身乃一大生生之系统，乾元的大生之德，坤元的广生之德，彼此协调而呈现为始终不息的生命大流。因此，其超越意义虽然保留了下来，虽可说是一种类似宗教的意义，但与纯宗教，例如基督教的“上帝”观念的超越意义不同。与其说这种超越意义是宗教的意义，不如说是哲学本体论上的意义。由于“天”、“天道”或“天命”下贯于人且内在于人，又为它增加了一层内在的意义。因此，作为“天”、“天道”或“天命”的精神虽然具有超越的意义，但是其中心和重点却落向了人，表现为所谓的“天道与性命相贯通”。《中庸》所云“天命之谓性”正表明了这一转变的内在历程。精神不啻是“天命”，而且更重要的是成为人之“性”或“性命”。因此，人的精神就是人的性命，人的性命也就是人的精神。《左传·成公十三年》载：

> 刘子（康公）曰：“吾闻之，民受天地之中以生，所谓命也。是以有动作礼义威仪之则，以定命也。”

在此，“中”即“道”，“生”即“性”。人受性于天地之道，必尽天地之性。但须有“动作礼义威仪之则”来作为保证，方可以“定命”。否则，天命不能定位，降命必成消命，就不是福而是祸了。由此可以看出，精神作为人的性或性命有二义：其一为人的自然生命之“性”，即所谓的真元、真精、元神；其二则指道德价值的意义，如上所谓“动作礼义威仪之则”，或人的道德实践精神。如果说第一种意义主要是由原为“天神”的精神赋予，那么第二种意义自然是承接“天”之作为生生不息的宇宙洪流而来了。

孔子就是从第二种意义即道德实践的意义出发，来理解和遥契“天”或“天道”的。孔子曰：

> 不怨天，不尤人，下学而上达，知我者其天乎？（《论语·宪问》）

意在指示，对于人生的不如意，不应怨天尤人，即不要在人自身以外去追究谁的责任与过失，而当反省自身，努力做“下学”的践仁功夫，则可以使自己的生命精神与“天”或“天道”精神相契接，这就是将自己的生命提升到超越的意义，“上达”“天德”，那么，怎能不是“知我者其天”呢？一旦我知天，则天必知我。职是之故，我知天即天知我。然而，知天谈何容易，所以孔子称“畏天命”，概以“莫我知也”，“知我者其天乎”！孔子一身践仁，直到五十岁才敢说出一句“知天命”的话来。人生五十是德性与智慧走向成熟的年龄，是与天道精神相交相契的年龄，因而是人生的一大紧要关头。孔子以全副的践仁之道，开启和点示了从道德实践来契悟天道精神，从而实现“天人合一”的致思途径，在中国思想史上是居头功的。孟子承接孔子而起，大大地发展了孔子的这一思想。

孟子把作为人之“性”的内在精神规定为“仁义礼智”，称为“四端”，这“四端”便是道德意义上的先验的先天之“善”，但它们植根于人心人性，因而是人性之善。恰是在此意义上，孟子力主人性本善之说。但是从另一方面来看，孟子并没有否定人性之善根源于天道精神，他说：

> 诚者，天之道也。思诚者，人之道也。至诚而不动者，未之有也。不诚，未有能动者也。(《孟子·离娄上》)

此义与《中庸》论“诚”如出一辙，是所谓思孟派观点的反映。正是以“诚”论为基础，孟子把人道或“人之道”与天道或“天之道”统一起来。其方便法门便在于人自身的道德实践。孟子说，“反身而诚，乐莫大焉”，只要“尽心”，即“知性”，“知性”则“知天”矣。因此，虽然人性之道德的善源自天道精神，但是天道精神亦须从道德实践中的人性之道德的善来了解、印证和贞定。于此可知，精神作为宇宙万物人生的原动力并不在别的什么地方，它就在人的心性以内，只需不懈地努力作道德实践的功夫，即可当下观照以见。在孔孟的心性之学中，精神从外在的“天”或“天神”转化为内在于人心人性的道德之善，并且二者在“天人合一”的致思框架中统一起来了。这是中国精神史的一个重大的转折。在宋明儒学中，这一心性之学的思想又被系统地加以发挥，于是成为影响中国历史达千年之久的主流思想，在中国思想史上居于“正统”的地位，构成了中国文化的一大特色。

二、精神与文化

照精神的意思来看，文化也是精神的产品。《说文解字》曰：“文，错画也。象交文，凡文之属皆从文。”王筠《说文句读》注：“错者，交错也。交错而画之，乃成文也。”“文”似乎自开始就是指文字、文彩、文理；与“化”合成为“文化”一词，更有点睛之妙，而且内容益发充实了。其实，加上这个“化”字以后，正显见出“文”的趣旨之所在。“化”在《说文解字》中为“教行也。从匕从人”。“文化”一词，则具有人文化成的意思，源自《易》之“贲”卦。“贲”卦《彖传》曰：

> 贲亨。柔来而文刚，故亨；分，刚上而文柔，故小利有攸往：刚柔交错，天文也。文明以止，人文也。观乎天文以察时变，观乎人文以化成天下。

牟宗三先生从哲学上解释为：

> ……是则天文，人文，文明，文化，四词皆见于此彖传，而且其义甚切而皆有所专当，而且正表示一种道德实践上的价值活动。柔文刚，刚文柔，此种刚柔相错而互相文饰，乃是自然如此者，故曰“天文”。“天文”者，自然之文理也。就此自然而光明之以使刚柔皆止于至善，刚不偏刚，以至于戾，柔不偏柔，以至于溺，则即谓“人文”。“人文”者，通过人之实践以价值化此自然之文理之谓也。刚不偏刚，则刚明；柔不偏柔，则柔明。明则即止。是则“止”者即善成之谓也。故曰：“文明以止，人文也。”是则“人文”即表示人之道德实践。故曰：“观乎天文以察时变，观乎人文以化成天下。”刚柔相错即是自然之“时变”，“文明以止”之人文即足以“化成天下”。此明示人文乃属于价值化活动者。由人文以化成，故亦可缩称曰“文化”。此缩称之“文化”即表示以人之道德实践以化成天下也。化成即善成。任何事，只有善而化之，始能成就其自己，即“文明以止”也。否则必归于破灭，流逝而归于虚无……吾所谓“文化意识”乃即中国固有之“观乎人文以化成天下”之意识也……由此意识，吾人即可开辟价值之源。依此价值之源以作道德实践

而化成天下，即名曰“文化意识宇宙”。①

牟氏的解释，说明了天文、人文、文明、文化四词的含义及其之间的关系。“文化”一词与“人文”“文明”是意义紧密关切的近义词，且是相对于“天文”和“天下”而言的。“文化”，对“天文”来说，就是人的道德实践以价值化那作为“自然之文理”的“天文”，对“天下”来说，就是以人的道德实践以化成天下，或以人的道德实践而善成天下，也就是所谓“文明以止”。对于“文化”，须提高到“文化意识”层上来加以认识，并由此“文化意识”而把人的道德实践所化成的“天下”（注意：“天下”犹今人所谓“世界”，可包含“天文”之义）开辟为“文化意识宇宙”。所以，“文化”是对“人文化成”之义的缩称。由此可知，“文化”的道德实践或善而化之的意蕴，是中国古代的“人文精神”的本根之所在。不过，“文化意识宇宙”在历史的现实世界中呈现出来，无非是些讲求文化教育和礼仪之治的文明之邦。

西汉刘向在《说苑·指武》中说：

凡武之兴，为不服也；文化不改，然后加诛。

晋束皙有所谓“文化内辑，武功外悠”之说。梁昭明太子萧统注：“以文化辑和于内，用武德加于外远也。”这些言论虽是讲所谓“文治武功”的，但却是“文化”之外增加了“武德”“武功”作为辅助，是值得注意的。

然而，无论“文化”在以后又有了多少意义，它总好像是自开始便同文字的发明与使用结下了不解之缘。无疑，今人所谓“文明史”是指人有文字以来的历史。照此看来，从有甲骨文的殷商时代起，我中华民族便已开创了具有“文化”的文明史的新纪元了。由此可见，中国古代“文化”的原义，重点本来在于“文”，而“文”的意义却不只是在于文字的书写、使用和文（言）体的写作，日后还包括追求以人的道德实践善天下而化之的意义。它表现在社会上，便是具有优雅的文化教育和礼仪制度的文明社会。

中国文化观念的重“文”倾向，显示它与西方文化观念的不同特色。英法文中的“文化”（culture）是从（cultura）拉丁语引申出来的，原初有“耕作”、“栽培”和“饲养”之义，作为culture（英法文）或Kultur（德文）“文化”讲，比较偏重在“驯化”之义上，即是说，对自然野生的动植物加以驯化，使其脱离自然野生的状态②，与文字的有无无关，也说不上是人的道德实践上的价值活动。西方人虽然为“文化”立下了许多界说，提出的文化模式林林总总，但是究极而言，总是万变不离其宗，最终又回到这个本原的中心意义上来。这是颇能引人深思的。

① 牟宗三：《道德的理想主义》，台北：学生书局，1978年，第269—270页。

② 维克多·埃尔：《文化概念》第一章第一节，康新文、晓文译，上海：上海人民出版社，1988年。

的确，文化作为精神的产品本身就是体现精神的。精神是无所不在的动力本原，自然贯彻在文化之中。在中国古代文化中，夙有“文以载道”的传统。“文以载道”就正体现和反映了“文化”与“精神”的关系。

如所周知，现代的中国人早已把“文”和“道”分割开来看待了。“文”与“道”是两个截然不同的概念。一般而言，文即文章，道即圣贤之道，在这两者之间并不存在必然的联系。时至今日，“文以载道”不过是一句成语、一个口号罢了。然而，在中国古代，事实却非如此。我们今天可以借助对作为“本文”的原典的解释，把“文”与“道”的原初意义“还原”或描述出来。对“文”与“道”的关系，刘勰有极重要和精彩的论述，他指出：

> 文之为德也大矣，与天地并生者何哉？夫玄黄色杂，方圆体分；日月叠璧，以垂丽天之象；山川焕绮，以铺理地之形；此盖道之文也。仰观吐曜，俯察含章，高卑定位，故两仪既生矣。惟人参之，性灵所钟，是谓三才。为五行之秀，实天地之心。心生而言立，言立而文明，自然之道也。(《文心雕龙·原道第一》)

这段妙义把“文”与“道”的关系鲜明地传达出来了。在刘勰看来，“文之为德”即是“道之文也”。“自然之道”是不离“文”的。因此，所谓“自然之道”，即是“文之为德”之“文”如其之然而成的状态。如果社会在演进中没有“文”或文化出现，那就是违其“自然之道”了。“自然”与人文、文化、社会不构成二元分立或对立的关系，因为“自然”并不独立存在于人文、文化或社会以外，它们是浑然一体、不可分割的。这正是中国与西方的自然观与文化观的不同之处。因此，道之所在即文之所在，文之所在亦即道之所在。一言以蔽之，文与道同在，道与文一而不二，就是所谓“道之文”。“道之文”即是“天地之心”的所在。

不仅如此，刘勰还从“文”的起源和发生成长的历史描绘了它与“道”的关系，试引下文以征：

> 爰自风姓，暨于孔氏，玄圣创典，素王述训，莫不原道心以敷章，研神理而设教，取象乎《河》《洛》，问数乎蓍龟，观天文以极变，察人文以成化；然后能经纬区宇，弥纶彝宪，发辉事业，彪炳辞义。故知道沿圣以垂文，圣因文以明道，旁通而无滞，日用而不匮。《易》曰：“鼓天下之动者存乎辞。”辞之所以能鼓天下者，乃道之文也。(《文心雕龙·原道第一》)

文与道不仅是同在的，而且是可以互相发明的。“道沿圣以垂文，圣因文以明道”，文中有道，道不离文，道为文之道，文乃道之文，道即文，文即道，即道即文，

“旁通而无滞”。文道一体不分的关系，恰是文化与精神的关系。非但如此，“文”“道”“圣”还构成了三位一体。

“道”与精神一样具有动力本原的意思，这一点在道家哲学中格外明显。《老子》开篇曰：

> 道，可道，非常道；名，可名，非常名。无，名天地之始；有，名万物之母。故常无，欲以观其妙；常有，欲以观其徼。此两者同出而异名，同谓之玄，玄之又玄，众妙之门。

对于这一章，历代注家的解释虽不尽相同，甚至纷争不休，但以“道”为老子哲学和道家哲学的最高范畴，“道”是天地万物的动力本原，却几乎是公认的定论，至少早已为绝大多数人所接受。道虽是天地万物的动力本原，但老子却认为道是不可名言的，只能由“众妙之门”即在“无”与“有”的关系中才能把捉。因为“无”与“有”同出于“道”，都是“玄”。“有”即“存有”，代表可感触的现象界，由“道”所生，即所谓“道生一，一生二，二生三，三生万物”（《老子》第四十二章）。这里的“一”“二”“三”“万物”就表征现象界之存有；但“无”不是此界中的存有，却又不离此界。它创造了此界而不滞溺于此界，因而“无”是“道”的直接呈见。“天下万物生于有，有生于无。”（《老子》第四十章）把握“道”自然需要从“有”方面去观想，但更须由“无”方面来开悟。只有处于虚静无为的境界，才有可能与“道”相契合。这须在天长地久的“日损”历程中，宛如剥洋葱一般，一层一层剥落了去，以至于无，“桶底脱落”，才可得“道”。老子所谓“为学日益，为道日损，损之又损，以至于无为”（《老子》第四十八章），所谓“反者，道之动”（《老子》第四十章），就是意在点醒人们，“为道”不可混同为“为学”——“为学”实质上乃人伪，必须加以反对，对于“道”，只可在消极的意义上从限制性的反面去体悟。王弼深得老学之旨，提出“圣人体无”，看似从儒家孔子来讲，实际上，就是表示老子这个意思，至少总不离老子这个意旨。不过，道虽不属于现象界的存有，却也不是隐藏在它后面的“物自体”。道本不是外在的“实体”或曰“实在”，它只是本《易》之生化原理以言天地万物生生不已、变易不已之创造化育的真机，所谓“道法自然”，正好在于说明道为天地万物之如其在己之生化然（状态）的道理。对于道家来说，这种“本然”即为“应然”。因而亦可说，道表示天地万物之生生化化的“本然”之理是“应然”之道。变“本然”为“应然”，化“应然”作“本然”，就是道家之“无为”中的所为。“本然”即“天然”之谓，也可称为“自然”，但“应然”则有价值之义，虽然是人的“无为而无所不为”的活动——实践活动，但这“无为而无所不为”的实践活动必归于实践主体之人的自由意志，就是说，人的一切活动、一切实践必须是“自由”的，才是“真”的，而不是“伪”的。因此，道家讲的“自然”“道”实是对人的“自由”

的描绘和表达，道家的崇尚“自然”与其乐在“道”，就是对人的“自由”的憧憬与呼唤。人生在世，累赘太重，束缚太多，不啻身体上，而且是心灵上，以至人的所为无不是“伪”，一经荀子所谓“化性起伪”，人的本“性”即自由意志就沉没在“伪”海之中，人从根本上已不再是人，人的一切活动、一切行为无不“伪”，无不有悖于“自然”，大道就隐没了。道家所做的一切，就是要去“伪”，去累赘，去束缚，恢复人的“性”，恢复人的“自然”，使“伪”人成为“真”人，冥合乎道，显发道的创化真机。后来，魏晋新道家继承原始道家的衣钵，力主“贵无”，“越名教而任自然”，在新的历史条件下继续发挥原始道家的精神。虽然“道”的意义极其丰富，名称繁多，但“道”的精神为一，且一以贯之。阮籍《通老论》曰：

> 道者，法自然而为化，侯王能守之，万物将自化。《易》谓之“太极”，《春秋》谓之“元”，《老子》谓之“道”。

阮氏的这一解释，把“道”的旨趣传达出来了。值得注意的是，新道家虽然也像原始道家一样强调道不可言，“言不尽意”，但是并没有闭言废文，而且“道”不离“言”、不离“文”，因此，“文”与“道”的关系所表示和传达的是文化与精神的关系，恰如上文所论。

由上不难看出，自然与人文、自然与文化、自然与社会、自然与道、自然与“自然”（“道法自然”的“自然”）、道与“自然”、文与道、道与圣、文化与精神的一而不二、浑然一体，构成了中国文化或文明的主题意识。在此意义上，可以说，中华民族精神本于此中国文化精神，而此中国文化精神内化为中华民族精神，但中国文化精神作为一种独立的形态，则又彰显出中华民族精神。这种文化精神即民族精神，民族精神即文化精神，一而不二的关系，也就是中国智慧特色的表现。

然而，文化与精神毕竟还是分开了。在近代，文化人类学家对“文化”的看法就与古代截然不同了。我们从《辞海》对“文化”的解释中就可以看到这种不同。它认为，“文化”在广义上包括人类社会历史实践过程中所创造的物质财富和精神财富的总和。[①]曾几何时，西方文化的“二分法”已在中国文化中占有了自己的位置，相反，中国文化的一体圆融精神却失之殆尽。我们不否认精神与文化之间的差别，但本文倾向于在精神上，从观念形态的视角来看待文化。

三、精神和文化的哲学意义

前文通过对中国古代的“精神”与“文化”及其关系的简略考察，从一个侧面揭示了中国文化或文明的主题意识。接下来，则要说明，中国文化的这一重大

① 辞海编辑委员会：《辞海》，缩印本，上海：上海辞书出版社，1979年。

主题意识，正是迥然有别于西方文化的重要表征。对此，可以从两个方面来认识。

首先，精神与文化的关系表现出中国文化尤其是中国哲学所特有的思维方式，本文称之为“负阴抱阳”（《老子》第四十二章）的圆体思维方式。从中国文化的主题意识所表现出来的自然与人文、自然与文化、自然与社会、自然与“自然”、自然与道、自然与文、文与道、道与圣，以及精神与文化二者自身之间的一而不二、浑然一体的关系，与《老子》第四十二章所谓“万物负阴而抱阳，冲气以为和”的意旨若合符节。事实上，在中国古代文化中从来就没有出现过独立的自然、独立的阳、独立的文、独立的道、独立的精神、独立的文化，就是说，它们并没有在中国古代人的意识中获得过十分清晰而精确的独立意义，始终是此不离彼，彼不离此，“我中有你，你中有我”；提高到宇宙论的高度上说，则是天地万物形成一个大的圆体。《大学》所谓修身、齐家、治国、平天下，只是换了一个角度，从修养论来阐明“身”“家”“国”“天下”是融通的一个圆体或统一体。儒家所强调的“中庸”之道的“极高明”之处，无非是这种“圆融”的境界。宋儒张横渠提出“大其心，则能体天下之物……其视天下，无一物非我”①，程明道放言“仁者以天地万物为一体”②，明儒王阳明倡言“夫圣人之心，以天地万物为一体”③，刘蕺山鼓吹“人心，浑然一天体也”④或“心之所以为心，则心一天也”⑤等思想学说，也正是这一圆体思维和“圆融”境界的表现。综观中国古代文化，这种“负阴抱阳”的圆体思维精神并非为某家某派所独有，表征中国文化的儒释道三大家无不在其学说中体现出这一思维方式上的奇异光彩；即使几乎惨遭排挤在中国文化史之外的名家也放言“泛爱万物，天地一体也”（《庄子·天下》）。从认识论和思维学的视角来看，中国文化中的这种“负阴抱阳”的圆体思维方式，是一种生机论、圆体论的思维方式。它把直觉的思维方法、思辨的思维方式与系统综合的思维方式熔于一炉，自然地结成美妙绝伦的一个极富于柔性的圆体，它不偏不倚，并不成为任何一种特定而具体的思维方法。因此，我们很难以“某某思维方式”来称呼它。但要描述它，就不得不以某种习惯性的方式，或约定的方式来指称它。职是之故，中国文化中的这种思维常需凭借“吊诡”（paradox）的方式或禅话来表现。

中国文化中的“负阴抱阳”的圆体思维方式，是中国伟大智慧的生动表现，与西方文化中的坚硬的二元分立或二元对立思维模式恰成鲜明的对照。诗哲方东

---

① 张载：《张载集》，章锡琛点校，北京：中华书局，1978年，第24页。

② 程颢、程颐：《程书分类》下，上海：上海辞书出版社，2006年，第481页。

③ 王守仁：《阳明先生集要》上，施邦曜辑评，北京：中华书局，2008年，第222页。

④ 刘宗周：《学言》中//吴光：《刘宗周全集》第二册《语类》，杭州：浙江古籍出版社，2007年，第410页。刘宗周论“天”，指出：“天者，万物之总名，非与物为君也。”（同书，第408页）又说：“合心意知物，乃见此心之全体。更合身与家国天下，乃见此心之全量。”（同书，第409页）

⑤ 刘宗周：《易衍》//吴光：《刘宗周全集》第二册《语类》，第138页。刘宗周又说：“四气一阴阳也，阴阳一独也。”（同书，第138页）引文标点符号有改动。

美先生指出：“西方的观念是条理清晰的，中国的观念却是浑融一片的。”“逻辑化清晰的分离型”（logically articulate segregation）是“西方思想的特性”[①]。西方思想的这种二元分歧性“使得所有的事物含有敌意。宇宙好像是战场，在这个大战场中，实体和现象怒目而视。由于魔鬼和上帝对立，因此就一个人来说，丑恶的一面往往破坏了善良的一面。由于自然和超自然的对立，因此就自然来说，表相和实相不能一致。由于人和自然的对立，因此就个人自己来说，受拘的自我无法和超越的真我合一。这种相反对立的例子，真是不胜枚举”[②]。即使西方的哲学家也直言不讳地承认：“我们是生活在永远对立的世界中”，“我们所能想到的，就是这个根本的对立”[③]。的确，这种坚硬的二元分立式思维模式贯穿于整个西方文化的始终，并“遍布在西方近代的科学、哲学、宗教、文艺及日常生活上”[④]。毫无疑问，西方文化中的这种二元分立式思维模式构成了其知性形态的主流。这是西方文化的主要特色之一。如果说西方文化的二元分立式思维模式的优越性在于其清晰性和精确性，那么中国文化的圆体思维模式的笼统性与模糊性则正是其缺陷所在。这当然是毋庸避讳的。

其次，精神与文化的关系表现出中国文化，尤其是中国哲学的非实体主义精神，也与西方文化，特别是西方哲学的实体主义精神形成了明显的对比。就西方文化来说，自然与人文、自然与社会、精神与文化之所以是分离的，固然与其二元分立式思维模式相关，但是其根源乃在于西方文化中的实体主义，尤其是以这种实体主义的表现最为显著。就西方哲学来说，不仅自然是实体化的——遂有宇宙本体论和宇宙发生论，而且社会也是实体化的——遂有政治形而上学，乃至宗教和人文精神还是实体化的——遂有神学本体论、文化本体论或道德本体论。实体主义不仅是西方哲学的基调，而且贯穿于西方宗教、文学、艺术、科学，乃至一切领域之中。因此，实体主义思维模式形成了西方文化的主流和传统。就中国文化而论，自然与人文、自然与文化、自然与社会、自然与道、文与道、道与圣，以及精神与文化的二者自身之间之所以是一而不二、浑然圆融的关系，并由是形成了中国文化所特有的“负阴抱阳”的圆体思维，乃是由于在中国文化中根本鲜有西方式的实体主义思想，成为中国文化的源头活水的只是一种充满了生命的活力之流。从个体生物到洪荒宇宙，无不贯穿了这种生意盎然的“活力”之流。但此所谓“活力”绝非实体，不过是宇宙之大生命力的意味，亦可说是创造宇宙、化生万物的流行妙境。这在哲学上形成一种超自然超实体的生生之理境，在审美观照中完全是一片空灵。所以，《易》谓之曰“太极”，《春秋》名曰“元”，《老子》

① 方东美：《生生之德》，台北：黎明文化事业股份有限公司，1979年，第263页。

② 同①第260页。

③ 同①第262页。

④ 同①第261页。

称之曰“道”，宋儒呼之以“理”，现代新儒家梁漱溟先生则指陈其为一种“抽象的道理”、一种“虚的意味”[①]。不管怎样说，它最终都须贯彻和落实在中国人的修行与实践之中。这也就是中国文化之生生不息的活的精神之所在。因此，中西文化的旨趣之迥异，完全是出乎其精神所开显的境界之不同。在哲学上，可以一言以蔽之曰：中西文化的巨大差异是两种不同理性[②]运演的结果。

如果站在实体主义的立场上来看中国文化，自然无法领略中国文化的精神本性，根本把握不了中国文化的主题意识，不能窥见中国文化的命脉和灵魂，而且常常导致误解和歪曲中国文化的深蕴之义，更严重的后果，则在于把中国文化“放逐”到西方的实体主义框架中，而不免扼杀了中国文化的内在精神，至多也只能是把中国文化当作死亡久矣的历史遗物来对待，而看不到它历代以来长活于人心、流水不腐、历久弥新的真相——关于这一后果，只要审视一下我们由来已久的文化研究，尤其是思想史、哲学史的研究，就已经足够了。

在西方文化中，虽然老态龙钟的实体主义在近现代遭到了强烈的拒斥，但是它并没有从西方文化中消失。正因为如此，在中西文化的比较中，透过“精神”与“文化”在中国古代文化中的内在关联，中国文化的活的内在精神在人类文化的进程中被照见了。至今为止，西方人日益认识到他们的实体主义及其二元分立的思维模式的局限性和危害性，并开始从东方文化中寻求克服和走出实体主义与二元分立模式的思想资源，以改造或新建西方文明。而就中国人来说，既然有幸避免了重蹈西方实体主义的弯路，那么只要以现代学术的眼光和手段把固有的丰厚的资源发掘出来，再有所借鉴与充实，便可望在不远的未来重铸新的文化。因此，由“精神”与“文化”的张力所显示的中国文化的主题意识及其内在的活的精神，为现实和未来的中国文化与世界文化的建设，提供了极其宝贵的思想智慧和文化资源。

中国古代的“精神”与“文化”固然模糊、笼统，不够明晰和精确，但是透过它们以及它们之间的关系所显见的中国文化的主题意识——人与世界的和融，以及特重圆体思维，知类同一，融通统贯，贵在悟证、领会与神契，不重空名和

---

① 梁漱溟：《东西文化及其哲学》//《梁漱溟全集》第 1 卷，济南：山东人民出版社，1989 年，第 442—443 页。

② 中西文化的理性具有差异是一种无争的说法。但对这种“差异何在”，迄今无一致的看法。本文亦未作具体说明，但在此指出，牟宗三在《历史哲学》和《政道与治道》二书中提出：中国文化的理性为“综和的尽理之精神”，是“理性之运用表现”，表现为“直觉形态”或“智的直觉形态”，体现的是“圆而神”的精神，属“仁的文化系统”或“礼乐型的文化系统”；西方文化的理性是“分解的尽理之精神”，为“理性之架构表现”，表现为“知性形态”或“智之‘知性形态’”，体现的是“方以智”的精神，属“智的（文化）系统”或“宗教型文化系统”（参考①牟宗三：《历史哲学》//《牟宗三先生全集》第 9 册，台北：联经出版事业有限公司，2003 年，第 192、194、196、201、205 页；②牟宗三：《政道与治道》//《牟宗三先生全集》第 10 册，第 50、55—58 页）。

以假言立说；一切言论学说必以实践亲证为依归，注重生命情调的调适与精神生活或道德生活的迁善等特点，能给人以不少的启示，有助于我们克服文化（包括哲学思想）研究中的西化的二元分立式思维偏向，摆脱简单物化的二元观念构架的桎梏，对于中西文化的互补和融通，意义重大，岂曰小补之哉！

初稿写于 1997 年 2 月，2015 年 1 月 17—18 日匆忙修改

（原载《经典、经学与儒家思想的现代诠释》，北京：人民出版社，2015 年）

中的观念与中的文化[①]

我们的哲学与文化向来就具有崇中、尚中的精神，至今不变。如果说中国哲学是中的哲学，中国文化是中的文化，那是一点也不过分的。我们经常讲“不走极端”，或“防‘左’反右”，都表示要恪守“中”或“中道”的精神。梁漱溟先生早在其《东西文化及其哲学》中便很有见地地指出，相比于印度文化与西方文化而言，中国文化是一调和持中的文化，不能不说是一个深刻的洞见。梁漱溟先生还指出，中国哲学（形而上学）的中心意思为“调和”，“以为宇宙间没有那绝对的、单的、极端的、一偏的、不调和的事物；如果有这些东西，也一定是隐而不现的。凡是现出来的东西都是相对、双、中庸、平衡、调和”[②]。今天，在河南日常方言中，“中”是一个出现频率非常高的单音节词，虽然发音上有所变化，一般不念“zhōng”而念“zhóng”，但二者之间仍有联系：凡是在应答中肯定、称赞、许诺的事情，一概皆答曰“中”。由此可见崇中所留下的印迹与影响之深，更可见“中”乃一活的精神。唐君毅先生论“‘中’国哲学与中和之道”，则指出：

> 上文吾人只说道之一名，自孔子以后即为中国学术思想所环绕之一核心，然不如宋儒之说自尧舜禹起即有一贯之道统相传。宋儒之本《古文尚书》，而谓尧舜禹即以“道心唯微，人心惟危，惟精惟一，允厥执中”之心法相传，吾人只能视之为后来之说。然除去《伪古文尚书》，《盘庚篇》亦已见有“各设中于乃心”之句。《召诰》《洛诰》有“时中”之名，《酒诰》有“中德”之名等，《论语》之纪《尧曰》“咨尔舜允厥执中”[③]。《中庸》之引孔子语谓舜“执其两端，用其中于民”，亦可其原甚远。吾人可由一树之果之何若，以推其本之何若，则吾人自亦可由中国后来之学术思想之重此心之合乎中道，以推中国之文化学术之本原，即自始向在此“中道”。此“中”之义为无偏，则恒与大之义及和之义相连。和之一字初原于音乐，其原盖尤远。在《虞夏书》中已有“协恭和衷”，而具道德意义之语。中国之政治文化之自觉的求大而能容，以成大中或大和，则至少在周代人之思想中，已逐渐形成。如上述《周

① 本文根据笔者在“中国文化的历史反思和当代构建”学术研讨会（广东省社会科学界联合会主办，中山大学文化研究所、《学术研究》杂志社承办，2016 年 5 月 20—22 日）上的大会发言稿修订。

② 梁漱溟：《东西文化及其哲学》//《梁漱溟全集》第 1 卷，第 444 页。

③ 唐君毅先生这里所引《论语·尧曰》的话不完整，全句为：“尧曰：‘咨！尔舜！天之历数在尔躬，允执其中。四海困穷，天禄永终。’舜亦以命禹。”

书》(笔者按：即《洛诰》)之言“大和恒四方民”，以立无偏无党，而为大中之“皇极”。在《左传》与《国语》中，言及中与和之语已甚多。如《左传·成公十三年》，刘康公之言“民受天地之中以生，所谓命也”。襄七年晋韩献子言“参和为仁，正直为正，正曲为直”，正直即中也。余不尽举。《周语》所记单穆公言“耳之察和”以成乐，至“政象乐，乐从和，和从平”“有和平之声”，而“道之以中德”之一大段文，及《国语·郑语》之言“和实生物，同则不继，以他平他谓之和”之一大段文，皆中国学术思想之一原始所在。《国语·郑语》辨和与同之不同，轻同而重和。故谓“唯和能丰长而物归之，若以同裨同，尽乃弃矣。故先王以土与金、木、水、火杂，以成百物，和五味以调口，刚四支以卫体，和六律以聪耳，正七体以役心，平八索以成人，建九纪以立纯德，合十数以训百体，出千品，具万方，什(笔者按：应为“计”)亿事，材兆物，收经入，行姟极。先王聘后于异姓，求财于多(笔者按：或为“有”)方，择臣取谏工；而讲以多物，务和同也。声一无听，物一无文，味一无果，物一不讲”。此与《左传·昭二十年》晏子对齐侯所论之“和”与“同”之不同之一大段文，大旨相合。唯晏子更据以言君臣之或可或否之相反相成，以致其政之平，德之和。故谓“君所谓可，而有否焉，臣献其可(笔者按：似有误，当为“否”)，以成其可。君所谓否，而有可焉，臣献其可，以成其否。……以平其心，而成其政……心平，德和”①。孔子继之以言礼之用，和为贵，更言中庸为至德。孟子继之言君子中道而立，恶乎执一而废百者。荀子亦言“凡人之患，偏伤之也”。以道为“体常尽变，举一隅不足以当之”者。荀子贵隆正，言中与和之语亦多。老子言“守中”，言“知和”，庄子言“养中”，言“和之以是非”，“寓诸庸”。至《中庸》而言“致中和，天地位焉，万物育焉”，以中庸为至德。此虽立说不同，然于贵中和之义，则一脉相承。汉人贵中和之语，不必一一举，此可观惠栋《易微言》，陈沣之《汉儒通义》所辑。佛学入中国，印度之般若三论宗与法相唯识宗，皆自谓为大乘佛学之中道。中国之成实论师及吉藏、智𫖮，皆特标出种种之中道义，华严

① 原文为：齐侯至自田，晏子侍于遄台，子犹驰而造焉。公曰：“唯据与我和夫！”晏子对曰：“据亦同也，焉得为和？”公曰：“和与同异乎？”对曰：“异。和如羹焉，水火醯醢盐梅以烹鱼肉，燀之以薪。宰夫和之，齐之以味，济其不及，以泄其过。君子食之，以平其心。君臣亦然。君所谓可而有否焉，臣献其否以成其可。君所谓否而有可焉，臣献其可以去其否。是以政平而不干，民无争心。故《诗》曰：‘亦有和羹，既戒既平。鬷嘏无言，时靡有争。’先王之济五味，和五声也，以平其心，成其政也。声亦如味，一气，二体，三类，四物，五声，六律，七音，八风，九歌，以相成也。清浊，小大，短长，疾徐，哀乐，刚柔，迟速，高下，出入，周疏，以相济也。君子听之，以平其心。心平，德和。故《诗》曰：‘德音不瑕。’今据不然。君所谓可，据亦曰可；君所谓否，据亦曰否。若以水济水，谁能食之？若琴瑟之专一，谁能听之？同之不可也如是。”

宗则尤重在言相异者之相入相即，以成和。唐人有王通自号文中子，作中说，柳子厚亦随处言大中。宋代理学则周濂溪《太极图说》，以中正仁义之道立人极。张横渠首太和之论。程子以中为未发之大本，和为已发之达道，则纯自心上言中和。朱子之辩中和，亦即辩心之已发未发。阳明之学，亦初由此心之中和之问题入，其时之湛甘泉，以中正言天理。至刘蕺山而明谓宋明之儒学之工夫，不出致中与致和之外。清人言汉学，则惠栋，至陈沣，皆谓汉儒最重此中和之义。爰及民国肇造，而立国名为中，定国制为共和，今正当历甲子一周之年。而中华之华，则固由中国中原民族之自称华夏。而称华者则自其文化之花朵光华而说。此中国今日之立国定名，皆非事出偶然，而由数千年之思想，原重此中与和及文华之旨，冥权密运于其中之故。则为《伪古文尚书》者，与宋儒之由树之果以推其本，谓尧舜禹之相传，即有一允厥执中之道，为其统，亦非不可说。中以不偏为义，然又即在内之心之称。此二义初不同。然心之所以为心之性，亦原是不偏。则此二义，未尝不相通。以不偏之中心为体，其表现之用，则为合异以成和，则中和二而不二矣。然吾书之不直以此中和为中国之道统所系者，则由吾特重《周语》晏子所说“以他平他谓之和”，君臣互献其可否之义。故吾亦当由中国学术思想中，诸先哲所言之种种道之互相可否，而相反相成处，以见此中国学术思想中之太和之道；更由此太和之道，以见此大中之道。故吾不说此中和为中国之道统，亦正所显此中和为中国之道统。盖若只处处扣紧中和之一名而说，则我与读者，皆将以此二名之义，先自束缚，而于诸前哲之互相可否，而大开大合所成之种种思想之光华，反将蔽而不见；亦不能实知此中华之学术思想中，由太和以成之大中之道之何所似矣。此吾之不说此中和，以成吾说之中和，原亦为吾书之密意之一，本亦不宜更自加点破。但点破后，读者可更忘之，则亦无害耳。①

唐君毅先生的这段文字，基本上概述了中国历史文化的“大中之道”或“中和”之道的思想源流，尤为可贵的是，唐君毅先生把中国文化所崇尚的“中道”精神视为中国学术文化的本原，并由中国学术思想中的“太和之道”发现与揭橥中国的道统，即是说，这一“中和”之道就是中国的道统；唐君毅先生还指出这一“大中之道”乃是与华夏悠久之民族、历史文化、学术思想，以及中国现代的国家观念密切相连、气息相通的。

此外，唐先生认为，“中”与“大”、“和”的组合分别形成了“大中”与“大

① 唐君毅：《中国哲学原论：原道篇卷一》，台北：学生书局，1978年，第67—70页。引文的标点符号有改动。

和”的观念，而“和”最初源于音乐（即宫商角徵羽五音之协和），后来演变出具有道德意义的用语，这在《虞夏书》中的“协恭和衷”一语中已经出现，而“大中”与“大和”的观念，最晚在周代人的思想中，已逐渐形成。我以为这一论断是可以成立的。

这方面的文献依据，不仅见之于唐先生所指出的《尚书》中《盘庚篇》的“各设中于乃心”之句，《召诰》《洛诰》的“时中”之名，《酒诰》的“中德”之名，以及由《洛诰》之言“大和恒四方民”而显见的大中“皇极”观念，而且更见之于《周易》之中。

诚然，《周易》经文的形成与流行，当不会晚于西周。换言之，如果就《周易》的“本经”（不包括《易传》）而言，在起源和形成的时间上，必当早于《尚书》。因此，追溯崇中的思想渊源，就不能不以《周易》为先。这一点很是关键，为唐先生所遗漏，所以在此必须补出，并予以重视。

事实上，尚中的思想观念由来已久，源远流长，一般地说，中国哲学与文化的三大主干儒释道，以及中医都尊崇“中”、“中和”或“中道”，但究其根源，则不能不说，“中”或“中道”的观念源于《周易》[五二之中、刚中、柔中、文中、中正、中吉：由位中、时中、性中（性质、属性之中）、应中（关系之中）等引申出德中、中吉、行中（中行）的价值观念，统括于“中正”这一概念]、《尚书》（允执厥中，《论语·尧曰》亦引此语，皇极大中，以及唐君毅先生所指出的“设中于乃心”“时中”“德中”，此与《周易》书中的“时中”“德中”观念正可以互相印证），经过以孔子为代表的儒家对“中”或“中道”观念的发挥与提升，表现出孔子坚持“仁智”双彰，“礼乐”并用，“富”而有“教”，强调“仁义礼智信”统一，“温良恭俭让”协一，“学而时习之”（即“好学”与“力行”的统一），以“和”为贵，视“中庸”为至德的价值原则和方向，使“中”或“中道”的思想实现了一次质的飞跃，“中”的思想观念得到了哲学化与系统化，形成了以《中庸》为代表的“中”的哲学或“中庸之道”的哲学。其核心与主旨即在“致中和，天地位焉，万物育焉”与“故君子尊德性而道问学，致广大而尽精微，极高明而道中庸”，故“择乎中庸”，“君子时中”，“和而不流”，“依乎中庸”，不仅以中庸为宇宙之生的本原与动力，而且视之为修为的至高之境，讲求与强调人天的合一，并要“择善而固执”，身体力行，守三达德（仁、智、勇），奉五达道（君臣、父子、夫妇、昆弟、朋友），落实在社会的生活之中，修（修身）、事（事亲）、知（知天）、齐（齐家）、治（治国）、平（平天下），皆以中庸为最高的准则。所以，《中庸》不啻言“中”，而且必言“诚”，“诚”与“中”，无论天上、地下与人间，一而已。所谓“诚者，天之道也；诚之者，人之道也。诚者，不勉而中，不思而得，从容中道，圣人也”。无疑，圣神功化之极，存养省察之要，尽在此“从容中道”。那么，则“唯天下之至诚，为能经纶天下之大经，立天下之大本，知天地之化育”。可以说，中庸乃古今万世宇宙人世（包括个体生命）的生态祥和之至道，至诚如神，可以前知，得之则生，失之则亡。

道家亦有崇尚“中”的观念，与儒家同出自《周易》，以“阴阳”之道为基础而追求冲和或中和（老子）与“两行”之理（庄子）的境界。上引唐君毅先生所点出的老子言“守中”并强调“知和”，庄子言“养中”而主张“和之以是非”，“寓诸庸”，亦自当为明证。我们常常讲在中国哲学与文化中，儒道互补。实际上，儒道互补不仅是对于“中”的崇尚与追求，而且是以“中”或“中道”原则为基础的。

中医具有典型的崇尚“中”思想，中医的基本思想与理论根源于《周易》的“阴阳”观念，并结合“五行”范畴，以“阴阳平衡”的“中和”思想为指导，以“不治已病治未病，不治已乱治未乱”（《内经·素问·四气调神大论》）为核心理念，形成一套以保健养身、防病延年为优先，而探病研几、辨证施治以殿后的医学理论，在“阴平阳秘”中强调与讲求人的生命自身、人与环境（包括家庭、社会、自然）、人与时辰之间的平衡和统一，此可以“子午流注”论为代表。

子午流注，本来是指中医按时取穴或配穴的一种针灸疗法。所谓“子午”，是指时间，即十二经地支阴支与阳支互相配合的代表。《灵枢·卫气行篇》有云：“岁有十二月，日有十二辰，子午为经，卯酉为纬。”这是以子午线分夜半与日中之阴阳，以卯酉线分昼夜之阴阳；以每日太阳中午的时刻为午正，大约每一时辰合今日之两小时；一日划分为十二时辰，每两个时辰为一气，合成六位，故一日有六气（六气划分法）。所谓“流注”，则是从《灵枢·九针十二原》第一篇的“所溜为荥，所注为输”[①]一语而来，以水流来比喻人体气血的运行。它指出人体十二经脉从四肢末端至肘、膝方向各有“井”“荥”“输”“经”“合”五个特定的类穴，总称“五腧（shù）”。这是根据水流的大小来形容各经脉之气由小到大、由浅入深的特点。经气初出，犹如水的源头，故谓之“井”，井穴多位于肢端爪甲之旁；经气稍盛，如水成微流，涓涓而行，故谓之“荥”，荥穴多位于指（趾）掌（跖）部；经气渐盛，如较大水流灌注、水流成渠，故谓之“输”，输穴多位于腕（踝）关节附近；经气大盛，像水流之长行，故谓之“经”，经穴多位于腕（踝）或臂（胫）部；经气充盈，盛深入处，宛如百川汇归于大海，故谓之“合”。“流注”说揭示了人体气血运行的一种规律。子午流注法以《黄帝内经》中“天人相应”的哲学观为立说的基础和范导原则，以十二经中的六十六个“五腧（穴）”为基础，结合天干地支五行生克的演化，按照日时的运行变易，类推十二经气血运行之开

---

① 龙伯坚、龙式昭：《黄帝内经集解》，天津：天津科学技术出版社，2016年，第1310页。另外，此篇在唐代杨上善所撰《黄帝内经太素》中，被归在卷第二十一之《九针要道》篇中（杨上善：《黄帝内经太素》，北京：科学技术文献出版社，2000年，第586—593页）。

阖盛衰的情况，以此作为取穴的依据。在明代医家杨继洲所著的《针灸大成》中收入徐氏《论子午流注》一文，其曰："子午流注者，谓刚柔相配，阴阳相合，气血循环，时穴开阖也。何以子午言之？曰：子时一刻，乃一阳之生；至午时一刻，乃一阴之生，故以子午分之而得乎中也。流者，往也。注者，住也。天干有十，经有十二……经中有返本还元者，乃十二经出入之门也。阳经有原，遇俞穴并过之，阴经无原，以俞穴即代之。是以甲出丘墟，乙太冲之例……故阳日气先行，而血后随也。阴日血先行，而气后随也。得时为之开，失时为之阖……子午相生，阴阳相济也。阳日无阴时，阴日无阳时……阴阳和合，而不相伤。"[①]简而言之，人体血气应时而至为盛，血气过时而去为衰，逢时而开，过时为阖；泄则乘其盛（即经所谓"刺实者"），刺其来；补者随其去（即经所谓"刺虚者"），刺其去；刺其来迎而夺之，刺其去随而济之；以此原则取穴，就可以收到良好的疗效。这一针灸疗法就是"子午流注法"。其思想渊源可以追溯到《黄帝内经》和《八十一难经》，始于先秦，在宋、金、元时期得到了巨大发展，到明代形成了子午流注法，从中分化出子午按摩法或子午点穴法。

子午流注法把人体脏腑在一天十二个时辰中的开阖盛衰情形旁通统贯，视为一个动态有序的整体，强调人体之气血周流出入，皆有定时，故人体气血周流的情况，必须与大自然运行的时间节律相配合，才可保持长生久视而不衰的健康效果，对中国人的生活与文化乃至世界，尤其是东亚文化产生了持久而深远的影响。

在儒道之外，佛教虽自印度而来，但融入中土，成为中国哲学与文化不可或缺的一个部分，与儒、道"三分天下"有其一，形成三足鼎立之势，对中国人的心灵与生活产生了深远的重大影响，我们常常称之为中国文化的三大主干之一。佛家也有崇尚"中"的思想观念，但别开生路，不同于儒、道、医的"中"，此犹如唐君毅先生所说，佛学进入中国后，印度的般若、三论宗与法相唯识宗，都自视为大乘佛学之中道。在佛教在地化而中国化的过程中，成实论师，以及三论宗的创始人吉藏和天台智者大师智顗，也都特别标出种种"中道"之义，华严宗则尤为注重在言相异者之相入相即，以成"和"之义。这是毋庸置疑的。

缘于中观宗中道思想的广泛影响，佛教的中道观可以中观派为代表。中观派以"缘起性空"为理论基础，追求对于"空"与"有"的统一和超越，而中国化的不同于印度禅的"中华禅"（印顺语）不仅继承了佛教固有的"中道"精神，而且也融摄了儒家的"中道"智慧，立足"本心"，发扬不舍不著的般若精神，主张即世间而出世间，即出世间而世间，打破了"世间法"与"出世间法"的隔离，力图实现"出世间法"与"世间法"的统一，把"中道"智慧落实在禅家的生活实践之中。

---

① 杨继洲：《针灸大成》，北京：人民卫生出版社，1995年，第212—213页。

在儒、道、医、释之外，其他诸子百家的思想中亦不乏崇尚“中”的思想，尽管对中国文化也有一定的影响，但是在中国哲学思想与文化上没有系统的理论建树，没有形成主流，不能居于代表性的地位。

“中”的观念自古及今，始终贯彻于中国哲学与中国文化的始终，成为中国哲学与文化的核心观念，不仅影响着中国哲学与文化的发展，而且影响着中国人的生活（如饮食、养生、审美都讲求中和之境）。

在文化类型学以及文化形态的表象上，有“中”文化与“反中”文化，即君子文化与小人文化①，前者为中正、正大、光明的文化，是人类文化的康庄大道，后者是极端、邪曲、阴险的文化，是人类文化的歪门邪道。

迄今来看，在哲学上真正把儒释道三教的“中”的思想观念完全统一起来的是现代的儒家哲学。一般认为，宋明儒家已经实现了儒释道的统一，使三教归一，故有宋明理学的出现与繁荣。其实，这是一极欠分析的笼统的说法。事实上，由于宋明儒家皆辟佛，甚至辟老庄之道，与申韩之毒并列，致使他们对于佛教的了解与吸收受到莫大的限制，不可能真正地实现儒释道的融合统一，即使就对佛理摄取较多的朱子和阳明子这样的大家而论，也至多是在比较有限的程度上完成了三教的统一。明末大儒刘宗周在《微臣不能身报主敬竭报主之心终致主于尧舜疏》中说：“夫诸贤之于佛、老，果何如者，而云三教一理乎？臣于是仰窥陛下之心矣；忽焉而宗儒，忽焉而佞佛，或合之，或离之，方摇摇而无定也。岂陛下求之吾儒而不得其说，不免依傍于二氏；至求之二氏，而终不得其说，乃还归之吾儒乎？”②这虽然讲的是皇帝对于儒释道三教的心态，但足以说明三教并没有真正地实现归一。其实，融合和统一儒释道三教并超越释道的工作，是宋明儒家未能完成也不可能真正完成的课题。完成这一课题，必须有开放的心态，必须解除辟佛辟道的禁锢，真正深入佛道义理的核心，入乎其内而出乎其外，才有可能。再就是，实现儒释道的统一，必须要有一套系统的理论间架，这非有西方哲学的底子不成。所以，真正地实现儒释道三教统一的哲学理论建构，就要到20世纪了。在这个世纪，当代新儒家不仅彻底破除儒家辟佛辟道的业障，精于佛道研究，而且充分地汲取与融摄西学，并积极地回应西学，在这一过程中，当代新儒家筚路蓝缕，披荆斩棘，历尽艰险，开创新典范，才做到了把儒释道三教融合和统一起来，故有原创性的现代中国哲学的建立。这当以梁漱溟、熊十力、张君劢、马一浮、方东美、唐君毅、牟宗三为代表，其中最为重要的当为熊、牟、唐、方四人。此诚不可不论。

① 仲尼曰：“君子中庸，小人反中庸，君子之中庸也，君子而时中；小人之中庸也，小人而无忌惮也。”（《中庸》）

② 吴光：《刘宗周全集》第三册《文编》上，杭州：浙江古籍出版社，2007年，第154—155页。

然而，当代新儒家虽然建立了具有中道精神的哲学体系，却未能在哲学方法与文化心态上克服和超越宗教以及宋明儒家的判教陋习，虽然提出了“大中之道即中国道统”的闪光思想，却未能围绕着这一中心命题，谱写出新的“中庸”篇章。

当我们站在时代精神的高度上，回顾历史，放眼未来，就不能不说：大中至和之道不仅是中国的道统，而且是世界的道统；不仅是中国人的道统，而且是全人类的道统。无论何时何地，人类都需要这一道统，由它来范导人类的精神文化生活，构建把世界引向生态和谐健旺的文明之法则。

今天中国或世界在许多方面失中，呼唤中哲学与中文化，仍然是时代的需要。世界需要大中之道。

我们要做的工作是返本开新，重塑中道：返回源本的“正中”，结合时代精神的发展，重新发掘中道思想，建立中道哲学，谱写新的“中庸”华章。

（原载《中国文化的历史反思和当代构建》，广州：广东人民出版社，2019年，第73—81页）

龟占蓍卜解谜——论龟蓍作为卜筮具及其在古代卜筮中的作用和地位

一、从骨卜到龟卜

自远古以来，我国的先民便用龟蓍来进行卜筮，以断疑难，这在《史记》中已有明确的记述。司马迁说：

> 自古圣王将建国受命，兴动事业，何尝不宝卜筮以助善！唐虞以上，不可记已。自三代之兴，各据祯祥。涂山之兆从而夏启世，飞燕之卜顺故殷兴，百谷之筮吉故周王。王者决定诸疑，参以卜筮，断以蓍龟，不易之道也。(《史记·龟策列传》)

司马迁所谓“唐虞以上，不可记已”，是说唐虞以前的占卜不能够记载。为什么不能记载呢？根据上下文可以推断，一是时代久远，没有充足的根据；二是不关圣王之事。那么，就不难想见，早在唐虞以前占卜就已经存在了，只不过没有进入到国家的政治生活之中而已。司马迁作《史论·龟策列传》，自三代之兴开始，似乎旨在突出占卜在国家政治生活中的作用、地位和意义。如果说夏朝的诞生是应验了“涂山之兆”，殷朝的兴起是顺应了“飞燕之卜”，西周王道的建立是“百谷之筮”的吉祥的印证，那么也就足以说明占卜对于建国受命、兴办大业的重要性了，因此就有了后面的结论：“王者决定诸疑，参以卜筮，断以蓍龟，不易之道也。”司马迁将占卜（龟卜与蓍筮）抬高到王者的“不易之道”的地位，那么占卜在国家政治生活中的重要作用与地位也就不言而喻了。

《尚书·洪范》第七章“稽疑”记载：

> 择建立卜筮人，乃命卜筮。曰雨，曰霁，曰蒙（圛），曰驿（雺），曰克，曰贞，曰悔，凡七。卜五，占用二，衍忒。立时人作卜筮，三人占，则从二人之言。汝则有大疑，谋及乃心，谋及卿士，谋及庶人，谋及卜筮。汝则从，龟从，筮从，卿士从，庶民从，是之谓大同。身其康强，子孙其逢，吉。汝则从，龟从，筮从，卿士逆，庶民逆，吉。卿士从，龟从，筮从，汝则逆，庶民逆，吉。庶民从，龟从，筮从，汝则逆，卿士逆，吉。汝则从，龟从，筮逆，卿士逆，庶民逆，作内，吉，作外，

凶。龟筮共违于人，用静，吉，用作，凶。

"稽疑"是卜以决疑，即以占卜的方式，向神请示疑难问题的吉凶。在这篇文献中，不仅记载了殷商时期占卜的原则和方法以及卜筮具，而且记载了占卜和人谋必须统一的内容，表现了古人对于占卜的态度与智慧。想必司马迁从中受到了启迪，所以《史记·龟策列传》才提出了"五谋而卜筮居其二，五占从其多，明有而不专之道也"的观点。《尚书·洪范》之"稽疑"指出，占卜必须选择善于卜筮的人来卜筮；卜筮人在一定的时间以龟甲来占卜，用蓍草来筮卦，观察雨、霁、蒙（圛）、驿（雺）、克（指事情的成功或失败）、贞（内卦）和悔（外卦）七种现象的情状。其中，龟卜五项，蓍筮二项，都要研究兆纹和筮数，推演卦爻数的变化；如果是三个人占问，那么就要信从其中两个人得到的对于卜筮结果的解释（即"三人占，则从二人之言"）。具体地说，国君有了重大疑难不决的事，不要马上就乞灵于卜筮，而是首先要进行必要的人谋，先自己用心思考一番（即"谋及乃心"）；其次要请教大臣们，让大臣们想办法出主意（即"谋及卿士"）；再次要征求老百姓的意见，让老百姓出主意想办法，以表示尊重民意（即"谋及庶人"）；最后才进行卜筮，看卜筮的结果。在司马迁所说的这"五谋"（即自心谋、卿士谋、庶人谋、卜谋与筮谋）中，如果所得到的结果一致，那就是最理想的"大同"（全同）结局。表示卜问者（"国君"）自身必定强健，子孙后代必定繁荣昌盛（即"身其康强，子孙其逢"），所以是大吉。如果（国君）自己的考虑与卜筮的结果一致，但是大臣和百姓的考虑与自己的考虑以及卜筮的结果相反（五谋中有三谋一致两谋不一致），那么也算是吉利的。如果大臣的谋略与卜筮的结果一致，但是（国君）自己和百姓的谋虑却与他们相反（也是五谋中有三谋一致两谋不一致），那么也算是吉利的。如果百姓的考虑与卜筮的结果一致，但是（国君）自己与大臣的谋略与他们相反（同是五谋中有三谋一致两谋不一致），那么也算是吉利的。如果（国君）自己的谋算与龟占的结果一致，但是蓍卜的结果以及大臣和百姓的想法都与他们相反（五谋中有两谋一致三谋不一致），那么，从内部来说，采取行动仍然会是吉利的，对外部来说，采取行动就难免会有凶灾发生。如果卜筮的结果与所有的人谋（即国君、卿士、庶人的所谋）都是相反的，那么就要静处观变，不应有所举动，那才是吉利的，否则就必然招致凶灾。由此可知，在这"五谋"之中，卜与筮仅占其中的两谋，那么在以这样的"五谋"来占卜即（司马迁所谓）"五占"所得到的结果中，只能选择与遵从多数一致（大于三或等于三）的结果了。这就是在公开透明的结果中选择与采纳多数一致的结论，而不是独断专从（国君）一人之主张的原则，所以称为"明有而不专之道"。看来，这在当时是一项国家政治生活的重要原则。因此，占卜虽然是与宗教信仰或祖先崇拜密切地联系在一起的，然而占卜者并不一定就完全受神的旨意或祖宗的指示所左右。由此看来，容肇祖先生断言“殷墟甲骨所记的卜辞，很是简单，不过纪所卜的事实和吉凶及神意的允否而止”[①]，以及“商代占卜的迷信，君主的举动，大都是听从神和祖宗的指示的”[②]，未必是完全靠得住的结论。

从《尚书·洪范》到《史记·龟策列传》，固然是讲占卜对于国家大事的重要性，但是其中却透露了占卜的重要信息和内容，即自三代以来，就是以龟蓍来占卜的。所谓“涂山之兆”“飞燕之卜”应该是龟占，而“百谷之筮”应该是蓍卜；所谓“卜五，占用二，衍忒”，是指在雨、霁、蒙、驿、克、贞和悔七种现象的占卜中，龟卜有五项，蓍筮有二项，卜筮人根据龟兆和筮数，推演卦爻数的变化，得出卜问的吉或凶的结果。虽然自远古传说时代以来，就流行着龟占蓍卜交相为用的传统，但在不同的时代以及不同的人事上，对于龟和蓍仍然是会有所偏重的。

司马迁指出，在边疆“蛮夷氐羌”中也流行占卜，同样表现出占卜在国家大事（如战争）中的重要性：

> 蛮夷氐羌虽无君臣之序，亦有决疑之卜。或以金石，或以草木，国不同俗。然皆可以战伐攻击，推兵求胜，各信其神，以知来事。(《史记·龟策列传》)

司马迁说的这类占卜的情况，的确是事实。据今出土的甲骨文可知，龟占的前身主要是兽骨占。早在新石器时代，古先民用来占卜的兽骨有猪骨、狗骨、牛骨、羊骨等。其中，以牛肩胛骨占为主；除此以外，也有少量的虎骨以及极少数的人骨。在已出土的甲骨卜辞中，龟甲卜辞最多，牛肩胛骨卜辞其次，虎骨卜辞稀少，人骨卜辞仅有一件。实际上，骨卜在我国少数民族中的流行由来已久，不仅古代流行，而且至今未绝。这可以在流传到现在的云南东巴骨卜与西南地区壮族鸡骨卜的风俗传统中比较清楚和完整地看到。

据东巴文化学者的研究可知，自古以来，纳西东巴的卜筮活动十分频繁，对于骨卜特别重视。骨卜在东巴文中称为“平嗅”、“平耿”或“齐阁耿”。用于占卜的肩胛骨分两类：一类名为“耿平”，即用以炙灼的肩胛骨；另一类名为“汁平”，表示“鲜肩胛骨”，是用来观察而不炙灼的肩胛骨。与此相应，骨卜也分为两种形式：与前者对应的是“耿平嗅”，即为炙灼后观察裂纹卜兆的骨卜；与后者对应的是“汁平嗅”，即仅仅观察“鲜肩胛骨”而无需炙灼取裂纹的骨卜。[③]“汁平”通常取猪肩胛骨的右边一扇，不进行炙灼，只是观察骨象；“耿平”则取用山羊肩胛骨左边的一扇（图1），需用火食（详后）烧灼。山羊肩胛骨可以用绵羊肩胛骨代替。如果取用绵羊肩胛骨作“耿平”，则选取右边的一扇。这是自古以来就明文写

① 容肇祖：《占卜的源流》，北京：海豚出版社，2010年，第7页。

② 同①第8页。

③ 戈阿干：《东巴骨卜文化》，昆明：云南人民出版社，1999年，第1—2页。

在东巴经里的规定，任何一位东巴都不会轻易更改。[①]东巴经有句谚语说，“次塔王平恩，羽塔衣平恩”（意为：山羊以左扇骨为灵验，绵羊以右扇骨为佳品）。[②]对于卜骨来说，无论猪骨、羊骨或走兽骨，举凡肩胛骨皆呈一扇面形状，俗称“扇子骨”。每一具扇子骨分成上下左右四个方位，另外分出里外两个骨面，上宽下窄，里面平滑，外面（背部）则有一条骨峰从中间凸起，与平滑面正相反。东巴或大东巴习惯上将“耿平”的灼烧点选定在平滑明亮的里层骨面上，下端的“扇子把”则为行卜的把手处，拇指所按压的部位为“亨兹固”（即神座），忌讳被火食烧灼。凡是用作“耿平”的肩胛骨不能为不洁净的骨具（例如病畜的骨具），并且必须在平时收存完好，以备取用。“汁平”则在屠宰猪羊时，现场取用。[③]

图 1　卜骨与卜书图：左为羊肩胛骨，右为麝（獐子）肩胛骨，中间为卜书[④]

用作卜骨的，除了猪骨和羊骨外，也有麝骨、麂骨、鹿骨等。东巴人认为，兽骨比畜骨更为灵验，因为野兽的活动范围与活动量都要比家畜大得多，跑动起来也比家畜轻捷灵便，只是日后兽骨不易得手，东巴们才不得不更多地以羊骨[⑤]或猪骨来代替。据《博物志》记载，我国历史上还出现过虎卜与狼卜，也是为了“取其灵知”。[⑥]至于东巴们用羊骨比用猪骨的时候多，也是因为同样的原因。在东巴们看来，羊比猪更接近野兽。在羊骨中视山羊为上品，是因为山羊比绵羊更像山

① 戈阿干：《东巴骨卜文化》，第 7 页。

② 同①第 2—3 页。

③ 同①第 3 页。

④ 同①第 23 页。

⑤ 羊卜或羊骨卜，在沈括《梦溪笔谈》中亦见记载（容肇祖：《占卜的源流》，第 97 页），这与东巴的羊骨卜是否有联系，还是一个有待考证的问题。

⑥ 容肇祖：《占卜的源流》，第 93 页。

野中的鹿和麝（俗称獐子）。[①]在水甲，东巴用于骨卜的卜具，则有山羊和绵羊的肩胛骨、火食、谷子（稻谷）、麦子等。火食一般由含棉质纤维的火山草（即“居班”）或蒿草（艾草）晒干后手工揉成小球（一个小球有玉米粒一般大小），燃着火后置于骨面上，再把卜骨放回盛有谷子或麦子的器皿（竹箕）中，待到火食燃尽，骨面冷却，便会出现裂纹征兆。灼烧一眼大约需要一袋烟的工夫（云南方言，2—3 分钟时间）。每次骨卜，灼烧点没有定数。求卜者如果卜第一次不如意，可以请东巴再灼卜另一眼。在通常情况下，灼烧两眼，占卜两次，最多不超过三次。一块肩胛骨可以用上若干回。[②]

请求东巴进行骨卜的主人家，首先需要准备一盆大米或麦粒，由东巴把它置于洁净处，作为卜场，就是一个小祭坛。东巴所崇奉的卜神名叫“盘兹莎美”。行卜时，需要将这位女卜神的“兹嘎勒”（一种东巴纸牌画卡）供奉在盆边，焚一蓬清香，点上香炷，燃起油灯，表示迎接盘兹莎美降临卜场。然后，把卜骨置于卜盆中间，再放置一小砣“争麻巴”（即“居班”等火食）在卜骨的面上。这些工作准备就绪后，就让求卜者（主人）站到卜场正前面（即供奉盘兹莎美女卜神的粮盆的前面），由卜师（东巴）提醒他心中惦念的所卜（譬如远行或狩猎）之事，卜师就开始用香炷或柏木香给卜骨面上的火食接火。待它灼烧过一阵之后，火食接近骨板时，就可以用卜食（即盆中的粮食）把火食围住。不多一会儿，骨面上就会爆发出一阵炸裂声。这时候，卜师（东巴）就可以将卜骨捧起来，抖掉灰烬，观察裂纹，查对卜书，解释卜象。[③]

毫无疑问，骨卜书在东巴骨卜文化中占有十分重要的地位。自古以来，大凡纳西东巴都备有以纳西象形文字书写的骨卜经书。据东巴统计，在“文化大革命”前后，滇川藏三省区纳西人心目中的民族文化圣地三坝乡（白地）被焚毁的东巴经籍就多达七八万册，其中就有大量的骨卜经书[④]，其中有的经书有极少数的藏文夹杂其间。[⑤]其他纳西民族地区所焚毁的骨卜经籍，自然不计其数了。因此，迄今留存的骨卜经书十分稀少。据东巴文化学者戈阿干先生的长期调查，所知所见的东巴骨卜经书仅存五部：①收入陶云逵撰著的《麽些族之羊骨卜及肥卜》中的卜书；②云南丽江纳西族自治县博物馆藏本；③云南丽江纳西族自治县图书馆藏本（鲁甸本之二，见图 2）；④东巴和义顺私藏本（塔城本，见图 3）；⑤戈阿干先生在瑞士苏黎世大学人类学图书馆见到一本复印自德国柏林国家图书馆收藏的东巴

---

① 戈阿干：《东巴骨卜文化》，第 7 页。

② 同①第 5 页。

③ 同①第 8 页。

④ 同①第 6 页。

⑤ 杨正文：《最后的原始崇拜——白地东巴文化》，昆明：云南人民出版社，1999 年，第 66 页。

卜书，但残缺不全。[①]这些东巴骨卜书有一套自己的“奔厘松蒙”（谱典标准）。其中所记录的上百种的“裂符”极其原始而古朴，是从遥远的古代沉淀下来的骨卜印记，而不是东巴任意刻画上去的。东巴文化在较为封闭的各个民族聚集点中传承下来，一般都信守着“我只认我的祖，也只从我的师”的信条。东巴传承下来的符号未能在全民族东巴手中实现统一，导致不同地方的东巴彼此之间不能读懂

图 2　东巴骨卜经书图一[②]

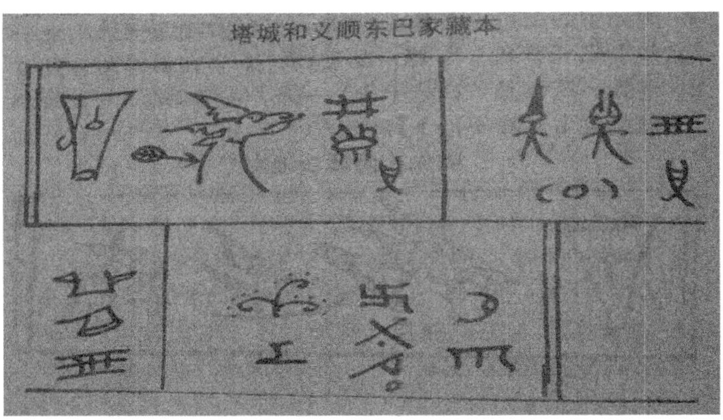

图 3　东巴骨卜经书图二[③]

① 戈阿干：《东巴骨卜文化》，第 31—73 页。

② 同①第 77 页。

③ 同①第 76 页。

对方的经书或书籍，然而他们却能解读不同地方与时代的骨卜书，哪怕不同本子中所记录的卜兆或卜辞有天壤之别，这是一个十分有趣的现象。卜书中的卜筮符号是同其他东巴们所传承的诸多原始祭祀仪轨结合在一起的。这些仪轨在不同的地方有不同的规范，有些仪式盛行于甲地，但乙地却不存在。因此，对于同一个卜兆，不同地方的东巴便写出了不同的卜辞与禳解方法。[①]

在骨卜文化中，除了上述的东巴骨卜以外，在西南地区，尤其是云南的壮族聚居地，自古以来还流行鸡卜。民国时期云南《马关县志·风俗志》记述了侬人（壮族的一个支系）鸡卜的流行情况：

> 有病不求医，而求白马，不拘贫富，家有病辄曰送鬼，杀鸡鸭甚多。必病者痊或死而已。白马以草签或鸡膀骨为卦，能卜吉凶，查鬼祟，笃信为深。[②]

可见当时的鸡卜是与对“白马”（白马令公）神的信仰密切地联系在一起的。“白马”来源于《山海经·海内经》的“黄帝生骆明，骆明生白马，白马是为鲧”的传说。由此看来，对于“白马”（白马令公）神的信仰由来已久。在壮巫中，“白马”（以及“卜么”“卜莫”）乃为男巫的俗称（女巫则称“靡马”、“靡么”或“靡莫”）。据此推知，“白马”在古代必为一男巫或卜筮者。鸡卜最早可能是在古代越人中盛行的一种巫卜文化，并且是与对鬼神的信仰连在一起的。至汉武帝灭南越之后，武帝为了长寿，居然亦信越人的鸡卜之说，命令越巫按越人的风俗建立祝祠，祭祀天神上帝百鬼，但只有供台而无祭坛，并灼烧鸡骨来占卜。所以，鸡卜之风便在朝野盛行开来。这在《史记·孝武本纪》里有生动的记叙。兹引如下：

> 是时既灭南越，越人勇之乃言“越人俗信鬼，而其祠皆见鬼，数有效。昔东瓯王敬鬼，寿至百六十岁。后世谩怠，故衰秏”。乃令越巫立越祝祠，安台无坛，亦祠天神上帝百鬼，而以鸡卜。上信之，越祠鸡卜始用焉。

对这段引文中的鸡卜之法，唐代史家张守节在其《史记正义》中做了如下的解释：

> 鸡卜法用鸡一，狗一，生，祝愿讫，即杀鸡狗煮熟，又祭，独取鸡两眼，骨上自有孔裂，似人物形则吉，不足则凶。今岭南犹行此法也。[③]

---

① 戈阿干：《东巴骨卜文化》，第84—85页。

② 转引自黄懿陆：《中国先越文化研究——从壮族鸡卦看〈易经〉起源》，昆明：云南人民出版社，2007年，第35—36页。

③ 司马迁：《史记》，北京：中华书局，1982年，第478页。

这是唐代流行的鸡卜。另外，唐人段公路在其《北户录》中说：

> 南方逐除夜及将发船，皆杀鸡，择骨为卜，传古法也。卜占即以肉祠船神，呼为“孟公孟姥”，其来尚矣。[①]

这也是与祭神（船神，冥父冥姥）联系在一起的。宋人周去非在其《岭外代答》中对于鸡卜法有更详细的描述，并对鸡卵卜也做了叙述。其云：

> 南人以鸡卜。其法以小雄鸡未孳尾者，执其两足，焚香祷所占而扑杀之，取腿骨洗净，以麻线束两骨之中，以竹梃插所束之处，俾两腿骨相背于竹梃之端，执梃再祷。左骨为侬，侬者我也。右骨为人，人者所占之事也。乃视两骨之侧所有细窍，以细竹梃长寸余者遍插之，或斜或直，或正或偏，各随其斜直正偏而定吉凶。其法有一十八变，大抵直而正或附骨者多吉，曲而斜或远骨者多凶。亦有用鸡卵卜者，焚香祷祝，书墨于卵，记其四维而煮之，熟乃横截，视当墨之处，辨其白之厚薄而定侬人吉凶焉。昔汉武奉越祠鸡卜，其法无传，今始记之。[②]

这段文字最后谈到“汉武奉越祠鸡卜，其法无传，今始记之”，表明鸡卜法在宫廷久已不传，而周氏所记则必有来源。显然，鸡卜法的源头活水在民间，至今不绝，就是最好的明证。明人邝露在其《赤雅》中对于鸡卜法的叙述大体上与周去非之说相近，表明鸡卜法在流传过程中虽因地域与生活风俗习惯的不同而有所变化，但变化并不大。此外，邝露也对壮族的鸡卵卜有所叙述。除了谈到“卜葬”事以外，亦无差异。[③]与周去非不同的是，邝露对上引《史记》所讲鸡卜（即汉武帝时代鸡卜）的流行进行了一番解释。邝露写道：

> 鸡卜，以雄鸡雏执其两足，鸡匠焚香祷祈，占毕杀之。拔两股骨净洗，用线束之，以竹筳插束处，使两骨相背，端执再祝。左骨为侬，侬者我也；右骨为人，人者事也。视两骨侧所有细窍，以小竹筳长寸许遍插之，斜直偏正，任其自然，以定吉凶。其法有十八变，直而正，近骨吉；曲而斜，远骨凶。汉元封二年平越，得越巫。适有祠祷之事，令祠上帝，祭百鬼，用鸡卜。斯时方士如云，儒臣如雨，天子有事，不昆命于元龟，降用夷礼，廷臣莫敢致诤，意其术大有可观者矣！[④]

---

① 段公路：《鸡骨卜》//《北户录》卷二，十万卷楼丛书本。

② 周去非：《志异门·鸡卜》//《岭外代答》，文渊阁四库全书本。

③ 邝露：《赤雅·卵卜》//鲍廷博：《知不足斋丛书》第一册，北京：中华书局，1999年，第536页。

④ 邝露：《赤雅·鸡匠》//鲍廷博：《知不足斋丛书》第一册，第536页。

值得注意的是，这里说“天子有事，不昆命于元龟，降用夷礼”之说可能不够确切。真实的情况应该是，龟卜与鸡卜并用。但邝露所说鸡卜“其术大有可观者矣”，应该是道出了鸡卜之所以得宠于皇帝而流行于汉唐的真正原因。鸡卜法虽然在宫廷早已失传，但在民间却完好地保留了下来。今天我们看到，鸡卜仍然在壮族地区流行。根据云南民族学学者的调查与研究成果，其占卜方法应为：取健壮的雄鸡，鸡冠必须完好无损，洗净头脚；由布摩（即“白马”）、长老、巫婆或道公执鸡默念咒语，敬告天地，请祭祀的对象（神）来享用祭品，祈求保佑；然后杀鸡，以纸钱蘸鸡血，取数撮鸡脖子上的羽毛用鸡血粘在纸上，再将沾有鸡血的纸钱同样以鸡血粘在神龛或门楣上。下锅煮鸡时，必须鸡脚别向后，鸡首向前昂起，作欲飞状，用一双筷子插在鸡背上，固定这一姿势并保持不变；煮熟后，将鸡呈上祭台。布摩、长老、巫婆或道公穿戴整齐，诵念经文，礼请诸神临台享用。诵毕，祭祀者行跪拜礼，主持祭祀的布摩或长者在旁焚烧蘸过鸡血的纸钱之后，抽出鸡胯骨（一对），刮净筋膜，露出血（穴）窍，以削好的竹签或仙人掌刺按照洞孔的走向插入血（穴）窍，用食指和拇指卡住胯骨的两头，使一对胯骨的内弧紧靠在一起，于是鸡骨和上面的竹签就构成了一个卦象。布摩或长者反复观察和检验卦象，并做出解释。另一种方法是取刚刚开鸣的雄鸡一只，杀死后立即折断翅膀，剔除皮肉，观察翅骨的纹路，以定吉凶：清晰明亮者主吉，暗淡模糊者主凶。①

壮族用作占卜的鸡骨，一般称为“龙马龟”而不名“鸡骨”②，表示“鸡卜巫师”。在鸡卦中，如果以“娄龙娄帝”（以汉文所记录的壮语）开头，那么必然会相应地配有一个以“忙”字开头的对称卦或反对卦，如“忙龙忙帝”。“娄龙娄帝”意为“咱们卜咱们的小”；“忙龙忙帝”意为“你（们）卜你（们）的小”。卦名的原始，表现出卦象的原始。在史前时期，文字尚未发明，但鸡卦已然流行。鸡卦的筮辞与卦名不过是就象而论象（图4）。筮辞与卦名则一代一代口耳相传。但是，每一个时代的筮辞都有每一个时代的烙印。这就像留在兽骨、龟甲和玉石以及青铜器上的类似《易经》符号的数字卦，仅有代表阴阳的数字，而没有筮辞和卦名一样。由此可见，鸡卦的筮辞与卦名乃是因时因象因事（或因人）而变化的。③至今流传的鸡卦，主要分布于云南省文山壮族苗族自治州和广西壮族自治区。据说，除了“文化大革命”中为“破四旧”而焚毁的不可计数的鸡卜之书以外，至今保留下来的（总数）仍然在“千

① 杨宗亮：《壮族文化史》，昆明：云南民族出版社，1999年，转引自黄懿陆：《中国先越文化研究——从壮族鸡卦看〈易经〉起源》，第38—40页。

② 在壮语中，“龙”为“占卜”，“马”为“巫”，“龟”为“鸡”。

③ 黄懿陆：《中国先越文化研究——从壮族鸡卦看〈易经〉起源》，第40页。

本以上”。[①]其中的多数是以汉字记音的方式整理出来的。虽然许多筮辞已经现代化了，但是其中（以汉语记音）的卦象与卦名仍然不失远古的印迹，成为研究古代占卜的珍贵而重要的历史文献材料。

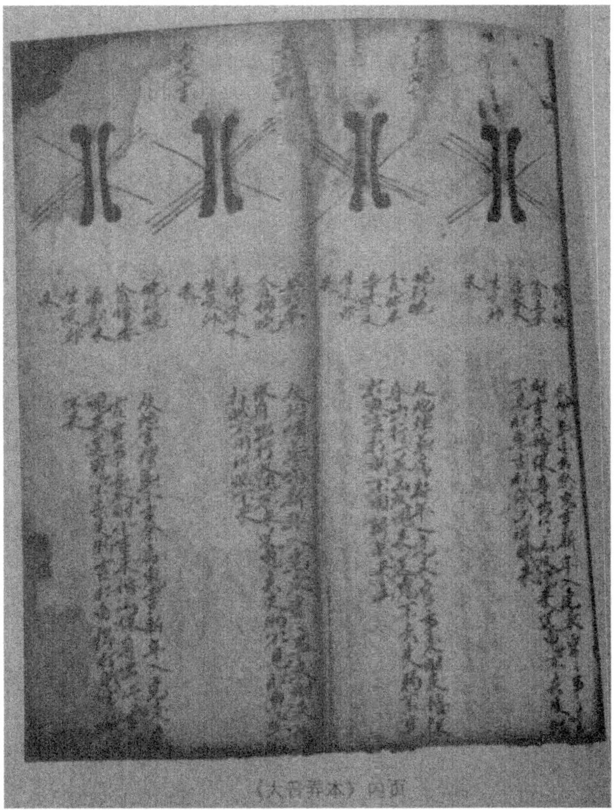

图4　鸡卦卜书[②]

从现已出土的卜骨文物与传世文献，不难推断出一个结论：早在殷墟商王朝所进行的甲骨占卜活动的若干千年以前，我们的先祖就业已熟悉了骨卜的技艺。从现已出土的骨卜遗物来看，其分布很广。据不完全统计，在我国有卜骨和卜甲的地区，新石器时期有河南、河北、陕西、内蒙古、山东、山西、甘肃、青海、四川、江苏等地；商周时期（青铜时代），南北方其他地方有卜骨的地方是内蒙古、吉林、江苏等地。在周原和殷墟遗址的出土文物中，便有羊骨卜、

① 黄懿陆：《中国先越文化研究——从壮族鸡卦看〈易经〉起源》，第41页。

② 同①第42页。

牛骨卜、鹿骨卜、猪骨卜、龟甲卜以及鳖甲卜等。除了鹿骨以外，牛、羊、猪卜骨都是家畜骨。至于龟甲和鳖甲的出现应该较晚。然而，在纳西东巴经《碧帕卦松》中，却提到了众多的野兽卜骨，诸如虎、豹、山骡、熊、野猪、麂子、麝、雉、狐狸、野猫，甚至鱼，等等，无不成为远古先民占卜取骨的对象，此外，在东巴文化中还有海贝卜（“白迪”）。[①]在占卜的对象中，最先排列的是“占天卜地”“占山卜谷”，诚如司马迁所谓“或以金石，或以草木”之言。其次，则为上列的各种动物，而把牛马、山羊、绵羊置诸末尾，这一排列顺序被认为与人类的生存活动的“狩猎——游牧——农耕”轨迹十分吻合。[②]值得注意的是，在《碧帕卦松》中，也出现了神龟。有学者指出，《碧帕卦松》中的“含时巴美”，在以前的研究中被理解和诠释为“蛙崇拜”或“蛙图腾”系对生物原型的误解所致，其实它更近似于汉文献中所描述的神龟，并且总是与占卜联系在一起的（图 5）。[③]陶云逵先生指出：

> 有骨卜的这些民族，均是从事畜牧或渔猎的（自然有些是掺杂了耕种的）。换言之，就是他们有与多量的哺乳动物接近的机会。所以不但卜的机会相同，而且所用的介物及方法，均是在一个思想圈儿里，即是说用哺乳动物骨与炙。殷代的占卜用龟甲与兽骨。董作宾先生以为“占卜之事，初本完全用龟，龟甲不敷用，然后取牛胛骨以代之，此可据理推知者也”。我们从（1）分布上看，有骨卜的各族，多是取材于哺乳动物骨，如狍鹿、海豹、牛羊骨，殷商用龟甲实是与众不同的。（2）商代生产，虽不能像郭沫若所说“商代的末年还是以牧畜为主要的生产”，但未完全农业化是可能的，因为“卜辞中用牲之数，每每多至三百四百以上”。因此我们可以知道此个人群，与哺乳动物接触的机会，像上述各骨卜族一样，是很多的。由此两点，可以去推想商族必先用骨，然后用龟甲。[④]

事实证明，董作宾先生关于“占卜之事，初本完全用龟……然后取牛胛骨以代之”的结论是不成立的，而陶云逵先生所指出的“商族必先用骨，然后用龟甲”的观点无疑是正确的。

---

① 杨正文：《最后的原始崇拜——白地东巴文化》，第 225、241 页。

② 戈阿干：《东巴骨卜文化》，第 129 页。

③ 同②第 149—150、160—161 页。

④ 陶云逵：《麽些族之羊骨卜及肥卜》//吴定良、凌纯声、梁思永：《人类学集刊》第一卷第一期，台北：南天书局有限公司，1978 年，第 125 页。

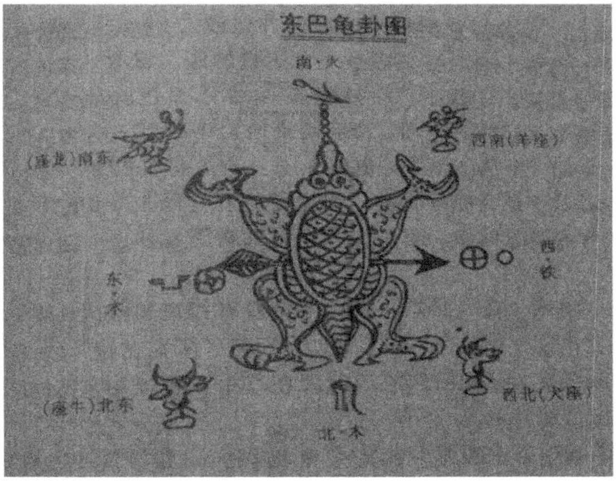

图5 东巴龟卦图①

那么，为什么绝大多数的骨卜都先后被淘汰了，而只留下了龟占以及蓍卜呢？许多学者都曾经做过探索并提出了不同的解释。在此举两种具有代表性的解释为例。我国著名学者罗振玉先生早已指出：

> 卜以龟，亦以兽骨。龟用腹甲而弃其背甲（背甲厚，不易作兆，且甲面不平，故用腹甲）。兽骨用肩胛及胫骨（胫骨皆剖而用之）。凡卜祀者用龟，卜它事皆以骨。田猎则用胫骨，其用胛骨者，则疆理征伐之事为多。故殷墟所出，兽骨什九，龟甲什一而已。其卜法，则削治甲骨甚平滑，于此或凿焉，或钻焉，或既钻更凿焉。龟皆凿，骨则钻者什一二，凿者什八九，既钻而凿者二十之一耳。此即《诗》与《礼》所谓契也。②

这是说，我国古代先民在占卜中放弃兽骨而选用龟甲，是出于刻写书契的需要。此后，凌纯声先生说得就更明确了：

> 最初用天然兽骨，只求其得兆而已，后来文化渐进而有文字，要记载文字在骨上，天然骨骨面粗糙不适用，所以用牛肩胛骨磨光润，以便刻文字；肩胛骨虽经磨刮，然终不如龟腹甲的平正，易于编成典册，因此殷代骨卜，多用龟甲。③

---

① 戈阿干：《东巴骨卜文化》，第161页。

② 罗振玉：《殷墟书契考释三种》上，北京：中华书局，2006年，第314—315页。原文未加标点，文中所用为容肇祖所加标点，见容肇祖：《占卜的源流》，第5—6页。

③ 凌纯声：《松花江下游的赫哲族》，转引自戈阿干：《东巴骨卜文化》，第129页。

这一解释指出占卜之所以以龟甲代替其他兽骨，主要原因是便于刻字和编纂成册，这的确是无可否认的一个事实，无疑具有一定的说服力。然而，对于蓍卜的盛行却无法解释。因为相对于一般的兽骨和龟甲来说，蓍草易朽不易保存，太细而不易刻字，即使在蓍草上刻字，也不易辨识。虽然至今不能确切地知道蓍卜起源于何时，但从蓍卜与龟占并相流行的情况（例如上述《尚书·洪范》中已经记载了龟卜与蓍卜交相为用的情况），不难推断，蓍卜的起源大抵不会较之于龟占晚太多的时间。当龟占流行的时候，蓍卜也在流行。因此，大致上可以说，蓍卜的起源与龟占的起源基本上是同时的（这一点在后文中还将有论述）。那么，从骨卜到蓍卜，就不是出于刻字和编纂的需要，而必然是另有原因的了。

西方汉学家艾兰除了指出殷人以龟甲取代水牛肩胛骨具有与凌纯声所说的刻写卜辞需要的相同的原因之外，还指出了另外一个原因，那就是龟与宇宙的联系。[①]换言之，龟是宇宙的象征。根据艾兰的看法，龟足是立于西北、西南、东北、东南“四极”，而不是在东、南、西、北基本方位上。而龟与“亞”形结构有密切的关系。因为“亞”形是“地为方”信仰的来源。如果一个大方形被拿掉了四角，就极像龟腹甲的形状，四角缺凹，或像方鼎的底座，它在安置鼎座之前也是一个“亞”形。再在这个“亞”形的东北面、西北面、东南面、西南面四处放上四支足（山），支撑着一个圆形的天（图6）。

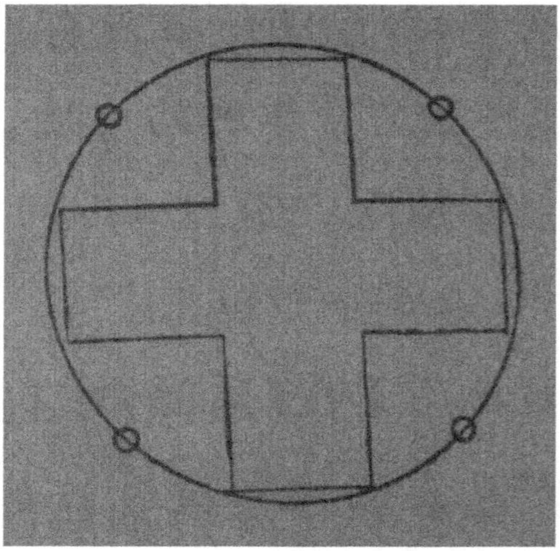

图6　“亞”形图（示意图）[②]

① 艾兰：《龟之谜——商代神话、祭祀、艺术和宇宙观研究》，汪涛译，北京：商务印书馆，2010年，第132—134页。

② 同①第134页。

如果将这一图形扩大为一个方形，就变成了一个“琮”形（图 7)。这一图形看上去有九个部分，与传说中的“天下”为“九州”可能具有某些联系。《楚辞·天问》中问：“八柱何当？”无疑，“八柱”是在八个方向上，这从“东南何亏”这句话中也可以看出（图 8)。它们不能光在方形的土地四边撑着圆形的天，于是就有了西北、西南、东北、东南的“四柱”，再加上东、南、西、北基本方位上的“四柱”，自然就成了“八柱”撑天了（图 9)。从神话加以推测，东面和西面的“两柱”，可能就是“扶桑”和“若木”。[①]此外，艾兰还从殷商的玉龟模型以及作为殷商青铜艺术的基本母题之一的龟纹进行推断，肯定龟为宇宙物体之形，即龟的背形代表了天。[②]与此同时，她还看出了另一种含义：龟纹大部分位于盘的中央（图 10、图 11)，这暗示了盘代表水池（或许象征着“咸池”或“羽渊”或“虞渊”)，是通向下界的入口。在殷商占卜中，所用的龟大部分都是水龟，而非旱龟，这与占卜所用的肩胛骨多为水牛之骨可能具有相同的含义。占卜用烧红的硬木（或青铜工具）钻灼甲骨制兆，这是意味着水火相交，把宇宙中最基本的两种自然力（即阴力与阳力）结合起来。[③]显然，这一猜测性的解释是有道理、有根据的，尤其是经由龟甲骨，将占卜与宇宙联系起来，是有启发性的。根据上述东巴骨卜术可知，实际上，不仅是龟或龟甲骨才与宇宙之间具

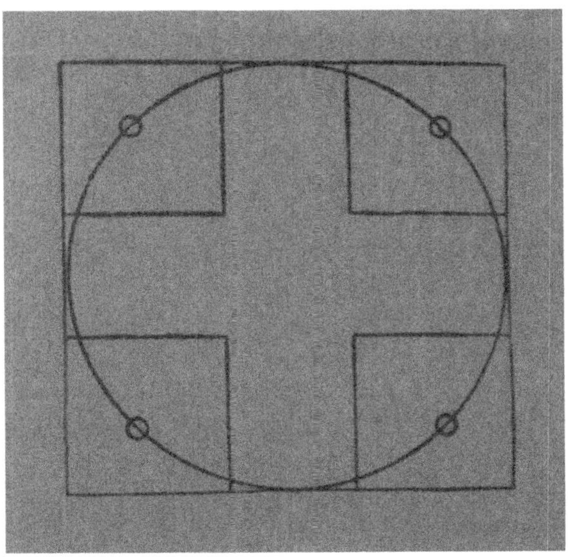

图 7 “琮”形图（上顶层面）[④]

① 艾兰：《龟之谜——商代神话、祭祀、艺术和宇宙观研究》，第 134—136 页。

② 同①第 136 页。

③ 同①第 136—138 页。

④ 同①第 135 页。

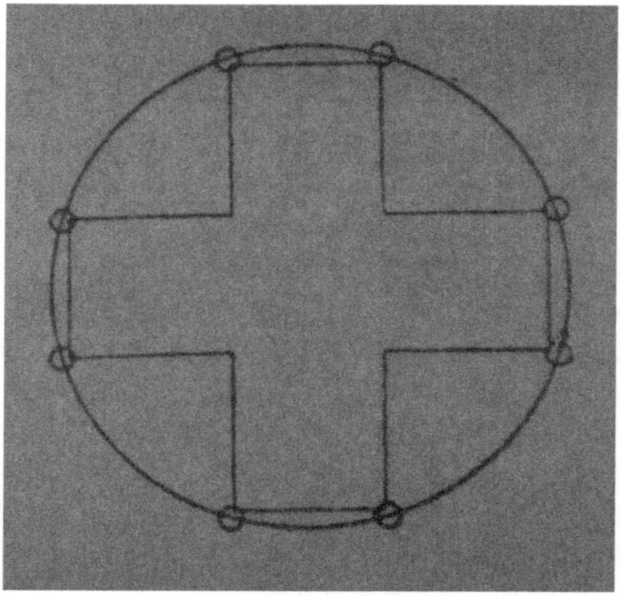

图 8 “八柱”撑天（示意图 1）[①]

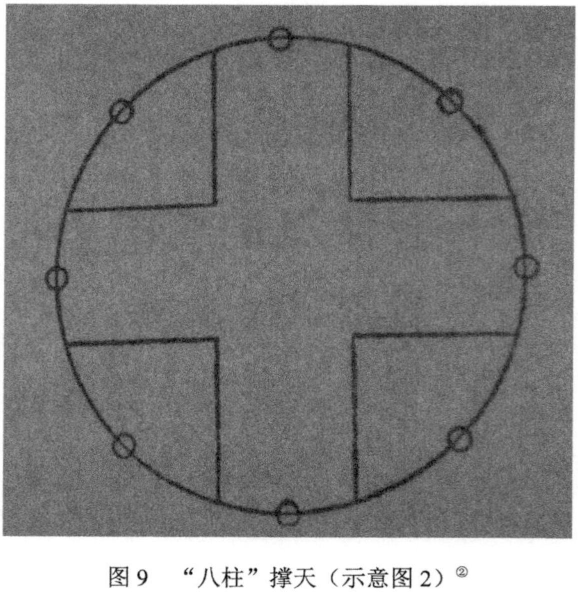

图 9 “八柱”撑天（示意图 2）[②]

① 艾兰：《龟之谜——商代神话、祭祀、艺术和宇宙观研究》，第 136 页。

② 同①第 137 页。

图 10　龟鱼盘中纹（淯涧张家坟出土）

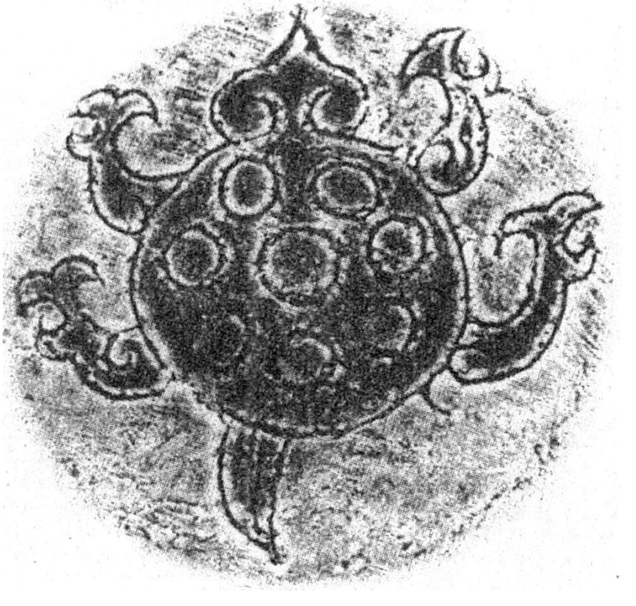

图 11　盘外底上龟鱼纹

有密切的关系，而是所有的野兽或兽骨（甚至也包括家畜以及畜骨）与宇宙之间都具有一定的密切的关系，只是龟或龟甲骨与宇宙之间的关系可能更为显著罢了。在这一意义上看，作为占卜的结晶的系统化的《易经》一书，可以说是宇宙图像符号与文字的缩影。然而，问题依然存在。既然所有的兽骨甚至畜骨均与宇宙之间具有一定的关系，那么为什么一定要用龟甲骨呢？根据东巴的占卜信念，如果越是灵便与活动范围大的野兽的胛骨，用来占卜的灵验度与准确率就越高，那么龟甲骨可能不一定是最佳的选择。事实上，东巴至今仍然保留着兽骨占或畜骨占的习俗传统，就是明证。那么，用蓍卜又是什么原因呢？这同样也是问题。因此，艾兰做出的诠释仍然不足以完全解释为什么在殷商的占卜中会出现龟甲取代水牛肩胛骨的情况。此外，还有蓍筮或蓍卜的问题。可见，在这里所谈的问题，必定还有别的原因。

二、龟占

我们的古代先民为什么选择用龟甲来占卜？为什么选择用蓍草来占筮？这是千古之谜，至今也没有确切的答案。笔者在这里只能做出猜测性的回答。

自古以来，龟就被人们视为神灵之物，称为“神龟”。《史记・龟策列传》中记录了下面这个故事：

> 南方老人用龟支床足，行（经）[①]二十余岁，老人死，移床，龟尚生不死[②]。龟能行气导引。

可见龟具有惊人的生命力与长寿的特征。如所周知，曹操《步出夏门行・龟虽寿》诗中写道：“神龟虽寿，犹有竟时。”龟的寿命很长，可以活到几百年甚至更长，的确是神寿。法国学者汪德迈（Léon Vandermeersch）与美国学者艾兰也都注意到了龟与长寿之间的关系。汪德迈认为龟所代表的是时间整体，而不是空间，因此龟与长寿联系在了一起[③]，而艾兰指出这一说法出现在世界许多不同的文化之中[④]。这的确是饶有趣味的。中国古代文献中有大量关于龟的记载与传说。司马迁在《史记・龟策列传》中记述了他在江南对于龟的调查所得：

> 余至江南，观其行事，问其长老，云龟千岁乃游莲叶之上，蓍百茎

---

① 据泷川资言说，“行”应为“经”。司马迁：《史记会注考证》第十卷，泷川资言会注考证，太原：北岳文艺出版社，1999 年，第 5089/11 页。

② “不死”为多余字或衍生字。

③ 汪德迈：《王道》，转引自艾兰：《龟之谜——商代神话、祭祀、艺术和宇宙观研究》，第 134 页。

④ 艾兰：《龟之谜——商代神话、祭祀、艺术和宇宙观研究》，第 134 页。

共一根。又其所生，兽无虎狼，草无毒螫。江傍家人常畜龟饮食之，以为能导引致气，有益于助衰养老，岂不信哉！

汉博士官褚少孙在《〈史记〉补·龟策列传》[①]中说：

闻古五帝、三王发动举事，必先决蓍龟。传曰："下有伏灵，上有兔丝；上有捣蓍，下有神龟。"所谓伏灵者，在兔丝之下，状似飞鸟之形。新雨已，天清静无风，以夜捎兔丝去之，既以烛此地，烛之，火灭，即记其处，以新布四丈环置之，明即掘取之，入四尺至七尺，得矣，过七尺不可得。伏灵者，千岁松根也，食之不死。闻蓍生（满）百茎（共根）者[②]，其下必有神龟守之，其上常有青云覆之。传曰："天下和平，王道得，而蓍茎长丈，其丛生满百茎。"……

传曰："取前足臑骨穿佩之，取龟置室西北隅悬之，以入深山大林中，不惑。"臣为郎时，见《万毕石朱方》，传曰："有神龟在江南嘉林中。嘉林者，兽无虎狼，鸟无鸱枭，草无毒螫，野火不及，斧斤不至，是为嘉林。龟在其中，常巢于芳莲之上。左胁书文曰：'甲子重光，得我者匹夫为人君，有土正，诸侯得我为帝王。'求之于白蛇蟠杅林中者，斋戒以待，然，状如有人来告之，因以醮酒佗发，求之三宿而得。"由是观之，岂不伟哉！故龟可不敬与？

褚少孙《〈史记〉补·龟策列传》又记载宋元王获神龟，而以神龟事问卫平，卫平对曰：

龟者……生于深渊，长于黄土。知天之道，明于上古。游三千岁，不出其域。安平静正，动不用力。寿蔽天地，莫知其极。与物变化，四时变色。居而自匿，伏而不食。春仓（苍）[③]夏黄，秋白冬黑。明于阴阳，审于刑德。先知利害，察于祸福……

宋元王听从卫平之言杀神龟，《〈史记〉补·龟策列传》还记载了孔子对此事的评价：

---

① 《史记·龟策列传》："褚先生曰：臣以通经术，受业博士，治《春秋》，以高第为郎，幸得宿卫，出入宫殿中十有余年。窃好太史公传。太史公之传曰：'三王不同龟，四夷各异卜，然各以决吉凶，略窥其要，故作《龟策列传》。'臣往来长安中，求《龟策列传》不能得，故之大卜官，问掌故文学长老习事者，写取龟策卜事，编于下方。"

② 泷川资言说："'百'上无'满'字，'茎'下有'共根'二字。"司马迁：《史记会注考证》第十卷，第5086/8页。

③ 据泷川资言说，"仓"为"苍"。司马迁：《史记会注考证》第十卷，第5094/16页。

孔子闻之曰："神龟知吉凶，而骨直空枯。"

比较系统的材料，除了上文中所说的《史记·龟策列传》以外，大概莫过于明代药物学家李时珍的《本草纲目》一书对于龟的论述了。李时珍《本草纲目》对于龟有非常详细的论说，却没有引起学者的充分注意。为了论述方便，今引用如下，并重新分段和加上序号：

①许慎《说文》云：龟头与蛇头同。龟字上部从蛇，其下像甲、足、尾之形。

②又《尔雅》龟有十种，郭璞随文傅（附）会，殊欠分明。

③盖山、泽、水、火四种，乃因常龟所生之地而名也。其大至一尺以上者，在水曰宝龟，亦曰蔡龟，在山曰灵龟，皆国之守宝而未能变化者也；年至百千，则具五色，而或大或小，变化无常，在水曰神龟，在山曰筮龟，皆龟之圣者也……然神龟难得，今人惟取水中常龟入药。

④甲虫三百六十，而神龟为之长。龟形象离，其神在坎。上隆而文以法天，下平而理以法地。背阴向阳，蛇头龙颈。外骨内肉，肠属于首，通运任脉。广肩大腰，其息以耳。雌雄尾交，亦与蛇匹。或云大腰无雄者，谬也。今人视其底甲，以辨雌雄。龟以春夏出蛰脱甲，秋冬藏穴导引，故灵而多寿。

⑤《南越志》云：神龟，大如拳而色如金，上甲两边如锯齿，爪至利，能缘树食蝉。

⑥《抱朴子》云：千岁灵龟，五色具焉，如玉如石。变化莫测，或大或小。或游于莲叶之上，或伏于丛蓍之下。

⑦张世南《质龟论》云：龟老则神，年至八百，反大如钱。夏则游于香荷，冬则藏于藕节。其息有黑气如煤烟，在荷心，状甚分明。人见此气，勿辄惊动，但潜含油管噀之，即不能遁形矣。或云：龟闻铁声则伏……香油抹眼，则入水不沉。老桑煮之则易烂。皆物理制伏之妙也。①

司马迁、褚少孙、李时珍把龟的特征清清楚楚地描述给我们了，现在来归纳和总结一下。

其一，龟的种类很多，多达十种，甲虫三百六十，以神龟为长（引文②④）。

其二，龟的寿命极长，《史记·龟策列传》称其"寿蔽天地，莫知其极"，年岁上百千年的龟，龟甲上出现五种颜色的斑点，如玉如石如金，不分大小，变化无常，可称作圣龟（引文③⑤⑥）。

---

① 李时珍：《本草纲目》，刘衡如、刘山永校注，北京：华夏出版社，1998年，第1652页。

其三，龟的形状特征，孔子说是“骨直空枯”；李时珍却提出了两种看法，因此可以分别从两种视角看：第一种视角，以《易经》观物取象的方法看，龟的形体特征是“骨直空枯”，像《易经》八卦中的离卦（☲），神魄或精神却在八卦中的坎卦（☵）；合起来看，内坎外离，龟为《易经》六十四卦中的最后一卦，即未济卦（䷿）。第二种视角，是以象征的观察方法看，龟“上隆而文以法天，下平而理以法地。背阴向阳，蛇头龙颈。外骨内肉，肠属于首，通运任脉。广肩大腰……”（引文④）。

其四，龟的呼吸特征与功能为“其息以耳”，“其息有黑气如煤烟”（引文④⑦）。就是说，龟以耳朵呼吸，呼出的气为黑气，如煤烟。因此，龟“能行气导引”，“能导引致气，有益于助衰养老”（《史记·龟策列传》）。

其五，龟的交配特征为“雌雄尾交，亦与蛇匹”（引文④）。

其六，龟的活动特征为“龟千岁乃游莲叶之上，蓍百茎共一根”，“蓍生（满）百茎（共根）者，其下必有神龟守之，其上常有青云覆之”，神龟在嘉林中，常巢于芳莲之上。兽无虎狼，鸟无鸱枭，草无毒螫，野火不及，斧斤不至（《史记·龟策列传》），“龟以春夏出蛰脱甲，秋冬藏穴导引”，“夏则游于香荷，冬则藏于藕节”，“或游于莲叶之上，或伏于丛蓍之下”，或“爪至利，能缘树食蝉”（引文④⑤⑥⑦）。

其七，龟的颜色变化与超强的耐饿特征：“与物变化，四时变色。居而自匿，伏而不食。春仓夏黄，秋白冬黑。”（《史记·龟策列传》）即龟的颜色是随着天地万物与四季的变化而变化的，春呈苍色，夏变黄色，秋为白色，冬呈黑色，并且，可以长久不进食，靠行气导引而活下来。

其八，龟的陪伴物亦为神物，即蓍草、莲叶与藕节，“龟千岁乃游莲叶之上，蓍百茎共一根”，“下有伏灵（千岁松根），上有兔丝；上有捣蓍，下有神龟”，神龟常巢于芳莲之上（《史记·龟策列传》），“夏则游于香荷，冬则藏于藕节”（引文⑦）。

其九，龟的“指南针”作用：“取前足臑骨穿佩之，取龟置室西北隅悬之，以入深山大林中，不惑。”（《史记·龟策列传》）

其十，龟有预知功能，“神龟知吉凶”，“先知利害，察于祸福”（《史记·龟策列传》）。

上述龟的这十种特征可以用一句话来概括，就是灵而多寿，先知吉凶，也可以说是灵验而多寿或灵验而长寿，先知吉凶福祸。其实，就是六个字：灵而寿，知吉凶。

从上文的分析和论述中，我们还可以发现龟与蓍之间具有一种神秘的联系。这一点，从《史记·龟策列传》和李时珍对于蓍的论述也可以求得印证（这一点还将在后面论及）。这一信息是非常重要的，它表明古代先民选择龟为卜具，选择蓍为筮具，绝不是偶然的。据许慎《说文解字·龟部》说，龟头与蛇头同。龟字上部从蛇，其下像甲、足、尾之形。说明龟的形状是很奇特的。中国最古老的文字是象形文，“龟”字在甲骨文中写为“”，是龟的侧面画，头朝天，脚朝左，背朝右。放平了看，就是一只正在爬行着的龟。从许慎对“龟”字造型结构的分析可以看出，龟与蛇和龙有关。龟字的上部为蛇，龟头与蛇头同，这恰恰与甲骨文的“龟”字是一致的。又根据李时珍《本草纲目》所载龟与蛇匹配的情形看，这一现象可能是我国古代先民把龟与蛇联系起来的直观的事实依据，因而在造字中表现出来。

另一方面，在中国文化中，龙是最受崇拜与最具有民族文化性、象征性的具象的代表，而龙与蛇是近似的。龙身之象即为蛇身。无论龙或蛇，都是极具变化的动物。实际上，龙就是中华民族的生命和变化的象征。龟颈与龙颈甚至龙身同，加上蛇头，成为灵活多变的龟首。由此不难推想，龟与龙蛇的关联，在它们的深层意义上说，就是表现生命和变化的精神。因此，从《史记·龟策列传》到《本草纲目》一致说，灵龟或大或小，皆变化莫测，强调了龟的变化特征。这不正是表现出生命神圣变化不可测度的旨意吗？“龟”字的下部像甲、足、尾之形，同样也是生命的象征。足和尾指动物而言，足也可以指人而言，甲则为甲板之意，象征大地或田野，隐含生长和丰收之意。从完整的龟形的特征看，它是蛇头龙颈，广肩大腰，上隆下平，外骨内肉，年至百千，则具五色，如玉如石如金，因此“上隆而文以法天，下平而理以法地”。上隆之文象征天，下平之理象征地，这不就是宇宙吗？天圆地方是我们原始先民的宇宙观。从《易经》的取象观看，龟的外形像《易经》八卦中的离卦（樆），神魄或精神却在八卦中的坎卦（橁）；合起来看，内坎外离，龟为《易经》六十四卦中的最后一卦，即未济卦（械）。这的确不可思议！为什么呢？我们看《易传·序卦》所说：“物不可穷也，故受之以未济终焉。”天下之物是不可穷尽的（在绝对的意义上讲），因此《周易》六十四卦的排列次序是以未济卦为终结的。与未济卦相反的既济卦，所表示的是事物的成就或完结，同时也表示事物的发展或变化历程到了尽头，这就是“穷”字的意思。任何事物的发展或变化，一旦到了“穷”的时候，是没有不产生（新的）变化的，也因此，成语才有“穷则思变”。正因为事物有了不断的（新的）变化，才能永远不会完结或穷尽。这就是“变易”一词的意思。那么，“未济”这一卦就是表示不可穷尽或永不完结的意思了。所以，“未穷”的意思，就是指宇宙是生生不息灭的啊！

由此看来，龟的形状，无论是它的直观的外形，还是它的易象或易画卦，或从它的具体的外观造型到它的抽象的易象结构或易画卦结构，无不象征或代表着宇宙。一言以蔽之：龟就是宇宙的象征。这与上文中提及的艾兰之说亦相吻合。按今人所谓“全息律”的说法，一只龟就是一幅宇宙全息图的缩影。将龟的背壳、龟的甲板与龟的头足合起来看，一只龟就是一个具有生命繁衍不息与流行不止的完整的宇宙的象征。说来也巧，这与《周易》中的“天”“地”“人”三才之道正相暗合。

此外，近人发现龟还长于辨别方向，并将原因归结为龟的背壳与天上的北斗七星是息息相通的。据说，有人做过试验，将一只海龟的眼睛蒙住，以此来测试龟的行动能力。结果那只海龟并没有失去方向，行动几乎不受影响。据此看来，龟背对于龟来说，简直就是一个“指南针”了。事实上，现代科学的研究揭示出，龟背上有一个磁场，的确具有指南针的作用与功效，因此龟不会迷失方向。[①]这的确有助于我们理解《史记·龟策列传》中所讲的“取前足臑骨穿佩之，取龟置室西北隅悬之，以入深山大林中，不惑”的记载。这一记载表明我国古代的先民早已洞悉了龟的“指南针”的作用。问题在于，只将龟的前足臑骨佩戴于人之身，而龟则置之于其人家中，却对人有正确导向的作用（不会迷失方向），龟的前足臑骨连通了人与龟，似乎在龟与人之间就具有一种灵犀感通的密切关系。当然，这只是古人的一种认识，实际上是否如此，有待验证。不过，龟背与天象的联系却足以印证“上隆而文以法天”的观点。《易传·系辞上》说：“河出图，洛出书，圣人则之。”后人视之为神话。这段话意思是说，在远古时代，一匹龙马从黄河里跃出水面，马背上有一组非常奇特的天然的花纹，这就是“河图”，一只神龟从洛水里浮现，龟背上自然地生长着一些奇妙而有序的斑点，这就是“洛书”，那时有一位圣人伏羲很有天才，他研究了龙马和神龟背上的图画，创造了八卦。这听起来的确是一个神话。可是，关于“河图”“洛书”在先秦典籍《墨子·迎敌祠》《管子·幼官》《礼记·月令》以及秦汉的《吕氏春秋》《淮南子》《太玄经》《黄帝内经》等众多著作中均有记载。这就不能不认真看待了！《论语·子罕》记载孔子之言：“凤鸟不至，河不出图，吾已矣夫。”从《论语》的这一记载看，孔子感叹已经很难得再看见凤鸟与河图的出现，这征象表示世道的衰落，孔子很是失望。一般认为，这里的“凤鸟不至”是相对于历史传说中的虞舜时代和周文王时代有凤鸟出现的故事而说的，“河不出图”则是相对于传说中的伏羲时代黄河出现河图的故事而说的。总之，是相对于已经发生过的相关的事情而说的。可是，在“已经发生过的相关的事情中”有可能也包括孔子曾经亲眼见过神鸟凤（凤鸟）和河图。特别是河图，应该是一直传到孔子而不绝的。此外，据《左传·哀公十四年》记载，孔子晚年还亲眼目睹了一头被猎人捕杀的瑞兽麒麟。这些事似乎难以令人相信。不过，难道古人写书是随便撒谎的吗？史前时期，有许多动物人类都不曾见到就在“大灭绝”中永久性地消失了，古代先民见过的一些动物，我们没有见过

① 梁祖霞：《海龟定向之谜》，《科技潮》1997 年第 4 期；辛文：《海龟如何辨别方向有新说》，《海洋世界》1994 年第 1 期。

的，也都永远地消失了，但不能说它们没有存在过。大自然无奇不有，非人的头脑可以想象。至今，在云南的龙陵县还完好地保留着由山川地貌所自然构成的一幅“阴阳太极图”（图 12），就很令人震撼。从这些现象看来，“河图”“洛书”可能只不过是“圣人”观物取象，摹状自然的结果而已。一只神龟背上有一些奇妙的如玉如石如金等五种颜色的斑斑点点，引起了某个“圣人”的好奇和注意，这有什么不可能呢？我国最古老的象形文字甲骨文刻画在龟甲上，也许就受到过龟背上这些斑斑点点的启示。当然，龟甲坚硬耐久，有利于文字图画或信息的保存，也应是原因之一。

图 12　云南云龙县的“天然太极图”①

以上是由龟形特征所进行的分析，以下我们再从龟的活动特征方面做出分析。由《史记·龟策列传》和《本草纲目》的记载可知，我们的原始先民远在数千年

① “天然太极图”位于云南省大理白族自治州云龙县城的北面。这里有一条叫沘江的河流，河水绕出一个“S”形的大湾子，形成了类似“太极图”的天然奇观，“太极图”上有阴和阳两个鱼形平坝，与传统道家图案相似无二。更有意思的是，在这个“天然太极图”南面山头有云龙县城石门镇的虎头山道教建筑群，东面山头则有云南历史文化名村诺邓村的玉皇阁道教建筑群，这“天人合一”的自然景观与人文景观都有机地统一在古代道教文化思想上了。远在祖国西南边陲的云龙山区，竟然蕴含着如此深厚的道家教义与信仰崇拜形式，这不能不使人感到惊奇。

以前便已发现“龟以春夏出蛰脱甲，秋冬藏穴导引”，“夏则游于香荷，冬则藏于藕节”，“或游于莲叶之上，或伏于丛蓍之下”，或“爪至利，能缘树食蝉”（引文④⑤⑥⑦）。不仅如此，而且更发现“其息以耳”，“其息有黑气如煤烟”（引文④⑦），“能行气导引”，“能导引致气，有益于助衰养老”（《史记·龟策列传》）。龟出蛰脱甲似乎有类于蛇，并不稀奇。但是，龟竟然能够“藏穴导引”，“导引致气”，而且是“其息以耳”，“其息有黑气如煤烟”。这就不能不令人称奇叫绝了！1973年，长沙马王堆出土的帛画中有“导引”图，后经专家们的研究知道，所谓“导引”的全称应该为“导引术”或“导引之术”，又称为“吐纳”或“吐纳之术”，就是我们今天所讲的气功。我国的导引术由来已久，究竟何时形成无从考证，但至晚到春秋战国时期已经发展成熟，比较系统和完善了。从汉末名医华佗摹拟动物行为发明“五禽戏”的情形，不难想见，古老的导引术的发明也可能是模拟动物行为的结果，而古人称龟息为“导引”，则极有可能是摹拟龟息而创造出导引术。人的导引与龟的导引所不同的只是，龟以耳朵呼吸，并有黑气如煤烟的现象，而人以鼻口呼吸，无声无臭而已。古人将龟的长寿归因于龟的“导引”，人为了健康长寿自然也就效法于神龟了。于是，龟在人的心目中就更为神圣了。神龟深藏于嘉林中，“千岁乃游莲叶之上，蓍百茎共一根”，“或游于莲叶之上，或伏于丛蓍之下”，还“能缘树食蝉”。莲叶古来为圣洁之物，宋代理学的开山鼻祖周濂溪称其“出淤泥而不染”（《爱莲说》），龟游于莲叶之上，则说明龟也是圣洁清高的；而蓍草在远古时代就是神草，据《史记·龟策列传》和《本草纲目》记载，蓍草所生之处，“兽无虎狼，鸟无鸱枭，草无毒螫，野火不及，斧斤不至”。龟伏于丛蓍之下，“知天之道，明于上古”（《史记·龟策列传》），更表明龟为神灵之物。因此，从龟而能明变化，知吉凶福祸。

由以上说的这些情况来看，龟守于丛蓍，游于莲叶之上，远离虎狼、鸱枭和毒螫，捕蝉为食，能及早躲避野火与斧斤，栖藏于秘，导引以养，变化莫测，神灵长寿，能预知吉凶福祸。因此，古代先民真的是完全相信龟为现实中神灵的动物，对于占卜最具有灵验之效，而且对于卜辞的记录与保存是非常有益的。于是，龟甲成为占卜追求的最佳卜具。大家知道，鳖与龟的形状颇相似，据前文所述的出土甲骨可知，古代先民曾经选择过用鳖甲为卜具，但是并没有坚持下来，那么，古代先民为什么没有一直坚持选择鳖甲来占卜呢？只有一个理由，鳖非神灵之物，甚至与龟的灵验正为相反，以它来占卜，非但不能产生灵验之效，甚至不吉而呈现凶象。龟成为祥瑞的神灵之物，便一直受到人们的喜爱与欣赏，反映出中国人所特有的一种审美情趣，这不仅表现在古代的玉雕（图 13）、石雕、石刻以及砖瓦纹饰艺术上，而且也反映在青铜器，尤其是铜镜的纹饰艺术上（图 14）。其中，龟游莲叶或龟守蓍丛，自然成为一个重要的母题。

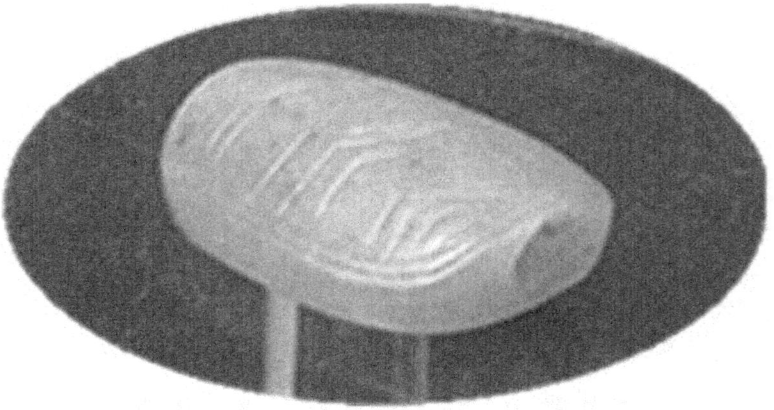

图 13　西周玉龟（陕西沣西张家坡出土，中国社会科学院考古研究所藏）

图 14　唐龟游荷叶纹镜（深圳博物馆展出，三镜堂藏）

镜圆形，龟型钮。四面荷叶卷曲，无数荷茎叶脉伸出四周叶缘。

由于上述的原因，龟成为国宝。褚少孙《〈史记〉补·龟策列传》有下列记载：

> 记曰："能得名龟者，财物归之，家必大富至千万。"一曰"北斗龟"，二曰"南辰龟"，三曰"五星龟"，四曰"八风龟"，五曰"二十

八宿龟"，六曰"日月龟"，七曰"九州龟"，八曰"玉（王）龟"[①]：凡八名龟。龟图各有文在腹下，文云云者，此某之龟也。略记其大指，不写其图。取此龟不必满尺二寸，民人得长七八寸，可宝矣。今夫珠玉宝器，虽有所深藏，必见其光，必出其神明，其此之谓乎！故玉在山而（草）木润[②]，渊生珠而岸不枯者，润泽之所加也。明月之珠出于江海，藏于蚌中，蚗龙伏之。王者得之，长有天下，四夷宾服。能得百茎蓍，并得其下龟以卜者，百言百当，足以决吉凶。

神龟出于江水中，庐江郡常岁时生龟长尺二寸者二十枚输太卜官，太卜官[③]因以吉日剔取其腹下甲。龟千岁乃满尺二寸。王者发军行将，必钻龟庙堂之上，以决吉凶。今高庙中有龟室，藏内以为神宝……

卫平对曰："龟者是天下之宝也，先得此龟者为天子，且十言十当，十战十胜（克）[④]。生于深渊，长于黄土。知天之道，明于上古。游三千岁，不出其域。安平静正，动不用力。寿蔽天地，莫知其极。与物变化，四时变色。居而自匿，伏而不食。春仓（苍）[⑤]夏黄，秋白冬黑。明于阴阳，审于刑德。先知利害，察于祸福。以言而当，以战而胜，王能宝之，诸侯尽服。王勿遣也，以安社稷。"……

卫平对曰："不然。河虽神贤，不如昆仑之山；江之源理，不如四海，而人尚夺取其宝，诸侯争之，兵革为起。小国见亡，大国危殆，杀人父兄，虏人妻子，残国灭庙，以争此宝……今龟，大宝也，为圣人使，传之贤士（王）[⑥]。不用手足，雷电将之；风雨送之，流水行之。侯王有德，乃得当之。今王有德而当此宝，恐不敢受；王若遣之，宋必有咎。后虽悔之，亦无及已。"

元王大悦而喜（嘻）[⑦]。于是元王向日而谢，再拜而受。择日斋戒，甲乙最良。乃刑白雉，及与骊羊；以血灌龟，于坛中央。以刀剥（刳）[⑧]之，身全不伤。脯酒礼之，横其腹肠。荆支卜之，必制其创。理达于理，文相错迎。使工占之，所言尽当。邦福重宝，闻于傍乡。杀牛取革，被郑之桐。草木毕分，化为甲兵。战胜攻取，莫如元王。元王之时，卫平相宋，宋国最强，龟之力也……

① 据泷川资言说，"玉龟"为"王龟"。司马迁：《史记会注考证》第十卷，第5087/9页。
② 据泷川资言说，此句应为"玉在山而草木润"。司马迁：《史记会注考证》第十卷，第5087/9页。
③ 据泷川资言说，"太卜官"重复。司马迁：《史记会注考证》第十卷，第5088/10页。
④ 据泷川资言说，"胜"应为"克"，才叶韵。司马迁：《史记会注考证》第十卷，第5094/16页。
⑤ 据泷川资言说，"仓"为"苍"。司马迁：《史记会注考证》第十卷，第5094/16页。
⑥ 据泷川资言说，"士"为"王"。司马迁：《史记会注考证》第十卷，第5014/26页。
⑦ 据泷川资言说，"喜"为"嘻"。司马迁：《史记会注考证》第十卷，第5104/26页。
⑧ 据泷川资言说，"剥"为"刳"。司马迁：《史记会注考证》第十卷，第5104/26页。

褚先生曰："渔者举网而得神龟，龟自见梦宋元王，元王召博士卫平告以梦龟状，平运式，定日月，分衡度，视吉凶，占龟与物色同，平谏王留神龟以为国重宝，美矣。古者筮必称龟者，以其令名，所从来久矣。"

可见，古人以龟为"神宝"，为"大宝"，为"邦福重宝"，为"国之重宝"，为"天下之宝"，并在汉高祖庙和大堂中筑龟室珍藏起来。人们将宝龟命以各种不同的美名，如上述的北斗龟、南辰龟、五星龟、八风龟、二十八宿龟、日月龟、九州龟、玉（王）龟八种名龟，就是典型的例子。《汉书·艺文志》著录龟书有五类或五种：

《龟书》五十二卷。《夏龟》二十六卷。《南龟书》二十八卷。《巨龟》三十六卷。《杂龟》十六卷……右蓍龟十五家，四百一卷。

此后，《隋书·经籍志》和《旧唐书》均有关于龟书的著录，往后亦多。清朝以降，则有胡煦所著的《卜法详考》颇能推究古代龟卜的真相，近世罗振玉在《殷墟书契考释》一书中对此给予盛赞。[①]自古以来，人们对于龟就极其重视与珍爱，因此留下了不同类别的论龟著作。从动物学史来看，中国古代先民对龟的观察与研究，在世界上是独一无二的。至于这些失传龟著对于龟的分类与论述是否科学，对于龟的观察和了解究竟达到什么程度，固然有待发现与做科学的检证，然而单就而今所知的现象及其所包含的大量信息，已足以令人惊异和兴奋了。《礼记·乐记》载："青黑缘者，天子之宝龟也。"这说的应该是龟王的一个品种。龟的宝贵程度与龟的大小有一定的正比关系。长七八寸的龟，就已经是宝龟了；长一尺二寸的龟，为千年神龟，则是当时所能见到的最大的宝龟了。太卜官曾以优惠的价格二十枚金钱（不知是金币或铜币）购得一只长一尺二寸的活龟，在吉日剔取龟的腹下甲以为占卜之用。名龟的市场价格可能如同珠宝，但是宝龟的价值却远远超过了任何珠宝。因为宝龟或神龟"百言百当，足以决吉凶"，这是任何珠宝所不可能做到的。所以，宝龟或神龟是无价之宝。古人对龟的珍爱与信仰业已到了十分迷狂的程度。例如，在上述引文中透露，神龟"先知利害，察于祸福，以言而当，以战而胜"，并且能使诸侯尽服，故神龟足以安社稷；宋元王以神龟"平运式，定日月，分衡度，视吉凶"，并且宋国之强，也被归诸神龟之力。对于人类社会来说，龟之力大大地超过了人之力，这不是莫大的迷信吗！然而，就是这种对于龟莫大的疯狂的迷信与崇拜，导致举国上下追求龟甲为最神圣和最灵验的卜筮具。此外，对于追求蓍草为卜筮具也是出于同样的原因（这一点下文还将说明）。这就形成了褚少孙所说的"古者筮必称龟者，以其令名，所从来久矣"的卜筮传统了。

---

① 容肇祖：《占卜的源流》，第80—83页。

又据《本草纲目》的记载：

> 古者取龟用秋，攻龟用春。今之采龟者，聚至百十，生锯取甲，而食其肉。彼有龟王、龟相、龟将等名，皆视其腹背左右之文以别之。龟之直中文，名曰千里。其首之横文第一级左右有斜理皆接乎千里者，即龟王也。他龟即无此矣。言占事帝王用王，文用相，武用将，各依等级。其说与《逸礼》所载天子一尺二寸、诸侯八寸、大夫六寸、士庶四寸之说相合，亦甚有理。若天神龟、宝龟，世所难得，则入药亦当依此用之可也。①

可知，古代先民是在秋季捕龟，取其龟甲，到春天才开始使用。那么，龟不是随便可以捕杀的，也不是随便可以进行龟卜活动的。无论捕龟还是龟卜都是有一定的禁忌时日的，而且必须“信以诚”，龟卜活动中的具体方位或方向也有明确的规定。《史记·龟策列传》中保留下来的“卜禁”公文证明了这一点。兹引如下：

> 卜禁曰：子亥戌不可以卜及杀龟。日中如食已卜。暮昏龟之徼也，不可以卜。庚辛可以杀，及以钻之。常以月旦祓龟，先以清水澡之，以卵祓之，乃持龟而遂之，若常以为祖。人若已卜不中，皆祓之以卵，东向立，灼以荆若刚木，土卵指之者三，持龟以卵周环之，祝曰：“今日吉，谨以粱卵焍黄祓去玉灵之不祥。”玉灵必信以诚，知万事之情，辩兆皆可占。不信不诚，则烧玉灵，扬其灰，以征后龟。其卜必北向，龟甲必尺二寸。

此外，在占卜用的龟列中有严格的等级之分。根据龟生于腹背左右上的自然花纹而分为龟王、龟相、龟将等。龟王又名“千里”。古代的占卜，根据人的不同社会地位和身份，以不同等级的龟甲来进行占卜之事。因此，帝王占卜用龟王甲，文官占卜用龟相的甲，武官占卜用龟将的甲，各依等级，不能僭越。李时珍认为这与《逸礼》所记载的“天子一尺二寸，诸侯八寸，大夫六寸，士庶四寸”的用龟甲的说法相吻合，而且很合理。因此，这是可信的。李时珍以此作为使用龟药的秩序之根据。虽然李时珍是为医而论龟的，但是他很有历史意识，他的分析和论述充分证明龟占在古代不仅是一种个人行为，而且是一种国家行为，举国上下莫不占焉！事实上，这与《史记·龟策列传》中的记载是一致的。这无疑是为我们保留了我国古代社会的龟占的重要历史信息和情形。

在我国古代社会，占卜活动是一种普遍的日常活动，几乎每天都在发生和进行。这从《礼记·表记》所载孔子所言卜筮之事，可以得到一个佐证。兹引如下：

① 李时珍：《本草纲目》，第1653页。

子言之："昔三代明王皆事天地之神明，无非卜筮之用，不敢以其私，亵事上帝。是故不犯日月，不违卜筮。卜筮不相袭也。大事有时日；小事无时日，有筮。外事用刚日，内事用柔日。不违龟筮。"

……

子曰："大人之器威敬。天子无筮；诸侯有守筮。天子道以筮；诸侯非其国不以筮。卜宅寝室。天子不卜处大庙。"

子曰："君子敬则用祭器。是以不废日月，不违龟筮，以敬事其君长，是以上不渎于民，下不亵于上。"

以龟甲为卜具，成为一时的风尚，所谓"古者筮必称龟者"，龟甲必然成为昂贵之物，非平民百姓能用得起。更何况要寻觅到可以用来占卜的龟甲日益困难，市场就慢慢缩小了。《本草纲目》中有"神龟难得"的记载，就说明了一个重要的事实。不仅是用来占卜用的龟甲越来越难得到，即使是业经占卜用过的古老龟甲用以入药也同样是越来越困难了。[①]这有可能是导致占卜方法失传的重要原因之一。

三、蓍卜

前文中指出，蓍卜的起源已经难以考究。当龟占流行的时候，蓍卜也在流行。因此，大致上说，蓍卜的起源与龟占的起源基本上是同时的。容肇祖先生说：

周代承殷之后，用龟的占卜，仍是通行。《春秋》成公十年"夏四月，五卜郊，不从，乃不郊"，这是显然的事实。而当时另有用蓍的一种筮法，和他相副。蓍筮在殷无可考，疑当初是少数民族的占卜，到周胜殷，遂变易而兴盛。[②]

无疑，蓍筮在周兴盛而流行，是显著的事实，但是说"蓍筮在殷无可考"就不尽然了。《尚书·洪范篇》中已经明确地记载了卜（龟卜）与筮（蓍筮或蓍卜）交相为用的情况，表明蓍筮与龟卜在殷商时期同为进入国家政治生活中的主流占卜术，岂能说"无可考"！至于说蓍筮"当初是少数民族的占卜"，则缺乏应有的证据。《小戴礼记》的《曲礼》和《表记》所说的"卜筮不相袭"，恰恰证明卜（龟卜）与筮（蓍筮或蓍卜）交相为用的情况是真实的。至于容肇祖先生说龟占为主，蓍筮为副，则是有可能的。因此，郑玄注《礼记·表记》指出"大事则卜，小事则

---

① 这里无意中透露了一个信息，我国古代素有以龟甲入药的传统习惯，并且至今不衰，但古人用龟甲入药，则以占卜用过的古老龟甲包括留有卜辞或文字图画的龟甲为贵，那么便很有可能毁灭了许多甲骨文或卜辞的记录。

② 容肇祖：《占卜的源流》，第9页。

蓍”可能正是这一情形的表现，而不一定是“卜筮不相袭”的表现。对于“卜筮不相袭”一事，清代学者胡煦从卜人与筮人的分工与专职不同做出的解释的确在理。胡煦说：

> 然（笔者按：《曲礼》）又曰：“卜筮不相袭”者，盖以卜人、筮人，各有专职，故惟卜与卜袭，筮与筮袭，而以卜袭筮，以筮袭卜，则其法不相通焉。若卜筮互为占，此则礼之所有，则龟从、筮从之说也。①

这一解释应该比较接近当时占卜的实情。容肇祖先生指出胡煦此说“较可通”②，也的确是有眼光的。诚如容肇祖先生所说：“占筮是周代特别显著的事情。他的方法是用蓍。”③这大致上集中表现和反映在《周易》一书之中。尽管从《左传》与《国语》所记载的看，周代的筮辞有与《周易》相合的，也有不合的③，然而，“春秋以后的占筮，大多数都是袭用《周易》的成文。间有随意遣辞，不从《周易》一书，其中亦有辞异而意义相合的”，“在春秋时的占筮者多本于《周易》”④。可见，《周易》是蓍筮的代表著作。筮法随着《周易》的流传而流传，终于保留和传承了下来。由此看来，蓍筮较之于早已失传的龟卜法流传了更长的时间。那么，古代先民为什么在龟卜之外又选择了用蓍草来占筮呢？

蓍草是一种草本植物，很多地方均有生长，但以淮阳一带居多。众所周知，我们儿时就吟诵的唐诗中有“离离原上草，一岁一枯荣”（白居易《赋得古原草送别》）的描写。这是说，草的生长历程是一岁一枯荣，一年四季变化分明。蓍草也不例外，但是蓍草却被古代先民视为神草，认为用它来筮卜非常灵验。这说明蓍草有它的奇特性，与一般的草是不大相同的。上引《〈史记〉补·龟策列传》说：

> 能得百茎蓍，并得其下龟以卜者，百言百当，足以决吉凶。

李时珍《本草纲目》记载：

> 班固《白虎通》载孔子云：“蓍之为言耆也。老人历年多，更事久，事能尽知也。”陆佃《埤雅》云：“草之多寿者，故字从耆。”《博物志》言：“蓍千岁而三百茎，其本已老，故知吉凶。”⑤
>
> 《别录》曰：“蓍实生少室山谷，八月、九月采实，日干。”（苏）恭

① 胡煦：《卜法详考》卷三//《四库术数类丛书》六，上海：上海古籍出版社，1991年，第897—898页。

② 容肇祖：《占卜的源流》，第11页。

③ 同②第13页。

④ 同②第18—19页。

⑤ 李时珍：《本草纲目》，第647页。

> 曰："此草所在有之，其茎可为筮。陶氏误以为楮实为之。楮实味甘，此味苦，今正之。"
>
> （苏）颂曰："今蔡州上蔡县白龟祠旁，其生如蒿作丛，高五六尺，一本十二茎，至多者五十茎，生便条直，所以异于众蒿也。秋后有花，出于枝端，红紫色，形如菊花，结实如艾实。"
>
> 《史记·龟策列传》云："龟千岁乃游于莲叶之上。蓍百茎共一根。所生之处，兽无虎狼，虫无毒螫。"徐广注云："刘向言龟千岁而灵，蓍百年而一本生百茎也。"褚先生云："蓍满百茎，其下必有神龟守之，其上常有青云覆之。传云：天下和平，王道得而蓍茎长丈，其丛生满百茎。方今取蓍者，八十茎以上，长八尺者，即已难得。但得满六十茎以上，长六尺者，即可用矣。"[①]今蔡州所上，皆不言如此。则此类亦神物，故不常有也。
>
> 时珍曰："蓍乃蒿属，神草也。故《易》曰：'蓍之德，而神。'天子蓍长九尺，诸侯七尺，大夫五尺，士三尺。张华《博物志》言：'以末大于本者为主，次蒿，次荆，皆以月望浴之。然则无蓍揲卦，亦可以荆、蒿代之矣。'"[②]

按照对待龟的同样的方法，我们总结和归纳一下蓍草的特征。第一，字形特征。"蓍"字从草从耆，意为蓍草是草本植物，属于蒿类，像老人一样历年和更事久而多寿，对于所发生的事情能尽知。第二，生长与灵验特征。蓍草生长于没有人烟或极少房屋的山谷之中；生便条直，异于众蒿；秋后有花，出于枝端，红紫色，形如菊花，结实如艾实；百年而一本生百茎，百茎共一根；至千岁而生三百茎，其本已老，故知吉凶。其茎可为筮。可见，蓍草是一种灵草。第三，神圣性及其与龟的关系。龟千岁而灵，蓍百年而一本生百茎；龟千岁乃游于莲叶之上，蓍千岁而长满三百茎；蓍满百茎，其下必有神龟守之，其上常有青云覆之。蓍草所生之处，兽无虎狼，虫无毒螫。传说，天下和平，王道得而蓍茎长丈，其丛生满百茎。可见，蓍草是一种神草。蓍草的德性：蓍作为神草，具有《易传》所说的"圆而神"的特性。第四，预卜特征。蓍草为神草，"百言百当，足以决吉凶"。第五，筮卜用特征。蓍草长满六十茎以上，长度达到六尺，就可以采用它的茎来进行卜筮了；至于长满八十茎以上，长度达到八尺的，就已经难于得到了。用于卜筮的蓍茎干，要选择末大于本的，必须在月亮圆满的时候为它沐浴，晾干后以备用。

---

① 褚少孙《〈史记〉补·龟策列传》原文为："闻蓍生满百茎者，其下必有神龟守之，其上常有青云覆之。传曰：'天下和平，王道得，而蓍茎长丈，其丛生满百茎。'方今世取蓍者，不能中古法度，不能得满百茎长丈者，取八十茎已上，蓍长八尺，即难得也。人民好用卦者，取满六十茎已上，长满六尺者，即可用矣。"

② 李时珍：《本草纲目》，第 647—648 页。

对于蓍草的这些特征，我们仍然可以用一句话来概括，即长寿而神灵。事实上，蓍草最大的特性就是像龟一样长寿而神灵，因而成为一种可以用来占筮的神草。蓍草神秘、静谧、智慧、驱邪、高古、洁净、典雅、庄重、大气、方便、实用，刚而有柔且生命力强盛等诸多特点可能比较适合古代先民的宗教观、筮卜观、审美观和运用上的要求。蓍草作为神草，与神龟一样，共同特点是长寿而又神灵，因此蓍草也像神龟一样成了最理想的筮具。《汉书·艺文志》著录蓍书达十家或十种之多，原文如下：

> 《蓍书》二十八卷。《周易》三十八卷。《周易明堂》二十六卷。《周易随曲射匿》五十卷。《大筮衍易》二十八卷。《大次杂易》三十卷。《鼠序卜黄》二十五卷。《于陵钦易吉凶》二十三卷。《任良易旗》七十一卷。《易卦八具》。右蓍龟十五家，四百一卷。

这表明我国古代对于蓍及其蓍筮的崇信与重视，相对于龟及其龟卜来说，确实是有过之而无不及的。

在古代社会中，筮卜也同龟卜一样，既是王朝的行为，也是私人的行为。无论卜筮是王朝行为抑或私人行为，对于蓍草茎干的使用，都有严格的礼制规定，天子所用的蓍草长度要达到九尺，诸侯则使用长度为七尺的蓍草的茎干，大夫使用长度为五尺的蓍草的茎干，士则使用长度为三尺的蓍草的茎干。由此推知，庶民只允许使用不超过士所用的长度为三尺的蓍草的茎干。

从《史记·龟策列传》到《本草纲目》的记载看来，蓍草要长满六十茎以上，长度达到六尺，才可以用它的茎来揲卦。如果这是真的，那么这只能是对于诸侯以至天子而说的了。至于长满八十茎以上，长度达到八尺的蓍草，就十分稀有，在古代就已经难以得到了。看来，千年以上的蓍草非常珍贵，必然为宫廷所垄断和珍藏。尽管如此，但是与神龟比较起来，蓍草在数量上毕竟更多一些，也比较容易采制，特别是长度在五尺以下的蓍草，还是不难觅得的。而且，在揲卦缺乏蓍草的情况下，可以使用荆枝或蒿干来代替。可见，我们古代的先民对于卜筮是灵活的。当龟卜之法失传之后，蓍卜仍在进行。这可能是筮法得以流传和保留下来的一个重要原因。

四、圣人用龟蓍，明有而不专

必须指出，早在将近两千年前，《汉书·艺文志》论龟蓍，对于龟蓍作为卜筮具及其在古代卜筮中的作用和地位，业已做出了一次系统和深入的总结：

> 蓍龟者，圣人之所用也。《书》曰："女则有大疑，谋及卜筮。"《易》

> 曰："定天下之吉凶，成天下之亹亹者，莫善于蓍龟。""是故君子将有为也，将有行也，问焉而以言，其受命也如向，无有远近幽深，遂知来物。非天下之至精，其孰能与于此！"及至衰世，解于齐戒，而娄烦卜筮，神明不应。故筮渎不告，《易》以为忌；龟厌不告，《诗》以为刺。

从这段引文，至少可以看出以下五点。

第一，我国古代圣人之所以用龟卜蓍筮，乃是出于解决国家社会生活或个人生活中的大疑难，实属不得已而用之。正如《尚书·洪范》所谓"汝则有大疑……谋及卜筮"之所言。由此看来，龟卜蓍筮的作用似乎有补充人的智慧（人谋）之不足的作用与效果。

第二，"君子"将要有所作为或行动，就会进行龟卜蓍筮活动，预卜未来的结果，以决定行动的措施和方向。

第三，我国古代圣人完全相信龟筮具有超凡的预知功能，对于决定天下的吉凶，达成天下的长治久安具有绝大的预知作用，这以《周易》所谓"定天下之吉凶，成天下之亹亹者，莫善于蓍龟"的观点最具有代表性。无疑，这种对于龟蓍预卜的信仰已经变成了一种迷信了。

第四，我国古代先民的龟卜蓍筮活动与对于天神的信仰是密切地联系在一起的。在正常情况下，进行龟卜蓍筮活动是必须沐浴斋戒的，以表示出对于神明的诚敬和龟卜蓍筮活动的庄严，从而达到理想的卜筮效果。值得注意的是，从上引文所透露的信息可知，卜筮活动的盛衰似乎与世道的盛衰是相关相应的。因此，到了衰世，人们对于卜筮也就不是那么认真对待了，也就懈于举行斋戒祭祀了。你如何对待神，神就如何对待你。那么，"神明不应"也就不足为怪了。

第五，龟卜蓍筮活动必须有诚敬之心，必须庄重、严肃和认真对待，才能达到人与龟蓍之间的相互感通。如果亵渎了灵龟或神蓍，那么必然会有"筮渎不告"或"龟厌不告"的结果，因此"《易》以为忌"，"《诗》以为刺"，皆意在引起后人的警戒。

由此看来，至少到汉代，人们对于龟卜蓍筮的迷狂与信从不仅没有受到动摇，反而是得到加强了。

从以上的论述可知，我国古代先民对于以龟蓍作为卜筮具无疑是具有一种特殊的崇拜、喜好与迷信，然而这与龟蓍本身所具有的特殊品性及其在众多的卜筮具中的胜出是密切地联系在一起的，否则，就真是不可思议了。《汉书·艺文志》所谓"非天下之至精，其孰能与于此"，可谓点睛之笔与不刊之论。

今天来讨论龟蓍作为卜筮具及其在古代卜筮中的作用和地位的问题，似乎只是在叙述一段遥远的陈年往事，然而卜筮的历史至今却没有终结。当前，随着"国学热"的升温，卜筮活动的讨论在坊间已然变得活跃起来。这就对生活在当下的今人即“我们”提出了一个不可回避的重要问题，即活在历史中的当下的“我们”应该如何看待历史遗留下来的卜筮活动呢？

笔者以为，首先必须承认这是一种历史文化现象，剔除了迷信与巫术成分，其中包含与蕴藏了大量的历史与文化信息，以及至今未能破解的谜题。无须讳言，从事《易》学研究的大多数人都不会否认，卜筮不完全是迷信与骗术，有其特定的社会文化与心理基础，否则绝不可能流传至今，应该给予一定的重视。在这方面，司马迁对卜筮的看法，依然具有一定的参考价值。在《史记·龟策列传》中，司马迁虽然突出了占卜在古代政治生活中的作用、地位和意义，但能够在一定程度上摆脱神秘主义色彩，强调对于卜筮不能迷信，并对《尚书·洪范》中“五谋而卜筮居其二，五占从其多，明有而不专之道也”的思想做了进一步的发挥：

> 夫擽策定数，灼龟观兆，变化无穷，是以择贤而用占焉，可谓圣人重事者乎！周公卜三龟，而武王有瘳。纣为暴虐，而元龟不占。晋文将定襄王之位，卜得黄帝之兆，卒受彤弓之命。献公贪骊姬之色，卜而兆有口象，其祸竟流五世。楚灵将背周室，卜而龟逆，终被乾溪之败。兆应信诚于内，而时人明察见之于外，可不谓两合者哉！君子谓夫轻卜筮，无神明者，悖；背人道，信祯祥者，鬼神不得其正。故《书》建稽疑，五谋而卜筮居其二，五占从其多，明有而不专之道也。

司马迁认为，如果一方面完全迷信于卜筮的祯祥，另一方面却胆大妄为，背弃天道人伦，悖于事理而行，那么就连鬼神也不可能让他走上正确的道路。因此，即使是卜筮，也需要以诚信的态度对事情进行明察，遵从事理，而卜筮的根本意义，正在于“明有而不专之道”。司马迁的这一论述，为今天人们理解上古卜筮，提供了一个重要的启示。

（原载《文史哲》2014年第2期）

虎食人卣纹饰与形塑中的意象观念之秘密：天人合一（上）

一、引言

在我国出土的商代青铜器中，虎食人卣（又称为饕餮食人卣、鹿钮乳虎卣）① 一直是引人瞩目的艺术珍品。众所周知，现在所知的“虎食人卣”仅存两件：一件藏于日本泉屋博古馆（图1-1），一件藏于法国赛努施基博物馆（图1-2）。前一件（日藏）的彩色图版收入《中国工艺美术全集·工艺美术编4·青铜器》上②和《中国青铜器全集·商4》③之中，后一件（法藏）著录于李学勤与艾兰编著的《欧洲所藏中国青铜器遗珠》之内④，可资观赏与研究。此外，大英博物馆藏有一件相近的虎食人饰件（图2），也值得注意。诚如李学勤先生所指出，国内见到虎食人卣的图像，大多数都是来自容庚先生的《海外吉金图录》《商周彝器通考》⑤等书。其实，有关虎食人卣的记述，最早见于罗振玉《俑庐日札》。罗氏在其书中说：“徐梧生监丞言盛伯羲祭酒家藏一卣，形制奇诡，作一兽攫人欲啖状，殆象饕餮也。此前人记述古彝器图象者所未知。”⑥这里说的两个人，一个是徐梧生，名坊；另一个是盛伯羲，名昱。他们两位都是有名的收藏家。从罗氏的记述，可

① 虎食人卣最早称为“饕餮食人卣”，源自罗振玉先生所著的《俑庐日札》，罗氏将此器形之虎纹饰释读为“饕餮”，容庚先生据此称之为“饕餮食人卣”（容庚：《商周彝器通考》，上海：上海人民出版社，2008年，第319、739页），后被日本学者樋口隆康先生命名为“虎食人卣”，并为学界广泛采纳，流行至今。曾有学者根据《左传》宣公四年令尹子文为虎所哺乳的故事，将此卣名为“乳虎卣”（李学勤：《试论虎食人卣》//中国古代铜鼓研究学会：《南方民族考古》第一辑，成都：四川大学出版社，1987年，第39页）。但是，此一名称难于为多数学者所认可。张光直先生则称呼其为“乳虎食人卣”，意在将两种意见统一起来（张光直：《濮阳三蹻与中国古代美术上的人兽母题》//《中国青铜时代》，北京：生活·读书·新知三联书店，2013年，第331页）。吴卫、龙楚怡认为张氏所谓的“乳虎食（shí）人卣”应读作“乳虎食（sì）人卣”（吴卫、龙楚怡：《虎食人卣纹饰及文化寓意探析》，《装饰》2014年第12期），对于此器的命名，至今争论不休。但是，一般均称为虎食人卣，本文不避旧俗，沿袭此名而称之。

② 中国美术全集编辑委员会：《中国工艺美术全集·工艺美术编4·青铜器》上，李学勤主编，北京：文物出版社，1985年，彩图109。

③ 中国青铜器全集编辑委员会：《中国青铜器全集·商4》，北京：文物出版社，1998年，第148页，图一五二，以及第42页图版说明。

④ 李学勤、艾兰：《欧洲所藏中国青铜器遗珠》，北京：文物出版社，1995年，图四十。

⑤ 容庚：《商周彝器通考》，第739页，下编附图六五一甲和六五一乙。

⑥ 罗振玉：《俑庐日札》//《罗振玉学术论著集》第三集，罗继祖主编，上海：上海古籍出版社，2013年，第93页。

图 1-1 虎食人卣（日本泉屋博古馆藏）

商代晚期，高 36.6 厘米，《删泉》图二三著录。据说出土于湖南安化，器中人手拊虎肩，脚踏虎尾，人的双臂上饰有龙纹，臂至大腿上饰有蛇纹，虎背上饰兽面纹，前腿饰龙纹，造型奇特，题材诡异，匪夷所思。[①]

图 1-2 虎食人卣（法国赛努施基博物馆藏）

商代后期，高 35 厘米，长 20 厘米，通体作虎形，踞坐，以后足及尾支撑，前爪抱持一人，张口欲啖食人首。人体与虎相对，手拊虎肩，脚踏虎后爪上，转面向左侧视。虎肩端连提梁，梁两头有兽首，梁背饰长夔纹。虎上部有椭圆形器口，有盖，盖上有立鹿，盖面饰夔纹。虎身饰有鳞纹、云纹、龙纹、蛇纹、夔纹等，奇诡华丽。虎背有牛首纹，垂象鼻作为虎尾。自盖后端，沿虎脊为一扉棱，其口部有钩状突起。虎后足上有虎纹，其后加一兽首，人形披发，着衣，臀至股际饰蛇纹。卣外底有阴线的龙纹，两侧各有一鱼纹。此器入藏于 1920 年 5 月，与日本泉屋博古馆所藏一件大致相同，只有细微差异，参看李学勤《试论虎食人卣》（《南方民族考古》第一辑）。[②]

---

① 图片及部分文字说明，见朱凤瀚：《中国青铜器综论》上，上海：上海古籍出版社，2009 年，第 208 页，图版一·八 商后期的虎食人卣。

② 图片来源，见朱凤瀚：《中国青铜器综论》上，图版一·八 商后期的虎食人卣；文字说明来源，见李学勤、艾兰：《欧洲所藏中国青铜器遗珠》，第 323—324 页。

知盛氏曾经藏有过这一类型的虎食人卣。在国内，继罗氏与容氏之后，李学勤先生在《试论虎食人卣》一文中，较早地介绍了有关虎食人卣的收藏与著录信息，并做了初步的研究。经过多年的研究与考证，虎食人卣原出于湖南安化（甚至还有具体说出于宁乡沩山与安化边界附近）①，应该是可信的。

图 2 虎食人饰件（大英博物馆藏）

商代后期，高 11 厘米，饰件下部为一踞坐羽人。上系跪坐人形，手捧一鸟，背后有虎攫噬其首。此器下端有四棱形槽，可装入木制品。饰件表现意境类似虎食人卣，而更为复杂。羽人与后世的神仙有关，也值得注意。江西新干（旧作淦）大洋洲商墓中已有玉羽人，可互相参照。②

美国著名人类学家弗朗兹·博厄斯（Franz Boas，1854—1942 年）曾经指出：

> 我们看到，在原始人的艺术中存在着两种因素：一种是单纯的形式因素，只靠形式给人以艺术的享受；另一种是形式本身具有某种含义，在这种情况下，含义就赋予艺术品以更高的美学价值。这是因为有含义的艺术品的内含因素更为丰富，或者是由于制作者的艺术活动本身就具有美学价值。既然这些形式是有含义的，它们就必然具有代表性，虽然并不一定表现某些具体的对象，但有时是代表较为抽象的思维。
>
> ……

① 参见李学勤：《试论虎食人卣》//中国古代铜鼓研究学会：《南方民族考古》第一辑，第 37 页；中国青铜器全集编辑委员会：《中国青铜器全集·商 4》，第 148 页，图一五二，以及第 4 页图版说明；高至喜：《“商文化不过长江”辨——从考古发现看湖南的商代文化》//《商周青铜器与楚文化研究》，长沙：岳麓书社，1999 年，第 48—53 页（该文原刊于《求索》1981 年第 2 期）。

② 图片与文字说明，见李学勤、艾兰：《欧洲所藏中国青铜器遗珠》，第 336 页，图版 79 虎食人饰件。

> 值得注意的是，世界上众多民族的艺术品，从表面上看仅仅是单纯的形式装饰，而实际上却同某些含义相关连，并且能够被人所理解。①

这段经典的论述，恰好可以用来解释与说明，为什么虎食人卣在当今成为一个备受关注和讨论的话题。流行于殷商晚期的虎食人卣，自发现以来，之所以十分引人瞩目并引起人们热烈的探讨兴趣，不仅是因为它代表和表现了“商代晚期流行作风。其在器身上集中多种动物形象，富于神话色彩”②，以及其铸造技艺的高超和形制的精美，也不仅是因为它“是研究商文化与南方关系的重要依据之一”，“既有商文化的一般特点，又有地方性的独有风格”③——这些固然是其能给人以艺术享受的美学形式和重要的历史文化的原因，但更重要的是赋予其更高的超越了其美学价值的形式本身所具有的意象观念之含义，亦即李学勤所说的“虎食人或龙食人的纹饰，在商至周初颇不少见，应有其特殊的意义”④。问题在于“其特殊的意义”即其形式本身所具有的意象观念之含义究竟何在？毋庸置疑，虎食人卣的特殊意义，就隐含在其神秘奇佹和精美绝伦的纹饰与形塑之中。对此，李学勤先生说：

> 必须承认，目前要对虎食人卣以及其他虎或龙食人纹饰所表现的意象观念作彻底解析，或许是不可能的，因为在流传至今的古代神话材料中很难找到这方面的描述。⑤

确实，必须承认，即使是在今天，要想彻底地破解与揭晓虎食人卣纹饰中的意象观念，仍然是非常困难的。但是，也许并不像李学勤先生所说的“或许是不可能的”。因为我们的眼光不能仅仅集中在“流传至今的古代神话材料中”，事实上，李学勤先生自己也充分地意识到了这一点，所以他又指出：

> 考古研究需要广泛进行比较，需要引用、借鉴许多学科，如美术史、文化人类学、神话学等方面的方法及成果。只有这样，才能启发我们的思路，去探讨那些无文献可依据的问题。我觉得关于虎食人卣的探索，正充分证明了这一点。沿这条路走下去，最后将能揭示虎食人卣蕴藏的秘密。⑥

无疑，这一看法充分地吸收和发挥了张光直先生在其《商文明》中所提出的“探

---

① 弗朗兹·博厄斯：《原始艺术》，金辉译，刘乃元校，上海：上海文艺出版社，1989年，第80页。

② 李学勤：《试论虎食人卣》//中国古代铜鼓研究学会：《南方民族考古》第一辑，第39页。

③ 同②第37页。

④ 同②第41页。

⑤ 同②第42页。

⑥ 同②第43页。

索商代历史的五条门径”[①]，即传统的历史文献、青铜器、甲骨文、考古学、理论模式，亦即国内所谓的包括了历史学、文献学、考古学、古文字学和理论探讨之“五条门径”的主张，李学勤先生指出这“‘五条门径’实际是对商代文明的多学科的综合研究……不仅是研究商代的门径，对于夏商周三代的研究，整个都是适用的”[②]。因此，具体回溯到夏商周三代文明尤其青铜器的研究上，如果我们今天欲图研究和揭示虎食人卣以及其纹饰与形塑中的秘密意象观念，那么就必须将考古学与民族文化人类学、神话学、文献学（包括金石学）、美术史，甚至与哲学（包括中国哲学史）综合起来，进行一种多学科的、跨学科性的“多视角主义”的透视，才有可能达到研究目的。笔者虽然是一个青铜器的爱好者，但是既无意更无力去做这方面的研究，然而在探索中国哲学的起源问题的过程中，意外发现虎食人卣（以及龙食人卣）所蕴含的意象观念，与中国哲学的精神之间，具有密切的关系，因此引发了考究其意象观念之秘密的兴趣。

本文不揣谫陋，试图在张光直先生和李学勤先生等先进业已取得的研究成果的基础上，更进一步，对虎食人卣纹饰与形塑中的意象观念之谜，做一尝试性的探释，敬希方家指教。

二、求解虎食人卣纹饰与形塑中的意象观念之谜的问题和进路

关于“虎食人卣”纹饰与形塑中的意象观念（或称之为“虎食人卣中人兽母题的蕴藉”[③]，或称之为虎食人卣“图像的神话学蕴含”[④]，或称之为虎食人卣的“文化寓意”[⑤]，或称之为“虎与人合体所蕴含的含义与观念”[⑥]等），自一开始就成为国内外众多学者与爱好者普遍关注和热烈讨论的话题，但迄今仍是众说纷纭，

---

① 张光直：《绪论：探索商代历史的五条途径》//《商文明》，北京：生活·读书·新知三联书店，2013年，第1—59页。

② 李学勤：《夏商周离我们有多远？——读张光直〈中国青铜时代〉一、二集》，《读书》1990年第3期，第17页。

③ 关于“人兽母题”或“‘巫蹻’母题”，又称为“‘亲密伙伴’的母题”（alter ego），首先是由张光直先生的论文引介进来的，此后便在中国流传开来。张光直说：“中国古代美术中常见的一个符号便是人兽相伴的形象，我们在这里不妨叫它做‘人兽母题’或迳称之为‘巫蹻’母题，也就是环太平洋地区古代和原始美术中常见的所谓 alter ego 或‘亲密伙伴’的母题。”（张光直：《濮阳三蹻与中国古代美术上的人兽母题》//《中国青铜时代》，第330页；冯胜国：《海外收藏虎食人卣造型解读》，《宝鸡文理学院学报（社会科学版）》2015年第35卷第2期，第29页）

④ 叶舒宪：《虎食人卣与妇好圈足觥的图像叙事——殷周青铜器的神话学解读》，《民族艺术》2010 第 2 期，第99页。

⑤ 吴卫、龙楚怡：《虎食人卣纹饰及文化寓意探析》，《装饰》2014 年第12期，第81页。

⑥ 张昌平：《商周时期南方青铜器研究》，北京：商务印书馆，2016年，第133页。

莫衷一是。出自各种不同角度的猜想与说法，据叶舒宪的统计，不下十种之多。[①]陈婧则将这些说法归纳为八种，补充了叶舒宪的《虎食人卣与妇好圈足觥的图像叙事——殷周青铜器的神话学解读》一文中的观点，并在此基础上提出了自己的思考，也是十种说法。[②]实际上，根据笔者所见，远不止十种。为了厘清求解虎食人卣纹饰和形塑中的意象观念之谜的问题和进路，就必须回溯到这些不同的观点中去，以便将其中所存在的真正的问题和求解的进路找出来，在此重述与补充并略作评点，罗列如下。

（1）萨满通灵说（又被称为“沟通天地”说[③]），以张光直为代表，认为商周青铜彝器是巫觋沟通天地的一种工具（法器），而这些青铜彝器上的动物纹样则是巫觋的助手或使者[④]（将在下文中详论）。

（2）避邪说，以马承源为代表，认为“虎食人卣”的纹饰和形塑实际上反映的是“虎食鬼”的神话，“虎食人卣”中的虎威是用来驱逐恶魔的，从而起到了避邪之用。[⑤]马先生所列出的根据和理由仅仅是“人像的腿上装饰有两条蛇纹，很有可能象征着邪恶，因为当时把蛇看作不祥之物”[⑥]。且不说这一根据和理由过于单薄，而且问题在于究竟在多大的范围以内，当时的人们把蛇看作不祥之物来对待，有没有相反的情况，例如我们在马家窑文化的半山类型和马厂类型的彩陶纹饰中，可以看到人蛇共舞[⑦]和盘旋的蛇形纹[⑧]，无论怎么解读，也读不出“蛇是不祥之物”的意蕴来，尽管不能确定人们是否有过蛇（神）崇拜的信仰，但是人们对蛇的喜好（民间有“小龙”之称）流行于后世则是事实（齐家文化的彩陶上就出现浮雕的蛇纹[⑨]，或称龙纹，张朋川先生认为“有些蛇龙变化的意思”[⑩]）。众所皆知，中国自古以来就有以蛇为美食而捕蛇的传统，湖南也不例外，柳宗元的名文《捕蛇者说》，写的就是湖南捕蛇人的生活。笔者以为，此说如果置于秦汉之后去看，确实不假，民间有这一风俗，但是据此推前至商周时期，且作一普遍的观点，则未

---

① 叶舒宪：《虎食人卣与妇好圈足觥的图像叙事——殷周青铜器的神话学解读》，第100页。

② 陈婧：《神—英雄—人时代之间的张力——浅析商青铜器“虎食人卣”的蕴藉内涵》，《湖南省社会主义学院学报》2013年第3期，第88页。

③ 同①；冯胜国：《海外收藏虎食人卣造型解读》 第29页。

④ 张光直：《商周青铜器上的动物纹样》，《中国古代艺术与政治——续论商周青铜器上的动物纹样》//《中国青铜时代》，第445—447、472页。

⑤ 马承源：《中国古代青铜器》，上海：上海人民出版社，2016年，第71、73—74页。

⑥ 同⑤第74页。

⑦ 张朋川、王新村：《马家窑文化彩陶瑰宝新赏》，北京：文物出版社，2004年，第98页，图版“神人纹浮雕蛇纹罐·半山类型”。

⑧ 同⑦，第135页，图版“蛇形纹壶·马厂类型”。

⑨ 甘肃省博物馆：《甘肃彩陶》，北京：科学出版社，韩博文主编，2008年，第165页，图131“浮雕龙纹红陶罐”。

⑩ 同⑦第4页。

免大谬。更何况，就像日本学者林巳奈夫所指出的那样："兽面不是通过动物本身，而是通过动物所象征的族群来显示威力的。"[①]此外，更多具体理由，可以参阅郭静云《天神与天地之道——巫觋信仰与传统思想渊源》一书中的有关研究。[②]

（3）神人合一说，以美国学者弗雷泽（Fraser）和中国学者李学勤、郭静云等为代表。弗雷泽以为，在虎食人卣等一类的人兽母题中的动物多属萨满教假想的"另一个我"或"他我"，通过人被"吞食"或被"挟持"而通神登天，超升高境。李学勤援引这一理论加以发挥论说，以为虎食人的"吞食"象征着（人）自我与具有神性动物（虎）的合一。[③]郭静云所提出的吞吐-神格化说，与此有相似相近之处，但又有本质的不同。故单列一说（见下文）。

（4）图腾说，以杨希牧[④]、王震中[⑤]等为代表。其说以为饕餮纹或即是饕餮族人的肖形，既表示该族人的凶悍，提高其任职的警戒，同时也以此诅咒作恶的族人终有恶报，而兼以戒人贪欲之恶。故可论断虎食人卣之类的青铜器题材源于商代虎方方国的部族诞生神话，虎口中之人，则表示该族的人源起于虎类。盖虎图腾固然有之，但虎图腾与人类族裔的起源以及祖先崇拜是密切相关的（这一问题下文中论述）。故此说的问题在于，"虎食人"本身的意象观念之意蕴是什么，没有得到应有的回答。

（5）虎乳人卣说。其说以《左传》中"虎乳人"的故事作为依据，认为该卣展现的是虎以蹲踞的姿势哺乳幼儿的造型和意境，展示了一种人虎和谐的关系，是中国天人合一哲学观的具体体现，故极力主张以"乳虎卣"命名此卣。[⑥]此外，张光直先生也有意将"虎食人"与"虎乳人"统一起来，故而称呼其为"乳虎食人卣"。[⑦]虎乳人卣说，看起来似乎有理，但是，对于人虎和谐的关系与中国天人合一哲学观之间的关系，缺乏具体深入的论述，不免使人疑惑与遗憾。对此，本文则将有一新的探讨。

（6）人虎交欢说或生殖崇拜说，有林河、潘守永、雷虹霁等持此说。林河认为，虎食人卣是商代南方崇拜神虎的氏族以艺术形式夸张地塑造出来的神话时代

---

① 林巳奈夫：《神与兽的纹样学——中国古代诸神》，常耀华、王平、刘晓燕等译，北京：生活·读书·新知三联书店，2016年，第29页。

② 郭静云：《天神与天地之道——巫觋信仰与传统思想渊源》上，上海：上海古籍出版社，2016年，第411—415页。

③ 李学勤：《试论虎食人卣》//中国古代铜鼓研究学会：《南方民族考古》第一辑，第43页。

④ 杨希牧：《古饕餮民族考》，《"中央研究院"民族学研究所集刊》1976年第24期，第1—32页。

⑤ 王震中：《试论商代"虎食人卣"类铜器题材的含义》//中国文物学会、中国殷商文化学会、中山大学：《商承祚教授百年诞辰纪念文集》，北京：文物出版社，2003 年。

⑥ 同③第39页；叶舒宪：《虎食人卣与妇好圈足觥的图像叙事——殷周青铜器的神话学解读》，第100页；陈婧：《神一英雄一人时代之间的张力——浅析商青铜器"虎食人卣"的蕴藉内涵》，第87—88页。

⑦ 张光直：《濮阳三蹻与中国古代美术上的人兽母题》//《中国青铜时代》，第331页。

的“人神交合图”。神虎为其氏族的保护神，妙龄女巫则通过巫术实现与其氏族保护神的交合，企图通过“从神受孕”而将自己所属的氏族变成“虎的传人”，因而使自己所属的氏族具有神虎一般的神威和强健的体魄。故虎食人卣当为人神交合的一种具体的表现形式。[①]而潘守永、雷虹霁也认为，此卣的图像寓意为生殖崇拜。具体地说，在“虎食人卣”的纹饰中，“人”作为“位”的意义不是处于完全被动的位置上，其整个身体的“九屈”姿态是一种“力”的象征，而其“蹲踞”其实正是“九屈”之具体形态的一种表现，“九屈”的姿态所隐含的乃是人虎“交合”的情形，是生殖崇拜的象征。然而，在“现实的世界里，人与兽交合是完全不可能存在的。因此，人兽相交的造型只能具有超现实的意义，它显然也具有类似‘生命转折’的标志的意思，是一种生殖崇拜的象征物”[②]。毋庸置疑，生殖崇拜曾经存在于古代文化之中，甚至晚近仍有遗迹（20世纪在大理石宝山和曲靖所辖的师宗之五龙凤凰谷尚有零星的生殖崇拜活动），然而将其移植于“人兽母题”中的“虎食人”上，尤其以为“九屈”姿态是“交合”的情形之表现，以创新的姿态提出“人虎交欢”的诠释，这恐怕是一种现代人才能有的臆想（理由详见下文中的论述）。

（7）“帝像”与祖灵升天说，以日本学者林巳奈夫为代表。此说分析了类似于虎食人卣这类饕餮纹图像的形态特征和“系谱”，将殷至西周前期的饕餮纹视为“帝”的图像，并断言其渊源于河姆渡文化的太阳神与鸟组合的图像，经过龙山文化的鬼神像而演变成为这一结果。[③]此说有一定的道理。林巳奈夫进一步根据西周金文有关“人类祖先的灵魂与帝相见”的记载，而图像显示贴近祖灵而仅有咫尺的动物神是虎，因此从逻辑上推断“虎”必然为“帝”[④]，因而将“虎食人”中的“虎”视为“帝像”的一种象征，可谓一种天才的猜测，但是仍感笼统，缺乏更多有支撑力的证据。至于林氏将“虎食人”中的“人”视为死者的灵魂或神化之人，亦即神，与下文所要谈到的艾兰的观点略有相近之处，但其根据是所谓虎的额头上有“舌”的字样与额头上有葹形的兽面纹同等，并且认为葹形与甲骨文“舌”字所象之形状相同，故是表示用舌头来舔舐东西（如酒之类），而此“人”的舌头上露出像天线似的“气”，必定是与虎上的葹通过口中伸出来的舌头互通灵气，就意味着它并非人类。由此，再联想到西周铜器铭文中常有祖灵立于帝庭或因功德配享天帝的内容，遂断定其为祖灵。[⑤]在某种意义上说，这一看法是有些道理的，

① 林河：《“虎食人卣”是“人虎交欢”的误读》，《寻根》2001年第2期，第62页。

② 潘守永、雷虹霁：《“虎食人卣”的文化阐释——续论“九屈神人”的文化义涵》，《民族艺术》2000年第2期，第129页。

③ 林巳奈夫：《神与兽的纹样学——中国古代诸神》，第13—47页。

④ 同③第25页。

⑤ 同③第18—22、153页。

但要这样去理解，不免太费周折，更多的也只能是在想象和推测上加上想象和推测而已，实难以事实为据，诚不如上面论及的张光直的巫觋之说真实可靠（这在后文中有详论）。

（8）商代神形说，以张二国[①]等为代表。此说认为商代青铜器纹饰中的神性动物形象，主要来自自然界的不同动物且由不同动物的器官拼凑而成，也有一些神形如“虎食人卣”，是由人与兽组合而成的。在商文明中，这种人神崇拜走上与动物神相融合的道路，有利于人与动物复合型神灵崇拜的发展。此说以“神形”构造与“人神”崇拜的关系为进路，尝试解读商代青铜器纹饰中的神性动物形象（包括“虎食人”），有一定的合理之处，因为宗教离不开对于神形的塑造，但其重在图像学的探释，不足以揭示“虎食人卣”之形塑与纹饰的意象观念之谜。

（9）通向死亡之途说，以艾兰为代表。此说不同意张光直所持的虎食人卣是巫觋或萨满借助动物力量以沟通天地之工具的观点，认为：“这个饰纹母型意味死亡之途，即从人间到神灵的过渡。”“它不是萨满到另一个世界的通道的再现，它实际上是暗示了死亡之途。”“如果要说这个虎口中的人到底有何所指，我认为更像是表示死人……从这个观点来看虎食人卣的饰纹和老虎中人身上的龙蛇纹就可以理解了。它们都暗示出了下界有水——黄泉。”[②]此说与郭静云所持的观点[③]有一定的近似之处，然而证之以民族文化人类学、民俗学与宗教学，未见有将龙蛇纹作为死亡通道——黄泉（水）之暗示；况且人形以蹲踞的姿势立于虎足之上，双手屈伸上举，表情“泰然自若”[④]，毫无鬼状，如果当作死人或死尸来看，是难以理解和想象的。故此说不仅缺乏说服力，而且臆度的意味过重。

（10）神、英雄、人三个时代观念交相融渗说，为陈婧所提出。此说在参考以上九种观点的基础上，援借和引入意大利学者乔瓦尼·巴蒂斯塔·维柯（Giovanni Battista Vico，1668—1744年）《新科学》中的“神”“英雄”“人”的三个观念，认为“虎食人卣”是对商代人不自觉产生的神、英雄、人三种时代观念交相融渗的反映，是神—英雄—人时代张力之间的产物。[⑤]在人类古代文化中，任何时代皆

① 张二国：《商周的神形》，《海南师范学院学报（人文社会科学版）》2001年第4期，第42—50页。

② 艾兰：《早期中国历史、思想与文化》，杨民等译，沈阳：辽宁教育出版社，1999年，第219页。

③ 郭静云也指出：“在巫觋文化中，人物神化的信仰似乎也不仅局限于死者升天的作用。”（郭静云：《天神与天地之道——巫觋信仰与传统思想渊源》上，第121页）她由此强调了死后的再生，并说：“由龙所吞咽的人物，经神格化的过程而成为英雄、巫师、上帝代言人、大酋等，或者也可经龙身吐出到天界而获得再生。因吞而死，又因吐而再生，此种信仰是上述神话和仪式的基础。”（郭静云：《天神与天地之道——巫觋信仰与传统思想渊源》上，第115页）这是值得注意的，因为如果仅仅关注死亡并指示死亡的通道，则犹如对亡灵的一种超度与安慰，未必需要诉诸龙虎蛇纹。

④ 林巳奈夫：《神与兽的纹样学——中国古代诸神》，第22页。

⑤ 陈婧：《神—英雄—人时代之间的张力——浅析商青铜器“虎食人卣”的蕴藉内涵》，第88页。

有神、英雄、人三种观念交相融渗的关系问题，那么为什么这三者的关系一定是在“虎食人卣”的纹饰与形塑中表现与反映，而不是在其他器物的纹饰与形塑中表现或反映出来呢？此说不能回答这一问题，且不免失之于生硬和简单，也未能揭示其意象观念所含有的意蕴。

（11）反映社会信息说，张昌平先生提出此说。此说受法国赛努施基博物馆（Musée Cernuschi，张译为“池努奇博物馆”，为统一起见，本文一律译为赛努施基博物馆）图录对虎食人卣界说的影响，认为瓦迪姆·叶利谢耶夫（Vadime Elisseeff）将卣中的人描述为一个孩子，是因为他注意到人的比例明显小于老虎的缘故。进而指出，在虎卣中，三个现实动物人、虎、鹿集中于一体，其形体大小皆与现实世界的真实比例不符合。这是由其表现手法所决定的。因为“商周青铜器动物纹样如兽面纹、龙纹装饰幅面的大小，取决于装饰区域的重要性”，亦即“比例大小是依照表现对象的重要性和位置而定。这一点也几乎是古今不同文化在艺术表现手法上最大的共同点之一”[①]。并以古埃及第十八王朝的一幅表现贵族猎鸟壁画（古埃及 Nebamun 墓葬壁画）[②]中的人物比例的不同为旁证来说明。张昌平所引用的这幅壁画，采取古埃及艺术中常见的表现形式，故在画面中的男主人（Nebamun）及其妻子和女儿的大小，各不相同。据此，张昌平推断“虎卣中虎与人的比例，也应该是反映不同对象的重要程度”。“虎卣的造型当然也反映出一定的社会信息。”[③]张昌平对虎食人卣的造型做了迄今最为详细的观察和研究，虽然就其意象观念上提出了反映社会信息的说法，但是对于“社会信息”的具体内容并无说明，只不过指示了卣中人、虎、鹿之比例的不同，至于其意义，则毫无所示，读者只能自己去想象了。

（12）人虎相争史影说，张翀持此说。此说缘于受到陈星灿先生《“虎食人卣”及相关图像的史影蠡测》[④]一文的启发，认为陈星灿关于“虎的形象源于人为了狩猎而披着虎皮，从而具有一种超人的能力”的说法，颇能表现出人虎相争的意涵来。[⑤]是故两件“虎食人”卣的图像不是在叙述虎吃人，而是意图模仿想象中的食人的人面虎身异兽噬食异族之人，且作为本族的保护神而出现。同时，此说又加进王震中先生[⑥]的与南地虎方有关的虎部族诞生神话的观点，最终断

---

① 张昌平：《商周时期南方青铜器研究》，第 134 页。

② Gay R：*The Art of Ancient Egyptian*，Cambridge：Harvard University Press，1997，fig. 11.

③ 同①第 134—135 页。

④ 陈星灿：《“虎食人卣”及相关图像的史影蠡测》//北京大学考古文博学院、中国国家博物馆：《俞伟超先生纪念文集·学术卷》，北京：文物出版社，2009 年，第 232—240 页。

⑤ 张翀：《青铜识小》，北京：北京联合出版公司，2020 年，第 69 页。

⑥ 王震中：《试论商代“虎食人卣”类铜器题材的含义》//中国文物学会、中国殷商文化学会、中山大学：《商承祚教授百年诞辰纪念文集》，第 113—124 页。

言:“不管如何，人虎母题都是不同程度反映了人虎相争的史影。”[①]无疑，人虎相争由来已久，不独是在殷商时期才有所表现，而是自史前时期至东汉（汉以后不必论）皆有表现，见之于美术作品的就有岩画、青铜器、石画像、砖画像；此外，猎虎杀虎的事例，自有甲骨文以来，见之于文字的记录，数不胜数。对于人虎相争的问题，后文中将有论述。这里需要指出的问题在于，如果说以“虎食人卣”这样的礼器之造型和纹饰来表现“人虎相争”，想象中的食人人面虎身异兽居然可以噬食异族之人，未免太过于特殊离奇而不合古之习俗与常理，即使是古人朴实天真，也不至于浪漫如此，甚至产生出阿Q式的精神胜利法。此说游离于奇想，实在缺乏说服力。前引林巳奈夫的话，已经说得再清楚不过，这里不烦重复援引一次:“兽面不是通过动物本身，而是通过动物所象征的族群来显示威力的。”[②]

冯胜国则围绕着虎食人卣造型中的虎与人的关系，将叶舒宪所统计的十种观点，概括和划分为包容说与对立说两种看法。包容说以弗雷泽、李学勤所主张的人与神性合一说（冯氏认为此说是以沟通的通道说为主，以图腾说为辅的一种结合的观点）为代表；此外，王震中所持的人虎组合是商王室以奉祀虎方神灵的方式维持与虎方的友好关系说（可谓奉祀-友好关系说），林河所坚信的人虎交欢说，张昌平尝试的反映社会信息说亦可划入这一范畴。至于对立说，则以美术图籍中所称的“虎食人”说为代表。例如徐良高先生认为，人兽母题中的人首是俘虏的首级，以之喂虎，便是一例。[③]无疑，人虎相争史影说，自然属于对立说。但是，对立说遭到林巳奈夫强烈和严厉的驳斥。[④]

吴卫、龙楚怡则将虎食人卣的文化寓意区分为“虎食人焉”与“虎拥人也”两类进行辨析，认为张光直所谓的“乳虎食人卣”中的“食人”之“食”既可作名词也可作动词，除了作动词用时有“吃”的意思之外，也可读作“sì”，表示“拿东西给人吃”的意思，据此可知，“虎食人卣中人的蹲踞造型构图和人的面部表情都充分说明虎并非在张口‘啖食人首’，相反很可能是虎在给人喂食”。“这样看来，虎并非在‘食’人，实则是在保护怀中所拥抱的人”，“实为拥人，实则佑人”，“是古代民族一种敬虎爱虎的图腾崇拜”[⑤]。那么，“乳虎食（shí）人卣”理应读作“乳虎食（sì）人卣”。“在这里，虎已经被神圣化，扮演的是人类庇护神的角色，人

---

① 张翀:《青铜识小》，第75页。

② 林巳奈夫:《神与兽的纹样学——中国古代诸神》，第29页。

③ 徐良高:《商周青铜器“人兽母题”纹饰考释》，《考古》1991年第5期，第404页；冯胜国:《海外收藏虎食人卣造型解读》，第29页。

④ 林巳奈夫严肃地指出:“为什么在张着大口的老虎面前，人的表情却泰然自若。不懂这个‘泰然自若’就没有研究这个主题的资格了。”（同②第22页）

⑤ 吴卫、龙楚怡:《虎食人卣纹饰及文化寓意探析》，第81页。

与虎共存、相互依赖。虎食人卣表现的是虎（神）与人的佑助关系，是商代先民对神灵佑人、神人祥和的期盼，是连接人神关系的媒介。”[①]因此，“虎食人卣”应更名为“虎拥人卣”。此说引申与发挥张光直之说，与人虎交欢说或生殖崇拜说，都可以划入包容说。

此外，特别值得注意的是，郭静云深受苏联学者弗拉基米尔·雅可夫列维奇·普罗普（Владимир Яковлевич Пропп，1895—1970年）对于“神奇故事”中的妖蛇的仪式化地吞食与吐出解释的启发，在从广义的“饕餮食人”的考察中，尤其是对于“龙食人”的母题的考察中，提出了一种吞吐-神格化的说法（或称为“神格化的过程”说，又名为“神杀”说）。此说认为，作为神兽的动物（龙或虎或其他动物）能吞吐人，而被神吃掉的人实际上借此与神结合，获得其神圣特质，因此能通天与掌握各种神能，凡是经过了这一神化过程（即神格化）的人，便成为巫师、大酋或上帝的代言人。[②]在神兽混合的殷商文化中，因为饕餮神都是以成对的神兽来表现的，所以双龙或双虎食人的构图，可以称为“饕餮食人图案”。有关这些虽非龙形但能构成饕餮构图的神兽，如传自宁乡出土的虎食人卣，器物主体为龙虎合一的正在吞噬生人的饕餮。安徽阜南和三星堆龙虎尊构图的意义也是相同的。[③]总的说，这也是一种神人合一说。这种神人合一说之所以值得重视，是因为它指出了巫师、大酋乃是死而复生且与神合一的产儿。但是，这一说法究竟在多大程度上适用于“虎食人”的母题，则是一个有待讨论的问题（后文中论述）。

以上就是迄今为止所流行的对于虎食人卣之意象观念的解读。从这些解读中，可以看出两点：第一，绝大多数人认为虎食人卣所表现的意象观念并非虎食人（或虎吃人）；第二，虎食人卣的纹饰与形塑中的人虎关系，以及“人”和“虎”的意象蕴义，是分歧和争论的中心和焦点所在。诚如冯胜国先生分析后所得出的结论那样：“对于虎食人卣的解读存在较多分歧，其中人虎关系是争论的焦点，关于人虎关系的理解和概括，由于学者们的出发点和所应用理论的差异，应该说是诸位学者争论的重点问题之一……”[④]但是，“鹿”的意象蕴义，仍是一个重要的问题，除了在张光直的论文中有过论述（详见后文）以外，则几乎都被忽略掉了。实际上，对于虎食人卣纹饰中的意象观念，张光直先生和李学勤先生分别从“人兽之间关系”[⑤]和“纹饰内的人形”的角度进行过具有启发意义的探讨。[⑥]在上文所述中已经表明，张光直认为虎食人卣是“巫觋通天的法器”，人是“巫师的形象”，

① 吴卫、龙楚怡：《虎食人卣纹饰及文化寓意探析》，第81页。

② 郭静云：《天神与天地之道——巫觋信仰与传统思想渊源》上，第114—115页。

③ 同②第119—120页。

④ 冯胜国：《海外收藏虎食人卣造型解读》，第29页。

⑤ 张光直：《商周青铜器上的动物纹样》//《中国青铜时代》，第456—467页。

⑥ 李学勤：《试论虎食人卣》//中国古代铜鼓研究学会：《南方民族考古》第一辑，第42页。

而虎则“作为巫觋助手的动物形态”[①]。李学勤先生认为“虎食人”的“吞食象征自我与具有神性的动物的合一”[②]。无疑，在今天看来，这两个角度仍然是进入问题的关键和进路，原因是分析和揭示虎食人卣纹饰与形塑的意象观念，无论如何，都离不开“人兽之间关系”和“纹饰内的人形”。在此，可以补充甚至必须指出的是，其中鹿的意象观念之意蕴是什么，是与人虎关系密切相关的一个问题，因此也是一个重要的关键所在，绝不可视而不见。

总的来说，以上诸多解释的问题在于，虎食人卣的纹饰与形塑中的“人”与“虎”所代表和传达的意象观念究竟是什么？虽然已经有了众多的猜测和试探性的答案，犹如上文所述，但是仍然值得进一步的追问与再思考。如果说“虎”是一种神兽，那么它是一种什么样的神兽且具有什么样的蕴义？同样，“人”的意象观念究竟意指什么？其作用何在？“鹿”的意象观念究竟意指什么？其与“虎”“人”又是什么关系？只有将这些问题搞清楚，才能厘清“人”与“虎”之间的意象观念的真实意义。

① 张光直：《商周青铜器上的动物纹样》，《中国古代艺术与政治——续论商周青铜器上的动物纹样》//《中国青铜时代》，第445—447、472页。

② 李学勤：《试论虎食人卣》//中国古代铜鼓研究学会：《南方民族考古》第一辑，第43页。

虎食人卣纹饰与形塑中的意象观念之秘密：天人合一（中）

三、虎食人卣纹饰与形塑中的意象观念之谜试探

由虎食人卣之为商代晚期（至西周初期）的器物来看，可以断定殷商是一个尚未脱离原始宗教和巫术的时代。马林诺夫斯基（1884—1942年）曾经指出：

> 无论怎样原始的民族，都有宗教与巫术，科学态度与科学。通常虽都相信原始民族缺乏科学态度与科学，然而一切原始社会，凡经可靠而胜任的观察者所研究过的，都很显然地具有两种领域：一种是神圣的领域或巫术与宗教的领域，一种是世俗的领域或科学的领域。①

这一论断掷地有声，至今有效。事实上，在商的时代，就是一个巫术与宗教（科学以及科学态度与本文主旨无关，故在此暂时置之不论，但在后文中的相关处将附带论及）并行的时代。根据商至西周初期的时代特征，大致上可以确定，在这一时期生活的古代先民，具有运用巫术祭祀上天，从而实现人与上天沟通与合一的原始宗教习俗。在这种习俗中，（原始）巫术与（原始）宗教是不分的，亦即是合二为一的。这在占卜中的表现最为典型与突出，并且一直延续至20世纪西南地区的纳西族与壮族以及彝族等民族的占卜之中。②从宗教与巫术文化的历史发展来看，《礼记·表记》中所揭橥的“夏道尊命”、“殷人尊神”和“周人尊礼尚施”的三个阶段，可以认为是对于中国宗教和巫-礼文化历史发展过程的精辟概括和总结。其文指出：

> 子曰：“夏道尊命，事鬼敬神而远之，近人而忠焉。先禄而后威，先赏而后罚。亲而不尊。其民之敝，惷而愚，乔（骄）而野，朴而不文。殷人尊神，率民以事神，先鬼而后礼，先罚而后赏。尊而不亲，其民之敝，荡而不静，胜而无耻。周人尊礼尚施，事鬼敬神而远之，近人而忠焉，其赏罚用爵列。亲而不尊，其民之敝，利而巧，文而不惭，贼而蔽。”

---

① 马林诺夫斯基：《巫术科学宗教与神话》，李安宅译，北京：中国民间文艺出版社，1986年，第24页。

② 王兴国：《龟占蓍卜解谜——论龟蓍作为卜筮具及其在古代卜筮中的作用和地位》，《文史哲》2014年第2期，第47—50页。

对于这三个阶段，可以表述为：

尊命（夏）—尊神（殷）—尊礼（周）

这三个阶段，如果不拘泥于具体的历史时代的夏商周，那么它们就是这样的三个时代：

天道—神道—人道

这是一个自尊崇天道到尊崇神道，最后到尊崇人道的漫长历史过程。在这一历史发展过程中，商是一个尊崇神道的时代，换言之，这是一个（原始）宗教和（原始）巫术文化并行而合一的时代。司马迁说："自三代之兴，各据祯祥。涂山之兆从而夏启世，飞燕之卜顺故殷兴，百谷之筮吉故周王。"（《史记・龟策列传》）根据这一论述，夏之启、商之兴、周之吉，分别与"涂山之兆"、"飞燕之卜"和"百谷之筮"相应。由此，足以证明："自古圣王将建国受命，兴动事业，何尝不宝卜筮以助善！""王者决定诸疑，参以卜筮，断以蓍龟，不易之道也。"（《史记・龟策列传》）事实上，占卜自远古以来就成为王者决疑的"不易之道"，作为殷商文化最重要的标志甲骨卜辞，就是最有力的证明。《国语・楚语》有云：

> 民之精爽不携贰者，而又能齐肃衷正，其智能上下比义，其圣能光远宣朗，其明能光照之，其聪能听彻之，如是则明神降之，在男曰觋，在女曰巫。

这可以视之为对于巫或巫师的描述与界说。巫或巫师固有男女之别：男曰觋，女曰巫，合称为巫觋。根据张光直先生的研究，巫师是以"工"为象征形的道具。① 他依据《说文解字》对于"巫"字的解释，认为"工巫互解，而工即矩"。"矩便是掌握天地的象征工具。矩可以用来画方，也可以用来画圆，用这工具的人，便是知天知地的人。巫便是知天知地又是能通天地的专家，所以用矩的专家正是巫师"②。无论中国的古代宗教史或占卜的易学史（即巫术史）研究，皆表明占卜与宗教具有密切的关系：一方面占卜常常成为原始宗教祭祀活动的一种手段和工具，另一方面占卜需要以原始宗教中对于"上帝"或神祇的信仰与崇祀为前提。因此，原始宗教与巫术是互相渗透和互相影响的。中国的巫或巫觋文化之由来，十分古老，至少可以追溯到新石器时代，巫觋文化中的天人交通从"生"延续到"死"，包括"生"与"死"两个世界。在考古中发现和出土的红山文化中的玉人，大汶

---

① 张光直：《商代的巫与巫术》//《中国青铜时代》，第264页。

② 同①第264—266页。

口文化中的玉人，以及玉琮上的“神人”面纹，大溪文化中的玉石人首，良渚文化中的玉神人纹镯、玉神人纹琮、玉神人纹三叉形器和玉神人纹冠状形器，石家河文化中的玉人头像和玉人兽复合像，以及玉变形人头像等之上的所谓“神人”，其实，许多都是巫觋，可以获得证实（这里不能展开论证和分析）。这可以杨伯达先生的论述为一佐证，兹引如下：

> 玉巫像见于红山、大溪、凌家滩、良渚、石家河等史前玉文化区。其代表有三星堆二号祭祀坑出土的边璋上的阴线刻巫觋祭山图（图 3）、红山文化牛河梁 16 地点出土的玉觋像、大溪文化的玉巫面、凌家滩出土的玉巫像（图 4）、良渚文化的巫骑兽傩舞事神图（图 5）、石家河文化的玉觋面像。①

图 3　三星堆出土玉边璋（阴线刻巫觋祭山）图（四川省文物考古研究院藏，左为全图，右为局部放大图②）

1986 年，四川省广汉市三星堆遗址出土，商代文物。通长 54.5 厘米，遍体满饰图案，生动刻画了原始宗教祭祀场面。图案上下两幅对称布局，内容相同，最上一幅平行站立两人，头戴平顶冠，戴铃形耳饰，双手在胸前做抱拳状，脚穿翘头鞭，两脚外撇站成一字形。第二幅是两座山，山顶内部有一圆圈（可能代表太阳），在圆的两侧分别刻有“云气纹”，两山之间有一盘状物，上有飘动的线条，状若火焰。在山形图案的底部又画有一座小山，小山的下部是一方台（可能代表祭祀台），山的外侧，一只大手，仿佛从天而降，伸出拇指按在山腰上。第三幅是两组“S”形勾连的云雷纹。云雷纹下的一幅也是三个人，穿着和手势与第一幅相同，所不同的是这三个人戴着山形高帽，双脚呈跪拜的姿势。第五嗝又是两座山，内部结构与第二幅相同，所不同的是山外两侧各立有一牙璋，右边的山头伸出一个状若象勾状物横在两山之间。

① 杨伯达：《巫玉之光——中国史前玉文化论考》，上海：上海古籍出版社，2005 年，第 8 页。

② 图片来源，见杨伯达：《巫玉之光——中国史前玉文化论考》，第 107 页。

图 4　凌家滩出土的玉巫像（安徽省文物考古研究所藏）

此像高 9.6 厘米，肩宽 2.2 厘米，厚 0.8 厘米，1987 年安徽省含山县长岗乡凌家滩村 1 号墓出土，玉质灰白色。器身为变形状。浮雕。长方脸，头戴圆冠，冠饰方格纹，冠上有一尖顶，顶上饰小圆纽饰，浓眉大眼，双眼皮，宽鼻头，两耳下部各饰一孔眼，大嘴微闭，上唇饰八字胡须。两臂弯曲，五指张开置于胸前，手上各饰 8 个玉环。腰间饰有五斜条纹的腰带。大腿部宽大，腿略显短，脚趾张开，背后是高颈脖服饰和对钻的隧孔。玉人表面抛光。[①]

（a）良渚文化玉琮上的巫神图

（浙江省文物考古研究所藏）[②]

（b）良渚文化玉琮上的巫神截面图[③]

① 图片来源，见周南泉：《中国古玉断代与辨伪：古玉人神仙佛卷》上，北京：蓝天出版社，2007 年，图 1-7-5，第 84 页；文字来源，见杨伯达：《中国玉器全集》上，石家庄：河北美术出版社，2005 年，第 38 页，并重新编写。

② 图片来源，见杨伯达：《中国玉器全集》上，第 64 页，“玉琮 良渚文化”一三九图。

③ 同②第 64 页，“玉琮 良渚文化”一三八图。

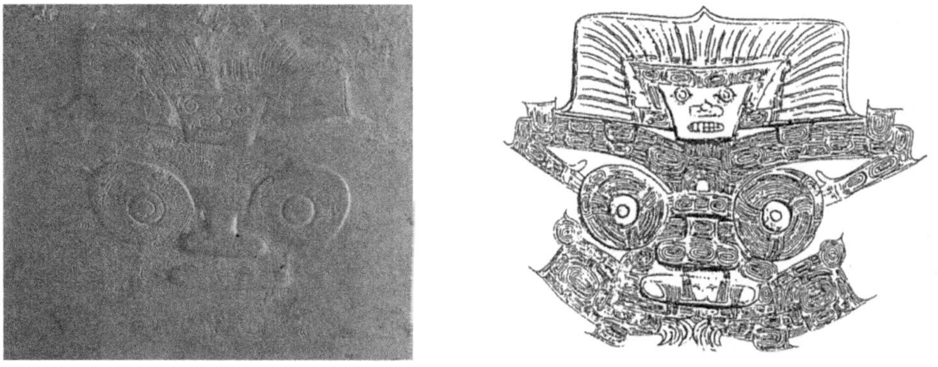

（c）良渚文化玉琮上的巫神平面图①　　（d）良渚文化玉琮上的巫神描绘图②

图 5　良渚文化玉琮上的巫神图

此玉琮高 8.8 厘米，射径 17.1 厘米，孔径 4.9 厘米，1986 年浙江余杭县长命乡雉山村反山墓地出土，呈偏矮方柱状，器型规整，轮廓分明，内圆外方，上下两端为圆面的射，中间圆孔较小，有对钻孔的接茬痕迹，俯视犹如玉璧形状，外表有小眼、大眼的组合花纹，琮身饰有兽面纹，纹饰以四角线为中心，分为四组。此件玉琮形体宽大，重约 6500 克，纹饰独特，充满原始的神秘色彩，被称为“三琮之王”。琮体四面中间为 5 厘米宽的直槽，其上下各琢刻一神人与兽面复合的图象，共 8 个。单个图像高约 3 厘米，宽约 4 厘米，用浅浮雕和阴刻细线两种技法相结合雕琢而成。图像主体为一神人，其脸面做倒梯形，圆眼重圈，两侧有小三角形的眼角，宽鼻，以弧线勾出鼻翼，阔嘴，内刻出两排平齐的牙齿。头上戴有高耸宽大的羽冠，内层为刻有连续卷云纹的帽饰，外层为放射状羽翎的大冠。脸面和羽冠均为微凸的浅浮雕，神人四肢以阴纹细刻而成，上肢作抬臂、弯肘，五指平张，下肢作蹲踞状，脚为三爪蜷曲形。四肢上均填刻繁缛纹饰。在神人胸腹部以浅浮雕琢出兽面，重圈为眼，外框有椭圆形的眼睑，之间以桥形凸面相联，宽鼻，有鼻梁和鼻翼，阔嘴，内有尖利的牙齿，两侧有两对獠牙。兽面的眼睑、桥形凸面，鼻等部位刻填繁缛纹饰。神人和兽面复合组成一幅图像，应是良渚人崇拜的神徽。③杨伯达认为这是“巫徽”图案。此像是巫戴傩面骑兽以玉事神图，因头面被傩面所遮掩，其真面貌已无法了解。从其所殉头部玉器可知，可能有顶髻，周围有 4 件半圆形玉片围拢，上压玉背象牙梳和三叉形器以及串饰等，相当繁华富丽，令人神往，不是神像而是化了妆的巫像。④

事实上，亦正如杨伯达先生所说的那样，主宰史前玉文化发展和繁荣的是巫。因为巫视玉为神物，琢磨成为玉之美器，目的在于事神。⑤在某种意义上说，神也是巫所“创造”出来的产物。无疑，这是巫与神交通而合一的过程和结果。人之对于神的膜拜和信仰，乃是因为神具有人不可能具有的无比神圣的超自然的极大力量，由此而成为人所必须依赖的保护神。因为如此，所以神成为人及其社会的价值秩序之正当性与合法性的源泉与担保者。“巫施法术穿梭于人与神之间，巫又依靠神的力量统治社会，形成了巫-玉-神三者垂直往返互为联动的密切关系。”⑤此外，史前时期的巫，也曾在墓葬的考古中被发现。1987 年 6 月，在濮阳考古发掘的一座仰韶文化（处于新石器时代）的距今 6600 多年的墓葬（图 6-1“蚌塑龙虎墓”图）中，在

① 图片来源，见杨伯达：《中国玉器全集》上，第 65 页，“玉琮 良渚文化”一四〇图。

② 图片来源，见杨伯达：《巫玉之光——中国史前玉文化论考》，第 243 页，“图十八 甲型玉琮（M12：98）(3/1)”。

③ 杨伯达：《中国玉器全集》上，第 64—65 页。

④ 杨伯达：《巫玉之光——中国史前玉文化论考》，第 243 页。

⑤ 同④第 9 页。

死者（为男性）的左右两边，分别有一条蚌龙（左）和一只蚌虎（右），足部下方则有一只头部带有类似鹿角的蚌动物（一般释为蚌鹿），但是体形较小，不能与蚌龙和蚌虎等量对称。此外，在平面图上，墓主人外围的东北西三方有三具男尸（一般认为是殉葬或牲人的青少年，其中西龛内的那具头部上留有刀砍的痕迹）。据研究发现，这座龙虎墓与中国古天文学中“四象”中的苍龙和白虎二象即“东宫苍龙，西宫白虎”相符（此时朱雀和玄武二象尚未出现），而此二象又与北斗七星密切相关（图 6-2“蚌塑龙虎墓”与天象图），这就表示死者不仅在生前与上天相通，而且死后灵魂也是与上天相通的，显示出一副典型的“天人交通”景象。这一发现表明，死者生前可能就是一个大巫师。张光直先生就如此认为，他说“濮阳 45 号墓的墓主是个仰韶文化社会中的原始道士或是巫师，而用蚌壳摆塑的龙、虎、鹿乃是他能召唤使用的三蹻的艺术形象，是助他上天入地的三蹻的形象”。并强调“龙蹻、虎蹻、鹿蹻的作用，是道士可以它们为脚力，上天入地，与鬼神来往，其中尤以龙跃脚力最强”①。其实，以动物为巫师助手沟通天人的这一观点，是张光直先生早在 1963 年就提出的。②此后，张光直先生一直坚持并完善和发挥这一说法。③笔者对于张光直先生断定墓主为巫师的身份是十分认可的，但是他根据非常晚出的东晋葛洪（约 283—343 年）《抱朴子》内篇所论龙虎鹿“三蹻”④与道经《太上登真三蹻灵应经》（收入《道藏》）提出“三蹻”之说，不仅在时间上错位，而且完全违背了直观的常识，颠倒了虎（龙）与人的地位关系，置他于自相矛盾的境地（下文中详论）。因此，此说难以采信。针对此说，张忠培和严文明先生指出：“与其将墓中青少年视为巫师的殉葬者，还不如把这组遗存整体地看成是巫师为了某种目的带着助手及三蹻入地的宗教行为，是如同奠基仪式中需要向神灵奉献人牲那样，这也是向神作出的奉献。”⑤对于“蚌塑龙虎墓”图的意象观念问题，容当在下文中讨论，这里按下不表。

需要顺便讨论和指出的是，郭静云对于这里的“人”的看法，虽然不否认其为巫师，但是与张光直有所不同，她特别强调和执持这是动物神（龙或虎等）的“神格化的过程”，即吞而死亡然后吐而再生的人物。⑥在此基础上，郭静云更进一

---

① 张光直：《濮阳三蹻与中国古代美术上的人兽母题》//《中国青铜时代》，第 329 页。

② 张光直：《商周神话与美术中所见人与动物关系之演变》//《中国青铜时代》，第 433 页。

③ 张光直：《商周青铜器上的动物纹样》//《中国青铜时代》，第 447、451 页。

④ 东晋葛洪在其《抱朴子》内篇十五中说：“若能乘蹻者，可以周流天下，不拘山河。凡乘蹻道有三法，一曰龙蹻，二曰虎蹻，三曰鹿卢蹻。……又乘蹻须长斋绝荤菜断血食，一年之后乃可乘此三蹻耳。虽复服符，思五龙蹻行最远，其余者不过千里也。”

⑤ 苏秉琦：《中国远古时代》，张忠培、严文明撰：上海：上海人民出版社，2017 年，第 563 页。

⑥ 郭静云写道：“由龙所吞咽的人物，经神格化的过程而成为英雄、巫师、上帝代言人、大酋等，或者也可经龙身吐出到天界而获得再生。因吞而死，又因吐而再生，此种信仰是上述神话和仪式的基础。许多神话中，被怪物吞食的英雄，会在怪物的肚子里见到逝世的祖先。”（郭静云：《天神与天地之道——巫觋信仰与传统思想渊源》上，第 114—115 页）

步提出了“神杀”的说法[①]，并将它引申到殷商礼器的许多人与动物关系的解释之上，诸如妇好墓铜钺的纹饰和后母戊方鼎的鼎耳上的“双虎食人”图案，以及琉璃河黄土坡村253号墓出土的堇鼎之鼎耳的双龙图纹之上[②]，并认为“这些铜钺明显表达了神杀和用人牲的神秘祭礼的内在意义：铜钺斩首时，被神杀的人，即被成对神兽的双嘴吞噬”[③]。

图 6-1 “蚌塑龙虎墓”图

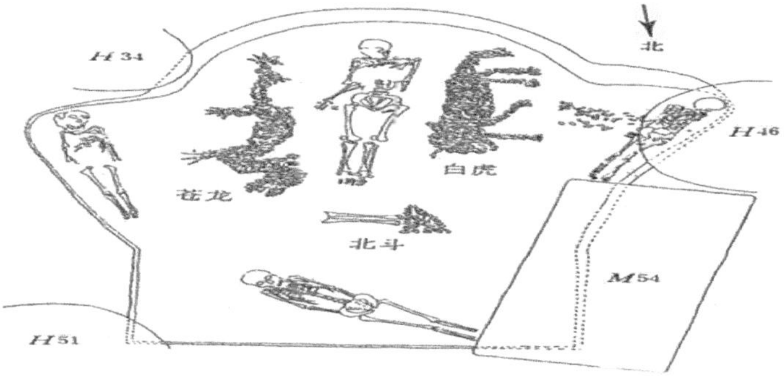

图 6-2 “蚌塑龙虎墓”与天象图

① “由商代考古发现可知，商王将大量黎庶当作祭品，以铜钺砍断殉葬者的头，且铜钺上常常装饰两个龙首张口的图案或他种龙图，如郑州市人民公园出土的殷商时期铜钺，左右就有两个龙首……笔者推论，这代表以人祭神时，斩首的动作可解释为神杀的过程。或许商人相信人牢、陪葬的殉人实非一般的死亡，而是被神吃掉，所以能羽化、具有神性。”（郭静云：《天神与天地之道——巫觋信仰与传统思想渊源》上，第117—118页）

② 郭静云：《天神与天地之道——巫觋信仰与传统思想渊源》上，第118—119页。

③ 同②第119页。

毫无疑问，郭静云所提出的“神格化的过程”（吞死吐生）之说（前文亦称之为“吞吐-神格化”说）或“神杀”之说，乃是深受前文提及的普罗普《神奇故事的历史根源》一书启发的结果。确切地说，郭静云是将该书中的蛇妖的“仪式化的吞食和吐出”[①]（被郭氏名为“神格化的过程”）之说，移植于中国商周礼器的人与动物关系的解释之上的成果。

从普罗普的论述中，不难看出，普罗普是从人类史前的思维（原始思维）基础，即“吃与被吃同为一体”[②]的观念出发，对于神话中的动物与猎人的关系进行考察的，并由此解释了在行授礼仪式的过程中（从动物体内出来的）伟大的猎人或萨满的诞生（复活而新生）。当然，前提是“蛇妖或其他怪物在这里全都是作为善兽出现的”[③]。普罗普说：“这样我们可以确定一个观察结果：在仪式中从蛇或其他动物体内出来的猎人——在神话中就是伟大的猎人、伟大的萨满。”[④]“我们看到接下去是伟大的领袖，再晚一些时候就是神了。”[⑤]普罗普由此消解了由来已久的人与神性动物之间的对立和斗争之看法的谬误。他指出：“发达形式的与蛇妖作战在所有古代国家宗教中都可以看到：在古埃及、古巴比伦、古希腊、古罗马、古印度、中国都有。如奥夫豪泽所指出的，与蛇妖作战进入了基督教，并且不无阻力地被天主教奉为经典。但是在尚未形成国家的部族中不曾见过与蛇妖作战的母题。”[②]可见，“好蛇妖、作为惠赠者的蛇妖是蛇妖的初级阶段，后来它转向了自己的对立面。这与欧洲亚洲无关”[③]。同时，普罗普指出，为了让动物能加入图腾动物之列而使它进入图腾氏族，猎人需要被这个动物吃掉。然而，在图腾信仰中，动物如何演化为部族的祖先，亦即图腾信仰如何变为祖先神信仰，普罗普对此问题则未能予以

---

① 为了便于理解和探讨，在此有必要回顾一下普罗普的论述。普罗普这样写道：“对这一仪式本身的研究并未给我们提供理解它的钥匙，这把钥匙是与其相伴生的神话提供的。糟糕的是在仪式曾存在过的地方，神话是要严加保守的秘密，只在行授礼仪式时讲述，知道它们的只有那些授礼人。它们不会被公开讲述，也不会对欧洲人说。只有当讲述脱离了仪式时它们才会记录下来，被欧洲人记录已经是很晚的事，而且是在一些与仪式起经失去活的联系的民族那里。在美洲，是在那些被强行迁到保留地的民族中，根据老人的记忆，常常还是用英语之类的语言记录的。换句话说，我们所拥有的只是神话的残骸，神话在失去其神圣性质的同时也开始失去其形式。但对类似神话的考察依然让我们有权得出如下结论：在野兽腹中的逗留赋予从那儿返回的人以魔力，包括对野兽的统治权。返回者成为了不起的猎人。这一点揭示出了仪式和神话的生产基础。它们的思维基础是史前的，这种思维基础根据的是吃与被吃同为一体的观念。为了加入图腾动物之列，变成它从而进入图腾氏族，需要被这个动物吃掉。吃可以是消极的也可以是积极的（就好像失明与看不见）。在已引证过的例子中我们看到的是消极的吃，即被吞食。但我们知道，这种是也可以通过积极的吃来完成：举行仪式时图腾动物被吃掉。不知道进入动物体内的被授礼者是否吃过这个吞吃他的动物的一块肉。在神话中我们看到几乎向来如此。”（弗拉基米尔·雅可夫列维奇·普罗普：《神奇故事的历史根源》，贾放译，北京：中华书局，2006 年，第 292 页。可同时参阅该书第 288—295 页）

② 弗拉基米尔·雅可夫列维奇·普罗普：《神奇故事的历史根源》，第 292 页。

③ 同②第 295 页。

④ 同②第 288—295 页。

⑤ 同②第 294 页。

论述。同样地，在郭静云的假说里，亦是如此。在这里，就不能不请出下文中所要叙述的威廉·施密特（Wilhelm Schmidt）和刘尧汉的学说来填补了。尽管郭静云的“神格化的过程”之说或“神杀”之说，实际上并未超出普罗普的“仪式化的吞吐”之说，但是，这并不是问题所在。必须看到，“神杀”说包含着人与动物的敌对和斗争。这不仅对于史前的人类来说，有错置时代与自我矛盾（兽善却“杀死”人来实现与它同体的合一，然后再从自体中分割出来，而使人复活重生，变成具有神性力量的巫师或权威的大酋，从而实现“善”与“杀”的对立统一）的问题，而且无论就“虎食人”或下文中所要论述的“龙食人”的母题而言，以“神杀”来解释，都是不合情理的。相比于下文将要论述的刘尧汉的（虎的）“尸解”说（即虎神的尸解创造了天地万物，包括人巫在内），就要逊色得多了。究其根源，特别是参照吕西安·列维-布留尔（Lucien Lvy-Bruhl，1857—1939 年）、克洛德·列维-斯特劳斯（Claude Levi-Strauss，1908—2009 年）[①]、爱弥尔·涂尔干（Émile Durkheim，

① 关于这一问题，列维-斯特劳斯的看法与列维-布留尔不同，虽然列维-斯特劳斯也区别了“野性的思维”与“‘开化的’思维”，前者是一个“原始人的世界”中所展现的思维，后者则是“我们自己的世界”，即充分地发展了的文明世界中所展现的思维，但是他认为这两个世界是同一个世界，因此“野性的思维”与发展了的“我们的思维”并不存在本质上的不同，它们都是合乎逻辑的。与此同时，他把“野性的思维”的特性概括为“非时间性”和“形象性”，称之为“模拟式的思维”，这种思维“建立了各种与世界相象的心智系统，从而推进了对世界的理解”（列维-斯特劳斯：《野性的思维》，李幼蒸译，北京：商务印书馆，1987 年，第 301 页）。基于这一立场，他不同意列维-布留尔把“原始思维”看成是不同于理解作用的感情作用的表现，尤其不同意“混合与互渗”是“原始思维”的规律特征；他认为所谓“逻辑的心智”与“前逻辑的心智”之间的对立是虚假的，提出“野性的思维”是以对于“抽象关系”和“具体关系”（同书，第 305 页）的“区分和对立”为方法而进行的思维。这具体表现在原始人对于物理世界的研究中。列维-斯特劳斯指出：“野性的思维能够理解的性质与科学家关心的性质不同。他们是分别从对立的两端来研究物理世界的：一端是高度具体的，另一端是高度抽象的；或者是从感性性质的角度，或者是从形式性质的角度。”与此同时，“几千年来，人们可以通过信息之路来接近自然法则”（同书，第 308 页）。这是两条不同的路径，即一条是“通过信息活动迂回到物理世界”，另一条是“通过物理学迂回到通信世界”。如果两条路径的相互关系不出现突然的变化，那么它们必定会相遇。“这表明，它们二者将在时间和空间上彼此独立地通过两种虽然同样都是确实的，然而却是不同的知识：一种成熟于新石器时代，为一种关于感觉事物的理论奠定了基础，同时它还通过各种文明技艺继续满足着我们的基本需要，如农业、畜牧、制陶、纺织、食物的保存与加工；另一种从一开始就存在于与可理解性事物有关的平面上，现代科学即为其产物。”（同书，第 308—309 页）前者是农业生产与加工的经验知识，后者是现代科学知识。直到 20 世纪中叶，人们才看到这两条长期分离的道路的相互会合。但是，“如果承认，最现代化的科学精神会通过野性的思维本来能够独自预见到的两种思维方式的交汇，有助于使野性思维的原则合法化并恢复其权利，那么我们仍然是忠实于野性思维的启迪的”（同书，第 309 页）。那么，“野性的思维”与“开明的思维”，或者说“逻辑的心智”与“前逻辑的心智”之间的区别究竟在哪里呢？列维-斯特劳斯认为是在对于思维方法应用于世界知识即“既作为同时性又作为历史性整体的世界”知识而辨认其物理的与语义的信息的不同，这也正是传统的农业生产和加工技术的经验知识与现代科学的不同。但是，这二者之间是可以汇通而合一的。这已为现代科学所证明。由此可见，列维-斯特劳斯旨在不把“开明的思维”与“野性的思维”，或“逻辑的心智”与“前逻辑的心智”对立起来，并看到二者之间的内在联系与汇通交合性，可谓用心良苦。然而，他以“抽象关系”和“具体关系”的“区分和对立”的方法来否认与反对列维-布留尔的“混合与互渗”的原则，是没有道理的。事实上，无论是事物的“混合与互渗”，还是事物被区分为“抽象关系”和“具体关系”而相互对立起来，都不过是事物关系的不同的表现，它们都不是唯一的、单一的，因此它们可以在一种更具有包容性与开放性的思维系统中得到其相应的地位。

1858—1917年）[①]和马林诺夫斯基以及博厄斯的观点来看，以“吃与被吃同为一体”的观念作为人类史前的思维（原始思维）基础，是颇可怀疑的。因为它完全无视并否定了人类史前思维（即原始思维）实际并不违背“同一律”和所具有的“科学与科学态度”（前引马林诺夫斯基之语）以及“在所有民族中以及现代一切文化形式中，人们的思维过程基本相同”[②]的原则。所以，从普罗普的“仪式化的吞吐”到郭静云的“神杀”说，均有一内在的矛盾。若要消除这一矛盾，则唯有乞灵于哲学的辩证思维（或“辩证逻辑”）了。

要而言之，“神格化的过程”说或“神杀”说难以解释巫师及其职能，更不能很好地解决图腾信仰以及祖先神与至上神的合一问题。因此，此说也就难以解释“虎食人”或“龙食人”母题的意象观念了。

中国的青铜文化时代正是巫觋文化的鼎盛时代。张光直说：“殷商时代不但有巫，而且巫师在当时的社会里占有很崇高的地位。史籍中有名的商巫有巫咸、巫贤、巫彭。”[③]在被鲁迅称为“古之巫书”[④]且“巫以记神事”[⑤]的《山海经》中，就记载了许多“巫”，“有灵山巫咸、巫即、巫肦、巫彭、巫姑、巫真、巫礼、巫抵、巫谢、巫罗十巫。从此升降，百药爰在”（《大荒西经》）；“开明东有巫彭、巫抵、巫阳、巫履、巫凡、巫相，夹窫窳之尸，皆操不死之药以距之”（《海内西经》）；南海岛上有名叫不廷胡余的神，长着一张人面，双耳上挂着两条青蛇，双足乘两条红蛇（《大荒南经》），其实，就是一个巫师；有“夏后启之臣曰孟涂，是司神于巴……居山上，在丹山西”（《海内南经》）。据袁珂先生说，孟涂乃是巴地的巫教教主，所居丹山正是巫山。[⑥]巫觋文化与青铜文化结下了难解难分的历史因缘。林巳奈夫指出：“不仅商周时代，此后的时代也制作青铜彝器。……商周时代……青铜器的制作非常盛行，将青铜器用于祭祀、飨宴礼仪的传统延续不绝，而此后的秦代断绝了这个传统。在流传到现代

① 涂尔干指出：“当然，假如像某些人所认为的那样，原始思维对矛盾有一种普遍的、系统的冷漠姿态，那么它在这一点上和现代思维就是公然对立的了，因为后者总是谨慎地保持着一致。但我们并不认为：对不加辨别的绝无仅有的偏好乃是低级社会心性的特征。……故而，在宗教思想的逻辑和科学思想的逻辑之间并不存在一条鸿沟。”（爱弥尔·涂尔干：《宗教生活的基本形式》，渠东、汲喆译，北京：商务印书馆，2011年，第322—323页）

② 弗朗兹·博厄斯：《原始艺术》前言，第5页。

③ 张光直：《商代的巫与巫术》//《中国青铜时代》，第263页。

④ 鲁迅先生说：“《山海经》今所传本十八卷，记海内外山川神祇异物及祭祀所宜……所载祠神之物多用糈（精米），与巫术合，盖古之巫书也。”（鲁迅：《神话与传说》//《中国小说史略》，上海：上海文化出版社，2005年，第10页）

⑤ 鲁迅先生说：“连属文字，亦谓之文。而其兴盛，盖亦由巫史乎。巫以记神事，更进，则史以记人事也，然尚以上告于天；翻今之《易》与《书》，间能得其仿佛。”（鲁迅：《汉文学史纲要》，北京：人民文学出版社，1973年，第2页）

⑥ 袁珂：《山海经校译》，上海：上海古籍出版社，1985年，第224页。

的商周时代遗物中，青铜彝器是当时人的心血凝结最多的作品之一。”[①]其中，就凝结着巫师的造像。在青铜器中，数量最多也最为典型的巫师造像，当首推四川三星堆遗址出土的人像，尤其是其中最大的那一尊青铜立人像（图 7-1），从其造型、装束、魔道具与纹饰各方面综合起来看，这当是一个大巫师无疑。值得注意的是，此尊立人造像的姿势尤其是手势，与同在三星堆出土的被称之为“神坛”的青铜器上的那些立人造像（由下往上数的第二层）的姿势特别是手势基本上是相似相近的，而神坛上的这些人物，无一例外，都是正在举行祭祀仪式的巫师（图 7-2）。类似的还有在金沙遗址出土的铜立人（图 7-3），虽然造型不如三星堆那尊人像大，装饰也不同，但是动作和神情基本一致，仍然是巫师在举行仪式时的立像。另一尊金面罩人头像（图 7-4），同样也是巫师（对于这些巫神，这里不展开论证和分析）。美国华裔学者杨晓能认为这些“商式青铜礼器”虽然或多或少融入了中原王朝的礼制和宗教中，但是绝不意指“商王朝倡导的青铜礼器是与神灵和祖先沟通、乞求保佑的唯一途径。当时很有可能每个地区或每一支文化都还保留着他们自己传统的神祇，各地的统治者与民众按照自己固有的礼制，通过自己的非商式礼器与地方神祇交流沟通”[②]。这一解释颇有见地，只是未能指出这些“与地方神祇交流沟通”的“非商式礼器”所含有的意旨究竟是什么。其实，这些“非商式礼器”中的人像，就是巫师之像。正因如此，他们才具有了与神祇交流沟通的媒介功能。事实上，并非所有的青铜礼器，都具有能够与神祇交流沟通的功能，唯有其中的代表或表征巫师的人像及其延伸物，才可能具备这一功能和（价值）意义，这是毋庸怀疑的。在西周的青铜器人物铸像中，同样发现了巫觋之像，最为典型的，可以在宝鸡茹家庄 1 号和 2 号墓出土的男相青铜造像和女相青铜造像（图 8）为代表，这是多少有些类似于三星堆的大巫师像的青铜铸像，尤其是他们手持之环形器，与三星堆大巫师手握的环形器非常相似和接近，他们一男一女，分别为巫觋之像。鲁迅曾经指出：“时属草昧，庶民朴淳……复有巫觋，职在通神，盛为歌舞，以祈灵贶，而赞颂之在人群，其用乃愈益广大。试察今之蛮民，虽状极狉獉，未有衣服宫室文字，而颂神抒情之什，降灵召鬼之人，大抵有焉。”[③]这些情况表明，中国古代确曾存在过一个由巫觋所主宰的时代，也就是巫觋文化或称巫-礼文化的时代。其中，商至殷商应该是中国青铜时代之巫觋文化或巫-礼文化兴盛的时代。

---

① 林巳奈夫：《殷周青铜器综览：殷周时代青铜器之研究》第一卷，广濑薰雄、近藤晴香译，郭永秉润文，上海：上海古籍出版社，2017 年，第 3 页。

② 杨晓能：《另一种古史：青铜器纹饰、图形文字与图像铭文的解读》，唐际根、孙亚冰译，北京：生活·读书·新知三联书店，2008 年，第 350 页。

③ 鲁迅：《中国小说史略》，第 1 页。

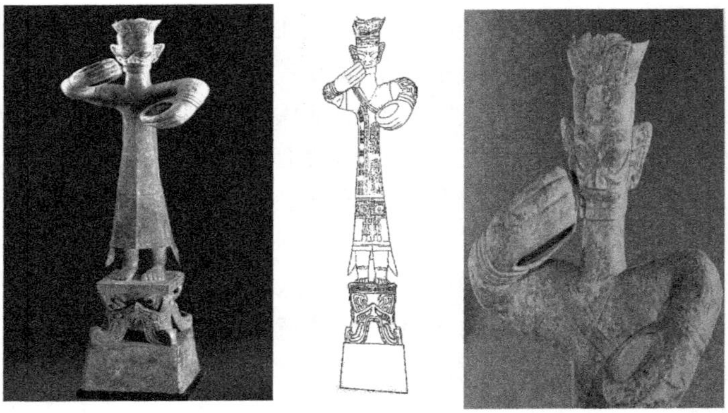

图 7-1　三星堆青铜立人像（四川省文物考古研究院藏，左图为全像，中图为纹饰样图，右图为上身局部像）

商代晚期，人像高 172 厘米，底座高 90 厘米，通高 262 厘米，1986 年四川广汉三星堆遗址 2 号墓祭祀坑出土，人像素面，倒八字眉，臣字眼，宽鼻梁隆起，大耳，额头上部左右两正面有饰物，戴花瓣形头冠，穿着开叉的礼服，赤足，右手斜举过肩，左手下斜，双手均握环形物，呈对称状。[①]

图 7-2　三星堆出土的青铜神坛祭祀立人[②]

图 7-3　成都金沙遗址博物馆的铜立人

① 图片与文字说明，左图和右图见李建伟、牛瑞红：《中国青铜器图录》下，北京：中国商业出版社，2000 年，第 435 页。中图见马承源：《中国青铜器》，上海：上海古籍出版社，2003 年，第 454 页，图 1“青铜立像”，文字重新编写。

② 马承源：《中国青铜器》第 456 页，图 7“神坛”。

图 7-4　金面罩人头像（四川省文物考古研究院藏）

商代晚期，纵径 21.4 厘米，横径 16.7 厘米，1986 年四川广汉三星堆遗址 2 号墓祭祀坑出土，头像上铸出与面罩大小相同的轮廓线，头发从后向前梳理，双目双眼镂空，刀叶长眉，臣字眼，高鼻梁，目字形大耳，带有挂坠饰品的圆形穿孔，弧圆形嘴，平底圆形下巴，长颈，面罩为金箔制成。

图 8　男相青铜造像（左）与女相青铜造像（右）（宝鸡博物馆藏）

男相青铜造像，西周中期，通高 17.9 厘米，秃顶，颧骨突出，鼻梁隆起，双手举至右肩且握环器，与三星堆的大神像相似，宝鸡茹家庄 1 号墓出土；女相青铜造像，西周中期，通高 11.6 厘米，头戴三叉形发器，身穿对襟袍服，双手各执一环形器，与男相人像手握环形器相同或相似，下有椭圆形銎口，宝鸡茹家庄 2 号墓出土。[①]

根据以上所论，则完全可以断定，张光直先生视虎食人卣为“巫觋通天的法器”，其中的人为“巫师的形象”，是完全正确的，且在今天已经为大多数人所接受，几乎成为一个公认的定论。这与上引鲁迅所谓“复有巫觋，职在通神……以祈灵贶”的说法也是契合相应的。这种见于青铜器的纹饰中的“人像”形塑的大巫师形象，最为典型的器物，就是商代晚期的虎食人的形塑之铸像，分别见于两种器物的两种形塑之铸像：一种是“虎食人卣”（图 1-1 和图 1-2），另一种是虎食

① 图片与文字说明，见李建伟、牛瑞红：《中国青铜器图录》下，第 396 页。文字重新编写。

人饰件（图2）。其中，呈现于虎口中的人像便是巫师之像。李学勤先生经过具体的考察，发现在青铜器和玉器中的虎（以及龙）食人纹样中“人”的形塑具有两种：“一种身首完全，一种只表示首部。其面上表情均为肃穆，并没有恐惧或欣喜的状貌。”[①]林巳奈夫则认为，那是一种泰然自若的表情（见前文）。这里所要强调的是，无论是身首完全的形塑之人，抑或只表示首部的形塑之人，都是巫师具体形塑的不同表现。随着出土文物的增多与研究的深入，可能会有更多惊喜的发现。

然而，与此同时，则不能不指出，张光直先生将虎食人卣纹饰中的虎“作为巫觋助手的动物形态”或者说是巫觋的助手、使者的论断，则是大有疑问与大可商榷的。根本原因在于，张光直先生对于其中的“虎”的意象观念的理解和解释，很可能是难以成立的（这一点容后论述）。此外，李学勤先生以及上文中论及的诸多看法，均以虎为具有神性的动物形象即神兽的形象，但是据此得出人虎合一所表示的“神人合一”的意义，则是不清楚的，无法具体地个体化，不像上文所论述的郭静云的说法清楚和具体。至于将虎纹视为饕餮纹，亦即以“虎”为“饕餮”的说法，虽然自《吕氏春秋·先识》所云“周鼎著饕餮，有首无身，食人未咽，害及其身，以言报更也”以来，便成为流行的一说，但是根据李学勤先生的介绍和研究，国内外不少研究青铜器的学者反对沿用“饕餮纹”一词，主张用“兽面纹”一词来代替。马承源先生在为《商周青铜器纹饰》一书所写的序言中指出，“兽面纹”一概称为“饕餮纹”，乃是宋代金石学家观察不够缜密之故。[②]而注解《吕氏春秋》的学者也认为，吕书所描绘之饕餮，不但有首无身且谓“食人未咽，害及其身”，由此断定这一饕餮不是一般的商周鼎所著之兽面花纹。李学勤先生充分地肯定了这些见解的正确性，并指出：“我们讨论的卣，虽有食人之象，但身手完备，与‘有首无身’显然不合，成为饕餮也是不合适的。”[③]因此，“虎”的意象观念之意蕴就成为揭开虎食人卣意象观念之秘密的关键。无疑，将“虎”视为具有神性的动物即神兽，是一种图腾崇拜的表现。问题在于，在远古时代，不同的氏族部落的动物图腾及其所象征和代表的意象观念的具体意义是不同的，至少是不会完全相同的。因此，就虎食人卣纹饰中的“虎”而言，如果这只“虎”是具有神性的神虎，那么这只神虎的神性究竟是意指什么？如果对此意指不明，那么就不可能揭晓与解释虎食人卣纹饰与形塑所蕴含的意象观念之意义。也就是说，虽然可以说这一意象观念是所谓的“神人合一”，然而这“神人合一”的意义究竟是什么并不清楚，毫不明晰和具体。因此，这一论断和解释没有达到目的，问题依然存在。那么，现在首要的问题是，我们必须将虎食人卣纹饰与形塑中的“虎”的意象观念之意蕴弄清楚。

---

① 李学勤：《试论虎食人卣》//中国古代铜鼓研究学会：《南方民族考古》第一辑，第42页。

② 上海博物馆青铜器研究组：《商周青铜器纹饰》，北京：文物出版社，1984年，第3页；马承源：《中国古代青铜器》，第73页。

③ 同①第40页。

实际上，这一问题早在多年以前就已经有了答案。这个答案是由彝族学者刘尧汉先生给出的，可惜未能引起学界的注意。这不免使人有些遗憾！因此，在今天来看，我们不能不重视刘尧汉先生的这一重要发现和论述。据刘尧汉《中国文明源头新探——道家与彝族虎宇宙观》①一书的研究，云南彝族迄今保留着一种由于崇拜虎（母虎）而产生的虎宇宙观。这种虎宇宙观起源十分古老，源远流长。而刘氏所谓云南彝族的虎宇宙观，其实就是一种原始的宇宙观，并且道家和道教所崇尚的“太一”，也是源出于这一彝族的虎宇宙观。这里所谓的“虎”，也就是“虎神”，其实不过是尸解而成的浩瀚无垠的宇宙的象征。这在金沙江南侧云南楚雄彝族自治州北境乌蒙山区的姚安、大姚、永仁等县彝族民间世代传颂的创世史诗《梅葛》中得到了清楚的表达。这首诗的开始描写了天上和地下什么都没有，于是“虎”开始现身，其中写道：

> 天上……什么也没有。
> ……
> 地上……什么也没有。
> 虎头作天头。虎尾作地尾。虎鼻作天鼻。虎耳作天耳。
> 左眼作太阳，右眼作月亮。虎作阳光。虎牙作星星。
> 虎油作云彩。虎气作雾气。虎心作天心地胆。虎肚作大海。
> 虎血作海水。大肠变大江。小肠变成河。排骨作道路。
> 虎皮作地皮。硬毛变树林。软毛变成草。细毛作秧苗。
> ……
> 天上撒下三把雪，落地变成三代人。②

除此之外，楚雄彝族自治州南境的楚雄市、双柏县（其东与峨山彝族自治县毗邻）彝族民间，也有同样的口头流传和彝文典籍《查姆》（意为起源）的相应记载。传说，在“阿罗”时期，宇宙混沌，阿罗之女阿罗茵取下自己的左眼作为太阳，右眼作为月亮，肢体分割成为河山草木。这个神话中的阿罗之女“阿罗茵”，实际上，正是人格化的母虎的象征符号，“阿罗茵”尸解成为万物，诚如刘尧汉先生所说，“实即如《梅葛》相传虎尸解成宇宙”③，二者同出一辙。这两部创世史诗（《梅葛》和《查姆》）以神话的叙事方式，传述了一个由虎尸解成天地万物的宇宙观，保留了原始宇宙观的古风遗韵。在这里，由虎图腾所演化出来的虎神，与天地之神统一为至尊的至上神（这一问题后文中还将论述）。据刘尧汉先生说，在四川凉山的彝族中，则有虎推动地球运转成岁的传说，毕摩曾有虎推动地球运

① 刘尧汉：《中国文明源头新探——道家与彝族虎宇宙观》，昆明：云南人民出版社，1985年。

② 云南省民族民间文学楚雄调查队：《梅葛》，昆明：云南人民出版社，1978年，第1—46页，转引自刘尧汉：《中国文明源头新探——道家与彝族虎宇宙观》，第30页。

③ 同①第31页。

转的彝文典籍及附图（现已亡佚）。在凉山彝族自治州甘洛县“西番耳苏人”（羌语支）的祭司“沙巴”杨光银（1980 年时 70 岁）手中尚珍藏着一本“耳苏文”的日历，并附有虎推动地球运转成岁的彩图。[①]有趣的是，林巳奈夫在天才的猜测中，也直观感受到了这一虎神便是最高的帝。他说：“虎扮演了宇宙星辰的运行中心和阴阳调和枢纽的角色，太一帝也扮演着同样的角色。在这种情况下，帝也是以虎的形式现身的。”[②]结合刘尧汉所提供的活证据来看，林氏所得的这一结论，无疑是可以成立的。因此，不妨将其当作“视域融合”中的一个旁证。与此同时，涂尔干在论述“基本宗教的主导概念”时，谈到世界不同地区曾经有过的对于以动物形式出现的“宇宙巨神”的膜拜，他指出：在澳洲，只有动物和植物才是最早的神圣存在。在北美印第安人那里，最早作为膜拜对象的宇宙巨神，也往往是以动物的形式表现出来的。而在古希腊和古罗马时期，即使众神通常都被以人类的外貌来加以刻画，但是在许多神话人物的身上都还是留下了动物起源的痕迹，典型的例子有：狄俄尼索斯就经常以牛的形象出现，至少他长着一副牛角；得墨忒尔也往往表现为长着马鬃的怪物；此外，还有潘（Pan，在希腊神话中为人身羊足、头上有角的畜牧神，爱好音乐）、西勒诺斯（Silenus，酒神狄俄尼索斯的养父和师傅，他是长着马尾、马耳及马腿，留着长须的森林之神）以及福纳斯（Faunus，是罗马神话中的畜牧农林神）等。“事实上，澳洲还有一种普遍存在的信仰，而且这种信仰在北美印第安人那里传播得也很广泛，即人类的祖先就是动物或植物，或者至少可以说，最早的人无论就其整体而言，还是就其部分而言，都具有某类动物或植物的显著特征。”[③]用雷维尔（Réver）的话来说，这些“宇宙巨神”的“基本的形式就是动物的形式”。[③]这些材料和论述的确有助于我们理解在彝族的古代先民中因作为“宇宙巨神”出现的“虎”而形成的虎宇宙观，并且也是一种重要的旁证。

以上所述，便是远古羌戎遗裔彝族的虎宇宙观。

彝族的虎宇宙观源自其远古先民的虎图腾崇拜。事实上，我们在出土的大地湾文化时期（距今 8000—7000 年）的彩陶葫芦瓶（图 9-1，图 9-2），以及仰韶文化时期（距今 7000—5000 年）的陶榼（图 9-3）和彩陶壶（图 9-4，半坡文化类型，距今 6800—6300 年）等陶器上，均看到了虎面纹。非常凑巧的是，现代的云南彝族仍有在葫芦上绘制虎面纹“吞口”（图 9-5）的习俗（并将制品作为一种彝族民间艺术品出售），与出土彩陶上的虎面纹非常相像。这十分令人惊讶！这难道是偶然的吗？尽管不能说这二者之间具有必然的联系，但是可以肯定彝族对虎的崇拜必定历史久远。迄今为止，云南的彝族仍然以虎族自诩并感到自豪。刘尧汉

---

① 这一资料的介绍详见刘尧汉、宋兆麟、严汝娴等：《一部罕见的象形文历书——耳苏人的原始文字》，《中国历史博物馆馆刊》1981 年第 3 期。

② 林巳奈夫：《神与兽的纹样学——中国古代诸神》，第 47 页。

③ 爱弥尔·涂尔干：《宗教生活的基本形式》，第 89 页。

说："'罗罗'（虎）不仅是彝族早先共同的自称，也是彝族的先民羌戎的自称，都是夏、商以前原始母虎氏族部落（即伏羲部落）的遗裔。"[①]大抵上说，这一论断是可以成立的。但是林巳奈夫对于中国远古部族是否有动物图腾的问题，持谨慎的态度[②]，仅仅将动物形象视为部族的图像符号，他说：

> 中国人将鸟或动物与自己的祖先联系起来，很容易就形成了图腾动物。但是并没有证据表明，他们以鸟类或动物的本名来称呼其部落的图腾。我不敢轻易断言将其归类为图腾，不过，笔者认为部族的图像符号就是用动物形象作为标识的。[③]

图 9-1　大地湾文化时期虎面纹彩陶葫芦瓶·大地湾类型[④]

图 9-2　彩陶葫芦瓶上的虎面纹样摹写[④]

图 9-3　仰韶文化时期虎面纹陶榼·石岭下类型[⑤]

① 刘尧汉：《中国文明源头新探——道家与彝族虎宇宙观》，第 39 页。

② 虽然笔者不同意林巳奈夫的这一结论，但是对于他的这一严谨态度，则是赞赏的并以为是可取的，因为在我国谈到动物图腾的话题，确实有一种将图腾泛化的倾向，这是值得注意的。

③ 林巳奈夫：《神与兽的纹样学——中国古代诸神》，第 38 页。

④ 图片来源，见朱勇年：《中国西北彩陶》，上海：上海古籍出版社，2007 年，第 69 页。

⑤ 同④第 81 页。

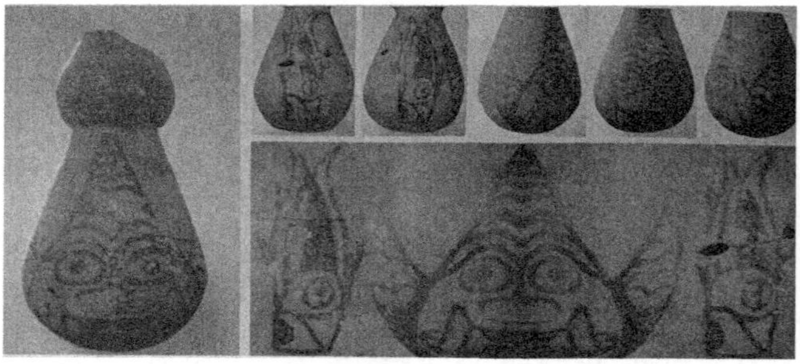

图 9-4　半坡文化彩陶壶上的虎面纹（陕西临潼马陵）①

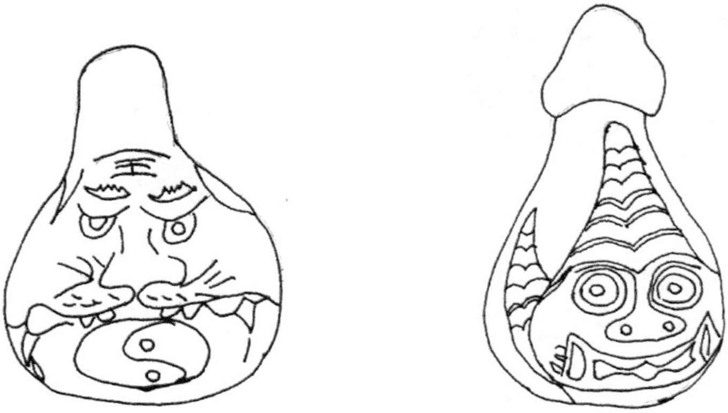

图 9-5　葫芦上画虎面的彝族吞口（现代云南彝族民间艺术制品，李迎春绘）

除了林巳奈夫之外，对于中国的“图腾”问题，张光直先生曾经专门写过一篇《谈“图腾”》的文章，表示了他的忧虑和态度，他说：“‘图腾’这个名词来自英文的 totem，而这个字来自北美印第安人奥吉布瓦（Ojibwa）人的语言里 ototeman 这个字。我不知道中国考古学者所用的图腾这个名词是从哪里借用来的，但这个名词在中外人类学上使用起来它的含义是很清楚的。”②对此，列维－斯特劳斯有一更详尽的叙说，兹引如下：

> 众所周知，图腾一词源于奥杰布韦人，是分布于北美五大湖北部地区的阿尔琴人的说法。ototeman 这种表达，大致上是“他是我的一个亲戚”的意思，这个词是这样构成的：第一个字母 o-，是第三人称的前缀；-t-，是用来防止两个元音粘合起来的插音；-m-，是所有格；-an，是第三人称的后缀；-ote-，所表达的是自我与男性或女性亲属之间的关系，

① 图片来源，见王仁湘：《史前中国的艺术浪潮——庙底沟文化彩陶研究》，北京：文物出版社，2011 年，第 519 页，图 5-4-2-5。

② 张光直：《考古人类学随笔》，北京：生活·读书·新知三联书店，1999 年，第 117 页。

这样，这个词就在主语的代际层次上定义了外婚群体。通过这种方式，氏族的成员资格就可以表达出来了：makwa nindotem，意思是“我的氏族是熊”；pindiken nindotem，意思是“进来，族兄”，等等。大多数奥杰布韦氏族都有动物的名称……每个动物氏族都在自己的发源地保护一种最漂亮、最友好、最可怕或者最常见，甚至他们经常捕猎的动物。①

根据两种文献有关“图腾”的定义，张光直指出：

从这两个最一般性的参考书②看来，个别的图腾一定要与个别的社会群相结合。再看国内最为流行的摩（尔）根的《古代社会》（……）中也说：“在阿吉布洼（笔者按：即奥吉布瓦）部族中，往往发音为 dodain 的图腾一词，是表示氏族这象征或徽章的。”换言之，要确立图腾的存在，要先确立氏族的存在。可是，确立了氏族的存在并不等于确立了图腾的存在。

半坡村的住民是不是用鱼做图腾呢？这里有氏族组织是可能的，但是说半坡的氏族以鱼为图腾我们必须将鱼与个别的氏族的密切关系建立起来，同时将其他氏族与其他图腾的密切关系也建立起来。现有的材料中建立这两项关系似是不可能的。殷商青铜器上的虎、牛、蛇和饕餮如果是图腾，它们就应当各别地与虎氏族、牛氏族、蛇氏族和饕餮氏族相结合。从青铜器的纹饰在器上的分布和在遗址中的分布看，这种结合恐怕是无法建立的。

中国考古学上能不能找到图腾呢？我想如果有就可以。但图腾只能在考古解释程序的最后一步去找，而不能在第一步便假定下来。我相信在中国考古学上要证明图腾的存在是很困难的。③

基于上述理由，张光直给出的建议是：“在中国考古学上图腾这个名词必须小心使用。”④

然而，我们不仅从刘尧汉先生所展露的众多活化石般的有关彝族与虎的材料

① 列维-斯特劳斯：《图腾制度》，渠敬东译，梅非校，北京：商务印书馆，2012 年，第 23 页。

② 这两部参考书是《简明文化人类学词典》（陈国强主编，杭州：浙江人民出版社，1990 年）和《田野调查技术手册》（英国皇家人类学会编，何国强等译，上海：复旦大学出版社，2020 年），前者对“图腾”的定义是：“图腾观念的象征物，有‘亲属’和‘标记’的含义。原始人认为某图腾与本氏族部落有着亲缘关系或某种关系，因而把它当做保护神并以它作为氏族部落的标志和名称。”后者给“图腾”下的定义是：“一种形式的社会组织和巫术宗教行为，其中心特征为部落中若干社团（一般为氏族或宗族）与某些生物或无生物的结合。”张光直认为：“这本书给图腾所做的最广泛的定义说，我们可以用图腾这个名词来指称下述三种现象之同时出现：部落的全部人口都分成图腾群而每群各有与图腾物之结合；各群与其图腾之关系相类；各群之成员一般而言不得改变其所属群。”（张光直：《考古人类学随笔》，第 117—118 页）

③ 张光直：《考古人类学随笔》，第 118 页。

④ 同③第 117 页。

（包括遗存至今的诸多遗迹、风俗和民间信仰）中，而且更重要的是，我们在史前时期的彩陶上看到了虎面纹，这就不难断定，虎是彝族的古老图腾。[①]无可否认，

① 根据刘尧汉先生的调查可知，时至 20 世纪 80 年代，楚雄彝族自治州武定县具有俗称“阿罗”，而自称“罗罗”的彝族依然存在。所谓“罗”，意谓虎；“阿罗”加了一个语气助词，就是老虎的别称；“罗罗”以叠词和双音节加重语气，意犹大老虎。在云南哀牢山上段南涧、弥渡、景东、南华、楚雄等县市所属地区的彝族都自称“罗罗”，男人自称“罗罗颇”或“罗颇”，女人自称“罗罗摩”或“罗摩”。大理南涧东境宝华公社（今为区）虎街东边，有彝村黑摩苴（与弥溪县毗邻）的彝族，就自称“罗罗”，经常拍拍胸膛说：“我们是虎族。”颇以虎族而自豪。至 1950 年初，云南自称为虎族“罗罗”的彝族计 30 多万人（刘尧汉：《中国文明源头新探——道家与彝族虎宇宙观》，第 34、37 页）。“罗罗”一名出自先秦典籍《山海经·海外北经》，其曰：“有青兽焉，状如虎，名曰罗罗。”明代朱谋玮在其所著《骈雅》中说：“青虎谓之罗罗。”其实，“青虎”就是黑虎（乌蒙山彝族现仍将青、深蓝等色概称为黑色）。《方舆记要·建昌边图》称四川凉山彝族为“罗蛮”，意即虎族。西汉末称甘南羌人为“罗虏”，其意亦当为虎族。（刘尧汉：《中国文明源头新探——道家与彝族虎宇宙观》，第 39 页）。

毋庸置疑，彝族自命是虎族与其族裔的原始图腾密切相关，这从遗留于今的诸多遗迹、风俗和民间信仰，就足以见之。在大理南涧彝族自治县西境的乐秋公社（今为区）之南北，各有地名“乐秋”，分北“乐秋”（又叫乐秋街）和南“乐秋”（又叫虎街哨）。有乐秋河（为礼社江上游支流之一，其上游在巍山县境内，下游称元江、红河）流经南北两“乐秋”之间。“乐秋”之“乐”即“罗”，意为虎；“秋”是译音，彝意为街；“乐秋”意即虎街。北乐秋有一石虎，彝族奉为祖先，一年一祭，周围彝村来朝拜者万人之多。原乐秋公社东南比邻澜沧公社（因其南临澜沧江而得名。据刘尧汉先生的解释，“澜沧”是彝语“拉策”的别译，“拉”是虎，“策”是掉入或跌落，故“拉策”的意思是一头老虎从江此岸飞跃彼岸没有成功而落入江中，这是“澜沧江”之名的由来。因是之故，“澜沧江”又名“拉策江”（刘尧汉：《中国文明源头新探——道家与彝族虎宇宙观》，第 34 页）。在其东南境有老虎山（海拔 2355 米），当地彝族奉为祖先山。楚雄哀牢山有彝村，名为“罗摩”，即以母虎为村名。《景东彝族自治县志》称哀牢山为“艾乐山”（译音），意为大虎山（“哀”“艾”彝意为大，“乐”意虎），意思是虎族（彝族）所居之山。乌蒙山是滇、川、黔彝族的共同祖先（神）阿普都木（别译“阿普笃慕”）所居之山，彝语名为“敖罗奔”（“敖”为阿普都木的别名，“罗”意即虎，“奔”意为山），意思是虎族祖先之山。据《西南彝志选》记载：位于滇东北乌蒙山东川县的“乐尼伯”（别译“洛尼伯”）山，是彝族古代武、乍、糯、恒、布、默六个部落的共同祖先（阿普）笃慕所居之山。此山名“乐尼伯”之意，应当为青虎山（“乐”“洛”“罗”之意均为虎；“尼”意为青色，“伯”即“奔”的变音，意为山冈），按彝族常有以黑概青的习惯，则“乐尼伯”即黑虎山。而黔西北（毕节地区）的乌蒙山区，相传为蜀汉时“封罗殿王国于此；唐时，罗罗鬼主居之”（《方舆记要·贵州·水西宣慰司》），罗甸（殿）之意也当为虎族的居地（彝语“甸”指的是山谷间的平坝或坝子）。金沙江和雅砻江（四川凉山彝族自治州在雅砻江下游东西两侧）的分水岭名为“纳拉山”，这一山名意为黑虎族（彝族）所居之山，翻译为汉语，就是黑虎山（“纳”意黑，“拉”意虎。在川、滇凉山彝语中，称虎为“腊”、“拉”或“罗”，别译“乐”“勒”“捞”，云南小凉山曾有彝村，名为“腊莫”“腊母”“罗摩”，等等）（刘尧汉：《中国文明源头新探——道家与彝族虎宇宙观》，第 34—35 页）。

在云南的景东、南华、楚雄等各市县哀牢山一系的彝族，每家都供奉一幅由祭司绘制的祖先画像，彝名为“涅罗摩”（“涅”意祖灵、神灵），意为母虎祖先。彝族的殡葬礼仪是火葬（四川凉山彝族较早，哀牢山彝族较晚）。火葬前用虎皮裹尸，祭司身披虎皮为法衣，首领则以虎皮为礼服，如此等等。彝族祭司认为，死者不火葬，其灵魂便不能还原为虎。这一习俗，一方面证实了明代陈继儒《虎荟》卷三所载：“罗罗——云南蛮人”（据刘尧汉先生说，当时所说“云南蛮人——罗罗”包括四川凉山的彝族。在清代，凉山彝族尚自称“罗罗”。刘尧汉：《中国文明源头新探——道家与彝族虎宇宙观》，第 36 页）。“呼虎为罗罗，老则化为虎。”的确真实不虚。另一方面，彝族对于“死后火葬，灵魂还原为虎”的信仰，则表明彝族确有虎图腾的含义（刘尧汉：《中国文明源头新探——道家与彝族虎宇宙观》，第 36—37 页）。此外，在祭祖的礼仪中，彝族祖先的灵位“玛都”（据刘尧汉先生说，乌蒙山云南楚雄彝族自治州永仁县马井子彝村，位于金沙江南岸山区，原从四川凉山彝族自治州迁于此，有一位著名的祭司“毕摩”，名叫阿都茨哩，原是四川凉山元代罗罗宣慰司兼军师阿苏拉则的世传者之一；另一为今凉山彝族自治州美姑县吴奇曲比富达，现年 68 岁）。当他做丧葬法事，即按传统用刺竹根制作祖先灵位“玛都”时，必须带上其世传的木质虎头法器，经他念咒语、施行法仪，并在此法器虎头的口边，沾涂献祭的鸡、羊血以及毛之后，死者的灵魂方能附着于其所刻制的刺竹根上，从而成为祖先的灵位。此项传统的重要礼俗，在川、滇共 170 余万凉山彝族人（自称“诺苏”，曾自称“罗罗”）中，现仅存于云南乌蒙山夹谷中的马井乡。自 1983 年 12 月，阿都茨哩病故（享年 67 岁），此一传统礼俗便告绝世（刘尧汉：《中国文明源头新探——道家与彝族虎宇宙观》，第 37 页）。必须是祭司用虎头法器“拉图”，施行法事方能有灵。刘尧汉说：“这是彝族原始先民曾以虎为图腾的另一重要表现的具体事象。此虎头法器‘拉图’是有关彝族的民族学上的一件很重要的文物。它也反映了彝族原始先民的虎图腾崇拜尚遗存于尔后的祖先崇拜之中。”（刘尧汉：《中国文明源头新探——道家与彝族虎宇宙观》，第 37 页）

彝族确实以虎为图腾，至今尚以虎族自诩，遗俗犹存。事实上，确如刘尧汉所说："十分明显，虎是彝族的原始图腾。"[①]换言之，刘尧汉先生所提供的上述活材料，已经足以证明张光直先生所要求的在虎与作为"个别的氏族"而存在的彝族（刘氏认为其远古为羌戎的伏羲部族）之间建立起密切的关系是完全可能的，由此则可以进一步证明，作为殷商青铜器的虎食人卣上的虎当然就是图腾，虎自然能各别地与虎氏族（羌戎的伏羲部族）相结合。无疑，应该承认，与此同时，马上就要做到"将其他氏族与其他图腾的密切关系也建立起来"，的确是不可能的。原因是历史太远久，我们今天所知道与掌握的材料太少，要遍及各个氏族与其图腾的关系，十分困难。对此，就像张光直和林巳奈夫两位先生所提示的，必须小心地使用"图腾"一词并谨慎处理有关图腾的问题。但是，同时也要看到，"将其他氏族与其他图腾的密切关系也建立起来"并非绝无可能。

事实上，早在20世纪30年代，李玄伯《中国古代社会新研》一书中，就有一篇名为《中国古代图腾制度及政权的逐渐集中》的专论，尝试性地做了这项艰难的工作。李玄伯先生试图"用图腾制度的各种遗痕以证明中国史前时代曾有过图腾社会，再进而与现代初民的图腾制度相比较，以证明他们亦属于人类进化史的同另一阶段。因为吾人深知中国有史时代的各种现象皆是史前时代的演变，所以能说宗法社会亦出自图腾社会"。并相信图腾社会是"大多数人类进化必经之阶段"[②]。李玄伯这项工作的一个突出特点，是从涂尔干（李译为"杜尔干"）的"图腾"观[③]出发，结合中国史籍中有关姓氏的文字，亦即将图腾与姓氏结合起来，从对图腾团与氏族之关系的考察入手，来揭示和证明中国史前时代曾经有过图腾社会，得出的结论之一是"姓即是图腾，图腾团亦即原始宗族，有史时代家族的前身"[④]。李玄伯对①凤姓，②姜姓，③姬姓，④祝融八姓（昆吾、参胡、彭祖、会人、曹姓、季连、芈姓，以及后出的楚姓），⑤祁、姚、姒（以及尧舜禹汤等帝王的图腾，涉及尧祁姓、舜姚姓、夏姒姓等），⑥商，⑦酉、滕、葴、任、僖、姞、嬛、依，⑧鬼团和易团等大姓和族团进行了考辨和分析，从而"由文字上证明姓即图腾，中国史前时代曾有姓，亦即中国史前时代曾有图腾社会的佐证"[⑤]。蔡元培先生对李玄伯的这一探索表示赞赏和肯定，在对其

---

① 刘尧汉：《中国文明源头新探——道家与彝族虎宇宙观》，第36页。

② 李玄伯：《中国古代社会新研》，影印本，上海：上海文艺出版社，1988年，第ix页。

③ 李玄伯说："原始社会组织的最小单位，常是一种非地域的团体。方人类未入农业时代，方游牧而未定居之时，迁徙无常，与地域的关系较少，不能以地域为团结的理由、特性，亦属自然。于是这种团体的团结在于共事一种图腾。图腾多系生物，'普通是动物或植物。这个团体自信出自图腾，图腾既做徽帜，亦做他们共有的姓。若图腾为狼者，各员皆信他们曾有过狼祖，他们亦各有狼性。于是他们就自称为狼的'。（杜尔干 Durkheim 著《乱伦的禁止》 *La prohibition de I'inceste* 2—3页）这种团体即民族学上所谓图腾团（Clan.）。"（同②第82页）

④ 同②第83页。

⑤ 同②第131页。

书的五大精当之论的概括的第一项中指出：

> 中国有图腾制；我们读《说文解字》，羌字下有“南方蛮闽从虫，北方狄从犬，东方貉从豸，西方羌从羊，此六种也”等语，总疑是异族相轻的习气。读“天命玄鸟，降而生商”的诗句，强以燕至的季候为解。著者证明吾国有图腾制的经历，上述各条，均易解说；而姓氏与大小宗的由来，均洞悉源流了。[①]

李玄伯先生在中国古史研究中做了一项开拓性的工作，诚为可贵，以今日的学术眼光来看，其不足之处是研究方法和证据未免显得有些单薄了。但这并非李玄伯先生个人的问题（他在那个时代绝对足以先进了），而是时代的局限使然。无疑，时代的局限今天依然存在，不易突破。然而，必须看到，随着越来越多的器物与文献的出土、新的发现日益增多，以及研究手段和方法的进步与更新，张光直先生所提出的“将其他氏族与其他图腾的密切关系也建立起来”的目标，应该是可以实现的，只不过难以在一时一地完成，这是真的。实际上，我们也不必追求全部氏族都与其图腾之密切关系的建立，所建立的关系，只要能达到相当可观的数量就够了，就足以说明问题了。从李玄伯到刘尧汉，便已经开了一个好头，分别树立了不同的典范。

根据上述刘尧汉先生的研究，可以推知，中国史前时期的某个氏族部落（不妨假定为彝族的始祖或刘氏所说的远古羌戎先民或“伏羲部落”），的确有过由对于虎（母虎）的顶礼膜拜而引申出来的虎（即虎神）宇宙观。仅就一方面来说，这种虎宇宙观，以写实的具象方式遗存下来。经过研究者的仔细观察和研究，分布于虎食人卣器物之上的纹饰主要有12种：①虎，②带“且”角的龙，③夔龙，④蛇，⑤鹿，⑥野猪，⑦鱼，⑧玄鸟，⑨云雷纹，⑩牛头饕餮纹[②]，⑪鳞纹（饰于龙身），⑫鱼纹（卣腹部之下的龙纹两侧有一对鱼纹，泉屋博古馆所藏的那件的鱼纹仅一个），总计遍布于两件虎食人卣上的动物纹饰有二十七个之多（赛努施基博物馆所藏的那件背部少一个兽面纹，但腹底部多一条鱼纹）[③]，且在纹样布置上呈现对称的特点，根据其具体所处位置的不同，再作填空式的形塑纹样。其中，主要以云雷纹为底纹，以圆雕、浮雕、线刻作为陪衬，以丰富器面上的纹样。[④]为什么这些纹饰均是动物与自然天气变化的纹样？从虎宇宙观来看，答案是很明显的。它们不同的个体性与多样性，正是宇宙万物具象的生动表现。需要补充的是，在这十二种（两件合计二十七个）纹饰之外，还有人的形塑之纹样，这是绝不

① 李玄伯：《中国古代社会新研》，第iv页，蔡元培作序。

② 吴卫、龙楚怡：《虎食人卣纹饰及文化寓意探析》，第80页。

③ 张昌平：《商周时期南方青铜器研究》，第133—134页。

④ 同②第80—81页。

可遗漏的。因为就整体画面而言，一眼看上去，就可以直观到人在其中占有一突出的、仅次于虎的地位。在所有这些纹饰中，最为突出的是虎、人、鹿，分别为三层：最上层是鹿，中层是虎，尤其是大张的虎口居于中心和核心的地位，下层是人——虎口下的人。无论在这三层纹饰的结构中或整件虎食人卣器物纹饰的结构布局中，虎都是占据主位的绝对“主体”，它所代表的是宇宙或天地之神，而天地中的万物，都是作为宇宙之神的虎的产儿。但是，这里的鹿则具有特殊的象征意义。理解鹿的这一象征意义，同样也是读懂虎的象征意义的一个关键。必须指出，鹿之所以位于虎首之上，不仅是为了器物纹饰结构布局上比例协调、精巧和美观，更重要的是作为太阳的具象之象征物而出现。据匈牙利学者 H. 额尔德伊（或译作额尔德尼）和苏联学者 B. B. 沃尔科夫的研究，在考古学上证明，岩画中所存在的鹿石（也就是鹿石上所刻画的鹿形）与太阳崇拜有关系。原因主要是两点：其一，在多数场合下，鹿以太阳的光照线（在岩画中表现为大圆圈）来决定行进的方向；其二，鹿是与太阳崇拜有直接关系的动物（即图腾）。[①]据此可知，鹿虽然不是太阳，但是鹿象征太阳或成为象征太阳的具象物。这一习俗由来久远，盖与原始宗教和图腾有密切的关系，非常生动地表现和传达了原始思维所具有的（日神与鹿且与虎）互渗的特征，或表现在史前时期的墓葬（如前文论及在濮阳考古发掘的一座仰韶文化的墓葬中有蚌塑鹿纹，见图 6-1 和图 6-2）之中，或表现在史前的岩画创作之中，或同时表现在青铜时代的岩画或器物之上。值得注意的是，林巳奈夫曾经对中国商晚期青铜器上鹿纹的鹿茸角的顶端图案做过仔细的观察和研究，得出的结论“是太阳放射光芒的图案”并称之为“星状图案”[②]（实际上，鹿茸角的顶端图案有两种：一种是圆形平面上的星状图案，另一种是林氏所谓的“掌形蘑菇角”[③]的星状图案[④]）。在青铜器物上出现的这些鹿角纹饰，盖可视为史前墓葬和岩画中的鹿与太阳关系的进一步演化的结果。林氏所得出的这一结论，诚为可贵，可以为鹿象征太阳或成为象征太阳的具象物提供一个有趣的重要旁证。

顺便指出，上文论及的在濮阳考古发掘的一座仰韶文化的墓葬中，有蚌塑鹿纹（图 6-1，图 6-2），这蚌塑的鹿纹之象就是象征太阳的具象之物，喻示着墓主灵魂（跟随鹿行进的方向）沿着太阳之光而升天。蚌塑鹿纹置于墓主的双足之下，

---

① 盖山林：《乌兰察布岩画》，北京：文物出版社，1989 年，第 302 页。

② 林巳奈夫：《神与兽的纹样学——中国古代诸神》，第 147—148 页，以及第 144 页，图 5-19、图 5-20，第 145 页，图 5-21、图 5-22 和图 5-23。

③ 同②第 144 页。

④ 对于后者，笔者以为与其称为“掌形蘑菇角”的星状图案，毋宁借西汉哲学家贾谊描述宇宙结构模型“六德之华离状”（贾谊：《新书·道德说》）的“华离状”一词，名为“华离状”的星状图案，才更为确切。因为这些鹿茸角的顶端图案皆为立体的五瓣形花朵造型，其中央则为星状图案。

与墓主的头部保持在同一直线上，间距不大，表示鹿在墓主的正前方，为的是墓主可以看见它。这是墓主的灵魂得以升天的必要保证。因此，鹿在这里出现，绝非偶然，而是具有特殊和关键的意义。在此意义上看，鹿对于墓主来说，确实具有某种“辅助”的作用，但肯定不可能是张光直先生所说的“脚力”或“助手”的作用，而只是一种方向和津梁意义的暗指和喻示的作用。

如果说这里所谈的蚌塑鹿纹只不过是一个典型但不多见的个例，那么在乌兰察布岩画中所见具有鹿石以及鹿石上相同的太阳①，应该是与虎食人卣同属于青铜时代的产物。在虎食人卣器上，鹿虽然位于虎首之上，但是与虎一体不分且具有从属于虎（相当于在意象上太阳从属于天）的意义，共同表现和代表了由虎宇宙观所表象的宇宙或天地之神。人与鹿的关系是一种间接的关系，从属于人与虎的关系，至少在图像的表层结构上，是如此这般的一种关系。但是，在深层结构中，这一图像所表象和传达的真正意蕴，则是人与虎-鹿的三位一体即鹿-虎-人统一的“天人关系”。

在天地万物之中，人与虎的关系是最为突出和密切的，形成了虎-人合一关系的主题。这里的“人”，当然不是一般的人，而是身怀绝技的巫师，能通达宇宙之神即虎神的特殊之人。因此，天地中的万物都将围绕着虎或虎-人这一“主体”之主题而展开。从这里透露出“虎”与“人”之间的微妙关系。

其一，“虎”与“人”的关系是一种神人关系，这种神人关系，就是“虎”所象征和代表的至尊至上的天神或天地之神即至上的宇宙神（这一问题下文论述）与人（巫师所代表的人群或人类社会）的关系，因此虎食人卣所呈现的虎-人合一关系不是一般的“神人合一”的关系，而是代表宇宙或创生天地万物的神（即虎神）与人的合一关系，中国哲学的“天人合一”关系之原始含义盖由这种神人合一的关系而生。

其二，这一“虎”与“人”的关系即虎-人合一的关系又蕴含了自然与人的关系，这就是天地万物与人合一的关系。换言之，自然与人合一的关系从属于宇宙神（虎神）与人合一的神人合一（虎-人合一）关系。自然与人合一的关系，同样是中国哲学的“天人合一”所具有的意涵。只不过，这一意涵是一种从属或附属的意义，就是说，它从属于或附属于天地之神与人合一的神人合一（虎-人合一）关系，不能取得独立存在的意义。原因在于，人既是天地之神或宇宙神（即虎神）的产儿，同时也是天地万物（虎神尸解所得的产物）之中的一员，因此人同时保持与天地之神（虎神）的和谐合一和与天地万物（虎神尸解的产物）的和谐合一，本来就是理所当然的。需要注意的是，虎（虎神）是具有二重性的：一方面虎象征和表象至尊至上的宇宙之神，自然有一种绝对的超越性；另一方面虎（作为动

① 盖山林：《乌兰察布岩画》，第302页，图494。

物或神兽）又是自然的表象和象征。虎的这一二重性特征决定了虎（神）与人的合一所具有的二重性。由此可知，在虎食人卣的虎-人关系中所表现的“天人合一”关系，原本就具有一种极其微妙的二重性的含义，这种二重性含义，其实就是中国哲学的“天人合一”所固有的本来意涵。人与天地之神的合一以及人与自然的合一，是同时存在于中国哲学的“天人合一”之中的两个紧密相关的原始维度，至于形而上学的义理或道德的维度，则当为后起者。[①]

在此，必须注意和指出的是，下文将会证明，自然与人合一的关系在从属于或附属于宇宙神（虎神）与人合一的神人合一这一关系的同时，也从属于现实世界中的人（生者）与神圣世界（信仰世界）中的祖先神（死后复活的神）的合一关系。因为祖先神是与至尊至上的宇宙神合一的神，因此人（现实世界中的人）与宇宙神的合一，就包含了现实世界中的人（生者）与神圣世界（信仰世界）中的祖先神（死后复活的神）的合一；同理，人（现实世界中的人）与祖先神（死后复活的神圣信仰世界中的神）的合一，也就蕴含了人（现实世界中的人）与至高无上的宇宙神的合一。涂尔干说：“图腾观念和祖先观念的关系极其密切，有时候它们似乎都混同为一了。……看来，图腾有时候在人们目中被表现为一群和祖先难以区分的理想生物或者神话角色。简而言之，祖先就是图腾的片段。”[②]涂尔干还指出，人类对祖先神的膜拜存在于古代较为先进的社会之中，“除了诸如中国、埃及或希腊和拉丁城邦这些比较先进的社会以外，其他社会的祖先崇拜都很不发达，也没有表现出独具特色的形式……”[③]更为重要的是，“实际上，膜拜并不是某个人在某些特定的环境里所举行的一组简单的仪式；而是各种各样的仪式、节日和仪典所组成的一个体系，它们全都具有周期性重复出现的特征。”[④]《礼记·郊特牲》有云：“万物本乎天，

---

① 对此，日本学者沟口雄三有一区分和论述，可资参考，引录如下：

在这里，天理的天与古代的具超越性的天是一分不同的，古代的天指的是相对于人的，作为关系到宇宙万物的运行的造物主、主宰者或是至上者的具超越性的观念。在这个天理的天中，例如造物作为包括人在内的万物的生的根源和根据；主宰作为使万物生生不息的条理；至上作为显示条理绝对正确的观念，古代的天是被抽象化或理念化的。从人的角度来看，天理的天是人之所以为人的根据，是使人作为人的条理，也是人内心本来具有的条理的至善性。正因如此，这个天可以作为理即天理而加以抽象化和理念化。尽管这里的根据、条理和至善性对于人来说确实是被作为先天的所与，在此意义上是超越后天的作为与分辨的，但是天理的天仅仅是对“意”“必”等人的作为的超越，因此，与其说它是一种超越，不如说是一种先验性或先天性更合适。也就是说，天理在这种先天性中对于人来说是本然（之性），或是（天理的）自然，人在这种本然、自然中就是天。如果将作为人的“本然”和“自然”的根据、条理和至善的天称之为‘理天’的话，这种理天与例如“天降灾祥”式的“命运天”“天行有常”式的宇宙自然的“天行天”所具有的超越性显然是大不一样的。

（沟口雄三：《天人合一中的中国独特性》，李晓东译//《中国的思维世界》，刁榴、牟坚等译，孙歌校，北京：生活·读书·新知三联书店，2014年，第286—287页）

② 爱弥尔·涂尔干：《宗教生活的基本形式》，第345页。

③ 同②第82页。

④ 同②第83页。

人本乎祖，此所以配上帝也。郊之祭也，大报本反始也。”这就提供了一个有力的证明和注释。这里所说的“天”便是宇宙至上神或天神，也就是上帝或天帝；而“祖”则是祖先神；“人”则是现实世界中祭祀其祖先神的人（王），以天子为代表。活在现实世界中的人，由天子代表和率领在郊外大行隆重的祭礼，为的是向其最高的至上神即宇宙神或天神与祖先神上表最大的尊崇和报恩（以宰杀一头牛为献祭之礼品）。一方面是让祖先神能够德配上帝即宇宙至上神或天神而与上帝同享祭礼，在此可见祖先神与宇宙至上神或天神是统一的，另一方面则由盛大的祭礼来实现现实世界中的人（天子或王所代表的人和人间）与祖先神和宇宙至上神之间的沟通。这便是所谓“大报本反始也”。实际上，这是巫-礼文化的原始的“天人合一”观念在文明时代的祭礼中的保留、传承和翻新。由此可见，虎食人卣所表现的“天人合一”关系，本来所具有的就是一种极其微妙而蕴奥的三重性的含义，而不啻是上述的二重性的含义，这其实就是中国哲学的“天人合一”所固有的本来意涵。那么，可以澄清的“天人合一”之义，就绝非仅有上述的人与天帝或天地之神的合一以及人与自然的合一之义，而且还有人与祖先的合一之义。实际上，这三种意蕴，皆为“天人合一”所固有的原始之意涵。如是，便可以预前得出一个结论：人与至高无上的天地之神的合一、人与其业已与至高无上的至上神合一的祖先神的合一，以及人与自然的合一，是同时存在于中国哲学的“天人合一”之中的三个紧密相关的原始维度，至于其中所表现出来的其他意涵，有如上面提及的形而上学的义理之天或道德之天的维度，当然只可能是后起的义理之维度了（这一问题实为一重要之问题且与此之所论关系密切，故提前宣示，以便引起关注并关联起来理解）。

其三，虎宇宙观是一种生命的宇宙观，它所表示的宇宙或世界观念，在本性上是一种生命的存在，而不是一种僵死的、呆板的、机械的物理之实在或实体的存在，这非常特别，从根源上奠定了中国哲学为一生命哲学的基础与格调，盖为中国哲学所特有。这或许可以从根源上与主流形态上，解释中国哲学之为非实体主义的生命哲学与西方哲学之为实体主义的非生命哲学的一大根本之不同。

其四，虎作为具有神性的动物，绝非一般的动物之神，而是宇宙或世界之神，亦即天地之神的象征。不仅如此，虎作为至上至尊的神是宇宙或世界的创造者，同时也是立法者。对此，涂尔干在论澳洲宗教的双重起源时，做出了很好的解释。涂尔干指出：“一方面，人们受到某些自然现象的启示而形成了关于图腾和精灵的观念；但与此同时，凭着对隐秘的自然的一种直觉，人类的智慧开始构想出了一个独一无二的神，一个世界的创造者和道德规范的立法者。”①由此便可看出，日后在哲学中出现的形上学的宇宙生成论（或称宇宙发生论）和本体论（或称存有论、存在论，今或称之为是论）在其思想与文化心理（图腾、宗教和神话的心理）

① 爱弥尔·涂尔干：《宗教生活的基本形式》，第 392 页。

渊源上，是与至上神分不开的。固然虎本身是一种具象的动物，这是虎从属于动物的特殊性，但是虎的动物性恰恰表征与隐喻了宇宙或世界乃至天地万物的生命之本质。这与《庄子·应帝王》中的中央之帝混沌①所象征的宇宙或世界为一种生命的存在具有异曲同工之妙（至于《三五历纪》《五运历年纪》和《述异记》中的盘古创世神话，则为晚出）。

其五，对于中国哲学来说，肯定宇宙或世界为一种生命的存在是非常重要的，因为这从根本上提供了“天人合一”的本性基质之存在的同一，正因为有了这种同一性，“天人合一”才具有了可能性。换言之，“天人合一”的同一性与可能性，皆以虎和人的生命存在之基质的相似相近为前提和基础。就是说，尽管在动物学上看，人与虎是根本不同物种的两类（动物之）生命；然而，在哲学上说，宇宙或世界之虎与居于其间之人的本性基质之存在，则皆为相同的生命有机体，其性情亦有相似相近之处，所以人与虎可以互相感通，而相亲与谐和如一。这是中国哲学的“天人合一”之所以为可能的根由和秘密之所在。无疑，这是从虎宇宙观即虎神所代表的宇宙（有神宇宙）或世界（有神世界）观念来看的。

其六，基于虎宇宙观以及本文的立场和视界来看所谓的“天人合一”，则可知“天人合一”的观念不仅根源于史前时期，而且这一古老的观念既非中国的特产，亦非为中国人所专有。事实上，这一观念曾经是世界上许多人类文化的常规，而不仅仅表现于中国的思想文化之中，它必将在重建中重新成为整个人类世界文化的常规。这一看法绝非笔者个人的私见。其实，早在二十年以前，张光直先生就已经指出过了。张光直依据美国学者理查·汤森对于阿兹特克人和印第安人关于人与宇宙关系的论述，做出了这样的判断：“天人合一”这个概念并非中国人专有，“‘天人合一’的宇宙观曾经是世界上许多地方人类文化的常规，理应可以再次建立它的地位。”②几乎与张光直先生同时，钱穆先生在辞世前的三个月，以九十五岁的高龄之思，也阐发了他对于“天人合一”观的彻悟，以为“此一观念实是整

---

① 原文为：

南海之帝为倏，北海之帝为忽，中央之帝为浑沌。倏与忽时相与遇于浑沌之地，浑沌待之甚善。倏与忽谋报浑沌之德，曰：“人皆有七窍，以视听食息。此独无有，尝试凿之。”日凿一窍，七日而浑沌死。（《庄子·应帝王》）

② 张光直：《考古人类学随笔》，第 51 页。兹将其所写的整段文字附录于此，以见其语脉。张光直说：

我坚信，若要成功实现现代化，或者，实际上要国家能生存下去，中国必须既要有技术与贸易，又要“天人合一”。如果能够重新发扬“天人合一”这个概念，将可对全人类有重大的贡献。可是这个概念并非中国人专有，因为其他文明也有类似的信仰。例如 15 世纪墨西哥的阿兹忒克人，“把他们的都城和都城环境的关系，看做一个整合的宇宙结构，即一个有秩序的宇宙；并视其中的自然现象为本质上神圣的、有生命的，且与人类活动有密切关系……印第安人以一种参与的意识来对待自然现象：他们视宇宙为各种生命力之间的关系的反映，而生命的每一方面，都是在一个内部关系互相影响的宇宙体系中的一部分”（引自理查·汤森，1979）。“天人合一”的宇宙观曾经是世界上许多地方人类文化的常规，理应可以再次建立它的地位。

个中国传统文化思想之归宿处”[①]，并意味深长地指出：

> 中国人是把“天”与“人”和合起来看。中国人认为“天命”就表露在“人生”上。离开“人生”，也就无从来讲“天命”。离开“天命”，也就无从来讲“人生”。所以中国古人认为“人生”与“天命”最高贵伟大处，便在能把他们两者和合为一。离开了人，又从何处来证明有天。所以中国古人，认为一切人文演进都顺从天道来。违背了天命，即无人文可言。“天命”“人生”和合为一，这个观念，中国古人早有认识。我以为“天人合一”观，是中国古代文化最古老最有贡献的一种主张。
>
> 总之，中国古代人，可称为抱有一种“天即是人，人即是天，一切人生尽是天命的天人合一观”这一观念，亦可说即是古代中国人生的一种宗教信仰，这同时也即是古代中国人主要的人文观，亦即是天文观。如果我们今天亦要效法西方人，强要把“天文”与“人生”分别来看，那就无从去了解中国古代人的思想了。[①]

钱穆先生说，他自己在晚年（生命最后的关头）对于中国文化中的“天人合一”观的彻悟，乃是“发明了我自己从来没想到的大理论”[②]。毫无疑问，钱穆先生对于“天人合一”观的重大发明，非常精辟透彻，并产生了良好的积极影响。此外，更早的是在1958年元月，“当代新儒家”的四位代表人物牟宗三、徐复观、张君劢、唐君毅四先生联名发表《中国文化与世界——我们对中国学术研究及中国文化与世界文化前途之共同认识》（又名《为中国文化敬告世界人士宣言》或《中国文化与世界宣言》）一文，其中专门论述中国文化的“天人合一”观，并指出：

> 在中国人生道德思想中，大家无论如何不能忽视由古至今中国思想家所重视之天人合德、天人合一、天人不二、天人同体之观念。此中之所谓天之意义，自有各种之不同。在一意义下，此天即指目所见之物质之天。然而此天之观念在中国古代思想中，明指有人格之上帝。即在孔孟老庄思想中之天之意义，虽各有不同，然无论如何，我们不能否认他们所谓天之观念之所指，初为超越现实的个人自我与现实之人与人关系的。而真正研究中国学术文化者，其真问题所在，当在问中国古代人对天之宗教信仰，如何贯注于后来思想家之对于人的思想中，而成天人合一一类之思想，及中国古代文化之宗教的方面，如何

① 钱穆：《中国传统思想文化对人类未来可有的贡献》//中华书局：《中华文化的过去现在和未来：中华书局成立八十周年纪念论文集》，北京：中华书局，1992年，第39—43页。

② 胡美琦：《中国传统思想文化对人类未来可有的贡献》后记//中华书局：《中华文化的过去现在和未来：中华书局成立八十周年纪念论文集》，第42页。

> 融和于后来之人生伦理道德方面，及中国文化之其他方面。如果这样去研究，则不是中国思想中有无上帝或天，有无宗教之问题，而其所导向之结论，亦不是一简单的中国文化中无神、无上帝、无宗教，而是中国文化能使天人交贯，一方面使天由上彻下以内在于人，一方亦使人由下升上而上通于天，这亦不是只用西方思想来直接类比，便能得一决定之了解的。①

在日后成为“当代新儒家”的思想纲领的这份“宣言”中，牟、徐、唐、张四位先生论“天人合一”观，与钱穆先生所论，其共同点固然是针对西方思想的天人分离与分立而论，但是其核心与宗旨则在于强调中国文化的“天人合一”是“能使天人交贯”，亦即能把“人生”与“天命”和合为一，其表现便是“一方面使天由上彻下以内在于人，一方亦使人由下升上而上通于天”。这是通贯与统贯中国思想文化的基本精神。事实上，尽管“天人合一”观曾经是世界上许多地方人类文化的常规（上引张光直语），但是“天人合一”观贯穿于中国思想和文化的始终，旁通统贯中国文化之全体，可谓彻头彻尾，这是世界其他人类文化所没有做到的，甚至是不能想象的。日本学者沟口雄三就曾指出：“天人在中国直至近代以后依然基本是合一的，西方式的神人分裂，即人的领域从天的领域中的独立出来，或是‘作为’的领域从‘自然’的领域中分离出来而得以确立，这种意义上的分裂是看不到的。”②牟、徐、唐、张、钱五位先生虽然是将“天人合一”作为中国文化的精神特质来加以论述和强调，但是其心怀与着眼点则在世界和人类的未来。因此，从人类以往的历史（包括史前的历史）和未来走向来看，牟、徐、唐、张、钱五位先生对于“天人合一”观的彻悟，正可以成为张光直先生所指示和期盼的世界人类文化“再次建立它的地位”的开始与准备。不难相信，“天人合一”观不仅“是整个中国传统文化思想之归宿处”（上引钱穆先生言），而且也将是整个人类世界文化思想的归宿处；不仅曾经是世界人类文化的常规，而且也终将是整个人类世界文化的常规。③这当然

---

① 唐君毅：《中国文化之精神价值 中国文化与世界》//《唐君毅全集》第九卷，北京：九州出版社，2016年，第15—16页。

② 沟口雄三：《天人合一中的中国独特性》//《中国的思维世界》，第285页。沟口雄三的这一看法基本上是正确的，但不包括现当代在内。

③ 这一问题牵涉到对于人类世界文明的重新理解。英国历史学家菲利普·费尔南多-阿梅斯托（Felipe Fernández-Armesto）说：“……点到了‘文明是什么’的问题核心。我建议把它界定为一种互动关系：是对自然环境的关系，出于人类想使自然符合自己需求的冲动，而改造自然环境。我所说的‘文明’就是指在这种关系之中的社会。我并不是说所有的文明都一定是好的或坏的，虽然我觉得某些文明颇佳，却也看出某些文明是有害的。……各种文明通常都过度利用其环境，往往到了自我毁灭的地步。基于某些缘故的文明行为，包括为了在环境中求生等。文明都会是惊险的谋略，甚至是毫无理性可言的。”“我主张把文明当作人类与自然之间的关系来看，并不只是在推开其他障碍之后，又在跑道上摆出一组栏架，我不是要提出另一套评量社会有没有资格算是文明的准则。我要提供一个量尺，可供社会按照其各自改变自然环境的程度，在量尺上找到自己的位置。”（菲利普·费尔南多-阿梅斯托：《文明的力量：人与自然的创意》，薛绚译，广州：新世纪出版社，2013年，第5、22页）这不失为一个可供观察的支点。

是后话，因其意义十分重大，事关人类与宇宙的存亡，是故顺便在此表白。

在此有必要顺便指出，虽然说人与虎可以互相感通且谐和如一，但是也不至于“人虎交欢”，哪怕是意象性的或象征性的（譬如说“梦淫”），皆无可能。尽管我们可以在内蒙古乌兰察布岩画和阴山岩画中看到人兽交媾的画面（图 10），原始质朴，极度夸张，但都是以直观写实的朴拙形式来表现的，画面中的野兽皆非食人者，盖属羊、犬之类，且从来没有如虎一类的猛兽，更没有出现“虎食人”纹饰中那样的人的姿态（所谓“九屈”式姿态，见前文所述）。在古希腊神话中，克里特岛的米诺斯国王的王妃与一头公牛交媾怀孕后，生下了一个牛头人身的食人怪兽。国王唯恐这桩丑事暴露于世，就下令建造了一座规模庞大而又结构精巧的双斧宫，将这头怪兽藏于深宫之中。米诺斯国王强迫雅典国王艾古斯每年进贡七对童男童女，以作为献祭这头怪兽的美食。即使在这个野性十足的人兽交媾的神话故事中，出现的野兽也只是一头公牛，而不是食人的猛兽。相反，食人的怪兽恰恰是人子（亦即是人）。这个故事传递出来的信息，可能意味着克里特岛的米诺斯王国的部族原来是食人族。与此同时，其中的人兽交很可能蕴含了生殖崇拜的信仰。原始的部族希望在繁衍中获得怪兽一般的超人神力，以求战胜敌人。由此看来，上述人兽交媾图所欲释放和传达的意蕴，在于以这样一种充满生殖性意味的方式，参与和促进化为各色具体动物神的尸解过程（详见下文），以获得人类自身依赖不断重复繁衍以及所畜养的动物的不断重复繁衍，而与外部环境抗衡和适应的神力。耐人寻味的是，“虎食人”纹饰中的人的动作-姿势与仰韶文化时期彩陶上的“神人”或“蛙人”[①]的动作-姿势非常相似和接近（图 11-1 至图 17），

(a) 雄性神兽女巫交媾[②]

① 张朋川先生认为，尽管为瑞典学者巴尔姆格伦（Palmgren）——安特生（Andersson）的助手所命名的“神人纹”（在名称和含义上）有很大的争议，但是“蛙纹”这一称呼是有欠妥当的，故仍用神人纹这一名称（张朋川、王新村：《马家窑文化彩陶瑰宝新赏》，第 3 页）。

② 图画来源，见盖山林：《乌兰察布岩画》，第 57 页，图 235。

(b) 男巫雌兽交媾[①]

(c) 学习交媾[②]

图 10 乌兰察布阴山岩画人兽交媾图（李迎春绘）[③]

特别需要强调的是，这种动作-姿势[④]，在数量众多的马家窑类型的彩陶神人纹中，几乎成为一种专有的定格具象形式，而这种动作-姿势在内蒙古乌兰察布的岩画（达尔罕茂明安联合旗推喇嘛庙神像岩画）[⑤]与云南沧源岩画中所见的巫-礼仪式中，竟然大量存在（图 12、图 13），并且在春秋战国至东汉时期的广西宁明、

① 图画来源，见盖山林：《阴山岩画》，北京：文物出版社，1986 年，第 221 页，图 873 放牧和性交（人兽交媾图）。

② 同①第 221 页，图 877 性交和动物。

③ 图像臆释：图 10（a），显示的是雄性神兽与女巫的交媾，有可能是初期象征游牧部族之来源的"最初的父"与"最初的母"的"双性"族徽标志，神兽与女巫形体皆极大，神兽的生殖器极度夸张，女巫四肢超常粗壮，巨乳超出胸躯，固然具有浓浓生殖崇拜的意味，但所重当在二义：其一，与神兽交媾达到与神性力量的合一，从而使女巫自己以及她所代表的部族获得强大的神力；其二，以此表示部族之诞生与对始祖（神兽与神巫或女神）创造部族（之功勋）的纪念，故当为母系文化时代之作品。图 10（b）主景所示为男巫与雌兽的交媾，左下方是一对正在交媾的动物，作为配图，可能意在助兴，上方有三只动物处在观望与等待状态，右边有一位骑马者进行监视与调度，这有可能是在动物交配期到来时，举行的一种促进畜养动物滋生繁衍的仪式。图 10（c）所示为青年男女学习性交的仪式，主图表现的是人兽的交媾或动物的交媾，也可能二者兼具，左上方的配图是正在准备的交合，有一人从旁协助，这有可能是婚礼仪式活动的表现。附带指出，从这一组岩画（"原型"）中，就不难理解文献中对于后世帝王或圣人出生的描写，总是与神圣的动物具有不可分离的关系，只不过是神圣的动物神以龙、凤、虎为常见，且以隐晦曲折的梦交形式表现出来。究其根源，是为史前时期原始宗教和巫-礼文化笼罩中的人兽交（"原型"）的遗俗变形残留之表现。然而，必须清楚，在最原始的为原始宗教和巫-礼文化所笼罩中的人兽交（"原型"）的形式意象中，并不存在且不可能有人与龙、凤、虎等动物的交媾。

④ 郑为先生称之为"象生纹"，也就是"蛙形状态"的"人形蛙纹"，并认为其在半山类型的螺旋纹中变成类似软体动物的纹式，以曲折的形状出现（郑为：《中国彩陶艺术》，上海：上海人民出版社，1985 年，第 36 页）。这一解释固然着眼点是在美术的形式之上，然而忽视了其所含的意蕴，就不单是简单直观的问题，嗅不到其中真味，未必能得出正确的结果。

⑤ 在乌兰察布岩画中所见的人的这一动作-姿势，盖山林认为是舞者的一种舞姿（盖山林：《乌兰察布岩画》，第 307 页）。显然，舞者的姿势并非仅有此一种，而是有多种不同的动作-姿势，然而总观各种动作-姿势，可以肯定，这种形状如像汉字的"出"字形的动作-姿势，是最基本的动作-姿势之一，且大量出现，最为频繁。盖山林指出："这一时期的舞者形象，常与远古时代巫及其首领人物作法时某一瞬间的舞姿相差无几。是各种巫舞中常见的舞姿。比如陕西临潼仰韶文化遗址陶器上就已有之。以后一直延续下来，比如蒙古人民共和国（按：今蒙古国）德勒格尔-穆连和特斯河谷青铜时代的舞踏岩画也可见到。广西左江及其支流明江流域战国至两汉祭祀水神的舞者形象中，也取这种姿态，闽南仙字潭岩画中也可见到同样图像。"（盖山林：《乌兰察布岩画》，第 309 页）这表明，这些"舞蹈"动作-姿势是巫-礼的动作-姿势。这些"舞者"不是普通人，而是"神""巫"或"巫神"。起源十分古老，可以溯源于史前时期的巫-礼文化活动之中。然而，这些巫-礼的动作-姿势并不限于岩画或崖画的形式，而是表现在人类社会的多种礼器之上，例如笔者将在下文中所指出的，除了岩画或崖画之外的陶器、青铜器、玉器或瓷器（画面）之上。

龙州、崇左等壮族聚居地区延绵数十里的花山崖画中，集中以新的彩图面貌复现（图 14），场面十分壮观。此外，闽南仙字潭岩画，以及蒙古国德勒格尔-穆连和特斯河谷青铜时代的舞踏岩画中，也可以见到相同的图像。更使人倍感惊奇的是，这些“神人”的动作-姿势，与欧洲克里特岛出土的公元前 14 世纪和公元前 3000 年的器物（花瓶）上所绘出的神人纹（或称“蛙神”纹）的动作-姿势（图 15），亦惊人地相似，如出一辙，同冶一炉。此外，这些“神人”的动作-姿势，与在瑞士湖居遗址（见于湖淀木桩上的房屋）出土的陶器上的纹饰也同样惊人地相似[图 11-2(g)]，这些纹饰与国内出土的马厂类型彩陶的神人纹相似度尤其高[图 11-2(f)]。应该说，这绝不是偶然的。不难看出，这些相同或相近的“神人”动作-姿势分别以“出”字形（或称平折形）和“山”字形（或称波折形、“W”字母形）两种基本形式表现出来。虽然它们的历史时代不同，地域、国家和民族文化不同，但均为在特定的巫-礼仪式活动中所出现的，可以说，几乎已经成为“神人”或“巫”所特有的固定动作的姿势（不妨名为神巫-仪式纹，简称神巫仪纹）。这种固定的姿势一般是在祭祀的仪式中表现出来的，可以视之为祭祀的仪式所特有的神圣的表现。涂尔干论宗教和巫术分别指出：

> 信仰、神话、教义和传说，或者作为各种表现，或者作为各种表现体系，不仅表达了神圣事物的性质，也表达了赋予神圣事物的品性和力量，表达了神圣事物之间或神圣事物与凡俗事物之间的关系。然而，我们绝对不能将神圣事物简单地理解成那些被称为神或精灵的人格存在；一块岩石、一棵树、一泓泉水、一枚卵石、一段木头、一座房子，简言之，任何事物都可以成为神圣的事物。所有仪式也都具有这种性质；事实上，如果仪式不具有一定程度的神圣性，它就不可能存在。某些语词、表达和惯用语只能出自圣人之口；某些姿势和动作是任何人都不可做的。吠陀教的祭祀就具有这样的功效，根据神话中的说法，祭祀创造了诸神，而不仅仅是用来博取诸神欢心的手段，所有这些，都是因为祭祀所具有的效力足可以与最神圣的存在所具有的效力相媲美。神圣对象的领域也没有一劳永逸地被划定出来。其范围可以根据各种不同的宗教而无限地发生变化。①
>
> 巫术同样也是由信仰和仪式构成的。和宗教一样，巫术也有其神话和教义；这些神话和教义只不过有些初级罢了。毫无疑问，正因为巫术所追求的是法术和功利等方面的目的，所以它并不把时间浪费在纯粹的思辨方面。巫术也有自己的仪典、祭祀、祭礼、祷告、吟唱和舞蹈。巫师所乞求的存在及其所调动的力量，与宗教所专注的力量和存在不仅性

① 爱弥尔·涂尔干：《宗教生活的基本形式》，第 46 页。

质相同，而且往往是一码事儿。[①]

涂尔干在这里特别强调了“某些姿势和动作”在祭祀仪式中的神圣性和重要性。只不过，涂尔干把它们当作了神圣不可触犯的禁忌。其实，他所谓的“某些姿势和动作是任何人都不可做的”，也只是对于一般的常人所说的，并不包括他说的“圣人”、我们这里所指出的“神人”或“巫觋”在内；若说是禁忌的话，也只是普罗大众的禁忌，而不是“圣人”、“神人”或“巫觋”的禁忌。诚如涂尔干所说，由于巫师所乞求的存在及其所调动的力量与宗教所专注的力量和存在性质相同且本质一致，祭祀的仪式所具有的神圣效力足以与最神圣的存在所具有的效力相媲美，因此上述在特定的巫-礼仪式活动中所出现的“神人”或“巫觋”的动作-姿势，便可以理解为是为了表现祭祀的仪式所特有的神圣性的表征。尽管在岩画或崖画的画面中也出现了兽类或动物，然而与性交活动没有关系。

比较（图片中的人体姿势）：

彩陶人体姿势（图 11-1、图 11-2）；

阴山岩画人体姿势（图 12）；

沧源岩画人体姿势（图 13）；

花山崖画人体姿势（图 14）；

欧洲出土器物上的相似的人体姿势（图 15）；

虎食人卣和龙虎尊等青铜器的人体姿势（图 16）；

图 17（a1）与图 17（b）、图 17（c）、图 17（d）（平折形或“出”字形）；

图 17（a2）与图 17（e）（“凵”字形或波折形或“W”字母形）；

结论：基本接近或相同的姿势。

(a) 神人纹双耳彩陶罐 · 马厂类型[②]

(b) 鼓腹神人纹罐 · 马厂类型[③]

① 爱弥尔 · 涂尔干：《宗教生活的基本形式》，第 52 页。

② 图片来源，见李学武：《中国原始彩陶》，南昌：江西美术出版社，2007 年，第 90 页（原名：人纹罐）。

③ 同②第 151 页（原名：神人纹罐）。

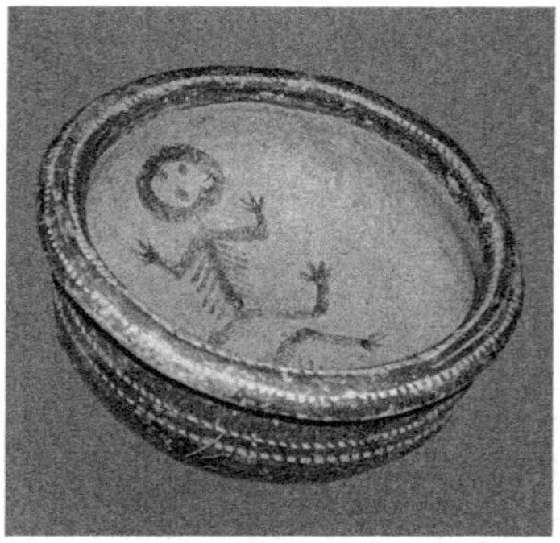

(c) 神人纹罐·边家林类型①

(d) 人头形器口神人纹壶·马厂类型②

（e）对偶神人纹罐·马厂类型③

（f）高低耳彩陶壶神人纹·马厂类型
（兰州彩陶艺术博物馆藏）④

（g）条纹神人罐·马厂类型⑤

（h）条纹神人罐·马厂类型示意图⑥

① 图片来源，见李学武：《中国原始彩陶》，第 182 页（原名：舞蹈人盆）。
② 图片来源，见张朋川、王新村：《马家窑文化彩陶瑰宝新赏》，第 129 页。
③ 同②第 139 页（原名：相对神人纹罐）。
④ 图片来源，见郎树德：《甘肃彩陶研究与鉴赏》，兰州：甘肃人民美术出版社，2012 年，第 106 页。
⑤ 图片来源，见朱勇年：《中国西北彩陶》，第 129 页，图 116（原名：蛙神纹罐）。
⑥ 同⑤第 129 页，图 116 示意图。

(i) 波折宽带神人纹长颈壶・马厂类型(1974年民和县官户台出土)[①]

图 11-1　彩陶上的神人纹

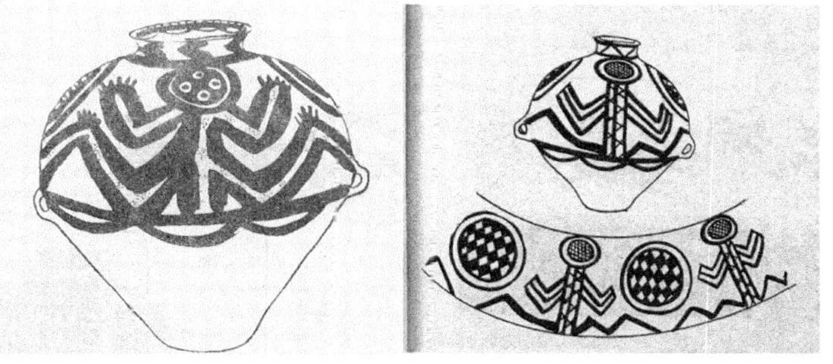

(a1) 神人纹壶及其展开示意图(乐都柳湾出土)

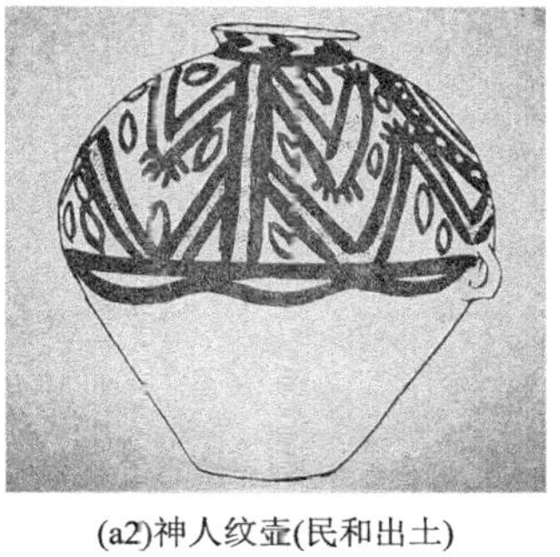

(a2)神人纹壶(民和出土)

(a) 马厂类型器物图[②]

① 图片来源，见郑为：《中国彩陶艺术》，第134页；青海省文物考古队：《青海彩陶》，北京：文物出版社，1980年，第83页（原名：马厂类型波折纹长颈壶）。

② 图片来源，见刘溥：《青海彩陶纹饰》，西宁：青海人民出版社，1989年，依序为第15页，图25“马厂类型蛙纹器物图（1）蛙纹壶”；第101页，图118“马厂类型蛙纹展开示意图・蛙纹壶”；第15页，图25“马厂类型蛙纹器物图（2）蛙纹壶”。

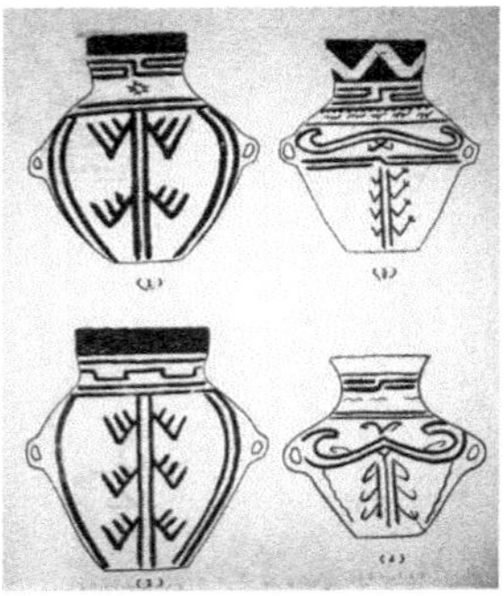

(b) 辛店文化器物图——变形神人纹罐①

(c) 马厂类型神人纹展开示意图：（1）（2）（3）壶（乐都柳湾出土），（4）瓮（民和新民出土）②

(d) 马厂类型神人纹展开示意图：（1）（2）（3）壶（乐都柳湾出土），（4）瓮（乐都柳湾出土）③

(e) 马厂类型神人纹展开示意图：（1）（2）（3）壶（民和出土），（4）壶（民和新民出土）④

(f) 马厂类型神人纹展开示意图：（1）壶（乐都柳湾出土），（2）（3）壶（民和新民出土）⑤

---

① 图片来源，见刘溥：《青海彩陶纹饰》，第 207 页，图 234“辛店文化器物图（1）（2）（3）（4）变形蛙纹罐”。

② 同①第 101 页，图 119“马厂类型蛙纹展开示意图”。

③ 同①第 102 页，图 119“马厂类型蛙纹展开示意图”。

④ 同①第 104 页，图 119“马厂类型蛙纹展开示意图”。

⑤ 同①第 103 页，图 119“马厂类型蛙纹展开示意图”。

(1)

(2)

(g) 瑞士湖居遗址陶器上的神人纹饰（新石器时代）：（1）罐上纹饰，（2）罐局部的纹饰①

图 11-2 史前时期彩陶神人纹及展开示意图

(a) （达尔罕茂明安联合旗）推喇嘛庙岩画“神人”（巫师）像姿势②

(b)（达尔罕茂明安联合旗）推喇嘛庙岩画人面与“神人”（巫师）像姿势

(c) 阴山岩画太阳神人像

图 12 阴山岩画所见“神人”（巫师）像姿势

① 图片来源，见赫·乔·韦尔斯：《世界史纲：生物和人类的简明史》，北京：人民出版社，1982 年，第 116 页。

② 盖山林：《乌兰察布岩画》，推喇嘛庙岩画：彩图版二（Ⅱ）。

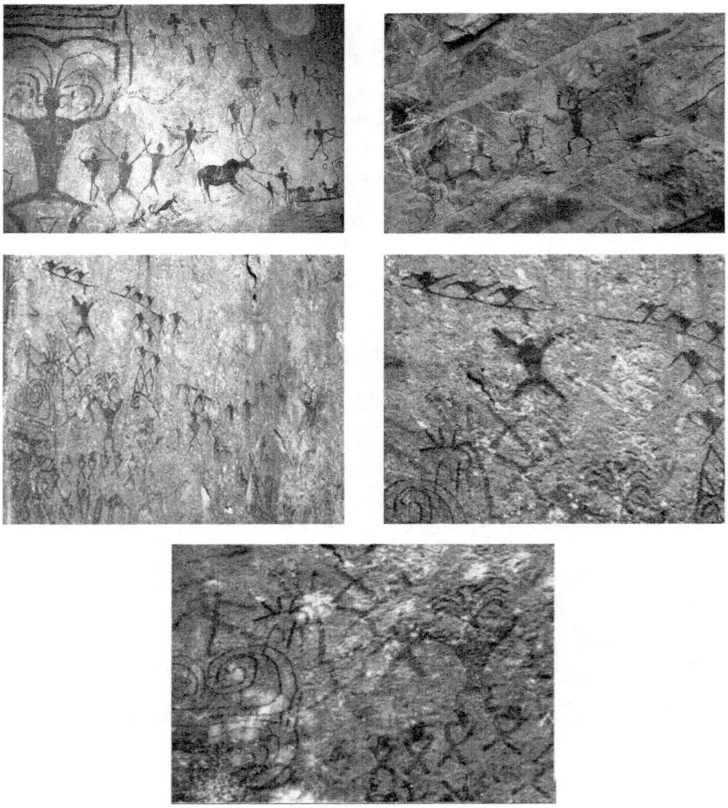

图 13 云南沧源岩画所见“神人”（巫师）像姿势

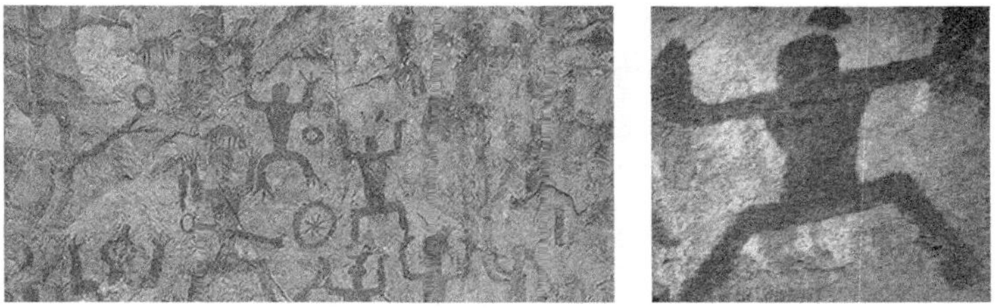

图 14 广西宁明花山崖画“神人”（巫师）像的姿势（大约春秋至东汉时期）

(a) 公元前14世纪欧洲克里特岛
米诺斯(晚期III)花瓶上的“神人纹”
[Painting on the base of a late Minoan III vase(Crete,14th Century B.C.)]

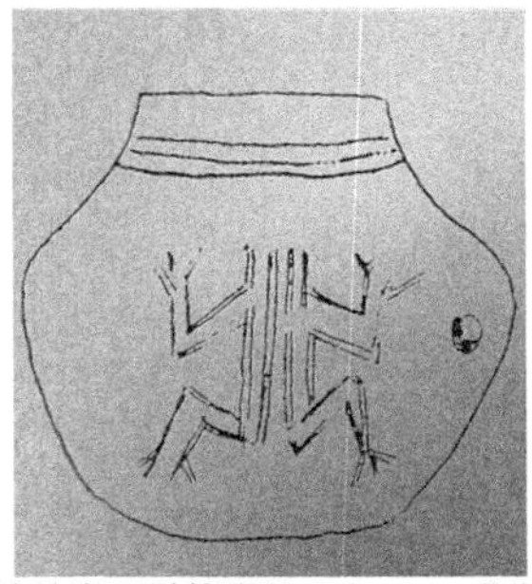

(b) 波希米亚科林附近出土Mona 花瓶上的
神人纹图案（Mona vase near Kolin, Bohemia）

(c) 在欧洲克里特岛勒比纳前宫殿式墓庙出土的公元前 3000 年前的瓶画上的抽象神人纹图案
[Vase painting from a pre-palatial tholos tomb（Lebena，Crete，mid-3rd Mill.B.C.）]

图 15 欧洲出土器物上的相似的人体姿势①

① 图片来源，转引自朱勇年：《中国西北彩陶》，第 127 页。神人纹，原作“蛙神”（Frog Goddess）。

(a) 法国和日本藏虎食人卣人体姿势

(b) 龙虎尊人体姿势

(c1)①

(c2)②

(c3)③

(c4)④

(c) 其他青铜器上相似的人体姿势

图 16　青铜器纹饰中的人体姿势

① 图片来源，见林巳奈夫：《殷周青铜器综览：殷周时代青铜器之研究》第一卷，第 37 页，方鼎（殷后期Ⅲ，二型）14 图。

② 同①第 39 页，方鼎（殷后期Ⅲ，四型，长清）34 图。

③ 同①第 174 页，爵（殷后期Ⅱ，四型，苍山层山村）116 图。

④ 同①第 227 页，觚形尊（西周ⅠA，一型，台北故宫博物院）59 图。

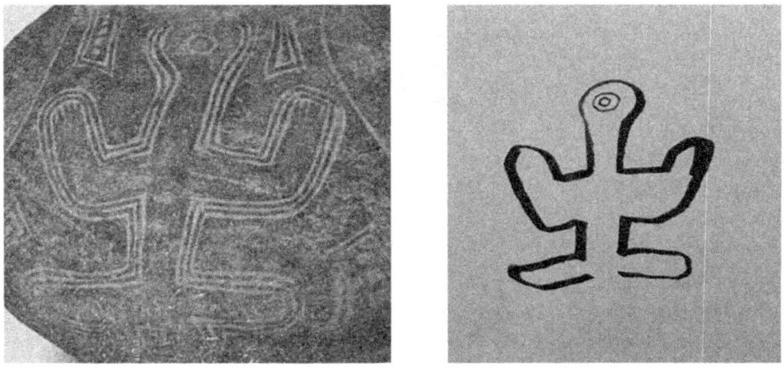

(a1)

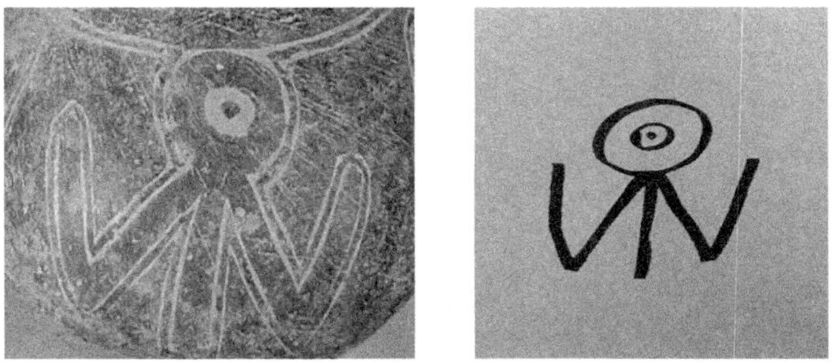

(a2)

(a) 马家窑•马厂类型彩陶壶人体姿势

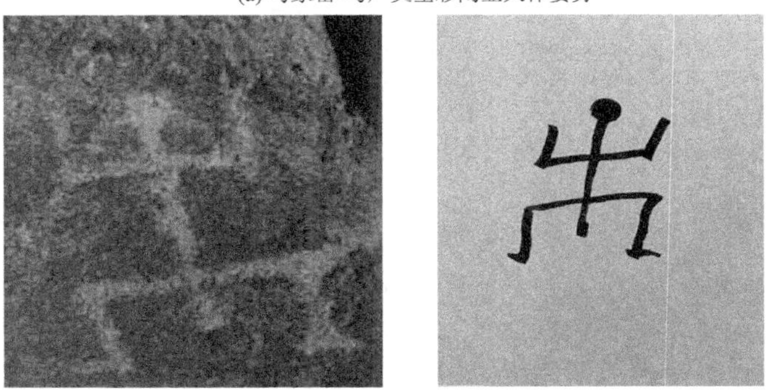

(b) 阴山岩画人体姿势

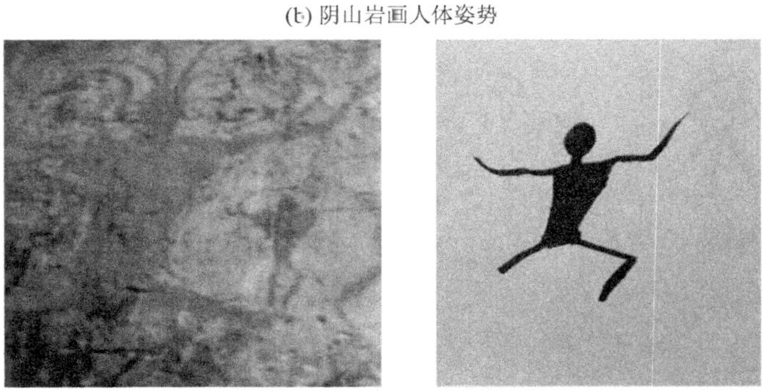

(c) 沧源岩画人体姿势

(d) 花山崖画人体姿势

(e) 欧洲出土器物上人体姿势

图 17　彩陶、岩画和崖画以及欧洲出土器物上的人体姿势图（示意图为李迎春和王柄羲绘）

由此可以确定，这种动作-姿势乃是巫觋所特有的一种仪式中的姿势，而不可能是人兽性交的姿势。其实，彩陶上的所谓“神人”或“蛙人”是巫师，“神人”或“蛙人”的姿势，是巫师在进行仪式中的一种动作的姿态（这在后文中，将要论及的龙虎尊纹饰中人之形塑姿势的表现，更为清楚）。据此，可以否定“虎食人”纹饰中的虎-人关系是交媾或“交欢”。

事实上，人兽交媾的图纹在后世非常罕见，更多见的是人兽合一或半人半兽的动物之间的交媾。为人所熟知的长沙马王堆一号汉墓出土的帛画（图 18）和三号汉墓出土的帛画上的人面蛇身交尾图，以及 1965 年在新疆阿斯塔那出土的唐代绢本绘画伏羲女娲（交媾）图（图 19），都是典型的例子。显然，这很有可能是受了双龙交尾图纹影响的结果。出土资料表明，早在殷墟 1001 号大墓的残缺墓葬中腐烂木器的痕迹上，已经发现了双龙交尾的构图（图 20）。在西周的玉璜上，也出现了向人面龙身交尾构图流变的趋势（例如西周晚期晋侯墓 M31 和 M113 出

图 18　长沙马王堆一号汉墓出土帛画

图 19　伏羲女娲（交媾）图（1965 年新疆阿斯塔那出土，韩国国立中央博物馆藏）

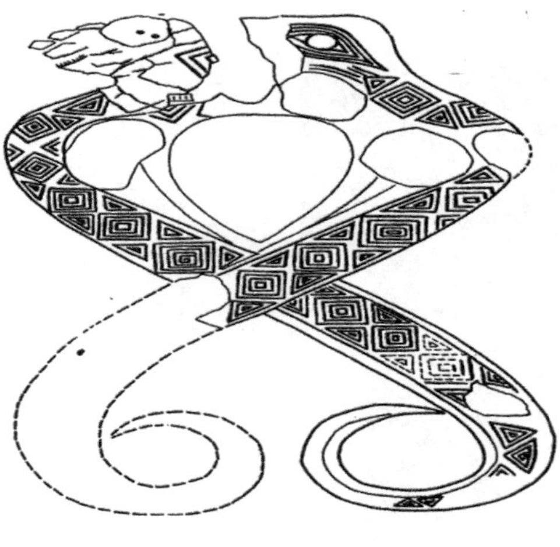

图 20　殷墟 1001 号墓出土木器遗迹的图案

土的玉璜之纹饰）。[①]此后，有大量的双龙交尾图案流行于墓葬之中。在东汉墓葬中，双龙交尾变成了龙虎交尾。此后，普遍流行，甚至较之于双龙交尾构图更为常见。[②]无可否认，虽然也有各种不同的人面兽身动物交尾构图出现和流行，然而人与动物的直接交媾构图非常罕见。因此，尽管在人类的原始时代曾经出现过人兽交媾的岩画，但是表象这一题材的图纹，在后世已经从根本上发生了变形。除了臆想或伪作，不可能出现人虎直接交媾的图纹。至于现代的人兽交欢，绝非原始巫术或原始宗教意义上的“返祖”，只能视之为社会的奇异病态之表现。所谓“人虎交欢”，只不过是毫不了解远古先民的原始意象思维之流变的现代人，才能有的臆度和妄想！

无可回避而必须考虑的另一个问题，是虎神图腾与祖先神之间的关系问题，以及由此引申或牵涉到的祖先神与至上神的关系问题。从前文的叙述中可知，云南的彝族自称为“罗罗”（彝语），意为老虎或虎神的族裔，这是以虎为祖先神的虎图腾“活化石”的范本。追根溯源，刘尧汉先生断言：虎（彝语“罗罗”）既是彝族先祖的自称，也是彝族先民羌戎的自称，无论如何，他们都是夏、商以前原始母虎氏族部落（即伏羲部落）的遗裔。[③]由此可知，早在夏、商以前的原始氏族部落时期即伏羲部落的时期，彝族先民已经自然而然地将祖先神的崇拜与（母）虎的图腾崇拜统一起来了。实际上，祖先神与图腾对象的虎神的同一，就意味着

① 商彤流、孙庆伟、李夏廷等：《天马——曲村遗址北赵晋侯墓地第六次发掘》，《文物》2001 年第 8 期，第 19 页，图三四。

② 郭静云：《天神与天地之道——巫觋信仰与传统思想渊源》上，第 89—90 页。

③ 刘尧汉：《中国文明源头新探——道家与彝族虎宇宙观》，第 39 页。

祖先神与至尊的至上神的同一。因为虎（神）宇宙观表明，虎或虎神是与宇宙同一的，即宇宙为虎神尸解的创造物，所以虎或虎神即是至高无上的无与伦比的宇宙神，亦即至尊至上之神。

德国著名学者施密特早已指出，原始文化中的祖先崇拜并没有什么固定的形式。除了宗教之外，在其他各方面也都没有任何礼仪的制定。最普遍流行的是几乎唯一的名为荐新礼（Primitialopfer）祭祀的礼仪。这种以血祭为祭品的祭献，通常是献给至上神的，但有时也献给部族中被认为是介于至上神与人类之中的祖先，或最初的父。对于血祭，涂尔干曾有一个具有一定说服力的解释，他指出：

> 鲜血具有一定的图腾性质，这可以由它在图腾仪典上所起到的作用来证明。而与此同时，血液又是灵魂的一个所在，或者从外界看来，毋宁说鲜血就是灵魂本身。当血液流出，生命耗尽，灵魂也就逃逸了。所以灵魂与内在于血液中的神圣本原是被混同为一的。[①]

这说明血祭就是献出灵魂，而灵魂不仅是内在于献血者的血液的神圣本原之中的，而且是内在于那个接受或享受血液的图腾本原的（动物或植物）生命之神圣本原（即作为至上神或祖先神或最初的父的神圣本原）中的。经由血祭的图腾仪式的典礼，而将现实中的人的灵魂及其生命本原与作为图腾本原的至上神或祖先神或最初的父的神圣本原在血液中混同为一。实际上，正是在这一过程中，现实中的人的灵魂具有了神圣的本原。因此，灵魂构成了人格的基础。[②]在受母系文化影响的虾夷人中，确实存在着祭祀祖先并向祖先祈祷的一种真正具有宗教意味的祖先崇拜。[③]由此看来，虽然在有的部族中，对于祖先崇拜和至上神的信仰之间存在模糊性，但是祖先崇拜与至上神之间，的确是有不可分割的联系的。关于至上神，施密特写道：

> 在大多数属于原始文化的民族中，我们可以找到一位没有妻子，也没有家庭的至上神，这种至上神是原始文化的一种特征。族部的最初父母是由他造出来的，因此人人都是在他的属下。[④]

饶有趣味的是，对于至上神的信仰，不仅存在于诸多部族之中，而且在东南澳洲土人中，作为至上神的“最初父母”，常常以一对小鸟分别表现为两个“性图腾”（sex-totem）的形式：一只代表“最初的父”（即所有男人的父亲），一只代表

① 爱弥尔·涂尔干：《宗教生活的基本形式》，第349页。

② 同①第355页。

③ W. 施密特：《原始宗教与神话》，萧师毅、陈祥春译，上海：上海文艺出版社，1987年，第88—89页。

④ 同③第84页。

"最初的母"（即所有女人的母亲）。[①]最初父母在举行青年的入族礼和结婚的"引进礼"中，均占着重要的地位。[②]然而，在最早的澳洲和非洲文化与此后的母系种植文化相混合而成的一种被称为"飞去来棒文化"（Boomerang-Culture）中，具有男女"性图腾"形式的成对部族的祖先彻底地消失了，只有一个单独的"最初的父"。当然，这最初的父就是第一个人，他死而复生，与月同辉，俱时亏盈。人们以月以及月的动物，诸如野兔、家兔、豪猪、美洲鹿、郊狼，或能蜕皮的动物，如蛇与蜥蜴[③]等，为最初的父的象征。这种信仰最能在行青年（秘密的且仅限于男子）的入族礼仪中表现出来。在这种文化中，最初的父并没有被归于至上神的属下，而是与至上神合而为一的，从而僭取了至上神的崇高神圣性。因此，最初的父既是至上神，也是万物之父（即万物的创造者），还是其部族之父，就是说，最初的父同时是至上神、造物者与其部族之父。如此一来，最初的父就能享受多种崇拜。[④]远古先民对于最初的父的崇拜信仰，创造了最初的偶像崇拜——粗制了若干尊成为神像的"最初的父"的肖像，由此作为在入族礼仪中的青年人初次祭拜的偶像。[⑤]这一论述意义重大，它很好地解释与回答了史前时期岩画和彩陶上的神

① 值得注意的是，在我国贺兰山岩画中有一对男女神，一般被称为"太阳神"和"月亮神"（图 a，图 b），可能为这种双"性图腾"提供了另一个重要的实例。此外，在内蒙古（磴口县默勒黑图沟一处）阴山岩画中，则有太阳神和人面像（图 c）出现，可能也有类似的意象。

图 a

图 b

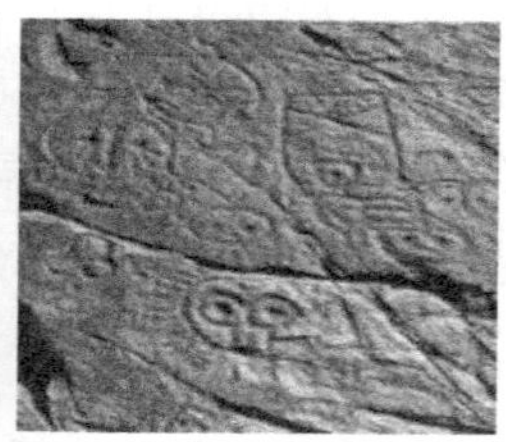

图 c

② W. 施密特：《原始宗教与神话》，第 84 页。

③ 猪、鹿、狼、蛇、蜥蜴、蛙等动物，在仰韶时期（距今约 7000—5000 年）的庙底沟文化与马家窑文化（有马家窑类型、半山类型、马厂类型）的彩陶动物纹饰中，均有所发现。

④ 祖先崇拜随着历史文明的演进发生了显著而重要的变化，这就是人们不啻祭拜"最初的父母"或"最初的父"，而且增加了对一些或许多其他的祖先的祭拜，甚至任何死亡者，也都成为被祭祀的对象。施密特说："在继原始文化以后的所谓初期文化圈中，情形完全改变了。这时人类达到了一种较高的经济阶段，开始加工于自然。在这时期所有的三个文化圈里，共有一种显著的变化，就是不仅最初的父母或最初的父受人崇拜，而且还有一些或许多其他的祖先，甚或任何的死亡者，也都被崇拜了。"（W. 施密特：《原始宗教与神话》，第 86 页）此外，另一个显著的变化是祖先崇拜演变成了英雄崇拜。施密特指出，在好战的种族中，"人们为纪念已亡的英雄，不但在英雄歌中加以颂扬，而且对于他们还有各种形式的崇拜；在这里我们可以看见祖先崇拜渐变为英雄崇拜了。普通的死者，都是埋在地上或在地面下的土塚内；富家与有名的死者身上，筑有墓室或所谓祠堂"（同书，第 86 页）。

⑤ 同②第 85 页。

纹像以及泥塑或雕塑神像，以及更多古代器物（玉器、土陶、青铜器等）上的神像的来源。事实上，正如施密特所指出："神像及一般的圣像，是由于祖先崇拜发展出来的，这是祖先崇拜对于宗教一个重要的关系。"[①]这在新石器时代红山文化（距今6000—5000年）的土陶神像（图21-1）、仰韶文化时期的（名为"人头形器口彩陶平底瓶"的）彩陶神像（图21-2）、四坝文化时期（距今3900—3400年）的彩陶神像图纹（图21-3）、马家窑文化（距今6000—4000年）的彩陶神像（图21-4，图21-5，图21-6）、红山文化的女神庙遗址（图22）和玉神人或玉巫（上文有所论及）的发现中，可以得到印证。由此可见，早在原始文化中，祖先神与至上神业已合一了。尤其值得注意的是，将至上神、造物者与其部族之父合而为一的最初的父能死而复生，并以月以及月的动物为象征，这与上述彝族神话中的虎宇宙观所表现的虎尸解而成各种动物与植物，有非常多的相似之处。

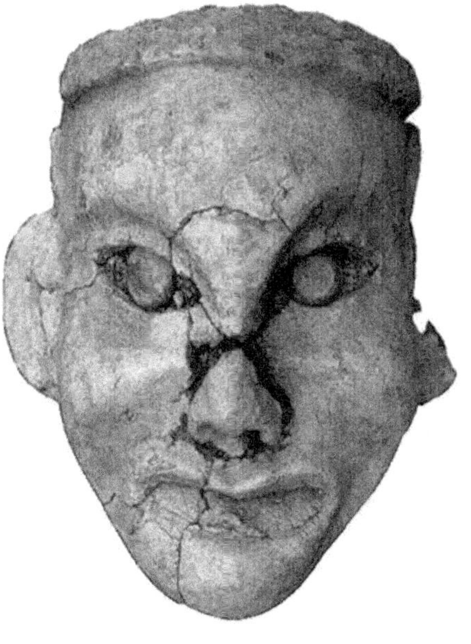

图21-1　红山文化时期的泥塑女神头像（1983年辽宁凌源牛河梁女神庙遗址出土）

① W. 施密特：《原始宗教与神话》，第94页。

图 21-2 仰韶文化早期的大地湾彩陶神像瓶（俗称“人头形器口彩陶平底瓶”，1970 年秦安大地湾出土，甘肃省博物馆藏）

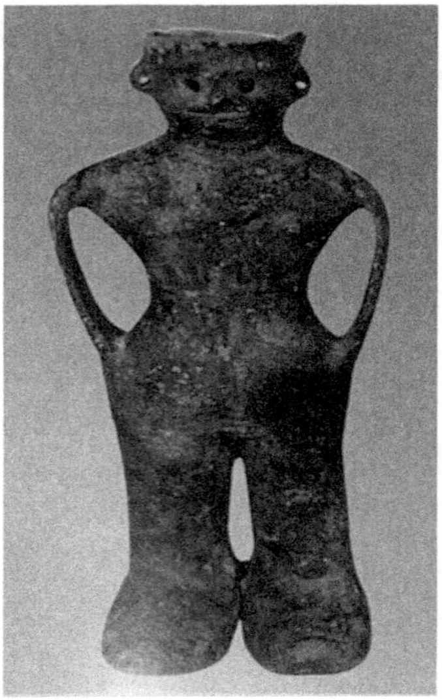

图 21-3 四坝文化时期的彩陶神像罐（1988 年玉门火烧沟遗址出土，甘肃省文物考古研究所藏）

图 21-4 彩陶壶裸体神像（1974 年青海柳湾六坪台出土，国家博物馆藏）

图 21-5 马家窑文化彩陶罐神人纹·半山类型（会宁县博物馆藏）

图 21-6　马家窑文化彩陶壶神人纹·马厂类型（1986 年征集文物，临夏回族自治州博物馆藏）

图 22　辽宁凌源牛河梁女神庙遗址

由此看来，在原始文化中，散居于我国不同地区的原始部族与世界许多地方的原始部族一样，都曾经历过祖先崇拜与至上神崇拜合一的信仰，云南彝族以虎的族裔自诩，并在其虎宇宙观中所透露的虎图腾崇拜、（由虎所象征的宇宙）至上神崇拜与祖先崇拜的合一信仰，无疑成为弥足珍贵的祖先信仰与至上神信仰合一的鲜活证据，而保留下来的历史文物珍宝虎食人卣，则是一个历史的遗证。

根据以上所论，呈现在虎食人卣的形塑和纹饰中的虎，其原始的意象观念就不仅是至尊至上之神的象征，同时也是祖先神的象征，而且至上神与祖先神在虎神的身上是合而为一的，由于这一缘故，就有了人面虎身神人的神话或图纹。在《山海经》中，“穴处”于昆仑之丘的西王母“人面虎身，有文有尾，皆白”且“蓬发戴胜”，满口“虎齿”而“善啸”，是一位通体净白的人-虎之神（《大荒西经》《西山经》）[①]；在同书中，有对人面鸟身之神禺虢的描写，其曰：“东海之渚中，有神，人面鸟身，珥两黄蛇，践两黄蛇，名曰禺虢。”（《大荒东经》）最为神奇的是，书中记述了一位名为天吴的大神，这样写道：“朝阳之谷，神曰天吴，是为水伯、在虿虿北两水间。其为兽也，八首人面，八足八尾，皆青黄。”（《海外东经》）另一处说：“有神人，八首人面，虎身十尾，名曰天吴。”（《大荒东经》）我们由此看到，天吴是一个有八个头、八条腿、八只足、八条或十条尾巴、具有青黄色的人面和虎身的人兽之神（图 23）；描写“剡山”的神兽，称“其状如彘而人面，黄身而赤尾，其名曰合窳，其音如婴儿”。而“自空桑之山至于䃌山……其神状皆兽身人面载觡”（《东山经》）。还说：“有神，人面兽身，名曰犂䰠之尸。”（《大荒东经》）可见，在《山海经》中，人面兽身的神是多种多样的。值得注意的是，在《山海经》中，分别有对人面龙身和人身龙首之神的记载，其曰：“凡南次三经之首，自天虞之山以至南禺之山，凡一十四山，六千五百三十里。其神皆龙身而人面。”（《南山经》）“凡东山经之首，自樕䗝（蛛）之山以至于竹山，凡十二山，三千六百里。其神状皆人身龙首。”（《东山经》）由此来看，除了“虎食人”所呈现的人-虎合一图纹与人面虎身神人的记述之外，还有人面龙身构图出现于商周的器物上，是毫不足怪的。例如，美国弗烈尔（按：一译作弗利尔，本文统一为弗烈尔）美术馆收藏的一件青铜盉（图 24），就是带角的人面龙身形塑与构图。其意象观念之蕴义与虎食人卣形塑和纹饰中的虎是相同的，所表征的是至上神与祖先神在此具有属人性的龙神身上的合一（这一点，下文中还将论述）。其实，这正是张光直所说的“神的世界与祖先世界”的微妙同一[②]的具象之表现（这一问题，下文中还将有论述）。因此，虎食人卣的形塑与纹饰中所表现出来的虎-人合一关系，固然是一种神人合一的关系，而这种神人合一的关系，既是代表宇宙或创生天地万物的至上神（即虎神）与人（巫师及其所代表的人类）的合一关系，并且同时也是现实世界中的人（生者）与神圣世界（亦即信仰世界）中的祖先神（死者，但死而复活的神）的合一关系，这一深层的蕴义可谓是日后隐藏在中国哲学的“天人合一”之中的密意。因此，所谓的“天人合一”绝非仅有上述的人与天帝或天地之神的合一以及人与自然的合一之义，而且还有人与祖先的合一之义。这三种意蕴都是“天人合一”所固有的原始意涵。《易・乾・文言》释九五爻曰：“夫大人者，与天地合其德，与日月合其明，与四时合其序，

---

① 《山海经・大荒西经》：“西海之南，流沙之滨，赤水之后，黑水之前，有大山名曰昆仑之丘。有神——人面虎身，有文有尾，皆白——处之。其下有弱水之渊环之；其外有炎火之山，投物辄然。有人戴胜，虎齿，豹尾，穴处，名曰西王母。此山万物尽有。”《山海经・西山经・西次三经・玉山》：“又西三百五十里，曰玉山，是西王母所居也。西王母其状如人，豹尾虎齿而善啸，蓬发戴胜，是司天之厉及五残。”

② 张光直：《商周神话与美术中所见人与动物关系之演变》//《中国青铜时代》，第 427 页。

图 23　根据《山海经》绘制的人面虎身大神天吴像

图 24　青铜盉（美国弗烈尔美术馆收藏）[①]

① 中国青铜器全集编辑委员会：《中国青铜器全集·商 3》，北京：文物出版社，1997 年，第 68、148—149 页，图版一四七、一四八。

与鬼神合其吉凶，先天而天弗违，后天而奉天时。天且弗违，而况于人乎？况于鬼神乎？”这段经典的文辞，虽然后出，但是为这里所讲的“天人合一”提供了一个绝佳的脚本注释。

因此，从虎宇宙观或虎神宇宙观的学说来看，比较之下，这一学说较之于张光直先生所持的虎为巫的助手或使者的假说（可称之为助手说或使者说）更具有合理性与可信性。为了证明这一观点，需要回到虎食人卣的器物上来。

首先，完整地审视与欣赏此一器物，非常明显的是，整件器物通体是一虎的形塑之造型，这就是上文所说的虎在整件器物中是占据主位的绝对“主体”，张光直先生的说法是“占笼罩性的地位”①，而人的地位虽然也突出与分明，但毕竟是从属的或附属的且是配合着虎的形塑之造型来设置的，张光直先生也明确表示：“他们对于装饰的动物而言似乎仅占有一种隶属性与被动性的地位”②，因此没有居于笼罩性的地位。张昌平先生也明确地指出了人与虎的比例大小的不同。③无论是虎与人皆全身，或虎全身而人半身，人都是置于大张的虎口之中的，因此只可能具有从属或附属的地位，绝不可能是占据笼罩性主位的绝对“主体”。也就是说，人的地位是从属于或附属于虎的地位，而不是相反，即不是虎的地位从属于人或附属于人的地位。虎的这一绝对的笼罩性的地位，决定了虎食人卣纹饰与形塑的意象观念之主导的蕴义。由此可以断定，在虎食人卣的纹饰与形塑之中，虎不可能是巫人的助手或使者。因此，张光直先生之说，颠倒了虎与人的地位关系。（对张光直先生来说，本身就已是自相矛盾的！）

其次，在张说中，没有能够揭示与呈现虎助力巫师沟通天地之象征物，即象征或隐喻天或天地之意象的具象物缺失，这与古代先民的原始意识之具象化的意象思维即原始思维无法合辙。相比之下，本文引入刘尧汉先生的虎宇宙观之说，则更胜一筹且更具有合理性与解释力。因为此说将巫人所沟通的天神或天地之神即宇宙之神，从一种绝对的由虎所居的主位上标示出来，从而使由巫觋所沟通与完成的“天人合一”之意蕴，在完整的具象物的意象中展现出来。这就生动和完好地将远古先民集体无意识中的具象化的原始（意象）思维的表现，揭晓于今人之前。

最后，张说对于虎纹及其形塑之造型的了解，一直停留在其所执着的“动物纹样”之上，没有能上升到一种象征或隐喻宇宙或世界之观念的哲学上。因此，就无法突破萨满教的影响，只能将虎视为巫师的助手或使者④，不能真正地正视虎食人卣所表现的虎-人关系，因此而不惜颠倒虎人地位的关系（造成自相矛盾也没有觉察），找不到巫觋所要沟通的天或天地之具象的意象，而将虎牵强地解释为巫

① 张光直：《濮阳三蹻与中国古代美术上的人兽母题》//《中国青铜时代》，第 333 页。

② 张光直：《商周神话与美术中所见人与动物关系之演变》//《中国青铜时代》，第 413 页。

③ 张昌平：《商周时期南方青铜器研究》，第 134 页。

④ 同②第 433 页。

人的助手或使者。相形之下，虎宇宙观或虎神宇宙观之说，则将这一助手说或使者说的困局与缺陷暴露和显现无遗，因而从一种宇宙论或世界观的视野中，如理而有力地揭橥虎所具有的宇宙即宇宙之神的具象之象征的意象蕴义，从而使我们由对人之形塑的巫觋之定位与虎的宇宙之意象的关系，便能很好地揭示与解释虎食人卣所具有的意象观念之蕴义，此即上文中所论举的“天人合一”之意蕴。虽然这不能视为唯一合理的观点，有待时间与更多证明的检验，但是，则不能不说，迄今为止，这可能是一种最为合理且最具有解释力与说服力的看法。

如果以上所论，只是问题的一个方面，那么在另一方面来看，中国古代曾经有过以巫觋为牺牲或祭品祭祀天或神的源自母系文化血祭的习俗。[①]郭静云说：“上古巫觋文化对神兽的崇拜，包含以人牲祭祀神兽的传统。”[②]事实上，郭静云根据周凤五先生的研究指出：“无独有偶，甲骨文资料亦告诉我们，在殷商信仰中，人牲被当做‘巫’。”[③]那么，以巫觋为祭品祭祀虎（神），也就不奇怪不难理解了。所以，如果虎是宇宙（天神）的象征，那么以巫献祭虎（天神），恰好表示天人交通的意趣。这种天人交通的意义，在这件精美的虎食人卣青铜器的艺术造型中，得到了生动的表现：人入虎口，老虎噬人，但却在食而不食与不食而食之间，后果不及料，将观众置之于惊恐的处境。“虎食人卣”中的虎，背上饰兽面纹，前腿饰龙（或蛇）纹，表现其威武神圣，龙与其他的兽，都只能在它（虎）之下，为它（虎）所役使（显然，这与龙崇拜或龙图腾是不一样的，这一问题将在后文中论述）。虎口中的人，手臂曲举向上，大腿弯曲下蹲（状与乌兰察布岩画、云南沧源岩画和新石器时代彩陶纹饰中所见的祭祀活动中的人的手臂姿势相似，这一点上文已有论述），手拊虎肩，脚踏虎尾，这与《周易》中的《履》卦“履虎尾，不咥人，亨”的描述正同（《周易》本来就是巫术，有这一驯虎之术的残记并不奇怪）。

---

① 德国著名学者施密特指出：“在母系文化中，对于死者，除用食品做贡献外还用有血献祭祀，这些祭献，大概原来就是用于部族的‘最初的母’、‘月中老妪’与‘地母’的，其目的是用活的血以增加土地的生产能力。同类的祭祀是从人及其他动物的活体中取出的心、肝或肺，将那还在颤动的器官献给神；割下来的脚趾与手指，用箭射入缚在树上或绞台上的有规定姿态的祭品；同时刑考由战争及‘猎头’得来的囚犯，并以为祭品，大部分也应该包括在这种祭祀内。在下列的民族中，都有这种风俗……西藏，及由西藏向北传入中亚细亚的畜牧民族。在北美洲靠大湖旁边与西南的诸部族，此外在墨西哥的古阿斯泰克中，也可以找到。”（W. 施密特：《原始宗教与神话》，第 92 页）这表明，在史前时代，世界许多地方的氏族部落，都曾经流行过起源于母系文化的血祭，中国也不例外。以活人为祭品，也是一种血祭的表现形式，例如众所皆知的《水经注》中的“河伯娶妻”的故事，应该起源较晚，并且这一祭祀的风俗一直延续到后来的文明时代。但在图腾文化中，这种“祭祀的位置，被其种法术的礼仪而取代之，借着法术的礼仪，人可与图腾的祖先重新结合，以继续分享他们的活力”（同上书，第 92 页）。就此而言，很可能在一定的巫文化的祭祀中，以人作为血祭的方式成为一种象征意义的礼仪，并非一定得将作为祭品的人杀死，尤其是作为充当祭品的巫师的可能性更大。显然，这也是到了高级文明的时代才有可能发生的事情。中国商周青铜器上的人与动物关系的母题纹样所包含的意象观念，可能为此提供了很好的证明。

② 郭静云：《天神与天地之道——巫觋信仰与传统思想渊源》上，第 116 页。

③ 同②第 119 页；周凤五：《说巫》，《台大中文学报》1989 年第 3 期，第 269—291 页。

人入虎口而可虎口脱险，全仰仗于人的巫术（来驯服虎），从而实现人与虎的一体统一；否则，盲目妄动便只能充当祭祀虎的牺牲了，所以六三曰："眇能视，跛能履（按：盲目妄动之谓）。履虎尾，咥人，凶。"然而，从虎人合一即"天人合一"的意义上说，尽管这一过程不胜惊怖而凶险，最终却是吉利的，所以九四曰："履虎尾，愬愬，终吉。"综观《履》卦的卦象结构䷉乾上兑下，其实就是一个天人合一的符画图像。上乾，即上为天；下兑，在此卦的定格中释为泽，但是回到八卦以象征人的关系看，则"兑"为少女之象。《彖传》有云："履，柔履刚也。说而应乎乾。"可见，其由来有自。实际上，这当该是远古时代以少女（很可能就是巫女）献祭于"天"（即虎）的一种祭祀之礼的习俗。这当然便是"说而应乎乾"（媚天）了。以柄谷行人的话来说，这是一种"赠与交换关系"即"利用赠与灵机将自然单纯物化"[①]的巫礼。只是古人认为这是必需而又必要的。所以，上九作一断语曰："视履考祥，其旋元吉。"所谓"视履考祥"，意谓从对于《履》卦之象变化的观察，便可知皇天（"考"：既是至高无上的天神，也是无比尊贵的祖先神，即是至上神与祖先神合一的至大至上之神）将要降下吉祥，这自然是"其旋元吉"（皇天惠泽下民而亲比人间，这就是最大的吉利）了。以巫为媒介实现天人交通的目的，便在这里达到了。这当然是值得欢庆的莫大喜事啊！所以，《象》曰："元吉在上，大有庆也。"

由此看来，这种"虎""天"的思维意识之同一即神人合一的天人合一之思维意识，正是前综合意识中的集体无意识的表象，因而是原始思维的具象意象之外露。而虎口中的这人，双臂上饰有龙（或蛇）纹，臂至大腿上亦饰有龙（或蛇）纹，这些也都是巫所具有的典型特征。可见，此人确实是巫，而非常人。此巫入虎口，泰然自若，与虎合一，就代表天人的交通、天人的合一。图 1-2 的"虎食人卣"所表现的意境，与此器相同。图 2 的虎食人饰件图，虽然有些复杂，涉及由来已久且在后世极盛的能登仙的翼人[②]，但是，人虎合一所表征的天人交通亦即"天人合一"这一意旨，并没有发生实质的变化。

---

① 柄谷行人：《哲学的起源》，北京：中央编译出版社，2018 年，第 3 页。

② 在齐家文化时期的彩陶形塑纹饰中，就出现了展现双翅的翼人（图 a），这表明，新石器时代彩陶上的翼人形塑和纹饰，非常有可能就是后世翼人的源泉。

图 a

（图片来源：朱勇年：《中国西北彩陶》，第 162 页，图 154 双耳人首器）

除了虎食人卣的两件青铜彝器以及一件虎食人饰件之外，还有类似或相近的器物之发现，最为典型的是1957年6月于阜南县朱寨区常白庄南小润河湾出土的龙虎尊（图25-1，图25-2）。另外，在四川广汉三星堆一号祭祀坑也出土了龙虎尊（图26）。在此，只要分析阜南小润河湾出土的龙虎尊，就足够了。我们看，此尊的腹部有三组相同的虎食人纹样，以龙首下的三条扉棱为界，虎头突出瞪眼张口，两边是对称的虎身。虎口下蹲着一个双臂向上屈举（这种姿势与上文中论及的乌兰察布阴山岩画、云南沧源岩画和广西花山崖画以及新石器时代彩陶纹饰中所见的祭祀活动中的人的姿势极为相似，见前文的论述和图11-1至图17）的人。在虎尾之下铸出一龙，隔扉棱与另一条夔龙相对，由此形成了一个完整的兽面纹。此一纹饰构成了此尊纹样的主图画面与意象主题。此尊的肩部铸有三条游龙，龙首伸出肩处，显然，与前述的两龙，均为陪衬的装饰之图纹。就虎龙关系在全器中的地位而言，不妨将龙视为虎神宇宙或世界的外层和内层守护神（三条游龙是外层的守护神，两条夔龙是内层的守护神），应该是恰当的（这一问题甚为复杂，下文再论）。圈足下部饰三组平雕兽面纹，也是配饰的图纹。李学勤先生指出："值得注意的是，尊的人形是正面的，但手脚的姿势却和虎食人卣人形完全相同。

A面

B面

图25-1 阜南小润河湾龙虎尊（现藏于中国国家博物馆）[①]

① 商代晚期青铜酒器，因纹饰以龙虎为主，故名龙虎尊。此尊侈口、束颈、折肩、鼓腹、高圈足。通高50厘米，足径24厘米，重20千克。腹部被三个云纹镂空扉棱分割为三区，每区在细密的云纹衬底上铸出二虎噬人图形；肩部铸出游龙三条，龙首伸出肩处。虎首、龙首均作高浮雕处理。虎尾之下铸一条龙，隔扉棱与另一条夔龙相对，形成一个完整的兽面纹。圈足上部有三个十字镂孔和一周凸弦纹，圈足下部饰三组平雕兽面纹。该尊造型优美，纹饰新奇，堪称商代青铜器精品。

图 25-2 龙虎尊上的纹样

图 26 三星堆龙虎尊（四川广汉三星堆一号祭祀坑出土；圈足高 12 厘米，残器高 43.3 厘米）

龙虎尊的年代是较早的，相当殷墟早期或更早一些，早于虎食人卣。”[①]此尊中的虎食人纹样与形塑中的虎变成了双虎，其实是双身虎或一首二身虎，因为两只虎

① 李学勤：《试论虎食人卣》//中国古代铜鼓研究学会：《南方民族考古》第一辑，第 41 页。

的身体是独自分立的，但是虎首则重合为一（从左右两侧面看，两只虎的形塑之造型是分别独立和完整的；从正面看，两只虎的虎首则是合二为一的一个虎首的形塑之造型；整个构型非常精巧，颇具匠心）。人是屈举双臂的造型，与上文所论的虎食人卣中的纹饰与形塑中的虎和人的造型具有明显的不同，表明“虎食人”的纹样与形塑造型具有多种具象的形式。然而，就其具象之意象的蕴义而论，则在根本上与虎食人卣所表现的意象观念之蕴义无异。

至于在此器之中，为什么虎是以双身之虎的具象形式来表现？一种可能的答案是，双身虎具有性别的差异，分别代表天（阳性虎或雄性虎）和地（阴性虎或雌性虎）和合所构成的宇宙或世界，与上文所论宇宙为一生命的观念正相同。这可能与古老的“性图腾”的形式有关（见上文所论），虽然今已难考，但是，在马家窑文化时期的一件彩陶壶上，发现了一个人首双身龙形塑的纹饰（图 27），而在同一时期和更早的仰韶文化晚期的同一个彩陶的纹饰与形塑上，出现两对（四个）动物，如由甘肃省文物考古研究所藏的，于秦安大地湾遗址第 366 号灰坑出土的一件双犬狂吠纹彩陶壶（图 28）[①]，就是一件典型的器物，并且这一类型的彩陶纹饰一直延续至马家窑文化和辛店文化的彩陶纹饰（图 29-1 至图 31）之中。在马家窑文化中，不仅有两个连体动物纹饰的彩陶（图 29-1 和图 29-2）和四个人或动物纹饰的彩陶（图 29-3，图 29-4，图 29-5），以及尤为奇特的两对四个动物双尾相连纹饰的彩陶，如“有一方鱼形花纹陶片，画的是四条鱼，结构非常奇妙。它利用鱼尾的反向外撇，在视觉上造成既可作为鱼尾，又可作为表现鱼身上宽下束的特点。所以使四头四尾的鱼的画面，给人感觉是两对往左右游走的鱼列。你视点移向哪一方，感觉都一样”[②]（图 29-6），而且出现了两个男女裸体人像的彩陶（图 30），尤为值得注意的是，更有数量可观的两个神人像（如男女双人对称扩胸状神人纹像，图 31）或成双成对的神人纹像（图 30）的出土。由此可知，人首双身龙形塑的纹饰之意蕴为双性之征象；进一步，则可推知，一首二身的动物形塑纹饰渊源久远且集雌雄之性于一体。诚如郑为所指出：“这些史前彩陶的制作……优秀的艺术传统，在中国艺术史的发展上，被很好地承继了下来，它表现在殷商时代青铜器高度的刻铸装饰和汉唐绘画瑰丽神奇的笔墨上。”[③]事实确实如此。我们回到龙虎尊的纹饰与形塑上来看，就不难理解其必然具有渊源悠久而古老的历史文化背景，即是说，与史前时期的“性图腾”的形式有关系。

---

① 对于这幅彩陶（图 28）上的纹饰，一般均理解和解读为四犬争鱼，或犬斗，并命名“斗犬图”或“四犬争鱼图”。其实，四犬分别为两对，其中，两犬面对着一条大鱼兴奋地狂吠；另外两犬也彼此相向，面对面地吠叫，没有任何欲争斗或撕咬的迹象，而是进食前彼此之间欢乐愉快地吠鸣。大鱼仅一条，足够进食，唯犬有四只，应为雌雄两对且可能是一家子。

② 郑为：《中国彩陶艺术》，第 7—8 页。

③ 同②第 45 页。

图 27　人首双身龙双耳彩陶壶·马厂类型（青海民和县山城 1971 年出土）

(a) 双犬狂吠纹彩陶壶

(b) 双犬狂吠纹彩陶壶展开图

图 28　双犬狂吠纹彩陶壶·仰韶文化晚期

（秦安大地湾遗址第 366 号灰坑出土，甘肃省文物考古研究所藏）[①]

---

① 图片来源，见郎树德：《甘肃彩陶研究与鉴赏》，第 31 页，图 026（原名：“犬纹彩陶壶”）和图三。

图 29-1　双鱼并排连首纹彩陶盆·半坡类型（西安半坡博物馆藏）[①]

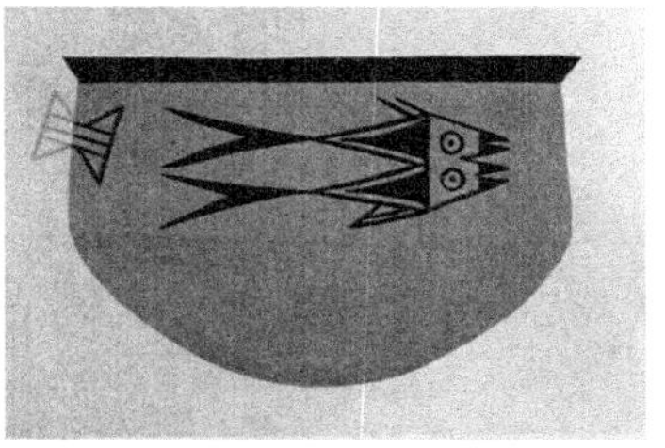

图 29-2　双鱼并排连首纹彩陶盆图案[②]

图 29-3　四鹿纹彩陶盆·半坡类型（西安半坡博物馆藏）[③]

图 29-4　对称浮雕双人双蛇纹彩陶罐·半山类型[④]

① 李志钦：《黄河彩陶纹饰鉴赏》，合肥：安徽美术出版社，2009 年，第 32 页图。

② 郑为：《中国彩陶艺术》，图版第 8 页，图 4。

③ 同②图版第 2 页，图 2。

④ 张朋川、王新村：《马家窑文化彩陶瑰宝新赏》，第 98—99 页图（原名：“神人浮雕蛇纹罐”）。

图 29-5　双对蜥蜴纹彩陶罐·辛店文化（广河县出土，甘肃省博物馆藏）①

图 29-6　四鱼两两并排连尾纹彩陶盆·半坡类型（西安半坡博物馆藏）②

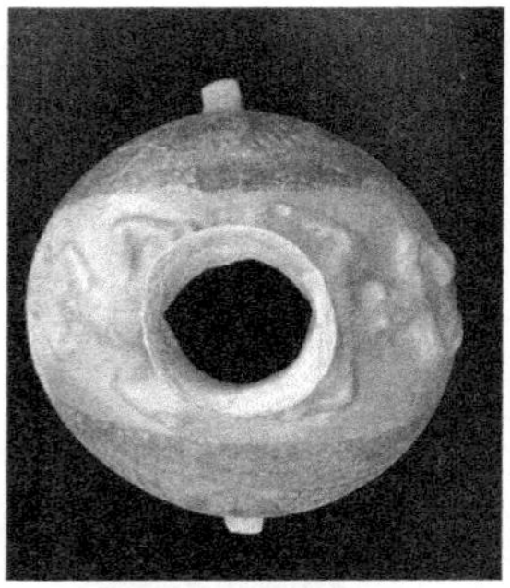

(a) 男女双人浮雕双耳彩陶罐俯视图

(b) 男女双人浮雕双耳彩陶罐男性图

(c) 男女双人浮雕双耳彩陶罐女性图

图 30　男女双人对称浮雕双耳彩陶罐·马厂类型③

① 甘肃省博物馆：《甘肃彩陶》，第 114 页，图版（原名："蜥蜴纹彩陶罐"）。

② 郑为：《中国彩陶艺术》，图版第 9 页，图 1。

③ 朱勇年：《中国西北彩陶》，第 164—165 页。

图31 男女双人对称扩胸状神人纹罐·半山类型[①]

与此同时，不能不说，这极有可能还是受到阴阳观念影响的结果，并与殷商时期所流行的易经（这里是泛称，不专指《周易》，下同）中的乾阳为天和坤阴为地的观念相一致。迄今所知，易经有三种，据《周礼·春官宗伯》所云："筮人掌三易，以辨九筮之名：一曰《连山》，二曰《归藏》，三曰《周易》。"夏朝盖以《连山》为流行，殷商盖以《归藏》为主流，两周（西周和东周）及其以后则几乎独有《周易》之流行。然而，三易之中，均以乾阳为天、坤阴为地，可见其有一共同的宇宙意象之观念。

事实上，殷商时期所流行的阴阳观念其来有自，盖在史前时期就已经在"性图腾"意识中酝酿发酵了。以上所述的动物的雌雄之分和人类的男女之别以及表现宇宙或世界的神祇（分为男神和女神）的性别差异的具象表现，应该是阴阳观念之直接来源的部分重要蓝本。与此同时，在殷商已经形成的阴阳观念，则正可

① 图片来源和说明：张朋川、王新村：《马家窑文化彩陶瑰宝新赏》，第90—93页，版图。书中对于图片的描述如下："扩胸状神人纹罐（半山类型）高27cm、口径16cm、腹径35cm，在罐腹的两面各饰一个神人纹，其一较粗壮，另一较细弱，或有性别之分。人面外廓为较宽的圆圈，里面画鼻、眼和嘴。四肢作摊开状，身子穿过下肢而直下。胸部肋骨向外翻开，十分奇特。神人纹四周画满十字形纹。罐腹两侧各饰葫芦形网纹，为半山类型早期偏晚的作品。半山类型早期曾出过一件绘着肋骨张开的神人纹彩陶钵，四肢作朝下的姿态，都是反映神人崇拜的彩陶艺术作品。"值得强调的是，文中指出了彩陶上的双人像具有性别之分。

与历史所流传下来的“性图腾”的形式互相吻合而结合为一体，具体表现在尊贵的礼器龙虎尊的形塑和纹饰上，自然是合情合理的事情。因此，龙虎尊中的“虎”之纹样具象，则正是一种宇宙意象观念之具体的表现；而其中夹在两虎口下的人之形塑的纹样具象，则是一巫师（且可能为巫而非觋）。因此，龙虎尊中的“虎食人”的意象观念之蕴义，其实就是巫师所沟通的虎神所代表与象征的宇宙而显现的虎-人合一的“天人合一”之象。

此外，在青铜器上所见的“虎食人”纹饰与形塑，除了上文所论述的以外，还有张光直先生以及李学勤先生所列举的另外三件①（其中，李学勤先生所列举的是这里所述的后两件②）：其一是美国弗烈尔美术馆收藏的一个三足觥（图 32），其后二足的根部各有一人形，两臂交换置于体前，头上有张开大口的饕餮（虎）面。这其实就是一幅“虎食人”的兽面纹图样。其二是殷墟小屯五号墓出土的妇好钺（图 33），其身饰两虎相对图纹，两虎张开大口，两口间夹有一人首的纹样，构成一个兽面纹画面。其三是殷墟吴家柏树坟园出土的后母戊方鼎（张光直沿袭旧称“大母戊方鼎”）（图 34），耳上有同样的纹饰，虎则作踞坐状，其后足与尾着地，与虎食人卣一致。其间，人的面容神态，也与虎食人卣以及龙虎尊相仿佛，同样也是兽面纹的画面结构。

图 32　三足觥（美国弗烈尔美术馆藏）

① 张光直：《商周青铜器上的动物纹样》//《中国青铜时代》，第 441—443 页。

② 李学勤：《试论虎食人卣》//中国古代铜鼓研究学会：《南方民族考古》第一辑，第 41 页。

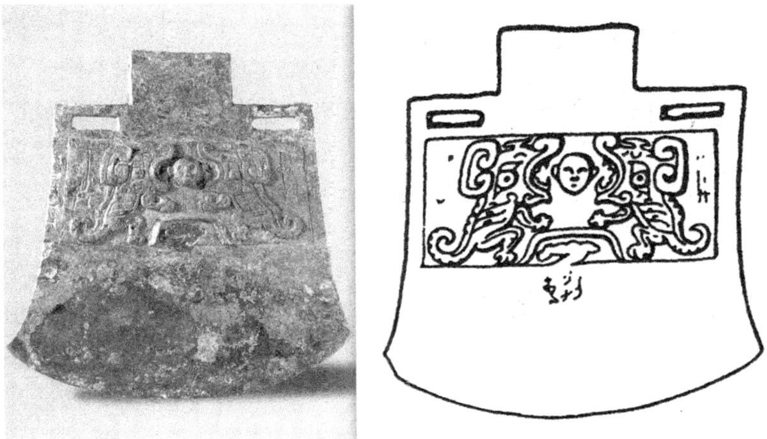

图 33　妇好钺（殷墟小屯五号墓出土）

图 34　后母戊方鼎（殷墟吴家柏树坟园出土）

根据上文中的论述，可以断定这三件“虎食人”的纹饰与形塑所欲表现的意象观念之意蕴，与虎食人卣以及龙虎尊的意象观念之意蕴并无不同，依然是由巫觋以巫术沟通天人所表现的“天人合一”之象，只不过更注重和彰显在“天人合一”的神圣笼罩之中，突显出其拥有者至高无上的尊贵权力和地位以及无比威猛的神力（尤其是妇好钺更具有一种直接的杀伤力）罢了。无疑地说，这种“天人合一”是在崇天尊神的氛围中，以巫文化或巫术文化的形式与原始思维的意象观念所表象或反映出来的，尚没有上升到日后的中国哲学的理性思维的观念层面，而是保留在直观生动的具象意象之中，俺谲奇异，加之从人与神性动物的合一到人与动物为敌而成为对于神的反抗的象征的颠覆性的历史翻转（这一问题容待后文中论述），都超越了现代人的想象力，在没有合理的解释之前，遂成为难解之谜。

张光直先生说：

> 对于商周青铜器美术中的动物纹样意义的任何解释，要对上面的这些特征都能提供合理的解释，而不能只讲通若干特征而不适用于其他特征。换言之，关于动物纹样的问题不是只有一个，而是有一连串好几个：商周青铜工艺者为什么使用动物纹样？动物纹样有何作用？为什么有种种类别？为什么成双成对？为什么有时与人像结合？为什么在与人像结合时要采取一定的特征性的形态？
>
> 我相信最可信的说法，一定也是最简单、最直截，可以最明瞭的自文献史料和器物实物本身可以推想得到的说法，而且这个说法又要能将上节所列的各种有关现象都能照顾到。①

张光直先生所思考的这些问题以及他所设想的求解思路，的确颇有见地和给人启发，堪称不刊之论。由于在所发现的商周青铜器美术中，人与动物关系的纹饰与形塑所表现的“虎食人”的主题，绝不是仅有虎食人卣，而是在不同类型的青铜器的纹饰与形塑的纹样中均有发现，就绝不是偶然的，而本文论定这些“虎食人”的纹饰与形塑所具有的相同的意象观念之意蕴，都是包裹在巫文化或巫-礼文化的形式与原始思维的意象观念中的“天人合一”，不仅有助于回答张光直先生所提出的上述问题，而且也是对于张光直先生所提出的“商周的青铜礼器是为通民神，亦即通天地之用的，而使用它们的是巫觋”②之论的一种具体补充和阐明。不过，只此止步是远远不够的，还必须进一步对青铜器的“龙食人”纹饰与形塑的纹样以及相关的实物之形塑的图案做出考察和解释，才能比较充分地回答张光直先生所提出的问题。

---

① 张光直：《商周青铜器上的动物纹样》//《中国青铜时代》，第442、444页。

② 同①第445页。

虎食人卣纹饰与形塑中的意象观念之秘密：天人合一（下）

四、龙食人器物纹样及其相关问题试解

对于这一问题，李学勤先生早曾有论及[①]，只是没有提供相应的答案。因此，正好成为本文研究的素材与线索。李学勤先生分别从玉器和青铜器的纹饰与形塑谈到了“虎食人”之外的“龙食人”。首先，是一件商代玉饰（图35），其纹饰与形塑有一人形，姿势和虎食人卣、龙虎尊的人像一样，背后有一“瓶形”角的龙，张口噬食其首。其次，是张光直先生曾经谈到过的美国弗烈尔美术馆所藏的一件青铜刀[②]（图36），其背部有一侧视的人形，姿势与上述的商代玉饰相似。人发直披脑后，与虎食人卣的人之形塑相同。人之首上为龙口，龙有羽形冠，其躯体形成刀背所附加的“鋬”（扣）。其整个构形，除人之足下多出一朝下的虎头以外，其他部分均与上述的商代玉饰一致。据说，这件青铜刀1931年出土于河南浚县辛村，同时出土的有康侯刀和太保钩戟等，系西周初年的器物。李学勤先生指出，这件刀曾著录于《尊古斋所见吉金图》（初集4.42），被称为“蚩尤斧”。此外，在李泰棻《痴盦藏金》和荣厚收藏的《冠斝楼吉金图》中，有另外两件，纹饰类同，但刃缘是直的，不像弗烈尔美术馆那一件刃缘作波形。[②]由此可知，自殷商至周初，在“虎食人”的纹饰与形塑之外，还有“龙食人”的纹饰与形塑的流行。的确有如张光直和李学勤二先生所说，这些纹饰与形塑的纹样应该有其自身的意义或“特殊的意义”。[③]

（一）“龙食人”纹饰与形塑的意象观念之蕴义

无疑，龙与虎一样为远古先民的图腾。但是，为什么在上古玉器和青铜器上会出现“龙食人”的纹饰与形塑呢？这固然是出于一种装饰之美的需要，但是更为重要的是，犹如上述张光直先生所指出的那样，它们不是一般的器物，而是巫

---

① 李学勤：《试论虎食人卣》//中国古代铜鼓研究学会：《南方民族考古》第一辑，第41页。

② 张光直：《商周青铜器上的动物纹样》//《中国青铜时代》，第441—443页。

③ 同②第444页；同①。

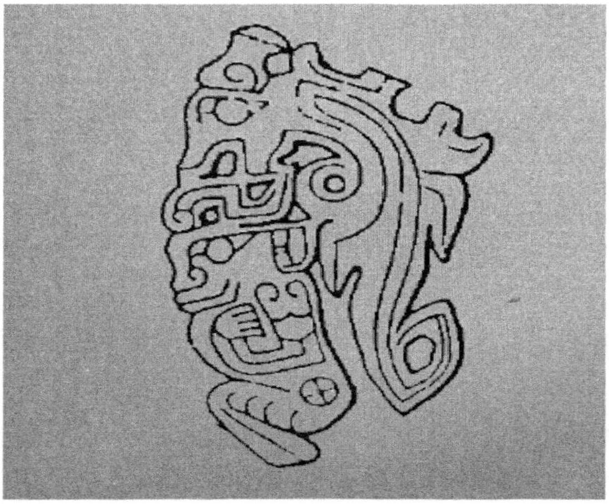

图 35　龙食人玉配饰纹样

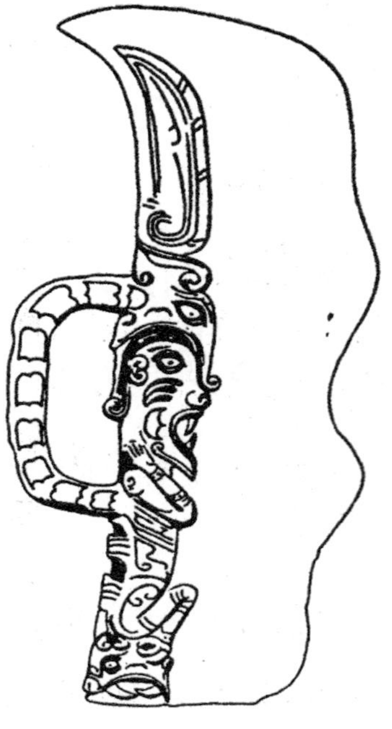

图 36　青铜大刀的龙食人纹样（美国弗烈尔美术馆藏）

觋所使用的沟通天地的法器或礼器。美的装饰是配合这一法器或礼器在祭祀中的使用而产生的，并非出于纯粹的审美需要。换句话说，这礼器是供奉神灵的，它的美是献祭神灵的，不是为了供给人和让人观赏的，当然是必须精美的。如果要说审美的话，那么它们的审美是对于神灵而成立的，不是对于人而成立的，尽管人也在其中得到或满足了审美的需要。因此，这些礼器或法器不仅是美妙的，而且是神圣和神秘的。理解“龙食人”器物的关键，如同理解虎食人卣一样，必须理解与把握由其纹饰与形塑所构成的纹样之意象观念。那么，“龙食人”器物纹样中的意象观念之意义究竟是什么呢？根据以上对于虎食人卣之纹样的意象观念的论述，“龙食人”之纹样的意象观念之蕴义，可迎刃而解。

首先，就“龙食人”纹样之中的“人-龙”或“龙-人”关系分别来看，其中的“人”与虎食人卣纹样中的“虎-人”关系中的人同样是巫师，而其中的“龙”也同“虎”一样是象征、隐喻和代表宇宙或天地的神，也就是说，这是一种龙宇宙观或龙神宇宙观的具象之意象的表现。这一龙宇宙观或龙神宇宙观在《周易》的乾卦之卦象䷀（乾为天，乾下乾上）中得到了最好的表现，乾卦之卦象就是一龙象，这一龙象是天的征象和代表即表示乾为天。在《周易》中，全卦之数为六十四卦，以乾卦为首卦，乾卦之六爻皆以龙这种神圣的动物取象，盖以天为至大至高至上之故，所以乾卦即龙卦，龙卦即天卦。乾卦䷀与作为地的征象和代表的坤卦䷁（坤为地，坤下坤上）相连相对相通，互为一体。乾卦的“乾”在帛书《周易》（1973 年湖南长沙马王堆汉墓出土）中为“键”，卦画则一，但这是因为“键”与“乾”通假的缘故，因此它们是完全一致的。在阜阳汉简《周易》（1977 年安徽阜阳双古堆西汉汝阴侯墓出土）中，乾坤两卦之名称与卦画，则与今本《周易》无异。虽然在楚竹书《周易》（1994 年获得）[①]中，乾坤两卦残缺，但是比照其他文献资料不难推知，应该与今本《周易》相同。此外，在从《王家台秦墓竹简》（1993 年湖北江陵县荆州镇王家台 15 号秦墓出土）所见的易学材料（被许多学者断定为失传已久的《归藏》经文）[②]中，也有乾坤两卦，所不同的是，此一易经以坤卦为首，乾卦居其后，与今本《周易》的乾坤两卦的次序正好相反，坤卦的卦画符号与今本《周易》似乎有所不同，但皆为六阴爻，可见实质上还是一致的，并无不同。还有，在清华简的《筮法》中，也出现了乾坤两卦，除了第二十四节的《卦位图》外，还有一节（第二十二节）被命名为“乾坤运转”的文字（释文）如下：

> 凸（凡）𠃋（乾），月=（月夕）吉；臾（坤），月朝吉。臾（坤）晦（晦）之日逆（乾）以長（當）巽；內（入）月五日豫（舍）巽，（乾）（坤）長（當）艮；旬，𠃋（乾）臾（坤）乃各复（返）亓（其）所。[③]

---

① 上海博物馆以及部分私人于 1994 年从香港古玩市场收购，编入马承源：《上海博物馆藏战国楚竹书》三，上海：上海古籍出版社，2003 年，详见濮茅左：《楚竹书〈周易〉研究——兼述先秦两汉出土与传世易学文献资料》上第一章第一节，上海：上海古籍出版社，2006 年，第 1—6 页。

② 濮茅左：《关于王家台秦简〈归藏〉所见易卦》//《楚竹书〈周易〉研究：兼述先秦两汉出土与传世易学文献资料》下，第 773—775 页。

③ 李学勤：《清华大学藏战国竹简（肆）》下，上海：中西书局，2013 年，第 109 页。

并据此绘出了乾坤运转图（图 37）。释者认为，这是“论筮四位之卦而见乾、坤时的吉凶推断”[①]。但是，其中讲乾坤在卦位四隅上的周期运动正是宇宙运动的表现，从中也透露了乾坤各自为卦的不同以及二者之间相连相通的关系。

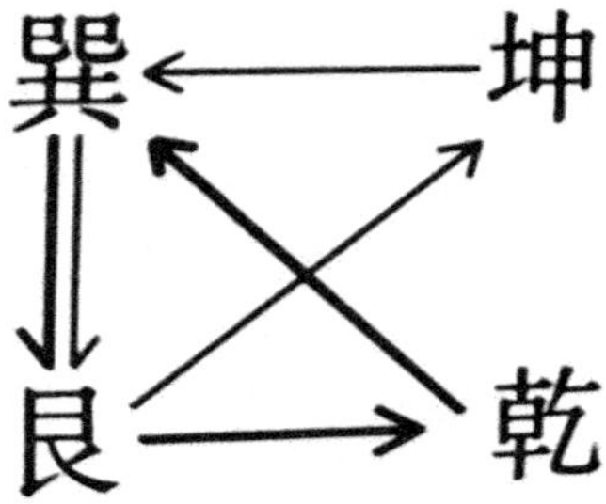

图 37 乾坤运转图[①]

释者对此图的解释如下。乾在月夕时恒吉，坤在月朝时恒吉。同时，在一个月内，乾、坤在卦位四隅上运动：在晦日，坤迎乾一起“长巽”，“长”读为同属端母的“当”。《吕氏春秋·大乐》注：“当，合也。”乾、坤合巽意指按巽的吉凶判定。“入月五日”即初五日，乾、坤“豫巽”，“豫”读为舍，意即乾、坤离开巽，而一起“长艮”，即改合于艮，指按艮的吉凶判定。“旬”，即至初十日，乾、坤各返回原位。乾、坤这样以十日为周期的运动，推想在每个月十一至二十日、二十一至三十日照样进行。[①]

其次，从《周易》来看，乾坤两卦的不同：一方面所表象和代表的是天地的不同，另一方面则表示阳和阴的观念的不同，但是二者又是一个相连相通和相反相成的整体。由此可见，几乎所有的易经文献都有一共同的观念，这就是以乾（阳）卦表象天，以坤（阴）卦表象地，而且乾卦均以龙物取象。帛书《易之义》曰：“《易》之义，唯阴与阳。”《庄子·天下》亦云：“《易》以道阴阳。”这说明在易经中，宇宙天地纳入了阴阳观念之中，并以阴阳为理论而得到了一种理性上的解释。法国著名汉学家汪德迈（Léon Vandermeersch）说：“创造出中国特有的表形文字作为骨占与龟占之工具，就是这一思辨的先兆标志。”“……它（按：指占卜学）从卜相之间的关联入手，借结构性形态——逻辑之光，就现象本身之间的类式继续推进这一已经开始的思辨。”[②]这一看法无疑是将甲骨文看作中国思想之理性“思辨的先兆标志”。然而，事实上，任何文字都只是人类思想的理性思辨的必要的历史前提，有文字不意味着一定就有理性的思辨，更不等于理性的思辨，只有观念——哪怕是模模糊糊的观念，才能真正配当理性思辨的先兆标志。这固然需要借助文字来表现，但是观念与文字毕竟不是一回事，二者不能划等号！观念的明晰化和纯粹化便径直成为了思辨的概念。占卜学借占卜的结构性形态得以把握卜相之间的隐秘关联，并将它们与现象之间的本质关联在“类式”的逻辑中

① 李学勤：《清华大学藏战国竹简（肆）》下，第 109 页。

② 汪德迈：《中国思想的两种理性：占卜与表意》，金丝燕译，北京：北京大学出版社，2017 年，第 2—3 页。

联系起来。这当然是要有与其相应的概念贯通其间，才能放射出耀眼的“逻辑之光”的。因此，与其说作为中国特有的表形文字的甲骨文是中国思想理性的思辨的先兆标志，不如说中国思想理性思辨的先兆标志是阴阳观念（在严格意义上说，是阴阳概念）。这是不能不辨明的！凭借阴阳观念（或概念，在此是一对范畴），我们看到，乾（阳）坤（阴）两卦居于核心的地位，将六十四卦统一为一个永恒动态结构的整体即一个完整的过程-整体，阴阳互根，刚柔相济，周流大化，表现出宇宙生生不息的变化之道。然而，宇宙的变化必须与人的生活联系起来，才是有意义的。因此，归根结底，所有易经的大旨，盖在阐明“天人合一”之道，此即《郭店楚墓竹简》所谓：“《易》所以会天道人道者也。”①可以肯定地说，这些易经上的乾坤观念，业已是中国古代文化从原始的巫-礼文化时代的至上神意象观念，进入到哲学时代的思想观念，且具有了宇宙形而上学的意味。我们透过这些易经中的乾坤观念，返回到乾卦的具象之龙的意象，则可见龙与（上文所论的）虎一样，原本为象征宇宙之天的至尊至上之神。

因此，“龙食人”纹样之中的“人-龙”或“龙-人”关系所表示的，就是作为巫师的人与作为至上神的龙的合一，而这一神人合一的关系，就是“天人合一”的关系，也就是日后中国哲学中的“天人合一”关系的来源之一。“龙食人”的意象观念与“虎食人”的意象观念所表示的神人合一的“天人合一”关系，真可谓异曲而同工。

在此有必要顺便对郭静云关于商周礼器上的动物成“双”的一个论点略加讨论。郭静云说：

> 由上述礼器与神话的比较可以推论，在商周的巫觋文明信仰中，神龙应有双重的机能：从天上吐下甘露，养育群生；在地上吞杀群生，使他们升天归源。这应是“双”真正的观念本质——并非雌与雄，而是生和死。若再更进一步假设，神龙的嘴，既象征吐泄神精的生殖器，亦象征吐生神卵的母肚阴道，故在原始的神龙信仰中，雌雄机能并无区别，这才是超越凡性的神性。②

这里涉及龙的双重机能问题，乃是由上文所论的“神格化过程”说所引申出来的，不必赘言，故只需要就“双”的问题来做论述。郭静云否定商周礼器上的动物成“双”成“对”的“双”或“对”的观念，在本质上，“并非雌与雄，而是生和死”。然而，她又假设“神龙的嘴，既象征吐泄神精的生殖器，亦象征吐生神卵的母肚阴道”。姑且不论这一假设没有任何真实的根据，而仅就这一陈述来看，

① 荆门市博物馆：《郭店楚墓竹简》，北京：文物出版社，1998年，第194页。

② 郭静云：《天神与天地之道——巫觋信仰与传统思想渊源》上，第134页。

一方面否定“双”（或“对”）为雌雄，另一方面又承认生殖器有雌雄，这难道不是自相矛盾吗！为了消除这一矛盾，郭静云干脆宣称：“雌雄机能并无区别”，并认为“这才是超越凡性的神性”。事实上，如果雌雄机能真的没有区别，那么就绝不可能产生“雌雄”的观念，这是一个简单的常识。进一步地说，如果抹杀了雌雄的区别，那么“超越凡性的神性”就变得单一了；要知道，“超越凡性的神性”之所以为神性，它必然是万能的，就是说，它要雌就雌，想雄就雄，并欲想雌雄就雌雄；如果仅有雌雄无区别的单一功能，超凡的神性也就不存在了。显然，这些不过是表层上的问题。深层地看，“阴阳”观念乃是中国文化的根本观念，起源十分远久而古老，可以追溯到史前时期，与上文所论的“（双）性图腾”有关。此后，则在上文所述的三种易经（《连山》、《归藏》和《周易》）中分别集中地表现出来。这三种易经分别与夏商周相对应。在商周时期，流行的“阴阳”观念，不免要在其珍贵的礼器之纹饰与形塑中表现出来。因此，就有了成双成对的动物纹面（包括成双成对的神人纹和人兽面纹）的出现。这就是我们看到双龙、双虎、双凤[①②]（以及双人）的缘故（阴阳观念既来源于活生生的、具体的具象，又表现和还原为形形色色的、生动的具象，并以图纹的形式展现出来）。此外，在龙的形铸上，有一个重要的特征，就是以龙角的细微差异来标识雌雄，这在一些典型的器物上，如台北故宫博物院所藏的双龙纹簋（图 38）、美国弗烈尔美术馆收藏的人兽（龙）面青铜盉（图 24）的龙角纹上，得到了清楚的表现：两只龙头上的双角的不同，林巳奈夫名之为“笋贝角”和“茸角”（两龙也就是“笋贝角龙”与“茸角龙”）[③]，即表示雌（“笋贝角”）雄（“茸角”）的差别[④]，这一点却为郭静云所忽视。五代南唐的董羽在论画龙时，便指出区分雌雄是一个关键。他说：“雌雄有别，雄者角浪凹峭，目深鼻豁，须尖鳞密，上壮下杀，朱火奕奕（按：一作煜煜）；雌

① Xue Qin Li . 1980. *The Wonder of Chinese Bronzes*. Beijing: Foreign Languages Press, P.37 Fig. 23（Bird motif, Western Zhou Dynasty）.

② 事实上，早在新石器时代的河姆渡文化中就业已出现了双鸟纹的雕刻图案，最著名的是“双鸟朝阳”象牙雕和“双头鸟纹”骨匕雕（参见浙江省博物馆官网），后者的“双头鸟纹”又被称为“载负日月双凤（纹）”（林巳奈夫：《神与兽的纹样学——中国古代诸神》，第 31 页），或许称为载负太阳光焰的双凤纹（从中国文化看，月亮不代表火）更恰当且更接近远古意象的实况。由此可以看出，双鸟或双凤纹饰在中国文化中源远流长。

③ 林巳奈夫：《神与兽的纹样学——中国古代诸神》，第 148 页。

④ 林巳奈夫指出：这种由“笋贝角龙与茸角龙各两条为一组，围绕着中央饰有花朵的中轴旋转”的图案“让人无法解释”。然而，他对此并没有沉默，而是作出了自己的解释：“茸角龙和太阳的光芒在同一处，太阳的光芒稍呈旋转状，笋贝角龙也有些扭曲，同样都是旋转式的。如果以旋转式的太阳光芒为媒介，那么，旋转便是二者的共同点了。”（同③）笔者以为，笋贝角与茸角均与太阳光有关系，但是二者在意象观念上的区别乃是阴阳雌雄或公母：龙的茸角（其顶上有星状图案）象征的是阳（前文中已经论述；从自然界的动物之雌雄属性关系可知，一般戴花冠的动物为雄性，龙的茸角具有星状图案，类似于花冠，与戴花冠同一性质），故茸角龙为雄者或公者，龙的笋贝角象征阴（表示处于阴态之状，故须向阳破阴而生长；从自然界的动物之雌雄属性关系可知，一般不戴花冠的动物为雌性，龙的笋贝角不具有星状图案，与不戴花冠同一性质），故笋贝角龙为雌者或母者。二者的标记是十分清楚的。

者角靡浪平，目肆鼻直，须圆鳞薄，尾壮于腹。”（董羽：《画龙辑议》）[①]当然，在易经中，由于取龙象为天象即乾，与地象坤为对，故作为与地象相为对的天象之龙象，就只能是纯阳的。但是，这恰恰是套在阴阳观念（天阳地阴）中说的，并没有否定与阴阳相对应的“雌雄”（阴——雌或母，阳——雄或公）。或许，“阴阳”“雌雄”“母公”观念不是对商周礼器上的动物成“双”成“对”的“双”或“对”的唯一解释，但是，迄今来看，它不失为一种比较合理可靠的解释。

图38　双龙纹簋（台北故宫博物院藏）

回到“虎食人”与“龙食人”的正题上，我们必须面对一个不可回避的问题，那就是对同一个原始氏族部落来说，不可能在表现“虎食人”的意象观念的同时，又表现“龙食人”的意象观念；反之，亦然。从原始的意象思维来看，尽管“虎食人”与“龙食人”的具象意象是可以互渗的，例如在上文所论及的龙虎尊的纹样中，虎与龙同时出现，虎主龙从，但是虎与龙的关系不是对立的、敌对的，而是谐和的与互渗的。由此可见，真实的原始思维，在意象观念上，并没有违反逻辑上的同一律。因此，对于同一个原始氏族部落来说，不可能同时具有“虎食人”与“龙食人”的具象意象的出现，这是可以肯定的。那么，

① 参阅俞剑华：《中国古代画论类编》下，北京：人民美术出版社，1998年，第1024页。

为什么在“虎食人”之外会有“龙食人”的出现呢？对于这两种现象来说，究竟哪种在先哪种在后，抑或二者是同时出现的呢？此外，由此引发的问题是：既然有“虎食人”和“龙食人”，那么还会不会有其他的动物“食人”的现象出现呢？

（二）其他动物“食人”纹饰意象的可能

这里的第一个问题比较易于回答，在远古时代，中国与世界各地一样生活着不同的氏族部落，这些氏族部落的图腾崇拜不同，因而所认的祖先神不同；盖当其原始宗教文化的发展进入至上神时代，各个氏族部落对于世界的了解不断扩大与加深，开始在原始的意象观念中形成自己的宇宙（或世界）“观念”，于是祖先神与上帝或天神（或天地之神）得到了至高无上的同一化，而成为唯一的创造和主宰一切的神祇，但是，这唯一的、绝对的神祇，仍然没有摆脱其原始氏族部落图腾具象的意象，并且在祭祀上与巫-礼文化密切地联系起来，成为一种不可分割的完整的一体关系，在人与（神性）动物的合一即“天人合一”的关系中表现出来，因此就有了以虎或龙的具象之意象为象征宇宙或世界的虎宇宙观（即虎神宇宙观）或龙宇宙观（即龙神宇宙观），以及可能的其他动物神宇宙观的诞生。这是毫不奇怪的。这表明在原始宗教文化或巫-礼文化时代，远古民族对于世界的理解与把握，虽然在具象意象上是各各特殊的、不同的，但是它们之间又是非常相似相近的，在意象思维上，则更是相似和一致的，充分地表现出不同的原始部族的集体无意识在意象思维上的共同特征。“每一个这种至高无上的神的权威都不仅限于单独一个部落，在一些相邻的部落中他会得到同样的承认。”[①]毋庸置疑，这种至上神的权威也要在原始氏族部落图腾具象的意象中表现出来。这对于日后的哲学思维与哲学的世界观念的形成和确立，是非常重要的。

这里的第三个问题，应该说，是有可能的。郭静云对这一问题就曾经有过肯定的回答。她指出，人类学家对通古斯人崇拜的研究表明，通古斯人对虎的崇拜与对棕熊的崇拜是并存的，其实中国的情况大致上也可能如此，因为在殷墟就曾发现过数件熊的造型。[②]如果说对于熊的崇拜还不能最终确定的话，那么我们可以把视线转向鸟的崇拜。《诗经·商颂·玄鸟》有载：“天命玄鸟，降而生商，宅殷土芒芒，古帝命武汤，正域彼四方。”又《诗经·商颂·长发》有云：“有娀方将，帝立子生商。”这说的是玄鸟与商之起源的神话故事，这一故事在《史记·殷

① 爱弥尔·涂尔干：《宗教生活的基本形式》，第391页。

② 郭静云：《天神与天地之道——巫觋信仰与传统思想渊源》上，第404页。

本纪》[①]中得到了详细的诠释与说明。所谓“天命玄鸟，降而生商”或“有娀方将，帝立子生商”，说的都是有娀氏之女，为帝喾次妃，她就是殷契之母简狄。简狄吞食玄鸟之卵，怀孕而生契。舜帝封契于商，赐姓子氏，成为商的开国者。据《山海经·大荒经·海内经》所载：“北海之内有山，名曰幽都之山。黑水出焉，其上有玄鸟、玄蛇、玄豹、玄虎、玄狐蓬尾。”可见，玄鸟的确为大自然中所存在的一种鸟，其羽毛之色泽盖与一山所同出的玄蛇、玄豹、玄虎、玄狐相同或相似。一般根据《说文解字》将“玄鸟”解释为燕子或鳦鸟（又作乙鸟）。李玄伯据此认为，“燕”与“乙”这“两字其实表现的是一物，燕乙双声，其形则乙象侧看之形，燕象正看之形。按照姜风等姓例，商人应当姓燕或嬿，姓乙或妵。但据记载则商人姓子。吾人若细细一想，即能明白这仍属于图腾制度。燕或乙是图腾，图腾所生的商人乃燕或乙之子，所以姓子。子包括一切玄鸟所生的商人而言，既无男女之分，亦无行辈之区别，最初图腾团的平等社会观念当然如此。因为玄鸟所生曰子，于是引申为人所生亦曰子。第二义必较第一义为晚，因为最初商人只信他们皆玄鸟所生，尚无人生人的观念。但子用为子孙意义亦必始自商人，而渐由传播作用，通行及他族者”[②]。简言之，“商人自认为玄鸟所生，即以玄鸟为图腾”[③]，这应该是可信的。李玄伯还注意到，《诗经》与《史记》叙事的差异实际上是代表了“前后两种子姓制度”的不同，他指出：

> 从前（笔者按：指《诗经·商颂》中的《玄鸟》和《长发》）只说生商，并未说生契，而这里（笔者按：指《史记·殷本纪》）居然说生契了。这是一种演变。并且有娀变成帝喾的次妃，父性（姓）出现，以前的图腾变成生祖……这是另一个演变。
>
> 这两种演变最有兴味的是他代表前后两种子姓制度。
>
> ……
>
> 《商颂》两篇皆谓“生商”，商概括男女商人而言，尚未专指一个人，且只有娀而无父性，皆代表母系时代。至于生者系契，专指一个男人，不再泛指商人全体，并且帝喾出现，则父系建立，始祖生祖皆出现，代表父系时代了。[④]

① 在《史记·殷本纪》中的故事如下：“殷契，母曰简狄，有娀氏之女，为帝喾次妃。三人行浴，见玄鸟堕其卵，简狄取吞之，因孕生契。契长而佐禹治水有功。帝舜乃命契曰：‘百姓不亲，五品不训，汝为司徒而敬敷五教，五教在宽。’封于商，赐姓子氏。契兴于唐、虞、大禹之际，功业著于百姓，百姓以平。”

② 李玄伯：《中国古代社会新研》，第118页。

③ 同②第117页。

④ 同②第119页。

此说非常有理。因为《诗经》成篇不仅是在《史记》之前，而且非常古老，故其所记述的故事为母系时代流传下来的传说；而《史记》的写作时代早已是父权时代了，因此不可能沿袭《诗经》故事的原版，而必须将同一个故事改版或演绎为适合时代要求的历史故事。简言之，历史故事的“母权”（或“女权”）意识必须转换为当令时代的“父权”意识。这在当时是必须如此的，没有可以讨论的余地。尽管如此，却不能不看到，在《诗经》以及《史记》中，玄鸟已经成为一种神鸟，它借帝妃之身怀孕，诞生了开创殷商的帝王英雄。在这一神话故事中，保留了原始的鸟图腾的遗迹，只不过在玄鸟之上还有天（天神），玄鸟不是至上之神或至尊神，而只是充当了至尊至上之神——天的使者，在鸟-人合一中完成了“降而生商”的使命。可以玩味的是，玄鸟的这一使命类似于巫觋，目的在于沟通天人。显然，这一神话中的“人食鸟卵”的意象观念，其实是完成鸟-人合一的征象，而不是一般日常生活中的取食食物之“食”，也不是“有窫窳，龙首，是食人”（《山海经·大荒经·海内经》，即怪兽食人）的“食”。因此，究实而言，“人食鸟卵”之“食”与“虎（龙）食人”之“食”（即非食之食），大致上是一致的，意谓结合、交合或合一，表现出“天人合一”的意旨。

这里有一个问题，即《礼记》中所说的“高禖”究竟如何理解的问题，值得附带讨论。因为这一问题与上述的“玄鸟”图腾有关。李玄伯先生曾经从远古氏族动物图腾社会制度的意义上来解释《礼记·月令·仲春之月》的一段文字，如下：

> 是月也，玄鸟至。至之日，以大牢祠于高禖，天子亲往，后妃帅九嫔御。乃礼天子所御，带以弓韣，授以弓矢，于高禖之前。

李玄伯指出：

> 近代原始人常在固定时期，令妇人与图腾配合以生子。据埃及晚期记载，泄露出埃及古代亦有这种典礼，且遵行甚久。于是我们明白了高禖的最初意义。玄鸟乃商人的图腾，须与同图腾的妇人配合，所以后妃皆往。最初不只首领的妇人如此，凡玄鸟团的妇人皆如此。因为非与玄鸟配合不生子（子彼时仍旧是他的最初义，即玄鸟之子）。玄鸟是必须的，至少是男女间必须的中间者，故以后更将高禖引申到男女结婚必须的中间人——媒妁。然则媒之称亦系玄鸟团——商人——所始创。（配合的意义当然甚为含混，初民既不明受孕的真相，配合自不必若男女之交合，或只接触，或甚至于只须用目

注视。对此另有说，兹且略，但请读者勿以辞害意。）①

这里的“高禖”说的应该是对于作为祀鸟的玄鸟图腾（即天子的祖先神）的一种祭祀之礼，其中包含了生殖崇拜的意义。但是，“高禖”是否就一定是后世婚姻的中间人——媒妁的来源，则颇有疑问。对于上引《礼记·月令·仲春之月》中的文字，清代学者孙希旦的解说如下：

> 玄鸟，鳦也。古以玄鸟至为祠高禖之候，《诗》云“天命玄鸟，降而生商”是也。高禖，祈嗣之祭也。高，尊也。禖者，禖神，谓先帝始制为嫁娶之礼者，盖伏羲也。高禖之礼，祀天于南郊，而以禖神配之。郑氏曰：变“媒”言“禖”，神之也。御，谓从往侍祠。《周礼》天子有夫人，有嫔，有世妇，有女御。独云“帅九嫔”，举中言也。天子所御，谓今有娠者。于祠，大祝酌酒，饮于高禖之庭，以神惠显之也。带以弓韣，授以弓矢，求男之祥也。《王居明堂礼》曰：“带以弓韣，礼之禖下，其子必得天材。”孔氏曰，《周礼·媒氏》注：“媒之言谋也。谋合异类，使和成者。”《世本》及谯周《古史》云：“伏牺制以俪皮嫁娶之礼。”既用以配天，先媒当是伏牺也。“媒”字从女，今从示，是神明之也。祭高禖，是祭天，高禖为配祭之人。祭天特牲，此用大牢者，谓配帝之牲也。《周礼》不言高禖之祭，然以《生民》、《玄鸟》之诗及《王居明堂礼》证之，则祠禖祈嗣之礼由来旧矣。意者天子继嗣不蕃，乃特行之。《周礼·大宗伯》“国有故，则旅上帝”，其中盖兼有此祭。若以此为岁祀之常，则未免于渎矣。②

不难看出，孙氏对“高禖”的解释有三种意义：一是祈嗣的祭祀之礼，所谓“先帝（按：“盖伏羲也”）始制为嫁娶之礼者”。二是禖神，并认为“高禖之礼，祀天于南郊，而以禖神配之”。三是媒人，即李玄伯说的婚姻中的媒妁，并以伏羲为“先媒”（最早的媒妁之人）。在第二义中，明言祭祀的对象是“天”即上帝天，而不是玄鸟，但有“禖神”配祭，其曰：“祭高禖，是祭天，高禖为配祭之人。祭天特牲，此用大牢者，谓配帝之牲也。”这里将“高禖”解释为“配祭之人”，也就是“先帝伏羲”。孙氏据郑玄说，变“媒”言“禖”，而“媒”字从女，“禖”字从示，代表的是神明之意。可见，“先帝伏羲”，即为配祭之神明。其实，“始制为嫁娶之礼者”的伏羲不仅是先帝，而且是大巫师，还是祖先神的符号征象。但是，孙氏将玄鸟解释为“祠高禖之候”（物候）的标志，可能是根据《四民月令·二月》

① 李玄伯：《中国古代社会新研》，第120页。

② 孙希旦：《礼记集解》上，北京：中华书局，1989年，第425页。

所谓“玄鸟巢，刻涂墙”[①]而来，并引《诗经·商颂·玄鸟》为说，难免牵强附会。但也可以理解，因为孙氏不知玄鸟乃为商人之图腾。那么，祭高禖虽然要祭天，但是必然要祭玄鸟（神），也可以说，祭天则必祭玄鸟，因为玄鸟与天是合一的，是“天命玄鸟，降而生商”的。主祭者，可以理解为“先帝伏羲”，因为他是那个扮演着沟通天命→玄鸟→女人的不可或缺的大巫师，但他并非配享祭祀的神明。他之居于配享祭祀的神位，只可能是后世才有之事。不过，“先帝伏羲”作为主祭的大巫师，也是实现了与天帝以及与玄鸟合一的，能代表和体现天帝与玄鸟的意旨，因此他就成了祖先神符号的一个象征。但是，孙氏又据孔氏对《周礼》媒氏之注，解“高禖”为婚媒，并纳入“礼”的范畴，恐怕也只能是后起之义。至少从《诗经》来看，当时处于母系社会的人类还没有这样的婚配之礼。显然，孙氏以“先帝伏羲”为媒妁较之于李氏直接将玄鸟当作媒妁，还是更合情理一些。不能否认的是，“高禖”的祭祀之礼与生殖崇拜有关。因为这关系到“生商”的大事。所以孙氏说：“意者天子继嗣不蕃，乃特行之。”意思是说，天子亲自前往祭祀，以后妃率领九路嫔妃跟随天子御驾同往，甚至是“有娠者”，根本原因是“天子继嗣不蕃”（天子的子嗣不大繁盛），心盼“礼之禖下，其子必得天材”的愿望早日实现，所以要乞灵于神力。孙氏肯定“祠禖祈嗣之礼由来旧矣”，毫无疑问是正确的。总而言之，我们从“高禖”之礼中，可以看到“玄鸟生商”残留着商人曾经有过鸟图腾的信息。

从这一意义上看，将作为神鸟的玄鸟视为商人的一种鸟（神）宇宙观，尽管在鸟（神）与天（神）的关系上难免会陷于混沌，但在原始思维的意象中是正常的，因此也是可以成立的。张光直根据郭鼎堂先生关于“商的上帝是帝喾，以一人而兼自然界的至尊神与商氏族的祖神”的论断而指出，在商人的世界观里，几乎实现了“神的世界与祖先世界”的微妙同一。[②]当然，这无疑是以帝喾为代表和典范的。实际上，这正是至尊至上之神的观念在商文明中得到充分发展的一种表象和反映。此外，在四川成都金沙遗址出土的太阳神鸟金饰（图 39），同样表现出鸟图腾的遗迹。与此同时，它也有显著的日神崇拜的特征，与阿兹特克人的太阳神徽（图 40）不无相似之处。

---

① 石声汉先生认为这里的“刻”字“照原状无可解释”，怀疑其为“则”的误抄。其理由是“玄鸟是子。燕子作巢，用泥浆作材料。燕作巢时，土壤已经完全融化；调和作涂墙壁用的泥浆，是合适的时令。所以说‘玄鸟巢，则涂墙’，正是利用动物本能行为，作为‘物候’的一个例”（崔寔：《四民月令校注》，石声汉校注，北京：中华书局，1965 年，第 24—34 页注一）。此说貌似有理，其实疑之过甚，有失妥当。以愚观之，“刻”字无误，其意犹如“凿”也。即使仅就燕子而言，无论是在墙壁上或树上做窝巢，不仅会以泥浆“涂”（包涂、裹涂），而且还会以喙做必要的“凿”和磨以及抚平，类似人工的打凿、捆扎、包裹、磨平和抛光。这其中的“凿”即是“刻”也。

② 张光直：《商周神话与美术中所见人与动物关系之演变》//《中国青铜时代》，第 427 页。

图 39　成都金沙遗址出土的太阳神鸟金饰（成都金沙遗址博物馆藏）

太阳神鸟金饰外径 12.5 厘米，厚 0.02 厘米，含金量 94.2%，四只飞鸟围绕着旋转的太阳，构成一幅日-鸟合一的图像，又被称为“金鸟负日”。

图 40　阿兹特克人的太阳神徽①

事实上，在考古发现中，鸟图腾的迹象，早在新石器时代河姆渡文化（距今约 7000 年）中的牙骨雕的鸟纹饰和仰韶文化时期（距今 7000—5000 年）的庙底沟彩陶盆的鸟纹饰中就已出现了，且均与日有密切的关联。在河姆渡遗址（浙江省余姚市罗江乡河姆渡村）中，出土了一件举世闻名、工艺精湛的被称为“双鸟（或双凤）朝阳”纹的象牙雕刻图（图 41-1，图 41-2），双鸟（或双凤）与太阳结合为不可割裂的完美整体，构成了雕版图案的主题画面：双鸟（或双凤）之间是一轮放射着金光的太阳，双鸟（或双凤）呈左右对称状，相向而立，面对金芒闪闪的太阳，举首弯喙，各自拖着一条长长的尾羽，姿态优雅娴静，而太阳在燃烧中不停地放光，显现出静态与动态交错的美丽。在这件象牙器的边沿上，可见清

① 王仁湘：《史前中国的艺术浪潮——庙底沟文化彩陶研究》，第 499 页，图 5-3-514“阿兹特克人的太阳神徽”。

晰的光焰纹，似乎要在炽热的气氛中，使整件器物呈现出臻于异常完美的境地。令人叹为观止！这种对鸟日的崇拜，精巧地结为一体，盖若非祭祀的礼器，绝难想象可以达到如此的精美绝伦。同在河姆渡遗址出土的一个骨匕，在其柄部的正上面，左右各刻有相连的双鸟（或双凤）纹且呈对称状，造型颇为奇特，双鸟（或双凤）只有一个共同的载负着熊熊光焰的太阳的身体，鸟首有细长的冠羽，喙向下勾弯曲，这一构图重复出现，形成同居于中心位置的左右匀称和互相映衬的两对鸟日光焰纹的主题画面（图 42-1，图 42-2）。在这两件器物中，尽管鸟的朝向正好相反，一为朝向日（阳），一为背负日（阳），但具有一显眼而鲜明的共同特征：鸟日连体或同体，不可分割。两器同观，恰好可以为互补的一对。这可能是迄今所知的鸟日纹饰以及后世传说中的火凤凰的最早渊源。在河姆渡遗址中，还出土了一件象牙圆雕鸟形匕（图 43），全器为错磨而成的扁圆柱形（或条形）状，以圆雕手法雕刻出身小尾大的鸟形，用单线阴刻的技法刻画鸟的羽毛，位于柄端的鸟首作下倾状，喙如鹰隼，以及微张的双翼和夸张的长尾。底部的边沿为弧弦形，以便置于底座之上。猛禽虽然静若处子，却毫不呆滞，颇有立体之感。这样一件精美之作，不可能是普通的实用器，应该是鸟崇拜的遗物，类似缩小了的图腾柱。在仰韶文化时期的庙底沟彩陶盆的鸟纹饰图像中，鸟的上方或左右侧有日（图 44-1，图 44-2）；而在马家窑类型的彩陶中，有一个彩陶壶（圆）口沿上绘有顺时针方向的日旋纹，口沿下至肩部为圆形宽带纹，围绕圆形宽带纹的是四只变形而夸张的张开的鸟翼，壶身的主图上有四只变形的白色飞鸟环绕这一个黑色的似鸟似日的鸟叶形旋纹，居中的圆内有一弯弯曲曲的折线符号（类似横着的神人纹）

图 41-1　“双鸟（双凤）朝阳”牙雕[①]

① 浙江省博物馆官网介绍：这是一件“蝶形器”的残件，上半部残缺，底端也稍残。其纵 16.6 厘米，横 6.3 厘米，厚 1.2 厘米。其正面中间部位以阴线形式雕刻出一幅寓意深奥的图案：中间为一组由五个大小不等的同心圆构成的太阳纹，外圆上端刻出炽烈的火焰状，以象征着太阳的光芒。两侧各有一振翅欲飞的双鸟。作圆眼、钩喙、伸脖昂首相望之态，器的边缘衬托以羽状纹，线条洗练简洁。鸟的眼和太阳纹中心均以圆锥浅钻而成，更富传神色彩。在图像两侧还对钻有六个小圆孔，以便于捆绑或悬挂之用。

图 41-2 “双鸟（或双凤）朝阳”牙雕示意图（李迎春绘）

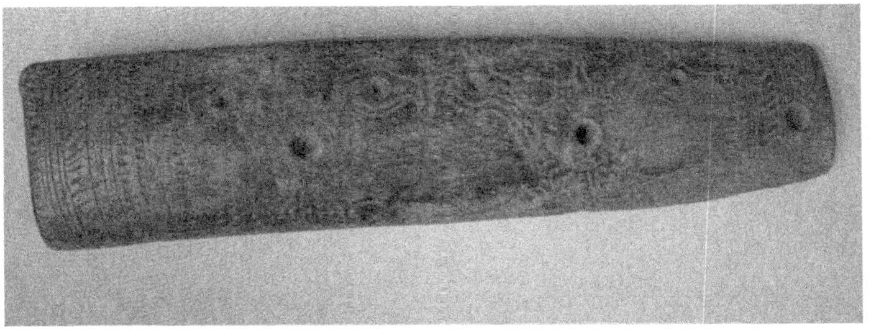

图 42-1 双鸟背负巨火骨雕（又名“双头鸟纹骨匕”）[①]

图 42-2 双鸟背负日火骨雕（又名“双头鸟纹骨匕”）示意图（李迎春绘）

① 图片来源：浙江省博物馆官网。官网介绍：双头鸟纹骨匕纵 14.5 厘米，横 3.4 厘米，以兽类肋骨制成，仅存带一小圆孔的柄部，正面两端刻以直线和点线构成的花纹，中间部位雕刻两组相同的异首连体的双鸟纹图像：上有背翼，下有蹼足，喙如利钩，双眼炯炯有神，羽冠向后飘逸。腹部施刻火球纹，其中心和鸟的眼睛系以经火烧烤的圆钻具灸钻而成。线条娴熟流畅，生动地刻划出猛禽的特点，神态毕肖，栩栩如生，是一件罕见的骨雕艺术品。

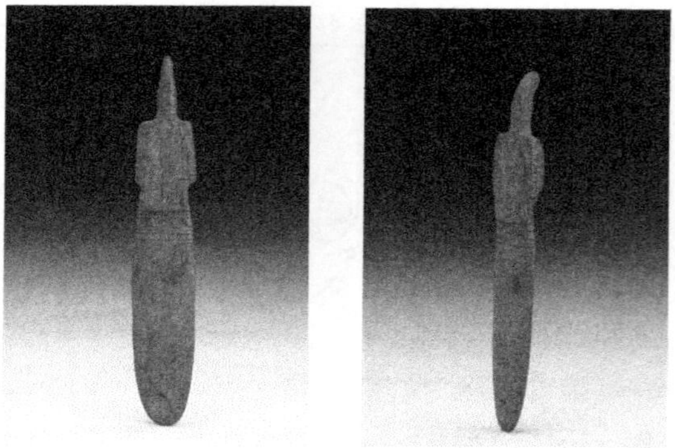

图 43　圆雕鸟形匕正面与侧面[①]

图 44-1　仰韶文化时期庙底沟彩陶鸟纹

图 44-2　仰韶文化时期庙底沟彩陶鸟日纹

（见图 45-1）；另一个彩陶壶的（圆）口沿上则绘有逆时针旋转的日旋纹，在平面图上看，从口沿下至肩部则有十二束光芒线纹（不知是否是一年四季十二个月的象征），但立体地平视壶颈，则见有数只变形的飞鸟环绕着口沿上的日旋纹（这些飞鸟在平面图上是不可见的）（图 45-2），非常巧妙，颇见匠心；这两件彩陶壶上的日鸟纹，与金沙遗址的太阳神鸟金饰，均有比较大的相似之处（尤其是后一件）。这并非历史的巧合，而有可能是太阳神鸟纹饰的前身。在庙底沟类型的一件名为“鹳鱼石斧缸”（1978 年于河南临汝发现，图 46）的纹饰中，最为引人注目的是巨形的鹳鸟与巨大的石斧占据了突出的地位，与鹳鸟口中衔着的鱼形成了十分鲜明的对比。显然，石斧作为权柄，正是部族权力和力量的象征，而鹳鸟则可能是强

① 图片来源：浙江省博物馆官网。官网介绍：圆雕鸟形匕纵 17 厘米，横 2.8 厘米，高 0.9 厘米，说明：系选用上等的象牙，先经错磨为条状，再精雕成小身大尾的鸟形，具有立体感；柄端雕作稍下倾的鸟首，喙如鹰隼。中间雕出鸟身和翅膀，正面及侧面均刻以直线和短斜线，构成象征着双翼及羽毛的装饰，背面平，中部有一横脊，上钻有一小圆孔，以作穿绳悬挂之用，匕身雕成扁长而微弧圆、夸大的鸟尾。整体采用圆雕和单线阴刻的技法，概括地表现了猛禽的静止状态。从匕端一侧磨损迹象分析，此器被认为属于进食餐具，笔者认为很难想象是普通的实用器，而很可能是缩小了的图腾柱。

大（鸟）部族图腾的象征与族徽的标志，至于鱼则当为被征服的（鱼）部族的象征。除此以外，在仰韶文化中，还发现一件陶鹰鼎（图 47），是 1957 年从陕西华县太平庄一座成年女性墓葬中出土的，经考古专家研究，此器不凡，“应具‘神器’性质，为神职人员所专用”[①]的祭祀礼器，但是这一极具想象力而富夸张的鸟身人腿（类似象腿）巨型鸟鼎，本身就是至高无上的鸟神的表征，应当与原始部族的鸟图腾有关系。此后，除了在马家窑文化的彩陶上发现数量众多而不同的鸟的纹饰与形塑之外，在接下来的齐家文化（距今约 3700—4100 年）的彩陶中，同样有鸟的纹饰与形塑出现，只不过非常明显的是，从马家窑类型到齐家类型的鸟的纹饰和形塑，已趋于抽象且更具动态感的形态（图 48-1、图 48-2 和图 48-3）。尤其值得一提的是，2002 年，在大汶口文化晚期的遗址（安徽蒙城尉迟寺遗址）出土了一件命名为“鸟形神器”的陶器（图 49），整体造型类似瓶形或倒立的漏斗形状，器体结构分为三层：上层的造型是一只似站立似蹲踞的鸟形，中层造型犹如倒立的漏斗或圆锥的形状，底层是圆柱形，有竖纹。通高 59.5 厘米，中部直径 22 厘米，底径 14 厘米。大器，端庄，匀称，谨严，稳重。在圆锥顶端栖歇着一只不知名的神秘的鸟，鸟喙略短微开，像是在鸣叫，圆锥口沿向下反扣在圆柱上，与圆柱合为一体，在圆锥的左右两边各有两个既像鸟喙又似鸟冠的配饰，增加了整件器物的威严感和生动感。这的确是一件非凡之物，名副其实的“神器”，当为史前氏族部落鸟图腾崇拜的一件标志性的遗物，在功能上，也可能与图腾柱有相似之处。可以想见，这些陶器的纹饰与形塑制作，在进入青铜时代后，被历史地继承下来，在艺术形式的变形过程中，以新的工艺手段移植在商周青铜器的刻铸装饰之上，乃是再自然不过的事情。饶有趣味的是，上文提到的美洲古代阿兹特克人的太阳神徽（见图 40）就是一幅太阳鸟（日鸟）纹图，不免

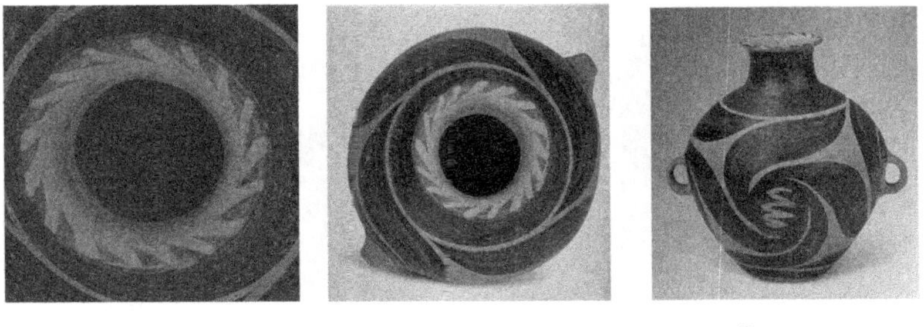

图 45-1　彩陶壶口沿上的日旋纹 · 马家窑类型[②]

① 苏秉琦：《中国文明起源新探》，北京：生活 · 读书 · 新知三联书店，1999 年，117 页。

② 图片来源，见张朋川、王新村：《马家窑文化彩陶瑰宝新赏》，第 70—71 页版图（原名：“宽旋纹壶 · 马家窑类型”）。

图 45-2 彩陶壶上的光线旋纹·马家窑类型[①]

图 46 仰韶文化时期庙底沟鹳鱼石斧缸（1978 年在河南临汝发现）[②]

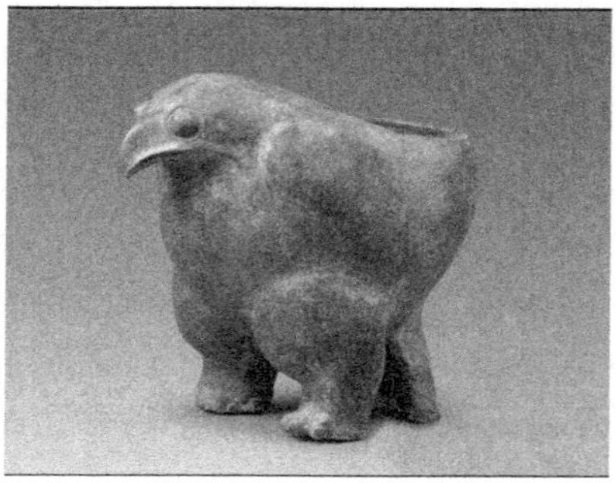

图 47 仰韶文化陶鹰鼎（又名：陶鹗尊、陶鹰尊，1957 年陕西华县太平庄一成年女性墓葬中出土，现藏于中国国家博物馆）

图 48-1 马家窑类型彩陶鸟纹一

图 48-2 马家窑类型彩陶鸟纹二

① 图片来源，见张朋川、王新村：《马家窑文化彩陶瑰宝新赏》，第 76 页图（原名："竖线旋纹壶·马家窑类型"）。

② 图片来源，见陈克伦：《中国陶瓷名品珍赏丛书·彩陶》，上海：上海人民美术出版社，1998 年，图 8。

图 48-3　齐家类型彩陶鸟壶①

图 49　鸟形神器（中国社会科学院考古研究所藏，孙中国摄影）

与金沙遗址的太阳神鸟金饰有几分相似。可以说，我国新石器时代的牙骨雕和陶器纹饰中所见的鸟和日，阿兹特克人的太阳神徽中的鸟和日，与金沙遗址太阳神鸟金饰中的太阳鸟，都是日神崇拜和鸟神崇拜的合一。换言之，也就是自然崇拜与动物崇拜的合一。无疑，它也是图腾意义上的祖先崇拜。就此而言，这在世界远古民族的原始宗教中并不鲜见。施密特指出：

> 澳洲的东部与南部，新几内亚，摩鹿加，印度的南部，非洲大部的地方，东北与西北美洲以及南美洲的若干部分。在这些地方受崇拜的祖先，数量上大为增加。最初的父——在这里是与太阳混合为一的，而且中以太阳动物如狮、狼、鹰、鹫及鹳为象征的——除最初的父外，这里每个图腾部族的祖先，也都享受崇拜；所谓图腾部祖先或是图腾动物，或是部祖的先人及其创始者，或者二者兼是。②

应该说，“太阳神鸟”以及更早的河姆渡文化中的牙骨雕纹饰和仰韶文化时期庙底沟彩陶，以及马家窑彩陶上的鸟纹，当然，还有上文所述的大汶口文化晚期的“鸟形神器”中的鸟纹和仰韶文化时期的陶鹰鼎，都是一种原始图腾部族祖先的象征。然而，“太阳神鸟”这种形塑的造型纹样却是非常耐人寻味而有趣的。四鸟在一个圆形的轨道上循环往复，周而复始地飞行，首尾有间却相连不断，构成了旋转中的太阳，日-鸟合一。显然，日-鸟合一象征和显现的，是一个神秘的生命宇宙意象。在这一由金箔构造的日-鸟形塑的纹样中，日和鸟皆为神，但是日

① 朱勇年：《中国西北彩陶》，第 88 页。

② W. 施密特：《原始宗教与神话》，第 86—87 页。

神居于主导地位，而鸟神居于辅助的地位。值得注意的特别之处是，鸟的羽毛、足爪和鸟嘴的形状与太阳旋转时出现的光波的形状是相同和一致的漩涡形状或弧弦形状，这有可能意味着鸟神是日神之光的传播者；不仅如此，作为日神的使者，鸟神还是沟通生活在大地上的人与主宰和代表天地宇宙的日神之间的使者。就是说，鸟神在这里的目的，不仅仅是辅助日神的运转，而是犹如巫觋一般，职在沟通天人。因此，这一太阳神鸟金饰纹样的寓意，说到底，所表现的意旨还是“天人合一”。如果说四只鸟首尾相接、循环往复的意象之寓意是代表自然变化的四季，太阳在旋转中放射出的十二道金芒（光波）的意象之寓意是象征一年的时长十二个月，那么这表明天人之间不可一日无沟通，“天人合一”必须伴随着太阳在四季十二个月的运行中贯通无遗，这是人类以及其他生物赖以生息繁衍的根本保证。由此可见，鸟神在这里起着关键作用。如果这一看法成立，那么出现于古老巴蜀之地的太阳神鸟崇拜，应当有一套与之相对应的太阳鸟的历法。如此，则可与彝族的虎宇宙观及其历法相似而相当。然而，迄今未闻其历法，只能依然作为谜团保留下去。

兹将“玄鸟生商”的文本故事与出土的太阳鸟金器，与上文所论的“虎食人”与“龙食人”器物合而观之，则可证明：在殷周之际，确实流行过对于龙、虎、鸟三种祥瑞动物的图腾信仰。郭静云说：

> 饕餮的基本构图一直可见于商周礼器上，神兽种类虽然非常多元，但亦有规律，除了常见的龙、凤天神之外，似乎只有老虎才有特殊地位，以此三者构成饕餮的基本形式。[①]
>
> 由于殷周信仰的发展已达致“宗教”的整体性，采用多元而整体化的文明形象，所以龙、虎、凤三类神兽经常会出现在同一件礼器上。凤和虎有时候可以取代神龙，同时，在商文明宗教里，凤和虎亦有源自其信仰的特殊神能。鉴于龙、凤、虎乃殷周礼器上最关键的神兽，而其他神兽的崇拜往往无法与这三者相比……[②]

由此一来，“殷商时期神兽结合，且明显形成了他们之间的等级关系，凤与虎升华到与夔龙几乎同等的高位，因此在动物型的尊上同时出现成对夔龙、成对凤或老虎，同等强调该动物也是神兽”[③]，就毫不足怪了。需要指出，流行于商周的信仰未必是在商周时期产生的信仰，而往往是从远古悠久的历史中遗传下来的信仰。人们抱着对这些信仰的虔敬与热情，由他们最杰出的工匠，以精湛的工艺，将他们的信仰对象艺术地呈现在那一时期所制造的祭祀礼器之上。

---

① 郭静云：《天神与天地之道——巫觋信仰与传统思想渊源》上，第 276 页。

② 同①第 305 页。

③ 同①第 292 页。

商和西周有一个突出的共同特征，就是在建立和维护其政权的过程中，实现了国家、城邦、族群、宗教和文化的多元融合，从而在一种更高层次的历史整合中将其文明推进到青铜时代的巅峰，创造出辉煌灿烂的殷商文明和西周文明。正如李济先生很早就指出的那样："商的文化是一个多方面的综合体，融汇了很多不同文化源流。殷文化之基础深植于甚早的史前时期……并且是在原地发展起来的。"①如果说李济所点出的，是作为多种文化源流交融的综合体的殷商文明与史前时期文明的关系，那么郭静云则强调和指出了殷商礼器的神兽造型纹样，在历经变化中所绽放的丰富、多元和统一以及其共通的精神文化。"当时来自不同地区、文化的崇拜对象，都在殷墟时期的礼器里被结合成虽具多元性但仍有统一规律的神奇造型。殷商时期中国地图上有许多不同的国家、城邦和族群，但在高层文化中已形成了宽大地域范围内共通的精神文化"②，并且延续到了西周。"……从殷商时期起，神兽样貌从原先相对单纯变得丰富多元。这说明原本崇尚神龙的主流文化，吸纳了其他族群对别种神兽的崇拜，在想象力的激荡下，创造出各种混合的神奇造型。从这些造型里，我们可以看到源自江河中原农耕文明的夔龙，合并了可能起源自东北红山文化的勾龙，这或许表明殷商文明兼纳了这两种文化区域崇拜对象的遗迹。此外，又有东北的鹗和西南的鹰，长江流域的凤和其他鸟类的形状，以及山地的老虎等。这说明殷商文明同时还吸收了地域宽阔、生活方式多元的文化信仰，并将其合并为一体的宗教。"③这一历史过程的繁复细节与丰厚内容，或许与今人的想象相去甚远，然而其凸出的历史文化特征，则昭然若揭，有目共睹，是可以置信的。

（三）"虎食人"纹饰意象与"龙食人"纹饰意象的先后问题

至于第二个问题，则需要分两头来看。如果只是抽象地说，那么我们不能确切地知道究竟是先有虎图腾崇拜，还是先有龙图腾崇拜，抑或二者在同一时期出现，因而演变出虎宇宙观和龙宇宙观。因为在远古原始氏族部落时期，世界各地分布着不同的氏族部落，其图腾崇拜的对象可能有同也有不同，在不同地域出现图腾崇拜的时间早晚先后是非常复杂的，而形成至上神的宇宙观的时间亦不易考证，很难有同一的标准化的答案。即使仅就中国而言，情况也是大体类似的。然而，这不意味着问题就无解了。事实上，在一般情况下，又可以根据考古发现的遗存物和有关的历史文献进行大胆的想象和不失根据的推测。

龙是否是真实存在过的远古生物，是一个有争论的问题。从《辞源》《辞

① 李济：《中国文明的开始》//张光直：《李济文集》卷一，上海：上海人民出版社，2006年，第381页。

② 郭静云：《天神与天地之道——巫觋信仰与传统思想渊源》上，第304页。

③ 同②第305页。

海》《汉语大字典》[①]等工具书对“龙”所作的解释来看，龙都被看成是古代传说中的一种能兴云降雨的为鳞虫之长的神异动物。由此可见，主流的意见皆以为龙只是传说中的动物且是想象的创造物，而不可能是现实中存在或曾经存在过的生物。但是，仍有人（包括专家学者在内）深信龙是一种真实存在或存在过的但消失已久的古老生物。在先秦古籍中多有言及龙的文献，但多只言片语或语焉不详，仅有在《左传·昭公二十九年》记述魏献子向蔡墨问龙的对话中，详细叙述了史前时期即古史传说中的舜帝时代以及夏帝孔甲时代的驯养龙的故事。此后，这个故事中的一部分（夏帝孔甲时代畜龙之事）重现于《史记·夏本纪》之中。而至西晋东晋时代，则有方士王嘉（字子年）所撰的《拾遗记》（又名《王子年拾遗记》）十卷（梁萧绮录），其中有多处对于龙的描写，尤其是在卷一《虞舜》中，对于龙的来源和归宿皆有记叙，算是一篇比较完整的述说龙的文献。然而，这篇文献明显受到《左传·昭公二十九年》叙述龙的影响，其中所谓“故置豢龙之官。至夏代养龙不绝，因以命族”（王嘉撰，梁萧绮录《拾遗记卷一·虞舜》）便是直接源自《左传·昭公二十九年》论龙之说。（尽管《拾遗记》任性夸诞，十不一真，具有强烈的志怪色彩，而被后世当作历史传说或志怪小说来对待，但是此书保留了一些历史信息，还是有价值的。）由此可以看出，《左传·昭公二十九年》中这篇写龙的故事是一篇具有重要的历史影响的文献。

这个故事说，有一年的秋天，龙出现在名为绛这个地方的郊外，于是魏献子就向蔡墨问道：“我听说过，在鳞虫类的动物中，没有比龙更聪慧的了，因为人得不到能被捕捉的活龙。龙真的有这么聪明吗？”蔡墨回答说：“这实在是人不聪明，而不是龙真的那么聪明。古代有专门蓄养龙的人，所以就有豢龙氏和御龙氏的兴起。”献子说：“确实有这二氏，我也曾听说过的，只是不知道他们的来历。他们究竟是怎么驯养龙的呢？”蔡墨答道：“古代的飂国国君叔安的一个名叫董父的后裔，实在是非常喜好龙，他能够了解龙的嗜好欲求而喂食它们，于是有许多龙自愿亲近而归顺董父，董父就蓄养驯服这些龙，用来伺候帝舜。帝舜赐他姓为董，氏名豢龙，封赏给他的土地在鬷川，而鬷夷氏就是他的后代。所以，帝舜之时，世世代代都有专门以蓄养驯服龙为职业的人。

---

① 龙，(1)《辞源》释义：“古代传说中的一种善变化能兴云雨利万物的神异动物，为鳞虫之长。《礼·礼运》：‘麟，凤，龟，龙，谓之四灵。’”（广东、广西、湖南、河南辞源修订组，商务印书馆编辑部：《辞源》，北京：商务印书馆，1983年，第3605页）；(2)《辞海》释义：“古代传说中一种有鳞有须能兴云作雨的神异动物。”（辞海编辑委员会：《辞海·语词分册》，上海：上海辞书出版社，1977年，第1757页）；(3)《汉语大字典》释义：“传说中的神异动物，身长，有鳞爪，能兴云降雨。《广韵·钟韵》：‘龙，灵虫之长也。此处为鳞虫之长？核引文’《易》曰：‘云从龙。’《左传·昭公二十九年》：‘虫莫知于龙。’《礼记·礼运》：‘麟凤龟龙，谓之四灵。’”（汉语大字典编辑委员会：《汉语大字典》，成都：四川辞书出版社，1995年，第4803页）。

到了夏代，国君孔甲德顺于天，天帝赐给他驾车的龙，分别在黄河和汉水，各有两条，皆为一雌一雄。孔甲自己不能饲养这些龙，但又没有找到豢龙氏。而在陶唐氏衰落后，出了个刘累，从豢龙氏学习了驯龙之术，能够饲养这四条龙，从而事奉孔甲帝。孔甲帝嘉奖他，赐其氏为御龙，用刘累来代替豕韦的后代。孰料一条雌龙死了，刘累偷偷地将死龙剁成肉酱作为美食进献给孔甲帝。孔甲帝吃完了，觉得不过瘾，还想吃到这一美味，就派刘累再去寻找这种美食。刘累害怕事情暴露，就悄悄逃跑了，最后迁居鲁县，更名易姓，范氏就是他的后代。”献子问：“现在没有了驯养龙的人，是什么缘故呢？”蔡墨回答说：“对于像龙这样的生物来说，有专职负责管理它们的官吏，官吏钻研驯养这些生物的法术，朝夕用心。一旦失职，罪责当死。只要丢了官，就没有了俸禄。只有这些专职的官员长久地世代尽职地饲养好龙物，龙物才会不期自来。如果消灭毁弃它们，龙物就潜伏消隐，抑郁而不繁育生长了。以此推知，万物都是一样的道理。因此有职掌五行的官员，称为五官。五官一代一代接受姓氏，封爵在上公之列，祭祀在贵神之位。在土地神、三谷神和（木、火、金、水、土）五行之神的祭祀中，对他们如此这般地尊崇，如此这般地敬奉。木官之长名叫句芒，火官之长名为祝融，金官之长命名蓐收，水官之长得名玄冥，土官之长称为后土。龙是水生的动物，因为把水官废弃了，所以没有人能捕获生龙。如若不然，那么在《周易》中就有了这样的记载：乾卦的之卦是姤卦，从其与变卦的关系得到乾卦初九的爻辞：‘潜龙勿用。’同理，从乾卦与同人卦的变卦推演得到乾卦的九二爻辞：‘见龙在田。’从乾卦与大有卦的变卦推演得到乾卦的九五爻辞：‘飞龙在天。’从乾卦与夬卦的变卦推演得到乾卦的上九爻辞：‘亢龙有悔。’从乾卦与坤卦的变卦得到乾卦的用九爻辞：‘见群龙无首，吉。’而坤卦的之卦是剥卦，从其与变卦的关系推演得到坤卦的上六爻辞：‘龙战于野。’如果不是有人在一天的早晚之间见到龙的这些变化形态，证明龙在古代是确实有的，那么谁能够以易象模拟它们而细致地描述它们的各种状态呢！”这个故事的文献保留了十分珍贵的史料，意义极其重要，这里不妨将原文引录如下：

> 秋，龙见于绛郊。魏献子问于蔡墨曰：“吾闻之，虫莫知于龙，以其不生得也。谓之知，信乎？”对曰：“人实不知，非龙实知。古者畜龙，故国有豢龙氏，有御龙氏。”献子曰：“是二氏者，吾亦闻之，而不知其故。是何谓也？”对曰：“昔有飂叔安，有裔子曰董父，实甚好龙，能求其耆欲以饮食之，龙多归之。乃扰畜龙，以服事帝舜。帝赐之姓曰董，氏曰豢龙。封诸鬷川，鬷夷氏其后也。故帝舜氏世有畜龙。及有夏孔甲，扰于有帝。帝赐之乘龙，河、汉各二，各有雌雄，孔甲不能食，

> 而未获豢龙氏。有陶唐氏既衰，其后有刘累，学扰龙于豢龙氏，以事孔甲，能饮食之。夏后嘉之，赐氏曰御龙，以更豕韦之后。龙一雌死，潜醢以食夏后。夏后飨之，既而使求之。惧而迁于鲁县，范氏其后也。”献子曰：“今何故无之？”对曰：“夫物，物有其官，官修其方，朝夕思之。一日失职，则死及之。失官不食，官宿其业，其物乃至。若泯弃之，物乃坻伏，郁湮不育。故有五行之官，是谓五官。实列受氏姓，封为上公，祀为贵神。社稷五祀，是尊是奉。木正曰句芒，火正曰祝融，金正曰蓐收，水正曰玄冥，土正曰后土。龙，水物也。水官弃矣，故龙不生得。不然，《周易》有之，在《乾》䷀之《姤》䷫，曰：‘潜龙勿用。’其《同人》䷌曰：‘见龙在田。’其《大有》䷍曰：‘飞龙在天。’其《夬》䷪曰：‘亢龙有悔。’其《坤》䷁曰：‘见群龙无首，吉。’《坤》之《剥》䷖曰：‘龙战于野。’若不朝夕见，谁能物之？”（《左传·昭公二十九年》）①

从以上文献的故事中，传递出大量的重要信息，主要有：

第一，龙是一种可以被人驯养的鳞虫类（被后世视为鳞虫之长）的神异动物。能入水、能飞天、能驾车。有雌雄之别。

第二，龙被用来专门服侍人间世的帝王，并为帝王驾车，成为帝王的乘龙。

第三，龙与天帝有密切的关系。天帝可以将龙赐给服从他的人间的帝王。

第四，驯养龙的专职官员豢龙氏和御龙氏虽然只是五行之官之一，即水官，但是绝非一般的官员，实际上，豢龙氏和御龙氏是巫师之类的官员，他们身怀驯服龙的绝技并世代相传，因而世代皆为水官之职，专门负责为帝王驯养龙的工作。龙被与《周易》联系起来，更能证明豢龙氏和御龙氏是巫官。因为《周易》作为卜书最早一直是掌握在巫手中的。特别值得注意的是，文献中隐隐透出一个信息，虽然说只是一点蛛丝马迹，但也不可忽视。这就是作为巫师的豢龙氏和御龙氏不仅为帝王蓄养龙和驾驭龙车，而且通过龙在天帝与人间世的帝王（人帝或人王）之间起到了一种联结和沟通的作用。巫不仅有超人的绝技且能通灵，非巫不足以驯龙和驭龙。豢龙氏和御龙氏似乎同时服从于天帝与人王，而他们服侍人王也正是天帝意旨的表现。在这里，龙似乎既有张光直所说的巫的助手、使者的作用（见上文中的论述），同时也具有充当人王脚力的作用。

第五，豢龙氏和御龙氏养龙有功，因以命族。这里似乎露出龙图腾与氏族之间具有关联的历史痕迹。

---

① 杨伯峻：《春秋左传注》四，北京：中华书局，2009年，第1500—1504页。

第六，龙与五行建立了关系。龙在五行中属水（或水行），故由（巫充当的）水官负责喂食和管理。

第七，龙的形态和属性在易象中得到了生动的刻画和表现，分别为：潜龙——潜伏的龙、见龙——出现于田野的龙、飞龙——飞跃在天的龙、亢龙——独尊至上，霸凌一切，而陷于孤寡无亲的龙[①]、群龙——群龙竞现却没有首领的自由自在的龙[②]。

第八，自上古以来，人们对于龙的存在是深信不疑的，而且视龙为吉祥之物，因而喜好龙而崇尚龙。因此，关于龙的传闻一直都在流行。

后世之人将龙与天帝以及人王联系起来且视之为天帝及人王之征象，的确不是没有来由的，这可以从上述的信息尤其是前四个信息中看出来。尽管闻一多先生说过，神话本身“是荒古时代的图腾主义（Totemism）的遗迹”[③]，然而，在这个文献记载的故事中，尽管透露了些许龙图腾与氏族之间可能相关的历史遗迹（第五个信息），却看不出龙与帝舜和夏帝孔甲之间具有图腾崇拜的关系。就是说，龙是否是帝舜和夏帝孔甲所代表的氏族部落的图腾，是难以断定的。这一点最需注意！然而，龙与黄帝的关系却几乎无一例外地被视为图腾的关系。从史前文明（传说时代）的三皇五帝[④]到正式揭开我国文明史时代的“诸夏”，不仅因为龙与黄帝的图腾关系而成为龙族及其后裔，而且也成为了黄帝的子孙（当然是图腾意义上的子孙）。诚如李济先生所指出的那样：

> 中国人自己并没有一个确定的名称。但尽管缺少意识上的统一，他们之中还是存在一种模糊的同类意识，这一点可以从他们都把自己叫做“黄帝的后代”这一事实中得到证明。事实上，“黄帝的后代”这一说法至今仍被中国的知识界用作对他们所属的这个“种族”群

① 亢龙，一般按照传统的解释，都认为是直龙或直伸之龙（杨伯峻：《春秋左传注》四，第1503页）。但是，说直龙有悔，十分难以理解且于理不通。《史记·天官书》有云：“东宫苍龙，房、心。心为明堂，大星天王，前后星子属。不欲直，直则天王失计。”显然，这是以龙的形态来比喻心宿及其前后的二子星的三颗星的排列形状，即这三颗星的排列形状应该像龙经常曲卷一般宜曲而不宜直，直则表示天王政令失宜。闻一多先生据以为解，以为“龙欲曲不欲直，曲则吉，直则凶也”（闻一多：《古典新义》，上海：上海古籍出版社，2014年，第387页）。然而，这是指天象而非龙为言。天王政令失宜，与龙无关。龙既然有多种变化和形态，那么直或直伸的形态就是一种无可避免的形态。并非死龙或被捕获而趴在地上的龙才是直龙。笔者别解为霸凌一切而独尊至上的龙。龙一旦成为亢龙，就是暴君一般的孤家寡人或独夫，失道暴戾，无情无义，至绝无亲，自陷于孤绝之境，终不免咎而有悔矣。

② 群龙，闻一多先生认为是“卷龙”（闻一多：《古典新义》，第387页），虽可备一说，然笔者难以苟同。与其说“群龙”是“卷龙”，毋宁说“潜龙”是卷龙，更有几分道理。

③ 闻一多：《神话与诗》，长春：吉林出版集团股份有限公司，2017年，第20页。

④ 古来说法不一。据《史记集解》，“三皇”指伏羲、神农、黄帝。但《史记·秦始皇本纪》曰：“古有天皇，有地皇，有泰皇。”“五帝”是指黄帝、颛顼、帝喾、唐尧、虞舜，另有少昊、颛顼、高辛、唐尧、虞舜的说法（司马迁：《史记》五帝本纪，北京：中华书局，1992年，第1页）。此外，尚有其他多种说法。

体的最合适的称呼。①

问题在于，这是如何可能的呢？从与图腾相关联的意义上说，这一问题的中心和重点，就在于必须回答：从黄帝到“诸夏”的龙族是如何形成的？对于这一问题，闻一多先生在20世纪40年代有一著名的论述，而且至今仍有影响。因此，这里结合闻一多的研究成果来进行讨论，以作必要的澄清。

从闻一多先生的研究来看，首先，他从七个方面考证后得出结论说：“夏为龙族。”②他的七个论据是：①传说禹自身是龙；②传说多言夏后氏有龙瑞；③夏人的器物多以龙为饰；④传说夏后氏诸王多乘龙；⑤夏人的姓和禹的名，其字都与龙有关；⑥禹的后裔多属龙族；⑦禹与伏羲同姓。闻一多认为，禹与伏羲，涂山氏与女娲的结合③，盖因两方都出于龙图腾。而所谓“同姓”，实际上，便是出于同一图腾。是故由伏羲的图腾是龙，则可推知禹的图腾亦是龙。④此说固然有理，然而，从闻一多所引用的史料来看，他没有提及上述《左传·昭公二十九年》中叙述龙的材料，回避了这一材料中龙与帝舜和夏帝孔甲之间是否具有图腾崇拜关系的问题，而是肯定了夏为龙族。尽管《左传·昭公二十九年》的这一关于龙的故事可以视为“图腾主义的遗迹”，但是必须得对这一“遗迹”做出应有的解释。这未免使人遗憾，同时也是一个不小的破绽！其次，闻一多先生又以黄帝的别姓

① 李济：《中国民族的形成：一次人类学的探索》//张光直：《李济文集》卷一，第149页。李济先生认为，“黄帝的后代”这个短语的由来比“中国人”一词的由来更值得进行科学的探讨。遗憾的是，“后者已经花费了学术界巨大的劳动却没有产生相应的回报”（同书，第149页）。显然，这个不幸的事实，是由一个由来已久的难题本身所决定的。这个难题就是：“现今所有生活在北纬20到40度、东经100到121度之间的居民，都是2600年前占据着北纬33到38度、东经106到119度之间领土的人们的后裔吗？肯定的答案总是与下面这类不确不实的表述大同小异：‘现今的中国人就是他们四千、三千或两千年前的祖先们的模样。’如果这是真实的，那么我在这里所建议承担的任务，就充其量也不过是从一种增倍繁育的简单生物学现象中来辨认现代中国人的形成过程。现代中国人的形成这一问题，也就不外乎是其生活早被《诗经》时代的诗人所吟咏过的那些中国人的形成的问题了。然而，我认定这不是真实的。中国人远远不是在四千、三千或两千年里一成不变的。哪怕在一千甚至在五百年里也不是没有变化的。在其扩展的过程中，他们一直在征服、被征服和再征服，使自己适应新环境并重塑其文化，所到之处，他们都吸收了新的血液。因此，关于中国人的形成，是存在着真正的问题的。在这一问题得到解决之前，像许多人所做的那样探讨中国人的起源是毫无用处的。”（同书，第56—57页）这一问题与闻一多先生的问题并非同一个问题，但是二者之间的关系极其密切。李济先生提出的这个问题有极高的学术价值和社会意义。虽然这是李济先生在20世纪20年代所完成的博士论文中提出的看法，并且在李济先生率先作出典范的引领下，这一难题的解决已经取得了进步，但是至今读来，仍然能感受到从中冒出来的新鲜热气。

② 闻一多：《神话与诗》，第28页。

③ 《史记·夏本纪》索隐引《世本》曰：“涂山氏名女娲。”闻一多说：“看来《世本》的‘娲’字未必是传本之误，当初或许真有此一说。”（同②第29页）但闻氏所言“涂山氏与女娲的结合”，盖指涂山氏与女娲本有不同的来源，据其从姓氏上考证，“姒”与“巳”同（“巳”与“虫”在甲骨文中为同一字），“娰”“巳”又与“凤”同，以今天的白话说，都是蛇生的。故其所言“涂山氏与女娲的结合”应该是说涂山氏与女娲合为一人，是因为其具有同一图腾（蛇或龙——蛇龙不分）之故。但在闻氏的论述中，这个问题是模糊不清的。

④ 同②第28—30页。

即黄帝后十二姓中的僖、已二姓为例考证黄帝为龙族。他指出，“黄帝是龙，大人国是黄帝之后，所以也是龙类”，又说，“黄帝之后的巳姓与祝融之后的巳姓，从图腾的立场看来，还是一姓，因为黄帝祝融都是龙”①。（闻氏断言：“祝融是一条火龙，所以又与火山黏合而成为火山的神。”②）最后，闻一多认为作为龙图腾团族的“诸夏”是兼并了许多旁的图腾而形成的一种综合体，虽然在被商人征服后，政治势力暂时衰落了，但是其文化势力非但始终屹然不倒，而且居于我国四千年文化的核心地位。因此，商民族在文化上的贡献固然很大，然而，归根到底，中国文化终究是以龙图腾团族的“诸夏”为基础的，此即是“龙族的诸夏文化才是我们真正的本位文化，所以数千年来我们自称为‘华夏’，历代帝王都说是龙的化身，而以龙为其符应，他们的旗章、宫室、舆服、器用，一切都刻画着龙文。总之，龙是我们立国的象征。……从前作为帝王象征的龙，现在变为每个中国人的象征了”③。

闻一多先生对龙的研究，尤其是对于中国龙图腾的演变的考证和梳理，是其龙说理论的核心，值得我们回顾一番。首当注意的是，闻一多从图腾心理上指出了龙图腾的先决条件，他说：

> 图腾既是祖宗，又是神，人那有比像祖宗、像神更值得骄傲的事呢！龙之所以有资格被奉为图腾，当然有个先决条件。一定是先假定了龙有一种广大无边的超自然的法力，即所谓“魔那”（Manna）者，然后才肯奉它为图腾，崇拜它，信任它，皈依它，把整个身体和心灵都交付给它。如果有方法使自己也变得和它一样，那岂不更妙？在这里，巫术——模拟巫术便是野蛮人的如意算盘。④

这是将“野蛮人的如意算盘”中的龙图腾，在本质上归结为一种“巫术——模拟巫术”的结果。在此基础上，闻一多考察龙图腾的演变后，得出结论说：

> 龙究竟是个什么东西呢？我们的答案是：它是一种图腾（Totem），并且是只存在于图腾中而不存在于生物界中的一种虚拟的生物，因为它是由许多不同的图腾糅合成的一种综合体。因部落的兼并而产生的混合的图腾，古埃及是一个最显著的例。在我们历史上，五方兽中的北方玄武本是龟蛇二兽，也是一个好例。不同的是这些是几个图腾单位并存着，各单位的个别形态依然未变，而龙则是许多单位经过融化作用，形成了

① 闻一多：《神话与诗》，第 36 页。

② 同①第 33 页。

③ 同①第 27 页。

④ 同①第 25 页。

> 一个新的大单位，其各小单位已经是不复个别的存在罢了。前者可称为混合式的图腾，后者化合式的图腾。部落既总是强的兼并弱的，大的兼并小的，所以在混合式的图腾中总有一种主要的生物或无生物，作为它的基本的中心单位，同样的在化合式的图腾中，也必然是以一种生物或无生物的形态为其主干，而以其他若干生物或无生物的形态为附加部分。龙图腾，不拘它局部的像马也好，像狗也好，或像鱼，像鸟，像鹿都好，它的主干部分和基本形态即是蛇。这表明在当初那众图腾单位林立的时代，内中以蛇图腾为最强大，众图腾的合并与融化，便是这蛇图腾兼并与同化了许多弱小单位的结果。金文龙字（《邵钟》《王孙钟》）和龏字（《颂鼎》《颂殷》《禾殷》《秦公殷》《陈侯因脊（齊）𬭚（錞）》[①]）的偏旁皆从巳，而巳即蛇，可见龙的基调还是蛇。大概图腾未合并以前，所谓龙者只是一种大蛇。这种蛇的名字便叫作“龙”。后来有一个以这种大蛇为图腾的团族（Klan）兼并了，吸收了许多别的形形色色的图腾团族，大蛇这才接受了兽类的四脚，马的头，鬣的尾，鹿的角，狗的爪，鱼的鳞和须……于是便成为我们现在所知道的龙了。[②]

在这一结论中，闻一多所理解的龙是由许多不同的图腾糅合而成的一种虚拟的生物综合体，它只存在于图腾中而不存在于生物界中。但是，闻氏认为龙的主干部分和基本形态是蛇。他说：“大概图腾未合并以前，所谓龙者只是一种大蛇。”他又说：“龙与蛇实在可分而又不可分。说是一种东西，它们的形状看来相差很远，说是两种，龙的基调还是蛇。”[③]这表明闻氏是以大蛇为龙的原型的。由此看来，闻氏没有否定龙具有其原型的真实性。就是说，龙作为众多图腾糅合或合并而成的生物综合体是虚构的，而其原型是真实地存在于生物界中的大蛇。这相当于说，蛇是真实的蓝本，而龙只是蛇这一蓝本的虚幻的摹本。当然，这可备一说，然而基于考古发现的材料来看，顺着闻氏的这一思路去理解，龙的真实原型很可能是多源与多样的，而不会仅止于单一的蛇。除了蛇以外，鲵鱼（俗名娃娃鱼）、鳄鱼、蜥蜴，甚至猪（红山文化中有玉猪龙）以及闻一多所论及的狗（瑶族的图腾），都有可能是龙的原型。而早在史前时期就消失久矣的庞大的爬行动物蛇颈龙（Plesiosaurs）和鱼龙（Ichthyosaurs），以及节齿龙（Pliosaurus，为上龙属，蛇颈

① “脊”或作“粢”，可能为“侖”（“齊”的本字）之误；“𬭚”应为“錞”之误。在上海古籍出版社2009年重印出版的的闻一多《伏羲考》（第22页）和吉林出版集团股份有限公司2017年重印出版的《神话与诗》中，“侖”（或“粢”）皆误作脊；“錞”皆误作“𬭚”。

② 闻一多：《神话与诗》，第21—22页。

③ 同②第22页。

龙中最大的一种）和沧龙（Mosasaurs，巨大的像海豚一般的海生蜥蜴），还有一种既像蝙蝠又像蜥蜴的能轻松跳跃、灵活攀援和自由飞翔的翼手龙（被看成是从恐龙型的爬行动物中演化出来的一种独特动物，这在《辞海》对龙的释义中被提及①），也不是毫无可能成为龙图腾的原型的。与此同时，如果龙确实只有唯一的来源性，那也不能排除一种可能，那就是龙的原型来自于一种叫做龙的动物，或者说，龙的原型本来就来自于龙。我们必须意识到一点，我们今天不知道的在史前时期早已灭绝的动物，古人（史前人类和古文明时代的人类）未必就不知道，甚至知道的绝不会比我们更少。因为从地质学年代上讲，在 170 万年前（一说第四纪距今的下限年代为 258 万年前）的第四纪（或更确切地说，第四纪的更新世）距离我们最近的地球历史时期，人类已经遍居于地球上的大多数地方，开始了“人类时代”。这是一个与人类活动同一时期的地质时代，因而是一个非常重要的时代。然而，第四纪（或更新世）时代是一个经常处于寒冷气候的时代，表现为全球性气候冷暖剧烈变化的持续波动，出现了被称为“间冰期”的时期，每次“间冰期”持续的时间大约 1 万年。由于其间的寒冷冰期并非处于始终如一的稳定状态，所以出现了名为“间冰段”即居于中间状态不停地波动的阶段，这是持续数千年的严寒。至第四纪晚期，自公元前 12.7 万年与伊米亚间冰期同时开始，气候在距今 11.5 万年后迅速变冷，并在距今大约 1.8 万年时达到了最低点。直到冰后期（全新世），大约从 1 万年前开始，在距今 7000 年左右的时候，全球气候的回升达到了温热的最高点。②在第四纪，新物种不断诞生繁衍，而既有物种也不断灭绝消失。B. M. 费根（B M. Fagan）指出，在第四纪（或更新世），哺乳动物处于迅速变化的状态之中。迄今为止，“没有人确切知道在更新世出现了多少种哺乳动物，虽然比约恩·屈腾（Bjórn Kurtěn）曾经估计 300 万年前生活在欧洲及与其相毗连的亚洲的哺乳动物的种不少于 113 个”③。还应该补充的是，也没有人确切知道在更新世中消失了多少动物（包括来自第三纪的中新世的动物）的物种。提出史前生物物种“大灭绝”的著名科学家许靖华先生说：

> 只要稍微研究一下地球上的生命史，就会发现一个矛盾的现象：地球上现存的物种虽然数以百万计，但是曾经在地球上生活过的物种却几乎都灭绝了。因为在五亿多年的历史长河中，虽然某一时代的物种总数

---

① 《辞海》释义：“古生物学上指一些巨大的有四肢有尾或兼有翼的爬虫。如：恐龙；翼手龙。”（《辞海·语词分册》，第 1757 页）

② B. M. 费根：《地球上的人们：世界史前史导论》，云南民族学院历史系民族学教研室译，北京：文物出版社，1991 年，第 81—82 页。

③ 同②第 84 页。

> 变化不大，但物种的平均寿命是短暂的，就像人类历史中个人的生命十分短暂一样。现在还活着的种，大约只占地球上曾经有过的各种生物的百分之一。[①]

科学家鲁塞尔（Rusell）对中生代、新生代界线上下生物的统计，包括白垩纪最晚期的2862属和第三纪最早期的1502属在内。这些数字表示，在白垩纪的最晚期，生物属的一半就已经灰飞烟灭了，实际上，真正灭绝的属数可能更多，应当大于50%。[②]许靖华断言："许多生命形式，无论是海相还是陆相，无论是植物还是动物，都是在C-29-R这一反极性期中发生了大规模的灭绝现象。"[③]早在超出我们想象的 25 000 万年以前，95%的古生代生物就一扫而光了。[④]由此推知，没有人知道在史前灭绝的动物中是否有龙。由于史前时期没有文字，加之人类的心智尚处于未成熟的进化过程中，即使是以最简单幼稚的原始图画（如岩画）记录所知所见的动物，也需要在学会运用以原石为工具或打磨与运用石制工具的石器时代，才有可能。因此，后世在传说和图腾中出现的龙，如果不是为人亲眼所见，就只有两个可能的来源：要么是来自于历史远久的口耳相传，要么是源出于想象的虚拟（如闻一多所说）。人类对于古生物化石的认知和理解要晚得多。据英国著名历史学家赫·乔·韦尔斯（1866—1946年）说：

> 公元前六世纪爱奥尼亚的希腊人已经知道化石。公元前三世纪埃腊托斯特讷和其他人曾在亚历山大城讨论过化石，这次讨论被总结在斯特拉本所著的《地理学》(？公元前20—10年）一书里。拉丁诗人奥维德也知道化石，但是他不明白它的性质。他认为这些是造物者最初试制的粗糙成品。阿拉伯作家在十世纪也注意到化石。列奥纳多·达·芬奇，活到十六世纪初期（1452—1519年），是最先领会化石真实意义的欧洲人之一。……只在前一个半世纪内人们才开始对这长期被忽视的世界历史的最初几页作出严肃和持续的辨认。[⑤]

也许人类曾经见到过龙的化石，但是尚未能理解和辨识，便已经损毁了。因此，至今没有见到有龙的化石出土或被发现，应该是不奇怪的。尽管如此，然而从有关的历史文献的记载、已知的原始岩画、出土的史前彩陶和玉雕，以及青铜

---

① 许靖华：《大灭绝：寻找一个消失的年代》，任克译，北京：生活·读书·新知三联书店，1997年，第2—3页。

② 同①第105页。

③ 同①第98页。

④ 同①第306—307页。

⑤ 赫·乔·韦尔斯：《世界史纲：生物和人类的简明史》，吴文藻等译，1982年，北京：人民出版社，第28—29页。

时代的铜器上的纹饰对于龙的刻画（见上文和后文）来看，断然否定龙作为史前远古生物界中的一种动物的真实存在，也许未免为时太早。

闻一多对于图腾中的龙的合成形态的描述，见诸上述引文中所说的“龙图腾，不拘它局部的像马也好，像狗也好，或像鱼，像鸟，像鹿都好，它的主干部分和基本形态却是蛇。……有一个以这种大蛇为图腾的团族（Klan）兼并了吸收了许多别的形形色色的图腾团族，大蛇这才接受了兽类的四脚，马的头，鬣的尾，鹿的角，狗的爪，鱼的鳞和须……于是便成为我们现在所知道的龙了。”由此看来，闻氏所列举的龙的形态结构为蛇身以及蛇颈、兽类的四脚、马的头、鬣的尾、鹿的角、狗的爪，鱼的鳞和须，与龙形结构的“三停九似说”说比较相类似和接近。龙的“三停九似说”（简称为“九似说”），这本来是在绘画上指导画龙的一套要求和规范。据可考的文献来看，“三停九似说”初见于五代南唐画家董羽的《画龙辑议》之中。《画龙辑议》大约书于公元960年，但是久已散佚。唯一在旧题为明唐寅撰的《唐六如画谱》（俗称《六如居士画谱》）的“最陋劣”[①]伪书卷三之中，辑录了《画龙辑议》一篇。“幸赖此书以传”世。[①]其中写道：

> 画龙者，得神气之道也。…… 古今图画者，固难推其形貌。其状乃分三停九似而已。自首至项，自项至腹，自腹至尾，三停也。九似者，头似牛，嘴似驴，眼似虾，角似鹿，耳似象，鳞似鱼，须似人，腹似蛇，足似凤，是名为九似也。[①]

这里的所谓“三停”和“九似”都是指绘制龙的形态结构上的美术用语，“三停”专指龙身而言，意思是将龙的身体分为三个体段或三个部分来把握，故名为“三停”，即“自首至项，自项至腹，自腹至尾，三停也”；而“九似”则专指龙的各个具体部位而言，意思是龙的九个部位必须与九种动物的部位相似相同，此即：头像牛首，嘴像驴口，眼像虾眼，角像鹿角，耳像象耳，鳞像鱼鳞，须像人须，腹像蛇腹，足像凤爪。应该说，这是从龙画上反映了唐末五代时期人们对于龙的理想和审美观念。实际上，自汉以来，龙画已经大为盛行。最著名的一个例子，是具有“佛画始祖”[②]之誉并以“落墨为蝇”[③]著称的三国时东吴名画家曹不

① 余剑华：《中国古代画论类编》下，第1024页。

② 曹不兴是文献记载中最早的知名佛像画家。其人物画中最具代表性的作品是佛像，如最早出自他手而世传的《维摩诘图》和《释迦牟尼说法图》。三国时，佛教由僧人支谦和康僧会先后传入江南。孙权为康僧会建造建初寺，并令之设像行道。曹不兴始见西方佛像，便据以绘成佛画，妙相庄严，令人肃然。由于曹不兴的推动，佛像盛传天下。因此，曹不兴被誉为“佛画之祖”。

③ 裴松之《三国志·吴录》载：“曹不兴善画，权使画屏风，误落笔点素，因就以作蝇。既进御，权以为生蝇，举手弹之。奇闻异事。”

兴（亦名弗兴，生卒年不详）善画龙。传说孙权于赤乌元年（238 年）冬十月，游于青溪，看到一条赤龙从天而降，凌波而行，便让曹不兴把这条龙画下来。曹不兴画的龙活灵活现，非常逼真而传神，见者无不称奇叹妙。此画大获孙权的赞赏，并令珍藏于秘府。南朝齐人谢赫《古画品录》有云："不兴之迹，殆莫复传。唯秘阁之内一龙而已。观其风骨，名岂虚成！"今人余剑华评："在第一品陆（笔者按：指陆探微）之下，卫（笔者按：指卫协）之上。"[①]可见，"三停九似说"出现于五代绝不是偶然的。

此后，在北宋郭若虚的《图画见闻志》中，也指出：画龙必折出"三停"，呈现"九似"，以求穷回蟠升降之奥，尽游泳蜿蜒之妙。然而，这里的"三停"变成了"自首至膊、膊至腰、腰至尾"，而"九似"中的四个部位已改换为"头似驼，眼似兔，腹似蜃，耳似牛"，以添加的"项似蛇，掌似虎，爪似鹰"替换了"须似人、足似凤、嘴似驴"，只有"鳞似鱼，角似鹿"保留不变。此外，南宋罗愿《尔雅翼》卷二八释"龙"，也引证了"三停九似"之说[②]，与《图画见闻志》所言无异。从具象意象观念上说，这表现了北宋时代的人们对于龙画的理想和审美趣求。

值得注意的是，明代李时珍《本草纲目》四十三卷鳞部"集解"引用和保存了罗愿《尔雅翼》对"龙"的解释。[③]这一解释也见之于《会编世传》(清《渊鉴类函》卷四百三十八所引文），其中仅有"头似马"是唯一的例外，其余内容皆同。李时珍加按语说：

> 按《尔雅翼》云："龙者，鳞虫之长。王符言其形有九似：头似驼，角似鹿，眼似兔，耳似牛，项似蛇，腹似蜃，鳞似鲤，爪似鹰，掌似虎，是也。其背有八十一鳞，具九九阳数。声如戛铜盘。口旁有须髯，颔下有明珠，喉下有逆鳞。头有博山，又名尺木，龙无尺木不能升天。呵气

---

① 余剑华：《中国古代画论类编》上，第 358 页。

② 罗愿说："龙，春分而登天，秋分而潜渊，物之至灵者也。……王符称："世俗画龙之状，马首蛇尾。"又有"三停九似"之说。谓自首至膊、膊至腰、腰至尾皆相停也；九似者，角似鹿，头似驼，眼似兔，项似蛇，腹似蜃，鳞似鱼，爪似鹰，掌似虎，耳似牛。"（罗愿：《尔雅翼》卷二八）

③ 需要指出，在南宋罗愿《尔雅翼》和明李时珍《本草纲目》对龙的解释的引语中都涉及了王符，《尔雅翼》引语："王符称：'世俗画龙之状，马首蛇尾。'"《本草纲目》则云："王符言其形有九似。"据吉成名先生的研究，这都是错误的（吉成名：《"三停九似说"的提出者究竟是谁》，《文史哲》2002 年第 3 期，第 40—41 页）。所谓"王符称：'世俗画龙之状，马首蛇尾。'"其实，这并不是王符说的话，而是出自与王符同时代的王充的《论衡·龙虚篇》。王充的原文为："世俗画龙之象，马首蛇尾。"可见，引文大致上是对的，有一字之差而不误，因为"象"和"状"同义。然而，作者搞错了。"王符"和"王充"也仅有一字之差，却差之毫厘谬以千里。这有两种可能，一是罗愿将王充误以为王符；二是罗愿没有错误，是抄录或刻板者将《尔雅翼》中的王充错写成王符了。究竟是哪种情况之误，今已难考。总之，传世本的《尔雅翼》确实将王充之语弄错为王符之语了。至于李时珍认为"九似说"的发明者为王符，则是毫无根据的，有可能是受到《尔雅翼》错误的影响，而衍生出来的一个失误。

成云，既能变水，又有变火。……”[①]

显然，李时珍此说在“三停九似说”上添补了“其背有八十一鳞”和“声如戛铜盘。口旁有须髯，颔下有明珠，喉下有逆鳞。头（上）有博山”等形、音、貌的特征，并具有为天之征象的“九九阳数”。更描写了龙具有“呵气成云，既能变水，又有变火”的神力。毫无疑问地说，这不仅自有其来由，而且是在龙的造型-功能结构发展史上合乎逻辑的集大成的硕果。至此，龙在中国文化中获得了理想的完美形态。

清季的画龙之法基本上承袭了宋以来所流行的“三停九似说”，仅在龙爪上区分出五指爪与三指爪，以示皇家与民间的贵贱之别。从此，国人在龙画上的具象意象观念，就一直定格在了以“三停九似说”为基础的形态-功能结构造型之理想的美学范式之上。这可以《本草纲目》中的龙画图与故宫九龙壁上的龙图纹为见证（图 50、图 51-1、图 51-2）。

图 50　《本草纲目》中的龙形图[②]

① 李时珍：《本草纲目》下，第 1581 页。

② 图片来源，见李时珍：《本草纲目》上，第 89 页。

图 51-1 故宫九龙壁龙纹图（局部一 笔者拍摄）

图 51-2 故宫九龙壁龙纹图（局部二 笔者拍摄）

闻一多的图腾龙形结构说，大抵是从诸多古文献中关于龙的叙说中考究出来的。试看其如下的论说：

> 《尚书中候·握河纪》说："龙马衔甲……自河而出。"《论衡·龙虚篇》说："世俗画龙之象，马头蛇尾。"可见龙确像马。龙像马，所以马往往被呼为龙。《月令》"驾苍龙"，《尸子·君治篇》"人之言君天下者……骐辚青龙，而尧素车白马"，《吕氏春秋·本味篇》"马之美者，青龙之匹"，《周礼·庚人》"马八尺以上为龙"，皆其例。龙有时又像狗。《后汉书·孔僖传》"画龙不成反类狗"，《列仙传·呼子先传》"有仙人持二茅狗来……子先与酒媪各骑其一，乃龙也"，《博物志》八引《徐偃王志》"有犬名鹄仓……临死生角而九尾，实黄龙也"，《陈书》"正元元年有黑龙如狗走宣阳门"。龙像狗，所以狗也被呼为龙。《搜神后记》九："会稽句章民张然……在都养一狗，甚快，名曰乌龙。"此外还有一种有鳞

> 的龙像鱼，一种有翼的又像鸟，一种有角的又像鹿。至于与龙最容易相混的各种爬虫类的生物，更不必列举了。[①]

正是在这一基础上，闻一多将作为图腾团族的龙视为以蛇为主干和基型的局部像马、像狗、像鱼、像鸟、像鹿的虚构出来的神圣的生物综合体。这在龙图腾的演变史上，则是由一个以大蛇为图腾的大团族兼并和吸收了许许多多的其他各种形色的图腾团族而成为了龙。必须注意的是，在闻一多所引用的上引文献中，除了仅有一处提及《尚书》（这一点恰恰不甚重要）以外，其他文献皆为先秦之后的汉晋之际的文献。由于闻一多此说与“三停九似说”非常接近和相似，所以如果闻一多所言的图腾龙的结构形态，真要达到丰满完备的理想状态，犹如“三停九似说”的龙形一般，则必然还需要有一个历程，更遑论臻于李时珍所论之龙的理想的完美形态了。而正因为有了从秦汉至魏晋的对于龙形结构的充分酝酿和准备，终于在五代南唐的画论著作《画龙辑议》中结出了完整和饱满的果实。这便是“三停九似说”合乎历史发展逻辑的由来。“三停九似说”从绘画美术上，为完整地理解闻一多的图腾龙的理论，提供了一个不可多得的绝佳注释。因此，在时间大范围和完整结构形态的意义上，可以将闻一多的图腾龙，看成是只能在唐宋时期才能充分和完满地表现出来的龙形具象的意象观念。把握这一点，对于我们理解闻氏的图腾龙之说，非常重要！无论是闻氏的图腾龙形结构说或自唐宋流行至今的“三停九似说”（此说本与龙图腾无关，但在此必须将其关联起来理解），从一历史动态的意义上看，的确可以与涂尔干的图腾制度理论所划分的三个发展阶段相吻合。列维-斯特劳斯在涂尔干的图腾理论与亨利·伯格森（Henri Bergson，1859—1941年）的图腾思想的比较中，将其图腾制度的三段论加以精辟地提炼和概括为：

> 首先，氏族“本能地”为自身提供了一种标志。后来，一种动物的形象以图案的方式得到了“认识”，继而发生了变化。最后，由于人们在情感上将氏族与其标志融合起来，这种形象被神圣化了。[②]

这一三段论的图腾制度理论自然也足以解释闻氏的图腾龙的理念。事实上，闻氏图腾龙的提出，本身就很自觉地接受了涂尔干的图腾制度理论的影响[③]，甚至不妨说是活用涂尔干图腾制度说的产物。在闻氏的图腾龙的论说中，同样地呈现

---

① 闻一多：《神话与诗》，第21页。

② 列维-斯特劳斯：《图腾制度》，第117页。

③ 闻一多在论证中不仅提到了涂尔干的《宗教生活的基本形式》（闻一多称之为“宗教生活的初级形式”）而且赞同地引用了其中的“始祖之名仍然是一种图腾”（同①第26页）。

出一种三阶段论：第一阶段名为“人的拟兽化”[①]，即人以图腾的模样来改造自己：人先假定龙是自己的祖宗，自己便是“龙子”，因而便有了“龙性”，等装扮成为“龙形”，则愈看愈像龙，愈想愈是龙，于是人果然就是神异的龙了。这是典型的图腾主义的心理表现。进入第二阶段，是“兽的拟人化”[①]，人从作为图腾之龙变为始祖，从而其形象被神圣化了。这相当于涂尔干的第三阶段。例如人首蛇身之神，正足以代表图腾开始蜕变为始祖的一种形态。闻氏认为，创造人首蛇身型的始祖的蓝本，就是那断发文身的野蛮人自身。因为在此拟兽化的企图中，断发文身的野蛮人充其量也就只能做到人首蛇身的半人半兽的地步。对于第三个阶段，闻氏没有命名，但不妨称之为变回人型的阶段。在此阶段，断发文身的习俗完全绝迹，甚至连记忆也淡薄了，于是乎，始祖的模样便重新变回作全人型的了。就是说，本来由人虚构的图腾之龙在图腾习俗的虚幻中充当了人的始祖，最后在图腾习俗的消失中变回了人的原型。实际上，闻氏所讲的作为统一的图腾团族的龙的形态结构的形成和变化，例如在绘画美术上表现为“三停九似说”的典范，才是真正的第三阶段。而闻氏所谓的“第三阶段”即变回人型的阶段，应该属于第四阶段（在涂尔干的三段论中没有列入这个不言而喻的阶段）。总之，闻一多此说与涂尔干的三段论的图腾制度理论没有根本上的不同。

闻一多的这一图腾龙的理论假说，的确言之成理，而且相当系统而自洽。然而，细读之下，则有一个严重的问题，就是作为图腾团族的龙的形态结构与夏商周三代至春秋战国并回溯至史前时代的龙（假定也是图腾之龙）的形态结构在时间上是极其错位的。因为无论是从商周至春秋战国的青铜器和玉器等器物纹饰上的龙的造型（上文中已论），抑或从史前的彩陶和玉器等器物纹饰上所见的龙的形态构成（详见前文和下文的论述）上看，均与闻氏所竭力指认的作为统一的图腾团族的龙的形态结构或造型相去甚远。限于历史的条件，闻氏没有意识到像上文所论的龙虎尊与虎食人卣这样的礼器与他的图腾龙之间究竟有什么样的关系，这固然不能苛责于他。但是，问题就摆在我们的面前，不可回避。在商晚期即殷商时期同时出现了龙虎尊（殷商早期）和虎食人卣（大约殷商晚期）（见前文所论），依据闻氏之说，这当是图腾团中的某个氏族的龙与图腾团的某个氏族的虎的标识和征象吧！如果真是这样的话，那么究竟是龙族兼并吸收了虎族呢，还是恰好相反？抑或是虎族与龙族并存于同一历史时期呢？如果说那个被认为是必将代表诸夏文化的图腾团族的龙是绝对的胜利者，自夏以来就确立了屹然不可撼动的地位，商对夏的征服只是一时的胜利，夏在政治上的衰败只是一时的衰败，那么与其不同甚至截然对立的虎族就不可能独立存

① 闻一多：《神话与诗》，第26页。

在，然而，犹如上文所论，彝族至今自称为“罗罗”（虎人），而不以龙人自相标榜，难道不是一个例外吗？！虽然可以争辩说，这个例子正好可以证明代表诸夏文化的图腾团族的龙的胜利，因为在其不可战胜的强大压力下，不能被吞并和融合的虎族被逐出了中原，所以才流落西南的荒野之地，但是巧辩并不足以解释那个代表诸夏文化的图腾团族的龙的胜利果实，究竟是如何失而复得并长久持续地得到巩固而越来越壮大的？实际上，诸如此类的例外，恐怕并非仅有彝族。受到过闻氏关注的瑶族（狗人）①，可以看成是另一个例子。如果承认“三停九似说”是代表统一诸夏文化的图腾团族的龙的完整美术形体构造在兼并与融合过程中取得完胜的象征，那么它究竟是如何可能的呢？这种可能性的实现是可以在历史中被复原式地模拟出来的吗？这些问题与作为代表统一诸夏文化的图腾团族的龙的完备形态结构的完成之间具有怎样的关系？如果这些问题不能得到合理的解释，那就难以填补与弥合闻氏图腾龙说中的太多的历史断裂的罅缝与空白。尽管在历史的纵向坐标上，可以在宏大叙事中（不计较有如上文中所指出的其所存在的破绽以及历史断裂的罅缝与空白），笼统大略地认为从史前进入夏商周三代至春秋战国时代的龙形态结构的完成，正是作为代表统一诸夏文化的图腾团族的龙形态结构（比照“三停九似说”而论）之来源和形成的基础和前提。然而，如果说这一代表统一诸夏文化的图腾团族的（与“三停九似说”相似相近的）龙的形态结构或造型，在由史前的传说时代进入标志中国文明时代的开端的夏代便已经形成（上文指出这存在历史时间上的错位），并由此奠定了诸夏四千年文化的基础，成为立国的象征，而居于屹然不动的核心地位，恐怕是说服力不足的，也是难以令人信服的。那么，由龙是由许多不同的图腾糅合而成的一种虚拟的生物综合体，全然否定龙可能是或曾经是存在于生物界中的一种神奇的动物，使人信服的力道同样也是欠缺的。

迄今看来，似乎越来越多的人相信，龙是在生物界存在或至少是存在过的一种神秘的远古神异动物物种。于是，一部类似于 BBC《与龙同行》的科普纪录长片《龙的世界：幻想成为现实》（片长 55 分钟），便于 2004 年 12 月 1 日在全球上映。影片的素材来源于在罗马尼亚的一个深山洞里发现的一具 6500 万年前的古生物遗骸——暴龙化石，伦敦大英博物馆派出专业小组去考察，结果惊奇地发现了自古以来一直流传不息的会喷火的龙，竟然是真实存在于生物界中的一种神奇的动物。在这部影片所讲的龙的传奇故事中，暴龙成为龙的原型，龙与恐龙便具有了亲缘关系。这一奇丽的幻想，不知道是否突然有一天，会在史前古生物考古大发现中得到证实。但是，它抱着对于龙的灭绝之谜的好奇而探索的精神，表现出了今人较之于古人相信龙的真实存在的更加强烈的愿望。

① 闻一多：《神话与诗》，第 22—23 页。

如果龙确曾在真实的生物界中存在过，那么龙是最早消亡的远古动物之一，而虎却存活至今。在古人的心目中，龙是远古动物中出类拔萃的至高无上的超级霸王，而且是最神秘的动物。《管子·水地篇》说：

> 龙，生于水。被五色而游，故神。欲小则化如蚕蠋，欲大则藏于天下；欲上则凌于云气，欲下则入于深泉。变化无日，上下无时，谓之神。

在帛书《周易》中，孔子论龙解《易》并开创了以龙德比喻君子①的先例，最能得龙的精妙与本性，故《易·乾》有云："潜龙勿用，何谓也？子曰：龙德而隐者也，不易乎世。"《说文解字》对"龙"的解释集合了古代以来的诸多信息，其曰：

> 龍，鳞虫之长。能幽，能明，能细，能巨，能短，能长；春分而登天，秋分而潜渊。从肉，飞之形，童省声。凡龙之属皆从龙。

与孔子对于龙的描述对照可知，"能幽能明"即"能阳能阴"，从现代科学的立场来看，"能阳""能明"是能喷火，从而身体明亮，"能幽""能阴"是能吐水，身藏云水之间，见首不见尾，这与"登天"和"潜渊"相应相连；"能细，能巨，能短，能长"是龙的善于变化。将龙归于鳞甲动物之长，是孔子没有说到的，可谓一个进步，但不如孔子的描述详尽。盖因生活在东汉的许君较之于孔子的年代去龙的时代更遥远了。春秋战国以后，人们对于龙的观念，大抵上是沿袭了先秦以来的看法。这可以从《说苑·辨物》和《广雅》对于龙的记述和解释中清楚地看出。

> 神龙能为高，能为下，能为大，能为小，能为幽，能为明，能为短，能为长。昭乎其高也，渊乎其下也，薄乎天光也，高乎其着也。一有一

---

① 在名为《二三子问》的一篇答问中记载："二品（三）子问曰：易屡称于龙，龙之德何如？孔子曰：龙大矣。龙，刑（形）罨（迁）段（遐），宾于帝。伣神圣之德也。高尚齐虖（乎）星辰日月而不眺，能阳也。下纶（沦）穷深潚（渊）之潚（渊）而不沬（昧），能阴也。上则风雨奉之，下纶（沦）则有天□□。□□乎深潚（渊），则鱼蛟先后之，水流之物，莫不隋（随）从。陵处则雷神养之，风雨辟（避）乡（向），鸟守（兽）弗干。曰：龙大矣，龙既能云变，有（又）能蛇变，有（又）能鱼变，蜚（飞）鸟正虫，唯所欲化，而不失本荆（形）。神能之至也。□□□□□□□□□□□□焉，有弗能察也，知者不能察其变，辩者不能察其义，至巧不能象其文，明目弗能察视也。□□焉化□虫神贵之容也，天下之贵物也。曰：龙大矣……"（于浩亮：《马王堆帛书〈周易〉释文校注》，上海古籍出版社，2013 年出版，第 178 页）在这段对答中，孔子对二三子描绘和论述了龙的神圣之德，赞美"龙大矣！"孔子天才地、诗意地、充分地把握了龙的特征：能上飞于昊天，腾云驾雾，与日月星辰同在，风雨伺奉，天神护卫，不可远眺；能下潜于深渊，有鱼蛟护驾，前呼后拥，鸣锣开道，水中的生物莫不拥戴随从；栖居于山陵，则有雷神守卫和供养，风雨回护，开路明向；能阳能阴，极善于变化而不失本真，神能之至，不仅能蛇变、鱼变、鸟虫变，而且龙能变化为鸟而成就鸟，能变化为昆虫而使其有神灵高贵的容貌，成为天下的奇珍宝贵动物；智者不能观察它的变化，辩者不能得到它的丽质，灵巧称绝的绘画国手无法描绘出它身上那若隐若现的花纹。

亡，忽微哉，斐然成章。虚无则精以和，动作则灵以化。于戲允哉！君子辟神也。（《说苑·辨物》）

有鳞曰蛟龙，有翼曰应龙，有角曰虬龙，无角曰宛（鼍）龙，龙，能高能下，能小能巨，能幽能明，能短能长。渊深是藏，和尘同光，介龟也。（《广雅》）

可见在古人崇尚龙的印象中，龙能飞天，能潜渊；能吐火，能喷水；独来独往；善于变化；是一种隐居独处于人迹罕至的山陵之中的肉食动物，（据说）只有在交配的时候，雌雄才会聚集一处。明代诗人管讷（字时敏，1339—1421 年）赞曰："形迹无拘碍，飞行遍九垓。腾空那（笔者按：应作"哪"）假锡？度海不须杯。"（《蚓窍集·赠僧龙翼云》）活脱写出"龙象"（以龙喻僧，亦龙亦僧，亦僧亦龙），堪称绝妙。尤其值得注意的是，在孔子所说的"龙，刑（形）罨（迁）段（遐），宾于帝"这段话（文字）中，明示了龙在变化的形式之中的显现是天帝的象征，这一点恰可与上述《左传·昭公二十九年》中记述的龙与天帝关系所显露的龙为天帝之征象的信息相印证。这显然具有远古龙图腾的遗韵流风。因此，可以从中嗅出一种龙宇宙观的气息和意味。盖最初接近文字的龙的构图（不妨视为一种"图形文"或传统所称的象形文）为或等（图 52），有可能是甲骨文之渊源的雏形，与新石器时代的红山玉雕龙形、凌家滩玉雕龙形（距今约 5000 年）以及商至春秋的部分玉雕龙形均颇为相似（图 53—图 56）。在甲骨文中，龙变形为或等，但与其原始的构图以及新石器时代至商周的玉雕龙形仍然不乏相似之处，盖为最能接近龙的具象之原型；金文则作或等，虽然仍为象形结构，但已经走向了对其原型的颠覆；及至篆文诞生，龙为等，则已相去甚远，全然失真。由此表明，中国远古先民对龙确实非常了解且烂熟于胸，故有得心应手的把握。

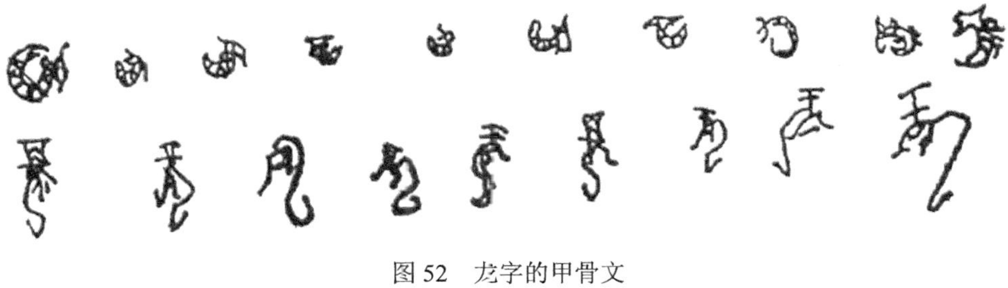

图 52 龙字的甲骨文

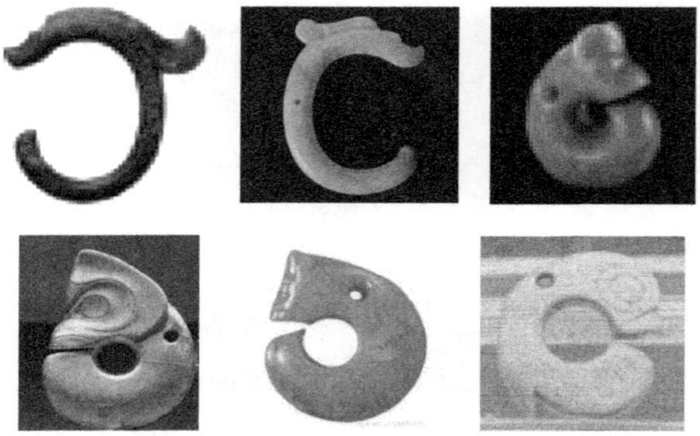

图 53　红山玉雕龙（C 形玉龙和玉猪龙）

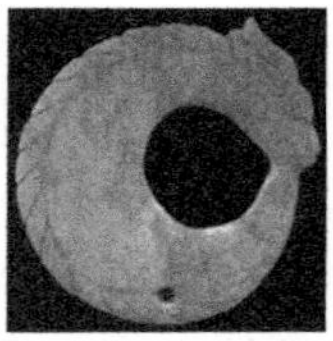

图 54　凌家滩玉雕龙

图 55　商代妇好墓出土玉雕龙

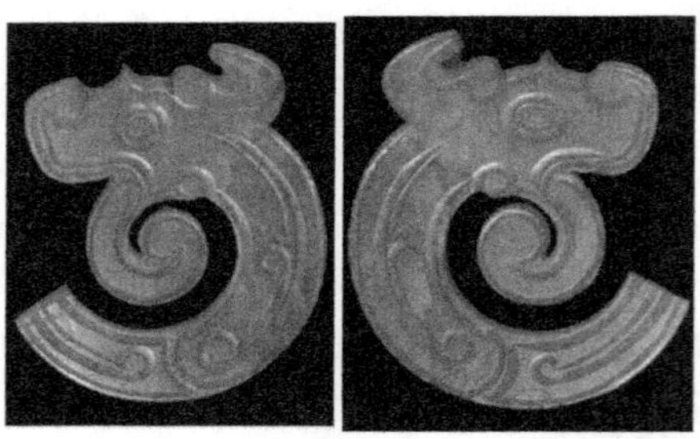

图 56　河南三门峡上村岭虢国墓出土玉雕龙（约西周晚期至春秋早期）

这多少是有些让今人难于想象的！龙虎相较，龙无疑更威猛、更神秘、更受崇拜。据此不难断定，人类尤其是中国远古先民对于龙的崇拜应该早于对虎的崇拜，因此龙图腾的出现理当早于虎图腾。郭静云也是这么认为的。①事实上，的确如此。在上文论及的庙底沟彩陶和马家窑彩陶以及稍后的齐家文化彩陶图案的纹饰中，均有龙纹，原始浑朴，直观生动，带鳞，只不过前期（图 57，图 58）凸显

① 郭静云说："龙、虎是殷商文明最重要的神兽，但在早商青铜器上未见神虎造型，可见龙这一崇拜原型应奠基于中原农耕的生活中，是平原农耕居民崇拜的要角。爰至殷商时期，狩猎、战争和农耕的崇拜被总体化、相互融合，故在饕餮的构图上常见以老虎取代夔龙的形象……"（郭静云：《天神与天地之道——巫觋信仰与传统思想渊源》上，第 119 页）

人面龙身且身有鳞纹，弯曲如鱼跃，而后期（图 59）突出屈曲的龙身和龙爪，这表明随着时代的变化，远古先民对于龙的印象，尤其是所注重的中心和焦点，已经发生了一定的变化，因此在彩陶的纹面上表现出来；此外，2002 年在河南偃师二里头遗址宫殿区的贵族墓中出土了绿松石龙形器（图 60），更在河南南阳的“岩石文”岩画中发现了龙像（图 61），还有第三次全国文物普查队于 2009 年 4 月中旬在新疆伊犁哈萨克自治州发现了隐匿在新疆北部伊犁河谷深山峭壁上的大面积岩画龙群；除了齐家文化红陶罐（图 62-1）上的浮雕龙纹纤细屈长，似蛇非蛇，一爪凸出以外，此前马家窑文化中的龙纹，皆粗壮有力之象，生猛威风（图 62-2，图 62-3，图 62-4）。但是，为什么在殷商时期的器物上同时出现了虎和人以及龙和人的纹样，并且似乎虎和人的纹样较之于龙和人的纹样为多？为什么商晚期和西周东周时期的器物（玉器和铜器）的动物纹样中大量出现龙和人的纹样，而虎和人的纹样减少，同时出现对于龙的崇拜和赞美？至今，华夏民族（主要是汉族）仍然自称为龙的传人，个别民族的彝族自称为虎的传人或虎人（彝族自称“罗罗”，意思就是虎的后代，从整个彝族来讲，意思则为虎的族裔）[①]，瑶族被认为是图腾意义上的狗的传人[②]。可见，龙崇拜对于华夏民族的影响至大至深，无可比拟。涂尔干说过：“最高神的观念深深地依赖于整个图腾信仰体系，以至于它至今仍然带有该体系的标记。”[③]难怪闻一多先生力称龙族的诸夏文化为我们真正的本位文化，龙是我们立国的象征了。究其根源，华夏民族对于龙的崇拜绝非肇始于夏朝，而

① 刘尧汉：《中国文明源头新探——道家与彝族虎宇宙观》，第 34—35 页。

② 闻一多说：“在中国的落后民族中，曾奉狗为图腾的瑶族，如今还很鲜明地保存着这种意识。陆次云《峒谿纤志》说他们‘岁首祭盘瓠，揉鱼肉于木槽，扣槽群号以为礼’。刘锡蕃《岭表纪蛮》也说：‘狗王惟狗瑶祀之。每值正朔，家人负狗环行炉灶三匝，然后举家男女向狗膜拜。是日就餐，必扣槽蹲地而食，以为尽礼。’这种风俗与现代世界各处的图腾团族举行舞会，装扮并摹仿其图腾的特性与动作，是同样性质的。”（闻一多：《神话与诗》，第 22 页）其实，这是不难理解的。以色列著名历史学家尤瓦尔·诺亚·赫拉利（Yuval Noah Harari）指出：“狗是第一种由智人驯化的动物，而且早在农业革命之前便已发生。虽然专家对于确切的年代还有不同意见，但已有如山铁证显示，大约 15 000 年前就已经有了家犬，而它们实际加入人类生活的时间还可能再往前推数千年。狗除了能狩猎、能战斗，还能作为警报系统，警告有野兽或人类入侵。时间一代一代过去，人和狗也一起演化，能和对方有良好的沟通。最能满足人类需求、最能体贴人类情感的狗，就能得到更多的照顾和食物，于是也更容易生存下来。同时，狗也学会了如何讨好人类，好满足它们的需求。经过这样长达 15 000 年的相处，人和狗之间的理解和情感远超过人和其他动物的关系。有些时候，甚至死去的狗也能得到厚葬，待遇与人类差堪比拟。”（尤瓦尔·赫拉利：《人类简史：从动物到上帝》，林俊宏译，北京：中信出版社，2014 年，第 46—47 页）关于狗葬，据英国历史学家菲利普·费尔南多－阿梅斯托报告：在今天波罗的海海岸靠近冰川边缘的斯凯赫墓葬地，“狗葬在与人毗连的墓里：魁梧如狼一般的猎犬与自己生涯的成果葬在一起，包括鹿角、野猪獠牙，甚至陪葬物比人的还丰富。这些狗都是社会的正规成员，资格是凭狩猎的本领挣来的。狗是人的带领者，是真实生活中的英雄，在现代儿童文学作者眼中这成了奇幻故事。狗在这儿的世界里，是猎人生活里的固定成员，甚至在神话中常有狗祖先的传说。例如埃农泰基厄流传的一个故事，说瑞典有位公主被放逐到拉普兰德，唯一相随的就是她的爱犬。萨米人是她生下的孩子的后代，所以‘像国王般英勇，穿着也像国王’。”（菲利普·费尔南多－阿梅斯托：《文明的力量：人与自然的创意》，第 9—10 页）

③ 爱弥尔·涂尔干：《宗教生活的基本形式》，第 394 页。

是更远更早的史前时期，甚至早于轩辕黄帝的时代，殆可以断言矣。如果龙是真实的神异动物，那么至殷商时期，龙早已灭绝，在历史中只是以神话或传说的故事形式保留下来，现实中罕能寻觅其遗迹；虎则是活灵活现的现实中的山林之王或百兽之王，因此对于虎的图腾崇拜可以与现实的实际存在相对应和接榫，虎的图腾崇拜得以保留下来，且在当时的青铜礼器之纹样中展现出来（如上文所论）；但是，虎在受到崇拜的同时，也不幸成为被猎杀野兽的对象之一，并得以在甲骨卜辞中记载下来[①]，因此，对于虎的信仰，在殷商时期似乎陷入了一种矛盾而又尴尬的境地。

图 57　彩陶人面龙纹饰

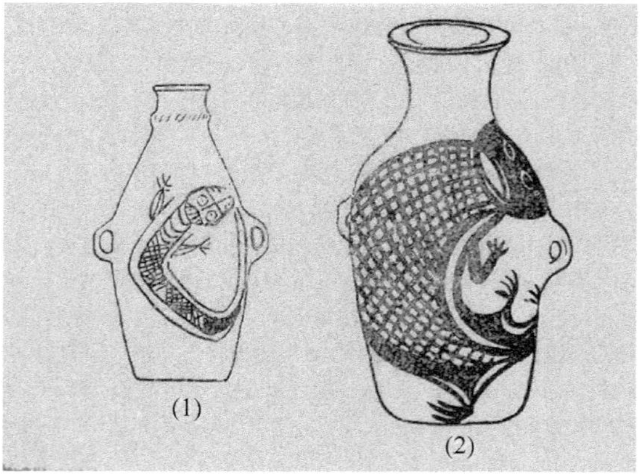

图 58　彩陶人面龙纹饰示意图

① 郭静云：《天神与天地之道——巫觋信仰与传统思想渊源》上，第 351—355 页。

图 59　庙底沟彩陶人面龙纹饰①

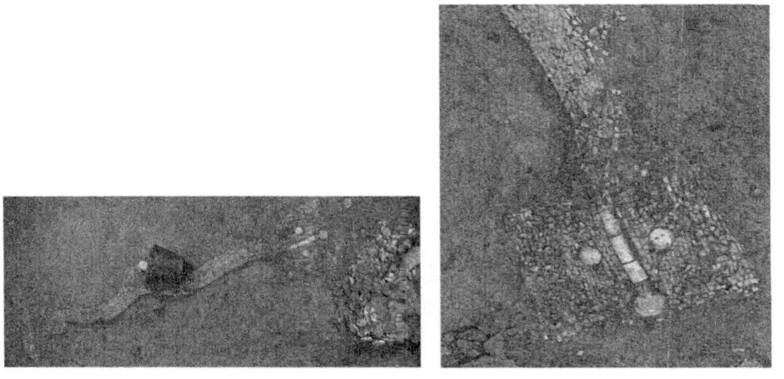

图 60　绿松石龙形器②

2002 年发现于河南偃师二里头遗址宫殿区的贵族墓中。龙形由 2000 多枚细小的绿松石片组合而成。龙头呈扁形，龙身为粗壮弯曲的蛇身。形体长而大，巨头蜷尾，形象生动。龙尾端下方有一件与龙体垂直的绿松石条形饰。龙身长约 65 厘米，由龙首至条形饰总长超过 70 厘米。绿松石原来应是粘嵌在木、革之类的有机物上，其所依托的有机物已腐朽无存。这一绿松石龙形器体量之大、用工之巨、制作之精，在中国早期龙形象文物中较为罕见。

图 61　南阳"岩石文"岩画龙像

① 图 57 彩陶罐上的纹饰和图 59 彩陶壶上的纹饰，或称鲵鱼（俗名娃娃鱼）纹，的确有几分相似，但是鲵鱼无鳞片，头上无角，而这几幅图上的面首（皆为人首）上皆有角，故可知其非鲵鱼，本文赞同其为龙，这是原始美术中的龙的一种表现。如果对这几幅图饰尚有疑义，那么可以在马家窑文化和齐家文化时期的彩陶上看到可信的原始龙纹图像（图 62-1 至图 62-4）。此外，还可以在南阳"岩石文"岩画中看到龙像图形（图 61）。

② 图片来源，见王巍：《中国考古学大辞典》，上海：上海辞书出版社，2014 年，彩版图 13"二里头文化偃师二里头遗物"。

图 62-1　马家窑文化时期红陶罐浮雕龙·齐家类型（广河县齐家坪出土，甘肃省博物馆藏）[①]

图 62-2　马家窑文化时期单耳彩陶龙文壶·马厂类型（俗称“彩陶龙图腾壶”，2001 年青海民和出土，为首次发现）

图 62-3　马家窑文化时期双耳彩陶龙纹罐·马厂类型（或称“肢爪纹罐”，甘肃省马家窑文化研究会藏）[②]

图 62-4　马家窑文化时期双耳彩陶龙纹罐·马厂类型（或称“肢爪纹罐”，甘肃省博物馆藏）[③]

（四）猎杀虎与虎崇拜以及类似的问题

这里需要指出的是，事实上，人类杀虎的历史应该不是从商或殷商才开始的，而是始于更早的史前时期。我们从史前时期岩画的狩猎图中，例如宁夏中卫大麦地岩画（早期距今 13 000—10 000 年，中期距今 10 000—4 000 年）的猎虎图（图 63）就应该可以看到，虎是众多被猎杀的动物之一。假如人类很早就崇拜虎并以虎为图腾，就存在着“在图腾与人之间假想的同一性，离不开一种食物禁忌，吃掉了这种动物，就等于吃掉了自己的同类”[④]，那么为什么要杀虎呢？这似乎是一种矛盾行为。然而，这其实并不难以理解。因为人类本来是林林总总的氏族部

① 甘肃省博物馆：《甘肃彩陶》，第 165 页。

② 李志钦：《黄河彩陶纹饰鉴赏》，第 107 页。

③ 朱勇年：《中国西北彩陶》，第 43 页。

④ 列维-斯特劳斯：《图腾制度》，第 46 页。

落，这些氏族部落并不会全都只崇拜虎或以虎为图腾，而是不同的氏族部落的动物图腾不同，所顶礼膜拜的动物神也不同，那么在氏族部落的兼并激战过程中，就要征服敌对的一方，为此就必须消灭或磨灭掉其图腾动物神，改宗其祖先神信仰，因此这些敌对的部族之间互相捕杀对方所崇拜的动物，虎就成为猎杀的对象了。虽然生活在北美的奥杰布韦人（Ojibwa，张光直译为“奥吉布瓦”）有一种习俗，“人们可以随意杀死和吃掉图腾，某些仪式上的防范措施，也只是意味着先问一问这种动物是不是允许，然后再道歉一下。奥杰布韦人甚至认为动物更愿意让自己被本氏族猎手的箭射中，只要在射箭之前，大叫一声‘图腾’的名字就可以了”。然而，这种习俗是否存在于我国的远古时代，是不能确定的。我们可以相信说，当崇拜和信仰虎的部族强大起来而获得胜利后，对虎的图腾信仰就成为一个时代的一种主流的信仰，而这种图腾或信仰自然要在一个时代的器物——礼器或法器的美术中表现出来，这就是我们除了可以在史前岩画中看到对虎的崇拜之外，还可以在陶器（彩陶）、石器（玉器）和青铜器等器物上，看到对虎的崇拜和信仰的缘故了。从人类历史的演进过程来看，一边崇拜和信仰虎，一边却在猎杀虎，这一看似矛盾的现象（其实并不矛盾的事实）同时存在，并在进入青铜时代之后，延续了很久很久！由此来看，在殷商时期出现崇拜虎和猎杀虎的现象，就不足为怪了。不过，由于青铜时代的社会大不同于史前时期的社会，其社会生活和精神文化业已变得纷繁复杂，所以史前时期崇信虎和嗜杀虎的理由，并不足于解释殷商时期的同一现象。因此，如何理解这一现象，就成为一个新问题。

图 63　大麦地岩画猎虎图

对此，郭静云提出了一种不无启发性的解释。她认为，在古人崇拜老虎的信仰中，具有一种关键的意义：“老虎是森林主宰、山地之王，能够与老虎合为一体的人，即是崇高的巫师，自己便能够成为自然界的神王，在山顶上、也就是最高的境界上，掌握崇高生命的权力。”[①]应该说，在巫-礼文化时代，商人对虎的崇拜，的确是与巫-礼信仰体系联系在一起的。根据上文所论，巫师与虎（神）的合一，乃是“天人合一”的一种具象的表征。巫师借助象征和代表至上之神的天，要在自然界和族群社会中，成为掌控生命权力的大王。进入政教合一的统治时代后，巫师与君王的合一，则成为其政权体制中的“余一人”。那么，为什么人们在崇拜虎的同时却又要猎杀虎呢？郭静云解释说，人们猎杀老虎并不是为了获得肉食的来源，而是潜藏了许多意义：“老虎本身是崇高万能的狩猎者，同时也是猎人们在山林地带的竞争对手和威胁对象：老虎还是在古人从事狩猎、接触自然界时，所认识的最强猛兽，因此而神化它。”[①]出于这一缘故，也就不难猜想，生活在山地的猎人之所以崇拜老虎，为的是以虎为“师”，向虎学习，获得虎的神勇和威力，从而超越老虎，最终达到确认自己的崇高权威的目的。不能不说，这一解释，由于过于简单而显得苍白无力，并不能化解与消除在信仰虎与猎杀虎之间的矛盾。

在笔者看来，张光直先生的解释似乎更为合理，只不过他不是将“人虎关系”的变化作为一个单一的现象来看待，而是从“人与动物关系之演变”亦即“商周神话与美术中所见人与动物关系之演变”的过程中来考察的。张光直根据瑞士汉学家高本汉（Klas Bernhard Johannes Karlgren）将商周美术风格划分为三个不同而又连续的“式”：古典式、中周式和淮式（与郭沫若所称的古典期、退化期与中兴期相对应，其划分的根据包括金文的内容与款式、器物的形制与装饰花纹的变迁等）[②]，论述了从古典式到淮式的“人与动物关系之演变”所出现的重大变化。张光直指出：

> 简而言之，从古典式到淮式，专就装饰美术中的动物而言，似乎有两点重要的变化：第一，在早期，饕餮及其他的神异动物似乎具有很大的神力与支配性的影响，而到了晚期，这种有力生动的纹样变得因袭呆板，似乎不复具有那种神奇的力量。第二，在商代及西周早期的器物花纹里，人似乎仅有被动的与隶属性的地位，而到了东周时代人则变成了动物的征服者或至少是挑战者。换言之，从商代到战国，在美术中所见人与神异动物的关系，似乎经历了若干剧烈的变化，其主要的表现是老的饕餮纹样之因袭化与新的写实性的兽纹的出现，都呈示一种人对于这类神异动物的新的态度，一种不复能称为敬畏的新态度。[③]

---

① 郭静云：《天神与天地之道——巫觋信仰与传统思想渊源》上，第 345 页。

② 张光直：《商周神话与美术中所见人与动物关系之演变》//《中国青铜时代》，第 412—413 页。

③ 同②第 415 页。

我想如说在较早期的神话中人对动物的态度为密切、尊敬与畏惧，恐怕是不中亦不远的。在东周时代的神话，这种态度不复为支配的态度。这时，动物不但不复为祖先诞生的帮忙者，且成为降祸于人世的恶魔，或为祖先英雄所驱除斩擒以立功勋的敌人。这些英雄之中之最熟知的，是羿，羿不但斩除地上吃人的蛇兽，且射了日中的金乌，因而解除了尧时的一大旱灾。①

现在我们可以很清楚地看出来：在商周之早期，神话中的动物的功能，发挥在人的世界与祖先及神的世界之沟通上，而到了神祖之世界分离以后的周代后期，神话动物与神的世界被归入了一个范畴之内，而人之与动物为敌成为对于神的反抗的一种象征。②

这些证据，合在一起，似乎很有力地对商周时代人对于动物态度之转变，提供了坚强的注脚。即在商周的早期，神奇的动物具有很大的支配性的神力，而对动物而言，人的地位是被动与隶属性的。到了周代的后期，人从动物的神话力量之下解脱出来，常常以挑战者的姿态出现，有时甚至成为胜利的一方面。对于这种现象，我们不禁要追问其原因，而不少学者已经作过解答的尝试。最常见的一种解释，求之于周代晚期智识之普及与深刻化，及当时由儒家所代表的人文主义的兴起。我个人的看法，觉得这种解释是很合理的，大致上是对的，但是不够。其不够之处，主要是在没能把商周时代的文化与社会中与人对动物之态度最有密切关系的若干方面，具体地个别地指明，加以解释。③

从张光直的论述中，我们可以清晰地看出，由于历史的演进，人与动物的关系随着动物之神性力量和支配性的减弱与消失而发生了一百八十度的颠倒和反转：在早期，“饕餮及其他的神异动物”居于绝对支配性的地位，人处于被动与隶属性的地位；然而，到了晚期，人变成了征服者或挑战者，动物则成为被征服者或被挑战者。这在商代及西周早期到东周的器物花纹之中得到了生动和清楚的表现。张光直虽然基本上同意将其归因于周代晚期智识的普及与深化，以及儒家所代表的人文主义的兴起，但同时指出，这一流行的解释，没有能够把商周时代的社会文化与人对动物态度的最密切关系的若干方面，具体地和个别地指明并加以解释。因此，张光直先生提出了如下的这条假说：

我想商周的神话动物，不管是从其特征上看还是从其演变上看，

① 张光直：《商周神话与美术中所见人与动物关系之演变》//《中国青铜时代》，第416页。

② 同①第432页。

③ 同①第417页。

必须根据在商周时代世界观里面神、祖与动物之间的相互关系上来加以解释。①

可以说，这一深刻的见解是我们理解商周神话动物的一条重要原则。前文指出，商代是一个（原始）宗教和（原始）巫术文化并行而合一的时代。然而，诚如马林诺夫斯基所说："神话不是过去时代底死物。不只是流传下来的不相干的故事：乃是活的力量，随时产生新现象随时供给巫术新证据的活的力量。巫术运行在过去传统底光荣里面，但也随时自创新出于硎的神话围氛。""所以巫术公式充满了神话的典据……每一个信仰都会产生它底神话，因为没有信仰是没有奇迹的，而主要的神话不过是叙述巫术底荒古奇迹罢了。"②事实上，商周时期的动物神话的意象观念，的确存在于那一时期的世界观中的神祇、祖先与动物观念的关系之中。由此看来，正如张光直先生所说的那样，在商周的初期，神话之中那些动物的功能，主要是集中发挥在人的世界与祖先世界以及神的世界的沟通之上的，至西周晚期，神的世界与祖先的世界分离了，神话动物与神的世界被归入了同一个范畴之内，这时候的人与动物的关系，则成为一种具有敌意而对抗的关系，同时也成为对于神的反抗的一种象征。换言之，西周晚期以后，一个由神的世界所主宰的社会业已不复存在，并被由人的世界开启的社会所取代，人的"主体性"开始显现并大放光芒。无疑，这与孔子所开创的儒家人文主义的兴起是密切相关且相应的。

与此同时，还必须看到，面对社会现实的不公与各种天灾人祸，人多次向神（天或皇天或上帝）祈祷无效后的无奈与痛楚，使人对神的世界发生了怀疑，人对神的信仰彻底动摇，这在《尚书》的《康诰》和《君奭》，以及《诗经·大雅》中的《云汉》和《瞻卬》中，就有明显的表现和反映。在《康诰》和《君奭》的记载中，西周的上层统治者已经明确地意识到"惟命不于常，汝念哉！"（《康诰》）"天不可信，我道惟宁王德延……"（《君奭》），表明了人们对于天命即天帝或天神之命信仰的彻底动摇而转向对于"王德"即人之仁德的诉求。从《云汉》中，可以清楚地看到，面临"天降丧乱，饥馑荐臻"、"旱既大甚，蕴隆虫虫"、"旱既大甚，涤涤山川"、"周余黎民，靡有孑遗"的灭顶之灾时，人们"靡神不举，靡爱斯牲，圭壁既卒"、"上下奠瘗，靡神不宗"，结果却是"宁莫我听"、"后稷不克，上帝不临"、"昊天上帝，则不我遗"。无可奈何啊！为了活下去，只能在绝望的叹息中"瞻卬昊天，云如何里"（《云汉》）！同样地，在《瞻卬》中，诗人也发出了怒天、责天、疑天的吼声。我们试看，面对昏君暴政，奸邪当道，"孔填不宁"，政乱民病，"邦靡有定，士民其瘵"，"人之云亡，邦国殄瘁"的大难之时，虽然说

① 张光直：《商周神话与美术中所见人与动物关系之演变》//《中国青铜时代》，第418页。

② 马林诺夫斯基：《巫术科学宗教与神话》，第71—72页。

“藐藐昊天，无不克巩”，但是人们“瞻卬昊天，则不我惠”！于是，诗人在激愤中情不自禁地责问道：“天何以刺（责罚）？何神不富（福）？”最终也只能莫可奈何，“心之忧矣”，“心之悲矣”（《瞻卬》）。由此而导致了两方面的结果：一是人的祖先神信仰从对至上天神或自然神的信仰中脱离出来，因此祖先的世界与神的世界分离了；二是由于人对于自然的认识发生了深刻的巨变（在这个意义上说，我们必须承认前文中论及的马林诺夫斯基所指出的科学态度和科学是与巫术和宗教同时存在的观点，的确是一个经得起时间考验的洞见①），自然知识在无数世代长期的积累过程中不断丰富和增加，至西周晚期出现了一种临界点的突破，神龙早死，凤鸟不出，在早期的神话传说中笼罩在动物身上的神秘的神性光环消失了，因此神话动物被与神的世界一同对待，抛弃在远离人世的荒野，而现实的自然界中的动物在传统信仰的颠覆中，有的成为害人的恶魔而变成了被英雄消灭的对象（太阳金乌在羿的神话中被射杀便是典型的一例），有的成为猎守与驯化的对象（图 63，图 64），因此老虎成为被猎杀的对象之一（这种场景在汉画像石中有大量的存留，图 65），同时也成为运载的工具；在新兴神话中的龙，则已经像虎一般被驯化（图 66），成为升天之人的引导和游仙的坐骑（图 67，图 68）。而其渊源已久，在《左传》的记录中便已披露（见前文的论述）。

图 64　玉人驭虎（洛阳战国墓出土，原载于《考古》1959 年第 12 期，第 657 页图 2）

① 马林诺夫斯基还指出：“科学，就是蛮野人底原始知识所代表的科学也是根据日常生活中正常普遍的经验——人与自然界为营养安全而奋斗所得的经验——而以观察为基础且为理智所固定的。……一件经验上的事实所告诉我们的，是理智的知识系统与巫术的信仰系统乃各在不同的传统以内，不同的社会布景以内，不同的行为型以内；而且这里一切的不同都清清楚楚地被蛮野人所承认。一个属于世俗的领域；另一个则是圈在规条、神秘与禁忌里面，乃占了神圣领域底半幅版图。”（马林诺夫斯基：《巫术科学宗教与神话》，第 74—75 页）

图 65　南阳汉画像石人胜虎

1. 唐河县电厂西汉晚期画像石墓的前室南壁东门门楣上猎虎图；2. 方城县东关东汉画像石墓的门楣右上石版上英雄拽虎尾图；3. 方城县东关东汉画像石墓的东门下门楣英雄暴双虎图；4. 唐河县针织厂西汉晚期画像石墓的南主室南壁石版驯虎图。①

图 66　战国人物龙凤帛画（湖南省博物馆藏）

又名“晚周帛画”“夔凤美女图”，纵约 28 厘米，横约 20 厘米，湖南省博物馆藏，1949 年出土于湖南长沙陈家大山一座战国楚墓中。画中一端庄高髻的妇女侧身而立，双手合掌，细腰，袖口宽松，长裙曳地，体态优美；在妇女的上方，有一只展翅飞舞的凤和一条蜿蜒向上升腾的龙；处于静态的人物，合掌祝祷，神态庄重虔诚，与灵动飞翔的动态之龙和凤形成鲜明对比，突显整体画面的和谐。画以墨线勾勒，用笔流畅。

① 图片来源，见郭静云：《天神与天地之道——巫觋信仰与传统思想渊源》上，第 412 页。

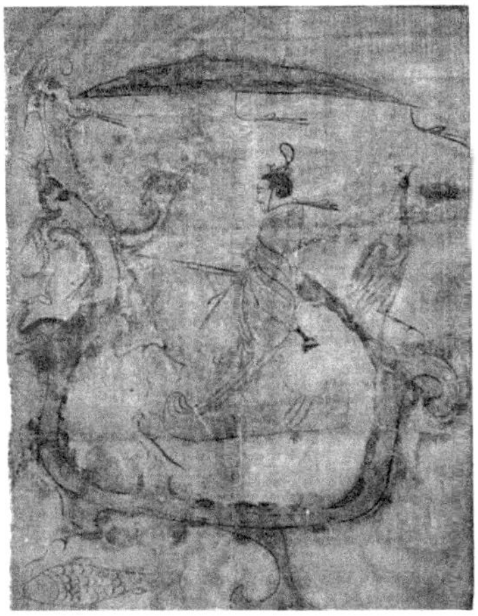

图 67　人物御龙帛画（1973 年在长沙子弹库楚墓出土）

“画的正中为一有胡须的男子，侧身直立，手执缰绳，驾驭着一条巨龙。龙头高昂，龙尾翘起，龙身平伏，略呈舟形。在龙尾上部站着一鹤，圆目长喙，昂首仰天。人头上方为舆盖，三条飘带随风拂动，画幅左下角为一鲤鱼。”（《长沙楚墓帛画》，《文物》1973 年第 7 期，第 3—4 页）

图 68　土伯驭龙岩画（公元前 7—5 世纪，2015 年于四川九寨沟县境内发现）

佛教考古学家温玉成率领的工作团队在 2015 年于四川九寨沟县境内发现，土伯驭龙摩崖琢刻岩画，高约 84 厘米，宽约 120 厘米，巫师高 41 厘米；龙头如马面，头上方呈现柱状（似角），前面有长长的鬃毛。龙的下巴有须。龙身体如蛇形，有斑纹。龙的前部有两翼，翼之尖为五爪，全画不见龙尾；龙前有一高大立人，双手持长杆，杆端有钩，作引导状；人物头部为侧面，尖脸，五官不清　披发齐肩，向上飘扬；上衣不详，下有裤子及蔽膝，足穿靴。岩画图雕刻技法原始，琢点表线，构图紧凑。人与龙呼应关系密切，人物比例恰当，动作准确，有很高的艺术造诣，被认为是在四川发现的最早的西戎岩画以及苯教“鲁神”岩画。

必须指出，儒家人文主义思潮的出现，与宗教信仰的转折以及由自然知识的累积而突破临界点所带来的世界观的重大变化，是紧密地联系在一起的。正是在这一条件和背景之下，从商早期至西周晚期，中国社会完成了从巫-礼时代到礼乐时代的转变，原始意象思维的时代划上了历史的记号，甲骨文已为金文与简帛文所取代，理性概念思维之光开启了人文哲学的新天地，迈入了卡尔·雅斯贝斯（Karl Jaspers）在其《历史的起源与目标》（*Vom Ursprung und Ziel der Geschichte*）中所描述的人类文明的“轴心时代”，人与动物的关系出现了历史的彻底颠覆与反转，谱写出新的篇章。这与上文所述《礼记·表记》中对夏商周的历史演进的概括“夏道尊命”、“殷人尊神”和“周人尊礼尚施”即天道—神道—人道的三个阶段的演变轨迹是相应相合的。

五、结论

从以上的讨论，可以确定，“人兽之间关系”和“纹饰内的人形”的角度，是理解与把握虎食人卣纹饰中的意象观念的关键和进路，分析和揭示虎食人卣纹饰与形塑的意象观念，无论如何，都离不开这两个方面及其关系。从这一关键和进路出发，必须厘定虎食人卣的纹饰与形塑中的“人”与“虎”以及“鹿”所代表和传达的意象观念之根本蕴义。其中，“人”乃巫师，虎食人卣青铜礼器作为沟通天地的法器，已在张光直先生的研究中得以确实的肯定，但是，就“虎”以及“鹿”作为一种神兽而言，其意蕴究竟何所指，代表什么，是一种什么样的神兽，以及其与“人”具有什么样的关系，却仍然不清楚，没有确切的答案。因此，这自然地成为问题的根本焦点和突破口。

刘尧汉先生提出的彝族虎宇宙观之说，为我们的探索提供了重要的参照和线索，使我们茅塞顿开，成为我们解开“虎”神之谜的密匙，结合考古学、出土文献、宗教人类学、民族学、神话学、美术和原始思维的综合研究，我们厘清了“虎”（神）所具有的根本意蕴，这就是说，“虎”是在中国远古先民的原始图腾即虎图腾中产生的至尊至上的宇宙神的象征，亦即宇宙天地的象征，天地万物包括其中的人，皆由“虎”（神）的尸解所生成，由此对于虎食人卣中的虎-人关系所表征的意象观念，就获得了一明确而清晰的认识，就是说，这里的“虎”“天”思维意识之同一即神人合一的“天人合一”之思维意识，正是前综合意识中的集体无意识的表象，因而是原始思维的具象意象之外显。我们看到的虎口中的人，双臂上饰有龙纹，臂至大腿上饰有蛇纹，是巫所具有的典型特征。巫入虎口，与虎合一，所代表的意蕴，乃是天人的交通、天人的合一。简言之，这种虎-人关系的“神人合一”关系，是一种借由巫觋来进行和完成的沟通宇宙天地之神与人的关系，这种关系就是日后中国哲学中所谓的“天人合一”关系。

至于“鹿”，在虎、人、鹿的三层纹饰结构或整件虎食人卣器物纹饰的结构布局中，居于虎首之上，具有特殊的象征意义。理解这一点，同样是正确地读出虎的象征意义的一个关键。在与史前墓葬考古中所发现的鹿形纹、青铜时代的岩画中的鹿石与青铜卣上的鹿形饰纹的比照连接和贯通中，有一个令人感到惊喜的发现：鹿之所以位于虎首之上，绝不仅仅是出自器物纹饰结构布局上的比例协调、精巧和美观的需要，而且十分的重要，它是作为太阳的具象之象征物而出现的，不可或缺。虽然如此，但是鹿与虎一体不分且具有从属于虎（相当于在意象上太阳从属于天）的意义，共同表征着由虎宇宙观所表象的宇宙或天地之神。相对来说，至少在图像的表层结构上，人与鹿的关系是一种间接的关系，从属于人与虎的关系。但是，在深层结构中，虎、人、鹿所表象和传达的真正意蕴，则是人-虎-鹿三位一体统一的“天人关系”。

需要指出的是，由于在所发现的商周青铜器美术中，人与动物关系的纹饰与形塑所表现的“虎食人”的主题或母题，绝非仅有虎食人卣，事实上，在不同类型的青铜器的纹饰与形塑的纹样中，已有多种发现，这就绝不能视为偶然的现象。本文论定这些“虎食人”的纹饰与形塑所具有的相同的意象观念之意蕴，都是包裹在巫文化或巫-礼文化的形式与原始思维的意象观念中的“天人合一”，既有助于回答张光直先生关于怎样才能合理地解释商周青铜器美术中的动物纹样之意义的问题，同时也是对于张光直先生所提出的“商周的青铜礼器是为通民神，亦即通天地之用的，而使用它们的是巫觋”之论的一种具体补充和阐明。

迄今已知，自殷商至周初，在“虎食人”的纹饰与形塑之外，还有“龙食人”的纹饰与形塑的流行。“龙食人”的意象观念，依然是我们必须直面的问题。

幸运的是，由于对“虎食人卣”纹饰与形塑的意象观念之谜的揭晓，我们对于同类相似的“龙食人”母题的意象观念之谜及其相关的问题，也相应地迎刃而解。

毋庸置疑，表象“天人合一”的“神人合一”的“人与动物”的关系，绝不仅仅局限于“人-虎”关系或“虎-人”关系。事实上，在此之外，还有起源更早的“人-龙”关系或“龙-人”关系，和同样重要的“人-鸟（凤）”关系或“鸟（凤）-人”关系，这三种“人与动物”的关系成为巫-礼文化时代的原始文化的核心关系结构（事实上，有可能不限于这三种核心关系结构，但目前所知，主要有这三种关系，故只能就此而论）；而具体表现在图案或纹样的构型上，也就不仅有单一的神性动物的出现，而且呈现出多层复合的动物（包括成双成对的偶性动物）及其与人的关系的图纹样式（如龙虎尊的图纹样式以及流行至今的龙凤呈祥的图纹样式）；同理，本文证明“龙食人”纹饰与形塑中的“龙”与虎食人卣中的“虎”一样，象征一种由龙图腾所表示的龙宇宙观。因此，“龙食人”纹饰与形塑的意象观念，同样是象征“神人合一”的“天人合一”。由此推测，“人-鸟（凤）”关系，以及可能的人与其他类似至上神的神兽关系，所蕴含的意象观念，也大致如此。

基于本文的研究来看，由原始图腾、祖先神崇拜与至上神崇拜在原始文化中的同一所决定的“动物”与“人”的关系，经由作为巫-礼时代的重要礼器或法器，实现沟通人神或人与天地的艺术具象表现出来，就构成了“神人合一”的“天人合一”所固有的原始精神，这种原始的“天人关系”具有下列六种意蕴与特质。

第一，以虎食人卣为代表的礼器所呈现的动物（龙、虎以及在一定程度上包括凤鸟）与人合一的关系，绝不是一般的“神人合一”的关系，而是代表宇宙或创生天地万物的神（即龙神、虎神或凤鸟神）与人的合一关系，这是日后中国哲学的“天人合一”关系之原始含义的由来。

第二，在以虎食人卣为代表的礼器的纹饰与形塑中，所表现出来的动物神（龙、虎以及凤）与人合一的关系，固然是一种神人合一的关系，而这种关系既是代表宇宙或创生天地万物的至上神（即龙神、虎神）与人（巫师及其所代表的人类）的合一关系，并且同时也是现实世界中的人（生者）与神圣世界（亦即信仰世界）中的祖先神（死而复活的神）的合一关系，这一深层蕴义是隐藏在中国哲学的“天人合一”之中的密意。这种意蕴也是“天人合一”所固有的原始意涵。

第三，以虎食人卣为代表的礼器或法器，所呈现的动物（龙、虎以及在一定程度上包括凤鸟）与人合一的关系蕴含了自然与人合一的关系，即天地万物与人合一的关系。这同样是中国哲学的“天人合一”所具有的意涵。但是，自然与人合一的关系从属于或附属于宇宙神（龙神、虎神）与人合一的神人合一关系，以及现实世界中的人（生者）与神圣世界（信仰世界）中的祖先神（死后复活的神）的合一关系，不具有独立存在的意义。这表明，在以虎食人卣为代表的礼器中，所呈现的动物神（龙神、虎神以及某种程度上的凤鸟神）与人关系中所表现的“天人合一”关系，本来就具有一种极其微妙的三重性的含义，这其实就是中国哲学的“天人合一”所固有的本来意涵。因此，所谓的“天人合一”，绝非仅有上述的人与天帝或天地之神的合一以及人与自然的合一之义，而且还有人与祖先的合一之义。这三种意蕴，皆为“天人合一”所固有的原始意涵。人与至高无上的天地之神的合一、人与祖先神（业已是与至高无上的至上神合一的祖先神）的合一，以及人与自然的合一，是同时存在于中国哲学的“天人合一”之中的三个紧密相关的原始维度，至于其中所表现出来的形而上学的义理或道德的维度，乃是后起的意义维度。

第四，龙宇宙观、虎宇宙观、鸟（凤）宇宙观以及可能的其他具有至上神性质的动物神宇宙观，自然有一种绝对的神圣超越性，它是一种生命的宇宙观，它所表示的宇宙或世界观念，在本性上是一种生命的存在，而不是一种僵死的、呆板的、机械的物理之实在或实体的存在，这从根源上奠定了中国哲学在本质上为一生命哲学的基础与格调，委实为中国哲学所特有。在哲学根源与主流形态上，这可以解释中国哲学之为非实体主义的生命哲学与西方哲学之为实体主义的非生命哲学的一大根本之不同。与此同时，人类凭借着对隐秘的自然的直觉，在其智慧的构想中，一个独一无二的至尊至上的神，不仅是宇宙或世界的象征，而且是这个世界的创造者和立法者，便活脱呈现出来。由此不难窥见，形而上学的宇宙生成论（或称宇宙发生论）和本体论（或称存有论、存在论，今或称之为是论）在其思想渊源和文化心理的源泉中本来是与至上神（神格生命的观念）不分的。

第五，“天人合一”的同一性与可能性，皆以动物（龙、虎以及凤鸟）与人的生命存在之基质的相似相近为前提和基础。尽管在动物学上看，人与动物（龙、虎以及凤鸟）是根本不同的两类（动物之）生命；然而，在哲学上说，宇宙或世界之动物神（龙、虎以及凤鸟）与人的本性基质之存在，都是相同的生命有机体，他们在性情上具有相似相近之处。所以，人与动物神（龙、虎以及凤鸟）可以互相感通，相亲与谐和如一。这是中国哲学的“天人合一”之所以为可能的根由和秘密之所在。

第六，“天人合一”的观念不仅根源于史前时期，而且这一古老的观念既非中国的特产，亦非为中国人所专有。事实上，“天人合一”的宇宙观曾经是世界上许多地方文化的常规。从人类以往的历史（包括史前的历史）和未来走向来看，表现和始终贯穿于中国思想文化中的“天人合一”观，可以成为世界人类文化重建其重要地位的开始与准备。不难相信，“天人合一”观不仅“是整个中国传统文化思想之归宿处”（前引钱穆语），而且也将是整个人类世界文化思想的归宿处；不仅曾经是世界人类文化的常规，而且终将成为整个人类世界文化的常规。

从以上所论的前五点可以看出，在原始宗教文化或巫-礼文化时代，我国远古民族对于世界的理解与把握，虽然在神圣动物的具象意象上是各各特殊的、不同的，但是它们之间又是非常相似相近的；在意象思维上，则更是相似和一致的，充分地表现出不同的原始部族的集体无意识在意象思维上的共同特征。这对于日后的哲学思维与哲学的世界观念的形成和确立，是非常重要的。

本文证明和指出：在殷周之际，确实至少流行过对于龙、虎、鸟（凤）三种祥瑞动物的图腾信仰。

如果龙确曾真实地存在于生物界之中，那么龙是最早消亡的生物界中的远古动物之一，而虎却存活至今。在古人的心目中，龙是远古动物中出类拔萃的至高无上的超级霸王，而且是最神秘的动物。在帛书《周易》中，孔子与二三子论龙解易说：“龙，刑（形）罨（迁）段（遐），宾于帝。”这句话明示了龙在变化的形式之中的显现，乃为天帝的象征。这显然具有远古龙图腾的遗韵流风。从中可以嗅出一种龙宇宙观的气息和意味。人类尤其是我国远古先民，对于龙的崇拜早于对虎的崇拜，龙图腾的出现先于虎图腾。事实的确如此。至今，华夏民族（主要是汉族）仍然自称为龙的传人，龙崇拜对于华夏民族的影响多么伟大和深远！不难断言，华夏民族对于龙的崇拜绝非肇始于夏朝，而是更远更早的史前时期。

在殷商时期，龙只能以神话或传说的故事形式保留下来，而虎则是活灵活现的现实中的山林之王或百兽之王。因此，对于虎的图腾崇拜，可以与现实的实际存在的虎相对应和接榫，便得以承传下来，并在珍贵的青铜礼器之纹样中展现出来。然而，虎在受到崇拜的同时，不幸成为被猎杀野兽的对象之一。对于虎的信仰，似乎陷入了一种矛盾而又尴尬的境地。这在商代及西周早期到东周的器物花纹之中得到了生动和清楚的表现，并有甲骨文的记载。其实，早在史前时期，这一现象便已存在了。一边崇拜和信仰虎，一边却在猎杀虎，这一看似矛盾的现象（其实并不矛盾的事实）同时存在，并在进入青铜时代之后，延续了下来。在理解和认识上，成为一个需要回答的新问题。

无可否认，在历史的演进中，人与动物的关系随着动物之神性力量和支配性的减弱与消失，发生了一百八十度的颠倒和反转：在早期（商代），“饕餮及其他的神异动物”居于绝对支配性的地位，人处于被动与隶属性的地位；然而，到了西周晚期，人变成了征服者或挑战者，动物则成为被征服者或被挑战者。动物的命运由人所主宰。

对于这一人与神性动物关系的反转，一种合理的解释是：到西周晚期以后，一个由神的世界所主宰的社会业已不复存在，并被由人的世界开启的社会所取代，人的“主体性”开始显现并大放光芒。无疑，这与孔子所开创的儒家人文主义的兴起是密切相关且相应的。

与此同时，在人对神的世界的怀疑中（由面对社会现实的不公与各种天灾人祸，人多次向神天或皇天或上帝祈祷无效而引发），人对神的信仰彻底动摇，结果是：其一，人的祖先神信仰从对至上天神或自然神的信仰中脱离出来，祖先的世界与神的世界分离了；其二，在人对于自然之认识的深刻变化中，自然知识在无数世代长期的积累过程中不断丰富和增加，至西周晚期出现了一种临界点的突破，理性之光出现，神话动物被与神的世界一同对待，抛荒于人世之外，而现实的自然界中的动物在传统信仰的颠覆中，有的成为害人的恶魔而变成了被英雄消灭的对象（例如太阳金鸟在羿的神话中被射杀），有的成为猎狩与驯化的对象。因此，老虎成为被猎杀的对象之一，同时也成为运载的工具，而不复见的神龙，同样像虎一般被驯化，成为新兴神话之中进入天堂之人的引导和遨游于天地之间的游仙的坐骑。

综上所言，儒家人文主义思潮的出现，与宗教信仰的转折以及由自然知识的累积而突破临界点所带来的世界观的重大变化，是紧密地联系在一起的。正是在这些条件和背景之下，从商早期至西周晚期，中国社会完成了从巫-礼时代到礼乐时代的转变，原始意象思维的时代划上了历史的记号，甲骨文已为金文与简帛文所取代，理性概念思维之光开启了人文哲学的新天地，迈进到雅斯贝斯所说的人类文明的“轴心时代”，人与动物的关系出现了历史的彻底颠覆与反转，谱写出新的华章。

写于 2018 年春夏之际
2020 年 8—11 月修改
2020 年 12 月再订

前综合意识与中国哲学的起源

中国哲学的起源问题，是中国哲学史的重大问题之一。近几十年以来，考古取得了重要进展，出土了大量的器物与文献。与之相应的是，余英时、牟复礼、许倬云、苏秉琦、赵仲牧、刘文英、苗启明、郭静云、李泽厚、陈来等学者从思想史、文明史、考古、思维等角度对中国文明、中国思想文化的起源进行了新的探索，不同程度地触及到中国哲学的起源问题。不过，直接对中国哲学起源问题做专题研究的成果仍不多见。本文着眼于前综合意识到哲学思维的演化，对中国哲学的起源问题做一初步的、具有试探性和猜想性的论述，祈请方家指正。

一、从“集体无意识”到“前综合意识”与“哲学思维”

考察中国哲学的起源，必须从考察中国古代先民的思维活动和思维方式入手。要探讨思维的来源，就必须探讨意识的起源。广义上说，意识活动是人心灵机能的反映和表现，这是基于生理学的常识。但如果停留于此，那不仅没有说明意识的起源，而且忽略了意识的内容及其丰富性、复杂性。唯有把人的心灵活动机能与现象世界的事物关联起来，才能对意识的起源和意识的内容给予解释。为了说明这一问题，此处引入荣格（1875—1961年）的“集体无意识”（Kollektive Unbewusste/ collective unconscious）理论。根据这一理论，人类的心灵拥有一种超越所有文化和意识差异的共同基底（Substrat），即所谓“集体无意识”。这一为全人类所共有的集体无意识心灵结构，不仅包含了能够变成意识的内容，而且包含了使人做出相同反应的潜在倾向。就此而言，集体无意识可以看成是对超越所有种族差异的相同大脑结构的一种心灵表达。它不仅是人类可以互相理解的基础和保证，也是世界上有各种相似甚至相同的神话主题和象征的基础与前提。

集体无意识是作为其对立面的意识产生的根源。一切有意识的想象和行动，都是在集体无意识原型的基础上发展起来的，并且与它保持着联系，尤其在意识的清醒度与自觉性还不够高的时候，表现得格外显著。因为这时心灵的各种功能，更多地依赖于本能而非有意识的意志，更多地受情感而非理性判断的操控。在这一状态下，原始的心灵健康得到了充分保证。然而，这只有在保持环境不变的情况下才能维持。一旦环境改变，尤其是对道德的要求提高后，心灵就无所适从了。更多依赖于无意识而非有意识选择的个体，容易生成明显的心理保守主义。相反的另一端，意识要发展，就只有通过对陌生事物的吸收和同化，才能扩大意识的广度和高度。与无意识相反的意识则倾向于自律自治，具有反抗那些一直压制意识的无意识原型的精神。在意识及意识的意志与无意识及无意识的原型的冲突中，无意识被压到了幕后，意识结构就有可能从无意识的原型中解放出来。也就是说，意识结构是从无意识的原型中解放出来的。这里所说的“解放”，是指意识结构对单纯本能的挣脱，最终获得一种丧失本能或至少是一种与本能处于对立的状态。意识受必然偏执（例如意识中心自我的极度放大）的激励而远离无意识原型，最终导致了无意识基本结构的崩溃。于是原始人丧失本能，失去方向，或变得神经质，纠缠于一些不可能的情况和问题。这在精神病理学看来是需要治疗的精神疾病。精神错乱是被无意识的内容控制，这些内容不可能为意识吸收，意识从根本上否认了这些内容的合理性。然而，这些无意识的内容，恰恰是因偏执或狭隘的意识逼迫而产生出来的。事实上，无意识也一直在反抗意识的价值观，因此不可能被意识完全吸收和同化，反之亦然。[①]总之，人类完整的心灵结构是由无意识和意识共同构成的。[②]在心灵发生作用的时候，无意识和意识共同起决定作用。人格的中心和重心必须介于意识与无意识之间的虚点（virtuellerpunkt）或称“自性”（Selbst）[③]上，在意识和无意识之间保持平衡，以维护人格的完好与健康。

荣格的理论尤其是“集体无意识”原型，使笔者萌生了“前综合意识”的观念。“前综合意识”自然是相对于意识即“综合意识”而言的。无疑，“综合意识”萌发于“前综合意识”之中，并在逐渐摆脱“前综合意识”的过程中获得了自身的独立性。其标志是意识觉醒后与客体分离，从认识上说，即意识主体与客体的分离。但是，“综合意识”并没有与“前综合意识”彻底断绝关系，它的底层仍然残留着大量的“前综合意识”，二者互渗交织在一起。在这个意义上说，“综合意识”也可以泛指无意识与意识的混合状态。上古时代，“综合意识”与“前综合意识”处于一种比较理想的平衡状态，二者共同发挥着决定作用。后来，随着人类社会文明程度越来越高，“前综合意识”在“综合意识”的底层沉积中被压得越来越紧。在心灵的表层结构上，主要起决定作用的就是唯一的意识，即“综合意识”。

无疑，人类哲学的一切萌芽尽皆包含在前综合意识之中，但只可能出现在综合意识的自觉之中。这就意味着，我们必须透过综合意识去深入地研究前综合意识的结构及原型，才有可能回答哲学的起源问题。当人的心灵意识结构形成时，

---

① 荣格、卫礼贤：《金花的秘密：中国的生命之书》，张卜天译，北京：商务印书馆，2016年，第20—22页。

② 列维-斯特劳斯（1908—2009年）在《结构人类学》（*Anthropologie Structurale*）中也提出了类似的看法。这一观点在今天已经成为普遍共识。

③ 同①第52页。

人的思维[①]也相应地形成了。与人的前综合意识相应的思维是“原始思维”（列维-布留尔）或“野性思维”（列维-斯特劳斯），与人的综合意识相应的是有意识的、自觉的日常综合思维，哲学的思维就是从这种日常综合思维中分化出来的。哲学思维是反思的、理性的、超验的，必须借助一定的概念来实现。哲学思维对于在前综合意识中形成而在综合意识中呈现出来的内容，经过概念化的反思与把握，形成对于宇宙、世界、人生的观念，是哲学得以形成的基础。这一反思过程和反思方式，就是哲学思维。哲学思维不仅超越了自然思维，而且可以解释、指导、改变自然思维。哲学思维的源头在“原始思维”或“野性思维”中，但它不能直接从“原始思维”或“野性思维”中诞生，而是必须经历由“原始思维”或“野性思维”到有意识的、自觉的日常综合思维的历程。其间的分水岭，是语言文字到概念的出现。就哲学思维而言，概念是用一定的语言（文字符号）来表现的。只有以语言（文字符号）为基础，人类对宇宙、世界、人生的观念才能上升到哲学概念的层次。任何思维的进行都需要借助一定的符号，但原始思维和哲学思维的差别在于，原始思维使用的是非语言（文字符号），即形象意象或具象意象，这决定了原始思维是非理性主导的；哲学思维则依赖语言（文字符号），是理性主导的。

思维要有秩序，如此才能把握与解释世界秩序。原始思维秩序，是主客未分的前综合意识中的洞察-摹画、投射-幻化和万物的神秘互渗。日常综合思维的一般秩序则是形式逻辑，这是哲学诞生后人类最重要的思维秩序，也是哲学思维的基础。中国早期哲学是否具有与古希腊形式逻辑和古印度因明学类似的思维，一直存在争议。笔者认为，中国古代哲学主体上基本没有古希腊和古印度式的逻辑思维，但有一种生机论的汉字方-圆-和环意象思维。[②]中国哲学以此为基础，建构和开发出自己的哲学秩序，同样达到了超验的、理性思辨的高度，且是一种极重体悟的活动秩序。其表现出的典型秩序样式，可称为“方以智”而“圆而神”（简称“方-圆神智”）的秩序样式。“方智”指哲学的理论构架和系统相，“圆神”指体悟哲学的虚静修养和哲学精神智慧的无系统相。思维的秩序固然要在思维的具体操作程序中表现出来，但程序并不同于秩序，秩序也不能归为程序。对中国哲学来说，程序一方面由下到上，把实存的体验与抽象的“道”贯通为一体，一方面由上到下，把对“道”即超越世界的把握和对“器”即现象世界的把握统一起来。道的世界与器的世界尽在同一用相的过程之中，原无分别，本是一个世界（包

---

① 本文采用赵仲牧对思维的界定：“思维活动是同大脑活动相关的、综合了环境信息与机体信息、运用符号和依据一定程序去发现或构造各种秩序和规范的意识活动。”（赵仲牧：《赵仲牧文集·思维学、元理论和哲学卷》，昆明：云南大学出版社，2003 年，第 111 页）

② 以汉字的方形图像、圆圈式的回环状脉络语境之表义和表音、声音的顺畅表气、语气与语境和义境的融洽中和构成的一套形-音-义-境-气统一的非线性综合思维。此问题另文讨论，兹不展开。

括体用，亦即体用相本为同一个世界），只是在作为“元语言”的“对象语言”的意义上，才有言说或叙述上的分别。站在中国哲学的立场上说，无论哪种程序，都离不开生命的体悟与亲证。经由这两种程序，中国哲学的方-圆神智秩序便得以表现出来。

从原始思维到哲学思维经历了漫长的过程，人类的思维走出了前综合意识及其形式的笼罩。这时候，前综合意识转变成了以综合意识为主导的意识活动，无意识的原型虽然没有完全汰除，但很难起到决定性作用。由于语言（文字符号）的出现和运用，人类的日常思维不仅具有形象的思维，也具有非形象的思维，尤其是概念思维。当人类能对自己的精神活动进行自觉的反思，达到概念运思的纯粹性和系统性时，就上升为纯哲学思维。在这个意义上说，纯哲学思维是纯粹理性的一种表象。①哲学的思维在人类社会的文明进程中，被大大地推进和充分地发展。就中国哲学而言，中国哲学的意识与思维活动更多地保留了前综合意识原型与原始思维的活性，因而更具有隐秘的中和性与强大的扩充性。这与原始的巫-礼文化传统有关。

二、前综合意识与巫-礼文化传统

前综合意识起源于何时？就中国而论，大致上可以确定，从新石器时代到青铜时代早期（夏商及西周早期），是前综合意识所主导的意识盛行的时代。这个时代最显著的文化标志是巫觋和礼乐。巫觋在宗教祭祀与巫术活动中，集神降的超自然法力与礼仪于一身，成为沟通天与人的媒介。巫觋活动往往伴有神圣庄严的仪式和音乐，因而巫觋文化与礼乐文化本来是一体不分的。在这个意义上说，谈论中国的远古文化，与其使用“原始文化”或“原始神秘文化”的概念，不如称其为巫觋-礼乐文化传统（简称巫-礼文化传统）②确切。

中国的巫-礼文化传统，是由前综合意识支配和主导下的综合意识（包括意识活动和无意识活动）所创造的产物。巫觋异于凡人之处有两点：一是获得超自然的神力，二是凭借超自然神力操纵一切事物。然而，巫觋凭超自然神力操纵一切事物，其实不过是对神或天意志的执行和顺从神意或天意的表现而已。在前综合意识的原型结构中，巫觋与神或天具有不可分割的联系。这大概可以用詹姆斯·乔治·弗雷

① 康德：《纯粹理性批判》，王玖兴主译，北京：商务印书馆，2018 年，第 41—42 页/A11—A12。

② 高国藩在《中国巫术通史》中以“巫文化”一名称之，并将其界定为“以巫或巫师特有的巫术思维来看待世界的一种独特的非物质信仰文化”（高国藩：《中国巫术通史》上，南京：凤凰出版社，2015 年，第 4 页）。这是侧重从与“物质信仰”对立的“非物质信仰”（即宗教信仰）的角度来看待“巫文化”，并探讨其信仰的思维心理。对此，邢莉提出了商榷性的意见（同书，第 12 页）。从文化的意义上说，笔者以为“巫文化”一名具有较强的通俗性，不如“巫-礼文化”或“巫-礼传统”更具涵括性。

泽（1854—1941年）提出的“相似律”（law of similarity）和“触染律”（law of contact or contagion）来解释。“相似律”是指“同类相生，或果必同因”[①]。巫师根据这一规律引申出，他仅仅通过模仿就能实现他所要做的任何事情。基于“相似律”的法术称为“顺势巫术”或“模仿巫术”。“触染律”是说，“物体一经互相接触，在中断实体接触后还会继续远距离的互相作用”。[②]根据这一规律，巫师确定他可以通过一个物体对一个人施加影响，只要该物体曾被那个人接触过。基于“触染律”的法术称为“接触巫术”。弗雷泽意识到，“模仿”或“模拟”这种术语，即使不是暗示，也会使人想到有一个自觉的行为者在进行模仿，这就把巫术的范围限制得太狭窄了。所以巫师心中断定，这种“相似”或“接触”的规律并不局限于人类活动，而是可以普遍应用的。[①]受“触染律”的启发，如果在前综合意识的原型结构中，巫觋与神或天具有不可分割的联系，那么即使在巫觋与神或天分离后，巫觋仍然具有神力或可以获得神力，这意味着神或天可以赐予巫觋神力，或巫觋可以挪移神力到自己身上。这显然也是一种“触染”。这种“触染”，可以理解为对神或天的“模仿”或“模拟”，从而显示出法力操纵的极大威力。与此同时，巫觋与神的相似性，透露出巫觋与神在原型中不可分割的联系。在一般先民的眼中，巫觋就是近乎神的人。但严格地说，巫觋只是天或神的代言人，他们在天人或神人之间充当信使。

前综合意识中的“灵魂”是不可回避的问题。否则，就不能充分解说巫觋超自然的神秘力量。这里以爱德华·伯内特·泰勒（Edward Burnett Tylor，1832—1917年）在《原始文化》中提出的“万物有灵”论作为预设的前提。泰勒区分了“灵魂”（soul）和“精灵”（spiritual beings），他肯定人、动植物、无生命的事物均有灵魂，此外，还有一种脱离肉体独立存在的灵魂，叫作精灵。精灵源于灵魂而高于灵魂。灵魂与呼吸（breath）概念具有同一性。在原始部族的用语中，灵魂、精灵、影子、呼吸这些概念是经常混淆的，这对我们理解巫觋的特性以及原始思维不无启迪。在古希腊人那里，“灵感”（inspiration）的原意就是神性的着魔者（entheos），即人着了神的魔而具有了灵气。当“inspiration”一词转移到人身上时，指的是吸入灵气，或神的灵气吹入人的身体与灵魂之中，如此一来，人在获得灵气的同时也获得了神性。需要指出的是，这一古老的原始信仰在中国同样存在。只不过中国先民将人的灵气视为天地所赐而称为“灵明”。吸收天地之灵气，可以解释巫觋为什么具有超自然的神力。巫觋不仅像常人一样具有灵魂，而且具有常人所没有的精灵或灵气。因此，巫觋的灵魂或心灵超越常人，即智能超常[②]，可以在巫术中沟通天人或神人。

① 詹姆斯·乔治·弗雷泽：《金枝》上，徐育新、汪培基、张泽石译，北京：中国民间文艺出版社，1987年，第19页。

② 李零：《中国方术续考》，北京：中华书局，2006年，第32页。

在中国的语境中，群巫之长不仅垄断了最高的神权，而且拥有最高的政权，因而称为“天子”或“余一人”。在巫觋的身上，可以找到前综合意识原型的典型特征，甚至在一定程度上可以把巫觋视为前综合意识原型的表征。巫觋文化的显著特征可以概括为以下五点。

其一，最初的巫觋可能是独立的。由巫觋操控实现的天人交通，目的是祈福禳祸、趋吉避凶，同时使人的灵魂得以升天，避免堕入恶道，这是另一个世界、另一种形式的天人交通，其实是天灵交通。由于巫觋与政治密切相关，巫觋后来遂成为政治共同体顶层的一个特殊职业群体。在很多情况下，“群巫之长”往往就是最高的政治领袖。在此情形下，由巫觋操控实现的天人交通，目的是肯定权力的来源与执政的合法性，并祈求保佑权力与执政的持续与恒久。这是宗教和政治、神权和政权合一的集体无意识中的天人交通。

其二，巫觋通过魔法般的幻术、神秘植物的汁液、酒、自我催眠等方法达到忘我的癫狂状态。[①]其意义被看成是对世界和人生真实本相的显现。他们所形成的宇宙或世界的观念，不再是依据经验达到的有关世界的知识，而是一种基于灵魂出窍的神秘忘我境界。[①]

其三，虽然巫觋具有通神的特性，但其内在的灵魂与生命的肉体是一体不分的，只有在癫狂状态的极乐体验中才会发生灵魂出窍的事情，使生命上升到最高层的存在而获得其意义，但灵魂在这一过程之后仍然回归生命本身。只有当肉体构成的生命在物理时空中消失，并与外在的天合一，才能从感性世界晋升到超感性世界的极乐境界，进入到一种更高的生命存在方式之中。

其四，巫觋有初步、独特的审美标记，如特定的颜色、图徽、饰物、纹身、服装、类似舞蹈的动作和咒语，等等。

其五，巫觋至少实现了三个合一，即祭祀与礼仪的合一、体验与神力的合一、天地人的合一或人与神的合一。

与此同时，巫觋又表现出三个面向，这三个面向与中国哲学具有不可忽视的重要关联。

第一，外在超越和内在超越的面向。外在的超越是在直接与神或天的联系中表现出来的，必须通过仪式活动来显现；内在的超越则是通过虚静或修养的工夫，将神或天内化于自己的心灵或心性之中，从而在工夫的洞悟体验中实现心灵与神或天的交合与同一。这就是“天人合一”“天人合德”两种模式的来由。

第二，工夫论的面向。应当看到，巫觋的工夫与癫狂状态的极乐体验是紧密关联的。中国的巫觋由工夫实现的极乐状态，与其说是癫狂状态，不如说是一种

① 阿尔伯特·史怀哲：《中国思想史》，常暄译，北京：社会科学文献出版社，2009年，第17页。

静谧的冥想或沉思的状态。就此而言，中国哲学工夫论的原型，源于巫-礼文化中巫觋的身心活动。

第三，真理学说与工夫实践合一的原型面向，借用理学的话语，就是“即功夫即本体”的原型面向。对巫觋来说，信仰活动的仪式与工夫是通向与神或天合一的必经之路。这正是中国哲学追求的在工夫的洞悟体验中实现心灵、心性与神、天的交合与同一，即关于“道”的真理论与工夫实践论合一的原型。

由上述五点特征与三个面向，不难看出巫觋是哲学家、思想家的原型，同时也是宗教家、医生、科学家甚至政治家的综合原型。在巫-礼文化的时代，巫觋是人类思想与文化的集大成者和最高表征。那么，中国哲学的原型，是如何从巫觋这一综合原型中分化出来，从而走上了一条独立道路的？这一问题，需要从巫-礼文化与前中国哲学的关系中寻求答案。

三、巫-礼文化传统与前中国哲学

巫-礼文化传统中前综合意识的基本形式，构成了前中国哲学的起点。巫-礼文化传统充分体现了前综合意识的主导和支配作用，这在综合意识中分别表现为三种基本形式：原始宗教、巫术-占卜、远古神话。也就是说，由巫觋主导和表征的前综合意识，通过综合意识表象中的原始宗教、巫术-占卜和远古神话三种基本形式，渗透于巫-礼文化传统之中。这些基本形式，在思维上以前综合思维或野性思维的特征表现出来，其中包含着中国哲学观念的原始雏形。前综合思维注重“具体性”与“整体性”的万物互渗的混沌具象意象，相信万物有灵，崇拜“帝”“天”“神灵”“鬼神”“祖先”，诉诸“英雄”“圣贤”，祈福禳祸，以原始宗教、巫术-占卜和远古神话的基本形式去理解世界与自身的生活经验所表现出来的意识存在形式。虽然尚未形成脱离思维具象与经验的确定而清晰的概念，但在原始心智与原始文化的漫长演化中，积淀而成的许多根深蒂固的观念，对人类的思想与生活产生了持久深远的影响，最终突破了“野性思维”“原始思维”的樊篱，转变成理性思维和哲学的概念。

原始宗教是古代先民对具有人格神的超自然力量的膜拜与祭祀，主要表现为对帝、天、祖先、图腾、鬼神、生殖的信仰。其中，原本作为信仰对象的“帝”“天”“神灵”“鬼神”，后来成为中国哲学的重要概念。对天、上帝、祖先的崇拜，导出了敬天和天人相通的观念。在图腾崇拜的过程中，人们将血缘氏族代表的人的生命及行为活动与自然联系起来，形成了人与自然相通相感的观念。

巫术-占卜是借助一定工具，由“卜人”或“筮人”对行动后果做吉凶祸福的预测。占卜与原始宗教联系紧密①，以“神灵”信仰为前提。先民相信，占卜的效验源于神灵的力量。可见，占卜蕴含了人与天的合一、人与鬼神的合一、人与万物的感通。龟卜观兆察几、见微知著的思维方式，是中国哲学重直觉思维的滥觞；蓍占的数理变化思维，促进了中国哲学理性思维的成熟与发展。而“阴阳”“刚柔”“变易”“简易”“太和”“中正”等观念，则构成了中国哲学的重要概念。不仅如此，占卜活动还引发了先民对吉凶祸福和道德观念的重视，这对日后中国哲学的人生论产生了重要影响。

中国的上古神话主要是关于英雄与圣贤的传说，创世神话则为后起，这是中国古代神话与古希腊神话、古印度神话的一点重要区别。这种对英雄与圣贤的崇拜、礼敬对中国人的文化心理产生了深远的影响，中国哲学追求成圣成贤的旨趣显然与此有关。中国人崇拜圣王、英雄而轻视事功，重农轻商，大概也与此有关。创世神话后起，导致了中国哲学中系统的宇宙论相对薄弱、晚出，但这并不意味着魏晋以前的中国古代哲学缺乏“世界”或“宇宙”的观念。事实上，中国哲人的“世界”“宇宙”观念渊源甚早，这在《周易》中有充分体现。“阴阳”“八卦”“生生之谓易”中蕴含的“宇宙”或“世界”概念，是中国哲学言说“宇宙”或“世界”的重要基础。显然，这不同于古希腊哲学实体主义的宇宙论（cosmology）和本体论（ontology），也有别于古印度哲学的“四大”（“地水火风”）观。我们承认，从创世神话与系统宇宙论的关系来看，中国哲学的宇宙论相对晚出。但必须强调的是，考察中国哲学的世界观或宇宙论不能仅限于创世神话。

前中国哲学是如何转化为中国哲学的？这就需要考察综合意识表象中呈现出来的前综合意识的三种基本形式与社会活动之间的关系。在巫-礼文化时代，原始宗教和占卜与政治、军事、生产、经济贸易、婚姻等一切社会活动紧密地联系在一起。其中，源于氏族血缘和图腾崇拜信仰而形成的广义宗法血缘与祖先崇拜，以及从“多神”信仰过渡到“一神”信仰，纵横交错，结成无所不在的附着于地缘、血缘、宗族、权力、信仰情感的人际关系与多层社会组织结构权力的分疏-亲合关系及其特殊的组织结构形式“宗盟”，在多头复线、迂回曲折的历史演进中，构成了社会整体结构的基础存在，成为制约与促进社会发展的基轴，若隐若现，若暗若明。同时，透过综合意识与社会关系组合的文化形式显现出来的前综合意识中包含的观念，通过神话、占卜、诗歌、历史文献表现出来。

宗教与社会活动的联系，使人在对“天”或“上帝”的怀疑与否定中走向了重新肯定；在政治和军事上，由原来一味地敬“天”或“上帝”转化为“重德”

① 巫虽然与原始宗教关联紧密，但不能等同于原始宗教。巫有两大基本特征：第一，巫是一种可以操控的技艺；第二，巫是联结、沟通天人或人神的媒介。这两大特征决定了巫的本质并非原始宗教，而是以对“天”或“神”的信仰为前提的巫术，是服务于原始宗教的手段。至于人们对于巫觋的崇拜，本质上并不是对巫的信仰，而是通过巫来实现对帝、天、神灵、鬼神的信仰。就原始宗教来说，并不存在一种独立的巫教。

“保民”，并相互贯通，以“天地神明”为基础[①]，形成了“天人合一”或“天人合德”的观念，同时发展、提升了“礼”“乐”观念。

占卜与社会活动的联系，使占卜的形式有所革新，内容亦得到了极大丰富，从人事社会的观念扩展到宇宙论的观念，形成了天、地、人三才通而为一的宇宙象数一体的观念。对吉凶祸福的重视从宗教信仰的意义转向了道德实践的意义，从信赖天转变为信赖人自身、尤其是人的德性力量；在修身工夫实践上，形成了诚意、正心、存养、齐家、反省、心、思等概念范畴；在认知上，形成了学、思、察、验、正名、类、故、格物致知等观念；在人事上，形成了由亲亲、尊尊到仁、义、礼、智、信、忠、选贤与能等观念，进而开启了崇和、尚中、时变、损益、别内外、观古今之变等一系列观念。尤其是三才、象数、宇宙一体的结构模式，体现出宇宙之生生不息与万物感通为一，透露出宇宙是活的生命的观念，奠定了中国哲学为生命哲学的前哲学基调。

综上可见，中国远古时代前综合意识的三种基本形式即原始宗教、巫术-占卜、远古神话是前中国哲学的主要形式。它们的出现，为中国哲学的形成准备了条件，构成了中国哲学可能的前提。需要说明的是，对中国哲学的形成与发展产生影响的，只是中国古代前综合意识的三种基本形式中的一部分观念而非所有观念。那些没有起到作用与影响的观念，后来逐渐淡出或消亡在历史的夜幕中。

四、前中国哲学与中国哲学的起源

从前中国哲学到中国哲学，经历了对巫-礼文化祛魅的漫长历史过程。这一过程，从历史演变来说，大致相当于《礼记·表记》揭橥的三个阶段：

> 子曰：“夏道尊命，事鬼敬神而远之，近人而忠焉。先禄而后威，先赏而后罚。亲而不尊。其民之敝，惷而愚，乔（骄）而野，朴而不文。殷人尊神，率民以事神，先鬼而后礼，先罚而后赏。尊而不亲，其民之敝，荡而不静，胜而无耻。周人尊礼尚施，事鬼敬神而远之，近人而忠焉，其赏罚用爵列。亲而不尊，其民之敝，利而巧，文而不惭，贼而蔽。”

这三个阶段，可以表述为：尊命（夏）—尊神（殷）—尊礼（周）。如果不拘泥于具体的朝代，则它们代表了三个时代：天道—神道—人道。这是一个由尊崇天道到尊崇神道，最后到尊崇人道的漫长历史过程。正是在这一祛魅过程中，巫-礼文化走向分裂，最终变成礼乐文化且仅以礼乐文化的形式保留下来。而巫觋文化传统瓦解后，仅以残留的形式沉淀在礼乐文化之中。中国历史从巫-礼文化传统到礼

① 郭静云：《天神与天地之道——巫觋信仰与传统思想渊源》下，第624、626页。

乐文化时代，正与前中国哲学时代到中国哲学时代的历程相应相合。

周公“制礼作乐”是巫-礼文化分裂并向礼乐文化过渡的分水岭。王国维早已指出：“周之所以纪纲天下，其旨在纳上下于道德，而合天子、诸侯、卿大夫、士、庶民以成以一道德之团体。周公制作之本意，实在于此。”[①]此论实为一大洞见。西周政权虽始于文王，但直到周公“制礼作乐”，将西周变成一个道德共同体，中国才脱离巫文化时代，进入文质彬彬的礼乐文明时代。西周灭亡，东周天下大乱，礼乐瓦解。自孔子出，中国的学术思想有了划时代的巨变，孔子以前的思想与文化概皆流入孔子，孔子以后的文化与思想无一不从孔子那里流出。[②]周公“制礼作乐”，代表了巫-礼文化传统的裂变与走向礼乐文化的起点；孔子整理六经和创立儒家学派，则代表这一裂变和过渡的结束。巫-礼文化时代结束，礼乐文化时代到来，标志着前中国哲学到中国哲学的重大演进。

中国哲学的概念早在前中国哲学时期，就已经在巫-礼文化的背景下，以模糊和野性思维的状态，存在于前综合意识的基本形式巫术-占卜、原始宗教、远古神话之中。而这三种前综合意识的基本形式，都可以追溯到其共同的“集体无意识”的原型。在前综合意识中，这一“集体无意识”的原型以原始思维或野性思维的意象，在其自身活动中运演，分别表现为上述的三种基本形式。经过从具体表象在三种基本形式中的前综合意识到日常综合意识的演进与飞跃，“集体无意识”的表象在日常综合意识中逐渐演化出民族共同体的共同意识。借助文字符号的发明和广泛使用，“集体无意识”最终在民族共同体中变成了自觉的民族共同意识，这种意识本质上就是概念的基石。民族共同意识一旦升华为概念，就必然要在哲学思想中表现出来。当对“世界”概念的把握成为一种民族共同意识，并通过民族共同体中哲学家的思想言论与人格型范，自由地按其内在的规定向着类似知识系统的面相要求阐发出来，便是哲学。原来包含在前综合意识中的观念经过历史的累积沉淀，一方面进入了中国文化的经典文献，从而启发影响了先秦诸子百家的思想，成为中国哲学的基本观念，并表现在不同的哲学体系、哲学流派中；另一方面则借助古代的各种习俗传承下来，并渗透到哲学家的思想观念之中。通过这两种基本渠道，中国古代前综合意识的三种基本形式即原始宗教、巫术-占卜与远古神话，对中国哲学的形成与发展产生了重大而深远的影响。

当然，巫-礼文化时代前综合意识中的思想观念，只是中国哲学及其文化精神的原始材料，只是中国哲学的“胚胎”或“萌芽”。这些原始材料，并不能决定中国哲学及其文化精神的走向。真正决定中国哲学及其精神方向的，是“哲学意识”或“哲学思维”。这表现为对原始材料之思想观念作出批导性反思，以形成自觉、

① 王国维：《观堂集林》第二册，北京：中华书局，1959年，第454页。

② 这一问题笔者另有专论。

系统的价值意识、人生态度、宇宙观念。如《诗经》中的形上之“天”、《周易》中的“宇宙”“变革”“时中”观念、《尚书》中的“民本”“人才”观念等。此外，前综合意识中与原始习俗有关的“鬼神”“命”等观念，经过先秦诸子的解释与提炼，成为中国哲学的重要概念。

哲学的初生总与民族和地域文化相关，一切哲学的最初形态都是民族-地域-语言文化的特产。然而，哲学一旦产生，便必然要切断其原生脐带，自由、独立生长，突破其民族-地域-语言文化限制。割断原生脐带的同时，又生出不可穷尽的新生思想脐带，从而与一切民族-地域-语言文化的共同意识的智慧结晶相连通，成为人类把握世界、解释世界、与世界相处的最高而普遍的智慧之学。因此，哲学作为一种“内容真理”（牟宗三语），必然是人类理性智慧的共产。在人类社会发展中，哲学为无数民族所发展，成为不同民族的共同“慧命”（牟宗三语）。

（原载《周易研究》2019 年第 6 期）

对原始思维之谜的新探索——读苗启明著《原始思维》

自20世纪以来，“原始思维”一直是人类学家的研究课题，甚至几乎为人类学家所垄断。中国学者对“原始思维”进行研究始于20世纪60年代。首先是列维-布留尔的早期巨著《原始思维》被翻译为中文出版（1962年），接着，于1984年在昆明举行了首届原始思维研讨座谈会，掀起了“原始思维”研究的第一个浪潮，也正是这一浪潮的出现才真正揭开了中国原始思维研究的帷幕。十年过去了，苗启明研究员一举推出了与列维-布留尔的巨著同名的力作《原始思维》①。这是中国出版的由中国学者撰著的第一部研究“原始思维”的专著。不能不说，苗启明在这一困惑领域立下了头功。

如所周知，苗启明先生是“辩证逻辑”专家，或许称之为辩证思维学专家更为确切。他在总结了列维-布留尔、列维-斯特劳斯、刘文英等的研究成果的基础上，从近现代后进民族，特别是西南少数民族的思维活动入手，提出原始思维把握对象的手段和基础是“感性直解”，并以之作为第一个重要的环节，紧接着从结构上把原始思维看成是由对象维、观念维和主体维构成的“三维混元思维”，并进而从思维活动的支配关系、原始观念对思维的支配和原始思维映象的特质三方面，把原始思维概括为“灵实相关思维”“信仰理据思维”和“特化意象思维”三大特征，又在“直感相关的感性同一性”或“感受同一思维”的基础即“原始思维的逻辑基础”上，把原始思维综合而成“直感整合思维”，“这也就是说，直感整合思维是建立在感性直解、三维混元、灵实相关、信仰理据、特化意象、直感同一等诸多本质之上的综合的本质特征。”②此外，苗启明先生还提出了原始思维的三大规律即灵实相关律、互渗律、直感同一律，以及原始思维的诸种悖误，并从理论上进行了分析。要而言之，他把“辩证思维”的思维研究方法贯彻到了“原始思维”研究的领域，走出了一条以唯物的、辩证的思维方法分析原始思维的道路，这既不同于列维-布留尔的社会心理学分析方法，也有别于列维-斯特劳斯的结构主义分析方法。笔者以为这是苗著《原始思维》一书最大也最重要的特色。

“三维混元思维”之说是苗启明先生在其《原始社会的精神历史构架》③一书

---

① 苗启明：《原始思维》，上海：上海人民出版社，1993年。

② 同①第174页。

③ 苗启明、温益群：《原始社会的精神历史构架》，昆明：云南人民出版社，1993年。

中首先提出的，《原始思维》正是在此基础上扩展而成。“三维混元思维”的提出颇有见地，给人以许多启迪。乍读之下，以为“三维混元思维”之说是一种系统分析的思维模式，或一种结构主义的分析模式，深读下去，方知原非如此。苗先生由此却走出了一条“辩证思维”或曰辩证分析模式的道路，而且是唯物的“辩证思维”模式的道路。书中闪烁出耀眼的思辨的彩光。苗启明先生深厚的辩证唯物主义和辩证思维的学养，由此可见一斑。

苗启明先生的“辩证逻辑”或“辩证思维”是其学说的根基，在其诸多论著中都贯穿和体现了他的“辩证思维”的精神，其道可谓一以贯之。正是因为如此，其学说才成为一家之言。苗先生将其辩证的思维研究方法贯彻到原始思维的领域，率先走出了一条以思维学研究范式系统地研究原始思维的道路。的确，苗启明先生为我们提供了一个研究原始思维的范例。

此外必须看到，苗启明先生所走的道路仅仅是一条道路，而不是唯一的道路。古云：条条道路通罗马。何况20世纪90年代起我们的学术研究进入了一个“后轴心”的多元化的时代。无论哲学抑或科学，在其自身的历史进程中，不仅问题本身在改变着，甚至研究的范式也改变了。那种个人无学说、举国无学派、学术无个性，“哲学工作者”们都被拑制在一种理论框架以内，甚至思维也被禁锢于一种模式之中的状况，正在改变。21世纪的朝霞正向着我们飘来，一个多元共生并存的学术网络，正在向全球张开，唯我独尊的大一统意识形态渐告崩溃，时代在呼唤思想家，思维科学的研究开始从哲学的统治下取得自身的独立和自由。原始思维的研究本来就是思维科学的重要内容和任务之一。应该说，原始思维的研究走上科学研究之轨的时机到来了。原始思维的研究必须尽快地从哲学的束缚中解脱出来，以“物”为中心的存有论的承诺或假定，大可不必要了，而是需要剔除之、驱逐之；哲学的思辨虽然美丽，但需要科学的实证分析；原始思维的研究，在当今必须成为独立自主的科学研究，就像人类学的研究一样。如果说一切学说皆假说，那么关于原始思维的假说，应该成为思维科学的假说。原始思维的研究与其由哲学去垄断，毋宁让人类学来精耕，或许会有更多的饱满果实可收。

当然，在一个边缘学科或横断学科勃兴的时代，原始思维的研究应该是多学科的、跨学科的共同研究。以思维学与人类学的结合为基点的多学科的综合性研究，或许就是研究原始思维的方便法门之所在。例如著名的美国法人类学家E. 亚当森·霍贝尔（E. Adamson Hoebel，1906—1993年）于1954年出版的代表性著作《原始人的法》（*The Law of Primitive Man*）就在原始社会法的研究领域，树立了一座里程碑。该书正是在法学-比较法学与人类学相结合的基础上进行多学科共同研究的结晶。它是原始文化研究中的一个典范，值得研究原始思维的学者注意。

研究原始思维，无论是从残留的自然民族或后进民族的思维活动入手，还是试图由史前时期的原始人类遗留的考古资料（符号化和非符号化的资料）着眼，或者将二者结合起来，都需要多视角、多层次、多方位的透视和实证分析，都需要开创新的研究范式，甚至需要形成不同的学派，互相争鸣。唯有如此，才能把原始思维的研究进一步从哲学变成科学，从而最终将原始思维之谜揭示出来。笔者以为，这一希望理应成为原始思维研究的目标，而实现这一希望就在于从富有个性的多元化的原始思维研究中去寻觅。在这个意义上，苗著《原始思维》开辟的一条辩证的思维分析的道路是很有意义的。

（原载《云南学术探索》1994 年第 6 期）

原始思维、梦意象思维和名辨学
——南开大学哲学系的思维研究

在广义上说，哲学也是思维学。哲学不仅研究思维，而且创新思维。一种哲学之所以卓然而成一家之言，其最重要的玄机与关键之一，就在于它开创了一种新的哲学思维范式，不啻使哲学自身发生改变或转向，而常常对不同人的思维与社会诸多领域皆有广泛的影响。因此，了解哲学家的思维与对思维的研究不仅是有趣的，而且对于我们的思维研究与创新思维都有积极的作用。

南开大学哲学系是全国哲学人才培养基地之一。它的学术水平与科研成果在全国各高校或科研机构中占有显著的地位，在海内外有重要的影响，它在当代新儒学、先秦两汉哲学、原始思维与梦的思维、名学与辨学、佛教哲学、社会哲学等研究领域处于国内甚至国际领先水平，尤其是方克立教授领导与具体指导的当代新儒学研究，刘文英教授的原始思维与原始文化、精神分析与梦的思维研究，崔清田教授的名辨学研究，均在海内外居于领先地位，产生了重大的影响。尽管这些研究都不离开思维，甚至它们本身就是哲学，但是哲学也不离开思维，而且它们在思维的研究中占有很大的比重与重要地位。以下，我主要从广义的思维学的角度对刘文英与崔清田两位先生关于思维的研究作简要的介绍。

一、刘文英先生的原始思维与梦的思维研究

刘文英先生是著名的中国哲学史家与中国精神系统分析理论的奠基人，被誉为“中国的弗洛伊德”，在中国哲学与文化、思维学等诸多领域均有颇高的建树。1995 年和 1998 年，他凭借《梦的迷信与梦的探索》和《漫长的历史源头：原始思维与原始文化新探》先后两次荣获“中国高等学校科学研究优秀成果奖（人文社会科学奖）”（哲学/著作类）一等奖；2003 年，凭借《精神系统与新梦说》荣获第三届“中国高等学校科学研究优秀成果奖（人文社会科学奖）”（哲学/著作类）三等奖。

他的许多著作被译为数种外文。他对原始思维与梦的思维研究在国内外具有重大影响，以下简略地加以介绍。

（一）原始思维研究

关于原始思维的研究，西方学者起步较早，源远流长，从维柯到列维·布留尔、安东·杜米特留（Anton Dumitriu，1905—1992年）、列维-斯特劳斯、博厄斯，等等，形成了一个不绝的谱系。中国学者在译介西方学者的研究成果时，也开展了对原始思维的深入研究，并取得了富有特色与相当可观的成就，虽然比西方起步晚，却大有后来者居上之势。大家知道，云南省的赵仲牧教授、苗启明研究员、伍雄武教授等都曾对原始思维做过深入的研究，特别是苗启明研究员出版了《原始思维》的力作，我很希望有人能接着他们的研究做下去，因此我今天要特别向大家介绍也许诸位还不够了解和熟悉的刘文英教授对原始思维的研究。

刘先生研究原始思维，可以说，已经有数十年之久，其成果主要表现为将近60万字的巨著《漫长的历史源头：原始思维与原始文化新探》（北京：中国社会科学出版社，1996年5月）。刘先生抱着“和西方进行对话”的态度，“站在一个中国人的立场上，用一个中国人的特殊眼光”，阐述了一个中国学者对“原始思维”的特殊看法。刘先生克服了西方学者关于“原始思维”是“低等的”“落后的”“野蛮的”民族的思维的狭隘与偏见，根据人类学所确定的包括早期猿人与晚期猿人的“直立人”、早期智人，以及使用石器而属于氏族社会的晚期智人的划分，把“原始思维”严格地限定为原始人的思维或人类在原始时代所具有的思维。在这一限定下，他不仅对原始思维做了纵向与横向的考察，而且从原始思维分析与透视了原始人的各种精神文化现象。简单地说，有四个方面。

（1）根据已有的原始文化材料，考察了原始思维的生长过程与基本特征；独创性地提出原始思维的基本形式是意象，尤其是类化意象——原始思维不只是以模拟、象征与借喻把握对象，而且主要是通过类化意象掌握对象；由于原始思维以意象为基本要素和形式，而意象则分为实象、灵象、情象三种，因此它的具体操作的一切方法都是意象性的。

（2）深入具体地考察活动与动作、社会交往、语言系统、潜意识等因素在原始思维中的作用。

①在皮亚杰关于活动与动作在儿童思维中的作用理论的基础上，具体区分生产性活动、符号性活动与动作三者在原始思维中的历史变化与不同作用。

②提出原始人的思维符号以交往手段为基础，并随之而变化；社会交往会形成一种社会性的“思维场”与“思想库”（表现为“意象库”）。

针对完全脱离社会交往，只知关注符号的形式功能的符号学，刘先生从原始思维的研究中对其注入了一种社会和历史的观念。认为“语言系统”从属于思维系统；反过来，它又通过词汇和语法而制约着思维活动。

③指出原始人的潜意识作用要比文明人的突出得多与强烈得多，他们极其特异的想象力、对神灵的虔诚信仰，以及他们的直感力与直觉，都与潜意识活动的机制与心理体验有密切的关系。原始人的客体与主体观念已经有了一定的分化，但是又常常纠缠不清而表现出幼稚性。这有助于区分与厘清自在主体与自觉主体、集体主体与个人主体及其历史演变过程。

（3）转化视角，逆向思考，从原始思维的特征、机制及其历史变化，返回头来透视原始时代与原始人的各种精神文化现象。内容涉及原始道德、原始宗教、原始艺术，科学与哲学的“萌芽”，等等问题。刘先生的解释如下：

关于原始道德。原始人为什么总是通过善神、恶神或英雄、魔鬼形象来表达他们的善恶？因为他们还不能对善恶做出抽象的规定，只能用具体的、多少有些类化的意象来把握。

关于原始宗教。“个体神”由“混沌神”分化而来；“类化神”由“个体神”演变而来；不同类型的“组合神”则由“个体神”的意象或“类化神”的意象拼接而成。

关于原始图腾崇拜。无论一切图腾动物或植物，皆不过是表达氏族血缘的一种灵象。在实质上，图腾崇拜乃是血缘崇拜。在血缘达不到可以用概念来把握的时候，原始人的思维不能不“观象取物”，以一种具体的物象来表示，因此图腾的形象就成了祖先的偶像。据此，图腾的标识功能也可以迎刃而解。就是说，图腾的标识功能恰恰是来自图腾形象与氏族血缘的关系，以及图腾形象相互之间的排他性。

关于原始艺术。刘先生强调必须从原始思维的视角去进行透视，才能解开原始艺术之谜。例如，原始艺术中的反映与“透射”、具体与“抽象”，直接就是思维问题，只能从思维的角度去分析，否则，可能永远也难以弄清楚。

关于“科学的萌芽”。这是原始人以他们在实践生活中获得的“实象”，及其经验的智能为基础而产生的。此外，在原始神话、宗教和巫术中的相关“情象”与“灵象”，也以特殊的方式包含着若干“科学的萌芽”。

关于“哲学的萌芽”。这是指原始人的思想发展到高级阶段上，对宇宙人生的整体性与根基性的思考，这些内容诚然还没有形成概念化、范畴化的理论体系，而只是一些具体的形象性的描述，停留在意象水平的形式上，其所以然的道理还没有被揭晓。然而，这些思考已经具有了哲学的意义，是哲学生成的原点。与“哲学萌芽”紧密相关的是以下四个问题。

第一，哲学萌芽的母体是什么的问题。哲学萌芽的母体主要是有关的原始神话与原始宗教，同时与原始人的道德、艺术、科学萌芽和社会心理有关，赅括了原始人的精神文化的整体。简言之，必须从原始人的精神文化的整体来理解与把握哲学萌芽的母体，才能看到它的混沌性，以及它与原始宗教和原始神话之间的内在联系。

第二，原始人所构想的世界图式是什么的问题。包括：

①世界最初的“混沌”状态。它的具体意象大致是五种类型：宇宙蛋型；大水型；气雾型；空虚型；合体型。

②天地万物的形成方式。最有价值的是四种说法：膨胀说；爆炸说；气化说；交合说。

③世界的整体结构。它的具体意象主要有：天地人三界说；天圆地不规则说；层次说；天柱说。

第三，原始人对人类自我认识的问题。包括：①人类的起源；②人类成员和创业的过程；③人类的基本特征。

第四，原始思维所蕴含的哲学问题。包括六大问题：①世界的本原与统一问题；②自然与人的关系问题；③精神与肉体关系问题；④事物的矛盾性问题；⑤事物变化的原因问题；⑥宇宙的有限无限问题。

不难看出，这一部分的内容十分丰富，分量是很重的。这些论述在很大的程度上填补了哲学史研究相关领域的贫乏。

（4）根据对原始思维与原始文化的考察，肯定了原始思维进化为逻辑思维与其他思维的必然性与合理性。刘先生指出：原始思维走向逻辑化，有它内在的根据与历史的必然性；但是从其中所产生的，又不只限于逻辑思维，而是文明人的多种多样的思维方式。

刘先生对原始思维的研究，吸取了中外学者的研究成果，更增添了自己的深思睿识，创见迭出，堪称原始思维研究领域的集大成者，可以媲美于杜米特留对逻辑史的研究和皮亚杰对发生认识论的研究，必将大大地推进人类对原始思维、原始文化，乃至哲学的探究。

（二）梦的思维研究

刘先生对梦的思维的研究是他的原始思维研究的扩展与深化，他的研究成果主要表现在他的著作《精神系统与新梦说》（天津：南开大学出版社，1998 年 10 月）之中。这部书是他的《梦的迷信与梦的探索》一书的续篇。在这部著作中，刘先生从自创的精神系统的“太极图”结构模型探讨了梦的思维与梦象的意义。以下，我从四个方面做些介绍。

1. 梦的思维与原始思维

根据刘先生的看法，“梦的思维”是发生在人的睡梦当中，由潜意识加工改造材料和表现其思想内容的活动。它有两个基本特征：

①基本上无概念，以意象为基本成分与形式；

②不遵守逻辑规范，只是种种意象的拼接和推移。

弗洛伊德已经认识到：在本质上，梦的思维与原始思维是一致的。刘先生接受与重申了这一观点，然而他修正与重新诠释了弗洛伊德关于这一论断所提出的“化装”说。他指出：梦的思维与原始思维的惊人的一致，其根源在于人的潜意识本来是来自人类原始时代的精神活动与思维方式的积淀，而非潜意识受到压抑后的“化装”。因此，刘先生对弗洛伊德既有继承，也有超越。经过对大量的梦的材料的分析，他在解构中重构了弗氏关于梦的思维与原始思维一致的观点，使这一观点具有更大的说服力与涵盖性，摆脱了弗氏的局限与偏见。

2. 梦象表示梦意的方法

关于梦象表示梦意的方法，在逻辑和事实上，都是三种：直示法；转示法；反示法。其中，转示法最为复杂，它包含象征法、连类法、类比法、破译法与谐音法等。这是对梦的思维中梦象表示梦意方法的一次系统总结和理论探索。

3. 梦意的文化背景与个体差异

刘先生指出：梦象分析和梦意辨识，必须反对照搬弗洛伊德等人对梦的解释。中西方的民族心理、潜意识与文化背景有着巨大的差异是一个不容争辩的事实。据此，刘先生断言：解梦无固定的模式与标准（譬如说，万能的解梦书），一切梦皆因人而异与因人而定。这是他在比较与会通中西的精神分析与思维异同中所得出的真知灼见。

4. 梦的触发机制与根本原因

在刘先生的探究中，梦的触发主要有三个层次：

①来自外界和体内的生理病理刺激；

②来自意识子系统思想和情感的影响；

③来自潜意识子系统本身的意向、欲望和各种非自觉的执着。刘先生对这三个层次的分析相当深入与系统，剥离出梦的触发机制与根本原因，为梦象、梦意、梦境提供了具有说服力的“卡里斯马提”（charismatic，马克斯·韦伯语）解释。

从以上简短的介绍中，可以看出，刘文英先生从对原始思维的研究到梦的思维的研究，他的视角、思路与观点不仅是新颖的，而且是独特的，充满了原创性，同时又是那么的具有理论的说服力。这是对我们最有启发的地方。我们今天讲“创造性思维”“创新思维”，首先必须创新我们的思维。从上述刘先生对思维的研究中，我们应该能够感受到什么是“创造性思维”“创新思维”，以及它的重要性。刘先生的研究已经把原始思维和梦的思维研究推进到了一个新的高度，不仅有很高的学术价值，而且实践运用的价值也很大，所以很快就引起了西方学者的注意，从这里就可以看到“创造性思维”或“创新思维”所带来的重要意义或价值。

二、崔清田先生的历史分析与文化阐释思维

崔清田先生是著名的中国逻辑史专家与逻辑学学者。崔先生关于历史分析与文化阐释的思维主要是体现在他对中国名辨学的研究中。崔先生的主要贡献在于一改中国逻辑史研究的习惯做法，将名学、辨学纳入他所提出与倡导的历史与文化的思维框架中进行观照与重新审视，试图为中国逻辑史的研究开辟出一条新的道路。他的历史分析与文化阐释的思维方法阐发在一些论文和《显学重光》《名学与辨学》等书之中，尤其是在《名学与辨学》的“代绪论”——《名学、辨学与逻辑》中比较集中而系统地反映出来。以下，我将从三个方面作简单的报告。

（一）澄清“名学”、“辨学”与“中国古代逻辑”的关系

崔先生考察了“名学”“辨学”的历史源流，指出“名学”“辨学”较为普遍和频繁地被学术界使用是近代才有的事。“名学”“辨学”除了被用作“logic”的汉语意译之外，还被用来指称“中国古代逻辑”。由于西方传统形式逻辑输入的刺激和诸子学的兴起，我国学术界的一些先驱者开始比照西方传统形式逻辑的模式，对先秦诸子，尤其是名家与墨家有关名与辨的思想予以新的诠释。因此，中国古代的名、辨思想就被认为与西方的传统形式逻辑基础相同。他们断定与确认传统形式逻辑不仅存在于西方，而且在中国也同样存在，甚至先于西方就已经存在了。胡适在1917年用英文写成的《先秦名学史》是这种观点的代表著作之一。

随着学术的发展与研究的深入，中国古代的名学与辨学被解释为西方传统形式逻辑的中国型观点，以及“名学”“辨学”被作为指称上述意义的“中国古代逻辑”的用法，引发了人们的深思。在崔先生看来，问题主要在于：如果中国古代名学与辨学的对象、性质与内容，均与西方传统形式逻辑一致，那么名学与辨学当然就是逻辑；但是如果中国古代名学与辨学的对象、性质、内容与西方传统形式逻辑不一致，那么名学与辨学就不是逻辑，或不是指称西方传统形式逻辑意义的逻辑了。这是讨论中国逻辑史的一个根本性的先决问题。

从这个问题入手，崔先生对中国古代的名学、辨学与西方以亚里士多德所创立的逻辑为代表的传统形式逻辑进行了比较研究。他的研究表明，名学、辨学与亚氏创建的传统形式逻辑有明显的区别，具体表现为两点：

①名学、辨学与西方传统形式逻辑是目的、对象、性质、内容都不相同的学术思想体系；

②名学、辨学与西方传统形式逻辑所产生并受到制约的历史条件不同。

这样，他就澄清了“名学”、“辨学”与“逻辑”的关系。他的研究结论告诉我们：西方传统形式逻辑作为一种求取科学真理的“证明科学”，“就其仅仅涉及形式，或更严格地说，仅仅涉及完善的形式来说，是一种形式的逻辑”而言，与中国古代的名学与辨学是完全不同的两回事。因此，中国古代名学与辨学不是等同于西方传统形式逻辑的学问。无疑，这是一项正本清源、拨乱反正的工作，这项工作进一步导致他从整体上对近代以来的名学与辨学研究从方法上做出深刻的反思与检讨。

（二）对近代以来名学与辨学研究方法的反思和检讨

崔先生的反思和检讨，主要是批判了从梁任公（即梁启超先生）的《墨子学案》到胡适的《先秦名学史》的“据西释中”的研究方法，诚然这一批判是建立在对他们的学术研究得失的衡定的基础上的。我想，这些学术先辈们的贡献是不会被抹杀的，崔先生也作了充分的肯定，我用不着在这里多说什么。我们当下的眼光，主要应当投向对他们的学术的批判方面。崔先生在他的理性分析与批判中向我们指出：梁任公“以新知商量旧学”，实际上是“据西释中”，即以西方传统形式逻辑的理论、概念和体系为模式去解释和重构墨家的辨学。同样，胡适之先生的“名学”研究也没有能够例外。

总而言之，不论是胡适之对中国名学和辨学的“解释”、“重建”或“建立”，还是梁启超的“以欧西新理比附中国旧学”和“以欧美现代名物释古书”，其实质都是中国古代名学和辨学对西方文化传统的思维，特别是对西方传统形式逻辑的认同。这样的名学与辨学研究，尤其是墨家辨学研究，实际上成了西方传统形式逻辑的中国讲述，而不是具有自身特质的中国名学与辨学的阐释。

因此，崔先生主张必须还原中国名学与辨学的本来面目。

众所周知，20 世纪 90 年代以来，我国在中国逻辑史的研究领域取得了一项重大的成果，即出版了 5 卷本的《中国逻辑史》，这套书被誉为中国逻辑史研究的硕大而辉煌的成果，甚至（我在一次会议上听到）有人扬言是“不可超越”的。然而，崔清田教授没有在这项硕大的成果面前止步——请注意：他本人是这一硕果的重要生产者之一，也没有因它的辉煌而眩晕，而是走自己的路，不知满足地遥往前去。没有几年，崔先生的新的思想成果发表或出版了，多少有些惊世骇俗，对中国逻辑史的研究造成了一定影响——当然是良性刺激，那种“不可超越”论的神话很快就像泡沫一样破灭了。由此可见，崔先生的这些思想或观点是具有一定的穿透力的。

实际上，崔先生对“名学”、“辨学”与“逻辑”关系的澄清，和他对近代以来的名学与辨学的研究方法的反省与检讨，只是为他提出和倡导历史分析与文化阐释的思维方法作了一种铺垫，正因如此，它们也就构成了他的历史分析与文化阐释的思想方法的必经之路。

（三）历史分析与文化阐释的思维方法

崔先生在对中国逻辑史研究的反省与总结中，形成了一套他自己研究名学与辨学的思维方法，这就是我上面提到的历史分析与文化阐释的思维方法。根据崔先生的观点，我作一个简单的概述。

崔先生所谓的“历史分析”的思维方法，是把名学、辨学置于它们所产生与发展的具体历史环境中，对这一历史时代的社会生活（包括经济生活、政治生活、文化生活，等等）的特点与所出现的问题，以及它们对中国古代思想家提出与创建名学和辨学的作用与影响等，做出具体的、实事求是的考察与分析。总之，不能脱离中国人的历史、文化与思维方式，对名学与辨学进行思考和论析。从他来说，西方传统形式逻辑可以作为中国名学与辨学研究的一种参照，在两大传统学术思想的比较中起到重要的辅助作用，但是切忌把西方传统形式逻辑作为衡量中国名学与辨学的一种标准，以免穿凿附会。显然，“历史分析”的思维方法是历史主义的思维与诠释方法。

崔先生所讲的“文化阐释”的思维方法，就是视名学与辨学为先秦文化的有机组成部分，参照它在哲学、伦理学、政治学、语言学与科学技术等方面的思想，以及其文化发展的基本特征，对名学与辨学的理论给出持之有故、言之成理的描述与阐释。简单地说，这就是从文化的进路来诠释中国古代名学与辨学的思想方法。

崔先生所讲的“历史分析”方法与“文化阐释”方法是不可分离的，应当说，在他的“文化阐释”方法中，包含着诠释者必须立足于当代文化的高度这样一个支撑点，因为一切历史或传统思想的诠释者，无一例外都是生活在（他的）“当代”（亦即他的“历史”）文化中的学人，因此这两个方面（“历史分析”与“文化阐释”）的统一，表现出他的学术研究的历史性与时代性的一致。就是说，体现在他对名学与辨学研究中的“历史分析”与“文化阐释”的思维方法，是历史感与时代感的高度结合。其实，这也就是刘、崔两位先生的治学方法的共同特征。

崔先生依据“历史分析”与“文化阐释”的思维方法，对中国古代名学与辨学进行了一种新的研究，因而对“名学”与“辨学”做出了新的结论。在他看来，名学是以名为对象，以名实关系为基本问题，以“正名”为核心内容的学问；辨学则是以谈说辩论为对象，以谈说论辩的性质界定与功用分析为基本问题，以谈辩的种类、原则、方法以及谈说论辩的语言形式分析、言与意的关系等为内容的学问。虽然名学与辨学可以合称为“名辨学”，但这只是它们名字的合称，并不表示名学与辨学可以互相取代，混同为一，更不表明有一种既非名学亦非辨学的“名辨学”。

综合上述三个方面而言，崔先生认为运用“据西释中”的方法，把名学与辨学视为西方传统形式逻辑中国型的定位，不利于对名学和辨学的客观阐释，也有碍于对逻辑在中国的真实状况的认识；反之，如果我们用“历史分析”与“文化阐释”的方法，把名学与辨学看作先秦文化的有机组成部分，并结合它们产生的社会与文化背景来加以分析，这就会帮助我们正确认识名学与辨学以及它们与西方传统形式逻辑的区别。

尽管崔先生所提出与倡导的“历史分析”与“文化阐释”的思维方式正处在理论化、系统化和进一步完善的过程当中，但是可以相信，这一思维方法作为他思想的宝贵结晶，必将对人们重新认识与研究中国古代名学与辨学，乃至中国逻辑史、思想史，产生重要的积极作用与深远的影响。

三、结束语

以上就是笔者对南开大学哲学系关于思维研究的择要介绍，仅简略叙述了刘文英教授和崔清田教授在思维研究方面所取得的一些成果。当然，这并不是对南开大学哲学系关于思维研究的全面或完整的介绍。但通过对刘、崔两位先生的思维研究或思维方法的简要介绍，可以看出，思维学的研究固然必须从各门具体学科与各门特殊的领域中独立出来——这是十分必要而又重要的，但是思维学的研究不能没有具体学科与特殊领域的研究作为背景和支撑；否则，它就成了无本之木或无源之水，必然是空洞的。同时，思维学的研究必须创新思维，需要永不满足、敢于大胆求索与创造的精神；否则，研究“创造性思维”或“创新思维”却不会有思维上的创造或创新，不管我们把“创造性思维” 或“创新思维”的口号喊得有多响，终归是徒劳无益的!

（原载《玉溪师范学院学报》2004 年第 9 期，原名为《南开大学哲学系的思维研究》）

中国哲学与后现代科学研究评述

一个有趣的现象或许可以引起人们的注意：每当科学向前跨进一步，似乎总要返回到哲学之母的故地栖歇调息、吐故纳新、获取补给，以增加智慧和力量；而在它实现飞跃、取得硕果后，也许常常在表面上离开哲学已经很远，呈肝胆楚越之状，但是深层却可能非常接近哲学，形成连理。

近世以来，科学突飞猛进，在某些方面超越了伽利略（Galileo，1564—1642 年）和牛顿（Newton，1643—1727 年），突破了爱因斯坦（Einstein，1879—1955 年）与玻尔（Bohr，1885—1962 年），从现代科学步入后现代科学的殿堂，迫近到哲学的边缘，在构建新的科学观——后现代科学观与扩展为后现代哲学-文化观的里程中不断与哲学结缘，在视野上互相融合与共享同一思维模型，而且科学愈是大显身手就向哲学索取愈多灵感与启示，单一的西方哲学已经不能满足其需求，非得有更多的智慧源泉才能使其施展更大的宏图，再建新功而立大业，因此东方哲学，特别是中国哲学备受青睐，前景光明。自莱布尼茨（Leibniz，1646—1716 年）之后，后现代科学与中国哲学再结善缘。希望能由此善缘结出善果，不落虚空，竟现妙有。

为此，本文择取若干有关中国哲学与后现代科学的研究成果加以评述，大略勾勒其进程轨迹与意义；孤陋寡闻，挂一漏万，但愿能凸显出这一课题的重要地位，以促进对它的探究。不妥之处，祈大德方家教正！

一、

把中国哲学与近代科学联系起来进行研究可谓由来已久。众所周知，早在 17 世纪，被誉为“西方哲学家中最了解中国与中国哲学思想的哲人”[①]，德国大哲学家和大科学家莱布尼茨为了更好地看清自己的思想面貌，推进自己所深信的哲学体系而向中国借镜，结果发现自己所发明的二进制竟在《易经》的六十四卦方圆图中得到印证，令他惊喜不已。这一事实足以表明，精神上的真理也可以由数学的发现加以证明。对他来说，数学真理是神圣不可质疑的，根据西方的神学传统，他为二进制赋予了一种庄严的宗教意义，就是说，二进制来自“1”（相当于阳爻—）和“0”（相当于阴爻--）的结合，正表示出神（或

① 秦家懿：《德国哲学家论中国》，北京：生活·读书·新知三联书店，1993 年，第 10 页。

上帝）自“无”创造万物（老子则云：“有生于无”）之意，因而他把世界上的两个第一原则归于“神”和“无”。他希望中国人能够接受他对于六十四卦的解析，以便由此认识西方的数学，在欣赏数学之美的同时重新理解它们所得到的《易经》原义，以此为基础接受西方的基督教义。[①]无论如何，莱布尼茨的伟大发现值得高度赞赏，他将中国《易经》与西方近代科学联系在一起的初步探索，首开中国哲学与近代科学之比较研究的先河。

不仅如此，莱布尼茨在《中国近事》序言中表达与寄托了他对中国文化与欧洲文化汇合的希望。他写道：

> 借助于某种天意的安排，我相信，人类两种优秀的文化和精美的艺术今天集中在我们大陆的最两端，集中在欧洲和中国，中国正如同欧洲一样，以它文化的灿烂辉煌装点着世界另一端的边界。当着这样构成的和如此远隔的两个民族拉起手来时，人们必须相信，是最崇高的天意引导着被她所分离开的人民渐渐地趋向了他们共同的生活途程。[②]

如果这在当时对于莱布尼茨来说，还只是一个伟大的梦想，那么在现在看来，随着中国哲学思想在后现代科学中的惊人而巨大的魅力展现，莱布尼茨的梦想被复活了。中国哲学与后现代科学关系的研究将成为实现莱布尼茨伟大梦想的可能途径之一。诚如比利时科学家与思想家伊·普里戈金（I.Prigogine）与他的法国合作者伊·斯唐热（I.Stengers）所说的那样：“中国的思想对于那些想扩大西方科学的范围和意义的哲学家和科学家来说，始终是个启迪的源泉。”[③]进入20世纪后，中国哲学与现代科学之间的关系受到了东西方科学家的重视。李约瑟（Joseph Needham，1900—1995年）、汤川秀树（Hideki Yukawa，1907—1981年）、玻尔、海森伯（Heisenberg，1901—1976年）、卡普拉（Capra，1939年—）等东西方科学家或科学史家意识到或开始自觉地认识到东方哲学，特别是中国哲学对于他们的科学研究所具有的意想不到的潜在的积极作用与影响，由此而注意到中国哲学与当代科学，尤其是物理学之间的内在相似与关联，发中国哲学与后现代科学研究之先声。李约瑟在其《中国科学技术史》（主要是第二卷）中系统地阐述了中国思想中的有机自然

① 秦家懿：《德国哲学家论中国》，第9、13页。

② 转引自弥维礼：《序》//安文铸、关珠、张文珍：《莱布尼茨和中国》，福州：福建人民出版社，1993年，第2页。莱布尼茨的《中国近事》序言全文中译文请见夏瑞春：《德国思想家论中国》，陈爱政等译，南京：江苏人民出版社，1995年，第3—16页。

③ 伊·普里戈金，伊·斯唐热：《从混沌到有序：人与自然的新对话》，曾庆宏、沈小峰译，上海：上海译文出版社，1987年，第1页。

主义的传统，并认为它对于欧洲人关于有神论与机械唯物主义的无休止的辩论具有免疫性，这是几乎全部中国自然哲学的最重要的特点之一。①他还指出，远在我们这个时代以前，中国思想已经前进到科学人文主义了②，并相信“概括在理学中的中国思想对欧洲思想的贡献，比一直充分承认的还要大，而且最终会证明那些给中国人带来17、18世纪科学技术的欧洲人受惠更多”，“中国的宇宙图景由朱熹及理学家们系统化之后，它的有机论特性通过莱布尼茨的媒介变成了西方哲学思想的思潮”。③他坚持认为，不应该把传统的中国科学视为近代科学失败的一个原因，事实上，中国理学家的有机论自然论比之于欧洲的唯灵论更符合近代科学的发现④，近代“经典”物理学泰半要归因于中国人以及斯多葛学派⑤，他相信“科学在中国文化中有光辉灿烂而深厚的根基”⑥，在中国古代哲学家的思想中保存着“内在而未诞生的、最充分意义上的科学”⑦，它的发展最终会导致当代科学乃至未来科学的出现。他提示说：“或许最现代的‘欧洲’自然科学要更多地受惠于像庄周、周敦颐和朱熹这些人，比世界所认识的还要多。”⑧尽管他把中国科学传统描述为前科学的、原始科学的或准科学的，然而当他把中国科学传统与相对论和量子力学相比较时，则发现中国的有机论的自然哲学犹如当代科学之先觉，发当代科学之先声。他说：“也许这个世界比过去更需要孔子和老子。”⑨因此，他禁不住要张开双手来迎接从中国古老的哲学与科学思想乃至一切文化传统中所产生的新精神，他写道：“了解从中国一切古老形式和传统、技术和生活方式产生出来的新的精神，并至少张开双手在半路迎到这一新的精神。”⑩他坚信现在的科学只是暂时的，绝不是终极的科学，今日的科学绝不会是未来的科学⑪；那种把物理学看作是对更小的有机体的研究与把生物学看成是对更大的有机体的研究的时代必将来临；“中国的基本传统或许可能比欧洲传统更多地符合于国际科学合作”⑫；中国古老的科学传统将为科学的未来发展开辟道路⑪；从中国人的智慧和经验中，可以获得许多医治现代病症的良药与推进全人类

---

① 李约瑟：《中国科学技术史》第二卷，北京：科学出版社，1990年，第xxiii页。
② 潘吉星：《李约瑟集》，天津：天津人民出版社，1998年，第3页。
③ 同②第35页。
④ 同②第43页。
⑤ 同②第29页。
⑥ 李约瑟：《四海之内》，劳陇译，北京：生活·读书·新知三联书店，1987年，第84页。
⑦ 转引自董光璧：《传统与后现代：科学与中国文化》，济南：山东教育出版社，1996年，第167页。
⑧ 同②第46页。
⑨ 同②第138页。
⑩ 同②第71页。
⑪ 同②第224页。
⑫ 同②第81页。

哲学在未来发展的必不可少的要素[①]；在当前我们所面临的许多统一的任务之中，最重要的任务莫过于欧美文化与中国文化的汇合[②]。

美国物理学家与思想家卡普拉则在其有巨大影响的名著《物理学之道》(1975)一书中对古代印度哲学、中国哲学与当代物理学进行了比较系统与深入的研究，揭示了二者之间的惊人的相似性与优美的平行关系。[③]特别有趣的是，在其另一部影响广泛的伟构《转折点：科学、社会和正在兴起的文化》（1982）中，他对中国古老的阴阳学说作出了新的诠释，将其建构为一个负阴抱阳、动态平衡的整体文化分析框架，试图立足于一种“后现代的”整体文化观的高度，对当代科学与传统智慧、自然科学与人文学科、西方文化与东方文化进行整合，他还标举出中国道家哲学所具有的深刻和完美的生态智慧。经过对东方哲学、宗教与当代科学等的比较研究，卡普拉力图阐明以笛卡儿–牛顿力学的世界观和还原论为基础的西方自然科学、人文学科和社会科学的日益明显的局限性，因而倡导超越力学世界观。他吸收了中国《易经》和道家哲学中关于阴阳平衡、互补和循环的概念以及自然无为的思想，与西方的价值理论和文明兴衰理论相融合，旨在为人类构造一个新的世界文化模式，即一个东西方文化平衡和人文文化与科学文化协调发展的文化模式。[④]

以卡普拉和李约瑟等人为代表的对东方哲学，特别是中国哲学与当代科学的关系的比较研究，揭橥了中国哲学乃至东方哲学与后现代科学之间具有某种内在的一致关系，直接开启了中国哲学与后现代科学之间关系的研究，并为中国哲学乃至东方哲学与后现代科学关系的比较研究奠定了重要的基础。

二、

20世纪以来，随着相对论与量子力学的出现与发展而有红移现象的发现与大爆炸宇宙论的产生，接着是稳恒态宇宙论与循环宇宙论的破产，随后又有霍金（Hawking，1942—2018年）等科学家提出新的宇宙起源论与所谓“人择原理”（anthropic principle），对于宇宙的始源与构造的科学探讨，使物理学和天体科学进入了形上学与神学的思辨；与此同时，自达尔文以来的机械还原论的生物学、进化生物学、发育生物学、分子生物学乃至整个生物学均不同程度地受到广泛和

① 李约瑟：《四海之内》，第85页。

② 同①第94页。

③ 见该书中译本，灌耕：《现代物理学与东方神秘主义》，成都：四川人民出版社，1984年；F. 卡普拉：《物理学之“道”——近代物理学与东方神秘主义》，朱润生译，北京：北京出版社，1999年。

④ 弗里乔夫·卡普拉：《转折点——科学、社会和正在兴起的文化》，卫飒英、李四南译，成都：四川科学技术出版社，1988年。

有力的挑战，DNA 分子与其化学环境处于一种永不停息的动力平衡状态。弹子（原子或核子）与基因的实体由物理动力的大小或细胞内部化学物质的密度所决定的观点，不再让人信服，目的性和偶然性在整个生物进化中的作用得到前所未有的说明与重视，来自生态学观点的诱惑与反应、目的与自决的概念、神圣性与价值性，则为探索生命的进化问题开辟了新的道路，而对于永远处在完善的诱惑中的自然实体的自由度以及自然的混沌与秩序之间关系的探讨，对于心理现象的意识与无意识，超心理现象的灵学以及心灵与分子和身心关系的研究也开始引起人们的关注；此外，尚有相伴而兴起的混沌学、控制论、协同学、耗散结构理论、超循环理论以及多种系统科学理论，都将科学逼近到了形上学与神学的边缘。这样，就在自然科学中形成了一种有别于现代科学世界观的后现代科学的世界观。后现代科学世界观被看成是以建立一个“后现代世界”的新秩序为目的的拯救世界的积极的运动。它呼吁：

> 在整个世界秩序四分五裂的状况下，如果我们想通过一种有意义的方式得到拯救的话，就必须进行一场真正有创造力的全新的运动，一种最终在整个社会和全体个人意识中建立一种新秩序的运动。这种秩序将与现代秩序有天壤之别，就如同现代秩序与中世纪秩序有天壤之别一样。我们不可能退回到前现代秩序中去，我们必须在现代世界彻底自我毁灭和人们无能为力之前建立起一个后现代世界。①

与此同时，在哲学与人文学科中，则掀起了后现代主义的浪潮。在广义上，后现代科学的出现是后现代主义的一种表现，因为后现代科学应整个后现代主义之运而生，而且它是构成完整的后现代主义的一个不可分割的部分。

总之，当代一切科学的研究与发展将科学推进到一个后现代科学的时代，彻底地改变了以牛顿力学世界观为基础的现代科学中的宇宙概念，为人们描绘了一幅新奇和诡谲的后现代科学的宇宙图像。在这一背景之下，中国哲学与后现代科学之间的内在而微妙的关系又一次得到了中西方科学家、哲学家及其他学者的高度重视，引起或正在引起人们巨大的研究热情和兴趣。

美国后现代世界中心（Center for a Postmodern World）和过程研究中心（Center for Process Studies）所倡导的后现代科学研究，继卡普拉之后关注到东方，特别是中国哲学和宗教与后现代科学之间的联系，它们宣称，尽管现代某些国家“（或许是无意识地）试图创造出全方位的神秘宣传，为此不惜使用科学与技术手段。……支撑着那个国家社会结构的国家缔造者和政治哲学学者们都成为上帝式

---

① 格里芬：《后现代科学：科学魅力的再现》，北京：中央编译出版社，1995 年，第 75 页。

的人物”[①]，但是作为一个整体的人类将拥有一个共同的宇宙故事。无论是西方人或东方人，无论是信仰不同的教徒或马克思主义者，在太阳的诞生、地球的演变、生命的物种以及人类文化等基本常识上，必将达成共识。人类不受任何一种文化传统或政治意识形态的束缚而有一个共同的宇宙故事，将所有的人类集团凝集与统一于它的意义之下，在人类历史上还是第一次。[②]诚然，这在目前还只是一个远景展望，因为这个共同的宇宙故事尚未出现。宇宙创造故事的真实含义要在现实世界中得到实现，则“只有当艺术家、诗人、神秘主义者和大自然的热爱者讲述了这个故事，抑或只有当每个人具有诗人或神秘主义者的特征，并且愿意向我们讲述这个故事，否则我们只有事实和理论”[③]。这取决于不同的人类集团的积极协作与共同努力。首先必须破除来自任何一种政治意识形态或文化传统或其他干预力量的束缚，建立和形成一种新的文化和价值信念的认同。唯有如此，人类才能真正地认识与感受到：“宇宙是一个归属之地，给人以回家的感觉，宇宙赋予生命以意义。”[④]

在关于中国哲学、宗教与后现代科学关系的研究中，备受关注与被集中讨论的问题是量子力学与中国道家（包括道教）、佛教思想的关系。这些研究的结论认为，量子力学在摧毁了以伽利略-笛卡儿-培根-牛顿的科学为基础的世界观的同时，也提出了一个全新的后现代科学的世界观，这一新的世界观回复到了中国古老的哲学与宗教（如道教与佛教）的神秘的世界观[⑤]，这表明在中国哲学、宗教与量子力学之间具有惊人的一致性。居于主流地位的哥本哈根学派对于量子力学的解释仅限于预测观察内容的计算规则。它是一种非实在论的现象论的解释，避免了那种描述不依赖于人类测量的亚原子实在世界的企图。量子力学的现象论解释似乎可以指示人们关于实在之本质的深刻的东西。然而，大多数通行的适合于我们的世界观和对于量子力学的解释都忽视了这一个基本要点。不过，关于东方神秘论与量子力学之间的关系在这些后现代科学的研究中也存在着争议。有的学者认为量子力学与东方神秘论之间不存在直接的联系，但是仍然认为量子理论确实推动了神秘论，只不过并非直接推动罢了。[⑥]这些探讨使物理学家们意识到，物理学理论使他们认识到的只是实在的皮相，而非实在本身。于是他们背离与抛弃唯物主义的机械论的和决定论的世界观，并将他们自己的有意识的经验当作真实的与富于启示性的东西。同时，有些物理学家则致力于发展一种对量子领域的有别

① 格里芬：《后现代科学：科学魅力的再现》，第 164 页。
② 同①第 66 页。
③ 同①第 67 页。
④ 同①第 148 页。
⑤ 同①第 16 页。
⑥ 同①第 17 页。

于现象的本质的解释，提出更加复杂的描述物理学的“隐性”秩序方法，并与当前所使用的“显性”秩序相区别。[①]后现代科学的世界观宣称：

> 在后现代宇宙观中，我们对人类和自然的理解是与企盼中的实践结合在一起的，这种后现代宇宙观的正式条件包括将人类，实际上是作为一个整体的生命，重新纳入到自然中来，同时，不仅将各种生命当作达成我们目的的手段，而且当作它们自身的目的。[②]

总之，这些研究在克服心物二元论、机械论与还原论的过程中预示着对于科学研究中的物质与意识、事实与价值、真理与德性、伦理与实际需要之间的分离的超越，强调“意义和价值不仅是世界的组成部分，也是我们的组成部分”，“世界若不包含于我们之中，我们便不完整；同样，我们若不包含于世界，世界也是不完整的”[①]，要求把宇宙作为一个完整的整体、一个具有内在目的的有机整体、一个具有神圣性的主动的整体当作理解科学新情况的出发点。[③]

关于超心理的研究报告说，许多意识的超心理状态与东方的意识改变方法之间具有明显的趋同性。它们致力于从“以证据为本的研究”转向“以过程为本的研究”，期望对超心理相互关系的揭示有助于使超心理现象更令人信服，并创立一门以经验为基础的超心理理论。[④]

当然，后现代科学研究中所提出的“深层生态观”与被称为“东方神秘主义”的中国哲学的关系也是不可忽视的，可惜对这一问题的研究尚未展开与深入。

由此看来，以大卫·雷·格里芬（David Ray Griffin）为代表的西方后现代科学研究并未以中国哲学与后现代科学的关系作为研究课题，他们的研究至多只是触及到这一课题而已。就这一课题而论，他们的最大贡献是在卡普拉之后区别了后现代科学与现代科学，指出科学与世界正在从祛魅走向返魅，从而明确地标示出后现代科学与中国哲学之间具有某种一致的关系。尽管他们的研究无论在深度上或广度上，均未超过卡普拉所做的研究，而且他们也未能避免卡普拉对中国哲学与文化的同情的误解，他们重蹈卡普拉的覆辙，一样把中国哲学与文化视为“东方神秘主义”。然而，后现代科学观的提出具有无比重要的意义，它不啻宣告了区别于现代科学的后现代科学（当代科学与未来科学）时代的到来，号召一场前所未有的科学家、哲学家与宗教家之间的对话，促进人类整体文明向不同于“现代性”文明的“后现代”文明的转进，而且奏响了揭开后现代科学与中国哲学在深层结构中隐含的一致性秘密的序曲。

---

① 格里芬：《后现代科学：科学魅力的再现》，第86页。

② 同①第 39 页。

③ 同①第 19、28、83 页。

④ 同①第 169 页。

三、

在关于中国哲学与后现代科学，特别是中国哲学与量子论的比较研究中，道家哲学与易学哲学格外引人注目，而以《易经》为代表的中国形上学则成为既适用于形上学的重新建构，同时也适合于对量子理论的形上学解释的共同视角。[①]美国学者康灵橦（Richard Connell）博士就基于《易经》的形上学观点对中国哲学与量子力学进行比较研究，用它来描绘一种实在的物体上的超越组成部分。他的做法是把量子力学中的物质的领域和超越物质的领域与《易经》中的“阳”和“阴”概念分别联系起来，主张真实的存在是它们相互作用的产物。因此，这一量子力学的观点与中国《易经》中主要的宇宙观念就非常接近与暗合。

《易经·系辞》的“一阴一阳之谓道”的哲学命题乃是中国哲学中阴阳学说的基础，强调事物存在两重性。在这一共享的形上学模式的视野中，上述命题在量子力学上就可以诠释为：“一切实在即具有物质的方面，也具有超越物质的方面。”[②]不过，如果只有独立的物质领域与超越的物质领域，那么还不足以产生出真实的世界。

因此，根据《易经》的哲学原理，不难进一步推证：产生实际存在的真实世界是独立的物质领域与超越的物质领域相互作用的结果。《易经·系辞》上说：“形而上者谓之道，形而下者谓之器。”形而上之“道”是无形的，形而下之“器”是有形的。依据这样一种形上学的理论框架，物质的物体领域是有形的，超越的物体领域则是无形的。在这一意义上说，“器是由物质客体所构成的纭纭之物（mass），道则是一种组织，这种组织是由于作用于物质上的超越物体的行为所施加的影响而形成的”[③]。换言之，形而上之“道”是一种组织原则，形而下之“器”是由物质客体所构成的各种可见之物；“道”和“器”的相互作用共同构成了可见与不可见的真实存在的世界整体。

考察超越过程在物质过程中的实体性影响可以看出，不确定性原理提出了一种冲破和摆脱传统唯物主义的非决定论的形上学解释，即从各种可能的范围中选择一种确切的结果并非纯粹是或然的，而是从属于超越的影响，并且可以用这种方式去协调各种相互分离的事件的结果，因而使物体总体过程产生秩序。这一非决定论的形上学观点与中国古老的《易经》所谓“刚柔相推，变在其中矣”的哲学命题所强调的变化的中心概念亦可相通而接榫。如果把《易经》里的“易”概念当作变化的物体概念的相互关联，那么上述的命题在量子力学上就可以诠释为：

---

① 康灵橦：《〈易经〉与量子力学的形而上学》//刘大钧：《大易集成》，北京，文化艺术出版社，1991年，第408页。

② 同①第409页。

③ 同①第410页。

物体的变化是借助于物质领域的物体与超越物体之间的相互作用而发生的。①

无疑，这一比较研究是非常有趣的。它所采用的方法实际上是一种很重要的类比与诠释学的方法，而不是简单的比附。这正如康氏所强调的那样，中国的“阴阳概念与量子论中推导出来的哲学概念的相似性并不是阴阳概念中所固有的，而只是表现出与这些概念的相切合性”①。康氏在研究中所采取的形上学模式是一种存有论或本体论模式，而非宇宙论模式。它的优点与重要意义在于：“这种模式独立于各部分之外而又与各部分相互联系。它们代表着某一方面并为发展提供一种富于启示的指导路线。”①而且不仅如此，进一步地看，这一比较研究在中国哲学与后现代科学的比较视野中，对于易学与后现代科学，乃至中国哲学中的更多思想与后现代科学的比较联系与整体观照，具有难得的示范价值与启发作用。如果能够加强比较研究的广度、深度与整体的融通性，将会收到更佳的成效。

相对说来，在西方学者关于中国哲学与后现代科学的关系的研究中，华裔加拿大学者梁燕城（In-sing Leung）的研究虽然起步较晚，但是却比较深入，有一定的深度，无疑是值得重视的。

梁燕城在《量子力学与中国哲学》（1995）等文章中把量子力学的出现看成是后现代科学的标志，并站在中国哲学的立场上回应西方著名物理学家戴维·玻姆（David Bohm）所提出的对科学家、哲学家和神秘主义者皆产生极大影响的量子本体论。他主要是把中国易学中的“太极”、“生生”和“易的本体”等概念与玻姆的量子理论进行比较分析。依他的观点，生生之易所表现的基本之道与玻姆的宇宙信息系统是相同的，可以互相诠释。因为生生之易是一个宇宙流化的本体论，而太极之本体创生出天地万有，虽然这一创生过程变动不居，但是自有其基本之道。这一基本之道，用玻姆的概念来表述，就是宇宙的信息系统。他认为，从易学来看，宇宙的创生是以“阖”“辟”为本的，这与玻姆量子力学的阖（enfold）、辟（unfold）观念若合符节。特别值得指出的是，他对《易经》与量子力学中“隐含秩序”（implicate order）概念做了深入的比较研究。这一研究表明：易经哲学的整体观展示出万事万物的意义结构，就像一个信息系统构作可见的天地万物一样，成为隐含于万有之后的秩序，再由阖、辟的开显而显现出可见世界。天地具有“阖辟”的门户，一开而生天地万物，一关则回归隐含的信息宇宙，这与玻姆的量子力学概念十分相近。②关联到上文来看，则不难发现梁燕城的研究与康灵槿的研究尽管在对于易学与量子力学的一些具体概念的诠释与表述上有所差异，但是在研究的进路上皆不离形上学的本体论与深层结构主义的理论策略，二人所得出的结果也相去无几。

① 康灵槿：《〈易经〉与量子力学的形而上学》//刘大钧：《大易集成》，第410页。

② 梁燕城：《量子力学与中国哲学》，《文化中国》第七期，1995年12月号（第二卷第四期）。

此外，梁燕城的研究还涉及了中国老子的“道”与当代宇宙论的“人择原理”的比较。他指出：这些“人择原理”正如同老子所论的“道”，一种万物所依循的道路，本来无名无状，为天地之始，但是又使万有得到其“名”，而各有分别的意义。天地之奥妙莫测，正在于此。为什么宇宙初创就有道呢？难道冥冥中真的有上帝存在？宇宙真的是一种智慧精深的创造吗？抑或是巧合地在有限时间中撞击出的复杂设计？在他看来，科学对宇宙的追问追到始源之际就成了神学问题，最起码当代科学已经迫近到形上学的边缘了。[①]梁氏认为，20 世纪对宇宙探索的结论竟是：科学家花费了两个世纪所摒弃的神学复活了，一切证据皆暗示了上帝的存在。这是西方文明发展中的一个辩证过程。[②]非常明显，梁燕城对中国哲学与后现代科学的比较研究，目的在于透过二者的一致性而肯定上帝的存在，从科学与哲学来复活神学，这是他试图以一种宗教哲学的立场融通中西哲学与文化的一部分。

显然，梁燕城作为身居异国的华裔，兼通中西哲学与文化，对当代科学有比较深入的了解，为他研究后现代科学与中国哲学提供了特殊而优越的条件。因此，他的研究较之于一般西方学者更具有一种特别的意义，也能予人颇多启迪。然而，他的研究还只是初步的，尚不够全面系统和完善，在深度与力度上也有待提高。

四、

在 20 世纪结束以前，中国本土学者尚未在严格意义上明确地把中国哲学与后现代科学的关系列为一项研究课题来对待。然而，不可否认，把中国的《易经》与当代物理学、天文学、化学、生物学、计算机科学联系起来加以研究已有将近一个世纪的历史，并不比西方晚。如果追本溯源，早在利玛窦等耶稣会士来中国输出西学的明朝末期，我国的一些思想家和科学家如朱载堉（1531—1611 年）、徐光启（1562—1633 年）和方以智（1611—1671 年）等人就开始在中学与西学的比较中发现与检讨中国传统科学方法的局限性，认识到西方近代学术，特别是其科学的进步性已经远非中国所可比，于是在会通中西之学思想的指导下，援西入中，提出数学是研究客观事物之“理”（规律）与一切科学的基础的观点，“大胆设想通过改造易学传统象数方法而迈向近代科学的殿堂”[③]，不幸的是，这一设想随着明朝的灭亡而夭折了。在将近三个世纪的漫长岁月中，经过了清朝的兴衰

---

① 梁燕城：《大爆炸论和宇宙的巧设奥秘》，《文化中国》第六期，1995 年 9 月号（第二卷第三期），第 98 页。

② 梁燕城：《两个世纪宇宙论的曲折发展》，《文化中国》第二十四期，2000 年 3 月号（第七卷第一期），第 110 页。

③ 唐明邦：《〈周易〉象数与古代科学》//刘大钧：《大易集成》，第 406 页；朱义禄：《论晚明科学思潮的近代因素》//祝瑞开：《宋明思想和中华文明》，上海：学林出版社，1995 年。

和辛亥革命，中国人欢呼“科学”和“民主”的新文化浪潮席卷神州大地，新一代学者开始自觉地反省中国古代无与伦比的辉煌科学技术成就怎么一下子就在近代落后于被目为“夷狄”的西方了呢？在这一背景之下，充满神秘色彩而又古老不腐的《易经》与近现代科学再次被关联起来，并被纳入一种有别于传统的易学中，在近现代科学之光的环绕与照耀下的《易经》，仿佛透发出与近现代科学和未来科学之间具有无穷关联意蕴的消息，吸引人们对它的诠释与猜想，在种种推测与证明中形成理论或学说。

20 世纪中国最早从易学与现代科学的联系来探讨哲学、科学与伦理学思想的著作，是当代新儒学大师与哲学大师牟宗三的《从周易方面研究中国之元学及道德哲学》（1935 年，天津，《大公报》社印行；1987 年，台北，学生书局重印，更名为《周易的自然哲学与道德涵义》）一书，该书从易学在汉清（以象数学为主）晋宋（以义理学为主）两大分野探讨中国的物理后学（数学物理的世界观）与伦理后学（实在论的价值论），解释中国的纯哲学思想（自然本体论与宇宙论）与科学思想（数理逻辑的方法论与实在论的知识论），揭示中国道德哲学的特性与缺点，旨在抉发中华民族的科学思想与哲学思想，体认中华民族的人生哲学基础，首开易学为科学与数理哲学认识之滥觞。到 20 世纪 40 年代，牟宗三又从哲学上提出“本体之创生万物”说，区分开哲学的宇宙论与科学的宇宙论，认为从哲学本体看宇宙，宇宙有变化却无毁灭，有润泽而不干枯，因而人类可以完结，太阳系可以完结，但是整个宇宙不会完结，以中国儒家《易传》精神肯定了宇宙是物气生命的大化流行，永恒善续，生生不已，本于机体辩证论的中国生命哲学有力地批判和否定了科学上力学机械论的“宇宙热寂说”。[①]这与恩格斯《自然辩证法》对于“宇宙热寂说”的批判进路截然有别，中西分判，各显千秋，却殊途同归，颇能引人兴趣与发人遐思。

继牟宗三之后，以近代数理科学治易学者不乏其人。易学家沈宜甲的《科学无玄的周易》（原文为英文和法文，后节译为中文，分别于 1982 年和 1984 年在台北中国文化大学出版社、北京中国友谊出版公司出版）可以说是一个典型。他在该书中揭开了大衍数之谜，以为千古以来伪儒易学之徒视大衍 50 而用 49 为神数，由此得出阴阳二爻八卦，其实不过为古人所举之一例而已。由此可以证明阴阳八卦纯属荒唐无稽。据他研究，自 20 以至无穷的（自然）数，无不可以用为策数；在旧法中策数只用 4 除，但是从 3 到无穷的（自然）数也都可以用；而且各策数有须挂一或不须挂一的，这与旧法之挂一说法不同。他在《易经》之卦法的演算中发现万能级数，找到代数公式数十，周期律数百，表格百余之多，计算数万千。沈氏断言近代数学中发明的模数概念在《易经》已有之。此外，

① 王兴国：《从逻辑思辩到哲学架构：牟宗三哲学思想进路》，南开大学博士论文，2000 年，第 216 页。

董光璧的《易图的数学结构》（1987 年，上海人民出版社）一书在前人研究的基础上，运用当代数学方法对易图的对称性和易图的数学进行系统的分析与阐述。该书提出在传统的象数派和义理派之外，尚有一个正在发展中的数理学派；展示与论证汉代易学以象取义，不能算是数学研究，而自宋代邵雍创作了易图以后，才真正为数学研究奠立了基础；至于明清易学家阐发易图之错综对称性，也不免透露数学研究之端倪。类似的科学易说，越来越不鲜见了。它们把新的科学手段或方法、新的研究范式或思路引入易学，拓宽了易学的研究领域，开辟出易学研究的新方向，其功固不可掩，但以数理科学比附与穿凿附会《易经》则为其弊。

自 20 世纪以来，真正开科学易研究之风气而能代表易学之创新派的第一人，当属易学家薛学潜。他是我国率先将《易经》与量子力学和相对论关联在一起进行研究的学者。他先后出版《易与物质波量子力学》（1937 年）和《超相对论》（1937 年，为前书之普及本）两书，推衍易卦方阵演变规律，引证爱因斯坦相对论、狄拉克（Dirac，1902—1984 年）方阵算学、薛定谔（Schrödinger，1887—1961 年）和达尔文（Darwin，1809—1882 年）方程式，证明易方阵精微广大，奥妙无穷，举凡物质波、量子力学诸定律皆能与易方阵规律相契合。[①]以后的科学易之论说，则多本于薛氏之说。1940 年，刘子华在法国巴黎大学通过了题为《八卦宇宙论与现代天文——一颗新行星的预测：日月之胎时地位》（1989 年，成都，四川科学技术出版社）的博士论文答辩而获得博士学位。这篇论文尽管在日后引起争议，甚至被目为伪科学，但是，刘氏坚信：

> 八卦宇宙学理固因科学而得完美之证实，但科学之对于宇宙，特如太阳系，亦以卦理而有更深切完整之认识。科学可以证实卦理，卦理亦可补充科学，且同时又可反证天文数字之正确。故可谓八卦宇宙学理与现代天文事实，乃互相解释，互相阐明，互相确定。[②]

刘氏相信：“八卦宇宙论之印证，虽只限于太阳系，而其实也能应用于我们的全部宇宙。”[③]前有薛氏生火，后有刘氏吹风，从此薪火相传不绝，为开创科学易学派作出了奠基性的贡献。

沿薛学潜和刘子华的精神理路往下走的另一个重要人物是易学家丁超五，他于 1941 年在上海中华书局出版了颇有影响的《科学的易》一书，宣称发现了一个大秘密：原来“先天图乃数学的得数”[④]。至此，不仅科学易得到了其相应

---

① 张鸿鼎：《易与物质波量子力学》序//蔡尚思：《十家论易》，长沙：岳麓书社，1993 年，第 1036 页。

② 刘子华：《八卦宇宙论与现代天文》//蔡尚思：《十家论易》，第 1434 页。

③ 同②第 1433 页。

④ 丁超五：《易经科学探》，上海：上海三联书店，1996 年，第 1 页。

的名分，而且也进一步奠定了科学易的基础。

值得注意的是，丁氏此书之著，乃是由于1938年在昆明偶然读到日本学者五来欣造的《儒教对于德国政治思想的影响》一书，得见莱布尼茨以二进制算术符号“0”与“1”代入六十四卦方圆图中之各卦爻，读“0”为阴爻（--），“1”为阳爻（—），于是发现其中有几何级数，不胜惊异，从此确信方圆图所表示的易卦绝非可以信口称为神秘之物，乃是一部科学作品，自有其科学的内容与基础，只恨一时不能得到对它的科学解释；随后读到薛学潜论《易与物质波量子力学》书，以及沈仲涛所发表的《易卦与代数之定律》一文，愈发深信在先天卦之图象数学中蕴含科学的原理，而易道之尽精微而至广大，实是由于其建立于科学的基础之上，因而备受鼓舞，打开了易学的研究境界；往后读清人陈法的《易笺》，终于有了开悟，找到以算术演算《易经》六十四卦的方法而叩开易学之门，积聚了多年之功，而有是书的撰成。此书一出，世人竞相传诵，允称为阐发易之科学原理的代表著作，迄今流行于海内外。显然，此书完全将易卦科学化与哲学化了。自出版以后，它也受到人们的质疑，特别是有人对用遗传数学公式来解释先天数提出异议。因此，丁氏一方面将其修订为《易理新诠》，又名《周易的新发现》（1944年自印出版），另一方面则从20世纪40年代至60年代不停钻研，进而发现易卦先天数能与当代生物遗传学、乃至天文学中的数学公式有所勾贯，而互相印证与发明。[①]于是将旧著《科学的易》与《易理新诠》合加改写增订成一部新著，亲自制序并定名为“易经科学讲”。[②]丁氏逝世后，此书手稿弃毁殆尽，只是在友人处幸存一油印孤本，经易学者郭正惠整理并加考注后，于1996年由上海三联书店出版行世，更名为《易经科学探》。在这部遗著中，丁氏针对上述的质疑作出了回答，认为“先天数是几何级数，但几何级数的科学性并不需要细胞增殖和门德尔定律来作证明”的诘难固然有理，但是不能只从数学的单一视角来看待先天易图问题，而是须在生物学和数学，乃至哲学的多维视野中来理解，而且经文、卦图与数字三者不能分开，必须对照分析。这样，自然可以得出相应的结论，而疑窦尽消。他指出：

> 先天图固与数学有关，也还有辩证法因素在里面。先天图的公式，更可与遗传学上的数学公式有的地方相互印证得来。但我并不是说孔子在当年已发现遗传学原理（何况人类对遗传原理仍在不断探索之中）。我只是说先天图这个公式是极其可贵的宝贝，不能仅仅认为是一种代数方程而等闲视之！[③]

---

① 这些内容主要见于今本丁超五《易经科学探》的第十三至十七节以及第十九至二十一节。

② 郭正惠：《易经科学探》后记//丁超五：《易经科学探》，第153—154页。

③ 丁超五：《易经科学探》，第45页。

> ……若单纯说它是代数方程或几何级数，那它是静的、死的、一般性的东西，只是一种算术公式，并无哲学上的意味在里头。现在用生物学和遗传学上某些数学公式来证明，则它是动的、活的、生的、有生命力的、永远前进的，以别于其他的哲学。经文、卦图与数字，三者对照来看，完全一致。①

同时，他澄清了一个严重的误解，科学易并不认为先天易图中已有当代生物遗传学的数学公式，这样说不仅是悖理，而且无异于对历史事实的歪曲。对他来说，孔子发明阴数为双（阴仪为--，可等于 2），阳数为单（阳仪为—，可等于 1）②，“不料现在生物学上发现动物的染色体正是雌双雄单（人亦如此），与《易经》很有可以相通之处，不妨借来应用”③。因此，他强调和指出：

> 我们只是说这些科学成就，可以拿来证明先天图里面含有更重要的意义，对它不能仅仅以一个算术公式目之。换句话说，先天图意义甚深，不借用现代科学上的成就就解释不了，好像我们借用代数方程式来解释先天图是一样的。④

这一观点的重要性在于不止说清了“什么是科学易”，即是借用当代的科学成就来理解与诠释易理，与易理相互印证而形成的易学理论或思想学说，而且它昭示后人：千万不要以为人类的一切科学成就是易学中早已有之的东西，实际上恰恰是今人研究易学不得不借助于当代的一切科学成就，很简明地划清了科学易学与科学的分界，能为当今的科学易学正名与廓清（科学易学内部的）混乱，指点出一个具有价值的易学研究方向。

然而，对于今天的科学易学研究者来说，这并没有引起完全足够的重视！以至于“古已有之”说或“西学中源”说以讹传讹，泛滥成灾，造成迷信。对此，具有正见的当代学者不得不费尽口舌或挥笔呼吁，以正视听。在 1984 年召开的中

---

① 丁超五：《易经科学探》，第 1 页。

② 丁氏的根据是《易经·系辞》云：“阳卦奇，阴卦偶。”在该书中，他沿袭传统预设了《易传》（十翼）为孔子所作，并排出先天卦图，以此作为全书立论的前提。

③ 同①第 65 页。按：根据现代生命科学的研究成果可知，人类身体的每一个细胞内有 23 对染色体，其中，22 对是常染色体（变异的除外），1 对是性染色体。性染色体包括 X 染色体和 Y 染色体。在精子和卵子的结合中，如果含有一对 X 染色体的受精卵，就发育成为女性；而仅有一条 X 染色体和一条 Y 染色体的受精卵，则发育成为男性。因此，女性的正常的性染色体的结构组成为 XX，男性则是 XY。这就表明，女性细胞减数分裂产生的配子均有一个 X 染色体；在男性产生的精子中，X 染色体和 Y 染色体，则各占一半。一般而言，正常的生殖细胞的染色体数目较之于身体的细胞数目要少一半之多。人们所谓“人有 23 对染色体”，其实是指人体细胞染色体种类的数目，而不是指人体细胞染色体的总数目。由此可见，丁氏的这种说法是不确切的。

④ 同①第 2 页。

国《周易》学术讨论会开幕词中，著名学者萧萐父就指出：

> 我想，主观附会的“古已有之”，或简单粗暴地割断历史，都是不足取的；抽象地肯定现代科学概念正向朴素辩证法的思维模式复归，也还不能说明问题。在方法上，我们似乎需要对中西、古今的哲学范畴、科学概念、思维模式进行深入的对比分析，揭示其异中之同与同中之异，真正把握哲学思想与科学思想的历史发展所固有的“圆圈”，找出这些“圆圈”（“螺旋式”）发展中前后联系的诸环节与古老的《周易》符号系统或思维模式发生联系而“仿佛是向旧东西复归的”。[①]

十年后（1994年），他则又指出：

> ……“科学易”的研究，应当避免再陷入这样的思想范式（笔者按：指“古已有之”的“西学中源”说，幻想“移花接木”的“中体西用”说的思想范式）及其种种变形，应当跳出中西文化观的“西方中心”和“华夏优越”，或“浮浅认同”，或“笼统立异”，或“拉杂比附”等误区，而在传统易学与现代科学之间发现真正的历史结合点，从中国“科学易”三百年来具体的历史发展中去总结经验教训，提炼研究的方法，开拓未来的前景。[②]

与上述“古已有之”说或“西学中源”说等迷信说法相伴而生而又更可悲的另一种错误，则是盲目崇拜西方科学但是眼光与水平仅停留于牛顿力学并借此攻讦中国传统哲学和科学思想。针对这些错误或迷信倾向，陈启智写道：

> 近代以来，有人注意及此（笔者按：指易图或易学与现代科学的联系），一当西方有什么新发明、新发现，我们总会有人出来，从《周易》等古书中，检出几条例证，说我们古已有之了。这样炫耀祖先留下的家珍，而步人家后尘的行为，好比托着金钵讨饭，确实有些可笑。可是还有另一种倾向，即盲目崇拜西方，眼光仍停留在牛顿力学的时代，批判中国科学技术思想的笼统、武断、一无是处。敢于自我批判的勇气是可嘉的，然而自我批判的目的是自强，而不是自弃。正确的态度应该是积极地用西方现代科学理论检验中国古代的哲理，并力求有新的发现。西方科技的最大特点，在于系统、应用与公开性。相形之下中国古老理论确实比较宽泛，而且严重带有“只可意会，不可言传”的神秘色彩。如果能够透过这层外衣，先将古书读懂，然后再决定取舍，进而能用其中

① 萧萐父：《吹沙集》，成都：巴蜀书社，1991年，第189页。

② 萧萐父：《人文易与民族魂》，《周易研究》1991年第4期。

> 合理的内核，与西方科学互补长短，肯定还会有新的发现与创获。①

这确实是发人深省的，绝不可以轻视或略过！

继丁超五以后，蔡福裔提出八卦与化学元素周期律相对应，并从中发现许多新元素的线索；易学学者潘雨廷等则认为，八卦与生物遗传密码也有对应关系。②无疑，这些研究在当代已然成为科学易的中坚力量与代表，推动了科学易学新流派的形成、发展与壮大。

此外，值得一提的是，台湾学者陈子儒著《容易》一书，发挥大易之旨，以“容而易成”③为立论的中心原则，阐发“容者宇宙之大本，易者事物之始终，万事万物，莫不因容道理而易生，因容德性而易长，因容仁义而易德”④的“容易”哲学之理，成一家之言，因而以易理统摄物理，以物理证明易理，将现代科学纳入“容易”哲学的范围，以“容乾元则易生”与“容坤源则易育”⑤的原理诠释与阐明宇宙万物的形成和演化，认为宇宙从大爆炸开始，而有时空与元素，由轻元素而重元素、由星云而星体、由太阳而地球、由无机物而有机物、由单核细胞而多核细胞、由水内而陆地、由地面而空中的逐次演化，正与伏羲八卦、六十四卦及其各卦阳中有阴、阴中有阳、逐次演绎的发展精神相合⑥，“生物因乾坤一元之德，而能绵延繁衍，实得自于先天八卦之理，而有后天之命”⑦。这也从另一个侧面表现和反映出科学易的研究理路。

无疑，易学的当代价值应该得到充分肯定。但是，易学与当代科学的发展、与当代人的生活世界如何形成良性互动的关系，则是有待研究与探讨的问题，这也正是易学与后现代科学关系的重要研究课题。从这一前提下来看易学研究的前景，刘大钧的提示是值得正视的，他说：

> 传统《易》学研究方法的合理内容应予肯定，并且能够使之在更高的层次上展开；同时，现代知识体系亦应当成为易学研究的重要武器，以现代文化学、人类学、释义学等为背景的新的易学研究方法有待我们去探索、开拓。⑧

---

① 陈启智：《易图与自然科学》//刘大钧：《大易集成》，第422页。

② 潘雨廷：《科学易》//《易学史发微》，上海：复旦大学出版社，2001年。介绍见于胡道静：《十家论易》前言//蔡尚思：《十家论易》，第4页。

③ 陈子儒：《容易》，上海：学林出版社，1996年，第2页。

④ 同③第1页。

⑤ 同③第8、25页，参考阅读书第二章和第三章。

⑥ 同③第21页。

⑦ 同③第37页。

⑧ 刘大钧：《大易集成》前言，第6页。

总而言之，上述这些“以易学治科学”和“以科学治易学”[①]的交错研究，虽然难免有比附与穿凿之弊，但是却开创与促成了研究易理与现代科学的新风气，形成了科学易学的新流派，从一种文化整体观上推进了易学、哲学与科学的融合或合流，在这一意义上可以说，这些研究实际上成为中国学者研究中国哲学与后现代科学关系的先驱，堪称一种前-后现代文化的研究。

五、

自20世纪八九十年代以来，中国的改革与对外交流逐步扩大和深化，在国际性的后现代主义思潮与国内的文化热、国学热、易学热、新儒学热以及东西方文化、哲学比较研究的冲击和影响下，西方后现代哲学文化与后现代科学受到国内学者的关注，众多学者出版了相关的学术专著与译著。在这一社会文化背景下，出现了基于一种“后现代”眼光与世界整体文化模式进行的对以易学和道家思想为主的中国文化与当代科学关系的研究，并与西方的后现代科学及其后现代世界观形成呼应之势。这种研究实际上已经越过了既有的前-后现代文化的研究而进入到一种准-后现代文化的研究，在这一研究领域的最具代表性的学者，无疑当是董光璧。他的代表著作有《当代新道家》（1991）、《传统与后现代：科学与中国文化》（1996）、《易学科学史纲》（1993）和上文论及的《易图的数学结构》（1987）等。董光璧基于现代科学向后现代科学的转型过程，认为中国古代道家思想的现代性与世界意义被逐渐认识，并在与当代新儒家相比较的背景下，提倡与鼓吹中国道家思想的复兴，认为在当世已经出现了一批以李约瑟、汤川秀树和卡普拉等人为代表的“当代新道家的先驱”，暗示了继他们之后将有当代新道家的出世，不过，有时候他并未严格地区分“当代新道家的先驱”与“当代新道家”，对他来说，这两个概念的出现似乎只有时间上的差异，毋宁说“当代新道家的先驱”就是“当代新道家”，它们在实质上并无区别，因此他在相关的著作中混用这两个概念（这一点可以在后文的引述中清楚地看出）也就不足为奇了；当代新道家发现当代新科学的世界观向东方，特别是中国道家的某些思想复归的特征，因而倡导一种以科学新成就为根据的，贯通古今、契合东西的新文化观——一种基于文化趋同性的世界主义文化观。[②]这成为建构世界主义的后现代科学观的基本进路。[③]因此，道家思想智慧的重新发现与复兴，表面上似乎只是当代科学与文化发展向东方传统文化的复归，实际上，却意味着东方传统文化的一种世界性的复

① 董光璧：《易学科学史纲》，武汉：武汉出版社，1993年，第1页。

② 董光璧：《当代新道家》，北京：华夏出版社，1991年，第2页。

③ 董光璧：《传统与后现代：科学与中国文化》，第165页。

兴，同时这又是一种新的启蒙运动。[①]他写道：

> 以他们为代表的一批学者在新科学的基础上阐释道家思想的现代性和世界意义，并致力于重建以东西方文化平衡为目标的新理性，我称他们为“当代新道家”。当代新道家产生的重大意义在于，一种世界意义的文化革命在悄悄进行，后现代启蒙运动在兴起。[②]

站在这一“当代新道家”立场上看，“人与自然应该是和谐的整体，科学文化和人文文化需要平衡，东方文化与西方文化要融合，整个宇宙都要处在动态平衡的循环运动网络之中”[③]。他指出：“中国传统文化的后现代性研究不失在历史转折关头全人类的文化战略研究之一隅。”[④]根据这一看法，他对科学与中国传统文化的关系问题做了比较系统与深入的研究，就易、儒、道对未来科学发展的可能的启迪性展开讨论。在他的研究中，最值得称道与注意的是他关于易学、道家思想与他所谓的当代科学之间关系的论述。正如有的学者所指出的，“其对道家研究的学术贡献首先在于开启了阐释古典的一条新路”。[⑤]在他看来，易学与现代科学的关系问题始于西学东渐和东学西被。[⑥]从《易传》出发形成的中国传统科学与技术思维定式，赅括了宇宙秩序原理、方法论原则与科学技术观。宇宙秩序原理以阴阳概念为基础，主要是生成原理、感应原理和循环原理，它们构成一种生机论的自然观。[⑦]生成论与整体观相结合的生机论哲学是中国传统的科学方法论的核心，它虽然与产生于欧洲的现代科学赖以生存的分析重构论格格不入，但是却与当代科学中滋长着的新科学观相契合[⑧]；方法论原则以象、数、理等观念为基础，主要是象数论、比类论与实验论，它们构成一种研究程序的理论；至于其科学技术观，则以“天人合一”的思想为基础，强调将天地人作为一个有机的统一整体来研究，主张德性与知性并重、理性与价值合一，建立天人为一整体之学。[⑦]不仅如此，易学本身也具有科学内涵，主要表现为易卦符号系统的数学特征和关于物理的理论观念。[⑦]在科学从现代性向后现代性的转变时期，易学的自然观、方法可能为后现代科学观的建构提供某种哲学上的启迪[⑨]，即对于为解决当代人类所面临

---

① 董光璧：《当代新道家》，第 135—136 页。

② 董光璧：《传统与后现代：科学与中国文化》，第 171 页。

③ 同①第 136—137 页。

④ 同②第 165 页。

⑤ 张京华：《说新道家：兼评董光璧<当代新道家>》，《鹅湖月刊》第 26 卷第 4 期，第 60 页。

⑥ 同①第 39 页。

⑦ 同②第 30 页。

⑧ 同②第 183 页。

⑨ 同②第 32 页。

的全球性危机而建构后现代科学观，确实能以其历史的遗惠提供启示。①

显然，这是在近代以来科学高度发达的背景之下，将易学及中国古代的科学技术传统思想与现代科学联系起来，对《易传》进行重新审视与诠释的一种成果。其实，就《易经》或《易传》本身来说，一旦它脱离开一定的“历史”时空坐标，就很难说它有什么或没有什么。有人喜欢把它称为“宇宙代数学”，实际上，它远比“代数学”或逻辑学抽象，它只是一种“填式”（符号），意蕴无穷。在外延上说，它是“至大无外”的，在内涵上说，它是“至小无内”的。从这个意义上，可以看出，《易经》或《易传》具有永恒的无穷的开放性，但这恰好是以它的意蕴具有透明性（浅层的开显性或可开显性）与没有透明性（深层的遮蔽性或隐含性）的相对相关的交织与统一不二（正如阴阳太极图所表征的那样）为条件的，可以说，它自身的一个面相是永远处于被开显的过程中的一个“黑箱”（深层结构），但是它还有另一个面相，这就是它在开显的过程中呈现为一个“白箱”（表层结构）。这种一体两面的情形，也许正是它的“对待”与“流行”之特性的一种表现。我们总是以在“白箱”中所见的表层秩序来诠释与描绘“黑箱”中隐匿的深层秩序。正因如此，它可以置诸一切特定的“历史”坐标系中加以猜测诠释。这就是它千百年来总是被人们“抽象地继承”、“历史”地诠释而不断被赋予新意的原由所在。难怪哲学家从中看到思辨，史学家从中看到历史，医学家从中看到医道，文学家从中看到诗歌，政治家从中看到治世，军事家从中看到用兵，科学家从中看到科技，更有人从中看到外星人的智慧……不胜枚举。不难相信，对于《易经》（包括《易传》）的“发现”或翻新的层出不穷，犹如行云流水，不仅过去如此，现在如此，将来依然如此。但是，必须肯定一点，它在具体的“历史”坐标系中所获得的新的意义确实（与以往）不同了，至少不会完全相同了。真可谓“苟日新，日日新，又日新”了。这是对待易学研究不能不注意的！

作为当代新道家的先驱的后继者，董光璧不仅论证了这些先驱所发现和阐述的中国道家思想的现代性与世界意义，并发展出它的现代形式，即：道实论、生成论、循环论与无为论等最具代表性的现代形式，同时也就其对开辟科学未来道路及建立新的世界文化模式的意义加以探讨。实际上，这才真正是他最主要的关怀所在。他在追随他的先驱的旅程中，对他们的发现与观点推崇备至，表示出深度的赞同或一致，在某种程度上说，先贤的观点也就是他要表达的意见，值得遵从与善绍。因此，李约瑟关于道家不仅是宗教的和诗人的，而且也是方术的、科学的和民主的；道家思想不仅提供了中国科学的原型，而且保存着“内在而未诞生的、最充分意义上的科学”②的见解与英国科学史家唐通（Tong B.Tang）在《中

---

① 董光璧：《传统与后现代：科学与中国文化》，第 42 页。

② 同①第 167 页。

国的科学和技术》（*Science and Technology in China*, London: Longman, 1984）一书所说的中国思想的传统是整体论的和人文主义的，不允许科学同伦理学与美学分离，理性不应该同善和美相分离的观点①，自然成了董光璧的心声。他对于道家智慧在未来社会与文化中的重要意义有一种精察和体认，揭举道家思想在探究宇宙和谐的奥秘、寻求社会的公正与和平、追求心灵的自由和道德完满三个层面上，对我们这个时代均有新思想启蒙的性质。②道家思想中的某些遗惠，对于在现代科学基础上重建理性，以克服由唯科学主义的科技一层论造成的人与自然关系的异化，引导世界文化的演化流向，建构一种后现代的科学技术观，重整中国传统文化，以促进经济社会向智力社会历史性的转变，无不具有重大的价值与意义。②

对于儒学与当代科学的关系及其意义，董光璧亦有深刻的见解，他写道：儒家的道德哲学对自然的认识不但不会否定道德的基础，反而有助于人们达到善的自觉。儒家“参天化育”的助天说，由知进善的“格物致知”说，不只是功利，还把仁爱之心推及自然界，而进入真与善的对话。注入了儒家仁爱的科学精神将体现科学与人文的最高精神境界。③

不过，在董光璧看来，中国传统文化是以儒道互补为骨架而形成的多元复合文化，易学是最契近科学而又能体现儒道思想融合的传统思想的结晶。④由此可见，他提出与倡导的“当代新道家”只有一种象征的意义，代表了一种积极建构的后现代文化观，并与美国的大卫·格里芬等人所寻求与向往的后现代文化观遥相呼应、同声相求。因此，区别于儒家或易家的“当代新道家”并没有什么意义。因为根据他的阐述，从儒家或易学家与当代科学和文化的关系也可以得出同样的文化主张，更何况我们在当代新儒家或新易家的思想或论述中也可以看到相近的文化主张⑤，甚至在一定程度上也可以称之为一种后现代的文化观。张岂之也认为“新道家”或“当代新道家”的概念宜慎用。在他看来，国外一些科学家受到老庄的影响而成为其科学研究的媒触，但也仅是媒触之一，而不是唯一的媒触，还有其他媒触，况且学术思想的价值并不体现在是否有后续的“家”或“派”，而是要看它在人类文明发展史上已经起了或将要起到什么作用。道家作为中国宝贵的思想遗产，只是今天人类精神复合营养中之一种，而非唯一的单一式营养。在 21 世纪人文学术与自然科学的融合与发展中，最能体现时代精神的将是具有综合百家之

---

① 董光璧：《传统与后现代：科学与中国文化》，第 174 页。

② 同①第 166 页。

③ 同①第 178 页。

④ 同①第 23 页。

⑤ 当代新儒家牟宗三主张与倡导哲学、宗教、科学与（广义的）艺术（或美学）的高度整合与统一，以达到“即真即善即美”境界的文化观。关此，拙稿《重建世界的人文精神：论牟宗三的儒家式的人文主义》一文作了论述。至于“当代新易家”，乃比拟于“当代新儒家”与“当代新道家”而立的方便说法，其观点可从上文对科学易的评述中见出。

学的博大胸怀的思想家和科学家，而不是拘守一家一派的一曲之士。[①]诚然，董氏所标榜的“新道家”并没有拘曲于家派门户之意。所以，我们以为“当代新道家”这个名称只具有形式上的象征意义。实际上，董光璧对“科学与中国文化”的研究已经把我们带入一个后现代文化的广大视野之中，尽管他尚未把他的意识清晰而集中地投射到“中国哲学与后现代科学”之关系的课题上，也未能对“当代新道家的先驱”的失误，尤其他们对于中国传统思想的同情误解给予批评与反省，他对于中国哲学思想的丰富智慧的挖掘仍然大有余地，何况中国哲学本身是一座挖掘不尽的极大的宝山，但是他的工作为这项课题的研究与深入展开作了必要的准备，并打下了一定的基础，实在是一桩先驱性的拓荒工作。

六、

在董光璧以外，国内学者的研究也有触及和关注到“科学与中国传统文化”的关系，除了一些散见的文章以外，值得注意的还有杨向奎的《自然哲学与道德哲学》和《哲学与科学：〈自然哲学〉续篇》（1997 年，济南，山东大学出版社），祝亚平的《道家文化与科学》（1995 年，合肥，中国科学技术大学出版社），特别是其中的第九章和结束语两部分，傅道彬的《歌者的乐园：中国文化的自然主义精神》（1996 年，哈尔滨，东北林业大学出版社）等书，另外也有相关的论文集，例如侯样祥编的《传统与超越：科学与中国传统文化的对话》（2000 年，南京，江苏人民出版社）等。尽管这些论著关于中国哲学与后现代科学的研究尚不够系统与深入，总体上还没有突破董光璧在这方面的研究，但是其中所表现出来的文化观与哲学思想，与董光璧有近似与吻合之处，在一定程度上形成了对董光璧所主张的世界主义文化观的一种呼应。

在这些论著中，尤其值得一提的是杨向奎的“天人之学”的主张。

杨向奎论述中国儒、墨、名、道诸家的哲学与科学思想及其现代意义，提出与倡导“天人之学”。他把墨家视为中国科学的代表，从而将名家和道家的科学思想系于墨家之下，而以儒家为中国道德哲学的代表。因此，他所谓的“天人之学”就是在当代科学与哲学的双向诠释中，对以墨家为中心所代表的中国科学思想与以儒家为中心所代表的中国道德哲学的重新整合。他说：“墨家的科学，他们的宇宙观，他们的空时观念，儒家的道德哲学，他们的仁诚理论，他们刚健正中的道德观，两者结合正好是‘天人之合’，也是‘天人之学’。”[②]在他看来，“空时是宇宙本体，空时论即本体论”，而“仁诚是道德本体”，儒墨的结合就是

① 张岂之：《50 年中国古代思想史研究》//《中国思想史论集》，桂林：广西师范大学出版社，2000 年，第 12 页。

② 杨向奎：《自然哲学与道德哲学》，济南：济南出版社，1995 年，第 176 页。

宇宙本体与道德本体的结合。他认为，两千年来我们的科学比之于西方不算落后，但是丢掉了墨家在纯粹理论上的追求，最终却使我们的精神偏枯了。他坚信，在他的“天人之学”的架构中，“墨家的科学成就，儒家的刚健中正的道德哲学，可以互补，而传下来，使我们的精神，永不偏枯……”[①]

归根结蒂，他主张的“天人之学”是一种哲学上的两重本体论——宇宙本体论与道德本体论。这一双重本体论不仅是科学与道德的结合，而且还是理性认识与感性认识的结合、传统与现代化的结合。他指出，中国古代的儒墨思潮是中国自然哲学上的双翼，儒家的仁诚哲学体系和墨家的空时宇宙观正好是理性认识与感性认识的结合；我们有自己的文明传统，但是不以传统为现代化，现代化也不能忘却与抛弃传统，我们主张现代化，但不是全盘西化；“传统的文明，传统的科学精神，那为真理而多辩的精神，那至高无上的道德哲学，我们有理由自豪，不失去信心而现代化”[①]。无疑，这是颇有特色的，突破了胡适等自由主义者研究中国哲学扬墨抑儒、将现代化与传统对立起来的弊端与缺陷，可以为其补过。由它使人很容易想到牟宗三的“道德的形上学”，也叫作“两层存有论”——“执的存有论”与“无执的存有论”，或曰“现象界的形上学”与“本体界的形上学”。尽管两重本体论并没有像“两层存有论”那样形成完备而精致的哲学系统，但是它们似乎均有古今贯通，中西融合，统合自然与人文、科学与道德、理想与现实、理论与实践的旨趣，表现出一种类似于后现代科学与后现代哲学所具有的世界文化观。

我们从字里行间可以看出杨向奎对于墨家的高度崇敬与赞美，比拟于董光璧对于道家的态度，也许我们可以称他为“新墨家”。不过，从另一面来看，我们同样有理由可以称他为“新儒家”。但是，无论是“新墨家”或“新儒家”，究竟有多少意义呢？如果一定要有一个“家”的称呼才过瘾，那么不管叫他为什么“家”，也不管恰当不恰当，这仍然也像董光璧的“新道家”之称一样，乃是出于一种个人的爱好，至多具有象征的意义罢了。因此，从积极的、行健的、中和的、构建的、后现代世界文化的眼光看来，以“新儒家”、“新道家”或“新墨家”为标榜，并不是一件很重要的事，关键要看它实际的具体的哲学思想与文化主张，以及它的理论策略与实践行动。这才是至关重要的！

无论如何，上述有关中国哲学与科学的论述都逼近到了中国哲学与后现代科学、后现代哲学、后现代文化的研究上了。

七、

综上可见，对于中国哲学与后现代科学的关系的研究，已经经历了前-后现代

① 杨向奎：《自然哲学与道德哲学》，第175页。

与准-后现代的研究时期和阶段，接下来，就该进入后现代的研究时期与阶段了。

中国哲学与后现代科学的旨趣有别，理论特色不同，方法迥异，但是它们在21世纪遭遇了面对现在和未来的世界困境与人类的诸多问题，它们在各自的发展中却有一个共同的目标：未来的科学探索、人文关怀与新生活开拓，不能破坏人与自然、人与社会（包括人与其自身、社会与其自身）的和谐关系，不能离开真（科学）、善（道德和宗教）、美（广义的艺术）的三维平衡与统一，这也正是中国哲学和后现代科学共同的基本精神与信念之相系相连，因此为两种思想理论的互相补充、印证、融合与升华，提供了十分广阔的前景。当然，这里有一个非常重要的理论前提，如果说后现代科学有一个不可避免的从祛魅到返魅的艰难历程，那么中国哲学也不能例外，中国哲学必须在祛魅中才能达到返魅，再现出自身的无穷魅力，在相当大的程度上说，中国哲学所面临的祛魅任务甚至远比后现代科学的祛魅任务更为艰巨，这不仅有传统的历史远因的束缚，而且更有人为的现实近因的桎梏（这一问题十分庞杂，将另文论述）。

可以相信，在不断迈向后现代哲学与科学的同时，如果中国哲学家的慧眼能够盼顾日新月异的科学，科学家的青睐也肯分给古老的中国哲学，乃至东方智慧，那么中国哲学必将青春焕发、魅力再现，特别是当中国哲学与后现代科学亲密地联系起来，中国哲学的无穷魅力必将在后现代科学中再显辉煌，而科学，尤其是后现代科学，也将更加富有智慧与朝气蓬勃，与中国哲学结伴而行，在自然科学与人文学科之间、德性与智性之间、人性与神性之间、理想与实践之间架起一座金桥，共同编织出美丽的光辉诗章，以满足人类持续健康生活、世界持续健康发展的需要。这就是研究中国哲学与后现代科学的深远意义。这项课题正有待我们去努力开展！

写于2001年1月

（分别刊于：鞠曦主编《恒道》第二辑，长春：吉林文史出版社，2003年；《大学重华特刊》第二期，台北：中国文化研究发展基金会，2004年。李迎春共同署名）

孟子哲学思想述要

孟子哲学大抵上是一种人格哲学，宗旨不出《庄子·天下》所述“内圣外王”之道。孟子像儒家的创始人孔子一样视圣人为最高的理想人格，如果说孔子的最高理想人格是圣人的观点在《论语》中还只是略显大义的话，那么它在《孟子》中就已经昭然大白了。孔子倡导“仁”学——实际上就是人学或心学，以“仁”释“礼”，强调把作为社会伦理-政治规范的“礼”转换为“仁”学结构的实际内涵，内化为人的心与性——道德之心与道德之性，把儒家的理想人格从道德形而上的高度凸显出来，这一过程本身就意味着对作为外在的社会伦理-政治规范的“礼”的重大损益。然而，经过损益后的“礼”不仅转化成了人之为人的内在精神品格（即人格），而且还以外在的客观化的形式续存下来。孟子继承孔学，但与孔学有所不同。孟子哲学思想的主要特征在于从人的心性——牟宗三先生称之为“心体”“性体”的内在理路将孔子的仁学推至极致，为千年之后宋明新儒学的崛起奠定了根基。孟子比之于孔子似乎要喜欢且更多地言及天命，但是高高在上的天命最终还是落归于人的心性；天命虽然神圣而令人敬畏，却并不真正是圣人之所由出者，圣人之为圣人，只为其内在的心（体）与性（体）所涵蕴。因此，成圣毋须向外求索于天，而要反求诸己，只在尽心知性上做功夫。如斯而已，岂有他哉！真若这般做将下来，便“人皆可以为尧舜”（《孟子·告子下》）矣。在孟子的哲学中，虽然于外尚有天命，但心（体）与性（体）才是立命安身的本基。况且心性与天命相通为一，只要意诚心尽，就可以知天达命，尽己之性而成为圣人。因此，对心与性——“心体”与“性体”的关注，成为孟子人格哲学的立论之本。把“心体”与“性体”赋予特定的人文道德价值的含义，则铸成为道德形而上的人格-本体论或人格-存有论的模式。孟子哲学即由是凸现并开显出来，其大宗亦尽在这里了。笔者认为，这就是理解和把握孟子哲学的关键之所在。

像孔子以及春秋战国时期的许多说客一样，孟子也是满怀“修齐治平”的宏伟理想和抱负，周游列国，上说国君，下说权臣，试图实现自己的社会主张和成圣理想。孟子以圣人的理想人格为依托，设计了一套远为完整理想而终成南柯梦想的“仁政王道”。孟子以为只要有圣人，便可以推行“仁政王道”，一旦天下一统，他的富于诗韵的社会理想便可以实现，而圣道圣德也就可以代代相传，发扬光大。因此，孟子将一切希望全部集中在他的理想人格圣人的身上。

但是，孟子并没有循蹈孔子去“天”（天道、天命）而直取“人”（性）的理路[①]，尽管孟子的理想人格在实质上承接孔子以内在的心性为基础，他却外在地设定了天命，就使得圣人和社会的价值秩序可能具有超越现实世界的本原。因之，孟学的本原便不止于人之内在的心性或“心体”与“性体”，可以进一步追溯到外在的天命，因而具有出现两重性的可能。尽管实际上天命在孟学中只是虚设，但并不是毫无意义的。这是孟学有别于孔学也是以后贯穿于中国哲学的重要特征之一。将孟子的天命观、心性论、修养论与孟子的理想人格论联系起来，便呈现出孟学的内在逻辑程序图式（图1）。

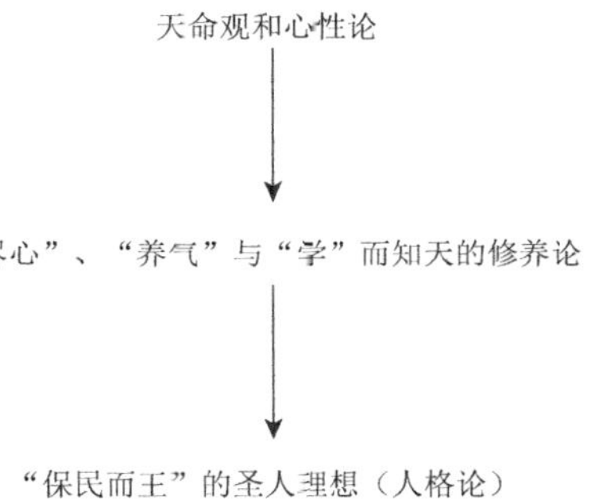

图1

一、从天命论到心性-本体论

在先秦哲学中，几乎各家哲学都概莫能外地要谈到“天”。因之“天”的含义比较复杂，但大致上可以将“天”的含义归纳成四种：①自然之天；②意志之天，或主宰之天（在本质上为上帝）；③命运之天；④义理之天，或道德之天。《孟子》言“天”，也莫能出乎这四种含义。至于究竟哪一种含义可以代表孟子的天观，学术界向来见仁见智。我们无法就孟子某次言天而轻易下论断，也不能以在某种意义上言天出现的次数统计作为支持我们论点的实证理由，况且在方法上均不妥当。看来，最好是将孟子的“天”与其整个思想系统联系起来，这样来确定孟子的天（道）观的含义，很可能就会准确一些。当然，从不同的视角看问题，结果往往不尽相同，甚至截然相反，也是正常的。如果就形上学的视角看，孟子所言的天在本质上是什么并不重要，这只不过是哲学理路的逻辑支点问题，其意义乃在于——天是超越现实世界的社会价值秩序的原点。当然，要评论孟子的哲学思想，必须确定孟子的“天”的具体含义。在笔者看来，前述“天”的含义中的“意志之天”，当是孟子言天的基本含义。无疑，孟子的天也有“命运之天”

① 关于这一问题，笔者另有专文论述。

和“义理之天”的含义，但这些含义并不是各自独立的，而是互有关联的，尤其是“命运之天”和“义理之天”，要以“意志之天”作为其衍生和显有的根据。因为“天”有这三层主要的含义，且互相涵摄，表现了孟子关于“天”的浑朴观念，故不妨简称之为天命。

孟子在逻辑程序上从天命立说，认为人性本善，在理论渊源上是从阐发孔子的“性相近也，习相远也”（《论语•阳货》）的命题而得的。但是，善自何而来呢？善在社会人伦中不是一纯抽象的共相，而是具有实际内容的东西，因之善的本源问题不是一个本体论的问题，而是一个发生论的问题。孟子正是从发生论的观点来回答这一问题的。孟子说：“仁义礼智，非由外铄我也，我固有之也，弗思耳矣”（《孟子•告子上》），而“思”则是“天之所与我”（《孟子•告子上》），这与康德所强调的主体理性的先天形式颇有某种近似之处。实际上，能“思”的“我”本身也是“天之所与”的。善既然是从“思”得来的，因而也可以说善从属于“天”，是由“天”所赋予的。“天”虽然只是一种外在的预设，但“天”确乎是有意志的神，“天”即上帝，“虽有恶人，齐（斋）戒沐浴，则可以祀上帝”（《孟子•离娄下》）、“天之生物也”（《孟子•滕文公上》）、“天之生此民也”“舜往于田，号泣于旻天”“怨慕也”“然则舜有天下也，孰与之？曰：‘天与之’”（《孟子•万章上》）、“顺天者存，逆天者亡”（《孟子•离娄上》），等等，都表明孟子将天规定为至高无上、无所不能的天帝或上帝。人的命运，社会的命运，无不为天所决定。天既生民，便赐人以善。因之“人皆有不忍人之心”，人与生俱来的本性就是善的，而不像荀子所说是恶的。在此，性成了先验的东西（先验之物）。由此可知，孟子的天命论不是一种抽象的宇宙论，而是为其人性论所涵摄的一种简朴的天命观，也难说是一种宇宙本体论。孟子没有执着地探究天的热情和兴趣。就此而论，孔、孟、荀大抵相同。[①]顺便指出，这是导致儒家哲学乃至中国哲学之纯学理性不足而体行理性[②]无比发达的真正根由。在孟子的时代，夏商周三代以来言天的人格神的意义诚然淡化，但并未完全涤褪，孟子出于需要，信口借之陈论其学说而已。切勿将它复杂化和神秘化！

在孟学中，天既然是无与伦比的有意志的天帝，那么它本来就集一切义理于

① 在先秦儒家中，荀子固然较之于孔孟从外在的认识上重视“天”，强调“天行有常，不为尧存，不为桀亡”（《荀子・天论》），这是无可讳言的事实。但是，这仅为事情的一个方面。如果仅仅就此断言荀子像古希腊的自然哲学家一样具有对“天”执着的热情和兴趣，而要一探到底，那就大错特错了。实际上，从另一个方面来看，荀子只是摆出了一套重视外在的自然之天的架势，并没有去追究“天行”之（常）理，就转而言“隆礼重法”，且在他所追求建立的“礼法”之统系中把“天”拉下来了。因此，荀子的“天”终究变成了一个服从其“礼法”之统的“天”，而失去了“天行有常”的独立意义。到头来，实与孔孟无异。对此，绝不可不详察！

② 体行理性，有人称之为“实用理性”，抑或称之为“实践理性”，均不妥当。“实用理性”易与杜威的哲学混淆，“实践理性”则易与康德的哲学混淆，故均不从。斟酌再三，本文用“体行理性”一语，取“身体力行”之意，以为较为妥切。

一身，天就是道德满盈的具有意志的征象。天与人相分而言，就形成“天爵”和“人爵”的区分，而“公卿大夫”之流也就是“人爵”（或在“人爵”之列）。“天爵”高于“人爵”，因而只能是“人爵从之”（《孟子·告子上》）。天与人虽然可以在言说中和形式上加以分别，但本无二致。“天爵”和“人爵”其实都是天——天德（宋明儒称为“天理”）的体现，天或天德本来已被涵摄在“天爵”和“人爵”以内。而“天爵”与人的内在心性“四端”（仁义礼智）是互相环扣和互相含有的，彼此连成有机的一系。孟子说：“君子所性，仁义礼智根于心。”（《孟子·尽心上》）因此，孟子便将天（天德、天道、天命）落实到人的心性里。至此，孟子说明了什么是善。所谓仁义礼智“四端”就是善的内涵。所以，人性善论成立。

由此一来，仁义礼智“四端”就成为区分人与非人的标准。谁没有这“四端”，谁就是非人，像畜牲一样，只能供人役使，“不仁不智，无礼无义，人役也”（《孟子·公孙丑上》）。具体说来，“恻隐之心”是“仁之端”；“羞恶之心”是“义之端”；“辞让之心”是“礼之端”；“是非之心”是“智之端”（《孟子·公孙丑上》）。在实质上说，“仁之实，事亲是也；义之实，从兄是也；智之实，知斯二者弗去是也；礼之实，节文斯二者是也”（《孟子·离娄上》）。孟子将仁义礼智的日常人伦道德视为人心所固有的本性或“性体”，使它们具有了先验性，它们在日常生活中表现出来，成为人的日常生活的道德法则，因此人人都可以在日常生活中体验到它们的作用，譬如任何人看见孺子将要跌下井的危险情状，都会不禁产生惊恐、伤痛、不忍的心情。而且，孟子并未就此止步，而是再将它们往形上高度提升，仁义礼智是人性，套用西方哲学的术语，也即是人的“存在”（being）或人之所以为人的那个本质的东西——本体（noumenon）。因此，孟子的天命论是播种，天命落归于心性，成为人性善论，终以人格-本体论结果。从天命论到心性（人格）-本体论，顺理成章，自洽为一，不可将它们对立起来。但是，天命论与心性（人格）-本体论在孟子哲学中的统一，确实使它具有了二重性。这也是孟子在拓展中继承孔学的一个结果。

二、“尽心”、“养气”与“学”而知天的修养论

天命论和心性（人格）-本体论的二重性的统一，在孟子的修养论中，进一步得到了充实、巩固和加强。“仁义忠信，乐善不倦”便是“天爵”具体的体现。修养论是成为圣人之道的必经一环。修养论的要旨在于通过“尽心”、“养气”与“学”等各种独特的方式，达到对人性的自觉境界。孟子不讳言天及天命，但也不主张人们去探索和（求知地）体认天，因之孟子的修养论，不是西方哲学中的认识论或知识论（the epistemology or the theory of knowledge）。孟子将天命落

实为心性，突出了人事及社会高于天命自然的思想，在思想史上具有重要的意义。推而言之，这一思想先具西方近代某些哲学所强调的人性高于自然、道德、科学的意趣。这一意趣构成了儒家哲学的重大主题之一。孟子讲求修养论，在实际上就是要把人心也即是人们在精神上的注意力转移和集中在人事及社会的道德伦理上。换言之，就是使修养主体的“良知”“良能”专注于自身心性的内省。但是，孟子并没有因此而弃舍天命，恰恰相反，孟子的做法是将心性和天命完全融合统一起来了。孟子的用心在于使人觉悟到心性本与天命相通，心性即是天命，天命亦即心性，并无二致。这是孟子发扬孔学的创获，并由这一重大创获而将儒学推进了一大步。

孟子的修养论在认识上遵循着从内向外，或从“心”到“天”的内在理路。苍天高远，非人力可以直接达悟，老天爷似乎早已察知人情，所以天命（天理、天德）要逐级地由“天爵”及“人爵”来体现。既然如此，体认天（命），就毋庸向外求索，而只需“反求诸己”，一旦“知性”即可“知天”。如何才能做到“知性”呢？孟子认为，“知性”之道在于“尽心”、“养气”和“学”。

孟子明确地指示：“尽其心者，知其性也；知其性，则知天矣。”（《孟子•尽心上》）何谓“尽心”？在孟子看来，就是修养的主体发挥“心”的“良知”“良能”的先验“能”“知”之力，向内体悟自身的本性以达到体行理性上的自觉境界。孟子说：“人之所不学而能者，其良能也；所不虑而知者，其良知也。”（《孟子•尽心上》）“良知”“良能”虽然是人先天具有的“能”“知”之力质，但是在常态下并不外见，因为它被世俗的物欲淹没了。在追求满足物欲的利益中，人心沉沦堕落，知性无法觉悟，良知良能不能显现，人的“本心”（性）丧失殆尽。因此，“尽心”的目的就在于驱逐物欲以唤起良知良能。为此，孟子倡导“寡欲”，因为只有“寡欲”才能做到“养心”。“养心”就是排除私欲杂念，净化身心，使心性（“心体”“性体”）达到空灵澄明的状态，以便人的善性从心的良知良能中呈现出来。这一过程，也叫“放心”。孟子说：“学问之道无他，求其放心而已矣。”（《孟子•告子上》）。所谓“放心”是一个形象的说法，犹如今人所谓“宽心”或“放宽心”或“放下心”，其意无外乎是指将失落在世俗物欲之中的人性道德涵摄于人的内心之中，严格地说，应该是使人性之善在人心中恢复其本来的样子。因此，“放心”不仅仅是指“放失”的心（本心），而且最为根本的是要将放失的心“找寻”回来，也就是要让它恢复它本来的状态（这才是真正的放心）。人性虽然为善，但是人要生活，不可能无欲，欲望横流，善性就被物欲湮蔽了。因此，善性对于大众都是隐在的、不自觉的。孟子阐发“养心”或“放心”的学问，就是为了使人超越于物欲（实际上是心欲的二元化倾向）之上，让“心体”“性体”在超绝的即无对待的形上高度呈现其自在自如的本然状态，这是良知（可视为中国理性的一种表现）的自觉，本心（人性）的复原。

达到了这般境界，便可以“存其心，养其性，所以事天也”（《孟子•尽心上》）。“事天”是为了与“天”共处，这是对于天命有了正确的态度。至此，修养的主体豁然顿悟：“万物皆备于我矣。”（《孟子•尽心上》）物我、天心、性命本为一体，并非二元分离。这种物我不分，天人（或天心）合一的思想贯穿于中国哲学的全部历史（至少是在20世纪以前的中国哲学史之中），这也正是中国哲学不同于西方哲学心物分离、人天分离、主客分离的二元分离思维的特色。在孟子看来，天人或天心合一的境界是人性修养的最高境界，达到这一境界却不停留于这一境界，而是在道德实践（即体行理性）中完成这种境界——实现圆融无碍的状态（孟子也称为“美”“大”“神”“圣”的统一境界，后详）的人就是圣人。

此外，孟子的修养论中还有一种独特的方式，即“养气”。孟子认为，气“是集义所生者，非义袭而取之也”（《孟子•公孙丑上》）。由此可知，“气”是从“存心”、养性、身体力行的“集义”中自然生发出来的。而气（非生理之气）一旦产生，便可以使觉悟了的善性（四端）扩散和弥漫于宇宙之间，在无限中生化流行。如此一来，人性也就超越了有限的生命的限制，达到与天地同流的大化境界，从而得以永生。不能不说，这是人生道德的美妙乐曲！因此，“气”本质上乃是“德”的征象。从思想渊源看，孟子所谓“我善养吾浩然之气”“则塞于天地之间”，不过就是西周先人所谓“德充天地”“德配天地”的（新的）翻版。不过，西周先人的朴素观念经过孔子的损益，在孟子这里获得了全新的意义。对于西周先人来说，“德”还只是古朴的经验道德-政治观念，而且不可能脱离有限的道德-政治经验主体；到了孟子这里，“德”变成了“气”，摆脱了感性经验的纠葛，多了一层形上的意味，人与天在“德”之气的流化、提升与凝集中实现了统一，“天人合德”的境界使人性得到了前所未有的净化、升华和高扬。“气”犹如行云流水，常流不息，心性与天地在“气”的流化中融合为一，天人合为一气，生生不已。正因如此，“气”不是自然空气，而是“至大至刚”的“浩然之气”，不会为歪风邪念所浸染而改变。“养气”也就是圣人修道的方式。

千百年来，对孟子“养气”的真谛一直都有争议，各说不一，及至今日，有人从现代气功的视角给予陈说，无疑是有根据也是完全可以的。但应该看到，养身和养性（心）是相通相合的，道德的修养和身体的修炼是合二为一的，尤其对中国文化如此。中国的气功、武术并不单求身体上的锻炼，同时也讲求道德上的涵养，双修不二；反之，也没有只讲求道德上的修养功夫而不要养身之道的（但在实际上确有健身与养性分开的事例，那是另外一个问题了）。笔者认为，孟子的“养气”说确有养身的含义，即是说，它有二重性。这才真正体现了圣人的修养之道。讲到“养气”，孟子曾对公孙丑述说北宫黝养气的方法。有人刺北宫黝的皮肤，他居然一动也不动；刺他的眼睛，他却一眨也不眨。为什么能够这样呢？因为他能做到“不动心”啊！可是，只要人家动了他一根毫毛，他便视同在街上被人鞭打了一顿那样，认为受到奇耻大辱。杨朱早就声称：“拔一毛而利天下，不为也。”（《孟子·尽心上》）北宫黝明显地受到杨朱派的贵生（身）思想的影响，他的“养气”似乎就是我们今天所说的“气功”。对于孟子的“养气”，也不该忽视它可能有气功的含义这一特征（但它又超越了气功的层次）。“养气”虽然是成圣的一种修养方法，但真要成为圣人，那谈何容易呢？所以孟子说：“天将降大任于是人也，必先苦其心志，劳其筋骨，饿其体肤，空乏其身，行拂乱其所为，所以动心忍性，曾益其所不能。”（《孟子·告子下》）由此可知，成为圣人不啻要完成道德的修养，还须进行体魄和意志的锻炼并经受考验。孟子的这一思想对毛泽东的深远影响（众所周知，毛泽东直到晚年还畅游长江），则可以说是一个极典型的实例。

孟子在强调“尽心”和“养气”的同时，也强调了“学”。孟子和荀子同读孔门儒学，都重视“学”。孔子讲“学”是为培养和造就“笃信好学，守死善道”（《论语·泰伯》）的“圣人”“君子”理想人格，让他们“修己以安百姓”，实现圣人之治的社会。孟子和荀子推进了孔子这一思想，荀子的“学”是为了改造人性（恶），而孟子的“学”则是为了扩展人性（善），因之他们二者又有差别。孟子以孔子为学习的最高楷模，他说：“自生民以来，未有盛于孔子也”；“乃所愿，则学孔子也”。（《孟子·公孙丑上》）孟子强调“学”的重要性是在于“明人伦”，并认为这是自古已然的事情。他指出：“夏曰校，殷曰序，周曰庠，学则三代共之；皆所以明人伦也。”（《孟子·滕文公上》）可见，孟子的“学”不是知识论意义上的学习，只是日常社会和伦理意义上的学习，换句话说，学习不在于获得和增加知识，而在于弄通人之为人和做人的道理与意义。老子论“学”，则有“为学”与“为道”的区分（《老子》第四十二章）。应该说，孟子的“学”比较接近于老子所说的“为道”而非“为学”——尽管儒道二家对“道”的内涵规定不必尽同。由此可以窥见中西哲学对于“学”的理解之不同，这也是它们之间的一大区别所在。中国上古三代所讲的“人伦”，对于孟子而言，则是“父子有亲，君臣有义，夫妇有别，长幼有序，朋友有信”（《孟子·滕文公上》）。这五伦既是人与禽兽的区别，又是圣人、君子不同于“庶民”“凡众”的标示，因为“庶民去之，君子存之。舜明于庶物，察于人伦，由仁义行，非行仁义也”（《孟子·离娄下》）。在孟子看来，“君子所以异于人者，以其存心也。君子以仁存心，以礼存心。仁者爱人，有礼者敬人；爱人者人恒爱之，敬人者人恒敬之。有人于此，其待我以横逆，则君子必自反也”（《孟子·离娄下》）。这表明，五伦是由四端（仁义礼智）来贯穿的；“存心”在实质上就是“存善”（性善）。对孟子来说，一切后天的经验和学习，都是为了自觉地发现和发扬人的本心善性，也就是达到道德上的觉悟境界。圣人、君子与庶人、凡众在道德及其道理上虽然不同，但他们在人性上是一样的，孟子说：“舜，人也，我，亦人也。”

（《孟子·离娄下》）只要用心专一地学习，那么即使是凡夫俗子，也可以在对自身本心（本性）的内省中达到道德上的自觉。“舜何人也，予何人也，有为者亦若是。”（《孟子·滕文公上》）圣人那种内在的道德的自觉，是每个人都可以达到的人格，这就是孟子的“人皆可以为尧舜”（《孟子·告子下》）和“尧舜与人同耳”（《孟子·离娄下》）命题的意义。只要“人伦明于上，小民亲于下”（《孟子·滕文公上》），“人人亲其亲，长其长”（《孟子·离娄上》），即人人按照五伦关系行事，各安其位，就能够“天下平”了。

不难看出，孟子所讲的“尽心”、“养气”与“学”固然是不完全相同的修养门径，但在实质上，都是为了使人达到对其本心善性的道德上的高度自觉，达到与“天地同流”“万物皆备于我”的理想极境，从而成为“修齐治平”的圣人、君子，完成统一和安定天下的宏伟事业，实现其理想社会的最终目的。从孔至孟的这一思想，经荀子继学和发展后，为历代儒学的传人所承续弘扬，对中国的文化和社会产生了难以估量的影响。

三、“保民而王”的人格论

孟子的理想人格以“圣人”为最高。“圣人”，孟子也常称之为“君子”“大人”“王者”。“君子”一语的含义固然较“圣人”为宽，除了也指称圣人以外，在更多的情况下则是指称较圣贤次一等的“仕”或“士”。如果说“圣人”是孟子的最高理想人格，那么“君子”则是孟子的最低理想人格。在孟子看来，生而不能为君子，那就连做人的资格都没有了。孟子当然不满足于“君子”人格，而要追求“圣人”人格。孟子认为，圣人是“天民之先觉者”，在道德上已经完全自觉；圣人的动作容貌细微曲折，自然合礼，不可知之，达到了“盛德之至”的境界。这一境界就是至高的“神”的境界。“神”的境界是在“美”“大”“圣”相统一的基础上，自然而然地实现的。孟子在对浩生不害谈论乐正子的时候说：

> 可欲之谓善，有诸己之谓信，充实之谓美，充实而有光辉之谓大，大而化之之谓圣，圣而不可知之之谓神。乐正子，二之中、四之下也。（《孟子·尽心下》）

在孟子看来，只有具备“美、大、圣、神”四个特征的人才是“圣人”，乐正子在这四者之下，介乎“善”和“信”之间，还够不上做圣人。孟子又说：

> 夫君子所过者化，所存者神，上下与天地同流，岂曰小补之哉？（《孟子·尽心上》）

由此可见，圣人在“美、大、圣、神”的递进的会通融合中，实现了真、善、美的统一，使人们从风而化，却神妙莫测，就像天地日月的运行变化一样自然。这颇与道家“行不言之教”的思想近似和相通，也恰恰体现出道家思想对儒家思想的渗透和补充的特色。在圣人的影响下，人们业经潜移默化而无所觉察的自然而然的生活，就是儒道两家共同向往的美好道德理想的社会，即孟子所谓的“盛德之至”。圣人的“盛德”是自觉地、自自然然地体现在日用伦常之中的，并非同世俗生活隔绝，也不是超乎于尘世之上，作冷眼旁观，以收取“无为而无不为”的“无功”功效——这又是儒家不同于道家的所在；圣人的德操就是凡众的德操，圣人的生活就是凡众的生活，只不过圣人的德操和生活在精神上是自觉的，在身体力行中以求亲证和完善，因之成为“人伦之至”（《孟子·离娄上》），“百世之师”（《孟子·尽心下》）。圣人是人之精英，但是并不神秘，他与芸芸众生结成一体，而不是高高在上的孤立的神。这既是儒家的圣人不同于道家的圣人的地方，也是儒家的圣人区别于众生的所在。

在孟子看来，圣人之于民众，犹如“麒麟之于走兽，凤凰之于飞鸟，太山之于丘垤，河海之于行潦，类也”（《孟子·公孙丑上》）。圣人无比伟大，民众十分渺小，因而圣人是“出于其类，拔乎其萃”，高于民众的。圣人在身体力行中表现出来，自然也就不与大众相同，这种不同就在于：

> 非礼之礼，非义之义，大人弗为。（《孟子·离娄下》）
>
> 故理义之悦我心，犹刍豢之悦我口。（《孟子·告子上》）
>
> 非其道，则一箪食不可受于人；如其道，则舜受尧之天下，不以为泰。（《孟子·滕文公下》）
>
> 大人者，言不必信，行不必果，惟义所在。（《孟子·离娄下》）
>
> 亲亲而仁民，仁民而爱物。（《孟子·尽心上》）

由此可知，圣人的行为准则是守“道”不舍，“尊德乐义”，合礼仁爱。这虽然只是个体人格的品行，但是非同小可，它直接关系到天下的安危。在孟子看来，天下系于一身，“天下之本在国，国之本在家，家之本在身”，“其身正而天下归之”（《孟子·离娄上》）。在这里，“家”不是个体家庭或家族，而是与“国”同构的氏族部落、分封的采邑之类的族群政治结构体，亦即“千乘之家百乘之家”之类。[①]儒家强调“修身齐家”的目的就在于“治国平天下”，这是凡众不能理解的，所以孟子说：“君子之所为，众人固不识也。”（《孟子·告子下》）

但是，孟子并没有因此而轻视民众，他恰恰是非常重视民众的，他说过一段著名的话：“民为贵，社稷次之，君为轻。”（《孟子·尽心下》）一般都认为

---

① 章太炎：《国学概论》，曹聚仁记录，成都：巴蜀书社，1987年，第25页。

它代表了孟子的民本思想。这确实是有道理的。但还应该看到，孟子的民本思想是与其社会理想、“仁政王道”思想、革命的思想和民族主义联系在一起的。按孟子的看法，圣人、国君要取得天下，必须取得民心，他说：“天下不心服而王者，未之有也。”（《孟子·离娄下》）孟子总结桀纣失掉天下的原因就在于“失其民也；失其民者，失其心也”（《孟子·离娄上》）。商汤放桀、武王伐纣的故事表明，君王施行暴政，必将导致人民革命，人民革命替天行道，必然推翻暴政。孟子强调“以力服人者，非心服也，力不赡也，以德服人者，中心悦而诚服也，如七十子之服孔子也”（《孟子·公孙丑上》）。因此得民心必须弃桀纣，“法尧舜”“师文王”，爱民众，废除暴政霸道，实行“仁政王道”，以德服人，使“德教溢乎四海”（《孟子·离娄上》），这样才能一统天下，长治久安。实际上，所谓“仁政王道”也就是“圣人之政”，其实质乃在于圣人扩充“不忍人之心”，推己及人，泛爱众生，感化万民，使人闻风而来，天下归顺，从而实现其社会理想。正是在这个意义之上，孟子才强调了“贵民”“养民”，进而提出“保民而王”（《孟子·梁惠王上》）、“与百姓同乐”（《孟子·梁惠王下》）的观点。不仅如此，孟子还把民意看作天意的表现，他援引《太誓》的话为根据，说：“天视自我民视，天听自我民听。”（《孟子·万章上》）因之，圣人选贤任贤、去愚除害也要遵从民意、符合民心。孟子高度强调民众的重要性，是为了突出君民一体，实际上，暗含告诫统治者慎独惕惧，不可一意孤行，为所欲为，成为独夫民贼，否则，就会变成人人得而诛之的罪魁，遗臭万年之意。这也正是孟子修养论讲求的物我不分、天人合一理论（逻辑上）在社会领域内的推广放大。它常常同孟子还相对比较狭隘的民族主义观念和情感渗融在一起，强调上下不分，君民一体，一心一德，有序有力，发展民族实力，同化夷狄，而使天下臻向大同。其实，这种“凝聚力”本身无可评说，只有放在具体的历史运动中才能正确对待。

孟子虽然推崇和主张“仁政王道”，讲求“内圣”之学，但为了“安天下之民”，实现其理想社会，在“以德服人”不见效用的时候，也并不排除或拒斥“以力服人”，行“外王之道”。孟子的理由是先圣文王武王都树立了榜样，他说，“文王一怒而安天下之民”，“武王亦一怒而安天下之民”（《孟子·梁惠王下》），“遵先王之法而过者，未之有也”（《孟子·离娄上》）。在孟子看来，圣人仅有圣德是不够的，同时也必须有大勇，辅“仁政”以武力，方能确保天下，以定人心。因之孟子确乎主要是在强调“仁政”的“内圣”一面，但也并非就没有企图将“内圣”（“圣”学）与“外王”（“仁政”辅以武力的“王道”）结合起来的另一面。孟子力倡“王道”，反对“霸道”，这恰恰给人造成一种假象，似乎孟子宣扬和讲求的“王道”真的一点武力也不要了。实际上，孟子的“仁政王道”并不绝对地排斥武力，固然“王道”与“霸道”相对立，孟子也的确从根本上反对暴力专制的“霸道”，但切不可将“仁政王道”与其中所保留的一定的武力成分对立起来看待。孟子看到了武力在社会政治中的作用，所以他要在一定程度上做些必要的保留，但他反对以武力至上的观点和方式来实行统治，因之武力只是附属于他的“王道”的一种成分，并不占有绝对的支配地位。这是不可不察的。研究孟学的时贤常常忽视或没有注意到这一面，不能说不是一个缺憾。突出孟子哲学中的“内圣”即“圣”学一面，当然是十分必要的，但唯有将“内圣”与“外王”的完整含义综合起来，才能把握儒家最高的理想人格圣人——实际上，是圣王——的谛旨。自荀子以后，由孔子奠基的儒家“内圣外王”的圣人、圣王理想被推至极致。但荀、孟已有很大的不同。如果说孟学是从深化孔子的圣学入手，在“仁政”的基础上强调“内圣”与“外王”相结合的话，那么荀学则与孟学截然不同，是从援法入儒、旁收道家思想来阐扬“隆礼”“重法”的王道政治的，并力图在此基础上实现与“内圣”之学的统一。孔、孟、荀的“内圣外王”之道，正是儒家千百年以来的“文能治国，武能安邦”的理想政治的滥觞。

孟子的最高理想人格是应其理想的社会而产生的。孟子认为，圣人出现，施行“仁政王道”，天下归一，便可实现理想的社会，实现或完成圣德。孟子不厌其烦地四处宣扬他的理想社会，《孟子》一书分别在《梁惠王上》《尽心上》以及其他篇章中多次记载了孟子对理想社会的描述：

> 五亩之宅，树之以桑，五十者可以衣帛矣；鸡豚狗彘之畜，无失其时，七十者可以食肉矣；百亩之田，勿夺其时，数口之家可以无饥矣；谨庠序之教，申之以孝悌之义，颁白者不负戴于道路矣。七十者衣帛食肉，黎民不饥不寒，然而不王者，未之有也。（《孟子·梁惠王上》）
>
> 五亩之宅，树墙下以桑，匹妇蚕之，则老者足以衣帛矣。五母鸡，二母彘，无失其时，老者足以无失肉矣。百亩之田，匹夫耕之，八口之家足以无饥矣。所谓西伯善养老者，制其田里，教之树畜，导其妻子使养其老。五十非帛不暖，七十非肉不饱。不暖不饱，谓之冻馁。文王之民无冻馁之老者，此之谓也。（《孟子·尽心上》）
>
> 易其田畴，薄其税敛，民可使富也。食之以时，用之以礼，财不可胜用也。民非水火不生活，昏暮叩人之门户求水火，无弗与者，至足矣。圣人治天下，使有菽粟如水火。菽粟如水火，而民焉有不仁者乎？（《孟子·尽心上》）

这些描述在经济上或可说是一种“井田制”，但这里表现的不完全是社会-经济秩序，这是一个完备的农耕社会形态。在这个理想的农业社会中，人们丰衣足食，安居乐业，得以就学，讲求礼义，相互仁爱，各得其所，各安其位，和谐自适，尽享天年。在实质上，它与《礼记·礼运》中描绘的大同世界并无实质的差别，它们都是儒家所向往的理想世界，但也表达了处于乱世之灾中的黎民百姓向往和平盛世和生活安宁的良美愿望。

孟子生于“尧舜既没，圣人之道衰，暴君代作……邪说暴行又作”（《孟子·滕文公下》），人民无所安息的时代，以孔学道统的继承人自居，怀抱“如欲平治天下，当今之世，舍我其谁也”（《孟子·公孙丑下》）的雄心壮志，扬言“五百年必有王者兴”（《孟子·公孙丑下》），为世之表仪，游说天下，但终以失望而归，因而感叹道：“由孔子而来至于今，百有余岁，去圣人之世若此其未远也，近圣人之居若此其甚也，然而无有乎尔，则亦无有乎尔。”（《孟子·尽心下》）孔、孟、荀三位儒学圣者大师苦心孤诣，殚精竭虑地设计了集“内圣外王”于一身的圣人、圣王，企图把人类引向理想至世。然而，思想者能且只能开启思想、创立学说，至于其思想或学说能否实现或如其所愿，则不是思想者或创立者可以左右得了的。

无可否认，在中国历史上，孔孟儒家的哲学思想，尤其是其理想人格的设计对后世产生了极大的影响，但因其立意太高远，致使这种影响在中国社会的伦理-政治格局中很多时候以负面效应表现出来，当它上升为至高无上的一统天下的“独尊”意识形态之后，不免成为戴东原所谓“以理杀人”的意识形态之宰制的工具理论。因之孔孟的政治理想不免在实践中扭曲、变形、失真。古往今来，源自“圣王”人格理想的降化变形而在国人的意识（显意识、潜意识）结构中沉淀下来的“真龙天子”的情结的剪不断理还乱的（心态）表现①，难道不是一个有力的明证吗？！现代新儒家竭力要在儒学的框架内容纳自由科学和民主精神，以开出“新外王”，则可以说是一个沉重的历史脚注。

毫无例外，孔孟——一定程度上也包括荀子——的一生扮演了堪与哥德笔下的浮士德媲美的悲剧角色，他们个人的悲剧在中国古老的文明增辉生色的时候就结束了，然而古代民族知识分子百年的悲剧也许才刚刚开始。

[原载《曲靖社会科学》（双月刊）1996 年第 3 期]

① 关于这一问题，笔者另有专文论述。

《孟子·知言养气章》义解
——兼论孟子与告子的不动心之道[①]

一、引言

《孟子·公孙丑上》第二章记载或保留着孟子关于“知言”“养气”的思想观点，史称“知言养气章”或“孟子浩然之气章”。当代研究孟子学的著名学者黄俊杰指出：

> “知言养气章”不仅是《孟子》全书中极为重要的一章，而且也是在孟子学解释史上最受到东亚儒者注意的一章。东亚思想史上个别思想家之立场，以及时代思想氛围之变化，均可以其对《孟子·知言养气章》之解释作为观察点。[②]

由此可知，“知言养气章”在东亚儒学发展史上的地位之特殊与重要。事实上，凡是读《孟子》者，均不能跳过此章；若跳过此章，是不可能真正地读懂《孟子》的。早在北宋时期，身为大儒之一的程颐就指示门人说：“《孟子》养气一篇，诸君宜潜心玩索。须是实识得方可。”[③]然而，无疑地说，这一章又是《孟子》全书中最难读懂的部分，似乎成了解读孟子思想的一大瓶颈。因此，千百年以来，对于此章的注解争议最大。以当代“儒家”自命的冯友兰甚至断言：“孟子浩然之气章，前人亦多不得其解。”[④]盖因此故，自20世纪以来，研究孟子学的学者对此章的注解甚多[⑤]，而且后继者无穷。然而，诚如黄俊杰所说：“逮乎20世纪，当代研究儒家思想学者……对知言养气的解释，亦多未能印可。”[⑥]这的确也是事实。问题是，我们在今天和未来都需要不断地重读或重新理解《孟子》，更何况

---

① 本文曾在2009年10月9—12日于台湾“中研院”文哲研究所召开的“跨文化哲学中的当代儒学”第一次小型研讨会之“儒学工夫论的基本问题”学术研讨会上发表，会后略有修改。拙文写完一年后，有幸读到李明辉先生的《〈孟子〉知言养气章的义理结构》一文（收入李明辉：《孟子重探》，台北：联经出版事业公司，2001年。此书为李先生所寄赠！），颇受启发，似乎亦不乏所见略同之处，本想汲取其精华，充实拙文，但恐有掠人之美之嫌，又忙于他事，而终于没有动手。在此提及此事，是希望读者能将拙文与李先生的大作一并读，可能会有互补的效果亦未可知。

② 黄俊杰：《中国孟学诠释史论》，北京：社会科学文献出版社，2004年，第166页。

③ 程颢、程颐：《二程集》//《河南程氏遗书》卷第十八，王孝鱼点校，北京：中华书局，1981年，第205页。

④ 冯友兰：《孟子浩然养气章解》//《中国哲学史》下，北京：中华书局，1961年，第134页。

⑤ 黄俊杰在他的著作脚注中列出了18家之多（同②第168—169页）。事实上，远远不止18家。

⑥ 同②第168页。

孟子是人类思想史上，尤其是中国思想史乃至整个亚洲思想史上不可绕过的一个关键性的大人物。孟子的思想智慧具有不朽的价值。这就决定了我们在读《孟子》的时候，必须面对和重新理解与诠释“知言养气章”。

近些年以来，笔者试图以自己正在探索的“即名求义”[①]方法与“反即名求义”[②]方法研究中国哲学，在此将它们运用于解读《孟子》的“知言养气章”，做一尝试性的理解与解释，以求能有抛砖引玉之效。

二、“知言养气章”义解

如上所言，“知言养气”见于《孟子·公孙丑上》第二章，主要是讲工夫问题，但是其内容涉及孟子的全副心性之学。为方便起见，在此先录其原文。对少数有争议的地方，笔者重新断句和标点，并以粗体字显示。重点处也以粗体字显示。

原文：

公孙丑问曰：“夫子加齐之卿相，得行道焉，虽由此霸王不异矣。如此，则动心否乎？”

孟子曰：“否。我四十不动心。”

曰：“若是，则夫子过孟贲远矣。”

曰：“是不难。告子先我不动心。”

曰：“不动心有道乎？”

曰：“有。北宫黝之养勇也，不肤挠，不目逃；思以一豪挫于人，若挞之于市朝。不受于褐宽博，亦不受于万乘之君；视刺万乘之君，若刺褐夫，无严诸侯；恶声至，必反之。孟施舍之所养勇也，曰：‘视不胜，犹胜也。量敌而后进，虑胜而后会，是畏三军者也。舍岂能为必胜哉？能无惧而已矣。’孟施舍似曾子，北宫黝似子夏。夫二子之勇，未知其孰贤。然而，孟施舍守约也。昔者曾子谓子襄曰：‘子好勇？吾尝闻大勇于夫子矣：自反而不缩，虽褐宽博，吾不惴焉？自反而缩，虽千万人，吾往矣！’孟施舍之守气，又不如曾子之守约也。”

曰：“敢问夫子之不动心，与告子之不动心，可得闻与？”

曰：“告子曰：‘不得于言，勿求于心；不得于心，勿求于气。’不得于心，勿求于气，可；不得于言，勿求于心，不可。夫志，气之帅也；气，体之充也。夫志至焉，气次焉，故曰：‘持其志，无暴其气。’”

“既曰‘志至焉，气次焉’，又曰‘持其志，无暴其气’者，何也？”

---

① 这一概念和方法原为唐君毅先生所提出。

② 笔者的命名。关于“即名求义”与“反即名求义”这两种方法，请容日后另文叙述。

曰："志壹则动气，气壹则动志也。今夫蹶者、趋者，是气也，而反动其心。"

"敢问夫子恶乎长？"

曰："我知言，我善养吾浩然之气。"

"敢问何谓浩然之气？"

曰："难言也。其为气也，至大至刚，以直养而无害，则塞于天地之间。其为气也，配义与道；无是，馁也。是集义所生者，非义袭而取之也；行有不慊于心，则馁矣。我故曰'告子未尝知义'，以其外之也。**必有事焉，而勿正心，勿忘，勿助长也**。无若宋人然。宋人有闵其苗之不长而揠之者，芒芒然归，谓其人曰：'今日病矣！予助苗长矣！'其子趋而往视之，苗则槁矣！天下之不助苗长者寡矣。以为无益而舍之者，不耘苗者也。助之长者，揠苗者也；非徒无益，而又害之！"

"何谓知言？"

曰："诐辞，知其所蔽；淫辞，知其所陷；邪辞，知其所离；遁辞，知其所穷。生于其心，害于其政；发于其政，害于其事。圣人复起，必从吾言矣。"

"宰我、子贡，善为说辞。冉牛、闵子、颜渊，善言德行。孔子兼之，曰：'我于辞命，则不能也。'然则夫子既圣矣乎？"……

义解：

由上文可知，告子的不动心之道为：

不得于言，勿求于心；不得于心，勿求于气。

接下来，是孟子的评论：

不得于心，勿求于气，可；不得于言，勿求于心，不可。夫志，气之帅也；气，体之充也。夫志至焉，气次焉，故曰："持其志，无暴其气。"

由孟子对告子不动心之道的评语，显现出孟子的不动心之道不同于告子。在孟子对告子的不动心之道的陈述中，有三个重要概念或关键字（即"名"或"名相"）："言""心""气"。在孟子对其评语中，也有这三个重要概念或关键字。不过，孟子还增加了一个概念或关键字"志"。于是，对孟子来说，就有四个重要概念或关键字："言""心""气""志"。问题是如何理解这些概念，这是分辨与厘清孟子与告子的不动心之道的关键。以下直述笔者的观点。

第一，从孟子的本心论与人性善论[①]的进路来理解与诠释这些概念，是理解与

① 孟子的本心论与人性善论在本文中有所涉及，但不能展开论述，当另文详论。

诠释孟子与告子不动心之道的一大关键与前提，也是一条最为方便的快捷方式，本文贯穿这一进路。

第二，为了贯彻上述的思想进路，必须将上述“知言养气章”置于《孟子》全书中来理解，同时在理解与诠释上述概念时，不能仅从字面意义上求解，而必须将这些重要概念置于全篇的语境文脉中，紧扣孟子与告子的思想义理来理解与诠释。

第三，在孟子与告子的不动心之道的对比中，逼显出其义理的根本差异。

第四，诚如上文中所说的，抓住其中的关键概念或关键字，与其所欲解决的问题联系起来，作通盘考虑。

把握以上几点，则可相应地得出“知言养气章”之旨，并辨别出孟子与告子之不动心之道的区别。以下是具体的诠释。

首先，“知言养气章”所要解决的问题是，如何由实现“不动心”而达到“养气”的工夫问题。在这里，首要的问题是在于辨清什么是不动心之道，以及在孟子看来所应当选择与追求的不动心之道。因此，孟子从评论告子的不动心之道来阐述自己的不动心之道，借以辨明其不动心之道不同于告子的不动心之道，其旨在申明自己的主张。这一主张的蕴义，作为本章的一个结论来看，就是：告子的不动心之道是应该舍弃的，孟子的不动心之道才是应当选择与值得追求的。这是我们理解与诠释上述概念的前提。

其次，孟子的不动心之道、知言、养气的工夫论是其本心论与人性善论所蕴含的一个必然的环节或部分。本心论、人性善论、工夫论是孟子心性论的三大支柱，缺一不可，它们是一个不可分离的有机整体。因此，有本心论、人性善论，就必然具有存养的工夫论；反之，既有了存养的工夫论，也就不能没有与其相应的本心论与人性善论。必须把孟子“知言养气章”的工夫论置于这一背景下，才可能会有相应的理解与诠释。这是我们理解上述概念的前提之二。

再次，无论是孟子的工夫论或告子的工夫论，都是围绕人自身的问题或人与自己的关系问题而展开的，其旨均在养性。因此，特别值得重视的是，孟子与告子都是沿着其人性论的理路来讲其工夫论的。这是理解与诠释告子与孟子的不动心之道的进路与关键。

最后，从对上述概念的疏解以了解“知言养气”的旨意，具体如下。

（1）“言”

“不得于言”的“言”，从字面意义上说，“言”是“言语”“言辞”/“言词”“言说”/“言谈”“言论”的意思，结合下文“勿求于气”与“勿求于心”来看，“言”是与“气”“心”相区别与相对待的一个层面，即“言”的层面，或“言语”“言辞”/“言词”“言说”/“言谈”“言论”层面。对告子来说，不动心之道有三个层面：“言”层面，“心”层面与“气”层面——这三个层面的关系是依次递进的。其中，“气”层面是一个决定性的最高的层面，就是说，“气”

层面决定“心”层面；其次是“心”层面，“心”层面决定“言”层面。对于“气”层面和“心”层面而言，“言”层面是一个被决定的最低层面。直解“不得于言”一语，意思是“不能从‘言语’‘言辞’/‘言词’‘言论’的层面上得到不动心之道”，或不能在“言语”“言辞”/“言词”“言论”的论述中得到不动心之道。实际上，“言语”“言辞”/“言词”“言说”/“言谈”“言论”中的不动心之道，说的是关于不动心之道在一定的理论上的知识（可以包括关于寻求不动心之道的技术或技艺在内），这正是“言”之一字的真实含义。因此，“言”的层面，或“言语”“言辞”/“言词”“言说”/“言谈”“言论”层面不仅仅只是一个语言或言语的层面，而且在一定意义上是一个理论知识以及技术或技艺的层面，而“言”则是从言语或语言（文字）进到理论知识或技艺上所讲的不动心之道。扩充开来说，是一定意义上的关于不动心之道的各种理论知识（这些理论知识可以是纯理论形态的，或意识形态的、政治的、伦理的、经济的、军事的，等等）以及各种不动心的技艺，这些理论知识以及技艺有赖于言语或语言（文字）而成立，并居于言语或语言（文字）层面的论述或论辩而成立。因此，关于不动心的理论知识是“言”（“言语”、“言辞”/“言词”、“言说”/“言谈”、“言论”/“语言”、语文）中的理论知识或技艺。这就是告子关于不动心之道在“言”的层面，或“言语”“言辞”/“言词”“言说”/“言谈”“言论”层面上的意义。告子的“不得于言”至此而止，他没有回答或说明为什么不动心之道“不得于言”。但是，孟子回答并说明了这个问题。由此，显出了孟子的不动心之道，并且不同于告子。孟子说：

> 不得于心，勿求于气，可；不得于言，勿求于心，不可。

这是对告子言不动心之道分别作出了肯定与否定。在表面上看来，孟子与告子的不动心之道都有“言”、“心”与“气”这样三个层面，而且在“言”层面上，孟子与告子言不动心之道似乎完全没有差别，孟子同意了告子的观点，即是说，二人都认同“不得于言”。其实，并非如此。确实不能否认，孟子与告子言不动心之道皆有三个层面，特别是在“言”层面上，他们确有相同的一面，但是我们不能为其表层现象上的“不得于言”的相似所迷惑，而忽略了它们在深层之真实意义上的根本区别所在。在此，先从“言”的层面上说明孟子之意及其与告子的不同，然后再说明与解释在其他层面上，孟子与告子的不动心之道的差别。

对孟子来说，“不得于言”之“言”虽然可以说是“言”的层面，或“言语”“言辞”/“言词”“言论”层面上关于不动心之道的理论知识以及技艺，或从理论知识以及技艺来讲求的不动心之道，但是这些关于不动心之道的诸多理论知识以及技艺只是“知言”，即所谓“不得于言”之“言”乃是“知言”。依据孟子对“知言”的论述可以看出，“知言”是蔽于一偏或出于一曲的病态之言或极端之言或邪辟（僻）之言，也就是病态或极端或邪辟言语、病态或极端或邪辟言辞/言词/言论、病态或极端或邪辟理论知识，而这也正是不可能从“言语”、“言辞”/“言词”、“言论”层面或理论知识以及技艺的层面上求得不动心之道的原因之所在。孟子论“知言”如下：

> “何谓知言？”
>
> 曰：“诐辞，知其所蔽；淫辞，知其所陷；邪辞，知其所离；遁辞，知其所穷。生于其心，害于其政；发于其政，害于其事。圣人复起，必从吾言矣。”

由此可知，孟子把“知言”（按：“知言”既可以作名词讲，如“何谓知言”，即在此是作名词讲；也可以作动词讲，如“吾知言”）分为诐辞、淫辞、邪辞、遁辞四种，这四种知言都是各自蔽于一偏的四种病态心在“言语”、“言辞”/“言词”、“言论”层面或（纯理论形态的、意识形态的、政治的、伦理的、经济的、军事的等）各种形色的理论知识层面的表现。孟子联系政治与天下之事说明了其危害性。就是说，对执政者或搞政治的人来说，如果有这些各自蔽于一偏或出于一曲的病态心理，必害于词/辞，同时心为词/辞陷，发而为知言——意识形态，变成政令，甚或法律，就必然危害国家政治，既然危害了国家政治，那么也就必定危害到普天之下的一切事情了。事实上，从古至今的许多政治，诸如尼禄的政治、希特勒的政治、墨索里尼的政治已经为孟子的这一论述做出了十分生动、十分清楚而又十分不幸的绝佳注释。如果这些没有发生，生在今天的我们，尤其20世纪80年代以后出生的青年，恐怕已经十分难于了解孟子对于人性、人心、政治与世事的阴暗面的深刻观察与精辟论述了。[①]对孟子来说，“不得于言”是因为“言”是“知言”——表现为诐辞、淫辞、邪辞、遁辞的病态或极端的言语、病态或极端言辞/言词/言论、病态或极端的理论知识。从这些病态或极端之言中，怎么可能求得不动心的正道呢？既然不可能从有病的或极端的或邪辟的言语、言辞/言词、言论的层面上得到不动心之道，那又怎么可能从隐蔽的内在的“心”的层面上求得不动心的正道呢？孟子的言下之意是说，不动心之道既不能从上述的病态或极端之“言”中研求，也不可由病态或极端之“心”求取。从这里也就不难看出，在孟子对于知言的论述里包含着一个预设的前提，即“言”与“心”通，并且“言”为“心”发，或“言”由“心”生。孟子克就告子论不动心之道言“不得于言”之“言”而言“言”，他把这一“言”字或“言”这一概念作“知言”解释，这是很清楚的。

---

① 这里说孟子对于人性的阴暗面的深刻观察与精辟论述，似乎与孟子的人性善论相抵触。其实，如果了解孟子人性善论的真实意义，则不会有这样的看法。笔者所谓“孟子对于人性、人心、政治与世事的阴暗面的深刻观察与精辟论述”一语所说的“人性”，并不是在孟子所主张的“本心”层面或价值层面上的人性善论意义的人之善性，而恰恰是告子所谓“生之谓性”的实然层面意义上的人之本性。对孟子来说，人之实然的本性之所以趋于阴暗的罪恶一面，乃是因为其“本心”丧失、善性泯灭之所致。正因为孟子对于人之实然层面的本性之趋于阴暗的罪恶一面有极透彻的观察与了解，所以他才提出与主张人性善论。其目的即在于消解常识意义上的直观的自然本能的人性论，即告子所谓“生之谓性”的人性论，而使人之性善而向上。这是不能不加以体察的！有学者批评儒家，尤其是孟子不了解人性之恶或人性的阴暗面。显然，在笔者看来，这是一种必须得到纠正的误解！

然而，不能由病态或极端的心培养不动心之道，并不是彻底否定可以从“心”去求取不动心之道。这里的关键是必须区别两种心：一种是病态、扭曲的极端之心（属于识心或习心，见下文的论述），另一种则是正大的本心。孟子否定从前一种心求索不动心之道，恰恰是为了肯定从后一种心且只能从后一种心即本心去求得不动心之道。因此，孟子才十分肯定地说“不得于言，勿求于心，不可”。问题在于，孟子如何理解“心”这个概念？孟子的“心”与告子的“心”有没有区别？其区别究竟何在？

（2）“心”

其实，这一问题并不难了解。从孟子与告子之论人性的观点以及孟子所持的人性善论与告子所持的“生之谓性”的人性论及其关于不动心之道的论述可知，“勿求于心”与“不得于心”之“心”是同一个概念。这一“心”概念，对于孟子来说，是“本心”①；对于告子来说，则是认识心或认知心（简称“识心”）或习心②。孟子的“本心”概念与其人性善论密切地联系在一起，而告子“生之谓性”

① 将“勿求于心”之“心”理解与诠释为“本心”，并非为笔者一人之私见。其实，早在百年以前，日本企业之父涩泽荣一在其久负盛名的不朽之著《〈论语〉与算盘》一书中已作如是解，他在解孟子“不得于心，勿求于气，可；不得于言，勿求于心，不可。夫志，气之帅也；气，体之充也。夫志至焉，气次焉，故曰：‘持其志，无暴其气。’”时，说到志即心之本，气乃心所表现的作用。故志即便合于忠恕之道，是善的，也常会有因一时之冲动而不能合于志的情形，故要持其本心，无暴其可能产生一时冲动的气，这就是说，要使行为没有过失，则心志不动的修养就显得非常重要了。孟子自己能善养浩然之气以促进此一修养，凡人则容易做出种种错误的行为来（涩泽荣一：《〈论语〉与算盘》，宋文、永庆译，北京：九洲图书出版社，1994 年，第 64 页）。

② 本文在2009年10月于台湾“中研院”文哲研究所召开的“跨文化哲学中的当代儒学”第一次小型研讨会之“儒学工夫论的基本问题”学术研讨会上发表时，有幸得到刘述先教授的指正，“习心”概念取自刘述先教授对于本文的建议，刘先生认为孟子与告子的时代没有认识论意义上的“认识心”或“识心”，故用“识心”还不如用“习心”，以免过度诠释。笔者认为，在孟子与告子的时代，的确没有今天严格的认识论上的“认识心”或“识心”的意义，但是至少有常识或一般的心理上的“认识的心”的意义。事实上，这在印度与中国皆然。早在孟子以前，印度的释迦牟尼佛在与其弟子的对话中业已出现了“识心”一概念，例如《楞严经》卷一记载：“阿难白佛言：‘世尊，一切世间十种异生，同将识心居在身内。纵观如来青莲华眼，亦在佛面。我今观此浮根四尘，只在我面。如是识心，实居身内。’”此外，《楞严经》卷一中还出现了与“识心”相关的“觉了知见之心”“觉了能知之心”“觉知心”等概念。尽管近代以来有人怀疑《楞严经》的真实性，甚至断其为伪经，引起争论。本文在此不卷入，并仍然以佛经对待。然而，即使此经是伪经，也不能断定其中的所有记载皆是伪造的。以笔者观之，其中的大量名相并非我国固有之，其言之成理，而理论水平之高，亦非中土所易造也。此不可不察！“识”（vijñāna[梵]/viññāna[巴]）这一概念意指心的了别作用，即是透过对对象的分析与分类而起的一种识别作用。就佛教而言，“识”有偏向心理学意义的情识之意，并非我们今天认识论或知识论上所讲的认识，即知性的认识的意思。“识心”为心的自体，与心所法对扬。在唯识论中，“识心”则为六识或八识之心王。如果说“识心”在与孔孟大致上为同一时期或略早于孔孟时期的“轴心时代”的印度思想中可以出现，那么为什么就不会在同为“轴心时代”的中国思想中出现呢？事实上，的确是有“识心”的概念。笔者无意间在《大戴礼记》中发现了这一概念，出现于孔子与鲁哀公的对话之中。原文为：“公曰：‘寡人蠢愚冥烦，子识之心也！’孔子蹴然避席而对曰：‘仁人不过乎物，孝子不过乎物，是仁人之事亲也如事天，事天如事亲，是故孝子成身。’”（《大戴礼记・哀公问于孔子第四十一》）这段话亦见于《礼记・哀公问第二十七》。只是“子识之心”的“识”为“志”，说明“识”与“志”通。“志”读为“识”，义训为“知也”（王聘珍：《大戴礼记解诂》，北京：中华书局，1983 年，第16页）。可见，“识心”就是认识心或认知心。只是这一概念在当时还没有成为一个完全确定与流行的概念而已。此外，孟子明确地区分了耳目之官与心之官，强调“心之官则思”，可见“心思”可以为一“认识的心”。告子是与孟子论战的对手，如果孟子有“心思”之认识的心（简称为“识心”），那么告子自然也会有认识的心。严格地说，在孟子与告子的时代，认识心与常识的心、习心或一般心理上的“识心”尚未能严格地区分开来，并在不同的学科上确立起来。因此，本文一方面采纳刘先生的建议，另一方面则保留“认识心”与常识心或一般心理上的“识心”，这样或许能使文义比较清楚地得到彰显。笔者顺便在此表达对刘述先先生的感谢！此文宣读后，还得到德国学者何乏笔先生的鼓励以及不知名的日本学者的指正，在此亦表谢忱！

的自然本能的人性论则决定了他在这里所讲的“心”是识心或习心，而不是也不可能是本心。显然，从孟子来说，知言——诐辞、淫辞、邪辞、遁辞不可能由他所说的“本心”所发，而只可能从告子意下的识心所发。因为“本心”是生机健旺的价值（善）本源之心，是先天的、绝对的、无待的，是无偏无弊无病的，决定了人的本性，并向人的修身与践形的工夫实践开放。它存善去恶，本善而向上，而识心是在主体与客体以及它们所赖以存在的环境中的交遇与相互作用的过程里所形成的认识或认知关系中生成或出现的，它只能争取是无偏无弊无病的，但是它无法让自己做到无偏无弊无病，因为它为客体或认识对象、主体自身以及主-客关系及其赖以存在的环境所限制。因此，识心或习心发而为“言”，也就难免不成为总是有偏有弊有病的诐辞、淫辞、邪辞、遁辞这样的“知言”（或理论知识形态、意识形态）。那么，与“本心”相应并由“本心”所发之“言”一定不是“知言”，它究竟是什么“言”，孟子并没有说，但由此推知，则应当是一种无偏无弊无病的至中至正之言了。由此，可以在两种意义上理解与诠释“不得于言，勿求于心，不可”这句话的含义。

第一，在告子的不动心之道的意义上，可以如此理解：如果不可能从“言语”“言辞”/“言词”“言论”的层面上或一定的理论知识以及其技艺的形态上得到不动心之道，那又怎么可能从隐蔽的内在的“心”的层面上求得不动心之道呢？这又包含着两层意思：其一，如果从“言语”“言辞”/“言词”“言论”的层面上或一定的理论知识以及其技艺的形态上得不到不动心之道而放弃这条道路，就绝不可能从隐蔽的内在的“心”的层面上求得不动心之道；其二，如果连从“言语”“言辞”/“言词”“言论”的层面上或一定的理论知识的形态上研求不动心之道都不可能，那么也就不要指望从隐蔽的内在的“心”的层面上求得不动心之道了。这两层含义虽然都有“心”（的地位）高于“言”（的地位）之意，但是所强调与突出的重点却不同，第一层含义的重点在于“心”，第二层含义的重点则在于“言”。从告子的求不动心之道来看，不动心之道必在“气”上求——这是最为重要的一环；要在“气”上求不动心之道，则必先在“心”上求；要在“心”上求不动心之道，则必先在“言”上求。这是从“言”而“求于心”，从“心”而“求于气”的求不动心之道。换句话说，从“气”上求不动心之道必然要落在“心”上；从“心”上求不动心之道，必然要落在“言”上。在这里，告子试图将“言”“心”“气”统一起来。所以，告子才说：“不得于言，勿求于心；不得于心，勿求于气。”对于告子而言，“心”为识心，故“言”为“知言”——一定的理论知识以及其技艺形态之言。从识心求不动心之道，必然落在从一定的理论知识以及其技艺形态或意识形态之言上求。

第二，在孟子的不动心之道的意义上，则可以理解为：其一，如果不能从告子所谓的“言”——表现为诐辞、淫辞、邪辞、遁辞的病态或极端或邪辟言语、病态或极端言辞/言词/言论、病态或极端或邪辟理论知识以及其技艺形态中求取不动心之道，那又怎么可能从隐蔽的内在的病态之“心”或邪辟之“心”的层面上求得不动心的正道呢？其二，既然不能从告子所谓的“言”——表现为诐辞、淫辞、邪辞、遁辞的病态或极端或邪辟言语、病态或极端或邪辟言辞/言词/言论、病态或极端或邪辟理论知识形态中求取不动心之道，那又怎么可能找到“本心”而从“本心”上求得不动心的正道呢？在孟子看来，病态或极端之言与“本心”完全不相应，当然不可能从病态或极端或邪辟之言求得不动心之道了。所以，诚如上文所言，必须彻底地否定从识心或习心而来的病态或极端的“心”，才有可能复其“本心”，找到求不动心之道的正确道路和方法。其三，根据孟子之意，可以从与“本心”相应的至中至正之言上研求不动心之道，因而也可以直透“本心”而由“本心”求得不动心之道——这是孟子论不动心之道的蕴义。这可以由孟子所说的“持其志，无暴其气”一语所证明。孟子这里所讲的“志”这一概念，只能顺其“本心”一概念的脉络来理解，如此理解，则“志”为心志[①]无疑。这一点容下文阐明。因此，从孟子来说，从“本心”求得不动心之道之意与从心志求得不动心之道之意是一致的，除了说法或表述上有所差异以外，并无实质的不同。在前两层含义中，均包含着孟子对告子的求不动心之道的批评与贬抑，而最后一层含义，才是孟子所谓“不得于言，勿求于心，不可”一语所要表达的求取不动心之道的真正实意。就是说，孟子认为虽然不可能从诐辞、淫辞、邪辞、遁辞的病态言辞/言词/言论或邪辟理论知识形态中求取不动心之道，但是这并不意味着不能从本心求得不动心之道。事实上，千言万语，说来说去，孟子正是要表示可以在“本心”上求取不动心之道，在根本上来说，这是唯一正确的道路，尽管不排除可以从至中至正之言上探索不动心之道，但是一切中正之言都只是线索，只有辅助的作用，沿着正中的言论（或知识）行进的目的是必须求得自己的本心、证悟自己的本心，最终只能在本心的证悟中才能获得不动心之道。在孟子对于告子的不动心之道的评论中，有破有立，破与立对比鲜明，显示出他的不动心之道与告子是根本不同的。虽然孟子与告子都讲“不得于言，勿求于心”，但是其意旨之所指委实迥异。这是不能不详加考察与辨明的。

（3）“气”

首先，必须区分告子所言的“气”与孟子所言的“气”之不同。

---

① 涩泽荣一释为“心之本”，当然亦佳。由此可知，“志”与“本心”不仅相通，而且为同一概念（涩泽荣一：《〈论语〉与算盘》，第 64 页）。

告子言气云：

> 不得于心，勿求于气。

孟子言气则云：

> 不得于心，勿求于气，可；……夫志，气之帅也；气，体之充也。夫志至焉，气次焉，故曰："持其志，无暴其气。"

从告子所言的"气"之一字，无法知道"气"究竟何所指。但是，透过孟子关于"气"的论述，则可以窥见告子所言"气"之大致意思。从以上的引文来看，孟子所谓"夫志，气之帅也；气，体之充也。夫志至焉，气次焉，故曰：'持其志，无暴其气。'"中的"气"与告子所谓的"不得于心，勿求于气"中的"气"当为同一概念，这一"气"概念是指人的身体或生理上的实然之气，也就是体气，或相当于中医或养生学意义上的"血气"、"营气"、"卫气"（或"营卫之气"）、"元气"、"真气"之类的气。从告子的"生之谓性"的自然本能的人性论的进路来看，体气、血气、营气、卫气、元气、真气之类的气正是他所欲言与所持着的气。正因如此，告子的不动心之道讲究从气上求取。对告子来说，这是不动心之道的最高工夫与境界。由于气在告子的不动心之道中的地位是至高无上的，因此告子强调与指出"不得于心，勿求于气"。在告子的不动心之道中，"心"——识心、习心，"言"——理论形态的知识，"气"——体气、元气、真气之类，三者是相通相成的，甚至是三位一体的。因此，告子说："不得于言，勿求于心。"就是说，如果不能在"言"层面的理论知识以及有关的技艺中获得不动心之道的修炼方法，那么怎么可能在识心或习心中得到不动心之道呢？！进而言之，如果不动心之道不可以从这一识心或习心上求取，那么也就不能从"气"（养气或练气之道）上求索了。大抵上说，告子的不动心之道是从知识的进路来达到练气养生之目的的一种路子或方法。由此可以看出，告子的不动心之道是古代养生学范畴的，大概不出导引吐纳之类的范围。1973 年长沙马王堆汉墓出土的"导引术"被证实为战国时期的养生术，或许可以为告子的不动心之道提供一个旁注。告子的这一观点遭到了孟子的批评与原则上的否定。因为对孟子来说，在不动心之道中所占地位最高的并不是气，而是"志"即心志。如果说充实在人的身体中的体气、血气、营气、卫气、元气、真气支撑与维系着人的生命，那么心志则统帅与指挥着分散在人的身体的各个部位中的气，使它们有秩序地运行与作用于生命，并使人的生命具有价值，表现出尊严。[①]因此，对孟子来说，心志是第一位的，统

---

① 涩泽荣一释"气"为"心所表现的作用"（涩泽荣一：《〈论语〉与算盘》，第 64 页），可为本文这一解释提供一旁证。

帅与引领体气、血气、营气、卫气、元气、真气，占有绝对的主导与支配地位；体气、血气、营气、卫气、元气、真气是第二位的，从属于心志，听命于心志。实际上，孟子处理“志”与“气”的关系所采取的策略是以“（心）志”调控“气”，在此前提下，使“志”“气”不相分离，交融为一体。这当然是分析地说。实际上，“志”与“气”本来就是一体不分的。如果只有“气”（体气、血气、营气、卫气、元气、真气）而无“志”（心志），那么“气”（体气、血气、营气、卫气、元气、真气）是不稳定的，是容易暴乱的。如此一来，不仅不能做到不动心，而是“反动其心”了。孟子所谓“今夫蹶者、趋者，是气也，而反动其心”说的正是此意。唯有在“志”（心志）的统率与引领下，“气”（体气、血气、营气、卫气、元气、真气）才能够安定下来。因此，不能有“气”（体气、血气、营气、卫气、元气、真气）而无“志”（心志），亦不可有“志”（心志）而无“气”（体气、血气、营气、卫气、元气、真气）。心志专一，则能统帅与鼓动“气”，使其对生命有积极的作用与意义；体气专一，则能使自身和谐安宁，运行有序，顺从心志，并鼓动心志发挥对于体气的统帅与领导作用，使生命具有内在的目的与动力，充满生机与活力，生生不息，获得价值与意义。对于人的生命整体来说，“气”（体气、血气、营气、卫气、元气、真气）不能离开“志”（心志），“志”（心志）亦不可脱离“气”（体气、血气、营气、卫气、元气、真气）；“志”（心志）与“气”（体气、血气、营气、卫气、元气、真气）相对相关，交互作用，相辅相成，既是维系生命活力的动力，又构成了指导或引领生命之善扩充至其极致的价值指南针。这就是孟子所谓“志壹则动气，气壹则动志也”的真意之所在。（孔子所谓“仁者寿”的答案正可以在孟子的这一思理和观点中找到！这一问题无关本文主旨，当另文论述）孟子不像告子那样，只知言“气”，而不知有“志”。（所谓告子不知有志之“志”，乃是孟子意义上的心志，此一“心志”大略与孟子的“本心”概念相当，二者也是相通的，并非告子真不知有志。但是，告子的志是一般的心理学意义上的情志或意志）由此，反映出告子与孟子的生命观的重大区别。显然，告子对于人的生命的看法仅仅是把生命视为一种自然的生理机能的生命体，也就是感性的物质生命——这样的生命是很容易耗尽而干枯的，而孟子对于人的生命的看法则进了一层，他不止是把生命理解为一种自然的生理机能的（物质）生命体，或感性物质生命，而且站在道德价值的高度上来透视生命，从而将人的生命由自然生命提升为价值生命、德性生命，充实而有光辉，使人与禽兽区别开来，划清界限，变成“善”的、“信”的、“美”的、“大”的与“神圣”（“圣”的与“神”的合称）的。①

① 浩生不害问曰：“乐正子何人也？”孟子曰：“善人也，信人也。”“何谓善？何谓信？”曰：“可欲之谓善，有诸己之谓信，充实之谓美，充实而有光辉之谓大，大而化之之谓圣，圣而不可知之之谓神。乐正子，二之中、四之下也。”（《孟子·尽心下》）

孟子能够在“志”与“气”之间叩其两端而把握中道，而告子则常常限于一偏或一隅，只知“气”而蔽于“志”。这表明孟子在哲学思维方法或致思趣向上较之告子无疑是高明了许多。因此，孟子的思想也无疑比告子先进得多也丰富得多了。正因为如此，孟子指出“不得于心，勿求于气，可”，同时又强调“持其志，无暴其气”。这表示孟子的不动心之道重在由心志（本心之志）求，而不是从气上求。但是，这并不意味着孟子反对不动心之道可以由“气”求。其实，孟子只是意在批评与指明，告子的不动心之道弄混了“志”（心志）与“气”（体气、血气、营气、卫气、元气、真气）的关系，并可导致对于“志”与“气”的关系的颠倒。在此基础上，孟子正式提出了他的“养气”论——养“浩然之气”之论。什么是“浩然之气”呢？孟子说：

> 曰：“难言也。其为气也，至大至刚，以直养而无害，则塞于天地之间。其为气也，配义与道；无是，馁也。是集义所生者，非义袭而取之也；行有不慊于心，则馁矣。我故曰‘告子未尝知义’，以其外之也。**必有事焉，而勿正心，勿忘，勿助长也**。无若宋人然。宋人有闵其苗之不长而揠之者，芒芒然归，谓其人曰：‘今日病矣！予助苗长矣！’其子趋而往视之，苗则槁矣！天下之不助苗长者寡矣。以为无益而舍之者，不耘苗者也。助之长者，揠苗者也；非徒无益，而又害之！”

从这段引文来看，孟子旨在说明三层意思：一是指出了“浩然之气”的特征；二是（从反面）说明了养浩然之气的方法——应当避免的忌讳；三是批评与指责告子“未尝知义”（即为内在于人之生命之中的仁义），因而不知“气”为浩然之气，更不知如何培养浩然之气，结果他讲的“气”只能落在自然生命的体气、血气、营气、卫气、元气、真气的本能实然层面上，不可能向价值意义层面上的浩然之气提升。

首先，“浩然之气”是孟子所特有的一个概念[①]，但是不易言，孟子没有为它下一个明确的定义或给出一个界说，而是仅仅描述了浩然之气的特征。这些特征可以归纳如下。

其一，浩然之气至大至刚；

其二，浩然之气因为可以“以直养而无害，则塞于天地之间”（这里的“直”为“正直”而非“直接”之意，表明浩然之气只能以正直的方式培养才是无害的，正因如此，才能上通下达，四面流布而充塞于天地之间）；

---

① 冯友兰说：“浩然之气是孟子所特用底一个名词。但其确切底意义，孟子却又说是难言。后人对这个名词底解释，亦多未妥。”（冯友兰：《中国哲学史》下，第136页）这个说法基本上是符合事实的。

其三，浩然之气“配义与道；无是，馁也”；

其四，浩然之气“是集义所生者，非义袭而取之也”；

其五，对于浩然之气来说，“行有不慊于心，则馁矣”。

其中，最重要的是第四个与第五个特征，即浩然之气“是集义所生者，非义袭而取之也”“行有不慊于心，则馁矣”二义。其中的关键词是“集义所生”与“行慊于心”。结合上文中的论述以及与其相关联的上下文来看，这些特征与信息表明了两点。

第一，浩然之气不是单纯的生理本能之气即体气、血气、营气、卫气、元气、真气，也就是说，不是单纯的养生学意义上的气，而是在养生学意义上的气或生理本能之气——体气、血气、营气、卫气、元气、真气的基础上所产生的并高于生理本能之气或养生学意义上的气的价值意义的义理之正气，由此可见，孟子所言的“气”有两层不同而又相关联的含义。

第二，浩然之气慊于本心或心志，也就是说，浩然之气是与本心或心志相应相得的，是使人的身心得到最大的快乐而处于一种极致的境界的至大至刚的正义之气，并且是由本心或心志所发出的。换言之，浩然之气乃是由本心或心志所决定与支配的。浩然之气必然表现和落实在人的行为或行动之中。因为“行慊于心”（赵岐注：“慊，快也。”），即表现出浩然之心的“行”（行为）必须切合于心，并且“行”不能违反“心”之意，亦即“行”（行为）必须与“心”（本心）一。事实上，表现出浩然之心的“行”（行为）必定是切合于心的。所以，“行”是由“心”所决定的。换言之，道德行为是由本心所决定与所施发的。“心”（本心）在“行”中即为浩然之气，亦即浩然之气贯穿于行为之中，这是“行”与“心”相应与相一致的前提条件。可见，浩然之气必慊于本心，与本心完全相应相得，并为本心所决定与所支配。这乃是行为之为道德行为的根据。

其次，孟子讲到了关于养气——培养浩然之气的方法，但是他并没有完整地说出如何培养浩然之气。因此，千百年来，人们无论怎样仔细地阅读孟子关于“养吾浩然之气”的论述，到头来还是没有人知道究竟怎样培养浩然之气。孟子讲到他的养浩然之气，只有寥寥数语，所谓“直养”、“配义与道”、“集义所生”、“行”要“慊于心”，如是而已。从这些只言词组中，我们只能窥其大概，而无法得其具体的路径与程序。但是，孟子从反面指出了培养浩然之气应当注意的问题，这些问题主要是三种忌讳：其一，“勿正心”，意为无须正心，因为心（本心）本来就是中中正正的；其二，“勿忘”，意为不要妄为（“忘”即妄）；其三，“勿助长”，意为不要人为地去助长（浩然之气的迅速培养），欲速则不达，而应当循序渐进。（“而勿正心……无若宋人然”中的“而”字一般当作语气转折词“故而”理解，固然可通，但是如果解作“尔”

即“你”，亦可通）孟子讲养气的这三种忌讳，是紧接着对告子的批评之后说出的。他说的这几句话，最后一句是“勿助长也”，这比较容易理解，因为紧接着这句话，孟子讲了一个揠苗助长的寓言，说明了“勿助长”的寓意[①]；但是前三句话就不易懂了。自汉赵岐注以来，出现了不同的断句与解释，均未得孟子之心。北宋程颐曾指出：“勿忘，勿助长，只是养气之法，如不识，怎生养？有物始言养，无物又养个甚么？浩然之气，须见是一个物。”[②]程颐虽然从孟子养气的两种忌讳看出其养气之法，但是，他没有想到“勿正心”同样也是孟子的养气之法，而且是更根本更重要的一个方法。至于他说“浩然之气，须见是一个物”，如果落在行为实践上说，自然是可以的，否则，全成差谬。虽然他指点门人要“潜心玩索”，但是他自己亦并没有“实识得”孟子“知言养气”的真意。这是真可令人抱憾的！笔者坚信，这里从养气的三种忌讳来理解与诠释《孟子》的这些文句，不仅符合文意，而且可得孟子之心。为了便于分析，兹再将原文摘引如下：

> 我故曰“告子未尝知义”，以其外之也。必有事焉，而勿正心，勿忘，勿助长也。

从这段引文来看，诚如上文所说，孟子是在批评与指责告子不懂“气”为浩然之气以及如何培养浩然之气，因为告子从来就不知道，也不能够了解“义”（仁义）是内在于人的生命之中的价值，其根源在于他是基于普通常识意识或认识论的观点与视域——也就是从识心或习心出发来看待“义”（仁义）的，这样他就只能把“义”（仁义）视为外在的，这与他把“心”理解为识心或习心是一致的。所以，对告子来说，他所讲求的“气”只是本能实然层面上的自然生命的体气、血气、营气、卫气、元气、真气，或单纯的养生学意义上的气——体气、血气、营气、卫气、元气、真气，而这些气只是生理本能的气，与“义”（仁义）无关。告子从来就以这一方式来理解“气”，那么他怎么可能知道“义”之真谛呢？因此，孟子说“‘告子未尝知义’，以其外之也”。孟子只用了一个“外”字，就把告子从来不知“义”的根源说清楚了。在孟子看来，如果以告子对待“气”的态度与方法来对待浩然之气，那么不仅是将浩然之气与生理本能之气混为一谈，而且是与浩然之气的培养目标背道而驰了。这对于浩然之

① 涩泽荣一对此有一极其通俗和恰当的解释，他说：“这等于将告子痛骂了一顿，要促使禾苗生长，水与肥料的适度添加、杂草的拔除，都是不可或缺的工作，揠苗助长就太无法无天了。孟子的不动心之术可不可行是一回事，但世间往往有揠苗助长的行为是确定无疑的事实。欲使苗长之志诚然是善的，但揠之使长的行为却是恶的。”（涩泽荣一：《〈论语〉与算盘》，第 64 页）如果说揠苗助长的行为是恶的，那么同样可以说“正心”与“妄”为的行为（对于养浩然之气或孟子的不动心来说）也是恶的或坏的。

② 程颢、程颐：《二程集》//《河南程氏遗书》卷第十八，第 205 页。

气（的培养）来说，当然是出了问题，发生了不正常的事情，或者说是出了事故，因此孟子才会说“必有事焉”。这里的这个“事”字，相当于我们今天说的“某某人出事了”的“出事了”，即出现了事故之意，或发生了不正常或反常的事情或情况之意。

今人一般把“事”字解释为“‘养浩然之气’这件事”，未免太过于死煞，很难与上文衔接与相应。汉赵岐注，以“福”训“事”，以“但”解“正”；清焦循则指出“事无福训”，但是对于“正”的解释无异议，并进一步说明“‘正’之义通于‘止’”，“但”与“直”同义，所谓“正之为但，犹直之为但也”。[①]依据对这二字义的解释，焦循述赵岐之意云：

> 赵氏以必有事焉为必有福焉，故而勿正是不可止为此福也。心勿忘是心不忘其为福也，勿助长是不可助长其福也。[②]

焦循认为：

> 赵氏读“事”为“福”，其所本不可详；其读“正”为“止”，而以“心勿忘”为句，则经义可明。盖正之为止，即是已止之止，“必有事焉而勿止”，谓必有事于集义而不可止也。何以不止？心勿忘，则不止也。心何以勿忘？时时以不得于言者求诸心，即时时以不得于心者求诸心，使行无不慊于心，则心勿忘而义集也。[③]

焦循除了对赵氏训“事”为“福”心存疑义而不能同意他对孟子“必有事焉，而勿正心，勿忘，勿助长也”这段文句的解释以外，他又从赵氏得到启发，以为这段经文可以得到明确的理解，于是做出了不同于赵氏的另一种解释。这样一来，“必有事焉”之“事”就成了“心不忘集义这件事”了。焦循在这里所讲的这个“心”字，以及上述引文中的其他“心”字，并不是孟子的“本心”——如果是“本心”，就没有“忘”与“不忘”的问题，而仍然流为告子的识心或习心。这当然与孟子之意相去甚远。焦循在另一处则以“妄”字解“忘”，认为“忘”乃“《易》勿妄之妄”，从而将“勿妄”解释为“进德修业”[③]，还勉强可以接受。但整个地看来，焦循对孟子的了解并不通透。其实，无论是赵岐的解释，还是焦循的解释，都不免太牵强，很难与上下文接应，特别是与孟子的思想根本上不能相应。这表明，思想义理绝不是仅仅可以径直从字词的训诂或字面意义上逻辑地求取的。（这是笔者所谓的“即名求义”的方法的运用）我们必须透过字面意义进入思想本身的义理进路与脉络结构中，才可能理解思想家隐藏于字面之外的究竟真实之意，

---

① 焦循：《孟子正义》上，北京：中华书局，1987年，第203页。

② 同①第203—204页。

③ 同①第204页。

并把它们重述出来。（这是笔者所谓的"反即名求义"的方法之运用）[①]上文将"必有事焉"之"事"解释为事故或情况，或不正常的事情/情况，或反常的事情/情况，正是依据这一哲学的诠释原则而得来，而不是直接由训诂得来。这两种具体的诠释方法虽然不相冲突与矛盾，可以视为诠释过程中的两个进阶与不同层次的表现，但是有相当大的区别，决不可混为一谈。

那么，这些事故/情况，或不正常的事情/情况，或反常的事情/情况究竟是什么呢？这个问题的答案就在孟子后面所讲的三句话中，即他所提出的养气之三种忌讳之中，也就是：正心、妄为、人为地助长。这些反常的事情、情况或事故，只有基于常识、识心、习心或认识论的态度与观点来对待"气"——自然生命的体气、血气、营气、卫气、元气、真气，或单纯的养生学意义上的气——体气、血气、营气、卫气、元气、真气，才会发生。在孟子看来，培养浩然之气，这些方法全成差错，全是不必要的。正是针对这些谬误或误导，孟子旗帜鲜明地提出了养气之三忌：勿正心，勿忘，勿助长。这里最难于理解的是"勿正心"一语。

① 孟子曰："言近而指远者，善言也；守约而施博者，善道也。君子之言也，不下带而道存焉；君子之守修其身而天下平。人病舍其田而芸人之田，所求于人者重，而所以自任者轻。"（《孟子·尽心下》）这段话不仅提供了一个重要的例证，而且具有重要的方法论意义。"善言""善道""修身"是三个递进的层次，由此而显现"君子之言也，不下带"之意。"善言"以"善道"为基础，"善道"以"修身"为基础。孟子以"言不下带"发明"言近而指远"（即"善言"）之义，正体现出笔者所谓的反即名求义之旨。早在八百年以前，朱子已经指出"言近"与"指远"、"守约"与"施博"的矛盾成为"善言"和"善道"的困难，他说："不知道者，务为高远之言，则固荒唐而无余味，然欲其近，则又鄙浅而无深远之趣也。不知约之可守，则固泛滥而少成事，然欲其约，则又狭隘而无广博之功也。然则所谓善言善道者，非有道之君子，其孰能知之乎？"（朱熹：《四书或问》，上海：上海古籍出版社，2001 年，第 509 页）这是颇有启发的。但是，朱子对于孟子"言不下带"说是作"理"说，而不作且不同意作"心"说。（黎靖德：《朱子语类》四·卷第六十一，北京：中华书局，1994 年，第 1473 页）实际上，朱子是以《大学》的理路来解《论语》和《孟子》的。虽然可以自成一说，但是以《大学》的精神理路是否可以得到《论语》《孟子》之旨趣与精髓，却大成问题。这是须注意的。笔者以为，在这里，所谓"言近"乃近在于（腰）带（具象所示之意），而"指远"（指即"恉"，旨意），则远达于修身中所呈现的心或本心。因为"善道"而"道存焉"。"道存"的关键在于道与心（本心）相通。这是"善道"必须依赖于"修身"的缘由。而"修身"之要，则在于不放失心或本心。此之所谓"修其身"可以"守约"而"天下平"的根源。必须注意，这里的"守约"包含由浅入深的三个层次：表层是表现为守带（即"言不下带"），深层是表现为守道（"道存"），而最终的核心层则是守心（本心）。归根到底，"守约"乃是"守其修身"的工夫。由此可知，孟子之言"修身"委实不同于《大学》之所谓"修身"。《大学》的"修身"是以"格物""正心"为基础，但是孟子的"修身"则是以"守约"（即分别为守带、守道、守心三个层次）为基础。孟子形象地指出，"人病"就病在"舍其田而芸人之田"（"芸"，治之意，又作"蕓"或"耘"），即舍去了自己的田地不耕种，而去为别人的田地耕耘，这乃是放失了自己的本心的表现，正如朱子之所云："心若不存，一身便无所主宰。""人之本心不明，一如睡人都昏了，不知有此身。"（《朱子语类》一·卷第十二，第 199—200 页）结果必然受制于外物和他人。此即孟子所谓"所求于人者重，而所以自任者轻"（按："所求于人者重"之言，是相对于"芸人之田"而言，因此"所求于人者重"必然受制亦重；"所以自任者轻"之言，乃相对于"舍其田"而言，表示对自己的田地所担负的义务与责任业已被放弃了）。这固然是不知"守约"而"施博"之病。因此，对于孟子以"言不下带"发明"言近而指远"之义，可以理解或诠释为：浅近形象的语言（文字）或言语可以不受（腰）"带"（物象或物之具象）的限制，所谓言超物（或象）外，其意旨的深远，可以直达于道，并深切于心或本心。

有的断句是断为“勿正”，然后是“心勿忘，勿助长也”（焦循或沿袭焦循的断句）。这样一来，则在“勿正”之后必加补语，加上补语，则歧义百出，而把“心勿忘”解释为心里不忘记“‘养浩然之气’这件事”，则与下文“勿助长也”一语难于衔接与相应，而且与孟子的思想理路更难于相合，同样不免太生硬，太过于死煞。这真是不懂孟子，徒添困扰。其实，如果了解孟子与告子对于人性、生命与气的态度、立场、观点与进路的不同，困难自然迎刃而解。正如上文已经提示的那样，孟子是基于“本心”与（道德）价值论的立场、观点与进路来看待人性、生命与气的，因此他在自然生命之气的基础上提出了价值论意义上的气——浩然之气，这种气在本质上是义气或义理之气，而不是生理之气或本能之气，这就要求以本心论和价值论或超越的形而上学的态度与观点来对待，才能与浩然之气相应。从孟子的这一立场与思想进路来看，本心原本就是中中正正的，根本就不存在正不正的问题，只有识心或习心才会有正不正的问题。孟子提出“勿正心”，就是要扭转这一偏向，把识心或习心转到本心上来。在此可以看出，培养浩然之气是要从本心出发的，以本心去培养的，而不是由识心或习心出发、由识心或习心去培养的。孟子为什么要讲“无妄”呢？因为一“正心”就乱套了，而本心无须正，它本来就是正的，如果硬要“正心”，就把本来是正的变成不正的了；如果必须要“正心”，那么肯定是“正”识心或习心，而不会是本心，只有识心或习心才有正不正的问题，这是《大学》讲“正心”的路子。《大学》讲“正心”是基于“格物致知”的前提与基础上来讲的，这个“心”，当然就是识心或习心，而不可能是“本心”。因此，只有识心或习心才有正心的问题。从“正”识心或习心来培养浩然之气，是完全误入歧途，不得其法，这自然也就乱套了。[附：自此显出孟子的以“本心”言“心”的思路与《大学》以识心或习心言“心”的思路之大异，而这两条言心的思路，正代表了中国先秦心性论的两个发展方向。这两个大方向后来为陆（象山）王（阳明）和朱子所分别继承，亦正好体现在阳明与朱子对《孟子》“知言养气章”的诠解中。这一问题无关本文之旨，当另文论之]无论如何，从“正心”来培养浩然之气必定乱套，乱套就必然妄为。因此，孟子一定要强调与指出培养浩然之气“无妄”（不妄为）。联系下一句“勿助长也”，也应该如此理解与解释，或者由“勿助长也”一语倒溯回来，也应该如此理解与解释，方为相应。这不是由“依语解义”的原则来决定的，而是根据“依义不依语”的诠释法则所做出的。

（4）“志”

上文中已经点示出“志”为心知。“志”是在孟子对告子的不动心之道的评论中提出的一个重要概念，这个概念是孟子的不动心之道中才有的，在告子的不动心之道中没有这个概念。前文中已指出，告子的不动心之道只有“言”“心”“气”三个概念，而孟子的不动心之道则较之多出了“志”这一概念。孟子论“志”

非寡词孤论，而是与“气”对举以论的，也就是在与“气”相对待的关系中来论述的。这段论述重要，为了论述的方便，不妨再次摘引如下。

> 曰：“……夫志，气之帅也；气，体之充也。夫志至焉，气次焉，故曰：‘持其志，无暴其气。’”
>
> “既曰‘志至焉，气次焉’，又曰‘持其志，无暴其气’者，何也？”
>
> 曰：“志壹则动气，气壹则动志也。今夫蹶者、趋者，是气也，而反动其心。”

由此可知，孟子之所以一定要提出“志”这个概念，是为了讨论“志”与“气”的关系，辨明“志”与“气”对于不动心之道的关系，也就是要弄清楚“志”与“气”在不动心之道中所占的地位与作用。告子与孟子的不动心之道并不同路，因而其言“气”或“志”亦不可同日而语。在告子，“气”是不动心之道的最高工夫与境界，不动心之道止于“气”而尽于“气”，何必言“气”呢？但是，对孟子来说，不动心之道并不止于“气”而尽，至少在“气”之上，还有更高的工夫与境界，比“气”高的工夫与境界是“心”或“志”，即本心或心志（本心之志）。比“气”高的工夫与境界之“心”只能是本心，而不会是亦不可能是识心或习心，这一点已在上文论“心”部分阐明，这里不必赘述。需要指出与强调的是，比“气”高的工夫与境界之“心”是本心，这一观点，恰恰是理解与解释比“气”高的工夫与境界之“志”是心志（本心之志）的前提与关键。上文先已点出，“志”这一概念，只能顺其“本心”一概念的脉络来理解，如此理解，则“志”为心志即本心之志无疑；并又强调说：从“本心”求得不动心之道之意与从心志求得不动心之道之意是一致的，除了说法或表述上有所差异以外，并无实质的不同。孟子在论“心”（本心）之后，提出了“志”这一概念。孟子论“心”，是针对告子的不动心之道，以“心”对“言”和“心”对“气”（的关系）而说的。告子的“言”“心”“气”是分别在知性层面与感性层面上说的，即“言”“心”“气”是在知性层面上讲的，而与此同时，“气”又是一个与生理学、中医学或养生学相关的感性概念。因此，“言”为知言，“心”为识心，“气”为体气、血气、营气、卫气、元气、真气之类的气。在这里，“气”的特殊性就在于它既是一个知识论的概念，同时又是一个工夫践形（实践）上的感性概念，具有鲜明的二重性特征。孟子则与告子完全不同，他讲“心”，说“志”，论“气”，根本不从知性或感性层面着眼，而是直透本源或本根，全然超越了生理学、中医学、养生学以及一般知识论的感性或知性的限制，把“气”提升到一种超越的价值论的生命哲学（即超越的价值论的生命本体论）的高度上来看待与论说。因此，“气”业已不再是告子意义上的体气、血气、营气、卫气、元气、真气之类的生理学、中医学或养生学的知识概念或感性概念，而是在践形的工夫实践中由义与道集成的至大至刚的充塞于天地之间的浩然正气了。对孟子来说，尽管作为生理学、中医学或养生学的知识概念或感性概念的体气、血气、营气、卫气、元气、真气具有不可轻视的基础意义，但是仅仅到此或停留于此是远远不够的，必须基于“心”——本心或“志”——心志即本心之志的超越的价值论的生命哲学（或超越的价值论的生命本体论）的高度上来把握“气”，把它向最高处提升与升华，使它成为一种超越的价值论的生命哲学（或超越的价值论的生命本体论）上的浩然正气，“与天地同流”。这样，人的生命才能从自然生命变成价值生命、自由生命。因此，“气”这一概念，无论是作为生理学、中医学或养生学的知识概念或感性概念的体气、血气、营气、卫气、元气、真气，抑或是作为超越的价值论的生命哲学（或超越的价值论的生命本体论）上的浩然正气，它或它们都是从属于“心”——本心或“志”——本心之志的。也就是说，这些不同类型的气，皆由“心”——本心或“志”——本心之志所发。“心”——本心或“志”——本心之志既是这些气所赖于产生与养成的理性根源，同时又是这些气所赖于存在与活动的理性根据与条件。由此，可以看出“心”——本心或“志”——本心之志的内在的超越性。对孟子来说，虽然“心”——本心与“志”——本心之志是相通的两个概念，都具有内在的超越性，其含义大体上相同或近似，但是仍然具有差别。大致上可以说，“心”——本心在外延上较“志”——心志即本心之志为大，而“志”——心志即本心之志只是“心”——本心的一个面相或一种形态，在逻辑上可以视为上下位之间的差等关系。此外，在孟子的不动心之道中，“心”——本心主要是对“言”来讲，“志”——本心之志主要是对“气”而论；就养气论来看，“志”——本心之志则是沟通与连接（上述两种意义或两种类型的）“气”的中介与具体路径。换句话说，“志”与“气”的关系把“心”与“气”的关系具体化、外在化与客观化了。也许，孟子说的“浩然之气”可以“直养”的究竟之意要在“志”与“气”的关系即心志与浩然之气的关系中才能得到相应的谛当理解。事实上，如果说浩然之气与本心是完全相应的（上文已阐明），那么它与心志也是必然相应的——关于这一点也已在上文做了解释与说明。因此，顺这一理路走下来，则可以推知，养气之道贵在养“志”——心志即本心之志，而养“志”之道则必在养“心”——本心。对于养浩然之气来说，“直养”之究竟义谛就在于养“志”。养“志”的具体内涵当然是在集义与配道了。显然，这又转为工夫践形上的事了。而就“养心”说，孟子又提出“寡欲”论。孟子说：

> 养心莫善于寡欲。其为人也寡欲，虽有不存焉者，寡矣；其为人也多欲，虽有存焉者，寡矣。（《孟子·尽心下》）

孟子这里说的“养心”，自然是指存养“本心”或“仁义之心”。故文句中的“存焉”与“不存焉”也是对于“本心”或“仁义之心”的存显与否而言的。[①]那么，存养“本心”或“仁义之心”必须克制“欲”心或“人心”，这就是将物欲降至最低程度。如果一个人在修养上做到了“寡欲”，那么“本心”不显现的是极少的；反之，人心充满了欲望，那么“本心”还能不放失的就微乎其微了。这是孟子从工夫论的修养践履上阐述如何“养心”。一旦知道了如何“养心”，那么“养志”与“养气”自然就不在话下了！由此则知，“集义”与“配道”首重在于“寡欲”。这样，孟子就把“养气”真实地落实在了践形的工夫上了。

三、结语

在中国哲学史或心学史上，孟子的不动心之道与告子的不动心之道分别代表了两种不同的工夫论的道路和方向，显示出他们在哲学思想上的异趣，具有不同的重要意义。但是，必须看到，孟子的不动心之道不仅不同于告子的不动心之道，并且超越了告子的不动心之道；孟子为自己的不动心之道从理论上、价值伦理上和工夫践形的实践上奠定了一个儒家的心性学的坚实基础；无论在中国思想史、哲学史或儒学的工夫实践论上，都是了不起的具有划时代意义的创造性的伟大贡献。

写于 2001 年 9 月
略改于 2007 年 7 月 28 日
订于 2009 年 10 月 2 日
2009 年 10 月底再校订

（原载《深圳大学学报（人文社会科学版）》2012 年第 5 期，收入此集时又有订正）

① 关于“本心”或“仁义之心”的存显与否，孟子还说过：“虽存乎人者，岂无仁义之心哉？”（《孟子·告子上》）又说：“人之所以异于禽兽者几希；庶民去之，君子存之。”（《孟子·离娄下》）

霞谷（郑齐斗）工夫论思想渊源探要[①]

霞谷的工夫论堪称韩国性理学之工夫论的集大成者。研究霞谷的工夫论，必须弄清其来龙去脉，才能深入地把握。然而，霞谷的工夫论经历了一个较长的形成过程，其思想背景与渊源十分复杂与多绪，并不如想象的那么简单。中国的大儒与大哲学家牟宗三称居于“中国文化的核心的”中国哲学为“生命的学问”[②]，我们也可以说，霞谷学是彻头彻尾的生命的学问。研究霞谷的工夫论，必须注意两点：其一，霞谷的工夫论与霞谷的学问是不分的，它们不是二而一的，而是一而不二的。其二，霞谷的学问是自他的生命中流出的，是他的生命体验与亲证的结晶。因此，霞谷的工夫论是他生命的修行与实践的智慧的理论。不妨说，是生命的工夫论。正因如此，霞谷提出与强调“圣学”是“真学问”，而不是假道学，不是虚伪的大义。霞谷一生疾恶伪学，并批判伪学，极大地影响了门人弟子乃至整个江华学派[③]，使江华学派成为抵制与批判伪学而追求“实学”的中流砥柱。由此可以看出，霞谷学之所以能产生深远的影响，是处处与他的工夫论相联系的。那么，霞谷的工夫论究竟有一些什么样的来源呢？根据笔者的粗浅了解，以下分别从四个方面做简要论述。

一、霞谷工夫论从朱子学到王学的转关

透过《霞谷集》所收入的《年谱》、《行状》、《遗事》、《祭文》以及《门人语录》等可知，霞谷出身于名门望族，原本就是士大夫的后裔，自幼跟随祖父学习，又受伯父的影响，先后从学于“老论”派的代表宋同春的门人李圣益和李星龄，并得到宋同春的赏识，赞为“瑚琏器”[④]，在这样的家庭中长大，就像他们

---

① 本文曾宣读于“第四届知行论坛暨东亚阳明学与地域阳明学派国际学术大会”(2016 年 9 月 22—25 日)，并在会后作了修订。

② 牟宗三说：“……生命总是纵贯的，立体的。专注意于科技之平面横剖的意识总是走向腐蚀生命而成为‘人’之自我否定。中国文化的核心是生命的学问。由真实生命之觉醒，向外开出建立事业与追求知识之理想，向内渗透此等理想之真实本源，以使理想真成其为理想，此是生命的学问之全体大用。”（牟宗三：《生命的学问》自序，台北：三民书局，2007 年，第 1—2 页）

③ 江华学派对伪学的批判，可参阅沈庆昊：《江华学派的伪学批判》//郑仁在、黄俊杰：《韩国江华阳明学研究论集》，上海：华东师范大学出版社，2008 年，第 255—273 页。

④ 《年谱》//郑齐斗：《霞谷集》卷十，韩国民族文化推进会编辑影印，第 269 页。

中的大多数人一样，通过科举考试以求得功名利禄，可以说是一条必由之路。事实上，霞谷开始也不例外。在他24岁的时候，他参加了一生中最重要的一次殿试，结果不料竟然为“下第”（即落第）[①]，由此引发了他人生的一大转折。这次科举考试的失败，导致他与朱子学的决裂，而走向王学。霞谷向母亲表明心迹，放弃朱子学与科举考试，在得到母亲的允许后，便闭门读书，专心于学问，“归属不出于《诗》《书》‘六艺’之内”[②]，并转而师事“少论”派领袖朴南溪世采，出入于其门下，从此走上了一条探索“生命的学问”的道路。[③]在此，值得关注的问题是，霞谷为什么会殿试落第？其内在缘由是什么？

以霞谷的才智与平时的学习成绩来看，他的落第是难以理解的，更何况他在20岁时的科考中已有良好的表现，对于俗套的“场屋文字”也已熟悉和掌握。据《遗事》载，霞谷“早岁举业时，场屋文字，不但屡中，对策往往为人称说。此乃弱冠时事。自废举以后，不复留意于词章藻华……”[④]那么，为什么却在又经过四年的用功苦读以后落第了呢？从所有的文字记载来看，霞谷殿试的时候并没有什么特殊的情况发生。因此，这是不符合常理的。但是，我们联系到他后来在学问上与人生态度上的转向来看，这一点也就不难理解了，甚至可以说，他的落第是难以避免的。

朝鲜王朝的性理学与中国的宋明理学一脉相承，其科举考试是对中国科举考试的一种移植，考试的内容也不外乎“四书五经”，但是是以朱熹的注释为标准的，简单地说，霞谷殿试的内容实际上就是当朝所尊崇的朱子学。[⑤]然而，问题就出在这里。霞谷在长期学习正统的朱子学的过程中，朱子学并没有进入他的生命，他的生命与朱子学总是格格不入，因此他对朱子的学问方法深表怀疑，这终于导致了他对于朱子学的不满，只是早年没有表露而已。门人李匡臣对于乃师的学思历程有一段重要的叙述，兹引如下：

> 先生初年，从事于考亭之学，凡《大全》《语类》，义理精微，蚕丝牛毛，靡不贯穿研索，顾其格致之训，即物穷理之说，终觉有抵牾未入者，求之濂溪、明道说，则格致训义虽亦未有异于考亭，而道体工夫之实处则浑全简易，未见有离析。至如“心即道，道即心”“心外无道，

① 《年谱》//郑齐斗：《霞谷集》卷十，第269页；《行状》的表述为“殿试又见屈”，见郑齐斗：《霞谷集》卷十，第280页。

② 《年谱》//郑齐斗：《霞谷集》卷十，第269页；《门人语录》//郑齐斗：《霞谷集》卷十，第291页。

③ 《年谱》//郑齐斗：《霞谷集》卷十，第269—270页。

④ 郑齐斗：《霞谷集》卷十，第292页。

⑤ 郑仁在先生指出：“朝鲜王朝亦以朱子学为官学，‘金榜题名’这一科举的观念比起朱子学的义理来，其现实的成分太重，士林派们正苦于现实利益和理想的名分（道德）之间所产生的距离。”（郑仁在：《韩国江华阳明学研究论集导论》//郑仁在、黄俊杰：《韩国江华阳明学研究论集》，第4页）

> 道外无心”之说，尤有默契妙合焉。又复参之诸经。凡明诚精一一贯之妙，凿凿然相符。中年得阳明书读之，至其“致良知”“知行合一”之说，乃有发周、程所未发者，遂乃跃然省悟，专心致知于此。非故欲求异于考亭。只是于根本大体与功夫入门处，不能无离合繁简之差而然。然尊信考亭，亦未尝不笃。其他文义之明当处，亦未动一字。①

这段文字证实，霞谷早年就与朱子训“格物致知”为“即物穷理”之说相抵牾，并对朱子学产生了深深的怀疑。李匡臣说的“先生初年”一语，从霞谷一生的学思历程来看，应该是指从他师事于宋同春的门人李圣益和李星龄的门下开始，经过科场落第而废举专志于学，至读阳明书（大约 32 岁）前的一段时期。那么，不难断定，霞谷对于朱子学的不满由来已久。可能在 20 岁的时候，他就开始从周濂溪与程明道之学中寻找出路了。四年以后，霞谷所接受的朱子学正在悄悄地被改变，已不再合乎正统的朱子学的标准了。这就注定了他 24 岁科场落第的命运。无疑，这与他对于学问和人生的态度均有密切的关系。

程子曰：“故科举之事，不患妨功，惟患夺志。”②霞谷崇尚“圣贤”，讲求义理、知识与践行的统一，以知行合一的真儒风范为宗，追求“独心性求仁”的“圣学”，并落实于“实学”之中，赞美自励笃行而有高节的可敬可贵者，以及性质清洁恬淡的自然疏闲者的为学与为人的态度，对于以学问为谋求功名利禄，外驰失本，满足一己之私欲的工具之态度嗤之以鼻，嘱咐子孙后代务必彻底戒除之。这种人生志向与对待学问的态度，在他 34 岁所写的《壬戌遗教》一文中一表无遗。③显然，在霞谷的时代，流行的朱子学在很大程度上业已沦为满足人的私欲的工具，或求取功名利禄的敲门砖了。这正是霞谷所斥责的“外驰者”之学，而非“为己之学”。对于以朱子学为内容和标准的科考之路，霞谷早已深感厌恶。因此，他“惟患夺志”而弃绝举业，应该是顺理成章的。他在《壬戌遗教》中还对子嗣强调：

> 如时文俗制，文理既成之后，随众习为，只可应举而已。终勿废实学，且如经书，须是精学贯通，不得如时辈涉猎卤莽也。

---

① 《门人语录》//郑齐斗：《霞谷集》卷十，第 298—299 页。

② 程颢、程颐：《程书分类》下，第 530 页。

③ 霞谷齐斗对其家人说：“尝观世之学士大夫，所趋有高下，有以文词藻绘以为事业者，以记诵博识为多者，以摘抉章句、考校训诂为能而不知本者，至有以拘曲小道为专门者，又为外驰者也。有蒙识昧本而细行自多小节拘慎者。徇高果行以自励者，笃行高节可敬可贵者，至于性质清洁恬淡自然疏闲者，则亦美矣。又有以放浪风流而高者，外驰者也。有愿厚而卑近者，有论议风裁律身持世者，有义理知识而践行以为儒宗者。独心性求仁之学为圣贤宗旨。其要于论之求仁克复，《孟》之存养集义，《学》之明德至善，《庸》之中和率性，周、程之无欲，《定性之书》可见。至如有仁心仁术识明才高，可以经济，则至矣。又有以喜世务于事功为务者，外驰者也，戒之，戒之。”（郑齐斗：《霞谷集》卷七，第 220 页）

汝惟专意经学守家，或略治时久，以应滥试之后，只效阴禄则或可矣。不必专事科第宜矣。[①]

这虽然是他在落第多年以后作为绝笔书所留下的遗训，但是却表明了他多年以来所持执的人生志向与为学态度。以此看来，他压根就没有将举业当回事来对待。因此，对霞谷来说，殿试的对答或答卷是不大可能令考官满意的，科场落第成为一个不可避免的结局。伊川有言：少年登高科为人生“三不幸”之第一不幸。[②]又说：“有志于道者，要当去此心（按：“此心”指求科举之功利之心）而后可语也。”[③]霞谷自觉地避免了这一不幸，真可谓是圣贤道上的“可语”之人，岂不为大幸哉！在此不难想见，其中也包含着一种可能，那就是24岁的科场落第，是出自霞谷绝意科第而专一寻求圣贤之道的一种策略的表现。这对于心思细密的霞谷来说，并不是不可能的。因此，落第以后，他未久就向母亲呈明了心志，并且顺利得到了应允。可见，霞谷的人生志向与为学态度是内在高度一致的，它们一转向就一转而俱转了。

上引李匡臣说霞谷在转向王学后“尊信考亭，亦未尝不笃”，如果就后来霞谷的成熟学问与思想来看，或许可如此说，事实上，所谓的“尊信考亭”乃是建立在王学的基础上的，因为对霞谷来说，“格物致知”不再是“即物穷理”，而是“致良知于事事物物”之义了。然而，如果对于此时（24岁前后）的霞谷说“尊信考亭，亦未尝不笃”，恐怕就有失真实了。李匡臣这一说法，似乎具有调和王朱之意，不避为师开脱之嫌。然而，从李匡臣的叙述可知，霞谷在怀疑朱子学后，力图通过周濂溪与程明道之学找到出路，以求摆脱对朱子学的怀疑，虽然在“格致”的义训上没有得到新的收获与启发，但在道体的功夫上却让他大开眼界，看到了“浑全简易，未见有离析”的真实一幕，并对“心即道，道即心”“心外无道，道外无心”之说有默契妙合的效果。同时，以诸经参证，与其“明诚精一一贯”之旨趣，亦颇感凿然相符。无疑，这就为他走向阳明学奠定了必要的基础。在这一意义上看，周濂溪与程明道之学（尤其是后者）不仅成为霞谷从朱子学转向阳明学的“桥梁”，起到了一种过渡的作用，而且周濂溪与程明道之学也是霞谷的重要思想来源之一。

终于功到自然成，霞谷在“中年”完成了从朱子学向王学的重大转关，时间大约在霞谷32—34岁这一时期。据上引李匡臣之说，乃师“中年得阳明书读之”，发现阳明的“致良知”与“知行合一”说发濂溪与明道所未发，于是“跃然省悟”，

---

① 郑齐斗：《霞谷集》卷七，第220页。

② “伊川先生言：‘人有三不幸：少年登高科，一不幸；席父兄之势为美官，二不幸；有高才能文章，三不幸也。’”（程颢、程颐：《程书分类》下，第531页）

③ 程颢、程颐：《程书分类》下，第530页。

由此专心于阳明之学。这里“跃然省悟”四字是传神之笔，传达出霞谷由读阳明书而悟道，并得到了莫大的喜悦。这正是霞谷生命转关的大关节点之所在。这个大关节点不是来自理论思辨，而是洞开了霞谷生命之“根本大体与功夫入门处”，这不仅为他寻找到了正确有效的学问之路，而且找到了生命的方向与落实处，这真像是大死过一回的重生。如果说濂溪与明道在大体之工夫上打开了霞谷的眼界与心量，那么阳明则开启了霞谷到生命的大本大根之工夫门径，终于使他抓住与敞开了生命的光源。这种天机与喜悦并非人人可有，可谓一生难求。从这一意义上看，霞谷从濂溪与明道之学进到阳明之学而产生了突变，是自然而必然的，同时也是幸运的。因为此时，阳明学已经从中国传入朝鲜。但由于由修正朱子学而站在朱子学的立场上质疑、批判与贬斥阳明学的明朝儒者罗钦顺（1465—1547 年）的《困知记》早于阳明的《传习录》传入朝鲜并流传开来[①]，适合与满足了朝鲜王朝树立朱子学权威的需要，所以阳明学自传入初期就被视为异端而遭到排斥。那么，阳明书（《传习录》）难以流行，甚至被列为禁书，也就只能在有限的范围内暗自流通了。尽管如此，这也为霞谷提供了一种良好的机会。有关传播学的研究给人一个重要的启示：一种学问被禁止得越多就传播得越多。当霞谷对朱子学心生疑问而久久不能释怀时，他一定会向朱子学以外的学问去寻找答案，尤其是作为朱子学的对立面的阳明学更能引起他的兴趣与好奇。对他来说，找到阳明书并非难事。但他并没有直接去读阳明书，而是试着去接近阳明，所以他通过濂溪与明道，最终顺藤摸瓜，得到了阳明的真髓。较之于那些只能终身陷于朱子学窠臼的人来说，霞谷却自由地出入于性理学的两大骨干即朱子学与王学之间，真是何其幸运啊！这与他行事谨慎的风格亦相表里。对于霞谷来说，在他实现了从朱子学向王学的转关后，不可避免地发生了他与朱子学之间的决裂。尽管李匡臣特别补充与强调，乃师霞谷的学问并非有意追求在朱子学之外另搞一套而与朱子学不同，只是于为学工夫上所存在的离析与合一、繁复与简易的差别而造成的情形，霞谷还是笃信朱子学而无舍，但是却欲盖弥彰，暴露了霞谷与朱子学之间的裂隙。

从霞谷的书札可以看出，霞谷至迟在 34 岁就坚定了对阳明学不可动摇的信心，实现了从朱子学到阳明学的大转关。这一年，霞谷病危，以为不久于人世，唯对于阳明学，则不忍泯默，于是他要向授业师朴南溪公开表明自己是阳明学学者的立场与身份，以求死得明白，死而后已。这封名为《拟上朴南溪书》的书函可能是准备留在霞谷死后才交给朴南溪的，所以实际上在当时并没有交到朴南溪手上。此书中写道：

后世学问，惟其义理心性，两用其功。故学者之于道，未免二之。

---

① 郑仁在：《韩国江华阳明学研究论集导论》//郑仁在、黄俊杰：《韩国江华阳明学研究论集》，第 3、5 页。

> 视圣门求仁之学，不能无二。……窃以为天理即性也。仁义理智皆是也。心性之旨，王文成说恐不可易也。一部《孟子》书，明是可证。而如《庸》《学》诸旨，《论语》求仁，唐虞授受其旨，实无不同者。若使彼果主一而废一，则固然无可言，令分与合之际，一而二之之间，所争毫厘，则正当明极力辨处尔。伏惟门下岂非以扭常而废之而已哉。窃以为此为天地间大道理所系，而某未克求正，则不忍泯默。敢此略布，以冀垂谅焉。不能尽下怀之万一，惟祝为道加护。①

值得注意的是，这里霞谷明确提出“天理即性也”与“心性之旨，王文成说恐不可易也”的观点，并强调“一部《孟子》书，明是可证”，而且与《中庸》《大学》《论语》以及唐虞授受的宗旨若合符节，这表示他对于阳明学所持的定论。与此同时，他批判了崇信朱子学的学者对“义理心性，两用其功”，“视圣门求仁之学，不能无二”，主一而废一，将道学分离为二的弊病，更大胆批评朴南溪门下扭曲圣学之常道而加以废弃的错失，希望朴南溪能够成为“护道者”的领袖并为有功于“圣学”者加护。此外，霞谷在同时写就的《壬戌遗教》中，亦对家人表明了自己对于阳明学的态度和立场以及遗恨，希望子嗣继承自己的遗志，弘扬阳明学。他写道：

> 后世学术不能无疑。窃恐圣旨有所未明，惟王氏之学于周、程之后庶得圣人之真。窃尝委质潜心，略有斑见，而恨未能讲。……惟是毋自卑下，勿忘吾志。良知之学，直是真实，只惟吾性，一个天理而已。不是向于文句，逐于言语，以为论辩之资而已也。须是知得至意所脑而领会之耳。是人心良知之无不自知得者是耳。惟实致之而已。且不必与世俗相为标榜，而于末梢上争辩，而（笔者按：此处可能漏掉了“于”字）外面浮泛。惟自老实为之。②

这无疑是他留下的遗言。由此可知，霞谷对于流行于世的学术即朱子学深有怀疑，于是乎潜心于阳明学，而深造有得。他确信只有在濂溪与明道之后的王阳明之学得到了圣人（孔孟）的真髓。这与上述“王文成说恐不可易也”的旨趣完全相同。他充分地体会到阳明的“良知之学”直是真实的学问，提出“只惟吾性，一个天理而已”的观点，只要联系到上述“天理即性也”的看法，即可得出“天理即吾性，吾性即天理”的完整表述，他指出人心中的良知是从自己的生命心性中用功体会出来的，不是可以从言语文句与辩论中得来的，这与明道所谓“夫‘天理’

---

① 郑齐斗：《霞谷集》卷一，第 11 页。

② 郑齐斗：《霞谷集》卷七，第 219—220 页。

二字却是自家体贴出来"[①]的体验一般无二。因此，对于"良知之学"，只能老老实实地做工夫，把握"致良知"的关键（所谓"至意之脑"），才能有真实的体悟与收获。他最为抱恨的就是来不及（以"讲"学的方式）将阳明学弘扬光大，就行将离开人世，只能将自己的遗志托付给子嗣以及门人去完成了。

事实上，霞谷幸免于死。过了此关之后，身体便逐渐强壮起来。从此，霞谷的阳明学走向了成熟之路。

毫无疑问，阳明学成为霞谷学最重要的、直接的思想源泉。日后的江华学派直承阳明学而起。回顾霞谷之思想渊源，最可玩味的就是霞谷在通过生死关头的考验中，实现了从朱子学到阳明学的转关，霞谷由此而"道成肉身与肉身成道"，获得了肉身与精神生命的双重重生与合一。真可谓天降大任于是人也！

二、霞谷工夫论与明道之学

上文中指出，明道之学是霞谷工夫论思想的来源之一。那么，明道究竟是如何影响霞谷的工夫论的？霞谷又是如何汲取、吸收与消化明道的工夫论的？这一问题仍然有待探讨。《年谱》载：霞谷常咏明道之言，66 岁编纂《程门遗训》、注明道《定性书》，并云：

> 先生居，常咏明道之言。采其语，分目为书三篇，名《程门遗训》，且以《定性书》切于为学。而论者多失其旨归。遂解之。盖于程伯子慕悦也深，故言行之间多自契。玩心高明，超然于文字之外。而深造自得之趣，妙道精义之发，自然有冥会默成，历久弥彰之验。是以晚年气象和粹高明，表里洞然，坦乎明白。其得于明道者然也。[②]

这段文字主要指出与强调霞谷学与明道的渊源，并有暗将霞谷的道德文章与人格气象比拟于明道的意味，可谓用心良苦。如果将这份《年谱》和沈錥所撰的《行状》与伊川为其兄所撰的《明道先生行状》做一比较研究，一定会很有趣。这里需要指出的是，在沈錥撰写的《行状》中，有一段文字与此段引文意旨无异，仅文字上略有出入。但是，接下来有一句话则不同，此话很是要紧。其曰：

① 郑齐斗：《心经集义》//《霞谷集》卷十八，第 462 页。

② 郑齐斗：《霞谷集》卷十，第 272 页。此外，《年谱》引门人尹淳的祭文中亦有云："虽务外者惑之，好古者疑焉，而先生之所自信而不悔者。有不求知乎人而谓孔颜之我师。"（郑齐斗：《霞谷集》卷十，第 279 页）也透露出霞谷学被疑为非正统的事实。

世人或窃疑先生为新建之学！而此于先生何足为轻重也哉！[①]

如果由此两份文献来看，可以得到两个重要信息：其一，霞谷对明道慕悦很深，霞谷的学问与人格气象全然得自于明道；其二，有人怀疑霞谷之学的正统性，以为它既不是朱子学，也不是“程子”（二程）之学，而是“新建之学”。所谓“新建之学”固然非“正统”之学，那么很可能就是“异端”了。无疑，这一“异端”无非就是阳明学。可见，无论是强调霞谷学的思想渊源为明道之学，抑或极力否认或掩盖霞谷之学为“新建之学”（“异端”），其目的均在有意回避或遮掩霞谷学为阳明学的实质。在霞谷的时代，阳明学只能藏身于朱子学的阴影中，以“阳朱阴王”的形式存在，为躲避被视为“异端”而罹祸，采取必要的规避策略与文字措施是完全可以理解和应该理解的，更何况它指出了霞谷学与明道学在思想渊源上所存在的不可割裂的紧密关系。显然，我们今天站在学术的客观立场上看，必须承认与肯定明道对于霞谷思想的重要影响，然而不能将霞谷思想的来源全都归到明道处。较之于阳明而言，明道对于霞谷的影响毕竟是次要的。虽然为次，但是不可忽视。为了厘清霞谷的思想渊源，尤其是其工夫论的来源，仍然必须对霞谷与明道之间的关系进行探究。

从《年谱》与《行状》的记载可知，霞谷于80岁的高龄奉召入对，分别于戊申（年）四月和五月两次对国君讲“慎独”工夫，第一次是讲“对事”（按：即王道政治，经国之事）而言“慎独”工夫，第二次是讲为学工夫而言“慎独”，并强调这是明道所重视的工夫，似乎有意凸显出霞谷的工夫论与明道之间的渊源。为了阐明这一问题，兹引如下：

> 入对讲朱子庚子对事。先生进曰：“朱子遭遇，李宗图说。盖天下万事，无纪纲则不立。然其本在于正心。而正心之本又在于慎独。天理私意八字打开者，在于慎独。天德王道功效溥博者，在于慎独。《大学》之诚正，《中庸》之戒惧，无非慎独之意也。其最初下手处在于此。彻头彻尾处亦在于此。硬着心力寻句路脉，则大本自立矣。”[②]
>
> 上谕：“……前日只讲文义，今日欲问学问工夫耳。”先生辞谢而对曰：“经曰：‘日日新又日新。’朱子对事，条论虽多，而大本必归于君德。紧要则每在成就圣学。大底进讲之规，日有课程，苟能得其旨，则一句有一句功效，一篇有一篇功效。如是然后方有实用。殿下虽留心圣学，数问经筵，终是讲诵为主。课程不胜，记诵文字虽多，恐不足反躬实践之要。必日新又新，然后学有缉熙于光明矣。夫草木有根本，

① 郑齐斗：《霞谷集》卷十，第287页。

② 《年谱》//郑齐斗：《霞谷集》卷十，第275—276页。又见沈錥：《行状》//郑齐斗：《霞谷集》卷十，第282页。

> 日日滋长；学问有根本，方有依据。本领既立，工夫接续，如天运之不息，日月之贞明，然后方为笃实工夫矣。圣人如天，于穆不已。何处挟杂功利私义？程子推演为学之方，而必以慎独为主。此即于穆不已处，此即致中和工夫处。天地位，万物育，莫不从这里训致。此外更无别法矣。”①

值得注意的是，关于第二次讲“慎独”工夫，《行状》的记述虽然与《年谱》的记载在意思上并无不同，但是在文字上却有不可忽视的差别。为了对比，不烦援引如下：

> 上复宣召面辞，面谕甚渥。仍问为学之功。先生对曰：“经曰：‘日日新又日新。’殿下虽有心圣学，敞开经筵，而终是讲诵为主。课程太胜，恐不足反躬实践之要。必日新又新，然后学有缉熙于光明矣。夫草木有根本，日日滋长；学问有根本，方有依据。本领既立，则工夫接续，譬如天运之不息，日月之贞明。圣人如天，于穆不已。何处挟杂功利私义？程子推演工夫，必以慎独为主。此即于穆不已处，此即致中和工夫处。天地位，万物育，无不从这里养得。此外更无别法矣。”②

由此可知，《年谱》中的“程子推演为学之方，而必以慎独为主……天地位，万物育，莫不从这里训致”，到了《行状》中则变成了“程子推演工夫，必以慎独为主……天地位，万物育，无不从这里养得”，即“推演为学之方”变为了“推演工夫”，“训致”变成了“养得”，前者强调的侧重点，是“为学之方”在于“训致”，而后者强调的侧重面乃是，“推演工夫”之方在于“养得”。无疑，前者凸显了霞谷“道问学”的意义，似乎有倾向于朱子学的端倪，而后者彰显了霞谷“尊德性”的趣旨，有立于阳明学的意味。尽管霞谷之学可谓“尊德性”与“道问学”的统一，但是就霞谷一生来看，他的“道问学”必定落实于“尊德性”的躬行实践之中，因此毋宁说后者更能得霞谷之学的宗趣。虽然两份文献存在这一差异，但是它们都一致地肯定了霞谷所言的“慎独”工夫源于明道。

事实上，霞谷的工夫论源于明道的“慎独”之论是可以成立的。但是，必须指出，明道的“慎独”工夫只不过是霞谷的工夫论的来源之一，而不是霞谷工夫论的唯一来源。程子论“持养”的工夫，确有推明“不愧屋漏与慎独”之义。明道说：

> 要修持他这天理，则在德，须有不言而信者。言难为形状。养之则

① 《年谱》//郑齐斗：《霞谷集》卷十，第275—276页。

② 沈錥：《行状》//郑齐斗：《霞谷集》卷十，第283页。

须直不愧屋漏与慎独，这是个持养底气象。《遗（书）》〇吕与叔[①]

涵养着落（一作“乐”）处，养心便到清明高远。“处”一作“意”。〇《无名录》[②]

“不愧屋漏”，便是个持养气象。[③]

“君子所不可及者，其惟人之所不见乎！《诗》曰：‘相在尔室，尚不愧于屋漏。’”君子慎独。伯淳[④]

根据牟宗三对于二程著作的分判[⑤]，可以相信以上没有标注“伯淳”（明道）的引文也是出自明道的。由此可以看出，明道认为修持“天理”必须要有不言而信的“（大）德”，这可谓是“以德配天”，而养“德”的关键就在于要有君子持养的气象，通过《中庸》所讲的慎独工夫，去尽私欲，以见天理，把涵养落实于个人自己的生命与生活实践之中，见诸时时事事，光明磊落，既不愧对于人，也不愧对于“神”或“天”，即所谓“不愧屋漏”[⑥]，使心地达到“清明高远”，与天理为一的至高至善之境。必须注意到，牟宗三论明道之言“君子进德修业”[⑦]所作的疏解，说明了“慎独”之由来与成立，颇有助于我们理解明道的“慎独”工夫，兹引如下：

……此以“进德修业”解“终日乾乾”。明道于此推进一步，明“忠信所以进德”之“终日乾乾”谓“君子当终日对越在天”。“对越在天”是《诗经·周颂·清庙》之诗语，原意是对越文王在天之神，今此借用，直指“天”自身言，亦犹言“对越上帝”也。“君子当终日对越在天”，是进德之事更为内在化，更为深邃化，是面对“超越者”而清澈光畅其生命。“对越在天”有两义：一是原始之超越地对，一是经过孔子之仁

① 程颢、程颐：《程书分类》下，第490—500页；原载程颢、程颐：《河南程氏遗书》卷二上//《二程集》，北京，中华书局，2004年，第30页。

② 程颢、程颐：《程书分类》下，第490—500页。

③ 程颢、程颐：《河南程氏遗书》卷二上//《二程集》，第45页。

④ 程颢、程颐：《河南程氏外书》卷第二//《二程集》，第365页。

⑤ 牟宗三：《心体与性体》第二册，台北：正中书局，1984年，第1—17页。

⑥“相在尔室，尚不愧于屋漏。”语出于《诗经·大雅·抑》，《中庸》第三十三章引用与发挥，其曰：“君子之所不可及者，其唯人之所不见乎！《诗》云：‘相在尔室，尚不愧于屋漏。’故君子不动而敬，不言而信。”明道本于《中庸》而言“慎独”工夫。关于“屋漏”之义，向来有争议，说法不一。此依马瑞辰的解释（见马瑞辰：《毛诗传笺通释》下，北京：中华书局，1989年，第954—955页），理解为隐蔽于一室的西北隅的祭神之所。个人独处一室，荐俎敦佐食敬神，以求与神相通，是为祭神的目的。因此，“不愧于屋漏”即指个人面对神明或上天时，所思所想，所作所为，为“君子所不可及者，其惟人之所不见”，无愧疚的恭敬而坦然之状态。而就宗教之超越的意义而言，无私欲，无愧疚，干净无邪，乃是与神明或上天相通的前提条件。

⑦ 程颢：“《文言》：‘九三曰：“君子终日乾乾，夕惕若厉，无咎。”何谓也？子曰：“君子进德修业。忠信所以进德也。修辞立其诚，所以居业也。……”’”（牟宗三：《心体与性体》第二册，第22页）

> 与孟子之心性而为内在地对。"维此文王，小心翼翼。昭事上帝，聿怀多福。""上帝临女，无贰尔心。"（《诗经·大雅·大明》）"皇矣上帝，临下有赫。监观四方，求民之莫。"（《诗经·大雅·皇矣》）"敬天之怒，无敢戏豫。敬天之渝，无敢驰驱。昊天曰明，及尔出王。昊天曰旦，及尔游衍。"（《诗经·大雅·板》）"明明上天，照临下土。"（《诗经·小雅·小明》）凡《诗》《书》中说及帝、天，皆是超越地对，帝天皆有人格神之意。但经过孔子之仁与孟子之心性，则渐转成道德的、形而上的实体义，超越的帝天与内在的心性打成一片，无论帝天或心性皆变成能起宇宙生化或道德创造之寂感真机，就此而言"对越在上天"便为内在地对，此即所谓"觌体承担"也。面对既超越而又内在之道德实体而承担下来，以清澈光畅吾人之生命，便是内在地对，此是进德修业之更为内在化与深邃化。《大学》《中庸》之"慎独"亦由此而成立。明道所言之"对越在天"即贯通这些意思而说者。故克就"上天之载无声无臭"而说到易、道、神，乃至性体、诚体等等也。[①]

牟宗三此说廓清了《诗经》《尚书》（同时还有《易经》）中的"帝"（或"上帝"）与"天"观念，原来皆有人格神的意义，在经过了孔孟的心性之学的改造之后，便与"心"与"性"结合起来，转化为内在的道德的形而上的"实体"之义，那么具有超越意义的"帝"与"天"与内在的"心"或"性"便打成一片，因此无论"帝"与"天"或"心"与"性"皆变成了能起宇宙"生化"或道德"创造"（按：这里的"生化"或"创造"不是发生论意义的，而是形而上的本体论或存有论意义的）之寂感真机。在这一意义上说，原先的外在的"对越在上天"（或"对越在上帝"）就变成了内在的"对越"，就是说，面对既超越而又内在的"即存有即活动"的道德"实体"而承担下来，"终日乾乾，夕惕若厉"，进德修业，以清澈光畅我们的生命。这就是《大学》《中庸》提出"慎独"工夫的前提条件，也是儒学工夫论之所以为可能的前提条件。因此，自孔孟至宋明儒，心性学渐趋高峰，儒家的进德修业的工夫便越来越"内在化与深邃化"了。明道的"慎独"工夫论正是在这一背景与前提下出现的。牟宗三强调，明道所言之"对越在天"贯通了上述的这些意思，尤其是明道说到"易""道""神"，乃至"性体""诚体"等，乃是就"上天之载无声无臭"的意义上而道出。换言之，明道是在"慎独"工夫的意义上指点地说"易""道""神"，乃至"性体""诚体"的。因此，上述明道论修持"天理"亦不外乎是在"内在化与深邃化"的"慎独"工夫的意义上说的。此外，明道关于"诚敬"的工夫也是从"内在化与深邃化"的道

① 牟宗三：《心体与性体》第二册，第22—23页。

德的形而上的“实体”（即“诚体”“敬体”“易”“道”“神”）而发的。牟宗三指出，明道由“于穆不已”“纯亦不已”说“易体”。这个“不已”不是气化之变的不已，而是提高到“体”上来说的“不已”。就是说，是以这一“不已”为“体”。那么，无论“心体”、“性体”或“天命实体”，都可以此“不已”（永不停止地起命令作用）为实蕴。因此，这个“不已”之所以为“不已”，就可以由“诚”和“敬”表示。“敬非必纯是自后天工夫言也……‘文王之德之纯’，‘纯亦不已’，即工夫即本体，敬固可直收于本心上讲。以此渗透‘于穆不已’，则天命之于穆不已亦即是一敬体，一诚体。此纯是自体上言敬言诚。亦反而体证此体是道德的同时即形上的，是形上的同时即道德的。圣人之心与天命实体，其内容的意义固无二无别也。”①

透过牟宗三的论述，我们再回到霞谷的工夫论上来，就可以清楚地看出，霞谷力申“慎独”工夫为最初的工夫下手处，同时也是工夫的末尾处，即工夫的彻头彻尾处，又强调“慎独”工夫即是“于穆不已处”与“致中和工夫处”。因此，“慎独”的工夫为养心之大本。霞谷之言“慎独”以及对于“慎独”的重视，当不在明末大儒刘宗周（1578—1645年，字起东，号念台，因讲学于山阴蕺山，故人称蕺山先生）之下，且二人的“慎独”观不乏相似相近之处。如果能从比较着眼，则可知霞谷与蕺山所论“慎独”之意，其要皆归本于心体、性体、诚体，但是霞谷始终不离阳明“致良知”的旨趣，而蕺山则强调“意蕴于心”，“知藏于密”（《刘子全书·学言（上）》②），而“此更端别起，重开一新学路者，即是‘归显于密’，即，将心学之显教归于慎独之密教是也”③。一言以蔽之曰：“摄知于意，归显于密。”④由此对显中，颇能看出霞谷之言“慎独”的特征。（这一问题超出了本文的论旨且限于篇幅，不能展开，只能点到为止。这里所论仅限于霞谷学与明道学的关系）霞谷认为，正心之本在于“慎独”，天理私意八字打开在于“慎独”，天德王道功效溥博在于“慎独”。天地之位，万物化育，无不从此“慎独”的工夫里养得。《大学》之“诚正”，《中庸》之“戒惧”，无非是“慎独”之意而已。只要心力寻向这一路脉，那么“心体”之“大本”自然就建立起来了，又复何他求哉！可见，霞谷的“慎独”工夫之论正是从牟宗三所谓“内在化与深邃化”的“体”上而发的。说霞谷深契于明道是一点也不过分的。显然，霞谷关于“慎独”的工夫论的思想，如果以他注明道的《定性书》为标志的话，那么是他已经成熟的工夫论思想。而这一成熟的工夫思想是与他成熟的阳明学思想不可分地连为一体的。这可以他的《存言》为证。他在《致知说》中批评朱子的“即

---

① 牟宗三：《心体与性体》第二册，第36页。

② 吴光：《刘宗周全集》第二册《语类》，杭州：浙江古籍出版社，2007年，第389页。

③ 牟宗三：《从陆象山到刘蕺山》，台北：学生书局，1984年，第453页。

④ 同③第484页。

物穷理”说，指出《大学》“致知知至”的“知”字“是固仁义礼智之知”，“良知良能”是人“所固有之知”，人蔽于昧而失之，不能尽其“良知良能”之“体”，只能向外穷究至事物之理，格物而明理。抱着这一蒙昧态度求知的人认为，事物之理存在于书本和事物，而不在于良知良能之中，于是只能向书本和事物去求理了。如果他们能除去其私欲气习之弊端，扩充其“本明之知”即仁义礼智之知，那么他们就会明白从书本与事物求理不过是良知良能的“本明之知”的义理之所知至而已。因此，回转到良知良能的“本明之知”上，则“知可至，性可得”，“致知知至”的“知”字的“用功之方，断可见矣”。[①]正是在此基础上，霞谷在《耳目口鼻说》中提出“立心克己，戒惧存省”[②]的工夫论。这与上述霞谷言“慎独”的工夫并无二致。总之，霞谷的“慎独”工夫是立于“心之本”即“良知良能”或“心体”与“性体”上发而为言的。如果说霞谷的工夫论是由明道进到阳明，那么复由阳明而融化与升华了明道，从而形成了霞谷的工夫论。

三、霞谷工夫论与《心经集义》

霞谷的工夫论具有广泛的思想渊源，而并不限于上述的阳明、明道、濂溪，以及具有反面色彩的朱子和遭到霞谷批判的退溪与栗谷的工夫论。可以说，霞谷的工夫论几乎来自中国先秦至宋明的全部儒学，然而主要集中于宋明儒学与先秦儒学，如果暂时撇开宋明儒学而不论，那么就比较容易看出，霞谷的工夫论与儒家的经籍之间具有密切的关系。霞谷在辛卯年《与崔汝和书》中写道：

> ……《心经集义》草本，敢以请正。幸乞俯览而订教之。某意前圣心法为学功夫，亶不外此。学者不必闲议论，闲工夫，惟能于此事上专致力焉。作圣之功，斯可以得。不敢不仰质执事，以为如何？此未成正书，而亦无副本，乞赐览还，俾得再证，且欲与同志者共事焉。是外复有一书可用，继此而编者。无力洗藁（稿），奈何不备。[③]

由此可知，霞谷编纂了一部名为《心经集义》的书的草稿本以及此书的姊妹篇（估计即是《经仪》）。《心经集义》（以及《经仪》）现存于《霞谷集》之中。[④]霞谷对此书尤其看重与珍视，借给友人崔汝和阅览后，仍要索回，再加以体会印证，并要与同志者一同师事之。可见此书的重要性。此书之所以重要，关键是在于此书是讲工夫论的。霞谷说得很清楚：“某意前圣心法为学功夫，亶不外此。”那

① 郑齐斗：《存言（上）》//《霞谷集》卷八，第238—239页。
② 同①第245—246页。
③ 郑齐斗：《书三》//《霞谷集》卷二，第52页。
④ 郑齐斗：《心经集义》//《霞谷集》卷十八，第461—482页。

么，《心经集义》是专门辑录并注解古代圣人心法为学功夫的书。霞谷编集此书的目的也交代得很明白，就是为了反对学者空谈心性，只有嘴上的功夫，而放弃实修践行。他希望并力倡学者能在圣人心法为学功夫上专心致力用功，那么“作圣之功，斯可以得”矣。我们由此看到，《心经集义》与霞谷工夫论之间的渊源。就是说，《心经集义》所辑录的书籍中的工夫论无非就是霞谷工夫论的思想来源。

此外，霞谷在答《李伯祥书》中说：

> 前书云“四子六书”，盛年不容不熟，诚为至论。然一日不可缓而一时不可缺者，义理涵养之功而已。①

这里说的“四子六书”并不是霞谷所讲的，而是李伯祥写给霞谷的书中提出的，霞谷是就着他的这个话题而论涵养工夫的。所谓“四子六书”之“四子”可能是指“北宋四子”即周子（濂溪）、张子（横渠）、二程子（明道、伊川）；而“六书”，结合《心经集义》来看，可能指《论语》《孟子》《礼记》（尤其是其中的《大学》与《中庸》）《易经》《诗经》《书经》。因为霞谷与同志者共事《心经集义》，而且有可能是在李伯祥读了此书而提出了“四子六书”的问题。“北宋四子”与上述的“六书”皆为霞谷所重视，不过从他眼目中的“心经”的意义上看，他更重视与强调作为“心经”的“六书”，而不是“四子”。这一点不难由《心经集义》所证实。因为“四子”不出“六书”。对他来说，“六书”即“六经”。能得“六经”之旨，就能得“四子”之旨。“六经”与“四子”并不矛盾。但是，先有“六经”，而后有“四子”。因此，“六经”为本，“四子”为流。必须由“六经”下手，通于“四子”，始能得其源流。在霞谷看来，学至盛年，对于“六经”与“四子”不可不熟悉（实际上，远不止于“六经”与“四子”而已，只不过是这个话题就“六经”与“四子”而言罢了），这些书籍的一贯之旨即在于义理涵养之功。因此，对于学者来说，这些书籍乃是“一日不可缓而一时不可缺”的。由于霞谷对于圣学工夫的注重，他以自己亲身的修习和证悟为基础，编纂了《心经集义》一书，具有集“前圣心法为学功夫”之大成之意。这一点，只要一览此书便知。因此，就不难断定《心经集义》选录的“经”所代表的“前圣心法为学功夫”，皆是霞谷工夫论的思想来源。

我们看《心经集义》分经上和经下或卷一与卷二，经上或卷一为“全体道心之经”，凡二章，具体内容为：①言人心，②明道心，③言克己，④主复礼，⑤主道义，⑥主持敬，意在明“复礼为仁之功”。又分“主敬慎致至诚”为四章二节，旨在明“道心惟一之诚”。经下或卷二为“格致、诚正、修身”，凡四节：第一节格物致知，为“博约复礼之学”，重在“道心精一之精”义；第二节诚意，

① 郑齐斗：《书四》//《霞谷集》卷三，第70页。

为“克己复礼之约”，重“约”之义；第三节正心，为“道心惟一之一”，重“一”之义；第四节修身，为“道心精一之用”，重在“复礼为仁之行”。由此可知，“全体道心之经”即是“复礼为仁之行”的工夫论。其所集的“心经”恰好是“六书”，即《论语》《孟子》《礼记》《易经》《诗经》《书经》。其中的侧重点不同。选取《论语》，重视孔颜之乐，复礼为仁之功；对于《孟子》，则重视其人性论，良知良能与存养论；对于《礼记》，自然是注重《大学》与《中庸》的工夫论，尤其值得注意的是，还特别重视《乐记》的人生论与工夫论，说明《乐记》中的工夫论对于霞谷有影响，这是很特别的一点；而于《易经》，特重其《乾》之《大象》“天行健”、九二爻之“闲邪存诚”、九三爻之“进德修业”以及《系辞》“乾坤易简”之义；从《诗经》说，则就《大雅》之“上帝临女”“穆穆文王”而言工夫之义；至于《书经》，则注重于《洪范》，尤其就“皇极”“尧典”“敬用五事”章，发挥其工夫论之旨趣。对于霞谷来说，所有这些工夫论的思想来源，最终都同冶于其阳明学的“一炉”之中，熔铸为霞谷的工夫论。由此，我们就可以理解，为什么说霞谷是朝鲜性理学工夫论的集大成者了。

四、病魔成就工夫与工夫论

探究霞谷的工夫论的思想渊源，还有一个问题是不可回避而需要关注的，这就是霞谷的工夫论与他的疾病的关系。

在笔者看来，霞谷青年至中年时期经常患病，几至于死，导致他对于工夫修持的迫切需要与渴求，这成为他生命之中的工夫论的内在源泉。换言之，严重而频繁的疾病开启了他生命的工夫之路向。因此，前文中说，霞谷的工夫论是生命的工夫论。如果此论成立，便可以理解霞谷为什么对于阳明的工夫论能有不一般的深刻和丰富的体验，由此而进入工夫论的穷究与践行，最终形成了霞谷学的工夫论。同时也可以注意到，霞谷的“生理”说与他对病魔和工夫修行的至深体验不能没有关系。《年谱》记载，肃宗大王六年，霞谷 32 岁，“而时先生攻学太苦，穷日夜不措，遂致气虚疾不就”[①]。肃宗大王八年，霞谷 34 岁，“是年先生疾益剧，累濒危殆，手写（书）身后事付季氏广州君，又为书告诀于朴南溪先生。母夫人屡叹曰：某疾实祟刻苦，人情到此，亦不愿其劬学。先生深以慈念为忧，频自保啬爱养，遂得渐臻充完，中年以后精力强健，胜于少壮时，遂享大耋”[①]。而在《行状》中，则有更细致的描述：

> 始先生攻学太苦，潜思力究，形神为之羸悴，转成劳疾，而工益不懈，至是而疾益甚。先生心亦自危，手书一纸，备言勉之勉戒之意以与

① 《年谱》//郑齐斗：《霞谷集》卷十，第 270 页。

> 李氏；又为书告诀于朴先生，并述平日为学本末焉。母夫人屡叹曰：某之斯疾，实祟刻苦，人情到此，亦不愿其劬学之甚也。先生深以慈念为忧，于保啬爱养之方亦不敢忽，遂得渐至于充完，中年以后精力强健，视少壮时有胜焉。[①]

肃宗大王十年三月，霞谷36岁，拜工部佐郎，但“直数日呈病递”。[②]

由这些资料的记载可以看出，霞谷32—36岁的五年之间，是他一生生病最多、最集中与最为严重的五年，也是他治病养病的五年。无疑，在此之前，霞谷的学问路径已经逐渐由考亭转向阳明，并如上文所言，在他34岁之前完成了从朱子学到阳明学的一大转关。而这一转关恰恰集中在他一生最多病的五年绝非偶然。霞谷为什么会从朱子学转向阳明学？固然有许多缘由可说，但是阳明学与他最内在的生命精神的契合，可能才是最为至关重要的。而这一点，恰恰是由他多病的身体与阳明学的交遇的缘会所开启的。

阳明学作为一种心性之学，其主要的一项核心内容就是要通过对内在的生命精神的反省澄汰，由工夫的历程来发掘出生命的根源与道德的根源。儒家的工夫虽然鹄的在于人的内在生命精神，但是向来就是全副身心的活动，因而是一个由外向内、由身向心、由气向志、由表及里、由粗变精的，最后达到以心控身、由志帅气、收放自如的生命解放、精神自由的“从心所欲不逾矩”的“逆觉”收敛的过程。因此，儒家的工夫不仅养心，而且养身，对于疾病的祛除虽然不能起决定性的作用，却能有一种辅助的疗效。霞谷深浸于阳明学，必然得到阳明学工夫的历练，这使他有深切的体验，故在生病时，除了必要的问医服药以外，最有利于他的就是配以他所稔熟的阳明学工夫的静养了。正如前文所述，霞谷在约32岁有幸得阳明书而读之，找到了自己人生的方向与安身立命之处，从此笃信阳明学，用功愈勤，未料到34岁这一年，几乎病至于死，庆幸的是，他不仅实现了从朱子学到阳明学的转关，而且在阳明学的修习中打破了生死劫，创造了生命的奇迹与惊喜，真正地获得了双重意义的重生，并在此提出了“生理”说。《年谱》中虽然只有“先生……频自保啬爱养，遂得渐臻充完”寥寥数语，但是，对于深谙阳明学工夫并从中受益的霞谷来说，“频自保啬爱养”并不仅仅止于看病吃药而已，这就难免使他对于从阳明学中得来的工夫修持具有某种迫切的需要、渴求与执着，正是在暗中经年累月地对于阳明学工夫的不间断的修持，并于事上磨练，让他直通到阳明学最内在的精神，并终身笃信持守与阐扬倡导，这成为他生命之中的工夫论的内在源泉。

不能不看到，霞谷生命中的工夫的开启与他在此一时期所提出的“生理”说

① 沈錥：《行状》//郑齐斗：《霞谷集》卷十，第280页。

② 《年谱》//郑齐斗：《霞谷集》卷十，第270页。

之间，是有密切的内在联系的。大约在40岁以前，霞谷发明与创建了颇具有代表性的“生理”说。这一学说由其《存言》阐发出来，今援引若干段落来做疏释、分析和论证。霞谷写道：

> 一团生气之元，一点灵昭之精，其或无一字一个生理即精神生气为一身之生理者。宅窍于方寸，团团于中极，其植根在肾，开华在面，而其充即于一身。弥乎天地，其灵通不测，妙用不穷，可以主宰万理。真所谓“周流六虚，变动不居”也。其为体也，实有粹然本有之衷，莫不各有所则。此即为其生身命根。所谓性也，只以其生理，则曰“生之谓性”。所谓“天地之大德曰生”，惟以其本有之衷，故曰性善。所谓“天命之为性”，谓道者。其实一也。万事万理皆由此出焉。“人皆可以为尧舜”者，即以此也。老氏之不死，释氏之不灭，亦皆以此也；凡夫之贪利殉欲亦出于此也。而以其揜弊也。禽兽之各一其性，亦得于此。而持其一端也。此即其生身命根。所谓“天地之大德曰生”，然惟其本有之衷，为之命元，故有不则乎此也，则生亦有所不取，利亦有所不居。①
>
> 窃谓大气元神，活泼生全，充满无穷，神妙不测，而其流动变化，生生不已者，是天之体也，为命之源主者。是气也，形而后有局，其未有形之时，是为元气。元气者，无所局。其未有形之时，所谓元气，本一理体而已；及其有形，而后始谓之气。有形而后局，则虽天地亦照矣。元精者，真阴之体；元神者，真阳之灵。是先天之元，太极之灵者。是既生阴阳心肾，而乃有精神之藏，魂魄之生。《（传习）录》曰：“譬婴儿在母腹时，只是纯气，有何知识”，是一点纯气，只是生理是其为精神真气，是理之体，神之主也。医经曰：“心主脉，脉舍神”脉者，血气之先；又曰：“一息不运则机缄穷，一毫不续则穹壤判。”是先天一气，先天之灵。人之脉者，是血气之妙，神之主也，是理之形体也。生理之体，本谓此尔。
>
> 虽然又其一个活泼生理，全体生生者，即必有真实之理体，无极之极，而于穆冲漠，至纯至一之体焉者，是乃其为理之真体也是乃所谓道者也命者也。人心之神，一个活体生理，全体恻怛者，是必有其真诚恻怛，纯粹至善，而至微至静至一之体焉者，实乃其为性之本体也。就其中本体有如是者，自然本如是。是正所谓性者也道者也，圣人惟是而已。②

由此可知，霞谷所谓的“生理”，首先是指人以及一切生命的“生气之元”“大气元神”“元精元神”“灵昭之精”“生身命根”“命之源（主）”“命元”等；此一“生理”落在人性上，则可谓“生之谓性”，亦可说人“性善”。这似

① 郑齐斗：《存言（上）·一点生理说》//《霞谷集》卷八，第234页。
② 郑齐斗：《存言（中）》//《霞谷集》卷九，第249页。

乎是一种特别注重生命之生理本能的“生理”说，所谓“其植根在肾，开华在面”，霞谷不仅谈到阳明所讲到的母腹婴儿，更引医经所谓“心主脉，脉舍神”来加以说明，十分露骨，大有将告子与孟子的人性论混为一谈的嫌疑，而其实则是旨在由“生理”说来完成孟子与告子人性论的统一。这在以下的观点中，就可以得到应有的澄清。其次，这一“生理”活泼生全，弥乎天地，充满无穷，灵通不测（或神妙不测），妙用不穷，主宰万理，是“天之体”“生理之体”“性之本体”“理之真体”。霞谷引用《易传·系辞下》中“周流六虚，变动不居”或流动变化，生生不已来加以形容，并说“其为体也，实有粹然本有之衷，莫不各有所则”，这便又在性体上将“生理”视为万事万物的“实有粹然”本根（或本体）与理则了。这里所谓的“实有粹然本有之衷”，以今日之术语言之，即为存有论或本体论的“本体”之义，落在万事万物之理上说，则为万事万物之理则，所以说“万事万理皆由此出焉”。霞谷也将“生理”称之为全体恻怛的“人心之神”，认为“其真诚恻怛，纯粹至善，而至微至静至一之体焉者，实乃其为性之本体也”（霞谷自注：“就其中本体有如是者，自然本如是。是正所谓性者也道者也，圣人惟是而已。”）。在这一意义上，对霞谷而言，告子的“生之谓性”说与孟子的“性善论”是不矛盾的，均可成立，并统一在“生理”这一共同基础之上。不仅如此，霞谷还将儒家所追求的“人皆可以为尧舜”以及老子所追求的“不死”①和佛教所追求的灵魂不灭（涅槃），皆归于“生理”之本体的主宰与决定。再具体言之，宇宙中的万事万物的一切表象和过程，也无不是由此“生理”之本体所决定的。

进而，霞谷从理气的关系阐明“生理”乃是“以神生为理、为实”“为性”，“神之体”虽然“有生灭、真妄之不同”，但是“其性之本，自有真体焉者，是其性也理也”。这表明，神生之“真体”的本质乃是“性”，是“理”，或“理性”，而不是“气”，所以不决定于其气，而决定于其“性”，其“理”，或决定于其“理性”。故称之为“理之真体”。在此意义上说，“理性”就是“生理”，或说“生理”的本性即是“理性”。毋庸置疑，这是以霞谷继承中国宋明理学关于“理”或“性”高于“气”的思想为前提的。所以，霞谷的“生理”说归根结蒂是一种名副其实的“尊性之学”。霞谷说：

> 发者，气也。非气无发；发之者，理也。非理无能发。以神生为理。性志之主，神性之灵，神生不息者。为实。于枯木死灰，则绝焉；于盗贼暴滛（笔者按：滛或淫）则息焉。

① 对于此时霞谷关于老子“不死”的观点如何理解难得其详。一般来说，这里所谓的“不死”不大可能和神仙家一样指对于长生久视之道的追求，《老子》第六章云：“谷神不死，是谓玄牝，玄牝之门，是谓天地根”；第三十三章云：“死而不亡者寿。”这样看来，“谷神”“玄牝”均指道，而“死而不亡”则指全德或生之德而言，所以霞谷所谓老子的“不死”很可能是指“道德”之“不死”而言。

人生而静，以上天之性也。方是性之真体处。才说性，则已是感于物而动。气禀之偏动焉，私系之情作焉。所以发者理非理无所发。以势致为理条贯势致之故，势灭调节之则为虚。在枯木死灰同也，在盗贼暴𣶢一也。

以人生而静以前，未有生之先。谓此理之纯也者。才说性，则已是各在其气上之理者也。非是理也。其势之理者，枯木死灰亦理，亦大本也，中和也；中和亦可用于枯木。盗贼暴乱亦理，无本末、无正反，而同有之。

神之体者，枯木死灰也。死理非生性也，绝理非体理也。其性理已绝而不续。盗贼暴𣶢也。弊理者，非正理也；妄性者，非真性也。其性理亡灭而不存。有生灭、真妄之不同。

兀无性外之物云者，如死枯之物，其在天之命、人之性，则此亦虽可以同宰之，而无不统焉。谓不再心外是也。其在己之理，则死而为绝于生理矣。

理性者，生理耳。盖生神为理、为性，而其性之本，自有真体焉者，是其性也理也。故于生神中，辨其有真有妄，得主其真体焉，则是为尊性之学也。故于凡理之中主生理，生理之中择其真理，是乃可以为理矣。[①]

对霞谷来说，“生理”之本体要在能“尊性”，而“尊性”即是尊“理”，亦即尊“理性”，但是“性”、“理”或“理性”的具体展开与表现离不开“气”，所以说“发者，气也”。但是，“气”在本质上乃是由“性”、“理”或“理性”所决定的，所以说“发之者，理也”。“理”是“虚”的，“气”是实的，“理”并不孤立存在，而是贯穿于“气”的具体运行过程之中，且主导与支配着“气”的运行与走向，所谓“以势致而为理为虚”。所以，霞谷强调“才说性，则已是感于物而动”（霞谷自注：“气禀之偏动焉，私系之情作焉。”）；“才说性，则已是各在其气上之理者也”，这表明“性”或“理”（性与理一）虽然高于或优先于“气”，但同时“性”或“理”又是内在于“气”之中，主导着“气”的运行，而并不离绝“气”，那么万事万物在“气”化的具体运行中就是完全不离其“性”并遵循其“性”“理”的，这就回到了阳明关于“无性外之物”的立场上，霞谷说：“理即心，心即理也”[②]；“物者，心之有，心所以宰物（霞谷自注：“大而伦事，小而百用，近而身体，而众物所遇之好恶得失皆物也。”），万物无得动吾心，心中宁有可少物，性定物顺，斯至性（霞谷自注：“至知性。”）……”[③]；“天地万物，其神在心，是能生物，万理以形，有万其伦，皆心之用。尊立其大，

① 郑齐斗：《存言（上）·生理虚势说》//《霞谷集》卷八，第235—236页。

② 郑齐斗：《存言（上）·耳目口嗅说下》//《霞谷集》卷八，第245页。

③ 郑齐斗：《存言（上）·又一本》//《霞谷集》卷八，第245—246页。

物无能动，性苟得定。物无不识（霞谷自注：“吾之性得定，则物皆无不得定者。”），物致其知，性斯天复（霞谷自注：“于物各致其知，则性斯至于命矣。所谓圣人尽性以至于命也。”）。立心克己，戒惧存省，苟不至德，至道不凝。”[①]可见，对霞谷来说，“性”与“理”一，则“心”“性”“理”乃一，那么，当然可以说：“在人生而静以前，未有生之先（霞谷自注：“谓此理之纯也者。”）。”这就是说，在“生理”的“理性”之前，不可能有人生之“先”的道理，从而也不可能有“人生而静以前”的道理了。霞谷在此揭示出一个重要的观点：“静”的工夫（其实是一切工夫）皆在“尊性”之中，均为“生理”之“理性”具体的“气”化之表现。因此，我们就不能只落到事物的具体“气”化的表象上，而必须能通晓其中的“理性”。为此，霞谷指出：必须于“生神”中辨真妄，得主其真体，“于凡理之中主生理，生理之中择其真理，是乃可以为理矣”。这表明，工夫本身不是目的，做工夫的目的是在于“尊性”求“理”，而成为圣人。我们所做的只是由工夫通达于“生理”之“理性”，为成圣做必要的准备。无疑，这就将工夫与“性”、“理”或“理性”的关系透露无遗了。既然如此，那么“尊性”求“理”必有工夫，没有工夫就只能空谈“尊性”求“理”，可见工夫与“尊性”或（“生理”之）“理性”乃一也。在此意义上，可以说，“尊性之学”实乃工夫之学。

霞谷的“生理”说，在思想渊源上看，可能受到过阳明后学，尤其是罗汝芳（字惟德，号近溪，1515—1588 年）的“一团生理”观点的影响。正如有学者所指出的那样，“神理”[②]或“生理”在 16 世纪曾经普遍流行于阳明后学之间。[③]阳明后学中的“二溪”王畿（字汝中，号龙溪，1498—1583 年）与罗汝芳，是曾经先后主导过 16 世纪阳明后学的重要人物（龙溪为浙中学派的开创者与代表人物，近溪为泰州学派的代表人物之一）。罗汝芳视“一团生理”为“生天生地，生人生物”并“本与乾元合体”的“仁”[④]，故其所谓“一团生理”之论要在求“仁”。霞谷的“生理”旨在“尊性”求“理”，与此相仿，可谓有异曲同工之妙。而“神理”不过是“天理”的代名词，但对阳明后学来说，则重在强调“良知”为“心

① 郑齐斗：《存言（上）·又一本》//《霞谷集》卷八，第 246 页。

② 王畿在《冲元会纪》中说：“今人讲学，以神理为极精，开口便说性说命；以日用饮食、声色财货为极粗，人面前不肯出口。”（王龙溪：《龙溪语录》卷一//吴震：《王畿集》，南京：凤凰出版社，2007 年，第 683 页）

③ 李庆龙：《17 世纪后阳明学时期和霞谷学的定位》//郑仁在、黄俊杰：《韩国江华阳明学研究论集》，第 28 页。

④ 罗汝芳答问：“孔子以复礼答颜氏问仁，则所以学《易》者，即所以求仁矣乎？”罗子曰：“易所以求仁也。盖非易无以见天地之仁，故曰：‘生生之谓易’；非易无以见天地之易，故又曰：‘复其见天地之心’。夫大哉乾元！生天生地，生人生物，浑融透彻，只是一团生理。吾人此身，自幼至老，涵育其中，知见云为，莫停一息。本与乾元合体，众却日用不著不察，是之谓道不能弘人也。必待先觉圣贤的明训格言，呼而觉之，则耳目聪明，顷增显亮，心思睿智，豁然开发，真是黄中通理，而寒谷春回。此个机括，即时塞满世界，了结万世，所谓：天下归仁，而为仁由己也……”（罗汝芳：《近溪子集》//方祖猷、梁一群、李庆龙等：《罗汝芳集》上，南京：凤凰出版社，2007 年，第 28 页）

体”的主宰作用。显然，这一点也在霞谷的“生理”说中得到了体现，当然，更重要的是他在亲身修炼的工夫中对“神理”“生理”的求取、体贴与掌握。如果缺少了这一过程，就不会有霞谷工夫论的产生。

必须指出的是，霞谷的“生理”说的产生和提出，固然与他和好友闵以升的争论有一定的关系，但最重要的，则委实是以他的工夫修炼为基础并在他的工夫修炼过程中体悟出来的。在他的工夫修炼中，包含了在王门中流行的运气周天法，甚至可能与王阳明在军营中 40 日未尝睡而操练的燕息法[①]也不无关系。[②]不仅如此，霞谷还将医、道的有关思想和修炼方法也吸取在自己的工夫与工夫论中，例如道教徒以“精气神”“三宝”运行大小周天的内丹方法，医家关于脉象与穴位的理论等；与此同时，霞谷很可能像王阳明一样对于佛教徒的栖禅工夫也有深入的了解，所以他实际上也是一个出入于释道二家的王学人物，但是由于他身处释道二家遭到极力攻讦与贬斥的险境之中，他便隐蔽了自己的内丹功法，并完全站在“仁是生理全体”的儒家立场上，对佛家的“明心”论和道家的“养神”说采取批判的态度。[②]其中，最为值得重视的有两点：其一，“生理”说在霞谷 40 岁以前已经完成，这一思想的历程不可能脱离他生病养病的五年（32—36 岁），换言之，“生理”说的提出应该是从他集中生病养病的五年工夫修炼与体悟中萌发和延续下来的一大思想硕果。其二，“生理”说广泛摄取了儒家工夫以外的释、道、医的工夫修炼方法与相关思想，并将它们同冶一炉，不可能与他治病养病的需要与渴求没有关系。诚如前文所指出，来自中国传统哲学的工夫兼具悟道与养身的功效，这在霞谷所钦慕与独钟的王学工夫中有着绝佳的体现与记述，所以，对霞谷来说，除了必要的求医服药以外，像王阳明一样尝试修炼儒家工夫以外的释、道、医的各种工夫法门，便成为他经常暗自进行的必修课。终于在经过了多年不间断的修习之后，霞谷体会出“生理”之妙，并把握了其中的精髓，又经过融通淘汰，去粗存精，他便像王阳明那样，以儒家“心学”的姿态和立场，在“生理”说中把释、道、医各家工夫的修炼方法与思想统一起来。在这一意义上去看，恰恰是霞谷所遭遇的病魔，成全了他的工夫修炼与他的工夫论思想。

总的说来，霞谷大倡“生理”之说，将理气、体用、动静、四端七情、未发已发贯通与统一，均自其工夫修行与实践的生命之亲证而出，发而为其工夫论。我们看到，在霞谷齐斗的身上，“尊德性”与“道问学”是统一的，堪称一个典范。

---

① 据王畿《三山丽泽录》所言：“遵岩子问：‘先师在军中，四十日未尝睡，有诸？’先生（王畿）曰：‘然。此原是圣学。古人有息无睡，故曰：“向晦入燕息。”世人终日扰扰，全赖后天渣滓厚味培养，方彀一日之用。夜间全赖一觉熟睡方能休息。不知此一觉熟睡阳光尽为阴浊所陷，如死人一般。若知燕息之法，当向晦时，耳无闻，目无见，口无吐纳，鼻无呼吸，手足无动静，心无私累，一点元神，与先天清气相依相息，如炉中种火相似，比之后天昏气所养，奚啻什百。是谓通乎昼夜之道而知。”（吴震：《王畿集》，第 13 页）

② 李庆龙：《17 世纪后阳明学时期和霞谷学的定位》//郑仁在、黄俊杰：《韩国江华阳明学研究论集》，第 27、28 页。

据《年谱》记载，肃宗大王十四年四月，霞谷40岁，受推荐入朝为官，受母夫人命，才于次年二月赴任，但不足一年，便因为李文成、成文简二先生黜文庙从享而“弃官归对吏”。《年谱》云：“先生不乐居官，弃归安山楸谷。”[①]可见，霞谷被举荐入朝为官后，仍对阳明学念兹在兹，弃官归安山楸谷，筑室而居。这固然是因为对李文成、成文简二先生黜文庙从享的不满，但身体欠佳，以及对阳明学的挚爱，可能才是最为重要的原因。这在他再度受荐入朝拜官的上疏自辩中，也有清楚的表现。

肃宗大王三十二年，霞谷58岁，再度受荐入朝，官拜司仆寺正辞通递，推荐他的尹公趾完在上疏中说：“前都事臣郑某，生自名家，早弃举业，读书求志，声闻大著，曾入荐剡[②]，叙异常调。而一番奉檄之后，绝意仕宦，屏处田里。论其人品，则金玉君子；语其才具，则博通古今。臣常期待以为能做事业者，必此人。”[③]而霞谷上疏则自称云：“……不才多病，未堪职事，因以自甘废弃，其情诚戚已。而其疏乃云‘绝意仕宦，屏处田里’，是臣不仕而为高，以退而谋进。此古人所深惧也。”[④]

不难看出，霞谷自称“不才多病”，“自甘废弃，其情诚戚已”，确属实情。但这只是外在的可说的实情，此外尚有一种心自怀揣的不可说的实情，那就是唯有在对阳明学及其工夫的精修中，才能使自己的生命得到应有的安顿与自慰。正是在“养病”的名义下，霞谷不仅可以躲避宫廷的政治祸害，而且可以专心致志地静修阳明学，由阳明学的工夫去把握阳明学的神髓。所以，在霞谷61岁的时候（肃宗大王三十五年），虽然官至世子翊卫寺翊卫，但遭逢长孙之殇，于是名正言顺地迁居于江华之霞谷，最终开创了江华学派。据《行状》言：

> 是年，先生遭独孙之殇，自念衰病，欲依近松楸，遂移居江都霞谷先墓下。[⑤]

《年谱》称：

> 先生深以务外循名为戒，不喜延款生徒，曾留都下时，请业及门者略千人。其后，从安山移入岛中，几与世人隔绝，虽有倾慕从游者，亦不能涉险往来，以是出入门墙者尤少。盖先生之志，不但不欲以师道自

---

① 《年谱》//郑齐斗：《霞谷集》卷十，第270页。

② 此处所引与《行状》略有出入，《行状》中多出此四字，见沈錥：《行状》//郑齐斗：《霞谷集》卷十，第281页。

③ 同①；沈錥：《行状》//郑齐斗：《霞谷集》卷十，第280页。

④ 沈錥：《行状》//郑齐斗：《霞谷集》卷十，第281页；同①第272页。

⑤ 沈錥：《行状》//郑齐斗：《霞谷集》卷十，第281页。

处，亦以末世易高名实难辨世道之，亦不可不戒故也。[①]

在这里最值得注意与玩味的是，其中“从安山移入岛中，几与世人隔绝，虽有倾慕从游者，亦不能涉险往来”几句话，非常明白地点出先生隐居霞谷，致力于阳明学的隐情与实况。霞谷先生以数十载之功力深研阳明学，在阳明学的工夫中自由出入，终于达到了出神入化的境界，并彻上彻下、彻里彻外地通达于全部儒学，最终以孔孟为宗，阳明为纲，“六书”（《论语》《孟子》《礼记》《易经》《诗经》《书经》）为网，程朱为翼，知行合一，将全副圣贤之道尽收于霞谷之学，奠定了韩国阳明学的础石。

综观其一生学术之修为，不能不说，霞谷的工夫论，在思想渊源上，是与他中青年时期严重而频繁的疾病之身，和来自中国明朝的阳明学默默交遇的缘会所开出的，是与以“生理”说的工夫论思想为代表的生命工夫之路联系在一起的。

（原载《王学研究》第六辑，北京：社会科学文献出版社，2017 年）

① 《年谱》//郑齐斗：《霞谷集》卷十，第 271 页。

后现代视野中的儒家生态文明观

一、

今天所谓的"儒家生态文明观"是根据中国古代儒家关于生态文明的思想的现代诠释与建构之说。虽然中国古代儒家没有提出与使用过"生态"与"生态文明"的字样，但是这不表示或意味着中国古代儒家没有近代以来被称为"生态"与"生态文明"的思想意识。事实上，在中国古代儒家的思想中存在着大量丰富和宝贵的生态文明思想智慧。然而，中国古代儒家的生态文明思想在过去一直没有得到应有的重视，因而也没有能对现代社会产生应有的积极影响与作用。不乏悲剧意味的是，中国古代儒家的生态文明思想及其重要价值被极力追求现代化的现代社会抛弃了。只有当文化生态学作为显学登上现代世界文化的舞台以后，才能照亮中国古代儒家的生态文明思想以及其他诸家的生态文明思想。中国儒家的生态文明观虽然曾经只是历史地存在，但是对于人类社会的今天和未来，仍然具有重要的价值。

智慧是永远也不会过时的。我们必须重新去学习和接受中国古代儒家和其他诸家的生态文明智慧，让它照亮我们眼前和通往未来的道路。

文化生态学是我们进入中国古代生态文明思想的一座不可或缺的桥梁，同时也是我们理解中国古代生态文明思想的一个重要参照系。唯有在文化生态学这一参照系的光照和启示下，并通过这座桥梁，才能进入后现代的视野中去发现中国古代儒家生态文明观及其重要价值。这有助于我们从一种"后生态"的观点与立场去反思我们今天的主流文化及其价值观，同时也可以由一种具有"后现代精神"的"后现代文化"来引领我们顽疾缠身的社会自我拯救，走向未来的康庄大道。

二、

诞生于20世纪中叶的文化生态学（cultural ecology，或译为"生态文化学"），由美国人类学家朱利安·斯图尔德（Julian Steward，1902—1972年）在《文化变迁的理论》（1955年）一书中所提出，它旨在从人类生存的整体大环境，包括一般的自然环境和社会环境（乃至已知的宇宙全体）中的各种可能的因素之间的交互影响和作用，来研究人类不同文化的类型与模式。换言之，它是由宇宙之中的人、自然、社会、文化的各种参变量的交互影响和作用的关系来理解与把握人类的文化样态，包括文化的起源与发展轨迹的描述，以求能对不同地域民族的不同文化的存在模式进行归类（分为不同类型）研究。这就决定了它必须与人类生态学（或称社会生态学）区别开来。后者欲在探索和解释作为纯生物的人种在适应环境的变化中的机能和遗传功能，前者则以描述与解释存在于适应不同环境中的特殊的文化样态的类型和模式为鹄的。在文化生态学家看来，人作为从自然界的动物进化出来的产儿，其实只是文化的一种符号，人在体质上完全受其文化活动的影响、制约与决定；人与文化是在相互影响和作用中共同进化的。因此，人的进化“方程”与文化的运行轨迹是休戚与共的，导致人种形成的文化因素委实超过人的体质因素。据此可知，人类的文化行为与人种的生物进化是截然不同的，从遗传上推导与解释一种文化样态并对其模式进行归类是绝对错误的，唯一正确的道路是必须而且只能从文化的适应上去寻求结论。

然而，“文化生态学”是在“生态学”（ecology）和“文化”（culture）这两个概念的基础上产生的。“文化”在“生态学”之前早已出现了，“生态学”则要到 19 世纪 70 年代才由德国生物学家 E. H. 海克尔（全名：恩斯特·海因里希·菲利普·奥古斯特·海克尔，Ernst Heinrich Philipp August Haeckel，1834—1919 年）提出。因此，文化生态学的问世必须以生态学的存在为前提和基础。这就决定了文化生态学离不开生态，并且必须研究生态。因此，文化生态学，必须以生态学的研究为前提。实际上，对于文化生态学来说，人类生存的整体大环境在本质上是一种生态概念，人类生存的整体大环境中的各种可能的因素之间的关系，在实质上，是被理解为生态关系的。据此可知，文化生态学表现为两个基本的向度：它一方面是以生态学的范式来理解与解释人类文化样态的类型和模式，以彰显各个民族文化的独特性；另一方面则是以文化人类学的范式来理解与诠释，人类赖以生存的整体大环境（系统，乃至已知的宇宙全体）本质上是多样性的生态关系。就像文化样态的多样性一样，作为人类生存的整体大环境（系统）的生态关系，在不同民族的历史与地域中，也是具体的、不同的。如果说它的前一个向度强调与突出文化样态的特殊性，那么它的后一个向度则追求与强调人类生存环境生态的统一秩序或一般秩序。统一的生态秩序对于人类生存的重要性与紧迫性正日益显现。

与其说人类文化的不同类型和模式，决定了人类不同生存环境的生态关系，不如说是不同人类环境的生态关系，决定了不同人类的不同文化类型和模式。然而，只要持着一端，不陷入文化决定论，就必然陷入生态环境决定论，反之亦然。事实上，文化人类学与环境生态学互为其根。因此，文化生态学是文化与生态环境交互决定论。在这意义上说，人一方面是作为社会文化的动物而存在的，另一方面又是环境生态的符号之存在。归根结蒂，人是社会文化与环境生态结合与统一的产儿。

文化生态学涉及人类学、生态学、生物学、社会学、环境学、地理学、历史学、哲学等多学科的交叉，无疑是一门综合的交叉学科，似乎有许多个端点。然而，上升到哲学人类学的观点来看，文化生态学只有文化人类学和环境生态学两个基本的端点。尽管文化生态学在20世纪问世，但是关于文化生态的思想却早已存在了。中国儒家早在两千多年以前，就已经在“以人文化成天下”的观念指引下，自觉地将自然的生态观纳入社会的文化或文明之中，形成了一种独具特色的生态文明观。

在文化生态学的照察中，儒家的生态文明观变得清楚起来。

儒家生态文明观，一方面以人文的观念来观照与审视自然以及人所赖以生存的整个环境的生态关系，另一方面也从神圣的自然生态关系来观照与检视人类的社会文明。其根基在于人文的宗教的“生命”与“感通”（或“感应”）观念。

三、

儒家生态文明观虽然是农耕文明时代的产物，但是儒家的生态文明思想早已超越了农耕时代与农业经济社会。它没有在科技时代与现代社会充当过主要角色，甚至没有扮演过什么重要的角色，而是在儒学被妖魔化而遭受批判与追求社会“现代化”的浪潮声中完全沉寂与落寞，被现代社会埋没了。因此，只有到了人自身裂离（身心裂离、自我裂离）、与他人裂离（完全以私欲之我为中心）、与社会裂离、与自然裂离、与“神”（宗教）裂离（终极关怀与人生信仰丧失），变成了披着“文明人外衣”的十足的“经济动物”的时候，时代与社会出现了前所未有的重大危机的时候，人作为“存在者”的“存在”面临重大危机的时候，儒家生态文明的思想智慧才会被发现与被发扬光大。换言之，现代社会不幸与儒家生态文明思想擦肩而过，只有出现“后现代文化”观与“后现代社会”观的曙光，才能照亮中国儒家的生态文明智慧。从某种意义上说，儒家的生态文明观是一个提前了两千多年问世的“后现代生态文明”观。

四、

儒家的生态文明观建立在人与自然之间的相互感通或感应的“天人合一”这一核心基石之上，讲求与强调人必须“知天命”（对于生态文明的自觉），“爱万物”（一草一木），“致中和”，“未发”和中，“发而皆中节”，保护与维持自然的生态之美（孟子所谓“牛山之木尝美矣”），“尽心”，“知性”，“修身”，“俟命”，“与天地参”，“赞（天地之）化育”，德与天地配，融文化与生态为一体，从而实现“上下与天地同流”的生命超越境界。

五、

儒家生态文明观的天人感通（或感应）模式分别由生命的形上学、贯通的实践观、赞生的美学观、王道政治观、天地境界观五大支柱所撑起而凸显出来。

以下分别对它们加以简略的叙述。

（一）生命的形上学

生命的形上学视宇宙为一个生生不息的大生命（存在）。人作为在宇宙中具体的“存在者”的“存在”，是与宇宙的大生命（的“存在”）为同一的。因此，人只是宇宙生命的具象表征。人的生命终将回归到宇宙的大生命之中去。圣人是人类的先知先觉者，意识到自己的生命与宇宙生命的同一，自觉地把自己的生命与宇宙的大生命相连同与连通，自觉地回归于宇宙的大生命之流行。所以，圣人境界就在天地气象中表现出来。

宇宙大生命生生不息的动力乃在于它自身之中，是内在的动力而不是外力。这种内在动力是由阴阳的交互感通作用而产生的。阴阳相反而相成，互为其根，一翕一辟，一动一静，负阴抱阳，阴平阳秘，交感为用，形成永不枯竭的鲜活动力。这种动力不仅使宇宙恒转不息，而且贯穿于宇宙中的一切事物，当然也就贯穿于人的个体生命。

阴阳的交感形成了宇宙之道或心。《易传》所谓“一阴一阳之谓道”，表示的就是宇宙之道。也不妨称为宇宙之心或宇宙心。说宇宙之道，是就道器关系而言；说宇宙之心，是就心物关系而论。道凸显宇宙之为存在的状态，心所凸显的则是宇宙之为生命。宇宙的存在无论为道或为心，都不是静止不动的实体，而是自本自根自生自化的流行过程。

宇宙道或宇宙心乃是宇宙间的生态存在的根基。当人在宇宙大生命的创造化育流行之间无动于衷，不知对宇宙道或宇宙心存有敬畏之感的时候，生态环境的灾难就不可避免地降临了。

宇宙之为大生命的“存在”，是一个鲜活的不断创生与化育的过程。宇宙间的万事万物作为具体的“存在者”既是这一过程中的产物，又是宇宙之为大生命的“存在”（道或心）的表征。在宇宙万物中，唯人为万物之灵。宇宙之为大生命的存在，只有透过人之具体存在的智慧生命，才能显露与被揭示。这是一个永不完结永无止境的以生命亲证生命（以人之具体存在的智慧生命亲证与体验宇宙大生命）、生命与生命（人的具体生命与宇宙大生命）互相感通与合一的过程。这也就是天人交感与合一的过程。这一过程对人来说，就是工夫践履的过程。广义地说，就是实践与体证的过程。

人只有在这一实践与体证的过程中，才能具体和真切地洞察和悟解：宇宙之为大生命的“存在”（活的道或心），乃是人类生态文明的源泉与本根。

（二）贯通的实践观

实践的目的在于体证与觉悟宇宙大生命永恒健动的创生流化与载物之德的精神，并以个人的生命与其感通互动，自觉参与到宇宙大生命的创化活动与流行过程之中去。实践的过程是以个人的修身工夫开始，经过社会化、规模化的群体实践或集团实践，最终达到超越的天地实践，使个人的具体生命与宇宙大生命之间感通合一，实现天人合德。实践的基本形式表现为：①个人的修行工夫实践，②社会群体或集团的规模化的事功实践，③超越的天地实践。在实践的整个过程中，以“仁”为本的道德精神贯彻始终，人类生存的环境生态与宇宙生命秩序的（固有）生态之间保持和谐一致。

（三）赞生的美学观

儒家的美学观虽然是从诗教出发的，孔子所谓“不学诗无以言”，但诗教本身并不是目的，而只是一种审美情趣与审美鉴赏力的熏陶和培养，是为了发现美、鉴赏美和体验美做准备的。实际上，儒家的美学观是围绕着“生”的精神的意味与情趣而展开的。“生”的意味和情趣是由宇宙大生命所决定的。因此，对宇宙大生命之“生”的精神领略与把握，鉴赏与体验，便成为儒家美学的最高追求。作为儒家美学的最高对象，宇宙大生命之“生”的精神是真善美的统一体。如果通过审美鉴赏与审美体验活动，使审美主体个人的有限生命与无限的宇宙大生命之“生”的精神合一无间，那么就在审美鉴赏与审美体验中实现了真善美的统一，达到了审美与美的最高境界。因此，唯“生”为美，就成为儒家美学的一个基本原则。这一原则贯穿于儒家的一切审美鉴赏活动与审美体验的过程之中。与此同时，“生”也就成为美之为美的一个最重要的标准了。对儒家来说，审美就是观“生”。因为有“生”之物才是美的。无疑，“生”本指宇宙生命的精神，在审美活动中引申为生动、活泼、可爱、使人愉悦的意味与情趣。一件艺术品之所以是美的，是因为它气韵生动并且具有艺术之真生命的活力贯注其中。美的食物也一定得是具有新鲜与生活的意味的。

总之，儒家的美学无外乎是求一个“生”字而已。儒家对宇宙之美的鉴赏与体验如此，对宇宙间的万物之美的鉴赏和体验如此，对人生之美与社会之美的鉴赏与体验依然如此。儒家以“生”的审美标准看一切，总是对“生”敬畏不已，赞美不已。孔子说：“未知生焉知死”，就是对“生”的最高赞美。“未知生”的“生”，在孔子的精神或意识中，已经直通到宇宙大生命之中了。那是何等的崇高、神圣与庄严啊！“焉知死”，并不表示孔子不明了死的意义与对死的漠视。孔子提倡养生送死，慎终追远，便是最好的证明。对孔子来说，“死”在“生”中。能知“生”便足矣。所以，孔子以“生”的眼光来看一切，以“生”的态度来对待一切；孔子总是乐观的，对人生与世界充满了“生”的希望。

儒家的美学是美生论。从人的生存环境、生态的审美要求出发，必然追求环境生态之美。孟子论“牛山之木尝美矣”，就是一个范例。

（四）王道政治观

孟子提出“以民为本”的“仁政王道”，也是宇宙大生命的“生生之德”精神在人世间的政治上的一种表现而已，即所谓“替天行道”。这要求社会的人文生态与自然的原始生态统一起来。

（五）天地境界观

人的一切活动或所作所为，都是为了成人、成物、成己，不断地提高生命的觉悟，不离世间而出世间，内在于世间而超越世间，自觉地达到天德与实践天德，与天地同流。

天地境界就是圣人境界。在圣人境界中，宇宙万物皆非手段，而都是目的，与圣人平等，各得其所而各尽其性。宇宙成为圆满的大生命。

以上五个方面的内容表明，儒家把人的生存环境，乃至整个宇宙，都视为具有内在关系的互相感通或感应的生命机体的关系。因此，儒家在这一基础上建立了一种生态文明观的天人感通模式。

六、

深入儒家思想可以发现，在古老的儒家生态文明思想与现今的“后现代精神”之间不仅具有惊人的相似，而且存在着一种平行与相通的关系。具体地说，这主要表现为：①机体主义思想；②万物一体思想；③天人感通思想；④人与人以及自身、人与社会、人与自然、人与神（宗教）之间具有内在和谐、同一、感通与平衡的思想；⑤敬畏生命与生命太和健全的思想；⑥社会生生不息发展（可持续生成与发展）的思想；⑦宇宙生命内动力的思想。

七、

基于一种后现代视野的文明对话观来看，“后现代文化”和“后现代精神”不应该只有唯一的西方文化来源，而是应该具有广泛的不同背景的异质文化的来源，其中就应该包括东方文化，尤其是中国文化与中国思想。事实上，“后现代文化”和“后现代精神”并不完全在西方产生，也不完全为西方所独有。在中国文化与中国思想中，具有丰富可观的与西方“后现代文化”和“后现代精神”相似的并保持着一种平行关系的思想或精神，儒家的生态文明观就是其中的一个典范和代表。

儒家的生态文明观固然不是今天的“后现代思想”，但是这并不妨碍儒家生态文明思想参与到“后现代社会”观的建设中去，丰富“后现代文化”和“后现代精神”，为人类社会自身生态的平衡发展提供有益的启示与灵感的源泉。因此，中国儒家的生态文明思想理当为西方“后现代文化”和“后现代精神”所许可与融摄。李约瑟、卡普拉、朱利安等是重要的先驱。相信一定会有更多的后继者出现，并取得更多更辉煌的成就。

八、

基于一种后现代文明的视野来看，中国和世界都必须重新回到人与人以及自身、人与社会、人与自然、人与神（宗教）之间的内在和谐、同一、感通与平衡的基础上来，才能重建适合作为“存在者”的“存在”之人类宇宙的新秩序。这一宇宙新秩序的建立与维系，有赖于世界文化的生态多样性的存在与平衡发展。在这一意义上来看，东西方文化发展之间形成与保持一种综合交融、不失自性与平衡的关系不仅是必要的，而且是非常关键的。

写于 2014 年 3 月

[原载《儒学：世界和平与发展（纪念孔子诞辰2565周年国际学术研讨会论文集）卷二·儒学与社会发展》，北京：九州出版社，2015 年]

第二编　人格观念与型范

中国古代人格观念初探

一、中国人格观念的起源及其历史影响

在中国古代汉语中，没有“人格”（persona 或 personality）这个词。中文里的“人格”是到了近代才假道日本而来的。但是，这绝不意味着在中国古代没有人格的观念。实际上，在中国古代文化中早已酝酿出了人格观念。

那么，中国的人格观念究竟产生于什么时间呢？

日本学者今道有信参照西方文化系统中的人格观念，认为在亚洲古典文化中没有“人格”（persona）这一概念，因而强调了东方文化中人的“应答”（respondere）关系中的“责任”（responsabilité）[①]，这确实是有见地的。但是，今道有信认为东方人“接近人格概念大约是过了 16 世纪以后”，到王阳明、李贽强调“个人性的内在权威”即“良知”[②]的时候，亦即此时，东方或中国才有人格的观念。这不失为一家之言，可资参考。但是，笔者不能苟同这一观点，在此提出一种商榷性的意见，以求得到指正。

显然，讨论这一问题必须有一个统一的标准作为前提，这就是所讨论的人格观念以西方古典文化为参照而必须具有接近于今道有信所指出的“个人性”（individuatilé）[③]的特征。

今道有信认为，王阳明、李贽强调“个人性的内在权威”，即“良知”，是东方人有了“接近人格概念”的表征之一，应该是没有问题的。但是，这并不意味着东方或中国从王阳明和李贽的时代即“过了 16 世纪以后”才有了人格的观念。其实，即便是就今道有信所谓的具有“个人性”的人格来说，中国的“接近人格概念”的人格观念至迟在先秦（公元前 221 年以前）时期就已经出现了。何以见得呢？

首先，见于《论语》中的“逸民”或隐士伯夷、叔齐等人“义不食周粟”，特立独行，隐居首阳山，最后弃食薇蕨（因为殷亡，意识到自身的“自我”无栖居之所）而甘愿饿死的行为，就已经开始体现出作为人格的个人性的意识。在这

---

① 今道有信：《东西方哲学美学比较》，李心峰、牛枝惠等译，北京：中国人民大学出版社，1991 年，第 50 页。

② 同①第 15—52 页。

③ 同①第 52 页。

段记叙中，历史上是否真有伯夷、叔齐其人其事并不重要，只要他们的形象在历史的某一个时间区域中凸显出来，就表明了在该时间区域内即春秋末至战国初期这段时间区域里，中国就已萌生了具有个人性的人格意识。

其次，“良知”的观念在孟子的时代就已经出现了。孟子是提出“良知”概念的第一人，他说：“人之所不学而能者，其良能也；所不虑而知者，其良知也。”[①]应该说，把“良知”作为“个人性的内在权威”也是由孟子首开其端的。孟子把“良知”“良能”视为人之为人的内在规定性，与禽兽相区别的根本标志。“仁”“义”“礼”“智”所谓“四端”即是“良知”“良能”的具体内涵，也即是人性的深层结构的内容。在孟子看来，“四端”统一于“诚”这一范畴，因此孟子极力提倡和讲求对“诚”的省察，他声称：“诚者，天之道也；思诚者，人之道也”（《孟子·离娄上》），“反身而诚，乐莫大焉”（《孟子·尽心上》）。一个人修身养性，都在于尽心致诚。致诚的目的就是为了将人性深层的“良知”“良能”呈现出来，使人得以安身立命。孟子这套学说对后世产生了巨大而深远的影响，特别是为王阳明及其学派所继承和发扬。由此可以看出，中国的接近于人格的概念和人格观念在早于王阳明和李贽将近两千年的孟子那里就已经出现，而且往后愈为明显。

再次，《礼记·缁衣》在谈论君子时有云：“言有物而行有格也，是以生则不可夺志，死则不可夺名。”这是中国或东方早在16世纪以前就具有类似人格概念的人格观念的又一个例证。

最后，还应该提到道家的人格观念。道家在中国先秦的诸子百家中是比较注重提倡和发扬人的个人性的。按照冯友兰的看法，道家最初就是一些“欲洁其身”的个人主义者[②]，前面谈到的隐者伯夷、叔齐即属此类人物。不过，早期道家的代表人物是杨朱（约在墨子与孟子之间）[③]。杨朱提倡“为我”“轻物重生”[④]“全性保真，不以物累形”（《淮南子·汜论训》），已经表现出以个人自我为中心的人格观念。杨朱的思想为老庄所继承和发展。老子提出“贵以身为天下”“爱以身为天下”（《老子》第十三章），强调“我独异于人”“我愚人之心也哉”（《老子》第二十章），崇尚“圣人抱一为天下式”（《老子》第二十二章）、“无为而无不为”（《老子》第三十七章）的人格理想。庄子也强调“保身”“全生”“养生”“尽年”（《庄子·养生主》）的重要，但是却执着于“天地与我并生，而万物与我为一”（《庄子·齐物论》）、“若夫乘天地之正而御六气之辩，以游无穷者”的“至人无己，神人无功，圣人无名”（《庄子·逍遥游》）的理想人格境界的追求。比之于老子，尤其杨朱，庄子偏重和强调人格在精神和意志上

---

① 今道有信：《东西方哲学美学比较》，第54页。

② 冯友兰：《中国哲学简史》，涂又光译，北京：北京大学出版社，1985年，第74页。

③ 此从冯友兰之说。

④ 同②第76页。

的独立性。以庄子为代表的道家的人格观念是一种理想化的完全独立的自由人格。我们从屈原那里，也可以看到这种完全独立的自由人格观念的表现。

由上面这些史例看来，我们确实可以相信，至迟在公元前 221 年秦始皇统治中国以前的春秋战国时期，中国就已经出现了接近于具有“个人性的内在权威”的类似人格概念的人格观念。比之于公元前 5 世纪古希腊的智者普罗泰戈拉提出“人是万物的尺度”的命题而言，中国的人格观念的出现也并不比西方为晚，几乎可以看成是同步的。张岱年指出：

> 古代中国没有“人格”这个词，但有“人品”、“为人”、“品格”这些词。在中国古典哲学中，有独立人格的思想（虽然没有这个名词）。什么叫独立人格？就是指人自己有一个独立意志，它不受外界势力的压制。孔子说：“三军可夺帅也，匹夫不可夺志也。”这里承认平民也有独立的不可改变的意志。孔子还赞扬伯夷、叔齐“不降其志，不辱其身”。实际上，在孔子时代，有很多隐士即有一定文化而不肯出来做官、不与当权派合作的人，这种人也可以说是有独立意志的。孔子肯定每一个人都有独立意志，但是否每一个人都能保持其独立意志就不一定。孟子也有类似的思想，他认为，君主和贤士都应该“乐道忘势”，这里，“忘势”就是要保持自己的独立人格。
>
> 早期儒家试图把人伦关系和独立人格统一起来，叫人在人伦关系中保持独立人格。但在汉朝以后，至唐、宋、元、明、清，专制主义越来越严重。专制主义的特点就是不承认人民的独立人格。
>
> 在专制时代，一般人民是没有独立人格的，但当时许多知识分子要争取独立人格。
>
> 从秦汉一直到明末，一直有这种保持独立人格的知识分子。[①]

应该说，中国古代不仅已有人格观念，而且中国古代的人格观念是早熟的。

中国古代的人格观念在理性观念层面上最突出地表现为理想人格的设计。先秦的诸子百家，莫不如此。儒家的理想人格是“内圣外王”的圣人，道家的理想人格是自然无为的真人，墨家的理想人格是行“兼爱”的（博大）完人，法家的理想人格是抱法处势用术以至“无为”的圣王，等等。不仅如此，对理想人格的追求几乎贯穿于中国文化的始终。尧和舜的人格典范[②]不只是为先秦诸子所仰慕和称道，秦以后的人们也无不对之（还常包括禹、汤、文王、武王、周公等）顶礼有加，“虽不能至，心向往之”。经过大众传播媒介的宣张、扩大和美化，具有

---

① 张岱年：《中国古典哲学中的人格观念》，《未定稿》1989 年 2 月号。

② 尧和舜的人格典范完全可以比之于古希腊的阿波罗（日神）和狄俄尼索斯（酒神）的人格典范，而且二者都有神话传说的性质。

理想人格色彩的圣贤故事在民间广为流传，口碑不绝于世。

秦汉以后，虽然曾经是显学的墨家学说绝世，但是儒、道、法三家在明暗相间的交织、互补和融合中，对中国的政治文化都产生了十分深远的影响。其中，儒、道、法三家的理想人格及其代表人物的行为方式对社会中的不同阶级和阶层的影响最大，可以说是占有核心支配地位的。

理想人格在中国文化的理想观念层面中更是源远流长，世代不绝。秦汉以后，最典型的有魏晋新道家的理想人格——以理为本之人和以情为本之人，大唐佛教中国化以后出现的（南）禅宗的理想人格——日常性的“佛”，宋明新儒家的理想人格——崇理灭欲的圣王和崇心明德的大人，现代新儒家的理想人格——心学系的新圣人和理学系的新圣人或“新原人”①。

综观中国文化理性观念中的理想人格，除了宗教中的理想人格之外，其他的理想人格在本质上几乎都是伦理-政治型的权威人格②。这些理想人格的原型是历史上杰出的人的人格，被描述为古代传说中的救世英雄或帝王，这些英雄或帝王在正史中被描写成华夏的真正始祖，他们便是史不绝书的三皇、五帝、禹、汤、文王、武王、周公等的人格形象。这些传说中人物的人格后来在深沉的东方理性中被高度理论化了，形成理想人格就成为贯穿于中国文化始终的一条鲜明的主线。理想人格这一主线为中国文化和中国人奠定了基本格调。

二、儒家由“圣”而“王”的人格观念

考察各家各派的理想人格，不难发现，数儒家的理想人格对中华民族精神的作用和影响为大。从先秦儒家的理想人格，到宋明新儒家，再到现代新儒家的理想人格，形成了中国人格观念史上的中心和主流。这种理想人格融纳了道家、法家，并兼收了佛教尤其是（南）禅宗等的理想人格的某些因素或成分，从而成为一种集大成的理想人格。儒家的理想人格在很大意义上代表了中华民族人格所能达到的最高境界，成了中国人精神的最核心的组成部分之一。

儒家的理想人格蕴含着不同的含义，所意指的人格并不完全一样，详加辨析，可以发现它至少包含着三个不同的层次。

第一，圣与王合体——即庄子所谓“内圣外王”（《庄子·天下》）的圣王，这是儒家的理想人格的最高典范。③它强调自身的修养与治国平天下的统一不二，

① 心学系的新“内圣外王”之人指熊十力、唐君毅、牟宗三等一系现代新儒家的理想人格，理学系的“新原人”或新圣人指冯友兰的理想人格。至于对中国文化中的理想人格的系统研究，由另著完成。

② 此问题另文论述。

③ 关于这一点，早已为梁任公点破，梁指出：儒学的最高目的，“可以《庄子》‘内圣外王’一语括之”。“儒家千言万语，各种法门，都不外归结到这一点。”（《饮冰室文集》卷一）

并希冀这两个方面能够在圣人或王者的身上得到统一，也就是要让圣人与王者合为一体，把伦理与政治制成一格，正是在这个意义上，儒家的理想人格是一种伦理-政治型的权威人格。可以说，儒家教育思想的最高理想也相应于造就出“内圣外王”的圣王。然而，这样的教育理想从来就不曾实现过。于是乎，儒家常常抱有以圣为王的幻想，从孔夫子到梁漱溟，莫不如此。当以圣为王的幻想破灭了，儒家便又想以圣控王，或以圣辅王，孔子周游列国，游说诸君，不能不说包藏着以圣控王，或怀抱着以圣辅王，从而实现理想政治的良苦用心，而步其后尘的儒学大师孟、荀也何尝不是如此。

第二，圣人，这是儒家最基本最重要的理想人格范型。《大学》强调“诚意”“正身”。《孟子·离娄上》归天下国家于一“身”，这“身”之“正”、“意”之“诚”，正是“圣”之根本所在。因此“内圣”之学尽在“修己”，或曰“修身”。①简而言之，使自身的性情、能力、道德修养和精神境界练达至儒家向往的极致即是“修身”的蕴含之义，也是“修身”的目的之所在，因之儒家所谓的“圣人”便是得“内圣”之学者。“内圣”是“外王”的基础，圣人是圣与王结合的根本，“内圣”与“外王”的统一体——圣王，其统一的基础乃在于“圣”，而不在于“王”，其合体的重心则在于“圣人”，而并不在于“君王”。当“内圣”与“外王”不能同时兼备或实现统一，那么保留“内圣”之学者就保留了儒学的根本精神，因此无论是圣王也罢，圣人也罢，都是应当而且必须给予充分肯定的。

第三，君子、贤人。对于儒家来说，在追求理想人格的路途上，实现最高的理想便是成为集“内圣外王”于一身的圣王或圣人，倘若达不到最高的理想，那起码也不能放弃较次一等的理想②——成为贤人、君子、大丈夫。即是说，能成圣为至上之境，即便不能成为圣人、圣王，也要做个贤人、君子、大丈夫。无论出仕也罢，隐居也罢，总之得有做人的原则和骨气，“居天下之广居，立天下之正位，行天下之大道。得志与民由之，不得志独行其道。富贵不能淫，贫贱不能移，威武不能屈”（《孟子·滕文公下》）。唯其如此，生命才有价值，生命的价值才能实现，人生才有意义，否则，堕落为与禽兽相去无几的小人，生不如死，虽生犹死，这便是儒家的生命情趣和人生格调。君子、贤人相对于圣王、圣人具有功能上的从属意义。如果说圣人、圣王是“月”，那么贤人、君子就是“云”。“月”是通过“云”烘托出来的。圣人、圣王的意旨和指令是由君子、贤人来执行和完成的。君子出仕从政，辅政圣王、圣人统治的社会达到理想的治理和繁荣的状态，即便做隐士，也要像张横渠所说“为天地立心，为万民立命，为往圣继绝

① 梁任公释：“做修己的功夫，做到极处，就是内圣；做安人的功夫，做到极处，就是外王。”

② 张横渠宣称：“学必如圣人而后已。”（吕大临《横渠先生行状》，又见于《宋史·张载传》）但是，秦汉以后学者的追求降格了，不再追求成为“圣人”而求做“贤人”了，这为张载所不能容忍，他批评道：“以为知人而不知天，求为贤人而不求为圣人，此秦汉以来学者大蔽也。”（《宋史·张载传》）

学，为万世开太平”，这也就是要继承和发扬儒家的圣学精神，为新的圣人、圣王诞生做好准备，这些便是君子、贤人的使命。因此，君子、贤人还是沟通圣人、圣王与民众的不可缺少的中介。圣人、圣王与民众之间在水平线上建立的应答（责任）关系，也就是通过君子、贤人这一关键的中间环节才得以建立的。君子、贤人虽然也像圣人、圣王一样是以神性为中心的人格存在的人[①]，但是其神性远不及圣人、圣王，只有从属的意义，也就更接近于真实的人性，但是其人世间性又不如庶民来得直接、实在。因此他们恰好介于圣人、圣王与百姓、庶民之间，成为沟通二者的黏合界层面。

儒家的理想人格作为一种伦理-政治型的权威人格，总是同社会政治生活密切相关。然而，一旦进入了社会政治生活，尤其是社会政治生活的权力场中，并不总是使人适意的。政治这东西很复杂，不是人格伟岸就可以得手的，对此儒家的开山老祖早已深有体会，但他们有坚定的政治信仰，矢志不移，丝毫不愿放弃他们对理想人格的幻想，他们“知不可而为之”，以身作则，试为天下表率，所以孟子就把儒家的理想人格划分为“达”者和“穷”者两类，并分别指明了他们执着的人生态度，他说：“故士穷不失义，达不离道。穷不失义，故士得己焉；达不离道，故民不失望焉。古之人得志泽加于民，不得志修身见于世。穷则独善其身，达则兼善天下。”（《孟子·尽心上》）据此，我们又可将上文中所辨析的圣王、圣人和君子、贤人划入“达”者和“穷”者两类。无疑，圣王自然在“达”者之列，而圣人或君子、贤人则视情形，要么归属“达”者，要么落为“穷”者即隐者、隐士之类。因此，儒家的理想人格虽然有“穷”与“达”的区别，但是“穷”者与“达”者在人格上没有抵触，不分轩轾。

儒家的理想人格作为一种伦理-政治型的权威人格，在实质上表征着超人类的以神性为中心的人的个体[②]，无论圣王、圣人，或君子、贤人，他们都是绝对高出于凡众之上的超人、神人，然而他们并不离开人群而幽居独处（道家的理想人格似乎例外），这些理想人格，尤其是“内圣外王”的圣王人格，千百年以来成了中国古代理想人格的最高典范的表征。其基本内容包括以下几点。

第一，代表社会运动的价值趋向，即对理想社会——高度文明的道德-秩序型社会[③]的追求。儒家设计的圣王、圣人、大人把广大的人民群众引向理想的太平盛世，那是一个以道德为立国之本的美好社会。自从孔子以降，儒家提出了一种以道德为中心的社会历史进化观，一个社会是否合理、先进，主要不是以其经济增长的指标来衡量，也不是由其知识的增长来决定，而是要看道德进化到何种程度，

---

① 君子人格像圣人人格一样具有超人性（实际上就是神性），只是逊于圣人人格而已。在孔孟的言论中，君子常与圣人相提并论。

② 伦理-政治型的权威理想人格相对于历史事实中的实有人格来说，的确是超人类的以神性为中心的人格。

③ 关于道德-秩序型社会的提出，由另文论述。

提高到什么水准，才能断定。因此，儒家所希望建立的理想社会是一个道德-秩序型的社会。在这个社会中，个个成为尧舜，满街都是圣人，大家讲礼仪，行仁爱，丰衣足食，和平安宁，尽享人生之乐，这个理想社会即是二千多年以来有口皆碑的所谓“大同世界”，对中国广大的下层贫苦农民充满了无限的诱惑力。中国历朝历代的农民无不向往和憧憬这样的理想社会，因而在灾难和困苦状态中便将得救的希望系于儒家为他们设计好了的圣人、圣王、大人的身上了。仅就其功能而言，这样的理想社会不独为下层农民所欢迎，即使是对那些没落的文人墨客也不无影响。陶渊明所描绘的富有诗意的世外桃源，便是典型的一例。诸如世外桃源一类的理想社会，也见之于小说体之类的文字或民间的传说之中。

第二，“内圣”与“外王”相统一的修身和治世方式，至高无上的伦理-政治型权威人格，融神性于人性之中，表征着占支配地位的社会政治-伦理观念和社会的政治-价值秩序与文化-价值秩序。

儒家的理想人格，就其实质来说，是集“内圣”与“外王”于一身的至高无上的伦理-政治型权威人格，儒家认为只有具备了这种人格的人，才能完成天降斯人之大任，即把处于水深火热之中的老百姓引向一个太平的社会；圣王、圣人拯救斯民，就要改良他们，移风易俗，使他们有别于禽兽，成为尊“礼”、“仁”爱的文明人，也就是要让他们发显本心之善端，呈现本性之良知良能，使自身的精神、言论和行为都达到圣王、圣人所倡导的道德境界。因此，圣王、圣人治理社会重在“德治”。“德治”即是实现“外王之道”的真正意义和最终目的。从这个意义上来看，伦理、道德即政治；反而观之，儒家那一套仁政王道的政治也就是要把他们的伦理价值、道德规范在全社会推广普及和实施，以建立一个道德-秩序型的社会。因而可以说，儒家所讲的伦理就是政治，政治就是伦理，这种即伦理即政治，即政治即伦理，正是儒学的最大特色。因此，“外王”实际上是“内圣”的外化，“修身”或“修己”的放大，也就是把个人的内在修养所得向外推广，由己及人，施诸社会，从伦理而政治，通过“修身齐家”以达“治国平天下”（《大学》）的目的。孟子说：“天下之本在国，国之本在家，家之本在身”，“其身正而天下归之”。（《孟子·离娄上》）“身”是“家”与“国”之本，最为要紧，因之正身成为儒学之第一大要义。正身，当然是指个人的道德修养，但不可忽视它含有安邦治国的内在本领或能力，即所谓文韬武略的含义。“内圣”呈现为“外王”，自然也就包括以武力征服天下，以礼法治理国家的重要意义。孔子提倡作为社会制度和规范的“礼”必须与个人内在道德的“仁”相配合相适应；孟子主张的“以德服人”不见效用之时，行“以力服人”之道，师先圣文王武王“一怒而安天下之民”之法；荀子强调“隆礼”“重法”；王阳明、曾国藩以身作则，身体力行，集文事与武功于一身；等等，都很清楚地注明了这一点。如果说“内圣”是儒学基本精神的内容之所在，那么“外王”则是其必要的形式和保证。“内圣”只有外化为“外王”才能实现二者的真正统一，圣人成为圣王，圣人才真正成为圣人。因此，修齐与治平、文韬与武略、文事与武功、伦理与政治的统一不二就成了儒学所面临的最大课题，而对这一课题的（理论上和实践中的）解决才彰显出庄子所指述的儒家的理想人格的“内圣外王”之道的真谛。因此，儒家的理想人格就能由纵（向方位）入横（向方位），在水平方向上融神性于人性之中，与民众取得联系和沟通，在纵横、上下之间形成一定的应答关系，以“三纲”“五常”为基础，建立起亲疏、贵贱、内外分别，君臣、父子、夫妇、老幼、上下有等级的社会秩序，但有“仁”爱的精神充盈其间，人们相亲相爱，君王与百姓同乐，因而这样有秩序的社会是一个十分和谐的社会。也只有这样的社会出现，儒家的理想人格才能成为至高无上、光被四表的政治领袖人格即伦理-政治型权威人格。这种蕴含于古代文化中的伦理-政治型权威人格，为中国社会所独有。圣人、大人、圣王把集“内圣”和“外王”一体的修身与治世方式，体现为伦理-政治型的权威人格，在现世的社会中必然表征着占中心支配地位的社会政治-伦理观念和社会的政治-价值秩序与文化-价值秩序。

第三，成圣的致思途径或修炼方式，突见了圣人或圣王超人类的以神性为中心的人格，表明了圣人或圣王人格只能为极少数人所具有，并在以纵（向方位）入横（向方位）的水平线上同人民大众结成一定的应答关系，圣人或圣王人格凭借着与民众的应答关系，经过传播媒介的渲染而受到万众的崇拜和景仰。

儒家在成圣的致思途径或修炼方式上除了强调“学”“问”[①]以外，也像道家和佛教一样讲求直觉-体悟的致思途径和特殊的神秘的修炼方式，孔子强调诗的语言对概念定义的超越[②]，指出“不学诗无以言”（《论语·季氏第十六》）。孟子提出“尽心”“养气”（《孟子·尽心上》），“知性”“知天”，从而达到“万物皆备于我”（《孟子·尽心上》），呈见物我、天心、性命一体不分的本然状态，《大学》《孟子》均讲“致诚”之道，并宣称“反身而诚，乐莫大焉”（《孟子·尽心上》）。荀子继承孔孟，并援道入儒，宣张“知道”之法，追求“虚壹而静”的“大清明”境界（《荀子·解蔽》）。宋明新儒家承前启后，后来居上，不仅承继着儒家开创的致思修养的道路，同时吸收和消融了道释二家的直觉、顿悟、体证的思想，并且进一步把它们推向了一个新的高度。首先是发理学之先声的周敦颐力介“静虚动直”（《通书》）之说，继而二程大讲“诚敬”（《河南

---

① 沈有鼎指出：“儒家所求的知，一以先王之道为准则。因此儒家求知的主要方法是‘学’和‘问’，所得以闻知为主。”（沈有鼎：《墨经的逻辑学》，北京：中国社会科学出版社，1982 年，第 10 页）

② 今道有信：《诗歌艺术的定义的超越》//《东方的美学》，蒋寅等译，林焕平校，北京：生活·读书·新知三联书店，1991 年。

程氏遗书》）、“用敬”[1]，“廓然而大公，物来而顺应”，勿“自私”，勿“用智”之法，以求取“未尝致纤毫之力”而达到“冲漠无朕，万象森然”的至高之境；朱子讲求对“理”的“体贴”和“一旦豁然贯通”之道（《大学·格物致知补传》）；阳明鼓吹“致良知”以“明德”之教，融“天地万物为一体”、（《传习录》《大学问》）之理；等等。这些致思途径和修炼法门，虽然在逻辑上平等地向每一个人开放，然而在实际上只有极少数的人可以践行，并最终“悟道”，得到真理，成为圣人。尽管人们讲“在真理面前人人平等”，但是真理往往掌握在少数人的手中。儒家讲这个道理，就是为了要强调成圣的特别、神秘和艰难，从而拔高圣人，以突出其人格的神性重心之所在。这就是圣人之为圣人，而不同于凡众的最关键的区别，也就是“君子”、“大人”与“小人”、群氓的根本差别之所在。儒家这套设计，正是要在圣人、大人与凡众、小人之间划出一条不可逾越的分界线。如果凡众、小人也懂得了成圣之道，又岂有圣人哉！不过，所谓“不可逾越”，仅是就凡众或小人而言的，圣人、大人人格的神性并不独立地存在于人世间以外，恰恰相反，他们就生活于广大的人群社会之中，挽狂澜于既倒，救灾民于水火之中，由纵（向方位）入横（向方位），作出把神性化为人性的形式上的变通，从而在社会的地平线上同芸芸大众结成从上到下、等级分明的井然有序的应答关系。在这种相互的应答关系中，圣王、圣人、大人的美好形象经过大众媒介的传播和渲染，以其神性为中心的人格复又凸现，因而受到万众的崇拜和景仰。

至此，我们可以看出，中国古代理想人格的结构是二重性的，即在表层上是属人性的，以人的面孔呈现于世；在深层上是以神性为中心的独立个体人格。无论圣也罢，贤也罢，他们都是些半神半人的东西，皆具有二重性结构。这种人格的二重性结构具有对立-互补的功能，几乎达到了完美的和谐，非常稳定。认识到这一点，乃是理解中国古代人格观念的关键所在。

（原载《云南社会科学》1996 年第 3 期）

---

① 冯友兰指出：新儒家以“敬”字为关键，来讲他们的精神修养方法。“于是，‘敬’字代表了周敦颐所讲的‘静’字。在修养方法论上，以‘敬’代‘静’，标志着新儒家进一步离开了禅宗。”（冯友兰：《中国哲学简史》，第 329 页）

如何了解孔子的人格精神
——唐君毅的人格比较研究方法论

一、引言

孔子是世界公认的伟大思想家、教育家、中国的圣人和中国文化的奠基人。近年来，以孔子为代表的中国传统文化的重要价值逐渐得到国人的承认与重视，百年以来叠压在孔子头上的阴云雾霾终于渐渐消散，云开日见，孔子的正面形象开始重新确立，并将重新走进中国人的心灵。“儒学复兴”“中国文化复兴”的浪潮伴随着中国的崛起而一波接一波地掀起，以儒学为代表的中国传统文化出现了复兴之兆。但是，不能不看到，反对儒学、诬蔑儒学、诋毁与诽谤孔孟的事情仍然时有发生，甚至有人公然把以孔孟为代表的儒学视为中国社会“腐败的根源”，主张再次打倒儒学、捣毁儒学，完成所谓的“二次启蒙”“新启蒙”，混淆视听，趁水未澄清之际大肆搅局，成为儒学复兴的拦路虎、绊脚石。因此，我们不能不充分地认识到复兴儒学、复兴中国文化的艰巨性、复杂性、长期性与斗争性。为了彻底扫除与廓清儒学复兴、中国文化复兴的障碍，固然需要对一切诬蔑儒学、诋毁与诽谤孔孟的思想言论进行批判与肃清，但同时也需要正本清源，让国人重新了解孔子，真正地认识孔子的光辉与美大神圣，以生命的契入与感通去呼应孔子的生命，呼应与把持儒学的精神和智慧，重新树立中国人的文化之根与文化自信，勇敢地面对现实与未来的挑战，真正与全面地实现孔子所向往的“富而后教”的社会愿景。这就需要我们能真实地理解孔子在中国历史文化中的崇高地位究竟是如何形成的，孔子人格精神的美大神圣究竟在哪里，孔子为什么是中国文化精神与智慧的源头活水，孔子为什么在现在与未来仍然具有不可抛弃与不可估量的永恒价值。而与牟宗三先生并称且被牟宗三先生称为“‘文化意识宇宙’中之巨人”[①]的唐君毅先生，作为当代新儒家最重要的代表人物与哲学大师之一，一生宗奉孔子，继承与弘扬孔子精神，与牟宗三先生一道哲学地重建中国哲学，不仅创建了与牟宗三的“道德的形上学”比肩而立的“心通九境”的庞大哲学体系，把现代中国哲学的发展推向了世界水准的高峰，而且留下了许多篇论述孔子的重要

---

① 牟宗三：《悼念唐君毅先生》//《唐君毅全集》卷三十纪念集，台北：学生书局，1993 年，第 26—28 页；《“文化意识宇宙”一词之释义》//《唐君毅全集》卷三十纪念集，第 29—34 页。

文献，尤其是他关于“孔子在中国历史文化中的地位的形成”的论述，写于 20 世纪 70 年代，适值中国内地“批林批孔”时期，而香港亦有刊物闻风起舞，咒孔骂唐[①]，唐君毅先生的鸿文拨云雾而见青天，不仅真实地“还原”了孔子在中国历史文化中的崇高地位形成的历史事实与理据，而且澄清与驳斥了民国以来对于孔子的种种误解、诬蔑与不实之词，“再现”了“孔子的历史”与“历史的孔子”，呈现出一个历史的真实的孔子以及孔子的美大神圣。因此今天我们纪念孔子的时候，重温唐君毅先生对于孔子人格精神的论述，并对唐君毅先生提倡的探索孔子人格世界的人格比较研究方法给予关注和探讨，对我们重新认识与理解孔子，消除对于孔子的莫大误解与诬蔑，仍然大有裨益，读来如沐春风，而且犹如醍醐灌顶，是一面最好的“照妖镜”。

二、研究孔子与孔子崇高地位形成的方法

根据人类的生活经验与学术研究的历史经验可知，知人不易，知伟人更难。孔子乃是人类历史中的伟人之伟人。那么，欲知孔子则难上加难了！然而，孔子是中国文化的最大代表，不知孔子则不知中国文化。凡孔子以后的人，欲知中国文化，则必知孔子。那么，究竟如何去了解孔子与孔子在中国历史文化中的地位呢？在今天，这一问题不意重新成为中国人的一项历史文化之使命。

唐君毅先生指出，了解孔子最难，原因在于孔子是中国历史文化人物中最难讲的一个人物。之所以如此，盖因孔子代表中国文化原型之大全。凡讲孔子皆不能无漏，不能臻全。无论谁讲孔子，都不能不具体地讲孔子的具体事情。但一落到具体地讲孔子的具体事情的事实上，则无法全面地把握与彰显孔子之作为中国文化原型之大全。唐君毅先生说：“这不仅由于孔子思想与对中国社会文化历史之贡献之伟大，使我们难以抽象的几点意见包括之，而已我们先自孔子之对社会历史文化贡献与学术思想去了解孔子，亦本非最妥当的办法。”[②]所以，对于孔子来说，无论如何讲，无论谁讲，都是不能圆满的。唐君毅先生对他人所讲的孔子不甚满意，同时对自己所讲的孔子也是不满意的[②]，根源在于孔子身上所体现的精神乃是一种无待无外的、绝对的、化育涵摄一切而不露精彩的无限性之精神，这种精神是现代人凑泊不上且日益与之疏远的。唐先生说：

> 现代人一切生活事业，皆在紧张中，奋斗中，对抗中。处处要求显力量，露精彩。一切都要在鲜明的对照中，才看得见。然而孔子之精神，

① 徐复观：《悼唐君毅先生》//《唐君毅全集》卷三十纪念集，第 19—20 页。

② 唐君毅：《孔子与人格世界》//《唐君毅全集》卷五人文精神之重建，台北：学生书局，1989 年，第 210 页。

在根柢上正是超一切对待的。孔子亦很严正，很刚健，然而此严正与刚健，即在一太和元气中。此时代人，在情调上，实难凑泊得上。所以孔子之无限的精神，在今日实亦难提出。[①]

但是孔子是必须讲的，那么我们别无选择，唯一地只能在不能讲中去求能讲，从不圆满中去求圆满，诚如孔子的“知不可而为之”，勉力而行了。事实上，唐君毅先生作为“‘文化意识宇宙’中之巨人”，其“仁者哲学家”之生命精神最能与孔子的生命精神相呼应与契接，因此唐君毅先生是最具有资格讲孔子与孔子在中国历史文化中之地位的当代大儒，并且唐君毅先生所讲的孔子亦最能表现孔子的生命精神与智慧情态，最具传神的精彩洞见，而唐君毅先生所勾勒出来的孔子在中国历史文化中之地位，真实与多角度地展现与解释了孔子在中国历史文化中无与伦比的、至高无上的地位之形成的纷繁复杂的历史事实与峰回路转、蜿蜒跌宕的曲折过程，成为民国以来的中国人了解与研究孔子的一面镜子和一个重要的典范。在反复多次宣讲孔子与探索孔子的伟大人格以及孔子在中国历史文化中的地位之形成的历程中，唐君毅先生发现与提出了一套讲孔子与孔子在中国历史文化中的地位之形成的方法。具体可以总结和概括为以下五种研究方法：①人格类型比较法；②思想文化历史源流考察法；③哲学思想研究法；④历史文化综合考察与诠释法；⑤贯通生命精神体验法。唐君毅先生将这些方法综合连贯地运用在他一生对于孔子之人格精神世界的探索中，在历史的、文化的、哲学的、宗教的多维视野与进路中凸显出孔子之高明厚博的天地精神与涵盖且持载一切而超越一切之圆满的圣贤型人格，历史地“还原”与“再现”了孔子在中国历史文化中的地位之形成历程，推倒了自民国以来加在孔子头上的种种不实之词，尤其是那些龌龊下流的污圣侮圣的无耻谰言，澄清了世人对于孔子的误解，为孔子洗刷了无数的历史冤屈，捍卫了孔子的人格尊严以及孔子之人格所代表的人的尊严、人的文化的尊严与价值的尊严，维护了孔子在中国历史文化中的至圣先师的崇高地位，并自觉地与孔子的生命精神相呼应相契接，奋力继承与弘扬孔子的伟大精神与智慧。在当代新儒家所极力提倡而掀起推动的“儒学第三期的展开”即“当代新儒学运动”中，他与他的师友、同人和学生们一道把孔子所开创的千秋伟业再次推向了世界，也推向了思想史上的一个伟大时代和巅峰，树立起一个学习孔子、探究孔子、承续与推进孔子的榜样。唐君毅先生以生命的试炼所求索与活用的这些方法均各具特色，互有连属，至今仍然是我们去接近与了解孔子之伟大人格精神世界和孔子在中国历史文化中之崇高地位之形成的绝佳津梁与必由之路，值得我们重视、研究、借鉴并继承和发扬，以促进我们对孔子的重新认识以及对世界其他伟大的历史文化人物的研究。

① 唐君毅：《孔子与人格世界》//《唐君毅全集》卷五人文精神之重建，第215页。

由于篇幅的限制，本文仅就唐君毅先生的人格类型比较法作一简要的绍述与评论，对于其他四种方法的研究和论述，将由另文去完成，这是有必要交代的。

三、人格类型比较法

唐君毅先生认为，人格研究方法乃是了解古今第一流大人物的必由之路，了解耶稣、释迦牟尼、穆罕默德、甘地，需要如此；了解孔子，亦需要如此。他指出："直接自对其人格之崇敬，以了解其思想事业，乃了解古今第一流之大人物，一必由之路。"[①]"这一种直接依于对其人格先存畏敬之心，以了解孔子，乃中国以前人了解孔子之一普遍方式。"[①]"这一种依于一纯粹之崇敬之心，通过此类古人对孔子之赞叹，以了解孔子之态度，在中国过去读书人常是有的。"[②]然而，不幸的是，由于中国文化精神之堕落，这一方法已经丧失数十年了。职是之故，唐君毅先生必将把这一方法重建与复苏起来。然而，在今日之东西方文化、世界文化与经济交流日益频繁而使世界文化在交往中连为一体的"地球村"时代，对现代人来说，仅仅依赖传统的以人格观人的方法即人格研究方法是有其不足的，必须对这一方法加以拓展与充实。在此一基础上，唐君毅先生提出了人格比较研究的方法。他写道：

> 所以我们现在要讲孔子之人格与思想，仍只好将孔子与其他人类崇敬之人格与思想，相对照比较的讲。由对照，以将孔子之人格与思想，似平凡之伟大凸显出来。我们将说明，人类崇拜之一切显露精神之人格，皆如在大地之上矗立之高山峻岭，故人皆可见得。但是程明道先生已一语道破："泰山为高矣，然泰山顶上，已不属泰山。"王阳明先生亦说："泰山不如平地大。平地有何可见？"孔子之大，大在他是如平地，如天地。泰山有对照，显得出其大。平地或天地，绝对无外，反至大而显不出其大。然而我们却可自泰山之上不属泰山一语，指明一般人所崇拜之泰山，并不真高真大，以显出天地之大。由此而将不与泰山相对之天地，对照地显示出来。同样，我们可以从对于人们所崇拜之泰山式之人格思想，加以了解透过，而将孔子之人格思想，对照的显示出来。这将是我们在今日昭示孔之人格与思想于今日之世界之一条大路。[③]

不难看出，这一方法实已包含了人格比较的纵横两个方面或方向之维度。在纵向上，唐先生以高山平地之喻，说明孔子之大犹如天地，而非一般人眼中的泰山之

① 唐君毅：《孔子与人格世界》//《唐君毅全集》卷五人文精神之重建，第212页。

② 同①第215页。

③ 同①第216页。

大或崇山峻岭之大。这一纵向的比较，并不排除将孔子的人格与中国历史文化中的其他人格的比较，并彰显出孔子人格对中国历史文化中伟大人格的影响；在横向上，唐先生提出要将孔子与其他人类崇敬之人格与思想相对照比较地讲，才能从看似平凡中凸显孔子的伟大。无论纵向比较与横向比较都很重要。但对唐君毅来说，二者绝非孤立的存在，因此必须相互交错地贯彻在孔子人格与世界其他伟大人格的比较之中，这就是透过孔子以外的思想与人格形态之伟大，由比较中去深层地认识与理解孔子的伟大之不可及。唐君毅指出：

> 依这条路去，泰山比天地为低小之一点了解了而落到平地，人便知天地之高大了。荀子说："不登高山，不知天之高也。不临深溪，不知地之厚也。"我们现在亦将说，不了解孔子以外之思想与人格而透过之，则其所见之孔子，亦不过平地。平地由你践踏，亦如你之可觉孔子平凡，而轻藐之。但是在思想上翻过博大精深之佛学的宋明儒者，乃真知孔子之不可及。而现代人真能翻过西方之柏拉图、亚里士多德、康德、黑格尔之庞大系统，亦将真知孔子与宋明思想之伟大。而能了解世界其他伟大人格之形态者，亦将重认识孔子之不可及。如其不然，你一定只是站在泰山之旁，羡慕其高峻，而未尝登泰山，便不能了解泰山之上不属泰山，而属孔子者，在何处也。①

由此可知，唐君毅先生的人格比较研究方法其实是一种纵横交错的人格比较研究方法，这一方法是以中外哲学、宗教、文化之比较为背景的人格比较方法；这一方法本身还是一种历史的比较方法，它强调对于伟大人格的比较要放在不同的世界文化历史发展中去展开与进行，而这一比较的具体过程不是直线的，而是以婉转的曲线的方式来实现的，它虽然是直接从对于孔子人格的崇敬开始并将其作为起点，但是必须从孔子绕出去，攀越了世界历史文化中一座座伟岸的人格高峰，再回到平地，最终再回到孔子，完成一终始的圆转，始能圆满得见孔子的伟大乃天地之伟大，不是任何山峰之所能及的。唐君毅赞叹："孔子的精神，真天地也。"②确实，珠穆朗玛峰再高也不是喜马拉雅山脉的，而是属于天空大地的。这便是唐君毅先生由人格纵横比较而历史地圆转展开而看到的孔子之精神与孔子之人格。

有必要强调与说明的是，唐君毅先生这里所论述的"人格"，与一般西方文化中所讲的"假面"或"颜面"的 persona（人格）有所不同。在英文中，"人格"一词为 personality，即源自拉丁语中的 persona，意思为"面具"。犹如笔者所曾

---

① 唐君毅：《孔子与人格世界》//《唐君毅全集》卷五人文精神之重建，第 216—217 页。

② 同①第 240 页。

经指出的那样，无论 persona 还是 personality，在西方文化中都偏重于指个人的自我存在状态，或人的个体性的内在精神，即人的个体内在精神气质或精神品质。①唐君毅先生所讲的人格固然不乏含有人的个体性的内在精神之义，但并不限于此义，意义委实要丰富与广泛得多了。此外，唐君毅先生的人格概念与一般汉语中把“人格”理解或解释为“人的个体的才性、气质、品质、德性、能力等内在特征的规定性”总称①也不尽相同。虽然唐君毅先生对于他所使用的“人格”这一概念没有定义，但是根据他对于各种人格类型的论述，不难看出，唐君毅先生所言的人格固然含有上述所指出的“人的个体的才性、气质、品质、德性、能力等内在特征”，但是出于对孔子人格的论述，则主要指向对于世界历史文化中的伟大人物的人格之论谓。进而可知，唐君毅先生在此所论究的人格，乃是人类历史文化中一切伟大人物的超越的精神世界及其所产生的历史影响。换言之，唐君毅先生所谓的“人格”或“人格世界”，着重于历史文化中之伟人所特有的或在特定的历史文化环境中所形成的超拔出众的才情、气性、道德、智慧、能力、志愿、修为、实践所散发出来的巨大魅力以及它们所产生的积极的历史效应，并以圣贤型人格、豪杰型人格、天才型人格、英雄型人格、学问家型人格、事业家型人格为代表；在这一切类型的人格中，唐君毅先生以儒家心性论的立场为一中心支点，尤为强调、突出与高扬即内在即超越的完满的圣贤型人格。在唐君毅先生的心目中，即内在即超越的完满的圣贤型人格正是人类人格精神之向上发展的最高理想与鹄的。唐君毅先生在以人格比较研究方法对孔子人格世界的探究中，充分地展现了这一人格观念的旨趣。这是必须加以提示与需要注重的！

在唐君毅先生的这一人格比较研究方法中，以六种人格类型与孔子的人格进行比较，具体如下。

> 1. 纯粹之学者、纯粹之事业家型　如康德、苏格拉底等，此种人物堪崇敬者甚多。
>
> 2. 天才型　此指文学艺术哲学上之天才，如贝多芬、莎士比亚、歌德、李白等。
>
> 3. 英雄型　此可谓一种在政治上军事上创业之天才，如刘邦、唐太宗、亚力山大、拿破仑等。
>
> 4. 豪杰型　屈原、墨子、玄奘、鲁仲连、荆轲、马丁·路德等。
>
> 5. 超越的圣贤型　如穆罕默德、耶稣、释迦、甘地、武训等。
>
> 6. 完满的圣贤型　如孔子及孔子教化下之圣贤等。②

① 王兴国、孙利：《论中西方人格观念的深层差异》，《云南社会科学》2002 年第 2 期，第 8 页。

② 唐君毅：《孔子与人格世界》//《唐君毅全集》卷五人文精神之重建，第 217 页。引文中序号原为汉文数字的“一”至“六”，现改为阿拉伯数字的 1—6。

对此，唐君毅先生解释说：“我们之目的，只在显示如此去了解孔子之人格与思想之路向，而不在作最后的定论。讨论亦不求太细密严格，读者心领神会，存其大体可也。”[①]在“此六种人格型中，在后者之价值，不必皆较在前者为高，但可以依次加以解释，此逐渐凑泊到对孔子人格之了解”[①]。无疑，这是要在上述的六种人格类型的比较中突出与显见孔子的人格。由纯粹的学者与事业家型的人格而一层层进至超越的圣贤型人格，最后则由超越的圣贤型人格进至完满的圣贤型人格，且在这两种人格类型的比较中凸显出孔子的人格乃为一完满的圣贤型人格。

在唐君毅先生看来，圣贤人格精神之伟大，主要表现在其绝对忘我的无限精神，圣贤不一定非要有凡人之所长不可，譬如精于拉弓射箭、驭马驾车，或擅长于高科技，能发明原子弹，发射人造卫星与运载火箭之类，关键即在于他们真有一种超越的绝对忘我的无限精神，诸如穆罕默德、耶稣、释迦牟尼、甘地、武训，都是世所公认的伟大圣贤型人物，人们都是在了解了他们人格中有一种凡人所难以企及的超越的绝对忘我的无限精神后，而不能不对他们人格的伟大油然而生崇敬之心并对他们进行顶礼膜拜的。“故一切圣贤，皆注定为一切有向上精神之人所崇拜。”[②]

与此同时，唐君毅先生在具体的比较分析中指出，圣贤人格在基督教与佛教，尤其是基督教中具有一大缺陷，是即其绝对精神只有超越性而无内在性，故上帝的超越性与内在性分离，进而则天德与性德一分为二，天与人裂离暌隔而不能合一。然而，在圆满型的人格中，则全无此弊，孔子的圣人人格是由内在而显现超越性的，所以是天德与性德不分，天与人合德，一而不二的。[③]

依唐君毅先生之见，圣贤型人格的绝对忘我的精神一方面表现在“他们不与一切人相敌对，亦不与世间一切人格相对较”[④]，然而他们所表现的“不与一切敌对之绝对精神”本身却被人们视为至高无上而神圣不可超越；另一方面他们永远总是只依照上帝的启示立教，并宣称“上帝在他们与一切人（们）之上”，结果人们视上帝为绝对的超越之境，而把他们看成是异于常人的人类的救世主和先知。殊不知，在圣贤人格超越的绝对忘我的无限精神中不仅业已显见上帝的存在，而且同时上帝亦已当体呈露于他们的身上。如果说上帝能当体呈露于圣贤，那么上帝就能当体呈露于一切人。我们必须自觉地承认这一真理，

---

① 唐君毅：《孔子与人格世界》//《唐君毅全集》卷五人文精神之重建，第 217 页。

② 同①第 230 页。

③ 唐君毅先生说：“……如果我们说，一切圣贤，都是上帝之化身，则上帝化身为耶稣、穆罕默德等，只显一天德，而其化身为孔子，则由天德中开出地德。天德只成始，地德乃成终。终始条理，金声玉振，而后大成。‘天之高也，星晨之远也。’人皆知其尊矣。人孰知地之厚德载物，似至卑而实至尊，即天德之最高表现者乎？孰知孔子之至平常而不见颜色，不见精彩，乃上帝之精光毕露之所在乎？”（同①第 238 页）

④ 同①第 231 页。

必须自觉地承认“上帝在人之中，天在人之中”。[①]

对唐君毅来说，“上帝”无非是一绝对忘我、绝对无限的精神，这一超越精神的积极一面，耶稣名之曰“爱”，释迦牟尼名之曰“慈悲”。而自觉这一无限之爱与慈悲，本来就在人的心中。

由此去看，那么爱与慈悲不只是情，且是性。此性在儒家即名为“仁”。然在基督教与佛教说，爱与慈悲只是显现于外的表象；在儒家说，则仁彻费隐，通内外。尽管无限之爱与慈悲，不能说人人皆有，但是可以说人都有显露无限之爱与慈悲之仁性，具有仁性之心（亦即精神）。由肯定人人皆有仁性，乃真知上帝的精神并非超越而高悬在上，而是本来就在人人现成之心中的。那么，有了此仁是仁，则知此仁便是智。倘若由知得此仁而自觉此仁即是人之性，则无论上帝之精神是否先已为我们所体现，都不过是诉诸一念而返求可得的事情；反是，则“上帝超越而不内在，天德与性德为二，则天人裂而离矣”[②]。

唐君毅先生指出，“仁远乎哉？我欲仁，斯仁至矣”之语所传达的精神，即是孔子之极高明而道中庸之智慧的无尽藏的核心[①]，这一精神正是内在而超越的。如果直接从孔子学问本身讲，那么说爱与慈悲，只是从仁之见乎情而及于物之上而立言。其实，这是“依情说性，未真能直接明示仁之全貌”[②]。在唐君毅先生看来，“真正说仁，还是王阳明依《中庸》《孟子》而言，所谓真诚恻怛，最为直接”[②]。换言之，真诚恻怛最能代表与体现孔子之人格精神。因为真诚恻怛或至诚恻怛即是一绝对无限的超越精神。唐君毅先生说：

> 夫孔子之精神，即超越的涵盖持载精神，亦即一绝对之真诚恻怛。诚之所至，即涵盖持载之所至，亦即超越有限之自我，以体现无限之精神之所至。[③]

由此可见，这种至诚之精神，即是自己超越自己，破除有限，忘掉自己，实际上乃是成就真正的自己，使自己一个人的精神与他人的精神以及世界的精神直接贯通，正如老子所说“锉其兑（锐），解其纷，和其光，同其尘”（《老子·第四章》），以超现实而成就现实，这就是一种涵盖而持载的精神。而恻怛就是此至诚所呈现的状态，包含了爱与慈悲。所以，诚如唐君毅先生所揭示与指出的那样：

> 至诚恻怛，即是性，即是情。即是天，即是人。即是内，即是外。即是乾知，即是坤能。最易知易行。所谓“夫妇之愚，可以与知”。然

---

① 唐君毅：《孔子与人格世界》//《唐君毅全集》卷五人文精神之重建，第232页。

② 同①第233页。

③ 同①第240页。

"及其至也，虽圣人亦有所不知焉"。包含无穷的深远、广大与高明。[①]

从进一步的综合比较中，可以看出，耶稣、释迦牟尼、穆罕默德的人格超越了世间的一切学者、事业家、天才、英雄、豪杰型的人格境界。对他们来说，一切人生之文化事业到了他们的跟前，皆如浮云过太虚，如"大江东去，浪淘尽，千古风流人物"。这些圣者销尽了人世间的精彩，把他们之为圣者型人格的超越神圣性淋漓尽致地烘托出来，然而这些超越神圣性本身，对世人来说，又不免是在显示精彩。

然而，就孔子来说，则连这些精彩都不需要，都统统加以销掉，可谓圣人无迹，一切归于顺适与平常。这正是孔子之为完满型的圣贤人格与耶稣、释迦牟尼、穆罕默德之为超越型的圣贤人格之所不同。[②]由孔子的圣贤人格境界，一方面可以超越一切学者、事业家、天才、英雄、豪杰的人格境界；一方面也可以知道一切学者、事业家、天才、英雄、豪杰的努力以及其才情和志愿，无不具有一番真诚在其中，并皆直接或间接地依赖于性情。如此一来，则能对一切人生文化事业，都加以承认，所见皆实而无一为虚；同时对一切庸人、学者、事业家、天才、英雄、豪杰、圣者的精神，大凡真有价值而不相碍，则皆能加以尊重和赞许。可见，中国的圣人之道，以赞天地化育之心，持载人文世界、人格世界之一切人生。因为中国的圣人精神，不仅是超越地涵盖了宇宙人生人格与文化，而且是以赞天地化育之心，对所有的这一切加以持载，所以不仅有高明的一面，而且有博厚的一面。

总之，"孔子之真诚恻怛，一面是如天之高明而涵盖一切之超越精神，一面是如地之博厚而承认一切之持载精神"[③]，"此天地之所以为大也"（《中庸》）。

四、批导与翻新

唐君毅先生在他的人格比较研究中，向我们展现了孔子真诚恻怛的内在超越的绝对无限精神，这正是孔子高明如天与博厚如地的人格世界之概括与写照，确实十分传神地把孔子人格的美大神圣凸显出来了，此足以证明由唐君毅先生所极力倡导与主张的这一人格比较研究方法，在对孔子的研究中，的确不失为进入孔子的人格世界以了解孔子的一个很好的方法。与此同时，不难看出，在这一过程

---

① 唐君毅：《孔子与人格世界》//《唐君毅全集》卷五人文精神之重建，第 233 页。

② 唐君毅先生说："孔子之大，大在高明与博厚。释迦牟尼、耶稣之教，总只向高明处去，故人只觉其神圣尊严。孔子之大则大在极高明而归博厚，以持载一切，肯定一切，承认一切。所以孔子教化各类型的人，亦佩服尊崇各类型之人格。他不仅佩服与他相近的人，而且佩服与他似精神相反的人。"（同①第 234—235 页）

③ 同①第 234—235 页。

中，唐君毅先生的儒家心性论立场一显无遗，毫无掩饰，因为唐君毅先生在对基督教、佛教与伊斯兰教抱着充满敬意与同情的理解的态度的同时，从不避讳自己是儒家、是孔子的信徒与传承者的立场与信念，尤其是在孔子自清季以来不断遭受到种种误解、歪曲，反对者意欲将其打倒与毁灭的时候，唐君毅先生壁立千仞，像当年的梁漱溟先生一样挺身而出，力挽狂澜于既倒，为"痛哭于九泉之下"的孔子[①]鸣冤打不平，极力彰显与推崇孔子伟大的人格精神与孔子在中国历史文化中至高无上的神圣之地位，声情并茂而溢于言表，这非常感人，令人充满敬佩之情，不禁生同情之心。然而也不能不看到，并毋庸讳言，恰因如此，唐君毅先生却终于难免在这一人格比较研究方法中打上了传统的判教烙印，在世界之超越圣贤型人格中以孔子的人格为一完满的圣人型人格而胜出，尽管这有自觉地积极回应来自西方文化的压力与冲击的反应之原因在内，但是未免为矫枉而求正，用情过甚，这本身已经成为他的人格比较研究方法的内在限制，并使他未能自觉地逾越各大宗教传统的判教之窠臼。对于此中的问题，唐君毅先生自己不是毫无察觉，他说：

> 吾人今之推尊孔子之遗教中所已言者甚明。然吾人之不自封自限，正是学孔子之人格精神。孔子之人格精神之伟大，诚不可不学也。唯本文因痛今人对孔子之不敬，故行文或有不免露精彩处，便不能与孔子之精神相应。然亦未敢对孔子之精神有所增益而妄说。我们只要真平心把世界其他人物之伟大处，细心识取。再三复程明道所谓"泰山为高矣，然泰山顶上已不属泰山"之言，以观限制，再推进一层，以见孔子之精神所包涵。便知孔子之精神，真天地也。但此决非要你只佩服崇拜孔子一人。这又不仅因孔子之教，即要你去佩服一切有价值的人。在一阶段你佩服他人过于孔子，亦孔子之所许；而同时因你未佩服过比孔子为低之其他人，使你向上之精神提升，亦不能真佩服崇拜超一切层级之孔子。[②]

尤其是其中反复指出与论及程明道"泰山为高矣，然泰山顶上，已不属泰山"与王阳明"泰山不如平地大"之言，更具有警觉之意。然而，遗憾的是，唐君毅先生的问题，不在于他绍述孔子显露了"精彩处"，更不存在他"不能与孔子之精神相应"，而是他始终未能打破与超越宗教传统的判教之藩篱。虽然说学孔子就不应该有所封限，但是执持判教中的绝对的"圆满"与"第一"，本身就是最大的封限。

在各宗教的传统判教中，无不以自己的教主为最高而位居第一，其他宗教文

① 唐君毅：《孔子在中国历史文化中的地位之形成》//《唐君毅全集》卷九中华人文与当今世界补编上，台北：学生书局，1988 年，第 329—330 页。

② 唐君毅：《孔子与人格世界》//《唐君毅全集》卷五人文精神之重建，第 240 页。

化中的教主或圣人则必位居其下，不可等而视之，诚如唐君毅先生所指出的：在佛教徒心目中，释迦牟尼之位第一，孔子只居第二；在道教徒心目中，老子居第一，孔子只居第二；后来（明末清初）基督教传入中国，在基督徒的心目中，仍然以耶稣居第一位，孔子只能居第二位。[①]实际上，这是一切传统宗教判教的陋习与通病。唐君毅先生出于宽大包容的胸襟，等闲视之，不以为然，并给予欣赏而感激和接受。唐君毅先生说：

> ……在孔子之徒看来，则于此等事，可并不以为怪；亦可以加以容许，加以欣赏。佛教徒当然应以释迦为主，为第一；道教徒当然要以老子为主，为第一；基督教亦当然要以耶稣为主，为第一。孔子对此诸教徒之言，自非主而为宾，宾则为第二。……故此中国佛教徒、道教徒与后来之基督教徒，于其教主之外之推尊孔子，同有助于孔子在中国历史文化中的地位之建立。所以由魏晋南北朝至隋唐之佛道二教之盛兴，而孔子在此二教中屈居第二之位，孔子之徒亦不必以为即孔子之地位受贬抑之证，而致其叹惜。孔子之徒，原当有此雅量，到了佛寺、道观、教堂，即自视为宾客，任和尚、道士与神父、牧师为主，自居于第二之位。这才能表现孔子之教中视“道并行而不悖”，而“无所不容”的风度与气概，同时我们还要知：此亦正是孔子在中国历史文化中得居中心的第一地位之理由之所在，而当更对佛教、道教、基督教徒，皆以第二之宾位待孔子，加以感谢才是。[②]

其实，当以孔子为代表的中国文化走向世界而迎来一个世界文明对话的时代，无论是作为儒家或中国人，我们只需在了解孔子的时候，向中国与世界阐明孔子人格精神的伟大与价值，历史地“还原”与“再现”孔子对于中国乃至世界人类历史文化的伟大贡献与极大影响，证明孔子的人格和思想之伟大并且地位之崇高绝不在穆罕默德、耶稣、释迦牟尼之下，也绝不逊色于世界历史文化中的其他伟大人物，便已足够了，实在没有必要为孔子去争个上帝或皇帝一般的第一，孔子不是上帝，孔子没想过要做皇帝，也不必成为皇帝。这当然是平列地比较而论。这不是说我们不能汲取与借鉴判教的方法，而是必须对判教进行必要的解构与重新阐释。笔者曾经指出：

> 在内外多元文化的格局中，以文明对话的方式寻求道统的重建，难免出现“判教”，因为必须经过比较研究，才能有所会通与融合，达到

---

① 唐君毅：《孔子在中国历史文化中的地位之形成》//《唐君毅全集》卷九中华人文与当今世界补编上，第 321 页。

② 同①第 321—322 页。

> 理想的境界，这就需要对“判教”有创造性的诠释与发展，因此必须突破与摒弃“圆教”与“别教”的划分，可以而且应该在汇通融合中追求理想完美的最高境界，但是在文化多元平等的全景交往格局中不再有一个至高无上的“圆教”的存在，每一个文化或文明均能得到自己应该拥有的一席合理地位即可。在这一意义上说，所谓“判教”不过是从学理上承认各种文化的平等独立地位，并对它们在一套理论架构中给予其应有的恰如其分的安排和地位，使不同文化之间既相互联系而又保持自己的独立并不失自己的特色而已。这样的判教，才是符合今天的时代精神与为我们的时代所需要的判教。[①]

这犹如朱熹所说：“上下四方，物我之际，各得其分。不相侵越。而各就其中。”[②]在新的判教方法和理论中，任何一种思想或学说，都应该各得其分，各就其中，而不相侵越。这才是既可面向过去地诠释历史，也可面向现实地诠释当下，更足以面向可能地诠释未来的、具有现代意义的活的精神生命力的判教。

就人格比较方法而言，判教不过是在比较中，对世界历史文化中的一切伟大的人格，给予一种人格世界（系统）中的合理安排、说明与恰当的历史之定位，以便于人们能作恰当而相应的了解而已。

在笔者看来，唯有这样的判教，才是适应于世界文明对话与迎接未来的新“轴心文明”时代之需要的判教，才是值得提倡的判教——一种新判教。由这种新的判教方式出发，不妨对唐君毅先生的人格比较研究方法做一番翻新的工作，这当为唐君毅先生所许可与欣慰。翻新的工作主要是要在重新理解判教的基础上，对于作为人格比较方法的精神基础，此即内在超越的精神与外在超越的精神之间的不同和紧张，进行必要的调适与协和。

唐君毅先生以人格比较研究的方法，向我们展现了孔子真诚恻怛的、内在超越的绝对无限精神。必须看到，这种内在超越的绝对无限精神作为圆满无缺的精神，并不与外在超越的“绝对”精神为对立，而是经过了外在超越的精神并收摄与融化了外在超越的精神，犹如越过高山回到大地，这真是把高山归于大地而真实地矗立起来的精神，这当然才是无待无对的绝对圆满的无限精神。依此而言，内在超越的绝对无限精神本身即蕴含着一外在超越的精神，也就是说，内在超越精神是外在超越精神演化发展出来的结果，这大抵与中国古代精神之观念的历史演变递进次序相吻合，因为中国上古哲学的发展，恰恰是经历从对“上帝”或“帝”、“上天”、“皇天”或“天”的顶礼膜拜的祭祀之后，才向下贯注到人力和道德，

---

① 王兴国：《三统并建之再省思》，《云南大学学报（社会科学版）》，2018年第1期。

② 朱熹：《四书或问》，第36页。

并由“人心”而“道心”，至孔孟而形成一套即内在即超越的心性之学[①]，孔子的人格其实就是这一即内在即超越的心性的开显与呈露，因此理解内在超越的绝对无限精神可以以预设外在超越的精神为前提，从外在超越的精神终归于内在超越的绝对无限精神，外在超越的精神才能达到真实的绝对，而得其归宿和圆满；反之，站在内在超越的绝对无限精神的无峰之峰巅（“大地”），回顾外在超越的精神，正可以抱着一种尊重、赞美、欣赏与包容的态度去领受它，融摄它，化解它，化掉它对于自己的“至高无上”的执着（无与伦比的“至高无上”其实只是如露如电的梦幻泡影而已），让它回归平平实实的大地，也就是回到“自己”的内在，才能真正地显见出超越，而这一内在的超越，才是真正可能的、绝对的圆满的无限精神，它即凡而圣，又即圣而凡，这大概就是中国哲学中诡谲回环的“辩证法”在“内在超越”与“外在超越”精神中的表现。据此而言，如果说孔子的人格是一圆满的内在超越型人格，那么耶稣、穆罕默德，以及其他外在超越型的人格，也可以晋升至这一圆满的内在超越型人格；反之，业已达到和成就了圆满的内在超越型人格后，则无须执着于这一人格，只要需要，也可以退处于外在超越型的人格，权且作外在超越的理解。当然，归根到底，对于孔子人格的理解仍然要还其本色，回到内在超越的绝对的圆满的无限精神之中。所以，内在超越的绝对圆满型的人格，是人类向绝对超越圆满上升方向攀登而升进的理想标的。那么，穆罕默德、耶稣也不必停留或执着于外在超越的人格类型，而可以沿着从外在超越的精神向内在超越的精神升进，成为绝对的圆满无缺的人格，而与孔子并列。我们需要从一种互动的发展的观点来理解不同人格类型之间的关系，尤其是唐君毅先生所讲的六种理想人格类型的关系。依此而言，六种理想人格类型之间可以有一种平列与升进的关系，即是说，前五种人格类型（事业家型人格、学者型人格、英雄型人格、天才型人格、豪杰型人格）是可以平列而多样化地存在的，但是所有的人格类型都是无封限的，皆可向着具有无限超越的人格（不一定非要是圣贤型人格不可）精神方向而不断往上升近，以求达到和成就一绝对的外在超越型的人格或一内在超越的绝对圆满型的人格。其中，如何对待和处理内在超越型人格与外在超越型人格的关系，是一个大关键。

总之，在内在超越型人格与外在超越型人格之间，应该是可进可退的。这也许不失为一种消解与调和中西方哲学与文化中的“内在超越”精神与“外在超越”精神之间的不同和张力的方略。当然，这也是我们平心看待和理解世界历史文化中的各种不同类型的人格，尤其是历史文化伟人之人格的重要途径。

由此，我们正可以顺着唐君毅先生所指示的方向，去领略与感受孔子人格精神世界的光辉，以求知为什么孔门弟子以及孔子以后的无数天才、英雄、豪杰之

---

① 此一问题甚为复杂，也超出了本文的范围，当另文论述。

士，对孔子精神之心悦诚服，绝不做第二人想；为什么从中国到东亚，从东亚到世界，皆不得不推尊孔子。

无疑，推尊孔子，就要学习孔子的真精神。如果今天的中国，真要能推尊孔子，则当有一点孔子的真精神，“而真有孔子之精神，正须随时随地开展心量，致其诚敬，以学他人之长。此即中国文化之宗孔子，而过去未尝排拆外来文化，今亦不能故步自封之故”[①]。

[原载武汉大学中国传统文化研究中心主办《人文论丛》2018年第1辑（总第29卷），武汉：武汉大学出版社，2018年]

① 唐君毅：《孔子与人格世界》//《唐君毅全集》卷五人文精神之重建，第239—240页。

论中西方人格观念的深层差异

中国的人格观念和西方的人格观念究竟有无不同？这是在二十世纪中西方比较哲学、中西方比较文化研究中备受关注的重要问题。无疑，在中西方的人格观念之间确实存在着巨大的差异。中西方的人格观念在深层上的差异构成了对它们进行比较研究的前提，使中西方人格观念的比较研究成为可能。严格地说，人格或人格观念都是就个人或个人性而言的。虽然不同的个人或个人性在内涵上可以千差万别，但它们必须且必然是为个人或个人性这一本质所规定的，中西人格或人格观念也概莫能外。因此，对中西人格观念进行比较研究，必须把它们置于个人或个人性这一水平线之下，而且在这一水平线即前提之下，还须为它们配备一套适合于它们的理论框架。唯其如此，中西方人格观念的深层差异的比较研究的可比性才足以得到保证。笔者拟就“中西方的人格观念的差异究竟何在”这一问题略陈管见，商之于时贤，以求教正。

一、

在中国古代汉语中没有出现人格一词，但是早已有了人格的观念。[①]人格（persona），其原意是“假面”或“颜面”。英文中的 personality 一词，意思为“面具”，源自拉丁语中的 persona。persona 有戴着“假面”或“面具”表演的个人的含义，personality 指人的个性，它们虽然在词源上不同，却都被用来指“假面”（源自古意大利语 phersu[②]）或“面具”（源自拉丁语 persona）。就其最初的意义来看，“假面”或“面具”皆颇具有表演性的意味。所谓“人格”（persona 或 personality），在语表上，就是指这种具有表演性（意味）的“假面”或“面具”。然而，更深一层地追究，“人格”实质上指的是被“假面”或“面具”遮盖了的个人，抑或说戴着“假面”或“面具”表演的个人，这才是“人格”的本来意义。无论 persona 还是 personality，在西方文化中都强调个人的自我存在状态，或人的个体性的内在精神的东西，即人的个体内在精神气质或精神品质。在汉语中，“人

① 日本学者今道有信认为，东方人“接近人格概念大约是过了 16 世纪以后”，到王阳明、李贽的时代（今道有信：《东西方哲学美学比较》，第 55 页）；笔者认为，中国“接近人格概念”的人格观念至迟在先秦时期已经出现（王兴国：《中国古代人格观念初探》，《云南社会科学》1996 年第 3 期）。

② 今道有信：《东西方哲学美学比较》，第 53 页。

格”一般被理解或解释为人的个体的才性、气质、品质、德性、能力等内在特征的规定性，是对这些规定性的总概或总称。它比之于西方的人格观念，并不严格区分个人性与人的道德品质，因而“人格”一语也常常作为一个道德术语被泛用。不过，时至今日，人们也更多地在个人性的、私人性的、独一无二性的意义上去谈论“人格”了。所以，在实际上，现代汉语的“人格”与欧美文化中的“人格”已无太大的不同，甚至在时下比以往任何时候都更接近了。

然而，追本溯源，中国古代文化中的人格观念与西方古代文化中的人格观念却有很大的不同。这种不同究竟何在呢？对于这个问题，国内外的学者都已作出过一定的探索和论述，中国学者曲炜认为中西人格观念①在其精神内涵上的一个极其明显的差异是群体性与个体性的差异②；日本学者今道有信也认为中西方人格观念的差异是“间-个人性”（inter-individualité）与“个人性”（individualité）之间的差异。③显然，“间-个人性”这一概念的提出，是为了有别于“集体性”，也的确要比简单的“集体性”看法深刻一些。但是，“间-个人性”是否真的就是中国古代的人格观念的基本特征？中国古代的人格观念是否就不讲究个人性或个体性呢？恐怕首先得打上个问号。笼统地说，这两种有些相近的看法是有一定道理的。在历史事实的层面上，就实有人格来说，中西人格的确是表现出一定的“间-个人性”与“个人性”、群体性与个体性的差异的特征。但是必须看到，这种看法不免笼统，有以偏概全之嫌，并且是相当表层的现象描述和归纳。如果从中国古代人格观念的深层结构形态上来说，上述的观点就难以使人认同了。

西方古代的人格和人格观念具有个人性，这是没有疑问的。问题在于参照西方人格观念的个人性特征，中国古代的人格观念的基本特征是不是所谓的“群体性”或“间-个人性”呢？实际上，情况并非如此。道家的人格观念的“群体性”或“间-个人性”不显著不必多说，而就“群体性”或“间-个人性”特征较之道家或其他诸家都算突出的，在中国人格史上居于主流和支配地位的人格观念，即儒家的“内圣外王”的理想人格来看，亦并非如此。因此，笔者不同意把“群体性”或“间-个人性”说成是中国的人格或人格观念所具有的，与西方的人格或人格观念所具有的个人性特征的差异之所在。那么，与西方古代的人格观念的个人性特征相对照，中国古代的人格观念具有什么样的特征呢？

笔者认为，回答这一问题要从个人与应答（response）的关系入手，个人在一定应答关系中表现为人格或角色。人格和角色都是通过在社会中活动着的人的个体来表现的，但是人格与角色在一种互相对立的关系中处于分立的状态，从而二

① 曲炜使用“中西人格概念”一语虽严格，但似不妥，因为中国古代无“人格”一语。似宜用中西人格观念一语，才便于比较。本文使用“中西人格观念”，原因在此。

② 曲炜：《人格之谜》，北京：中国人民大学出版社，1991年，第11页。

③ 今道有信：《东西方哲学美学比较》，第53—54页。

者的区别就昭然显示出来了。人格是保持着自我的人的个体，具有独立的个人或个性；角色是没有自我的人的个体，没有独立的个人性或个性。在行为上，具有人格的个人顺从自我并受制于自我，具有角色的个人顺从他者且受制于他者；显见人格的个人与他相即、与众相即而不失自我，展现角色的个人从他即融于他，从众即融于众。自然，他者即非自我。就角色看，角色所顺从的他者，或制约着角色的他者即是角色的自我。诚然，角色的自我是非自我。无疑，个人与应答紧密地联系着，角色和人格一样自然被置诸个人与应答相即的关系之中，个人在应答中变成了角色，如果非自我不是对自我的否定，那么就是自我对非自我的否定或者对他者的否定。人格观念和角色观念都是对应着一定的应答且与之相即的个人在人类历史的观念文化层面上的一种表现形式。分析比较中西人格观念的差异，就需要把它们放回到中西社会历史的个人与应答的特定关系中去。唯其如此，我们才能在中西人格观念的历史时态中看到其共时态的结构形态，在其共时态的结构形态中看出其历时态的演化过程。这既是历史的分析方法，也是系统的分析方法，有别于字源学的分析与诠释的方法，注重从比较哲学和结构诠释的方法论角度来研究问题，力求作多元的透视与分析，不执着单一的方法论视角而蔽于一孔。

二、

在一定的社会中活动着的个人是我们考察问题的出发点。从这个出发点来看，古代西方和中国的人格观念都是以个人为基础的。个人经过应答关系这一中介，即个人被置于一定的应答关系中，则构成人格或角色。不过，在古代的西方或中国，人格与角色并未能严格区别开来。今道有信使用了“应答”这一概念，这的确是一个很重要的概念。但是，它并不是东方社会的特产。应该看到，人类至迟在进入文明社会以后，人与人之间，个人与社会之间就已经建立了一定的应答关系。换言之，文明社会正是以人与人之间、个人与社会之间的应答关系为基础的。毫无疑问，应答关系在实际上是社会关系。人格或角色虽然以个人为基础，但它不能离开一定的社会关系或应答关系而孤立存在。社会关系不同，处于其中的个人的人格或他所充当的角色也就不会一样。人格作为人的内在精神品质，并且是具有自我（意识）的个人，它本身有一定的独立性。个人虽然置诸一定的应答关系或社会关系中，但是个人在人格上却可以超越一定的应答关系或社会关系，以突出其自我意识的相对独立性。个人与其所处的应答关系决定了个人的人格或角色。一般而论，人格或角色与其所处的应答关系是统一的。但是有统一也会有分离。统一也罢，分离也罢，都不会是永恒的、固定不变的。人格或角色与其所在的应答关系在统一中分离，从分离又导向新的统一，从而使人格或角色与其所在的应答关系处于互动的状态之中，就是说，人格或角色的变化在改变着其所处的应答关系，应答关系的变更也在改变着其中的人格或角色，因之人格或角色与其所处的应答关系有一种双边互动的关系。在不同的社会或社会历史中，人格或角色与其应答的双边互动关系的含义往往有很大的不同，这种不同表现为应答关系的不同和人格的不同。

在中国古代，人们自一开始就比较注重和关心人事而轻视自然，认为“天道远，人事迩”，以致中国哲学所讲的自然也常常只是人文意识的自然。自然没有独立的意义，没有成为一个独立的研究对象，自然被纳入人文意识的框架内，从而形成自然与人文不分，即贯穿中国哲学始终的所谓“天人合一”的致思路向和认识理性。因此，中国哲学向来崇尚和讲求伦理-政治而知识论的意识不发达[①]，其焦点集中于人事和道德上，却不在宇宙和知识上[①]，于是中国社会的应答关系形成以伦理-政治为核心的社会关系。这种关系在先秦时期经过诸子百家，特别是儒家的手笔后，就哲理化了，从此成为贯穿中国几千年社会历史的一根轴心，成为中国社会关系的基本表征。

古代西方与此截然不同。古希腊人对大自然的惊奇、敬畏和赞叹以及他们航海冒险活动的精神，诱发了他们无穷的探索精神，他们的哲学家把探索和认识自然的本性看成自己神圣的使命。因此，在古希腊哲学中，自然或宇宙自一开始便是人们研究的一个独立对象，从宇宙获得真理，掌握知识，拥有智慧成为人生最大的幸福。当古希腊人把知识和智慧运用于社会生活时，便开始着手建立法律制度，试图依法办事，以维持天下公正之道。因此，自古希腊社会——以雅典为代表，便开始萌生了以法律为政治轴心的社会关系，尤其是到了古罗马社会，表现出一切应答都围绕着法律这一政治轴心来进行的特性，至少在现象上已是如此。后来，希伯来的宗教与古希腊的哲学汇合为一体，又酝酿出了一种宗教-道德关系。从此，社会法律和宗教—道德关系在西方社会中长期并行不衰，它们互相渗透和补充，互相协和，成为西方社会关系的主轴。

由此看来，古代中西方的人格虽然都处于一定的应答关系中，并且人格与应答大抵上也都是统一的，但是由于中西方社会的应答关系不同，这种统一的含义并不能同日而语。中国古代的人格处于伦理-政治关系之中，而西方古代的人格处于以法律为政治轴心的关系之中，中世纪的西方人格处于宗教-道德和社会法律的双重社会关系之中，因而中西方古代的人格观念在事实上均与一定的责任性相关。

---

① 金岳霖、钱耕森：《中国哲学》，《哲学研究》1985 年第 9 期；余英时：《从价值系统看中国文化的现代意义》//《文化：中国与世界》编委会：《文化：中国与世界》第一辑，北京：生活·读书·新知三联书店，1987 年，第 62 页。最突出的例证之一可以从《论语》一书中见之，据赵纪彬研究和统计：《论语》一书使用关于自然的材料 854 例，“无一则的结论不是在政治道德等方面导出其意义和价值”（赵纪彬：《论语新探》，北京：人民出版社，1976 年，第 187 页）。

中国古代的理想人格观念的特征表现为既是人格的也是角色的，既有个人性又有间-个人性或群体性，人格性与角色性、个人性与间-个人性或群体，人格性与伦理-政治性不是二元分离，而是共存于一种稳定的结构之中。这种人格与角色的统一共存的基础和核心并不在其人格性之外，而恰恰就在这种人格性本身。即是说，人格性与伦理-政治性、个人性与间-个人性、个人性与群体性是在人格性的基础上并且以人格性为核心而统一起来的。换言之，人格性涵摄了角色性。中国古代的理想人格观念，在结构上分显出表层结构和深层结构。中国古代的理想人格观念使人在行为表层上体现为角色以及角色的责任和义务，而缺少个人权利的规定性，显得个性贫乏，没有自由的主体精神，然而在行为深层中，却表现出了个人的高度的自我意识，鲜明的个性色彩，甚至极度的个人意志自由和个人权利的施展与泛滥，人格性与主体性具有被无限放大的趋向，从而在实质上使理想的人格性变成了超人性，这就从深层结构上构成了以高于人性的神性为中心的理想人格。不过，具有理想人格的个人的自我、个性、意志自由和个人权利全都融贯在其外显的行为表层的责任和义务之中了，所以神性人格并不在垂直方位上独立存在，而是在水平方位上融入人性，以人的面貌见世。实际上，中国古代的理想人格观念（在表层结构上）的角色性表现只是（其深层结构中的人格性的）佯相或“障眼法”。就此而论，中国人的人格是含蓄的，是隐藏起来的。谁都知道，牙齿和舌头虽然亲密无间，但总有顶撞的时候，人格性与伦理-政治性，人格性与角色性不可能始终都是那么和谐如一，其间难免也会出现一定程度的紧张，这从横渠发下“为天地立心，为生民立命，为往圣继绝学，为万世开太平”的大悲愿和紫阳力倡“存天理，灭人欲”的狮吼中不难窥见一斑。至近代，中国社会对个人的角色性和人格性的要求都空前地加强了，但是个人所担当的角色压倒了个人的人格而占绝对优势，中国古代的人格观念就业已由人格向角色转化，这标志着中国古代的理想人格的一次巨大的跌落。

西方古代的人格观念表现出不同于中国古代人格观念的特征，在一定的意义上甚至可以说，中西方古代的人格观念的特征几乎是完全相反的。因为西方古代的人格与角色在其社会法律和宗教-道德关系之中，虽然同处于一个貌似统一的平面之上，但是人格与角色泾渭分明，表现为一种二元对立的分裂状态，人格性不能容于角色性，有人格性，则不能有角色性，二者不能互相涵摄和包有，难以调和和共存一体，几乎总是处在激烈的冲突和紧张之中。因此，就西方古代的人格与角色的关系说，大抵无统一可言，即便是有统一并且真的存在过或存在着一种统一关系，不是人格性消解角色性，便是角色性吞食人格性；要么就是人格性当权，而角色性隐匿，或者角色性当道，人格性受抑。在古希腊，具有思辨-分析理性的个人处在宗教的、道德的、法律的或三者（主要是前二者）兼具的应答关系中，人格性虽然尚未完全与角色性分离开来，但更多的是凸显了人格；

在中世纪，情况恰好相反，受宗教信仰束缚的个人在宗教-道德和社会法律的应答关系中，突出的是角色。文艺复兴以后，社会的宗教-道德关系受到冲击，个人的角色性一面大大减弱，而人格性一面得以增强，许多思想家、哲学家试图在以作为个人道德意识的义务和责任的理性自觉为先决条件的基础上，把人格同角色重新统一起来。

三、

在古希腊，个人虽然尚处于宗教的、道德的、法律的社会关系，或宗教与道德并立的社会关系，或宗教、道德、法律鼎立的社会关系中，但是由于自然哲学的勃兴，思辨-分析理性开始发达，宗教、道德和法律都必须置诸思辨-分析理性的基础之上，才可能得以确立，古老的宗教信条一经思辨-分析理性的审视，就变得可疑了，从而失去了神圣的光辉；道德教条必须经受思辨-分析理性的考问才能承认和接受；否则，也只得打上问号了！诗人凭借着个人的幻想来描写美丽的神话和充满世俗气味的天堂，而在荷马史诗中的诸神身上却体现了伦理的理想之光，雅典的政治家则强调立法和选举的重要性，主张按法律来治理国家，建立民主政治，虽然难免流于空想，却在古希腊最先形成了以法律为政治轴心的社会应答关系（这种以法律为政治轴心的社会关系后来在古罗马被进一步发扬了），民主政治制度得到了发展。从一个方面来看，这是古希腊人的思辨-分析理性发达的产物。必须看到，古希腊人的思辨-分析理性是在与古希腊的个人人格的生长中同步发展起来的。所以，无可否认，古希腊的人格观念有强调和突出个人性的特征，尤其是智者学派强化了这一特征，古希腊的人格观念注重和讲求人的理性、人的权利和自由——那时“责任”这一概念虽然尚未出现，但是个人处于社会法律关系中，在行为上仍然对他的城邦或国家负有某种责任或义务，无论在古希腊和古罗马时期，这一点都没有被忽视。事实上，这里所讲的责任和义务，在当时是由个人在社会生活的应答关系——以法律为政治轴心的关系（以后又有宗教-道德关系）中所扮演或担当的角色来承担的。关于这一点，只要把角色同人格联系起来，就可以看得很清楚。

在西方文化中，persona 最初被应用在戏剧之中，成为一个戏剧用语。例如，古罗马盛行假面剧，演员是戴着假面出场的。所谓人格（persona）则并不停留于假面的表层上，而是强调隐藏在假面之后的有理性的个人这一事实的存在。因此，人格只是通过假面按照其个体性或作为个体存在的自我的意志和作用来表现人的生命旨趣。在这里，人格与角色是统一的，并没有分化开来。以理性为中心的人格通过在一定的应答关系中的假面展现出来，在实际上不免要扮演各种各样的角色。这些角色不管在理论上被怎样强调具有个人权利和自由，但在社会中从道德或从法律上却必然被要求承担一定的责任或义务——无论是对上帝还是对社会。在古希腊，为西方文化奠立基础的三大哲人苏格拉底、柏拉图和亚里士多德，在他们的学说中都强调了这一方面的重要性，并且使行为上的义务和责任同道德上的公正原则相联系。例如，柏拉图在《理想国》中就认为，武士应该勇敢和正义（这即是他们的责任和义务）。他把社会上不同地位的人履行分内的义务，以及灵魂的各个部分履行分内的职责，看成是公正的要求和表现。亚里士多德认为，义务是公正特有的属性。实际上，古希腊的大多数哲学家都认为，义务是按公正原则做应做之事，公正就是个人尽自己的义务。因此，在公正面前每个人的人格是完全平等的。这一思想对后世有极重要的影响。臻于近代，卢梭把人的自由意志视为人的本质、尊严和价值之所在。照他看来，“放弃自己的自由，就是放弃自己做人的资格，就是放弃人类的权利，甚至就是放弃自己的义务。……这样一种弃权是不合人性的；而且取消了自己意志的一切自由，也就是取消了自己行为的一切道德性”[①]。卢梭认为，决定人之为人的恰恰就是这种内在于人自身的自由本质和对这种自由本质的自我意识。因此，虽然人和动物都受自然的支配，但是动物只能无条件地服从，人却有反抗的自由，且能清楚地意识到这种自由。这就是真正把人与动物区别开来，把人从自然中提升起来的本质之所在，而并非像哲学家所讲的那样，是理性或理智。卢梭从人性论和心理学的眼光审视了人的自由本质，把人的意志自由视为纯粹的精神活动，并且他指出，对此唯有通过对人性的考究来加以揭示，不可像唯理论哲学家那样去解释，也不能以机械的观点来说明，因为它植根于人性的深处。由此可见，卢梭把人格，即做人的资格、权利、责任等，在本质上理解为内在于人自身的自由意志。后来，德国古典哲学家从康德到黑格尔继承了卢梭的思想，也是把自由意志作为人格的本质规定，或看成为人的本质存在，尤其是康德对自由意志的高扬与强调，几乎到了登峰造极的地步。在这个意义上，对黑格尔来说，人被作为奴隶则是非本质的自然存在。[②]奴隶无自由，无人格，亦无义务，无需担负且无资格担负社会的职责。奴隶没有个人的意志自由，没有可以选择的权利，因而连最基本的人身自由也失去了，只能听命于奴隶主，逆来顺受，无所谓义务与非义务，因而没有对社会尽义务、尽职责的权利和自由，在意识中也没有尽义务、尽职责的理性自觉。这表明，个人的人格自一开始便是同对社会的义务、职责相联系的。尽管苏格拉底、柏拉图和亚里士多德并没有在严格的意义上使用，甚至就未能使用“责任”和“义务”这样的概念规定，但是责任、义务和自由、权利这些事实是存在的，并且是由理性来统率和支配的。今道有信认为：“所谓 Responsabilité（责任）的正确的概念规定应该看作至少是

---

① 卢梭：《民约论》，何兆武译，北京：法律出版社，1958 年，第 13 页。

② 黑格尔：《哲学史讲演录》，贺麟、王太庆译，北京：商务印书馆，1959 年，第 94、99 页。

在契约社会和技术社会中，在19世纪终结才形成的。”[①]据此，他断定欧洲古代的人格与责任无关。[①]这不仅失之偏颇，并且与事实也不相符合。我们不能断言在“责任”这一正确概念出现以前西方人没有责任的行为，正如我们不能说“人格”这一概念在中国出现之前中国就没有“人格”一样。文字形态上的“责任”和行为活动上的责任是居于两个层面上的事实，虽然二者并不总是一致和完全相对应的，但是个人在一定的社会（关系）中的活动行为总是同一定的社会责任性相关的；否则，一定的社会关系就难以维系，个人就难以在社会中生存。同样，个人的社会行为也不免同一定的社会责任性观念和心理相联系。因此，从古至今，无论人格观念或角色观念，都不可能与一定的责任性毫无关系。

在古希腊，由于人格及其相关的个人意志自由、权利、责任、义务这些事实都是由理性精神来统率和支配的，因而这一时期西方人的人格观念是以理性精神为中心的——这在文艺复兴以后成了西方文化强有力的传统之一。不过，到了古希腊晚期，尤其是古罗马时代和中世纪，人格观念在主流上表现出个人人格同独立的理性精神的疏离，个人的自由、权利与个人的责任、义务的分裂，从而在事实上导致了人格与角色的分化。

由于希伯来（的宗教）精神与希腊（的理性或科学）精神的合流融汇，从前只属于古代希腊社会的那种应答关系起了新的变化，单纯的法律关系已经满足不了人们的需要，上帝的出现给人们的心灵带来了一种慰藉，同时也使人们的灵魂在上帝的眼前暴露无遗。因此，先前的以法律为政治轴心的社会关系虽然得以在新的历史条件下经过损益后保留下来，但是已多了一层宗教-道德关系，人们的言行以及隐藏其后的动机或愿望是否合乎所应遵循的道德准则，是要由宗教的信条和规范来决定的，甚至法律的施行也得按照宗教的准则来进行。因此，此时的应答关系是二重化的。宗教-道德关系和社会法律关系是由基督教之至高无上的神——上帝来统一的，宗教、伦理、政治、法律完全统一成为一个东西，因之它们在实际上可以说是一种宗教-政治关系。此时，宗教-政治关系中的角色取代了独立的人格，西方的人格观念就从古希腊以人格——个人性为重心的人格移向了以角色为中心的观念。个人性在宗教-政治关系中消融了，角色性隆起，社会所要求的责任和义务压倒了个人的权利和自由。个人若想在宗教-政治关系中保留自己的个性，并获得相应的个人权利和自由，就必须以顺从上帝和承担很大的责任与义务为前提。在基督的神圣旗帜下，人的角色性成了社会的主导力量，倘若还有人格存在，那么只能是“在野”的了。然而，角色并非主体，真正的主体只有一个，那就是上帝。从这个意义上看，与其说古希腊末期和中世纪的人格观念在主流上所表现的是人格——个人性观念，毋宁说它更多的是角色

① 今道有信：《东西方哲学美学比较》，第53页。

观念。人格变成了角色，只得服从上帝。不过，人格服从上帝恰恰是由理性来论证的，服从理性与服从上帝是一致的。宗教-道德关系中的责任性明显地突现了出来，这就导致了人格与责任为核心的宗教-道德关系在事实上的分离。出于对中世纪的经验哲学——（神学）的反动，兴起了文艺复兴的狂飙，宗教的理性主义受到唾弃，感觉主义、经验主义和新的理性主义勃兴。与此相适应，人的个人性、独立性，人的意志自由和个人权利被无以复加地强调，得到大力提倡和发扬，而且“当这种对于最高的个人发展的推动力量和一种坚强有力、丰富多彩并已掌握当时一切文化要素的特性结合起来时，于是就产生了意大利所独有的‘多才多艺的人’——‘l'uomo universal’①，正如莱昂·巴蒂斯塔·阿尔伯蒂（Leon Battista Alberti）那样响亮地宣称“人们能够完成他们想做的一切事情”②。从此，人格的主导地位重新得以恢复，宗教-道德关系的责任性却不免受到冲击，原来唱主角的角色也就被排斥在“当朝”之外了，从而个人的人格与宗教-道德关系拉开了分隔的距离。由于这一缘故，在欧美社会中形成了强大的个人主义传统和契约民主制度。

然而，另一方面，由笛卡儿所倡导的一种新理性主义——对中世纪的宗教理性主义进行了辩证地扬弃（批判和保留）的理性主义，却试图在新的历史条件下，在以责任和义务为重心的基础上使人格与宗教-道德关系和社会法律关系重新统一起来，使个人的权利、自由与责任、义务重新统一起来。在斯宾诺莎、康德、黑格尔的哲学中，我们都可以看出为达到这种统一所作出的带着理想色彩的努力。

从上可以看出，这种人格与应答、人格与角色的分离和统一，在理论上体现出西方哲学的二元分立式思辨-分析思维的特色。从近代以来，由感觉主义、经验主义和理性主义所揭示的人格观念与角色观念并驾齐驱，并且处在不断的冲突与交织之中，再也难以实现统一，其主流还是个人性至上，个人主义盛行于世。

在中国古代，情况与西方不同。中国古代的理想人格所处的应答关系是一种伦理-政治关系，并且以人格本身为出发点使人格性同伦理-政治性关系统一起来，经由这种统一关系，人格在社会表层以角色的面目表现出来，因之人格与角色是在以人格为重心的基础上统一起来的。一方面是由于社会历史和文化的成因使中国社会的应答关系形成了以伦理-政治为核心的社会关系，另一方面是因为个人的理性自我自觉地选择了伦理-政治关系（儒家在理论上的设计），个人从而把自己的意志、权利、自由投入其中，构成承担责任和义务的前提。此时，自我的人格便外化为社会角色。但是，他是主动地、自觉地、积极地承担责任义务，施行仁

① 雅各布·布克哈特：《意大利文艺复兴时期的文化》，何新译，北京：商务印书馆，1979年，第130—131页。

② 同①第135页。

爱，又显见出深层里的自我人格，并且正是通过在社会表层活动的角色把自我的人格放大了，也升华了。他既是人格，也是角色，角色与人格并无二致。这种把人格与角色统一于一身的理想个人，就是中国古代的所谓“圣王”、“圣人”或“大人”了。圣王、圣人、大人人格作为个人存在或个人性所能达到的最高、最完美的理想境界，本身就是超越和高于人的，接近神性，为诸子百家所津津乐道的“尧舜”的人格及深受儒家推崇的禹、汤、文王、武王、周公的人格莫不如此。何况提出理想人格的诸子百家均处于乱世，他们所设计的理想人格全都以救世主的面目出现，他们的思想表征着占中心支配地位的社会政治-伦理观念，他们的行动代表和推动着社会的价值趋向即社会的伦理-价值秩序、政治-价值秩序和文化-价值秩序。因此，诸子百家的理想人格实际上都强调和突出了他们作为神性之中心的那一面。就此而言，理想人格确乎具有类似西方上帝的功能——一种准宗教的功能。不过，按照诸子诸贤的设想，圣王、圣人、大人、真人、完人以及君子、贤人却都是由平凡人经过一定的道德实践的修炼养习而成就的。孟子就说过，“人皆可以为尧舜”（《孟子·告子下》）。虽然这在实际上是不可能的，但它毕竟透露出了“尧舜”来源的信息。事实上，为诸子百家所顶礼崇拜和歌颂的“尧舜”也是肉体人身，只是被无以复加地拔高和美化了而已。因此，中国的圣王、圣人、完人、真人并不能与西方的上帝相提并论。上帝对于人，是在垂直方位上的；但是圣王、圣人、大人、完人、真人不在垂直方位上，而在人间的水平方位上，即是说，他们本身没有离开人群，他们的居于中心地位的神性人格是由人与人的伦理-政治关系体现出来的，并且就存在于现实的世俗的人与人的伦理-政治关系之中，从而使他们在实质上形成了伦理-政治型权威人格，这一点以儒家的理想人格表现为突出。从某种意义上说，圣王、圣人就是为拯救众生而诞生的，他对众生负责。不过，圣王、圣人的伦理-政治型权威人格的作用在于使芸芸众生从风而化，体现为“百姓日用而不知”的极高明之道。这一层关系也与西方的人格观念大异其趣。因为在西方，个人的人格作用恰恰是要在众人面前显示出来的。相比之下，中国社会中个人的人格就显得含蓄多了，隐蔽多了。中国圣人、圣王观念的出现是同处于水深火热中的老百姓的心理需求相契合的。因为每天都在经受着天灾、战争疾苦，期待和渴望着救世主的到来。儒家所设计的理想人格——圣人、圣王及其所代表的社会价值取向正好与他们的心理需求相契合，适应和满足了他们最大最迫切的愿望之所向。因此，在圣人、圣王人格与群众、百姓的实有人格之间形成了伦理-政治型的应答关系，即在广大的老百姓心目中的圣人、圣王人格与观念形态中的圣人、圣王人格之间形成了伦理-政治型的应答关系。这就可以看出，中国的人格观念表现为人格与应答即人格与伦理-政治关系，人格与角色的一而不二，它们是一个统一的整体或有机系统，这一整体或系统在深层结构（理性观念层面）中是以个人自我的人格（个性、神性）为重心的，在表层结构（社会生活事实层面）中却是以伦理-政治关系中的角色（集体性或间-个人性）表现出来的。这种人格与伦理-政治一体、人格与角色不二、在人生的舞台上连成一系的关系，从一个侧面体现了中国哲学的有机系统思维（而不仅仅是辩证思维）的鲜明特色。出于这一缘故，在中国社会中形成的恰恰是与西方追求个人主义相反的讲求大一统的集体主义精神。

此外，中国的理想人格观念还表现为，在维护神性人格的至高无上的政治权力上的权威性与唯我独尊而独裁的作风，并且在大一统的集体主义精神的基础上形成了集权专制主义的传统。独裁和集权专制主义恰恰以至上的个人性从集体主义中逸出而成为集体主义异化的产儿，因而同时它也就是对集体主义的一种解构，在“家”（“千乘百乘之家”）中是如此，在“国”中也同样如此。中国的理想人格观念还表现在维系与他人的等级关系上的“亲亲”和“爱人”，《尚书·尧典》称颂尧“光被四表，格于上下”“以亲九族”“协和万邦，黎民于变时雍”就已经表明了这一点。事实上，中国历朝历代的那些明主仁君莫不如此。

中国社会在长达两千多年的集权专制统治中，以伦理-政治为核心的社会关系模式基本上没有变化，因之中国的人格观念结构模式亦无大的变故。直到近代，中国的理想人格观念才受到冲击，出现跌落。一方面是由于人民群众不甘受统治和压迫而对帝王专制统治进行反抗，或爆发革命，这就促使专制统治从内部调整、巩固和完善它的专制王朝统治的功能，加强中央集权和对人民革命的镇压与扼杀，并从思想上进行钳制和改化，甚至不惜通过暴力的强制手段来迫使人们在信仰上或思想上达到共同的一致，这些措施对社会的伦理-政治关系产生了一定的影响；另一方面则是因为帝国主义的入侵，集权专制王朝的无能妥协，把中华民族推向了国破家亡的生死关头，从而唤起了人民群众对民族、对祖国的极大责任感，救亡的迫切要求通过那唯一的既存的伦理-政治关系模式把全民族凝聚起来，任何个人都必须以服从国家和民族、服从集体大局为重，因此处于伦理-政治关系中的个人的角色性是十分突出的，角色与伦理-政治关系高度统一。然而，与此同时，时代在召唤英雄。保卫自己的祖国和家园，实现天下太平，需要“圣人”“圣王”的拯救，因之在客观上这个时代也要求冲破社会的伦理-政治关系对人的束缚，有富于个性的人的独立人格出现。事实上，确实出现了一些在理性上自觉的具有独立人格的爱国救国人士和民族英雄。但是，具有特立独行人格的人毕竟只是少数，更多的中国人所表现出来的只是民族性和角色性。人格与伦理-政治关系的分离和冲突恰恰强化了角色与伦理-政治关系的紧密统一，伦理-政治关系模式不仅没有崩溃，反而得到了强化。虽然表面上看起来，人格与角色依旧是统一的，但是统一的重心完全移至角色一边，即是说，人格与角色的统一是建立在角色的基础之上的，处于伦理-政治关系模式中的人格转化为其对立面的角色了。事实证明，在一个集权专制的社会中，当人作为角色被高扬和突出的时候，人格就隐遁得无影无踪了；否则，要么被“改造”，要么被“流放”，乃至于被消灭而后快为止。如果个人只能作为角色而非具有真实自我的人格在社会中生活，那可真是人的莫大悲哀了。在长达数千年的集权专制统治下，至高无上的“礼教”成为宰制理性的“铁腕”式的利刃，斩除了人的思想和个性自由的生长，便是最有力的明证。因此，中国古代的人格观念形态在近代走向了解体。中国数千年的圣人、圣王理想人格的梦破灭了。人格和角色的转化，标志着中国古代的理想人格在近代的巨大跌落。

四、

从以上的比较分析可知，不能把中西方的人格观念的深层差异仅仅归结为个人性与间-个人性，或个人性与群体性、个人性与集体性之间的差异。字源学的分析与诠释固然重要，但是仅在此止步是远远不够的，还必须注重对历史事实本身的考察和分析。唯其如此，才能做出合理的、正确的解释和结论。无疑，这在方法论上具有不可忽视的重要意义。

中西方的人格观念虽然均以个人为基础、以一定的应答关系为中介、以人格与应答的分离和统一为前提，它们皆蕴含着人格观念和角色观念的意义，并且二者也都有强调人格性角色性的一面，但是中西方的人格观念之间的巨大差异和本质区别之所在也是昭然可见的。

就中西方人格观念的共时态以观，中国古代的人格并不单纯追求个人性或个体性，也不偏爱集体性或间-个人性，而是在个人性或个体性与群体性这两极之间保持着一种特有的和必要的张力。即是说，中国古代的人格观念在深层结构上突出和讲求个人性、个体性，即以神性为中心的人格，而在表层结构上突现和强调集体性或间-个人性即伦理-政治关系的应答性的角色，并把垂直方位上的神性融贯于水平方位上的人性，使人格与角色统一起来，从而构成一种有机的人格观念结构。西方古代的人格观念，则不然。其个人性与群体性，或个体性与集体性，即人格与角色，大抵是分立的：不是追求突出个人性、个体性，即人格，便是提倡和强调社会-法律关系和宗教-道德关系的应答性角色，人格与角色分裂后，总是难以调和与有机地统一起来，因而构成一种思辨-分析的人格观念。

就中西人格观念的历时态来说，中西人格观念虽然从一开始就都蕴含着人格观念与角色的含义，但是在古代，中国的人格观念以人格为重心，因之中国的人格观念是早熟型的，西方的人格观念与责任亦并非无关。到了近代，西文的人格观念在事实上分裂为人格与角色，二者明暗交织，却又互不见容，最终是人格压倒了角色而取得占支配性的主导和中心地位，角色则至多具有“在野”的地位。中国的人格观念虽然没有出现分裂，但是其重心已从人格偏向角色移动，遂使人格为角色所取代。因此，在中国和西方社会分别形成了截然不同的集体主义和个人主义的传统、集权专制制度和契约民主制度的传统。

中西方人格观念上的这种差异，包蕴于中西方两种自成系统的文化传统之中，是中西方文化传统中最深层的价值本性和思维方式不同的映现，它们各自所属的文化系统的背景，在不同程度上影响着中西方现代社会中的人们的人格观念，是值得认真研究的。因此，揭示中西人格观念在其深层结构中的差异之所在，就不仅具有理论上的重要意义，也有实践上的重大意义。

（原载《云南社会科学》2002年第2期，孙利共同署名）

两个遗民典范：释大错与王船山

一、引言

在中国历史中出现的遗民文化现象，从来就是文化史、文学史、宗教史，尤其是禅宗史上的一道亮丽耀眼的绝美"风景"。从殷商的伯夷与叔齐，到南明的释大错与王船山，无不是惊天地、泣鬼神的"特殊材料"做成的极少数另类"英雄"，谱写出中国遗民史上最壮丽的悲歌。

明清交替之际，是中国遗民史上最为特殊与突出的一个时代，由于阶级矛盾与民族矛盾尖锐对立导致的武装冲突交织在一起，农民革命与异族侵略并发，升华为你死我活的争天下的大战。眼看明室不保，桑海巨变，中国汉文化面临灭顶之灾，汉民族则有亡种之虞，"夷夏"之别再度空前凸显，结果是第二个异族入侵与统治时代的到来，国破家亡，鹿死"夷"手，士大夫与天下儒生何处安身，便成为一个被现实所逼迫的当前问题。不愿"薙发"[①]，又要苟活于此世间，守护"中国"文化，保持民族气节与生命尊严，则别无选择，要么逃禅做和尚，要么入观充道士，要么归隐无声息，总之做明之遗民，就成为一条唯一的不选而选的必由之路了。明代大儒黄宗羲在《邓起西墓志铭》中有云："呜呼！桑海之交，士之不得志于时者，往往逃之二氏，此如缚虎之急，势不得不迸裂而倒行逆施。"[②]可为明证。更有逃禅僧归庄在《送筇在禅师之余姚·序》中说："二十余年来，天下奇伟磊落之才，节义感慨之士，往往托于空门；亦有居家而髡缁者。岂真乐从异教哉？不得已也！"[③]则道出了实情。然而，诚如黄宗羲《七怪》

---

① 当时清政府为了削弱汉民族的民族意识，加强统治，颁布薙发（剃发）令，即强令其统治下的全国各民族的男子，包括汉族及其他南方少数民族等，改剃满族的髡发发型，改着满族服饰，"不从者斩"，遂有"留发不留头，留头不留发"的宣言。薙发令的颁布，引起全国各族人民，尤其是汉民族的强烈反对与抵抗，结果遭致清廷的严厉处罚和血腥镇压。是时，南直隶常州府江阴县告示曰："岂意薙发一令，大拂人心，是以乡城耆老，誓死不从。"江阴人民以"头可断、发绝不可剃"的口号对抗清朝"留发不留头，留头不留发"的令言，由陈明遇、阎应元领导军民抵抗，死守城池八十一日，至顺治二年八月二十日，江阴城破，清兵大肆屠杀三日。据统计，城内被屠者九万七千余人，城外被杀者七万五千余众，仅有五十三人躲在寺观塔上得以保全性命。阎应元临终前一日，在江阴城楼上留下绝笔："八十日带发效忠，表太祖十七朝人物。十万人同心死义，留大明三百里江山。"表明了"宁愿留忠发，不肯剃奸头，穿戴汉服死，不做旗装奴"的忠心与壮志。此类事迹甚多。（《明代轶闻·徐佐明》//王夫之等：《永历实录》（外一种），北京：北京古籍出版社，2002 年，第 294—295 页）

② 沈善洪：《黄宗羲全集》第 10 册，杭州：浙江古籍出版社，2005 年，第 248 页。

③ 归庄：《归庄集》卷三，上海：上海古籍出版社，2010 年，第 240 页。

所说："士之志节者，多逃之释氏"[①]，遗民诗人方文（1612—1669 年）《麻城访槁木大师》一诗中写道："普天披发奈渠何，我党逃名佛国多。"[②]屈大均（1630—1696 年）《过吴不官草堂赋赠》诗开篇亦云："今日东林社，遗民半入禅。"[③]邵廷采《明遗民所知传·序》则有一精辟的总结谓："明之季年，故臣庄士，往往避于浮屠，以贞厥志。非是，则有出而仕者矣。僧之中多遗民，自明季始也。"[④]除了出现众多而难以计数的遗民僧、遗民儒或遗民文人以外，还在贵州出现了由数十万移民军演变而来的"老汉族"遗民（类似客家人的遗民群落）。明清之际的这种前所未有的遗民盛况，在中国历史上隆起了一个遗民的时代。释大错与王船山就是在这个迄今独有的遗民时代的群星灿烂的天空中出现的最为光灿夺目的两颗星宿，分别代表了这个独异的遗民时代的两大典型。释大错与王船山真正是顶天立地的大丈夫，浩气长存，是永不垮塌与不可摧毁的中国文化长城与中华民族精神长城的象征，永远屹立于天地之间，昭示来者。

释大错与王船山为同时代人，生逢"天崩地解"的沧桑巨变之乱世，于明清更替过渡之际，亲历大明王朝之气数尽绝而回天无力，虽然二人同为儒生，同在南明永历政权为官，却素昧平生，互不相知，不曾谋面，但是都与佛教结下了不解之缘，尽管一出家为僧，却心系南明，不舍忠义，一独善为儒，却玩索佛理，与僧交游，并且二人皆心怀复明灭清之志，共同拥护与竭力扶持南明永历政权，为反清复明而奋斗不息。"历乎无穷之险阻而皆不丧其所依"，"不为世所颠倒而可以立"[⑤]，始终坚持维护民族尊严，挺立节义自我，并终不放弃希望，忠贞不渝，老而愈坚，坚而弥笃，在痛失南明永历政权后，二人不约而同地选择了一条自甘为孤臣遗民的道路，一逃禅，为高僧，一逃隐，为大儒，一以方巾示寂，一以正学善终，均在湖湘了却余生，至死不坠青云之志，在中国文化史、遗民史以及佛教史上写下了可歌可泣的壮丽诗篇，令人长太息，令人长追思，"高山仰止，景行行止"，"虽不能至，心向往之"。

二、破衲蒲团伴此身，明月无心自照人

大错和尚（1602—1673 年）[⑥]，本来是江东一名儒官，俗名钱邦芑（字开少，

---

① 沈善洪：《黄宗羲全集》第 10 册，第 649 页。

② 方文：《嵞山集》前集卷七，上海：上海古籍出版社，1979 年，第 7 页。

③ 屈大均：《翁山诗外》，国学扶轮社，铅活字排印本，1910 年。

④ 邵廷采：《思复堂文集》卷三，祝鸿杰点校，杭州：浙江古籍出版社，1987 年。

⑤ 王夫之：《俟解》//《船山全书》第十二册，第 486 页。

⑥ 据陈垣先生考证，大错和尚出生于"万历壬寅"（1602 年），卒于康熙十二年（1673 年）。见陈垣：《明季滇黔佛教考》，石家庄：河北教育出版社，2000 年，第 396—397 页。

原籍丹徒），福、唐、桂三藩称号时，邦芑由中翰历都宪。壬辰，桂王由粤移至安龙，邦芑为右佥都御史兼任巡黔总兵[①]，兵事失败后，在黔之余庆县蒲村他山出家，峻拒孙可望招降，轻蔑与鄙视吴三桂父子，威武不屈，贫困不移，大义凛然，忠贞不渝，追随永历帝进入云南，在退往缅甸的途中走散，逃禅于滇西鸡足山，并在此成名。大错禅师在徐弘祖之后，不仅纂修了传世的《鸡足山志》，而且题留了大量的脍炙人口的吟咏与赞美鸡足山的诗、赋、文。大错入山为佛，出山为儒，亦佛亦儒，亦儒亦佛。永历帝被绞杀于昆明，他悲恸不已，不得已离开了这座让他终生难忘的灵山佛地。他曾为同僚章旷（1611—1647 年）撰写传记。最后在栖禅生涯中圆寂于衡岳，走完了他传奇而悲壮的一生。他以儒开始，以佛告终。但是，释大错与王船山一样，终身没有忘记自己是晚明的“孤臣”与“遗民”，而成为遗民僧中的一个典范。

王船山（1619—1692 年）[②]，湖南衡阳人，和大错一样，本为一介书生，南明永历为行人司行人，一生反清而志在复明，崇祯十七年（1644 年），曾与管嗣裘、僧性翰等，在衡山组织武装抗清失败；是年，李自成在北京称帝，船山闻庄烈帝死，泣涕不已，数日不食，作《悲愤诗》一百韵。在此一年前，张献忠农民军曾攻陷衡州，拘押船山之父为人质，逼迫船山与其兄归降为官，船山闻讯，自刺身体，以苦肉计救父，父子皆得免于难。顺治七年（1650 年），船山进入永历政权，但不幸陷入政争，被王化澄等“吴党”以“百梅恶诗案”陷害，幸得贵人（高一功）援救而免于一死，回到衡州，誓不剃发，谢绝了原大顺农民军将领李定国的招请，但是又一次参加了永历政权，成为清廷的侦缉对象；船山在流亡中以教书为生，不坠“述作之志”。1657 年，船山回到故居，最后定居于衡阳金兰乡高节里，于湘水西岸建“湘西草堂”，隐居著述，著作等身。1662 年（一说 1661 年）永历帝被吴三桂绞杀于昆明，南明灭亡，船山闻讯后失声痛哭，再作《悲愤诗》一百韵。1678 年，吴三桂于衡州称帝，其幕僚请船山写“劝进表”，船山坚拒。74 岁时，船山自题其墓志曰：“明遗臣行人王夫之字而农葬于此”[③]，并自撰铭曰：“抱刘越石之孤愤而命无从致，希张横渠之正学而力不能企。”[③]未几卒于石船山。

船山以儒生开始，以大儒告终，走完了充满传奇的一生，同大错一样，至死

① 《黔诗纪略》二五//陈垣：《明季滇黔佛教考》，第 390—391 页；赵元联：《大错和尚传》//释大错：《大错和尚遗集》（收入民国时期 1914 年开始辑录刊印的“云南丛书”，下同）卷三。

② 姓王，名夫之，字而农，别号姜斋。中岁称一瓠道人，或“一瓠”“瓠道人”“一瓠先生”，更名壶。晚年归隐于湘西蒸左之石船山下，自名“船山老农”“船山病叟”“船山遗老”“船山老人”等。晚岁仍用旧名。问字者称为船山先生（刘毓崧：《王船山先生年谱》//王夫之：《船山全书》第十六册，第 141 页）。此后，学林皆称之为“船山先生”。

③ 王敔：《大行府君行述》//王夫之：《船山全书》第十六册，第 76 页。

不忘自己是晚明的“孤臣”与“遗民”。但与释大错不同的是，船山始终未剃发，得“完发以终”，且葬礼不用僧道礼仪。因此，船山是与大错禅师不同的另一类别中的一个十分典型的南明遗民之典范。

三、今古有心人，应复怜斯志

释大错与王船山同为大明之儒生，以科举入仕为人生门径，明亡而同有反清复明之志，一生效忠于南明，同为南明永历之臣属，但二人无缘相识而终身不相知，令人遗憾之至！在反清抗清的活动中，大错与船山都是智勇双张的斗士；面对孙可望或张献忠及其所部的招降与逼诱，大错与船山都坚如磐石，大义凛然，不为所动，天佑吉相，终得义命自安；对于叛将吴三桂，大错与船山皆极表轻蔑鄙视，绝不为其所用；在追随效忠永历政权的过程中，二人都忠肝义胆，竭尽所能，置生死于度外，弹劾奸佞，团结义节之士，共同御敌，力图挽狂澜于既倒，可惜时不我与，回天无力。

南明永历政权极其弱势而又腐败，自一开始，就朝纲不振，奸臣当道，结党营私，利益集团林立，党争激烈，内斗不息，纵有才俊如船山者，也难以得到重用，官微言轻，谏言难以被接纳，稍有不慎，便可能招来杀身之祸；大错外派，身负重任，似乎较之于船山为幸运，但在幼弱气虚的永历政权中亦难于发挥应有的大用，被裹挟在军阀与清军之间，以致被孙可望所挟持，不得不在夹缝中求生机，图谋兴复。可悲的是，南明永历政权自一开始建立，便注定了必将短命的运数。“累累旷野悲尼父，碌碌朝廷愧阿奴。”[①]固然这个政权面对的敌人太强大，但是最关键的是它自己不争气，自己丧失了生命与战斗的活力。不仅面对强敌，永历政权没有胜算，即使没有清军来击溃，永历政权也行将自我崩溃。因为它生就带着极其严重的腐败“基因”，在后天也不能得到彻底的根治。大错与船山皆深受儒家文化的熏陶，人生之根是由儒学培植与奠定的，一生都想报效大明王朝，视农民革命为“大逆不道”的不可饶恕之罪，视异族为“夷狄”（或“戎狄”），船山说，圣人“作《春秋》，明王道，内中夏，外戎狄”[②]，因此“天下之大防二：中国、夷狄也，君子、小人也”[③]。顾炎武也指出：“君臣之分，所关者在一身；华裔之防，所系者在天下。”[④]然而防不胜防，大明军团却被农民军各个击溃，政权覆灭，更丧于异族之手，华夏大地终被异族“夷狄”占领与统治，“故国不堪

① 归庄：《读郑所南心史已成七十韵，后钱希声明府以十律见示，复次韵得十章：之八》//《归庄集》，第 13 页。

② 王夫之：《黄书》//《船山全书》第十二册，第 502 页。

③ 王夫之：《读通鉴论》卷十四//《船山全书》第十册，第 502 页。

④ 顾炎武：《日知录集释》卷七，黄汝成集释，长沙：岳麓书社，1994 年，第 245 页。

回首月明中”，华夏文化由此将绝，代表华夏民族的汉民族由此将要亡种，大错与船山绝不甘心，岂肯做清廷的走卒，去消灭自己的文化与民族！船山在《读通鉴论》中有云：“即令桓温功成而篡，犹贤于戴异类以为中国主。”[①]又在《黄书·原极》中说：“可禅，可继，可革，而不可使夷类间之。”[②]其心可谓一露无遗地表白了。这种心态在那个时代绝非一种个人的狭隘之民族私心，而是一种普遍的士人遗民之文化心态与正大之民族思想意识。遗民诗人归庄在《除夕十韵》诗中悲叹明亡时，就特别指出“《春秋》大复雠，此义不可泯”[③]，又在《玉玺行》中控诉“东胡作逆陵上国，山河破裂神灵愁。百万生齿遭虔刘，流血欲赤江河流。腥秽上升薄日月，逆胡之罪如山丘”的同时，提出要向“夷酋”报仇雪恨，“兹用锡尔玉玺大如斗，使尔一战歼夷酋，作天下君奠九州”，不忘玉玺之文曰“扫中夏，疆满洲”[④]，“此日孤臣长戴宋，百年英主起驱奴”[⑤]，表现出了极其强烈的亡国之痛和民族意识。熊十力先生就对以船山为代表的这种民族思想赞赏不绝地说：“若乃明圣挺生，独知民族思想之可贵，而以哀号于族类者，其惟衡阳王子。郑所南、吕晚村亦其亚也。”[⑥]于是，大错和船山他们不约而同地走上了一条反清复明的崎岖之路，干起了一番轰轰烈烈、惊天动地的伟业，尽显真豪杰之本色。虽然最后失败了，但是他们的豪杰精神却与天地同在，长留社会人间。唐君毅先生指出：

> ……豪杰之士之所以为豪杰之士，在其心不在其迹。豪杰之精神，主要表现于其能自平地兴起，先有所不忍，而有所推倒，有所开宕上。故真豪杰之兴起，皆非现揣摩社会之风气，投人心之所好，而有所倡导以望人之附和；而恒是在晦盲否塞，天下滔滔之时代，因心有所不安与不忍，即挺身而出，以担当世运，或舍身而去，以自求其志。有豪杰精神之人物，当无人闻风兴起之时，恒黄泉道上，独来独往。[⑦]
>
> ……中国所崇尚之豪杰，则可成功，亦可失败。其成功而有宏纳众流，功成不居之气概，则其超越的风姿，即冒溢乎其成功之上；其失败而踽踽凉凉，未尝有寂寞孤独之感，则其超越的风姿，即横逸其孤独寂

① 王夫之：《读通鉴论》卷十四//《船山全书》第十册，第487页。

② 王夫之：《黄书》//《船山全书》第十二册，第503页。

③ 归庄：《读郑所南心史已成七十韵，后钱肴声明府以十律见示，复次韵得十章：之八》//《归庄集》，第36页。

④ 归庄：《归庄集》，第37页。

⑤ 同④第13页。

⑥ 熊十力：《十力语要·答某生》//王夫之：《船山全书》第十六册，第993页。

⑦ 唐君毅：《中国文化之精神价值》，台北：正中书局，1969年，第401—402页。

> 寞之外。其生也荣，其死也哀，英雄如之何能及也。[①]

在唐君毅先生看来，文王、武王是豪杰，伯夷、叔齐也是豪杰；项羽、刘邦有豪杰之气概，曹操也有豪杰之气概；张良是豪杰，诸葛亮也是豪杰；佛教人物中的道生、玄奘、慧能也是豪杰，儒学人物中的朱子、王阳明、王船山“皆在滔滔者天下皆是之环境，独求其心之所安，此皆学术界之圣贤而豪杰者”。[②]船山是豪杰，毫无疑问。但必须看到，大错也是一真豪杰。唐君毅说：

> 禅宗之教，出自一既恢廓而亲切，亦庄严而高卓之精神，固无疑义。此精神中有一豪杰气概，而又包含一宗教徒之虔诚，与“无对之形上境界”之直接体现。[③]

以此而论，大错出家的确具有佛教徒的虔诚，而在他的禅宗精神中也透出一种豪杰之气概。进一步，以唐氏对于中国豪杰的品论来看，大错与船山确实是在晦盲否塞、天下滔滔的时代，因其心有所不安与不忍而挺身而出，自觉地担当世运的豪杰人物。他们最终在恒黄泉道上，独来独往，以自求其志，独自成为时代的反抗者与批判者，像飘零的花果一般各自在世界的一个角落里顽强地坚持了下来。他们自始至终地反清抗清，忠于南明永历政权，著书立说，以求从精神文化上开出一片光明，为复明进行文化上的奠基与准备。他们作为豪杰之超越的风姿，早已横逸其孤独寂寞之外，与山河日月同在。真可谓“其生也荣，其死也哀，英雄如之何能及也”！南明永历政权的灭亡，彻底熄灭了大错与船山复明的希望之火。无奈之下，他们抱负像刘越石一样的孤愤，分别走上了不同的孤臣遗民之路，仿佛作为华夏文化的最后守护者，欲将为华夏文化披麻戴孝。大错与船山皆由豪杰一变而“为一以身守道，与道共存亡”，“愿与人道、国家、民族、文化共存亡绝续之命”[④]的气节之士。牟宗三先生说过，儒家文化随明亡而俱亡了。[⑤]这一看法，正好可以反映出以大错和船山为代表的明清之际的儒家士大夫遗民者的文化心态。

饶有趣味的是，大错与船山的一生均与佛教结下了不解之缘。但是，二人对佛教的态度却迥然有别。虽然大错与船山对于佛教都有一定程度的了解与造诣，船山不啻与高僧为友，更有研究佛学之专著（《相宗络索》及《八识规矩颂赞》），但是船山将释老与申韩之术并列，视之为“三毒”，在《思问录》《张子正蒙注》

---

① 唐君毅：《中国文化之精神价值》，第403—404页。

② 同①第402—403页。

③ 同①第410页。

④ 同①第406页。

⑤ 牟宗三：《中国哲学的特质》//《牟宗三先生全集》第28册，第93—95页；牟宗三：《中国哲学十九讲》//《牟宗三先生全集》第29册，第418—419页。

《读四书大全说》《读通鉴论》等多种著述中排斥二氏不遗余力，誓不剃发[①]，终不为僧，死后丧礼禁用僧道，一生楚汉分明，把儒佛之间的界限划分得一清二楚，没有丝毫含混。对他来说，一旦立场不稳而滑向佛道，皆为不可宽恕原谅的耻辱。所以，儒学是船山最得力最坚固的铁壁铜墙，也是他终生所持守的防线和底线。比之于船山，大错更多地具有亲近佛教之情，在他山柳湖居住时，便与文僧和居士密切交往，以致敏树如相说他的“本来面目，原是灵山种子”[②]，这就为他从儒变佛，最终出家做了必要的准备，但是大错并不是纯然的佛教徒，他虽栖身禅门之中，却满身儒臭，入而佛，出而儒，僧服儒行，儒佛难辨，亦儒亦佛，来往于儒佛两界，在佛堂为高僧，在儒门是大德。敏树如相在《寄大错禅师书》中辨“大错”之名有云：

> 禅师既不爱功名富贵，不受尘网，是不错也。既而下发为世外高人，以青山作伴，绿水为邻，喜时歌，闷时饮，真乃天子不得臣，王侯不得友，此禅师别具一番眼界，有何错也！然所错者，想是旷大劫来一个路头，不因一念萌动，为儒家做个书债人物。……一旦奋发勇猛，披缁于深山穷谷之中，是不错也。今禅师何故言其大错？莫不是一腔热血未曾冷，忠肝义胆，欲上报天子恩渥？莫不是一个老莱子未曾学得，劬劳罔极，欲酬父母深恩？今禅师以不报之报，不酬之酬而出家，是万幸也，是大忠孝人也，何言错？请禅师于威音那畔着眼，看他三世诸佛，从何所得；六代祖师，从何所悟，方不负禅师来空门走这一回，与佛家增一重光彩。[②]

不难看出，作为大错的知遇之友，敏树如相对于大错在禅门中的修为似乎不尽满意，认为他虽然不落尘网，抛弃富贵功名，“天子不得臣，王侯不得友”，只与青山作伴，绿水为邻，肯定了他“别具一番眼界”；又说大错学老莱子（或谓老子）的归隐“未曾学得”，“欲酬父母深恩”而无能，“劬劳罔极”，最终只得“以不报之报，不酬之酬而出家”，是为佛门“万幸”。但是，他身上的儒家烙印太深，所以称他“为儒家做个书债人物”，“一腔热血未曾冷，忠肝义胆，欲上报天子恩渥”之心未能根绝，这当然为完全站在佛教立场上的敏树如相所不满。不过，他又认为大错根器不凡，“原是灵山种子”，因此又对大错寄予厚望，鼓励大错以三世诸佛、六代祖师为法，成为一代大德宗师，为佛家增光添彩。敏树如相的这封书札，反映出明清之际的士大夫儒士遁入空门后所带来的儒佛之间的抵牾与不协和之音。

---

① 船山不剃发意在明志：一是不降清，二是不归佛。

② 敏树如相：《寄大错禅师书》//陈垣：《明季滇黔佛教考》，第395页。

佛教东来，落籍中土，虽说历经千余年之久，业已逐渐在地化而中国化，然而儒佛之融合毕竟是一个漫长的历史过程，儒佛在深层义理上固然可以互济而一致，但是表层上是不同道的，因此儒学若想落于佛门禅教，就绝不是一件简单的事情了。不过，儒佛都是具有极大包容性的思想文化。佛教以慈悲济世，儒学以仁本为怀，无论在世出世间，儒佛皆可同处共生，相安无事。所以，对大错来说，儒可以化佛，佛亦可以化儒，儒佛尽可交集一身，而无不和谐，无不受用。

明季以降，尤其是万历之前，中国佛教早已过了鼎盛时期而处于急剧衰败的过程中，黄宗羲在《苏州三峰汉月藏禅师塔铭》中说："万历以前，宗风衰息。云门、沩仰、法眼皆绝；曹洞之存，密室传帕。临济亦若存若没，什百为偶，甲乙相授，类多堕窳之徒。"[①]黄氏说的似乎只是禅宗，其实这正是当时佛教的整体状况与实情。但是，至明末清初，由于大批的文化遗民托身于空门，巨大地改变了佛教的颓势，使佛教获得了新鲜血液与生机，涌现出不少高僧大德、佛学大师，此正如陈垣先生所指出："中明佛教之衰，既如上述，然自万历后高僧辈出，云栖、紫柏、密云、湛然，各阐宗风，呈佛教复兴之象。"[②]曲靖朗目本智（慧光）大师为兰风法嗣，径山下第十三世，更是名动京师，"当时宰官如汪可受、陶望龄、袁宗道、王元翰等，咸执弟子礼"[③]。事实上，这恰恰是儒学刺激所产生的效果。儒学的刺激使佛教作出了回应，于是有儒佛的互动，儒士身入空门，无论对佛教喜欢与否，爱好与否，有造诣与否，都不能不对佛教有一定的了解，尽管出现了像归庄那样"虽作头陀不解禅"[④]的和尚，而且恐怕不在少数，但是他们大抵是有一定程度的熏习与了解的，初浅的闻、思、修还是不缺乏的。因此，他们虽然不知佛理，不奉佛，但是亦不辟佛。归庄本人的自述中就已清楚地说明了这一点。他在《书千佛偈跋》中自谓：

> 余素墨守儒家之学，不知佛理，然亦不辟佛，时善知识多相善；奉先母之命，亦诵《普门品》，其他经藏，全未经目；偶作佛家文字，亦本欧、曾家法，不效柳、苏也。[⑤]

这些文人、儒士、士大夫为什么"墨守儒家之学，不知佛理"呢？原因很可能是

---

① 黄宗羲：《苏州三峰汉月藏禅师塔铭》//沈善洪：《黄宗羲全集》第10册，第528页。

② 陈垣：《明季滇黔佛教考》，第246—247页。

③ 同②第247页。

④ 归庄《冬日感怀和渊公韵，兼贻山中诸同志》十首之三，全诗为："三楹茆屋卧江边，虽作头陀不解禅。杲日临窗心对照，腥风卷袖泪频溅。苍鸿避弋依庐渚，黄雀思群噪稻田。日月看同东逝水，衣裳如雪更凄然。"（《归庄集》卷一，第49页）

⑤ 归庄：《归庄集》，第290页。

多方面的、复杂的，但是有三种情况[①]是相当明显的。第一种情况，自然是缺乏兴趣爱好。归庄的知交钱谦益在《归玄恭恒轩集序》中说："余好佛，玄恭不好佛；余不好酒，而玄恭好酒。"[②]由此可知，归庄好酒不好佛。归庄本人在《净上人募缘序》中也坦然承认说："余平生不奉佛，亦不辟佛。"[③]又自道曰："愁心天地共无边，那可忘情学坐禅。"[④]对佛教无有兴趣爱好，自然是不知佛理难解禅的。所以，对于大禅师，身为头陀的归庄唯有叹仰与自愧而已。归庄在《与红云》中写道："仆二十余年来，虽貌为头陀，犹难忘世，今则已矣，才既不展，身又不死，如在穽之虎；既耻同流俗，又不能长往，如触藩之羊。视大禅师之蝉蜕域外，凤翥云中，叹仰之余，不胜其自愧也！"[⑤]那么，身在佛门也只能是徒有"僧衣"的和尚了。第二种情况，是难以忘记世俗生活，放不下功名利禄。上引归庄"二十余年来，虽貌为头陀，犹难忘世"便是明证。归庄又在诗中自道："我有救时策，他年献天子"[⑥]；"平生壮志在开边，愤发无聊遁入禅"。[⑦]其实，这不仅仅是所谓志趣抱负的问题，而是本身就对佛教有成见。第三种情况，无疑就是对佛教的偏见与态度。这在全祖望的《南岳退翁第二碑》中说得最明白不过，其曰："易姓之交，诸遗民多隐于浮屠，其人不肯以浮屠自待，宜也。"[⑧]最具讽刺与悲剧意味的是，这些"墨守儒家之学"的文人对佛教充满偏见，不好佛，但是"迹幻儒逃释，途穷弟累兄"[⑨]，无奈之下，又不得不隐身浮屠。南岳退翁和尚可以说是一个典型，在《清稗类钞·方外类》中有对他的记载，其中指出："退翁本明未亡以前之浮屠，而耿耿别有至性，遂为浮屠中之逸民，以收拾残山剩水之局，

① 在乱世之中，逃禅者众多，其中有各色人等，所谓"奸盗诈伪，技艺百工"，无所不有，这对佛教带来极坏的影响，也难免引起禅门的严重不满与忧虑，这在明代湛然圆澄禅师的《慨古录》中就有突出的反映，其中不无忧愤地写道："故或为打劫事露而为僧者，或牢狱脱逃而为僧者，或悖逆父母而为僧者，或妻为僧而夫戴发者，或夫为僧而妻戴发者，谓之'双修'。或夫妻皆削发而共住庵者，称为'住持'者。或男女路遇而同住者。以至奸盗诈伪，技艺百工，皆有僧在焉！如此之辈，既不经于学问，则礼仪廉耻皆不之顾，惟于人前装假善知识，说大妄语……哄诱男女，致生他事。"（湛然圆澄：《慨古录》//《卍续藏经》第114册）应该说，这种情况在中国历史上是由来已久的，《水浒传》中的花和尚鲁智深、行者武松，都是圆澄禅师所说的"牢狱脱逃而为僧者"的典型，这也有可能从一个侧面折射出有明以来逃禅为僧的一角。但是，这种情况与儒士文人士大夫的逃禅绝不可同日而语和相提并论，二者之间实有天壤之别。不可不鉴！

② 归庄：《归庄集》，第586页。

③ 归庄：《净上人募缘序》//《归庄集》卷三，第222页。

④ 归庄：《冬日感怀和渊公韵，兼贻山中诸同志》十首之九//《归庄集》卷一，第49页。

⑤ 归庄：《与红云》//《归庄集》卷三，第341—342页。

⑥ 归庄：《生日自述：之一》//《归庄集》卷一，第21页。

⑦ 归庄：《冬日感怀和渊公韵，兼贻山中诸同志》十首之五//《归庄集》卷一，第49页。

⑧ 全祖望：《鲒埼亭集内编：卷十四》//《全祖望集汇校集注》，朱铸禹汇校集注，上海：上海古籍出版社，2000年。

⑨ 归庄：《避乱投浮佛寺》//《归庄集》卷一，第40页。

奇矣。”[①]在他们这些人的思想意识中，这是一种不得已的“无聊”之举。其实，他们根本就没有对佛教的信仰。所以，就免不了出现归庄所自曝的“僧貌何妨自儒行，不须佞佛诵南无”[②]的洋相怪状了。相比于归庄这类人物，大错不仅喜欢谈佛、爱好佛理，而且出家前便与僧人居士相往还，对佛学有一定的造诣，虽然底子是儒学的，但是对佛教亦不无信仰。这是大错与归庄完全不同之处。因此，大错能集儒佛于一身而影响两界，受人礼敬。加之他善属文而又工于诗，出家后的诗作禅趣盎然，又是南明永历的重臣，所以无论在滇西鸡足山抑或湖湘衡岳，皆声名鹊起，远播四方。大错入禅与蕅益大师颇有相像之处，二人皆由儒入禅，故虽身居禅门，言行却留有儒迹，诚如蕅益一般身在佛门却不忘以孔颜心法示人（他自谓“身为释子，喜研孔颜心法示人”）。此外，益然（弘济）大师也是一位亦儒亦佛的人物。他虽然是披着袈裟的和尚，但平日的言行俨然是一位儒者。黄宗羲就大肆表彰益然的儒行，黄氏在为益然大师写的塔铭中说：“掉臂佛祖，白首经史。逍遥死生，不异弹指。儒者分内，岂假彼氏。虽曰塔铭，实阐儒理。”[③]归庄亦吟咏道：“风骚无意称名士，文史终当作大臣。”[④]对于这些由儒入佛的人来说，岁月的流逝与环境的变迁也掩盖不住他们儒生的底色。当他们在以儒家的心态接受佛教的“洗礼”的时候，固然将一心向佛，但在他们把佛教的教理同化在原有的儒学心态结构之中的同时，也不免会以儒学去影响佛学。这一由瑞士心理学家和哲学家皮亚杰所揭櫫的同化与顺应（或调节）的双重认知（了别）机制[⑤]，在这里获得了有效解释的范例。儒佛交互影响的结果，就是儒佛的融通（出现儒佛交互融合的心态结构）与儒佛的共进。无论儒学界或佛学界，都会产生出会通儒佛的大师。因此，以大错为代表的儒士投进禅门，对佛教是一种福音，他必将带来儒学对佛学的重大影响。明季高僧高度重视儒学并深研儒学，如憨山、紫柏、蕅益者，代不乏人，这一风气一直影响到近代民国时期，不能不说与逃禅的儒学之士的直接影响有关。

与此同时，不能不注意的是，像船山一类不出家的大儒在与高僧的交游中，仍然会在有意无意或有形无形中把儒家思想信息传递过去，对佛教产生影响。船

---

① 南岳退翁《退翁为浮屠中之逸民》记述说：“南岳和尚退翁者，名宏绪，字继起，兴化人，俗姓李氏。早岁出家，师事三峰，为其高弟。其后，十坐道场，而于苏之灵岩最久……退翁之在沙门也，宏畅宗风，笃好人物，大类三峰，海内皆能道之。而枋曰：‘是非退翁之精微，但观其每年三月十九日，素服焚香，北面挥涕，二十八年如一日，是何为者？’退翁本明未亡以前之浮屠，而耿耿别有至性，遂为浮屠中之逸民，以收拾残山剩水之局，奇矣。”（《清稗类钞·方外类》）

② 归庄：《冬日感怀和渊公韵，兼贻山中诸同志》十首之六//《归庄集》卷一，第49页。

③ 黄宗羲：《吴山益然大师塔铭》//沈善洪：《黄宗羲全集》第10册，第542页。

④ 归庄：《读郑所南心史已成七十韵，后钱希声明府以十律见示，复次韵得十章：之八》//《归庄集》，第9页。

⑤ 关于这一双重机制的论述，请参阅皮亚杰：《发生认识论原理》，北京：商务印书馆，1981年。

山在《万峰和尚三复吟题词》中所云："过故墟而迟迴，恻尔动心，情与识与？亦不仅情识，而即吾性而见者与？无愁人不知愁耳。……无愁者而后可与语愁，吾将与禅师游于溟涬之郊而得之矣。"[①]就颇见其中（船山和禅师）的儒家情趣。船山为牧云庵撰写的碑记《牧云常住记》，则站在儒家的立场上表彰超凡和尚的美德。此外，船山为别峰庵题写匾额、堂联与挂联，为别峰庵二如长老撰写挽联，为《宝宁寺志》与《宝宁万峰大和尚语录》作序（《宝宁寺志叙》与《宝宁万峰大和尚语录叙》），又有《授别峰僧先开上人〈相宗络索〉口占》一首。这些事迹虽然只是儒佛日常之交，但是充分地表现出儒佛之间的人情关怀。在《船山师友记》的记载中，与船山交往的僧人有智霈、性翰、悟一、慈枝、法智、如满、先开、二如、惟印等，尤其是南岳僧性翰、悟一与船山关系密切，对船山生活多有照顾，而先开、二如、惟印与船山亦有深交。船山《与惟印大师书》自引诗句赠惟印云："除却死生吾与汝，看谁白战是英雄？"[②]儒佛两位大师之深交神会，可见一斑。确实，船山的儒家情怀与儒学思想难免影响到这些僧人，并引起共鸣。这当然是儒学影响佛教的一种方式，虽然与大错全身进入禅庭对佛学的影响不同，但至少亦有推波助澜之功。显然，在与僧人的往还中，船山也深受佛学的影响，对佛教不免有同情之心，使他直入内典，游心方外，因此而有《相宗络索》以及《八识规矩颂赞》之著。

然而，最可玩味的是，船山与山僧为友，出入于内藏，却不仅没有消弭他心中儒佛之间的鸿沟，而且反倒是越发加深与拉大了儒佛之间的分界。可以说，佛学对他的影响，根本没有触动与改变他所固持的儒学立场和态度。这是船山与大错的一大分野。如果在大错这里儒佛是合一的，儒是佛，佛是儒，那么在船山身上则是分离的，儒是儒，佛是佛。那么，船山为何而写《相宗络索》？其用心何在？今虽不知其详，但从其仲子王敔《大行府君行述》之说，和船山留下的《授别峰僧先开上人〈相宗络索〉口占》诗，以及船山对"三毒"的释、道、法（申韩）的一贯态度，仍可得其大略。王敔说：

> 亡考慨明统之坠也，自正、嘉以降，世教早衰，因以发明正学为己事，效设难作折，尤其于二氏之书，入其藏而探之，所著有《老子衍》《相宗》《论赞》，以为如彼之说，而彼之非自见也。山中时着道冠，歌愚鼓。又时藉浮屠往来，以与澹归大师（前金黄门堡）、补山堂行者（前司马郭公都贤）、药地极丸老人（前大学士方公以智）、茹蘖和尚（壬午云南同榜，俗妇张）相为唱和。……至于守正道以屏邪说，则参伍于濂、洛、关、闽，以辟象山、阳明之谬，斥钱、王、罗、李之妄，

① 王夫之：《船山全书》第十五册，第1006—1007页。

② 同①第997页。

作《思问录（内外篇）》，明人道以为实学，欲尽废古今虚妙之说而返之实。[①]

依据王敔此说，船山撰著《相宗络索》之用意不外乎二。其一，船山志在“发明正学为己事”“明人道以为实学”，意欲“守正道以屏邪说”，故必须“尽废古今虚妙之说而返之实”。其二，其“守正道以屏邪说”的具体方法与径道，便是“以其人之道还治其人之身”，所以必须深入二氏之藏以探明究竟，则其虚妄之非必可自见，即可由“如彼之说”而破“彼之非”了。船山在其《老子衍·自序》中，亦表明了同样的宗旨。他说：“盖入其垒，袭其辎，暴其恃，而见其瑕矣，见其瑕而后道可使复也。”[②]这便是他衍老子义的目的所在。简言之，船山研究佛道二氏之学而著述的目的，不是为了维护佛道与弘扬佛道，而是为了批判佛道二“邪说”而树立儒家之“正学”。在船山的心里，唯有儒学可为“正学”，释、道、申韩皆为“贼天下”之“邪说”。船山在《张子正蒙注·序论》辟佛指出：

抑古之为士者，秀而未离乎其朴，下之无记诵词章以取爵禄之科，次之无权谋功利苟且以就功名之术。其尤正者，无狂思陋测，荡天理，蔑彝伦而自矜独悟，如老聃、浮屠之邪说，以诱聪明果毅之士而生其逸获神圣之心，则但习于人伦物理之当然，而性命之正自不言而喻，至于东周而邪慝作矣。[③]

船山论老庄与申韩指出：

建之为道术，推之为治法，内以求心，勿损其心，出以安天下，勿贼天下：古之圣人仁及万世，儒者修明之而见诸行事，唯此而已。求合于此而不能，因流于诐者，老、庄也。损其心以任气，贼天下以立权，明与圣人之道背驰而毒及万世者，申韩也。与圣人之道背驰则峻拒之者，儒者之责，勿容辞也。[④]

在这里，船山完全站在儒家的立场上，以真正的正宗的“出仲尼之徒”[⑤]自居，为自己赋予了一项重大使命，一生以为责无旁贷、义不容辞的天职，这就是其子所指出的，凡“与圣人之道背驰则峻拒之者，儒者之责，勿容辞也”。在船山看来，佛教也是“与圣人之道背驰”而必须无条件地峻拒之者。他在《周易外传》中说：“若释氏之教，以现在为不可得，使与过去、未来同消归于幻妄，则至者未至，而

① 王敔：《大行府君行述》//王夫之：《船山全书》第十六册，第73页。
② 王夫之：《老子衍》//《船山全书》第十三册，第15页。
③ 王夫之：《张子正蒙注•序论》//《船山全书》第十二册，第9—10页。
④ 王夫之：《老庄申韩论》//《船山全书》第十五册，第85页。
⑤ 同②第16页。

终者杳不知其终矣。君子服膺于《易》，执中以自健，舍九三其孰与归！”[①]船山以为佛教之“毒及万世”超过申韩与老庄，绝不可姑息纵容之。在《读通鉴论》中，船山不仅对梁武帝率举国之民“捐金粟以营塔庙”而崇佛的行为加以痛斥，而且对“浮屠之乱天下”的“恶已贯盈”的罪恶给予控诉和批判，他特别以阳明学为例，揭露了佛学对于儒学的侵蚀——这最让人不安。船山写道：

> 呜呼！浮屠之乱天下而遍四海垂千年，趋之如狂者，唯其纳天下之垢汙而速予之以圣也。苟非无疚于屋漏者，谁能受君子之典型而不舍以就彼哉？淫坊酒肆，佛皆在焉，恶已贯盈，一念消之而无余媿，儒之骄者，窃附之以奔走天下，曰无善无恶良知也。善恶本皆无，而耽酒渔色、罔利逐名者，皆逍遥淌瀁，自命为圣人之徒，亦此物此志焉耳。[②]

船山称阳明学为“阳儒阴释诬圣之邪说”，“而以充其无善无恶、圆融理事之狂妄，流害以相激而相成，则中道不立、矫枉过正有以启之也”。[③]王学如此，象山学又何尝不是如此。关键就在于船山认为陆王之学援佛入儒，改变了儒学的纯粹性而沦落为“邪说”，但他们又是一副儒学的面孔，而与真儒学争胜。船山说：“……故道之诚然者不著。贞邪相竞而互为畸胜，是以不百年而陆子静之异说兴，又二百年而王伯安之邪说熺，其以朱子格物、道问学之教争贞胜者，犹水之胜火，一盈一虚而莫适有定。”[④]所以，船山辟佛，则必非陆王不可。船山像孟子“辟杨墨”以复明孔子之学一样，一生辟释、老、申韩而立“正学”。相对于“邪说”释、老、申韩“三氏”（申韩为一氏）来说，当然只有儒学可以为“正学”。船山一生浸淫于儒学之中，受理学之极大影响。但是，就儒学内部而言，并非一切理学皆可名为“正学”。前引王敔《大行府君行述》中说“参伍于濂、洛、关、闽，以辟象山、阳明之谬，斥钱、王、罗、李之妄”，可以看出船山对理学是做了一个“判教”的，潘宗洛亦指出船山“阐天人性命之旨，别理学真伪之微”[⑤]。不难看出，船山之学虽然“参伍于濂、洛、关、闽”诸家，但是在墓志自铭中有“希张横渠之正学而力不能企”一语，说明他一生都是以横渠的关学为正学的。船山一生对关学推崇备至，相契最深，赞颂最切，不遗余力。其《张子正蒙注·序论》就是最好的证明。船山热情洋溢地写道：

> 呜呼！张子之学，上承孔、孟之志，下救来兹之失，如皎日丽天，

---

① 王夫之：《周易外传》//《船山全书》第一册，第831—832页。

② 王夫之：《读通鉴论》卷十四//《船山全书》第一册，第639页。

③ 王夫之：《张子正蒙注·序论》//《船山全书》第十二册，第10页。

④ 同③第12页。

⑤ 潘宗洛：《船山先生传》//王夫之：《船山全书》第十六册，第88页。

无幽不烛，圣人复起，未有能易焉者也。[①]

使张子之学晓然大明，以正童蒙之志于始，则浮屠生死之狂惑，不折而自摧，陆子静、王伯安之蕞然者，亦恶能傲君子以所独知，而为浮屠作率兽食人之伥乎！[②]

在船山的眼目里，宋明诸儒没有谁像张子之学一般纯粹而可胜过张子之学，而可为中正至大的“正学”的。舍张子之学而其谁乎！因此，船山极大地发扬了儒家的担当意识，自任自重，把树立横渠之“正学”视为自己一生的使命或天职，表现出一种天地豪杰的气概。唐君毅先生指出：

豪杰性人物，不必是政治、军事上之人物，可只为一社会文化中之人物。在一切社会文化领域中，无论学术上、文学艺术上、宗教上，凡能依其真知灼见，排一世之所宗尚，以开辟人类精神，与社会文化之新生机者，皆赖一种豪杰之精神。[③]

事实上，船山凭借自己对儒学多年的研究并内化为自己的信仰与对宋明儒学的“判教”，极力排斥佛、老、申韩以及他所认为的儒学之“邪说”陆王之学等，确实意在为社会文化找出与提供新的生机，为人类开辟健全向上的精神。尽管船山没有走出他的时代，而使他的思想在追求儒学纯粹性的过程中丧失了最大可能的开放性、融摄性与综合圆融性，留下了不可避免的局限性与悲剧性，但是不可否认，船山为儒学的复兴而殚精竭虑，其豪杰精神，天地难掩，鬼神不埋！不难看到，船山所日思梦想的是，能重新出现一个像“濂、洛、关、闽”之学那样儒学兴盛的时代，而其中最大的关键与前提，就是必须要在他的时代，将以横渠“关学”为代表的“正学”挺立起来。作为“为往圣继绝学”的天地之大儒，船山始终坚持认为，唯有横渠之“正学”屹立不倒，“浮屠生死之狂惑，不折而自摧”，则其他“邪说”亦破。这是船山辟佛（以及辟老、庄、申韩、陆、王）的真正目的所在。

一如众所周知的，辟佛是儒学的一个老传统，由来久矣。但是，船山的辟佛，与历史上的儒家辟佛有很大的不同。自南北朝范缜（450—510 年）以及唐之韩愈（768—824 年）到两宋诸大儒，虽然辟佛的态度斩钉截铁，意志坚定不移，但是他们不能心平气和地、理智地去钻研佛学，对佛学的要义缺乏深入的了解与把握，因此辟佛不得力，只流于皮相之见，对佛学的批判不彻底。不仅如此，甚至还有从“辟之”者沦为“惑之”者。这在船山的《读通鉴论》和《周易外传》等书中

① 王夫之：《张子正蒙注•序论》//《船山全书》第十二册，第 11 页。
② 同①第 12 页。
③ 唐君毅：《中国文化之精神价值》，第 402 页。

多有论及。船山指出：“后之儒者之于浮屠也，或惑之，或辟之，两皆无据，而辟之者化为惑也不鲜。”[①]可见，船山认为历史上的辟佛是完全失败的。究其根源，最大的关键就在于无论辟佛者或惑（于）佛者都没有能充分地把握佛理及其根据。因此，辟佛者辟之失据，惑（于）佛者也惑不知其据，都是稀里糊涂的。在船山看来，韩愈与范缜的辟佛是历史上辟佛不力的两个典型案例。退之不能入佛典藏，对于佛之教理的了解失之于粗浅，不足以战胜佛教“淄流之淫词”。他指出：“韩退之之辟佛也，不测其藏而驳之也粗，故不足以胜淄流之淫词。”[②]至于范缜，船山虽然肯定他“不屑卖论（按：指范缜所著《神灭论》）以取官”的伟丈夫节操，但严厉批评“其立言之不审”，讥笑其“‘树花齐发’之论，卑陋已甚，而不自知其卑陋也”[③]，所以“求以规正子良而折浮屠之邪妄，难矣”[③]。船山指出，王子良“乘篡逆之余润”，即因“其祖父乘时而窃天位……而爵王侯、位三公，惊喜而不知所从来”的“福报”，而范缜不知“夫以福报诱崇奉学佛之徒”，却“以富贵贫贱而判清浊，则已与子良惊宠辱而失据者，同其情矣，而恶足以破之”[③]？范缜以“形灭而神不灭”论，以“树花齐发”之喻，企图破拆佛教的因果报应论，被船山讥为“无见于道”的“寥陋之论”。船山不无讥笑地指出：“范缜以贫贱为粪溷，韩愈以送穷为悲叹，小人喻利之心，不足以喻义，而恶能立义？浮屠之慧者，且目笑而贱之。允矣，无制之孤军必为寇盗禽也。”[①]可见，范缜对待佛教幼稚天真，而韩愈之对治佛教则落入“喻利之心”，且皆为“无制之孤军”作战，岂有取胜之理耶！

要而言之，船山认为范缜与韩愈辟佛的致命缺陷，乃在不能沉浸于其内藏，而对佛理有深刻透辟的了解，故不足以折浮屠之邪妄。船山痛定而思痛，以范、韩为训，必入其内藏以探明究竟，而“如彼之说，破彼之非”（见前引文）。正因如此，所以才有《相宗络索》以及《八识规矩颂赞》之著。

据《年谱》云：康熙二十年辛酉（1681年），船山六十三岁。是年，“为僧先开编《相宗络索》”，并注：“《七十自定稿》十年有《南天窝授竹影题用徐天池香烟韵七首》。第六首自注云：‘时为先开订《相宗》，并与诸子论《庄》。’”又按：“《相宗络索》乃释氏之‘小学绀珠’。”[④]王敔《笈云草诗集》的目录中亦有如下题记：

> 先君授别峰僧先开上人《相宗络索》一帙，上题口占诗云：
>
> 且凭嚼饭喂婴儿，

① 王夫之：《读通鉴论》卷十四//《船山全书》第十册，第604页。

② 王夫之：《周易外传》//《船山全书》第一册，第871页。

③ 同①第603页。

④ 刘毓崧：《王船山先生年谱》//王夫之：《船山全书》第十六册，第253页。

> 莫放蜘蛛拽网丝。
> 杜宇唤春归正急，
> 原来春在落花时。
>
> 癸亥冬作也。癸酉秋予过别峰，袖原本归，录成副帙，将手书仍付先开藏之，哀庚原韵代柬呈上人。（九首）①

这可与《年谱》所述互证。这些情况表明，《相宗络索》乃是为先开上人所请而撰写的。但这与前述王敔《大行府君行述》之说相抵牾。实际上，先开的请求只不过是船山编著《相宗络索》一书的导火索而已。正如上文指出，其真实意图乃在“继绝学”而立横渠之“正学”。如果这一理解不错，那么一方面可以顺理成章地理解《授别峰僧先开上人〈相宗络索〉口占》一诗，另一方面则可以此诗反证上述分析与理解的正确和有效。

船山晚岁对佛学下过一番功夫，不是浮泛的了解，而是从其内藏把握佛学的要义，入乎其内而出乎其外。与此同时，他希望通过对法相宗原理的揭晓与阐明，也能对其他儒佛道中之人，尤其是“墨守儒家之学不知佛理”的儒者有所裨益，使他们认识到佛学的要害，自觉地与佛教决裂。因此，恰好应先开上人所请而留下了这部作为“小学绀珠”的《相宗络索》。著名唯识论专家王恩洋（1897—1964 年）在为这部书所写的提要中也指出：

> 相宗的义理繁富，研究较难。王船山先生作《相宗络索》，意思在包罗贯穿相宗的全部思想，使学者容易了解和摄持。②
>
> 船山先生不但提挈纲领，示学人以津梁，他还入理深细，时有发挥。③
>
> 船山先生关学巨匠，博学渊思，高行卓识，以实事求是的精神，文理密察的方法，独向相宗探求真理，辅之以高度的想象力和系统的组织力，遂将八识、四缘、三境、三量、三性、五受，乃至十二缘起、五位唯识、三种自性，最后转识成智诸种要义，裒集以为本书，使治儒学者对于心理现象、生命现象、认识实践皆能扩大其眼界，丰富其内容，这不能不说是在旧学中的一大进展。④

尽管王恩洋此说与船山之心未必相应，但是他看出此书意在“示学人以津梁”，“使治儒学者对于心理现象、生命现象、认识实践皆能扩大其眼界，丰富其内容”，是颇有眼光与十分准确的！不愧为内学院欧阳麾下的一员大将！正因为此书是佛

---

① 王敔：《相宗络索：编校后记》//王夫之：《船山全书》第十三册，第 603 页。
② 王恩洋：《相宗络索内容提要》//王夫之：《船山全书》第十三册，第 589 页。
③ 同②第 598 页。
④ 同②第 599 页。

学的“小学绀珠”或“津梁”，所以可以权且凭借它来“嚼饭”自食并“喂婴儿”了。但是，船山提醒读者在“嚼饭”自食或“喂婴儿”的时候，千万不能掉入有毒的“蜘蛛”所编织的“网丝”（比喻佛学）之中而不能自拔。在这儒学急剧衰败而面临灭顶之灾的时节，挺立儒家正学而复兴儒学，正是像春回大地一般的紧迫啊！船山喻之以“杜宇唤春归正急”，表明事情的重大与刻不容缓。儒家之“正学”树立不倒而佛老申韩等“邪说”止息不生，不正是大好春天的来临吗！所以说是“原来春在落花时”。这里的“落花”具有双重含义，一方面借以指儒学的败落，另一方面则指船山所希望的“邪说”的覆灭。船山在“落花”时节发现“春”的复生与美丽，足以使人惊喜，而且这首诗本身就具有隽永的哲理。如果从禅宗的立场看，它又是一首禅诗，充满了耐人寻味的禅意！然而，这不是船山所希望的那种对“春”的惊喜！

由此可知，船山的学佛与大错的学佛并非同道与同门。大错学佛，出家为僧，船山学佛，固守儒门；大错身入禅境而不忘儒旨，船山深研相宗而毫无染着；大错奉佛，船山辟佛；大错之终极定位为遗民缁流，船山之终身定位乃遗民儒家。此乃船山不同于大错，大错亦不同于船山的重大差别。倘若船山有知于大错为佛儒或儒佛，则必定斥之辟之，而不两立。但是，船山的底色与大错的底色皆为儒色，同“为儒家做个书债人物”，他们的儒学情怀与思想都对佛家产生了积极的影响，并与晚明佛学的兴盛休戚相关，尤其是他们二人共同效忠于永历政权，披肝沥胆，反清抗清，忠孝大义，民族气节，终身不渝又如出一辙，就此而言，他们又是真正的同道与同志，又必惺惺相惜焉！大错与船山虽然同为儒学出身，在尽忠报效南明永历政权的道路上，各自的命运又是如此的不同，尽管最终二人都流为“孤臣”“遗民”，他们做“孤臣”“遗民”的命运也是不大相同的，大错乃是出家的高僧，船山则为在家的大儒。然而，不同的命运与人生道路的展开，使他们在相同的历史情境中，分别铸就了两种类型的遗民典范。

以大错和船山为代表的遗民典范之精神，分别集豪杰之士、气节之士、独行人物、大儒与高僧和豪杰之士、气节之士、独行人物、大儒与哲人于一身，彰显出永远不朽的受到人类尊重与推崇的伟大人格之价值。他们这种遗民精神的人格，当然是由中国几千年以来的文化熏炙与陶养出来的结晶品格。从他们身上不难看到，其中有两种文化即儒家文化与佛教文化起到了至关重要的作用。唐君毅先生论儒家指出：

> 人学为圣贤，自古儒者，皆谓必自狂狷入。耿耿于怀，于当世少所许可，恒存隐居求志之心之谓狷；狷者精神之收敛凝摄，以自保其人格之价值。顺其精神之收敛凝摄，而极之，则为圣之清，为伯夷，为隐逸，为佛家之苦行僧，为仙道，为社会之反抗者，皆儒者之狷者所优为也。

> “其志嘐嘐然曰，古之人古之人。言不顾行，行不顾言。”理想远超溢于现实之谓狂。狂者之精神，恒发扬而超升，以期涵盖，而自任至重，以扩大其人格之价值。如陆象山所谓“仰首攀南斗，翻身倚北辰；举头天外望，无我这般人”。孟子之“当今之世，舍我其谁”之概是也。则为圣之任，为伊尹，为先天下之忧而忧，后天下之乐而乐之贤相，为豪杰，以至不得意而为大侠，为禅门龙象亦儒者之狂者所优为也。狷者如至阴之肃肃，狂者如至阳之赫赫；狷者如地静，狂者如天行。……儒者之精神，反现实之世俗，而有超人间以隐遁之势。充之至极，必畸于人而侔于天。果全侔于天，则为道，为佛，为宗教家，或为形上学家，则非儒，儒者必能狷亦能狂。狂者为世间立理想，而担当世间之任。匪特隐居以求其志，抑且欲行义以达其道，故其精神不逃避世俗，而不能不与世俗相激扬。宏愿孤怀，若与天通，而所志不能骤实现于当今，此志乃亘时间之长流而过，以遥通古之人，兼寄望于来者。“建诸天地而不悖，考诸三王而不谬，百世以俟圣人而不惑”，此狂者所以自信也。夫然，故真正儒家之狂者之志，即为通贯天人与古今之人格精神，并以其人格精神，改造现实社会。[①]

以此来看大错和船山，则可知大错与船山皆为出自儒家之狂狷人物，事实也是如此。只不过一为禅门龙象，一为山林大儒。他们同具“通贯天人与古今之人格精神”并有志于“改造现实社会”，可惜天不作美，壮志难酬，只能流为现实社会之反抗者与批判者，以“孤臣”“遗民”的身份状态而隐居的存在悲剧性地保存了他们人格之价值。这尤其在船山的身上表现得淋漓尽致，一览无遗。唐君毅先生论中国高僧指出：

> ……佛教则呵斥梵王，以人成佛而同神，故上天下地，唯我独尊……故吾人观佛之言，六度万行之菩萨行，虽一方有似于矜夸，一方亦见一高卓与庄严之气概……中国禅宗之大德，其学道固未尝不历艰苦，持戒亦未尝不谨严，然其教人与说法之气概，则特以恢廓而亲切见长，而亦不失庄严与高卓。此实为一世界宗教徒之一特殊之典型。[②]

以此来看以大错为代表的遗民僧，则不难看出其儒家精神之外的特别的宗教精神，这就是唐氏所说的“恢廓而亲切”“庄严与高卓”之精神。在其与“无对之形上境界”的直接体现中，不仅包含一佛教徒的虔诚，而且表现出一种六度万行的豪杰气概。大错为这一人格精神与豪杰气概的表现，提供了一个典型的范例。这不

---

① 唐君毅：《中国文化之精神价值》，第417—418页。

② 同①第409页。

能不归功于中国大乘佛教的教化与熏陶。中国儒学与佛教的互补与共济，陶冶出中国最伟大的精神与人格，所以在晚明遗民中产生出了像大错与船山这样的典范。这当是中国遗民的骄傲，更当是中国文化的骄傲！

四、结语

大错与船山，一为南明遗民中的高僧，一为南明遗民中的大哲。今天在此论列这两位先贤逸民，似乎只是在述说发黄了的陈迹斑斑的画卷中的古时悲剧人物的故事，不值得如此认真，然而他们可以折射出我们时代中人的人格之镜像。“悠悠万古余悲恨，青史丹心两不渝。”[①]如果我们轻易地摒弃了我们的历史和文化，轻易地遗忘了大错和船山所代表的宝贵精神，自甘沦落于现实的功名利禄之中，那么我们很可能只是一群“经济的动物”、一群“政治的动物”、一群禽兽不如的“妖孽”……岂不悲乎！历史的述说总是面向未来，永远是新的。让我们不忘大错与船山，保留与发扬他们不朽的精神与人格之价值吧！

历史成追忆，南明尤可哀。
邦芑与夫之，斯志当作帅。
船山和大错，精神永不衰。
古今有心人，遗民故国怀。

（原载《船山学刊》，2018 年第 3 期）

① 归庄：《读郑所南心史已成七十韵，后钱希声明府以十律见示，复次韵得十章：之二》//《归庄集》，第 12 页。

大错和尚与鸡足山

擅天地之灵奇莫过山水，阐山水之灵奇端赖人文。[①]自明清以来，鸡足山屹然与五台山、峨嵋山、普陀山、九华山并峙，不仅位居中国的五大佛教名山之列，而且成为佛教圣地，享誉东南亚，无疑与明末清初的一代名僧大错和尚具有十分密切的关系。确切地说，鸡足山真正地被世人所了解而成为名扬海内外的佛教圣地之一，实际上是始自大错和尚的。大错禅师在徐弘祖之后，不仅纂修了传世的《鸡足山志》，而且题留了大量脍炙人口的吟咏与赞美鸡足山的诗文赋，其中流传最广与最为著名的，大概当数那首《鸡足山赋》了。大错禅师自从离别黔之他山入滇而与鸡足山结缘，便一生钟爱鸡足山，自称为“鸡足山大错和尚”，为鸡足山尽到了他所能尽到的一切本分、责任与力量，做出了巨大的贡献。

今天，世人口中的“大错和尚”，只不过是鸡足山一个有名的禅师。其实，释大错不只是一个和尚或禅师，而且是一个地道的大儒，天地间的一个伟丈夫。他入山为佛，出山为儒，亦佛亦儒，亦儒亦佛。但是，他终身没有忘记他是晚明的“孤臣”与“遗民”。永历帝被绞杀于昆明，他悲恸不已，不得已离开了这座让他终生难忘的灵山佛地。但是，他到底没有离开佛门。

大错和尚，本来是江东一名儒官，俗名钱邦芑，为右佥都御史兼任巡黔总兵，兵事失败后，在黔之他山出家，来到滇西鸡足山成名，最后圆寂于衡岳，以儒开始，以佛告终，走完了他传奇而悲壮的一生。他一生的业绩由于有与鸡足山的善缘而彰显开来了，鸡足山也因为有了大错和尚而佛光远播，香火不绝。对他来说，有若世外仙境一般的鸡足山的僧侣生活无疑是最美好的、最为重要与最具有意义的，也是最值得纪念的。鸡足山不仅是他苦难肉身的避难所，而且是他寄托超越精神的一块圣地。没有鸡足山，就没有今天历史上的“大错和尚”；没有大错和尚，鸡足山的金光可能还不会放得那么长远。

---

① 香海本元冰壑为范承勋《鸡足山志》所作序有云：“擅天地之灵奇者，无如山水，而能阐山水之灵奇者，赖有人文，是则山水之在天地，非文而何能发挥若是哉！”（范承勋：《鸡足山志》，李宝鎧、叶元生注释，云南宾川鸡足山佛教协会印，1988 年，第 8 页）；徐元圭《游鸡足山记》曰：“山川之秀在于天不在于人，然天开之，未有不因人以成之者也。”（同书，第 204 页）

一、大错和尚之来历

大错和尚，俗姓钱，名邦芑，字开少，丹徒（今属江苏镇江）人，生于“天解地裂”、清兴明亡、朝代改换的明末清初。命中注定了他的“遗民”“孤臣”身份。明南唐王隆武元年（1645 年）入选贡生，中书、上书召对，授监察御史，弹劾陈谦后，为巡按四川兼提学，赴任途中，清兵攻入福建，唐王死，是为唐明王隆武二年（1646 年）。是年 11 月，唐王弟在广州称帝，南明桂王亦在肇庆称帝。12 月广州城破，唐王弟被杀。南明唐王绍武王朝一落地就断了气，南明桂王永历王朝开始。钱邦芑联络川中明将，暂时平定了全川，晋升为右佥都御史。他上疏力助湖广巡抚堵胤锡招安了李自成部下李锦、高一功三十万之众。李、高部属楚宗人、朱容藩授总督川东兵马，由楚入川。钱邦芑两度上书弹劾朱容藩赃私狼藉、不守臣节、伪造印信、图谋不轨，并发表檄文，号召各路总督兵马共诛叛逆。朱容藩兵败身亡。

此时，清兵入川，张自忠败死，其部下孙可望、李定国等走黔，攻陷遵义，长驱入滇，占据滇中。朝廷命令钱邦芑兼任巡黔总兵，招安孙可望。孙可望接受招安后，朝廷封他为“平辽王”，广西总兵陈邦传矫诏，改为“秦王”。于是，孙可望遂称“秦王”，拥兵自重，挥军复杀入黔。推官王祥战死，总督范矿投降。孙可望逼迫钱邦芑接受官职，为其所用。钱邦芑坚拒不受，退隐余庆县蒲村的开柳湖，在他山之下结屋而居，躬耕自给。历辛卯迄癸巳，两年以来，孙可望仍然不死心，逼召钱邦芑为官十有三次之多，甚至封刀行诛，钱邦芑坚如磐石，义命自安，不为其所动。

永历八年甲午二月二十三日（1654 年 4 月 10 日），对于钱邦芑来说，是一个非常特别而值得纪念的具有多重意义的日子。这天是他的生辰，同时也是他揖别尘世而求新生的日子。他的知交门人聚集在开柳湖畔假园酾酒，既是为他庆寿，又是给他饯行而向他道别的，因为第二天他就不得不离别美丽的他山与开柳湖了，他将被归附于孙可望的余庆县令邹秉浩强行带入贵阳。他一如往常，谈笑风生，饮酒赋诗，告慰亲友。当日晚于小年庵祝发，并写下《甲午祝发偈》一首，其云：

> 一杖横担日月行，山奔海立问前程。
> 任他霹雳眉边过，谈笑依然不转睛。

尽管入贵阳前程未卜，凶多吉少，众人无不为他担心，但是他却豪情万丈，一身浩然正气，威武不屈，置生死于度外，谈笑饮酒，目不转睛，依然故我，不畏霹雳擦眉而过，一杖横担日月行脚，集儒佛大勇于一身，显现出天地之间一个伟岸的大丈夫形象。三日之内，先后有门下十一人祝发。其中，一人之名不见记载，其他十人名曰：古心、古雪、古愚、古德、古义、古拙、古荒、古怀、古圉、古处。于是，钱邦芑将开柳湖故居改名为“大错庵”，与诸弟子分处焚修。孙可望忌怕钱邦芑不归顺，又指使任撰致书婉言相劝，仍然遭到峻拒。钱邦芑被带到贵阳后，软禁于大兴寺。

是时，永历帝驻跸于此，以怀柔之术安隆孙可望。孙可望乘机杀其从臣吴贞毓等十八人，图谋篡位，逼迫李定国以“护卫”之名挟持永历，李定国顺水推舟，将其移至滇中。孙可望进兵犯关。钱邦芑与程源、郑逢元密谋，串通有心图报朝廷而身在孙营的马宝、马进忠、马维兴以及孙可望的手下白文选等人为内应，从中用计。孙可望兵临城下，与李定国大战于滇之交水。白文选、马宝等诸将反戈，孙可望大败，走湘降清。钱邦芑脱身赴行，仍受左都御史掌院兼巡抚云南。

未久，清兵三路入滇，会城不守，永历西狩入缅，从臣多数半道相失。钱邦芑至腾越，仍着僧服，隐居于鸡足山，真正地过起了僧禅的生活。

二、结缘鸡足山

钱邦芑于永历十三年己亥冬（1659 年初）隐居鸡足山后，自称“鸡足山大错和尚”。三百年来，世人只知鸡足山有大错和尚，而几乎不知钱邦芑为何许人氏。钱邦芑与鸡足山的结缘，表面看起来似乎纯属偶然，其实并非偶然，而是因缘和合中的必然。

宇宙诞生，负阴抱阳，冲气为和，大化流行，天人交通，相互参矣。这是东方人根深蒂固、不可动摇的哲学信念。自古以来，天地与人文相倚相配，相辅相成，宜和无间，演化出宇宙与人类的文明。因此，有奇山佛地必有大德高僧，唯有大德高僧能透示其灵秀，发显其辉煌。鸡足山得大错和尚阐其灵秀，增其光灿，实非偶然。

云南鸡足山，原名“青巅山”，一名“九曲岩”，洞名“华阴洞”，有左中右三峰：左峰名“花石回龙峰”（罗汉壁、狮子林、九重崖至文笔山塔院一带），右峰名“青檀顾虎峰”（青檀山、太极岭至白石岩，仰止台至拈花寺一带），中峰名“钟灵启圣峰”，又叫“绝顶中峰”（自迦叶殿、胜峰寺跌过华严传衣，而向下尽于接待寺一带）。三岭前伸，一冈后距，俨然状如鸡足。迦毗罗国净梵（饭）大王，因鸡足山形宛如鸡足，遂更其名为“鸡足山”，名其洞曰“迦叶洞”，后讹为“华首门”，流传至今。[①]兹山三峰回抱，万水奔腾，洞穴幽奇，岩壑陡峻，秀甲天下，为佛教圣地。据传，摩诃迦叶尊者遵世尊嘱咐，入定鸡足山，持佛僧伽黎，以俟弥勒佛降生，乃般涅槃。彼时，阿难亲自雕刻尊者菩萨像一尊，遗于

① 范承勋：《鸡足山志》，第 17 页。

华首门。今天迦叶殿中所供奉的小像就是那尊尊者菩萨像。这件事情尽管只是一个传说，却被看成是滇南佛教的开始。[①]鸡足山形，雄居六诏，控引西番，前临苍洱，后带金沙，连接三州，风和土美，南有毕钵罗窟，北有石宝山，俱菩萨显化道场。至唐宋时，鸡足山梵刹林立，庙宇遍布，精舍满山，僧众云集，香烟缭绕，钟声远震，佛教已臻鼎盛。鸡足山古来为佛教圣地无疑。宋太祖玉斧划地图，以大渡河为界，鸡山弃而不有，故于宋《洞天福地记》南中见遗，不得以交通之方而论。[②]鸡足山虽然称名已久，然而地处荒僻，“向来名公钜卿轩车或未一至，即至，亦仅信宿而返，未获留以文词。于是，名山佳胜不同于草木之无闻也，鲜矣”[③]。历史上，尽管有著名文学家如司马相如、贾岛先后来游，或因山高水险，小径崎岖，难以攀援，或因荆棘茂密，烟云蔽日，目无全貌，竟然赋咏寥寥。唐宋以后，复沦于绝裔。数百余年，鸡足山水虽胜，却不见于山志水经，亦难入文人才士之翰墨。直至徐弘祖来游，始见有志。未料叠罗兵燹，板为火焚，仅存目而无志。因此，千古佛教圣地，鲜为方内所知。山灵寂寞，必待大德高士。

江东名儒、右佥都御史兼任巡黔总兵，后续为左都御史掌院兼巡抚云南钱邦芑，未入滇时，早已闻鸡足山之名，却未能至其地。他在《鸡足山志》的自序中写道：

> 余自甲午祝发贵筑，即慕滇中鸡足之胜，思欲一游，以叩迦叶入定之处。至己亥冬，始得登山游览，攀岩扪壑，搜奇吊古，历数十日而其（奇）未厌也。[④]

由此可知，永历八年甲午二月二十三日（1654 年 4 月 10 日），他于黔之余庆县他山之下开柳湖畔的小年庵祝发，就有欲登滇西鸡足山，谒拜迦叶尊者入定的华首门之悲愿。只是当时机缘尚未成熟，需要一些考验与磨练。由上文已知，“秦王”孙可望由滇入黔，黔兵战败，钱邦芑不改尽忠南明之志，为躲避孙可望授官之祸，于他山之下的开柳湖畔结屋而居，以退隐作为脱身之计。然而，两年以来，孙可望纠缠不休，软硬兼施，十三次逼迫钱邦芑接受伪官职，出山为他做事，虽然为钱邦芑所峻拒，但是钱邦芑的权宜之计又岂能瞒得过老奸巨猾的孙可望？道高一尺，魔高一丈。于是，钱邦芑再退一步，祝发出家，以求彻底的解放与自由。从表面上看，钱邦芑祝发出家，只是不得已的权法。然而，事情不是那么简单。

首先，我们必须追问：钱邦芑为什么选择生日这天为祝发日？对于这件意味深长的事情是应该给予重视的。无疑，永历八年甲午二月二十三日（1654 年 4 月

① 苍山释圆鼎：《滇释纪》卷一《法源》，《云南丛书》，云南省图书馆藏，1914 年刻印。

② 范承勋：《鸡足山志》，第 10—11 页。

③ 香海本元冰壑为范承勋《鸡足山志》所作《序》//范承勋：《鸡足山志》，第 8 页。

④ 释大错：《鸡足山志序》//范承勋：《鸡足山志》，第 11 页。

10日）这一天对于钱邦芑来说，绝不仅仅是为了纪念他的生辰，而更重要的是为了他的新生，他向红尘的告别，人们所谓“昨死而今生”。这诚然也是他向他山、向开柳湖，即向蒲村的告别。当然，这是一种结束与另一种开始。但是，他明明知道，翌日他就将被械至贵阳，凶多吉少。那为什么他偏偏要在这天祝发？仅仅是为了向门人知交宣布吗？或者只是宣告尘世生活的结束与出家生活的到来吗？或者如上文所述，是一种不得已而用之的脱身之计。毋庸置疑，这些解释都是不错的，但是却是不够的。必须看到，钱邦芑为他自己作了最后的打算与安排，这就是说，他是在为自己作生死了脱。既然第二天就将被解往贵阳，生死未料，那么无论是生抑或死，都必须在动身以前作生死了脱。也许，这是唯一的一次机会了，必须抓住！因此，生日祝发的深层意蕴就不是为了“死”，也不是为了“生”，而是在作生死了脱。只要了脱了生死，超越了生死，结果是生是死，就都不重要了。

其次，我们必须看到，钱邦芑虽然是一名儒者、一位“直臣”，但是他不是一般的腐儒、小儒，而是读过佛书，对佛教有比较深入的了解的一个博学之士，这可以由他去衡岳以前所留下的禅诗得到见证。如果他在祝发之前对于佛教没有相当深度的了解，仅靠出家后习禅所得，是不可能写出那些禅意深长的诗篇来的。事实上，他对自耕自给的隐居生活也是很有好感的，甚至认为与他“寡世情”的性格是相宜合的，只是一直为尘网所羁绊，举步隘窒。因此，一旦归隐，就犹如“归飞翼”获得解放，旷然自得，逍遥于田亩之间。这些深藏于内心的思想与情感，在他的《蒲村归田》诗第一首中一泻无余。其诗云：

平生寡世情，赋性耽闲逸。
尘网一羁绊，举步成隘窒。
沈思本无味，忽忽如有失。
一朝决去就，旷然深自得。
理我荷叶衣，拂我笋皮笠。
逍遥田亩间，昂首看云色。
百物适自然，欣彼归飞翼。

第二首讴歌农耕，赞美劳动，打破了“君子”与“小人”之别，强调“贵贱咸有职”，不劳动者不得食，可谓化儒入禅，变打坐为农活，对于一个身居高位的儒官来说，尤为难得与可贵。其中写道：

呼童治犁锹，催耕不遑息。
天时一相违，事倍功犹啬。
君子既劳心，小人应食力。

俯仰天地间，贵贱咸有职。
一人肆游惰，群情能无恻。
饱暖不知耻，恐有灾患及。
自非终岁勤，丰稔安可必？

此外，他被孙可望所部械至贵阳途中所留下的《被械至黔途中口占三首》也特别值得一提。兹录如下：

一

才说求生便害仁，一声长啸出红尘。
精忠大节千秋在，桎梏原来是幻身。

二

杻械萦缠是夙因，千磨百折为天伦。
虚空四大终须坏，忠孝原来是法身。

三

前劫曾为忍辱仙，百般磨炼是奇缘。
红炉火里点春雪，弱水洋中泛铁船。[①]

这是三首亦儒亦佛的诗，钱邦芑身上虽然体现了儒家忠孝节义的思想，但是更为重要的是它们反映了他由儒入佛、化儒为佛的心态。显然，儒佛两种立场都鲜明地同时从他身上呈现出来。一方面是守住“精忠大节”仍为千秋大事，另一方面则已“长啸出红尘”，将所受的劫持、耻辱、威胁、桎梏、危险统统视为磨练自己的“夙因”与“奇缘”，忠孝节义化作法身，历经千磨百折，人已成为“忍辱仙”了，因此可以做到临危不惧，威武不屈，化险为夷。最后一联，钱邦芑表示要在“红炉火里点春雪，弱水洋中泛铁船”，比之他祝发日的“一杖横担日月行”的豪情更进一步，向佛的悲愿更大更强烈了。对他来说，尽管生死未卜，前途凶险，但是他却佛心沉静，义命自安，似乎没有什么不可战胜与克服的困难。“福兮祸之所伏，祸兮福之所倚。”结果，钱邦芑大难不死，安然脱险，接任左都御史掌院兼巡抚云南而得进入滇中。

入滇后自然有了去鸡足山的机会。但是，钱邦芑并未急于去鸡足山了却夙愿，而是忙于他的“左都御史掌院兼巡抚云南”的公干。这时候，他从一个和尚变成了一个儒官，确切地说，是他还原为一个世俗生活世界中的儒官，再次在凡尘中充当与扮演了一个辅佐皇帝、反清复明的重要角色。直到清兵入滇，抵抗失败，与永历走失后，钱邦芑才作为“孤臣”“遗民”隐居于鸡足山，终于实现了他的

① 以上诗作均见释大错：《大错和尚遗集》卷一。

愿望。这样，他又从一个儒官变成了一个和尚——鸡足山的大错和尚了。尽管他在儒佛之间徘徊，在“儒”与“佛”的角色之间变来变去，但是似乎前缘已定，他到底是要做一个和尚的。他在《鸡足山赋》中写道：“余也，尘情既绝，空门与徒，探裒嶉而不厌，索崭严以自娱……”这似乎表示他已认命，安于做一个和尚了。事实上，自从他做了鸡足山大错和尚以后，就注定了他以后的禅师之路。因此，他再也不可能还他的儒官面目了。为官不易，出家更难。由此看来，钱邦芑只有在经历了千磨百折，九死一生之后，才能来到鸡足山完成他的一大心愿。

如果说江东大儒钱邦芑在他山祝发时就种下了与鸡足山结缘的善种，那么鸡足山乃是他通向禅道的必由之路。大错和尚与鸡足山的善缘不尽不了。

三、鸡足山志

大错和尚在鸡足山的时间不算长，从永历十三年己亥冬（1659 年初）至十六年壬寅（1662 年 1 月以后），仅三年时间，但是他为鸡足山做了一件非常重要而有意义的大事。众所周知，他为鸡足山纂修了一部志书。这部志乃是一部传世名著，在鸡足山志史上具有继往开来、承前启后的作用。实际上，它是真正的鸡足山志的奠基之著。它不仅在鸡足山的文化史上占有崇高的地位，而且在中国佛教史乃至中国的历史、地理与文学史上均占有重要的一席之地。尽管这部志书遭兵火之灾，未能完整地保留下来，流传后世的只是残篇，但是难以否认，透过今天流行的范承勋所编纂的《鸡足山志》，仍然不难窥见其大貌梗概。

我们今天所知道的《鸡足山志》，凡五种。最早的自当是明代大旅行家与地理学家徐弘祖撰修的《鸡山志》（以下简称为“徐本”），久已失传；次为晚明释大错所撰的《鸡足山志》，凡八卷，仅存残篇；再次为清云贵总督范承勋所增修的《鸡足山志》，凡十卷，七册，今存为浙江汪启淑家藏本，康熙年刊棉纸木刻本，收入《四库全书》；其后则有清姚安同知高奣映编修的《鸡足山志》，凡十三卷，康熙四十余年间成书；再后为清末民初赵藩、李根源编辑的《鸡足山志补》，凡四卷，九册，今存为民国年间铅印，收入《云南丛书初编》。其中，影响最大的当首推释大错所撰的《鸡足山志》（以下简称为“大错本”），但是流传最广的则非范承勋所增修的《鸡足山志》（以下简称为“范本”）莫属。

鸡足山虽然为灵山佛地，隆名已久，但是在徐弘祖来游以前，一直无志。对于鸡足山来说，这是莫大的缺憾。徐弘祖为明代大旅行家，江左一代名士，文章经济，倾动当世，游历山川，足迹遍布天下，性好吟咏，所到之处无不留题。其传世杰作《徐霞客游记》足资为证。他游览鸡足山后，不仅写下了许多诗文，而且创修了《鸡山志》，是为鸡足山第一部信史。不幸，鸡足山志的祖本毁于兵火，仅有目录免于难。尽管徐本《鸡山志》不存于世，但是其首开先河之功不可没。

释大错的《鸡足山志》虽然纂修于徐本之后，范承勋所谓“创于徐弘祖，辑于僧大错”[①]，但是并无蓝本可依，亦无足够的现成资料可用，而必须从头写起。其艰难程度可想而知，但是这也提供了一个巨大的创造与自由发挥的空间和机会。无疑，这对于名重一时的大错和尚来说，既是天赐良机，也是一次不同于沙场的重大挑战。那么，大错和尚是如何对待这件事的呢？这可以从他纂修鸡足山志的缘起来看。首先，时为鸡足山长的曹延生在为大错本所制序中有一段文字做了这样的说明：

> 余既承乏一方，为此山长，迄今不亟为修辑，以救前人之失，后死者其得与于斯文也哉。幸大错和尚，以江东大儒栖禅于此，余因率山中比丘共为拜请，俾为纂修。始于春正，成于夏孟。[②]

其次，大错和尚本人在其山志自序中，亦有相应而详细的交代。由于这节文字较长，为明了起见，故在下列引述中将其分为五段并加以编号。

> ①越庚子春，未孩曹公偶尔来游，向山中比丘索志书一观，众乃瞠然，应以“无有”。曹公曰：“兹山为尊者道场，与五台、峨眉、普陀、九华并称域内久矣。而志书阙焉。使游览考古者茫然无从问津。岂非我辈之责哉？”次日，即率僧众[③]向余拜请，俾撰述以光名山。
>
> ②夫山水之文，岂易言哉？尝上下千百年间，自应劭《封禅仪[④]》、诸葛武侯《黄牛庙记》及柳河东游记之外，佳者盖寥寥焉。
>
> ③且余自投迹空门，惟习禅观之学，笔墨荒废久矣。安敢以寡昧之质谬当重任？辞之再三，不得。勉为网罗散失，采集旧闻。与无尽、及山中禅友参论笔削，积百四十日而稿始成。嗟乎！
>
> ④滇云旧属西域，汉时乃通中国，至元始入版图[⑤]，虽子长、相如、贾阆仙辈偶一至止，而绝无纪[⑥]述。宋祖玉斧一划且举大渡外弃之，故宋臣撰《洞天福[⑦]地记》竟遗鸡足。盖足迹未经，故难悬揣，文献无征所从来也。兹又当兵燹之余，断简残篇复归灰烬。凭空撰著，闭

① 范承勋：《鸡足山志》，第 6 页。

② 曹延生为释大错《鸡足山志》所作序（一称旧序）//范承勋：《鸡足山志》自序，第 9 页。

③ 原文为“众僧”，高奣映本（高奣映：《鸡足山志》，云南宾川鸡足山佛教协会印，2001 年。下文简称“高本”）作“僧众”。引文据高本校改。

④ 原文为“义”，引文据高本校改。

⑤ 原文为“古属中国”，引文据高本校改。

⑥ 原文为“记”，引文据高本校改。

⑦ 原文为“佛”，引文据高本校改。

> 目揣摹[①]，求其不为好古博闻之士所嗤摘也，难哉！
>
> ⑤虽然使余不亟为[②]采述，以供有识者之覆瓿；更百年后，搜奇揽胜者愈无从得其梗概，不又贻废阙之诮哉？用是，不惮（笔者按：一作“禅”）讥评，私创其略，聊供异日讨论润色之资。若曰“藏之名山，传之其人”，则俟后之君子。[③]

此外，大错和尚在《鸡足山指掌图记》中有一节文字亦有相应的说明，不应略过。为方便起见，在下列引述中亦加以分段。

> ⑥使此山在通邑、大都、三吴、两浙，一丘一壑，其入名人韵士之品题者，不知何限！而乃僻处滇南，介在蛮服[④]，文人墨客过者甚稀，遂泯泯无闻。
>
> ⑦余以纂修山志侨寓半载，与眼藏、仙陀、把茅、中也、德音诸道友攀危陟[⑤]险，伐山窥穴，虽樵牧绝迹之巅，猿猱却步之处，莫不穷讨冥搜，把笔纪胜。从此，鸡山胜迹几无遁隐。虽然四镇五岳[⑥]假封号以称雄，福地洞天籍（藉）撰述以自显，鸡山独以荒远见屏，岂山之罪哉？
>
> ⑧自《指掌图》一出，海内名贤卧游是赖，鸡山始出，而与[⑦]名山大川争胜千古。[⑧]

从以上引文可知，大错和尚纂修山志的起缘乃是受鸡足山长曹延生及山中众僧的再三请求。而山长及众僧之所以坚持礼请大错修志（而未考虑请别人），是因为大错和尚原为江东大儒，现正栖禅于此，机缘难得！（引文①与曹序）不过，这似乎只是表层的因素。大错之所以愿意接受此任，固然是“辞之再三，不得”，但是一定有更深层的因素。道理非常明显，他很清楚完成此一重任所面临的困难与艰巨程度。它们主要是：

第一，撰写山水志是一件大事。大错说：“维时童谣有云：‘天地大文不可舒。’可知：文章之道与山川相终始，非细事矣。”[⑨]因此，必须慎重。

---

① 原文为“摩”，引文据高本校改。

② 原文在“为”后有一“之”字，引文据高本校改。

③ 释大错：《鸡足山志自序》//范承勋：《鸡足山志》，第 11—12 页。同时可参阅释大错：《旧序》，见高本第 1—2 页。

④ 原文为“夷”，引文据高本校改。

⑤ 原文为“涉”，引文据高本校改。

⑥ 原文为“虽四山五岳”，引文据高本校改。

⑦ 原文为“鸡山始能与”，引文据高本校改。

⑧ 释大错：《鸡足山指掌图记》//范承勋：《鸡足山志》，第 3 页。同时可参阅释大错：《大错指掌图记》，见高本第 5 页。

⑨ 释大错：《鸡足山志自序》//范承勋：《鸡足山志》，第 11 页。

第二，山水志的要求与标准相当高，写出一部好的山水志非常难。自古以来，能写出像样的山水游记与山水志的作品十分稀少，仅有寥寥可数的应劭《封禅仪》、诸葛亮《黄牛庙记》以及柳河东游记而已。（引文②）

第三，鸡足山古来“文献无征”，修志只能白手起家，“凭空撰著”。（引文④）

第四，担心自己出家为僧以来，专注于禅观的修习，笔墨荒废已久，写不出佳作，谬当重任，落人讥笑。（引文③⑤）

大错和尚在经过一番踌躇之后，到底还是接受了请求。这是由其深层的因素所决定的。它们已经显现在上述引文之中。以下，从三方面略加分析与说明。

其一，钟爱鸡山而为鸡山鸣不平。

在大错看来，鸡山之为佛教圣地与名川大山绝不在四山五岳之下，而“四山五岳假封号以称雄，福地洞天籍撰述以自显，鸡山独以荒远见屏”，这并非鸡山之罪。假使鸡山不是出在滇西，而是长在经济发达、都市繁华、人口稠密的内地或东南，那么即使只是鸡山的一丘一壑，品题它们的名人高士也将不可胜数，鸡山又岂会泯泯无闻？对鸡山来说，这是很不公平的。不平则鸣。大错慕鸡山之名而来，仰鸡山之胜之奇而居之探之，爱鸡山之灵之美而赞之书之。大错之为鸡山修志委实具有为其抱打不平之意。（引文⑥⑦）

其二，为了对历史与后人负责，必须要为鸡山保留文献。

鸡山称名宇内已久，为人间洞天福地，竟然无志可览，无图可阅，实在是与其历史与地位不相应。面对这一境况，任何有志之士岂能无动于衷？何况大错原为大儒之才，学术文章倾动朝野[①]，又受山长及众僧再三拜请。因之纂修鸡足山志可以“救前人之失”，使“后死者其得与于斯文”（上引曹延生言）。而如果“不亟为之采述，以供有识者之覆瓿”，那么百年之后，喜好搜奇揽胜者愈发无从了解到鸡山的梗概与更多信息了。不事作为，留下废阙，是对鸡山不尽人事，对历史不负责任。这将为后世所讥诮。既非释者所忍，亦为儒者所耻。这对于大错来说，是万万行不得的。因此，他之纂修鸡山志，乃是旨在为鸡山保留文献，对历史与后人负责。（引文⑤）

其三，为鸡山争胜，使其得到应有之地位与名声，让滇外之人了解鸡山，享受鸡山的佛光与美秀。

对于大错来说，只有阐扬鸡山之灵秀，使其佛光普照人间，让滇外之人了解鸡山，走近鸡山与享受鸡山，才能为鸡山争胜，使其得到应有之地位与名声。如果有一部好的鸡山志行世，海内名贤雅士以及其他一切热爱名川大山者，皆可得到莫大的方便，卧游是赖，或以其中的《指掌图》为引导，信步前往，作猿攀龙

① 赵元联：《大错和尚传》//释大错：《大错和尚遗集》卷三。

游。这也是鸡山志的意义所在之处。大错之纂修鸡山志，确乎是为了要使鸡山的意义得到实现。（引文⑧）

明知山有虎，偏向虎山行。大错接受了纂修鸡足山志的重任，乃是由上述三个深层因素所决定的。君子一诺千金，他马上就付诸行动。从现有文献不难看出，修志的工作是分两步或两个阶段进行的。第一步或第一阶段是对鸡山进行全面的勘察，第二步或第二阶段才是文字的撰述。

首先，根据上文引述所知，为了纂修山志，大错与山中和尚眼藏、仙陀、把茅、中也、德音等诸道友一起深入山中，足至绝境。他们攀危涉险，伐山窥穴，即使樵夫、牧人绝迹之巅，猿猱却步之处，也莫不穷讨冥搜，把笔纪胜，务在使鸡山之胜迹无所隐遁。他们同甘共苦，一直在深山中侨寓数月，对鸡山的勘察才告结束。

其次，大错与山中能文贤僧无尽及诸禅友“网罗散失，采集旧闻”，“参论笔削，积百四十日而稿始成”（上引③大错自序）。这项工作“始于春正，成于夏孟”（上引曹延生言），历时半年之久，总算是大功告成了。

《鸡足山志》稿成，就受到极高之评价。显然，这些评价有部分存在于保留下来的几篇序言或诗赞中。透过这些评价与大错的自序，已不难看出该志的特征与贡献之所在。我们先看下边这首由其友人与门人李思谦与六吉、镇远所写的《闻大错和尚修〈鸡山志〉成》诗：

滇云古西域[①]，车辙渺获通。
版图隶中国，乃与华夏同。
海内饶奇胜，鸡足竟巃嵸。
金襕待补处，一笑接宗风。
胡为仰先辈，纪撰至此穷？
采风诗云亡，文献慨不逢[②]。
遘兹阳九会，鲜不忧蒿蓬。
吾师飞锡游，苓饭掘古松。
览眺怡夙情，走笔驱九龙。
为补宋人略，洞天增崇隆。

这首诗高度概括了释大错纂修鸡足山志的艰难过程与拓荒性的成就，认为它填补了宋代《洞天福地记》的缺失，使鸡足山获得了应有的历史地位与名声。从此，在中国的佛山名胜中，将有鸡足山的崇高地位。

① 原文为“边地”，引文据高本校改。

② 原文为“文献概不足”，引文据高本校改。

下面，我们再来看其他的评价。为了叙述方便，以下的引文仍然加上编号。山长曹延生为其写的序言评论道：

⑨凡佛祖之迹，山川之奇，梵刹人物之盛，以及诗文物产之繁富，靡不旁搜博采，润藻摛华，体物状情，穷工尽态。①

沈天锡为其所撰序文云：

⑩庚子春，以便道游鸡山，适大错和尚有修志之事，余索其稿读之。山水之奇，佛化之异，以及寺宇人物之名胜，无不搜罗辨析，靡有疑误。余不觉神飞眉舞，因为探历幽险，穷四观峰、华首门之奇迹，天险万仞，陡矗危削，信乎其为佛地也。然二千余年②记载不传，文献无征。今幸错师以吾乡硕儒载千秋之史笔，纪荒外之名山，顿使佛教重光，山川生色③，岂偶然哉！

⑪夫山水之著述，昉于《山海经》，而纵宕于《水经》一注，后人虽极意装（妆）点，终不能出其范围。今错师罗正变之鸿藻，集今古之大成，虽柳河东一代名手，山水诸记最称奇削，视此瞠乎后矣。④

除以上引文的直接评价以外，我们必须注意到的是，大错本《鸡足山志》与范本《鸡足山志》的密切联系。无疑，后者是对前者的增订。这一点，范承勋在其自序中有明确的交代。⑤从范本不难推知，其体例、范围、卷数仍然依原志不变，但是在资料与叙述上有增删。因为残存于世的志书“亦不能无不纯不备之感”，所以范氏“删其芜陋，补其阙略”，使“斯山之胜，约具于此”。⑤但是，非常重要的是，范氏申明了两点：其一，因为“仓卒经行”，所以“未暇冥搜幽讨，备述其奇”。其二，山寺土田，因为其盈缩无常，增损不一，多在宾邓二州（现为宾川县与邓川县）之间，自有有司主之，所以“志内俱略而弗载”。⑥根据这些情况就不难断定，范本《鸡足山志》除了在资料与叙述上有所增删外，对大错本《鸡足山志》毫无实质的改变。况且，时任云贵总督的范氏公务在身，所下工夫也真是欠缺，不能与身居鸡山的释大错同年而语。对此，范公颇有自知之明，只求其为未获至鸡山而慕其名者游山于几席之近的指南之助，即已引为快事了。⑤它似乎只是较大错本略显进步而已。尽管如此，却必须承认范本《鸡足山志》，在当时

① 曹延生为释大错《鸡足山志》所作序（一称旧序）//范承勋：《鸡足山志》，第9页。

② 原文为“二千年”，引文据高本校改。

③ 原文为“增色”，引文据高本校改。

④ 沈天锡为释大错《鸡足山志》所作序//范承勋：《鸡足山志》，第10页。同时可参阅高本卷首，第3页。

⑤ 范承勋：《鸡足山志》自序，第6页。

⑥ 同⑤第6—7页。

乃至大错本以后相当长的时期，都称得上是一个最为完备与影响最大的本子，而且迄今仍为流行，其历史价值自不待言。因此，范本《鸡足山志》得到了当世与后世的高度评价。时为清廷巡抚云南的王继文对其推崇备至，在为其所作序文中谓该志：

⑫……于星辰分野，得经纬昭回之度；于云霞草木，得霏布滋蔓之容；于仙纲[1]佛窟，得贝叶琪花之派；于文章宗旨，得抒灵标性之机；于虫鱼鸟兽，得屈伸动植[2]之理。别类分门，搜钜[3]剔细，栩栩然觉神游其际。而五百里之名山胜地，近在磨丹渍墨间也。播诸中邦洵为方外之奇，传诸奕叶并寿不刊之典。且此书出，而卧游有具，余亦得藉，以告无憾耳。[4]

而且，范本《鸡足山志》被收入官修的《四库全书》之中。其《总目提要》对该志的介绍如下。

⑬承勋，镶黄旗汉军，大学士文程之子，浙闽总督承谟之弟，官至云贵总督。鸡足山在云南宾川州东一百里，一顶三支，俨如鸡距，在苍山洱海之间，相传为迦叶尊者入定处。佛寺最多，故志山者多述佛门之事。是编，乃康熙三十一年，承勋因旧本增修，分图纪、考证、星野、形势、山水、寺院、人物、灵迹、物产、艺文凡十门，而以迦叶像赞冠于卷端焉。[5]

由此可见该书在中国历史上所居的地位了。从上文可知，范本《鸡足山志》的这一历史地位，实际上是由大错本所奠定的。而王氏对它的评价，则不免过溢之美。假如用之于大错本，则甚为相宜，可以相得益彰。比之于王氏而言，临济三十二世香海本元冰壑的评价就要平实与客观得多。他指出：

⑭盖鸡山去中原极远[6]，文献少所征信，自大错和尚纂修成志，鸡山之胜概乃传，屹然与普陀、五台、峨眉并峙。其志虽不备美，而志实始于此。辛未冬，制府范公奉简命巡历诸边，乃于公暇即登临焉。复捐金建阁其上，挥如椽之笔，灿珠玉之章，顿使佛土生光，山灵起色，将

---

① 原文为“岗”，引文据高本校改。
② 原文为“殖”，引文据高本校改。
③ 原文为“巨”，引文据高本校改。
④ 王继文为范承勋《鸡足山志》所作序//范承勋：《鸡足山志》，第5页。同时可参阅高本第5页。
⑤ 永瑢等：《四库全书总目提要》卷七六史部三二地理类存目五，北京：中华书局，1965年，第665页。
⑥ 原文为“中原较远”，高本作“中华极远”，笔者以为保留“中原”较妥，据高本改“较远”为“极远”。

与燕然之石，永重奕祀，山水之赖人文，顾不重哉。后之采风者，披览之下，了然若指诸掌。[①]

然而，历史毕竟变了！人的命运与书的命运皆变得大不同了。也许，历史的错位是难以避免的。释大错的著作被清廷列进毁禁书目，销毁未尽者散落无遗[②]，而范承勋的著述则获得官方重视，成为传世之著。二者适为鲜明之对照。不过，这也是一件有趣的历史事件。在另一种意义上说，范公难道不是大错本的保护者与传播者吗？的确，范本为我们了解与研究大错本保留与供给了珍贵的历史资料。

综合上述材料可以看出，大错本《鸡足山志》的显著特征与贡献主要有五点。

第一，从零开始，筚路蓝缕，凭空撰著，不惝讥评，创制了鸡足山志的体例，分为：图纪、考证、星野、形势、山水、寺院、人物、灵迹、物产、艺文，凡十门。（见上述引文④、⑤与⑬）

第二，根据山志的体例，别类分门，搜巨剔细，对鸡足山的历史与现况作了全面、系统与详尽的记述。（见上述引文⑨、⑩、⑪与⑫）

第三，山志"载千秋之史笔，纪荒外之名山"，借鉴与吸取了《尚书·禹贡》、《吴越春秋》、《绝越书》、《山海经》与《水经》等书的写作手法与特长，在文体与写作上具有历史与地理书的特点。（见上述引文⑩⑪）

第四，山志"罗正变之鸿藻，集今古之大成"，具有极高的文学艺术价值。从文学史来看，其所集成的鸡足山水之文记诗赋，足以使以山水文章最称奇峭的一代名家柳河东甘拜下风。这一点恰恰可以说明，大错纂修鸡足山志的确有一个很高的标准，它以应劭《封禅义》、诸葛亮《黄牛庙记》以及柳河东游记（见上述引文②）为一种参照，但却不乏创新，不仅及之，甚至更有过之之处。（见上述引文⑨、⑩与⑪）

第五，山志填补了宋代《洞天福地记》的缺失，客观地确立了鸡足山为中国五大佛教名山之一，在中国的佛山名胜中，将有鸡足山的崇高地位。因而使鸡足山获得了应有的历史定位与名声。

总的说来，大错本鸡山志是一部体例完备、资料翔实、撰述严谨、文采斐然、颇具原创性的集大成的山志。它上承徐本，下开范本，垂范后世，真正成为鸡足山志的奠基之著（见上述引文⑭）。以后的鸡足山志的编撰，无不受到其影响，无不是在其"百尺竿头"的基础上的"更进一步"。自从释大错的《鸡足山志》问世后，远近闻名，鸡足山名声日隆，庙宇扩增，弘法大业更趋兴盛，以至成为佛教圣地，享誉东南亚。

对大错来说，仅《鸡足山志》已足以使他名入丹青、永世流芳了。然而，大

① 香海本元冰壑为范承勋《鸡足山志》所作序//范承勋：《鸡足山志》，第8页。同时可参阅高本第5—6页。

② 赵元联：《大错和尚传》//释大错：《大错和尚遗集》卷三。

错深知人无完人、书无完书的道理，所以总是虚怀若谷，保持高度的惕诫。他表示自己虽然已经为《鸡足山志》竭尽了全力，但是“求其不为好古博闻之士所嗤摘也，难哉”！因此，他为那部山志与他自己均留有余地。他在自序的结尾处说，此志聊供日后修志者讨论润色，“藏之名山，传之其人”的鸡山杰作，只有留待后来居上的君子去完成了。这并非故作谦虚，而是他的寓意的表达。

四、咏鸡山诗文赋

大错和尚隐居鸡足山后，不仅纂修了《鸡足山志》，而且留题的诗文赋在历代文人中堪称最富，同时也是最负盛名与最具代表性的。据笔者从民国年间剑川文人赵元联所辑《大错和尚遗集》与范本《鸡足山志》著录统计，释大错咏鸡足山的诗文赋具体目录如下。

（一）文

《鸡足山志序》《鸡足山指掌图记》《鸡足山四友记》《天柱山四观峰记》《华首门记》《放光寺谪星石记》《河子孔记》《白石崖记》《尊胜塔院记》《华藏洞记》《石洞上潭记》《石洞下潭记》《檀花箐记》《片云居记》。

（二）诗

《赋得山静似太古东赵云升户部三首》、《采茶》、《试新茶》、《春日游九重崖》、《华首门》、《春晴独游》、《鸡山散步》、《尊胜塔院待月》、《片云居听雨》、《鸡足山古松歌》、《崖壁古碣歌》、《鸡山绝顶放歌》、《晚步钵盂庵三首》、《玉龙阁瀑》、《不知处》、《鸡山除夕二首》、《山中送张李两公归途有感》、《山僧藤杖》、《鸡足山三首》、《登鸡足绝顶》、《悉檀寺》、《迦叶殿留宿》、《石钟寺》、《尊胜塔院看落梅四首》、《片云居海棠二首》、《云起》、《松下独坐》、《新竹》、《竹间待月》、《山居》、《松下煮茶》、《山斋晚坐二首》、《鸡山梦中得句》、《山中晚烟》、《梦题〈烂柯图〉》、《溪边晚眺》、《山居》（之二）、《鸡足山绝顶联句》（合著）。

（三）赋

《鸡足山赋》。

序文与游记 14 篇，诗 50 首，赋 1 篇，凡 65 件。另有若干篇难以确定，待考。大错对于鸡足山的深情由此可见。

释大错吟咏鸡足山的这些诗文赋，记述、描绘与刻画了鸡足山古来为中国佛教圣地的历史、现状与其名山大川的地貌特征；热情地讴歌与赞美了鸡足山的自然风光之奇美独秀；表现了大错和尚幽深的禅境理趣、超然的道骨仙风、心存高节与怀旧的故国情怀；透露出其佛、道、儒与“遗民”四重心态的错综交织的微妙之处。这些诗文正是释大错亦佛亦道亦儒亦“遗民”的人生遭际与存在境遇的真实写照。

在他的诗文中，有千山、山径、竹径、柴门、高轩、白云、孤云、岚气，有高松、长松、万松、塔影、瘦筇、竹坞、新篁、新茸、新苔、古树、树影、花影、苔茎、繁枝，有流水、松涛、松溪、清溪、流泉、溪山、洱水，有风雨、积雨、雪霜、雪峰，有白鹤、独鹤、双鹤、鸥鸟、山鸟、邻鸡、野雉、麋鹿、寒猿、少马，有朝春、迟午、夕阳、旧历、残年、日月、落晖，有棋声、玉琴、禅诵、茶响、疏钟、鸡唱、香台、曳杖、茶烟、茶灶、酒炉、钓舟、残棋、仙家，有古塔、洞门、石钟、石鼎，有邻叟、老僧、樵夫、壮丁，有胜情、皓魄、愁泪、孤灯、僧衣、行人，等等，无不尽入眼帘，引发诗情，进入化境；而清泉怪石、修竹名花，古刹梵寺、禅僧道友，丁壮在田，耒耜并修，古村老树，淳朴民风……活脱而出，他的人文情怀、天地精神跃然其间。尤其是他的诗，鸟兽花木皆入禅趣，日海雪云尽是妙谛；动中有静，静中有动；虚中有实，实中有虚；“诗中有画，画中有诗”，清雅高洁而不失忧患之寓，融自然与人文为一体，正所谓“山川之胜，林壑之美……皆我有也”[①]，而“玩物遗身之士，未易领其胜也”。[②]试看：

《赋得山静似太古东赵云升户部三首》

一

山深人不到，流水对高松。
竹径花难扫，柴门云自封。
邻鸡迟午报，野碓[③]罢朝春。
雨过新苔遍，惟余麋鹿纵。

二

春深花正红，况在万山中。
岁月应难志，耕耘自可风。

---

① 释大错：《狮子林记》//范承勋：《鸡足山志》，第 153 页。

② 释大错：《狮子林珠帘水记》//范承勋：《鸡足山志》，第 153 页。

③ “碓”可能为“雉”之误。

泉流随去住，树影任西东。
溪山垂纶者，竹藏未易通。

三

心闲耳目静，万籁不闻喧。
松下棋声落，窗前花影翻。
清泉灌芳圃，独鹤步高轩。
邻叟多淳朴，相看无一言。

再看：

《不知处》

山径每回折，幽深别有天。
到门先报鹤，小坐便为禅。
水曲堪忘世，松高不记年。
往来经几遍，次第洗尘缘。

《云起》

深溪[①]白云起，冉冉出前山。
风雨徒相乱，老僧仍闭关。

《山居》

涧响不闻人声，松阴竟忘亭午。
往来鹿豕为群，耳目居然太古。

《悉檀寺》

六十年前古佛身，蒲团小定悟前因。
石桥松径当时路，担水搬柴旧日人。
扫塔几番寻杖钵，翻经[②]犹自拂埃尘。
本来面目依然在，不向菩提印性真。

《石钟寺》

万松影里佛光回，百尺飞泉绝壑开。
塔古也知僧定久，月明几见鹤飞来。
石钟寺老存灵迹，阴洞灯残熠劫灰。

---

① 原文为“深深”，引文据高本校改。
② 原文为“翻径”，引文据高本校改。

禅诵琅琅声定后，天花飘散妙香台。

《溪边晚眺》

朝衣着破着僧衣，扶杖溪边送落晖。
鸥鸟也知机虑尽，随波来往不曾飞。

《山斋晚坐二首》

一

晴岚半隐松溪，落照斜穿竹坞。
林外疏钟数声，窗下茶烟一缕。

二

好花半落苔径，山鸟乱噪繁枝。
窗前夜来风雨，老僧高卧不知。

《梦题〈烂柯图〉》

一局残棋世界移，仙家日月有谁知？
樵夫柯烂不归去，空记人间甲子期。

《山居》（之二）

竹树参差映户幽，酒炉茶灶也风流。
行人多有迷津者，莫向前溪系钓舟。

《鸡山除夕二首》

一

绝域逢衰暮，羁危更可怜。
千山寥落夜，万里雪霜天。
旧历难重看，孤灯不忍眠。
莫辞坚坐久，未晓是残年。

二

岁岁催人老，今年夕又除。
伤心荒徼外，愁泪甲兵余。
此夜四时尽，明朝一载初。
宵分倍留恋，鸡唱又何如？

《片云居海棠二首》

其二

枝枝柔软斗婵娟，骀荡春风二月天。
红晕乍舒清露堕，娇痕半褪晓霞鲜。
无情有恨谁能见，似醉如啼我独怜。
南国莫愁香尽减，芬芳未许混清妍。

又如：

及时供茗具，幽事虑多违。
（《采茶》）
香绕歌余梦，凉侵醉里禅。
（《试新茶》）
胜情具千古，心期暗相接。
（《华首门》）
盘桓藉草坐[①]，旷然玩幽独。
此中与世忘，探讨殊不足。
（《春晴独游》）
水过回溪新契悟，云迷石洞旧因缘。
宰官身现原无相，回首西来又几年！
（《迦叶殿留宿》）

从以上这些诗中不难看出，大错的山水诗不乏王摩诘遗风，深得杜子美风骨，但也增添了几许王船山的孤愤，特别是其晚年的诗风更趋“遗民”的个性，《遗民诗》评曰：“禅师为诗，磊落孤愤，借古喻今，善于怨者，亦知言也。”[②]大错的山水赋也别具特色，尤其是他的《鸡足山赋》堪称绝唱（此不能详论，点到为止）。至于其山水游记，则已如上文所评，“润藻摛华，体物状情，穷工尽态”[③]，不失柳河东之奇峭，又有苏东坡之诡谲，但也犹如知情者赵藩所言，其文章、长卷、书法“清刚忠亮之气，喷薄而出，高山仰止”[④]。这由其《鸡足山四友记》一文犹可见之。

释大错咏鸡足山的诗文赋，就像鸡足山一样钟灵独秀，意蕴丰富，余韵无穷，冶佛、道、儒与遗民的精神于一炉，融禅学、道学与文学为一体，是中国明清山水文学中的一朵奇葩。对于中国的禅学、山水美学、文学史与思想史研究来说，均有不可忽视的重要意义。遗憾的是，由于他的“遗民”身份与历史，他成为清

① 原文为“生”，引文据高本校改。
② 释大错：《大错和尚遗集》卷三。
③ 曹延生为释大错《鸡足山志》所作序（一称旧序）//范承勋：《鸡足山志》，第9页。
④ 赵元联：《大错和尚传》//释大错：《大错和尚遗集》卷三。

朝所忌讳的人物之一，他的数种重要著作也为清廷所禁毁。虽然他的山水诗文赋多得幸免于难，但是也散落遗失，鲜见于世。民国以来，尽管赵元联网罗遗散，辑有《大错和尚遗集》（四卷），然而刻印寥寥，流传不广，坊间偶有得之，也不幸在“破四旧”与民族劫难中“灰飞烟灭”了。治中国明清文学史者未能发现它，岂不是一大缺失吗？

以上所论，限于篇幅与时间，未能展开，详论俟异日矣。

五、余论——鸡山情长，衡岳遗恨

永历十五年辛丑十二月一日（1661年1月20日），由于缅事之变，桂王在昆明被清军所俘后，（于1662年被杀）死于五华山麓之下（今华山西路半坡处），大错和尚闻讯后，痛哭不已，离别了他至爱的鸡足山。从此，他真正地成为南明的遗民和尚了！最后，他行脚至湘，隐居于衡岳，十一年后委蜕而去。这正所谓“人世间事，固非绳趋尺步之士所能忖度”①呵。赵元联评曰：释大错“初以为僧抗（剧）贼者，终以为僧徇君父。盖自金蝉惨变，而真不能不以圆顶方袍为毕生归宿。其节可壮，而其志尤可悲矣”②。他一生反清复明，力抗乱敌，不坠青云之志，步涉滇云，栖禅鸡山，品梵华玉章，咏天地大美，撰《鸡足山志》，题不朽诗文，声名远播，永世流芳。从钱邦芑到大错和尚，从忠臣到遗民，虽然没有建立功业，千秋大节不见于史载志书，但是却在鸡足山留下了传世绝唱，成就另一番景象，“论定棺初盖，名成玉可埋”③，也算占到了中国士子所追求的“三不朽”之一了。“嗟乎！山水之灵，与人文相映发，不遇知己沦没”④也。

大错和尚今安在？鸡足三峰颜未改。

迦叶持袈待弥勒，四友⑤执礼盼君来。

写于2003年3月

（原载昆明佛学研究会编：《佛教与云南文化论集》，昆明：云南民族出版社，2006年；又载印顺主编：《虚云法师与鸡足山佛教：中国宾川鸡足山佛教文化论坛论文集》，北京：宗教文化出版社，2008年）

① 释大错：《华首门记》//《大错和尚遗集》卷三。

② 赵元联：《大错和尚传》//释大错：《大错和尚遗集》卷三。

③ 《鉴涛遗诗》//释大错：《大错和尚遗集》卷二。

④ 释大错：《尊胜塔院记》//《大错和尚遗集》卷四。

⑤“四友”为大错在鸡足山的至交，华首门为“奇友”、玉龙瀑为“清友”、古松为“老友”、华藏洞为“奥友”（释大错：《大错和尚遗集》卷三；范承勋：《鸡足山志》，第156页）。

略说日本茶圣千利休之死

在日本茶道史上，继村田珠光和武野绍鸥两位茶道大师之后，终于出现了一位划时代的伟大人物，他就是禅宗大师，集“禅茶一味”之大成的千利休（图 1）。

图 1

在日本茶道史上，千利休（1522—1591 年）居于“天下第一”的茶圣地位，相当于陆羽在中国茶史上的地位。千利休 1522 年出生于堺市的一个大水产品批发商之家，祖父是将军足利义政的同朋千阿弥。利休幼名与四郎，法号“宗易”“利休”，斋号“不审庵”“抛筌”等。17 岁向北向道陈学习茶道。道陈是空海的弟子。空海系出自能阿弥的门下，姓岛名左京，开创“中板”，最初在堺市教授市民茶道，其间，道陈加盟，最终称名茶道。北向道陈因侍奉本愿寺的北向而得名，本愿寺的北向是莲淳的四女庆寿院，庆寿院也是一位喜爱茶道的人，同尊法王之间有着特别的交往。与此同时，北向道陈向南宗寺的大林宗套参禅。由于北向道陈与武野绍鸥一样同本愿寺和南宗寺有着密切的关系，亲近数寄之道，因此二人成为同宗之交。在道陈的引荐下，千利休于19岁时，拜武野绍鸥为师，潜心于茶道的学习。从此，利休更名为“宗易”（一说是大林宗套所赐）。绍鸥与道陈共同培育出了茶圣千利休。[①]在《堺数寄者口实》中有一段记载：

先祖千与四郎，久住堺南庄今市——此人十七岁倾心茶道，常住道陈之处，投身此道。十九岁时，继与道陈、绍鸥闲谈之余，立志茶道。我等细心等待，然难得一见点茶，论茶之语甚少。若问于绍鸥，绍鸥曰：“请之饮茶。”道陈之养子与二郎与其同心，遣至绍鸥。此即四月风炉之暇点茶，于心甚惬。此非冬之围炉点茶也。[①]

从这段引文可以看出：

第一，利休是在堺市投身茶道的；

第二，利休深受道陈与绍鸥的熏陶，倾心数寄之道，而确立了一生茶道的志向；

第三，利休礼绍鸥为师是道陈的遣送，并且是与其养子与二郎一起遣送的；

第四，青年时代的利休“难得一见点茶，论茶之语甚少”，已初露一种谨慎和闲寂之风。

在武野绍鸥的门下，利休得到绍鸥的格外赏识、器重与精心栽培。绍鸥向利休传授了侘之精神，这在《侘之文》中有明确的记载。绍鸥说：

茶事本为闲居，乐于物外。友人来到，待之点茶、插花。“尝闻师言，心志为一，自然无为，此亦心心相通之处，即心之本性。亦可谓之不觉之间妙趣倍出。”难得有此一言。利休亦非凡人也。若有耳闻目睹、能知之事，皆不遗一分明德。[②]

未闻有人如此言说：天下侘之根源在于天照大神，在于日国大主，嵌以金银珠玉，可造宫殿。芭茅黑米之御供，其外一切深慎不怠之御事，乃胜于俗间茶人之入悟。不弃旧，不求新，此为切要。现今求古为宝之风，实为可叹，于及后世无影无形，若为商人之业，实为可哀。“侘”之文字，空法师思之数日，亦不明。本为无物之人，难于入手。诚惶诚恐。[③]

---

① 伊藤古鉴：《茶和禅》，冬至译，张哲俊审译，天津：百花文艺出版社，2005年，第79页。

② 伊藤古鉴：《侘之文》//《茶和禅》，第79页。

③ 同②第80页。关于这段引文，在铃木大拙所著《禅与日本文化》一书（陶刚译，北京：生活·读书·新知三联书店，1989年，第135—136页）中与此处不同，甚至意义相反，但是语义明晰。其文为：“天下寂之根元，在于天照大神。彼为日本国之大主，纵住金银珠玉之殿，又谁敢怨之？然彼居茅草之屋，享黑米之供，谨慎、勤勉，无有懈怠。真堪为世上至高之茶人也……”对比两段译文，应以伊藤所引为准。而铃木所引没有交代出处，显得较为随意，好像是为了凸显茶人的地位而加以发挥或引申。故本文此处之论，以伊藤所引为准。幸望读者注意！

这两段文字旨在向利休传授“侘”的意义，的确是把“侘茶”的精神彰显无遗。所谓“茶事本为闲居，乐于物外”，不仅写出了供奉茶事的条件与心态，而且导出了茶道之本，这即是“乐于物外”。因为“乐于物外”必须以超然物外即不为物所累，不能成为物之奴隶而为物所役使为前提条件。这样，茶事才有“乐”可言。此“乐”不是“乐于物”，而是“乐于物外”。超越于物而立于物之外者非他，茶道是也。可见，茶事之乐在茶之道且自茶之道出，并非根源于天照大神，或日国大主，更非嵌满与堆满金银珠玉的宫殿——这些恰恰是与茶道背道而驰的“物事”。值得注意的是，绍鸥强调侘之根源不在日本本土的传统宗教之天照大神，或作为日本国的自我大主精神，并非否定茶道的日本特色，而是指出天照大神，或日国大主不能作为茶道的根基。倘若非如此不可，则落到与以嵌满金银珠玉的宫殿为茶道之根基的地步，同样为“物事”、物执（包括法执、我执）、物役、物累，而非茶道。这一谛见道破了侘所代表与显示的茶道的超越性格。绍鸥进一步指出侘的精神虽然超越物外，不为物累，但是并不离开日常生活。在此意义上，他视芭茅黑米以及一切深慎不怠的躬行践履为“御事”，胜于俗间茶人之入悟。这就显现了茶道的精神是不离日用的活的精神。绍鸥提出茶道之要为“不弃旧，不求新”，这犹如孔子所谓“述而不作”。所谓“不弃旧”者，是寓“新”于“旧”，因为“新”在“旧”中，离“旧”无“新”，所以“新”与“旧”之间的关系是一种历史的连续的关系，而不是一种彻底的裂离的关系，这当然是强调只有在继承中才能开新的一面；而所谓“不求新”，是寓“旧”于“新”，因为“旧”是“新”的基础，没有对“旧”的了别，就不可能发现“新”的生长点与“新”之为“新”的真实意义，所以必须由“旧”而求“新”，这是强调非人为地、虚无地为求新而求新的一面。合而言之，“不弃旧，不求新”乃是一个合理地处理“旧”与“新”之间的关系，即如何恰当地处理继承与创新之间的关系的原则。这是一个“苟日新”而“日日新”的万古不变的常道原则。一旦在实践中正确地贯彻落实，就会发出万道智慧的光芒。从这一原则出发，绍鸥批评了现今茶人以“求古为宝”的风气，并着实令人可哀。如此一个简易的道理，为何令人难以理解呢？即使聪明如“空法师”，亦不明白，原因何在？绍鸥最后一语点明，“本为无物之人，难于入手”。何为“无物之人”耶？蹈空者也。禅宗昭示“本来无一物”乃物之自性。但是，其意并不是要人执空。空执乃法执也。执着于“本为无物”即是空执。此为出家未能开悟之人或学佛未精者所易犯的毛病。因此，绍鸥直指人的“心之本性”，指示了茶道的正确道路即在于其日常的“活计”，亦即点茶、插花以待友，遵循师言，心志为一，自然无为，使心与心相通而落于心之本性。如此一来，自然于不觉之间妙趣横生。其中的最大关键在于是否领悟了禅道。这一精辟和深透的宏论，如果不是达到对“茶禅一味”的了悟，是绝不可想象的。绍鸥为何把这一“侘”——“茶”之道传与利休而不是别人呢？绍鸥也做了清清楚楚的交代。绍鸥以非凡之眼看出利休乃“非凡”之人，并对他有十分深入的观察，所谓“若有耳闻目睹、能知之事，皆不遗一分明德”。不愧是英雄识英雄。由此可以看出，利休是一个何等了得的人物！非一般僧众可与比拟。得英才而育之，乃人生一大至乐，古来如斯，佛门与茶人亦不例外。伊藤古鉴说：“使利休完成茶道之源的，乃是他的老师绍鸥。”[①]此言凿凿，实为不争之论。

利休进入绍鸥之门是非常幸运的。直到绍鸥辞世，利休一直跟随了绍鸥十五年之久，亲身经历与体验到绍鸥的茶道艺术风格的成熟与高峰，对他日后的茶道艺术生涯具有无可置疑的重大影响。

需要补充的是，利休最初在南宗寺出家，师从南宗寺的开山祖师、大德寺第九十代主持大林宗套学禅。为什么利休会向大林宗套学禅？原因可能是乃师道陈与绍鸥向大林和尚参禅的缘故。后来，他又向大林和尚的弟子笑岭宗欣[②]以及笑岭和尚的弟子古溪宗陈[③]参禅。其实，相对于参禅而言，不如说他们是更为亲密的茶友。特别是古溪宗陈和尚，这位大德寺的第一百一十七代主持，是宗易过从最密的茶友，他们之间的交往还长达三十余年之久。就禅宗方面而论，大林宗套、笑岭宗欣与古溪宗陈对他的影响，特别是宗陈的影响很可能远远大于绍鸥对他的影响，甚至有人认为，在禅宗方面，不是绍鸥带出了宗易，而是宗易影响与改变了绍鸥。究竟孰是孰非，至今仍是一桩无法了断的悬案。但是，相对于乃师绍鸥来说，宗易参禅早，对于禅宗的修行体验可能要比绍鸥丰富与深刻，这就使他比绍鸥更容易也更早地去接近和理解村田珠光的茶道精神，有助于他参透“禅茶一味”之真谛。由于出自名师门下，加之年轻才俊，出类拔萃的千宗易很快就成为堺市著名的茶道家，自然要得到大名的器重与重用。

宗易于弘治元年（1555 年）四月，三十四岁之时，举行了以老师绍鸥为主客的茶会。同年十月，绍鸥圆寂。此后，利休作为“茶道者宗易”，社会地位与知名度一年高过一年。他和师兄今井宗久、津田宗及等亲密地研讨与推进着堺市的茶道。

千宗易活动的鼎盛时期正值“安土桃山时代”或“织（织田信长）丰（丰臣

---

① 伊藤古鉴：《茶和禅》，第 74 页。

② 笑岭宗欣于永禄元年（1558 年）十月十七日奉敕命入住大德寺，永禄三年（1560 年）四月，再次入住开堂，永禄九年（1566 年），作为三好长庆的继承人为长庆的往生开创了聚光院，并成为开山祖师。织田信长和丰臣秀吉都向他皈依。本能寺之变后，他成为信长的法要导师。他的门下有以号称“四神足”为代表的众多名僧。天正十年（1582 年）十一月二十九日圆寂，时年七十九岁，被正亲町天皇赐号“祖心本光禅师”。他是千利休的茶道老师之一。

③ 古溪宗陈于天正元年（1573 年）正月十七日奉敕命入住大德寺，成为第一百一十七代主持。天正十年（1582 年），秀吉为了彰显信长的功德，开创总见院。古溪宗陈便是开山祖师。此时，他作为千利休的老师与茶友，与千利休之间建立了非同寻常的友谊。后来，他因为在大德寺的山门立了一尊利休的木像，被放逐到博多，最后获得赦免。庆长二年（1597 年）正月十七日圆寂，时年六十六岁。

秀吉）时代”（1568—1600年），这一时代被称为“英雄茶”的时代，这正是日本历经诸侯割据的战乱而走向统一的时期。在这一时期，日本出现了新兴城市的自治化，商品经济发达，佛教被清洗后重新得到恢复与发展。于是乎，大名与佛教宗派、商人之间建立或形成了复杂而微妙的关系。至丰臣秀吉（1582年）当权后，出现了“安土桃山文化”，其重要的表现之一就是茶文化的隆兴与昌盛，这与日本的新兴城市及其自治化的出现是分不开的。在“织丰时代”之前，日本的城市仅有京都、奈良、镰仓等不多的几座，而在“安土桃山时代”却涌现出了一批新兴的城镇。其中，最具代表性的就是武野绍鸥与千宗易的出生地堺市了。西方传教士把堺市比作以航海和经商著称的东方“威尼斯”。堺市通过商业积累，以惊人的速度聚集了大量的财富，加之它距离京都较近而对京都具有难得的控制优势与约束力。无疑，占有堺市，对于夺取天下有百利而无一害。因此，在众多的城市中，堺市一枝独秀，脱颖而出，自然成了大名的抢占目标。从织田信长（1534—1582年）到丰臣秀吉（1537—1598 年）都凭借强大的武力独占了堺市，这在一定程度上却也加强与推进了堺市的贸易与文化发展。可以说，千宗易的成功得自于这一历史机缘。

“英雄茶”时代，流行在武士家族中举行茶会，在城内建筑茶屋，开设茶室。茶道是上层武士的必修课。举行茶会时，由茶头（茶道侍从）点茶。这对于茶道的发展来说，虽然说不上是什么坏事，但是却养成与出现了亲近权势之风气的苗头。利休与信长的接近，据说是由于先辈今井宗久的介绍。元亀元年（1570年）四月二日这天，利休初次见到信长，时年四十九岁。《信长公记》记载，天正三年（1575年）十月二十八日，“茶道者宗易”出现在信长在京都妙光寺的御所。从这时起，利休开始得到了信长的任用，在安土城内建筑了茶屋，出入茶会，致力于“侘”茶的创意。天正十年（1582年），信长于本能寺为叛军所杀，秀吉取而代之，最终消灭了叛军明智光秀，之后，统一了全日本，成为一统天下的大将。在信长时代，利休位居秀吉之上，是秀吉的茶道老师。秀吉掌握了政权以后，二人的地位发生了一百八十度的倒转。此时，秀吉位居利休之上，利休成了秀吉的茶头。为了安抚天下，丰臣秀吉需要利用首屈一指的大茶人千利休，千利休为了扩大自己茶道的影响，也需要丰臣秀吉的支持。他们二人相辅相成，但又充满了利用、矛盾与斗争，成为日本茶道史上最负盛名的双璧。

无论是织田信长，抑或丰臣秀吉，皆对茶道充满浓厚的兴趣。不过，信长的兴趣更多地表现在对于名贵的茶器具的追求上，因为商品经济利益的驱使与货币制度的混乱，那时茶器具曾一度代替了金银等货币的作用，大量收藏或囤积名贵的茶器具无异于积累财富。信长珍藏了许多价值连城的名贵茶器具，自然成了他所拥有的财富的一种象征。秀吉同样也收藏名贵的茶器具，但是较之于信长，他比较能重视茶道，对茶道不乏真诚之心，甚至于在茶道艺术方面具有专家的造诣与水准，这是为信长所不及的。铃木大拙说："秀吉这个人，在很多方面非常粗野，甚至是个残忍的专制君主。但在喜好茶道这一点上，却使他在玩弄政治手腕之外，显示出了某些真诚。"[①]从信长到秀吉都对千宗易礼敬有加，推崇备至，委任其为"茶头"。不过，透过表面的现象仍可看出，信长与秀吉二人对于宗易之器重的心态到底还是有差异的。信长当权时，招来堺市巨贾出身的包括宗易在内的今井宗久、津田宗及等一些著名茶道艺术家为他服务并为他所垄断，许之以"茶头"称号，不过是意在以著名茶道艺术家为"名贵茶道具"而已，也就是作为他所独占的财富。相形之下，秀吉更能赏识与重用宗易，特别是能从茶道文化上推崇宗易，不得不承认，这对于宗易的茶道艺术事业的发展在客观上是一种相当有力与有利的支持，而且促进与扩大了宗易在茶道艺术方面的影响。铃木大拙曾经指出："丰臣秀吉在当时是茶道的极大庇护者，又是现代茶道的实际创始人千利休的崇拜者。"[①]尽管宗易也为其所独占与利用，但是较之于信长而言，毕竟多了一层文化精神上的丰厚的内涵，而且他对于千利休一派所倡导的茶道精神也能多少有些理解。在利休的一次茶会上，他写了一首赠送给利休的和歌：

> 汲水心中无底处，
> 始成茶道真用途。[②]

在铃木看来，这首和歌已触及了茶道中"清敬和寂"的"敬"的精神[①]，算是很不容易了。因此，秀吉委任宗易为"茶头"与信长之所为不可同日而语，二者到底还是有实质上的差异的。对此，不可不察！伊藤古鉴说：

> 当然，秀吉是个武断之人，但正因为他以相当的热情投入了他喜好的茶道，才致使各国的大名们也都爱上了茶道。[③]

这一观察是颇有眼力的，的确是指出了一个重要的事实。这一点对于我们客观地了解与评价秀吉对日本茶道的贡献是有启迪的。

在秀吉的大力支持与鼓吹下，伴随着日本茶道艺术的形成，宗易成为当时日本首屈一指的茶道艺术大家，可谓红得发紫，出尽了风头。天正十三年（1585 年），秀吉由正亲町天皇（1557—1586 年在位）授予了总揽国政全权的关白（天皇的执政助理）之位，使他从此获得了合法的统治权。对于出身平凡而握有一国之大权的秀吉来说，得到名正言顺的头衔与地位，把统治权及其实施合法化，无疑是一件非常重要的事情。这是他多年以来就一直梦寐以求的心愿，现在终于变成了现实。为了答谢天皇并公开做出与皇室关系亲密的姿态，他于是年的九月七日特地

---

① 铃木大拙：《禅与日本文化》，第 128 页。

② 同①。另一表述为："唯从无底之心，方能深知茶意。"见伊藤古鉴：《茶和禅》，第 97 页。

③ 伊藤古鉴：《茶和禅》，第 97 页。

举行了盛大的宫中茶宴。显然，这是他显示与夸耀富有的大好时机，他以表示对天皇的尊敬为由，特意预备了新的茶器具。因为一般认为天皇是象征神圣无瑕的神体，即使是名贵的陈年茶道具也有可能沾染上世俗的污秽而玷污天皇，所以秀吉专门订制了一套新的茶道具，并在茶盒、茶釜上设计了皇室专用的御制菊花纹图。茶会分别由两部分组成。首先是秀吉亲自为天皇点茶，千宗易则充当了他的指导助手（所谓“后见”，即日文中的こうけん，意谓辅助或辅助者）。然后，是利休为天皇点茶。当时，秀吉在正亲町天皇的御前准备举行宫中茶道时说，“宗易”这个名字没有资格靠近天皇，请求更改居士名，于是就由古溪和尚起了“利休”这个居士称号。①在宫中茶宴上，千宗易不负众望，表现出色，深得68岁高龄的天皇的赞赏，而领受了“利休居士”的赐名，算是得到了一次莫大的殊荣。这是利休一生参加的最高级别的茶宴。在利休主持的这次茶宴上，秀吉没有满足于展出他的新茶器具，索性把他所珍藏的全部名贵茶器具一一陈列出来，公开展示，几乎把皇宫变成了茶器具博物馆：在壁龛里挂上了中国元代山水画家玉涧的《远寺晚钟》；古铜花瓶里插的是大朵白菊；茶盒乃是天下的名物“新田”与“初花”；一只名为“松花”的茶罐价值四十万石大米。令人吃惊的是，其中很多茶器具的价值远超过天皇历年以来的收入，真可谓富可敌国了。而其霸道、狂妄、自大更是无以复加了！无奈，一个实质上只有象征地位意义的天皇又岂能奈何得了他呢！

利休自从享受了“利休居士”这一称号后，被推尊为“天下第一的茶道宗匠”②，他本人也认可了这一称号。从此，秀吉便以种种“天下第一”的称号来鼓动与奖励各种艺道。③由于利休是茶道的天下第一，而秀吉是茶道的最大庇护者，他从内心崇拜茶道的集大成者千利休。所以，秀吉进宫参谒时，总要利休陪伴，让利休做茶，靠利休鉴别茶器。举凡利休所说，无所不听。因此，利休就成了在政治、外交以及各种事务上均能向秀吉进言的人。当时，甚至流传着“除了利休，没有人能向关白大人进言”的话。

利休作为“天下第一的茶道宗匠”，虽然仅仅得到年薪三千石的封赏，但是他实际所拥有的权势是非常之大的。因此，天下的大名都聚集于利休门下，而致力于学习茶事，牢记茶道的精神。这与上层武士必修茶道的风气也是有关的。自古田织部开始，天下的著名茶人几乎尽皆出于利休的门下。其中，最有名的是日本茶道史上的“七哲”：细川三斋、浦生氏乡、荒木村重、织田有乐、高山右近、

---

① 伊藤古鉴：《茶和禅》，第85页。

② 同①第90页。

③ 伊藤古鉴认为，利休自从得到“利休居士”称号，并被推尊为“天下第一的茶道宗匠”后，信长就以“天下第一”的称号来奖励各种艺道。其后，秀吉遵从此事。（同②）这在时间上显然与历史事实不符。因为天正十三年（1585年），信长早已不在世了。当时，能做此事的人，唯有秀吉而已。

芝山监物、佐久间将监。此外，尚有小早川隆景、丰臣秀长、牧村兵部、濑田扫部、山上宗二、南坊宗启、佳吉屋宗无、万代屋宗安、重宗甫、久田宗荣等众多著名的茶人。自然，还有更多的不计其数的门徒。博多的仙崖和尚（1750—1837年）曾经面对利休的画像赞曰：

> 释迦使人为佛，仲尼使人为仁，利休啊，使天下为茶。①

这一赞语把利休与释迦和孔子并列，确实是突出了利休对于茶道教育的极大贡献与影响，这在世界茶道教育史上是独一无二的。迄今为止，没有任何一个茶人能同千利休相提并论。从某种意义上说，千利休在茶道教育史上的地位，多少有些类似于中国“圣人”孔子与佛陀释迦在人类教育史上的地位。他们所开创的典范，迈越古今，是永远启人深思的不朽课题。

利休茶的极高的知名度使他成为名流社会中的大名人，直到被后世敬奉为茶圣。但是，诚如伊藤古鉴所说：“他的禅茶精神及其‘茶禅一味’的境界，更有无以言表的珍贵。”②

千利休虽然在秀吉的支持下得到了发展其茶道艺术的条件与机会，但是他所致力开创与发展的茶道，与秀吉所代表的所谓“安土桃山文化”的茶风在本质上是互相抵触与冲突的，作为一代大宗师，他不甘心也不可能仅仅作为秀吉的附庸而存在，这就必然酿成他个人与茶道精神的重大悲剧。

天正十五年（1587年），秀吉平定了西南的岛津氏，东国小田原的北条氏和东北的尹达氏，使全日本的形势稳定下来。为了显示自己的地位与功绩，并使民心得到安抚，同时也为了庆祝他于头一年从天皇处得到赐封“丰臣”之姓与“太政大臣”（位为贵族）之名，以及次年他在京都的巨大豪华私人府邸“聚落第”的竣工之双喜，秀吉决定在京都的北野举办面向民众的规模十分宏大与隆重的大茶会。这是秀吉与利休合作的最大的一次茶事活动。利休亲自负责茶会的指导与组织工作。是年七月二十八日，秀吉向全国民众发出布告，其内容有下列七个方面。

第一条，拟定于十月一日至十日，于北野松林举办大茶会。展示关白（大人）秀吉所藏之珍贵茶道具，供茶道爱好者观赏。

第二条，凡热心茶道者，不问家臣、商人、黎民百姓，均可携茶釜一只、水瓶一个、饮料一种前来参加，无茶者，代之以米粉糊亦无妨，务必出席是望。

第三条，不必担心无茶室，在松林里铺上两三张榻榻米即可。无榻榻米者，使用一般草席亦可。茶席之位自由选择。

---

① 伊藤古鉴：《茶和禅》，第41页。

② 同①第91页。

第四条，日本国人自无例外，凡热心茶道的中国人亦可参加。

第五条，为欢迎远道而来的客人光临，特定会期为（两个月之后的）十月一日。

第六条，此举意在帮助贫困之茶人。若拒绝出席，则往后即使连米粉糊也不准摆弄。

第七条，无论何人，只要（是日）光临（关白大人）秀吉之茶席者，均可一品（关白大人）秀吉的点茶。[①]

不难看出，这一布告透露了秀吉的大度与专横、豁达与霸道、开放与独裁、爱民与独尊、真诚与虚伪、高贵与自卑交织在一起的复杂心态。这正是他出身平民而身居新贵，权倾朝野而修养与信心不足的武人性格的真实写照。

秀吉为了向社会展示他的巨额资财之富，以及他身为“新贵”的风雅，独出心裁地以纯黄金制作茶器具，并造出纯黄金的茶室，又以纯黄金来装饰（茶室），造出金屋顶、金墙壁，只有窗户上挡上了红纱。真是金上加金，金碧辉煌，富丽无比。这套纯黄金茶室曾经在天皇面前炫耀过，也曾在中国大明朝的使节面前展示过，还搬到九州去展出过。现在，终于要在北野大茶会上露面了。

茶会开幕那天，在北野神社的正殿里，开设了三个茶席。中间放置的就是秀吉以纯黄金制成的组合式茶室。正殿的两侧展出的是秀吉收藏的中国元代画家玉涧的《青枫》与《潇湘八景图》以及多不胜收的各种名贵的茶道具。三个茶室连为一体，恰好表现了一个精致而高贵的皇家艺术品展览馆所具有的效果。人们参观完毕以后，只要参与抽签，便可以分别品尝到秀吉、利休、宗及与宗久亲手所点的茶汤。

呈现在北野大茶会上的茶席多达八百余个。茶席是毗连在一起的，一家紧接一家排开，显得很拥挤。但是，在那幅著名的《北野大茶会图》中，茶席在松林里却是分散开来的，若隐若现，显得很有层次，整个茶会与大自然融为一体，加上书法的点缀，使人文与自然、茶席与原野、茶道与松风辉映成趣，别有一番生动美妙的韵致。这就是艺术对现实的超越与升华。茶道之理深藏其中。

对于北野大茶会，滕军博士评论道：

> 北野大茶会不问地位高低，不问有无茶具，强调热爱风雅之心。此次茶会对于推动日本茶道的进一步普及起了积极的作用。[②]

这一评价是完全中肯与客观的。由此可以看出，秀吉对茶道的热爱、造诣与极力推动，不仅影响了日本国的上流社会对于茶道的追求，而且也直接影响了茶道向

---

① 滕军：《日本茶道文化概论》，北京：东方出版社，1992年，第57—58页。

② 同①第58页。

日本国下层人民的普及。如果只靠千利休这样的大茶人，那是怎么也不可能做到的。因此，利休与秀吉的双壁合一，使茶道的流行与普及产生了最佳的历史成效，事实上，这正是政权与茶人合作的结果。然而，这毕竟是短暂的，事实证明了这一点。因为出自禅宗的茶道从其本性上是不能与贵族的独裁专制为伍的。一旦茶道与专制政权走得太近，二者之间的对立与冲突的悲剧就是不可避免的了，更何况秀吉所代表的贵族茶风与利休所代表的珠光茶风是完全背道而驰的，这就使二人之间的对立与冲突加剧了。

自从天正十三年（1585 年）的宫中茶宴以来，千利休对秀吉十分恶俗的茶风日益不满，心生厌恶，并终于暴露出来。天正十五年（1587 年），秀吉在京都北野大茶会上展现他的纯黄金茶屋以及各种昂贵的茶道具，使他与利休在茶道上的对立表现出来。利休对太阁秀吉这种绝对空前的极其恶俗的茶风之举，实在再也无法忍受，而又无可奈何，这便决定了他在茶道精神上与秀吉的分道扬镳，从此，走上了一条与秀吉的茶风相对立相冲突的代表茶道之正道的独立道路。利休在茶道艺术上的巨大成就使他声誉日隆，并与秀吉的茶风形成了鲜明的对照；与此同时，他对秀吉茶风的不以为然、不满与厌恶之情也深深地刺激了秀吉，引起了这位独裁者的极度不快，使他怀恨于心。天正十九年（1591 年）二月二十八日，利休被秀吉赐死。赐死的直接原因是，利休为大德寺进献了一座山门——金毛阁。大德寺为了感谢他，便由他最亲近的老师古溪宗陈把一尊利休的木雕肖像安置在金毛阁上。利休木像身着袈裟，脚踏草鞋，手拄锡杖。这与秀吉的形象之间形成了鲜明的对比，并包含着无穷的意蕴，耐人寻味。这件事激怒了秀吉。正如伊藤古鉴所说："不管利休作为天下第一茶人有多么伟大，要在从敕使开始到关白以下的显贵才能通过的山门楼上安置其穿草鞋拄锡杖的木像，却是难以被允许的。"[①]因此，利休大祸来临。

其实，此前利休的老师古溪和尚被秀吉流配九州，就是对利休发出的警告。古溪和尚曾经因为在大德寺的山门上安立一休和尚的木像被一度流放博多，后来被赦免。而此次被再度流放，至今没有人知道真正的原因，但是可以推测，这很可能是做给利休看的，就是人们通常说的"敲山震虎"或所谓"杀鸡给猴看"，意在对利休做出警示。因为古溪和尚不仅是利休的老师，而且是利休的至交与最忠实的拥戴者。事实证明，后来他果然在大德寺的山门上安置了利休的木像。利休的高狂不逊，加之他在茶道上的名望盖过秀吉太多，可能早已使秀吉心生不快。但是，他又不便于直接处置利休。更何况他还用得着利休，即使能够处置也还不能处置。于是，便拿利休最得力的朋友古溪和尚"开刀"了。这样也可以起到杀一儆百的作用。然而，秀吉想错了，对于这一切，利休却不以为然。天正十六年

① 伊藤古鉴：《茶和禅》，第 91—92 页。

（1588 年）九月四日，利休为老师举行的送别茶会在聚乐的利休屋进行。除了古溪之外，尚有春屋与玉甫和尚作为客人。茶室里悬挂的是虚堂禅师的墨宝。这并不是利休的东西，而是秀吉托他装裱的名贵之物。未经许可，就能心平气和地擅自将其挂出，这件事情本身就显示出“利休那难以想象无可匹敌的胆气”[①]。

天正十九年（1591 年）二月十三日，利休被命令蛰居故乡泉州堺。当天，他就回到故里，在那里度过了他一生在故乡的最后十五天时光。在此期间，利休的木像被从大德寺的山门楼上拉下来，在聚乐大门的戾桥上执行了磔刑。在日本历史上对木像施行磔刑，仅此一次而已。与此事相关的古溪和尚也被判处磔刑，由于秀吉的生母大政所等的求情，而得以幸免。与此同时，大政所屡次派出密使劝说利休，要他向关白大人道歉，以免一死，但是都被利休峻拒。一如伊藤古鉴所说：“即使今天，我们也无法确切地知道事件的由来和真相，但从显见的事实可以窥见其‘杀佛越祖’的禅宗方式。”[①]

在赴死的那天，二月二十八日，由三千名武士守护，利休在聚乐利休茶屋举行了他一生中的最后一次茶会，邀集了他主要的徒弟参加。在预定的时间内，客人们悲伤地来到此地会集。他们向庭院小径眺望过去，树木在战栗，沙沙的树叶声，听起来好像无主的阴魂在耳语，灰色的石灯笼，犹如把守在地狱鬼门关前的庄严哨兵。这时，一股珍罕的熏香茶气从茶室中飘浮出来，这是召唤客人入室的信息。客人鱼贯而入，一一就座。壁龛里挂有一幅令人叫绝的古代僧侣的书法，是一幅罕见的绝世珍品，内中透露了世事（人生）的无常之旨。铜炉上，一个嘶嘶作响的茶壶，沸腾的水在其中发出无尽的哀惋之音，仿佛在为即将逝去的夏蝉悲鸣。主人适时进入茶室，依礼为客人一一敬茶，客人默默地顺次啜饮了茶汤，最后才轮到主人自己吃茶。按照茶道的规矩，主客允许请求观赏茶具，利休拿出了各种珍品，其中包括那幅书法挂轴。每一位客人都对这些器物做了自己的美学赞赏之后，利休便将它们一一赠送给在座的各位弟子，只留下了那只他自己用的茶碗。

别让
这个已被不幸之人的嘴唇
所玷污的茶碗，
再为人所用了。

说着，他就亲自打碎了这只同他一样命运不幸的茶碗。

茶碗碎了，茶礼到此结束。客人们强忍住极大的悲痛，噙住眼中的泪水，向他们最敬爱的老师作最后的诀别，然后缓步退出茶室。只有利休最亲密的那个弟

① 伊藤古鉴：《茶和禅》，第 91 页。

子被挽留下来，目睹了茶道史上那最为悲壮与灿烂的一幕，作为临终的见证者。

利休大师脱去茶袍，小心折叠好后，恭敬地放置在草席上，早已藏在里面的一尘不染的洁白无瑕的冥袍显现出来。大师温雅而柔和地凝视着剑刃的锋芒，吟咏出他那优雅的千古绝唱：

> 人生七十，力口希咄。
> 吾这宝剑，祖佛共杀。[①]

大师面带微笑，进入了冥土。正应验了英国诗人雪莱（1792—1822年）所谓“饮死举尸归净土，殉茶第一是吾身”（《为中国之泪水——绿茶女神所感动》）的悲壮誓言。据伊藤古鉴的解释，在利休所吟咏的这首偈中，“力”与“口”两个字是从“囙”分出来的。“囙”的原本意思是船出发时所发出的威势十足的声音。“希”是唏的意思，表达悲愤的情怀。“咄”表示叱咤之声，大声斥骂。[②]“祖佛共杀”，语出《临济录》。这句话的意思是说，修行时忘却佛陀忘却达摩，亦即不靠佛陀不靠达摩，这样才能发现自己“本来无一物”的真面目。因此，整首偈的意思是说：

> 我千利休已经送走了人生七十年漫长的路程，
> 如今，站立在生死岸边，什么也没有。
> 既没有迷与悟，也没有凡与圣。
> 两头截断，杀佛杀祖，一剑倚天寒。
> 一如进入禅那绝对之一物
> ——“本来无一物”之中。

利休死后，立墓三处：第一处在堺的南宗寺，第二处在大德寺的聚光院，第三处在大德寺的方丈院里，一个小小的宝塔。

秀吉赐死利休的原因，在日本茶道史上众说纷纭。归纳起来，主要有四种说法。

第一种说法是，利休内通德川家康，参与毒杀秀吉的阴谋败露而被秀吉处死。

---

① 这是利休辞世之时所诵偈语的原文，译文引自伊藤古鉴：《茶和禅》，第92页；在冈仓天心《茶之书——茶道美学》（许淑真译注，桃园：茶学文学出版社，1985年版，第116页注11）中，“力”作“刀”，可能有误。在该书正文第114页的叙述中，这段偈语为：

> 欣纳你，
> 那永恒的宝剑！
> 透过佛，
> 也同样透过达赖。
> 你衢据津要。

② 伊藤古鉴：《茶和禅》，第92页。

权威如冈仓天心者，在其《茶之书——茶道美学》中就持这样的观点。

第二种说法是，秀吉一直意欲得到利休的一个离过婚的绝色女儿，但利休坚决不从，秀吉一怒之下赐死了他。

第三种说法是，利休是一个天主教徒，为秀吉所不能容忍而被赐死。

以上这些说法均系传说，没有任何史料可以佐证，因此，无法令人采信。

第四种说法，即为本文所支持与采纳的伊藤古鉴与滕军之说[①]。特别是伊藤的分析言之成理，他指出，首先，利休木像事件与利休的高狂与傲骨所造成的他与秀吉的对立和抗衡，分别成为他被判切腹自杀的直接原因与间接原因。“唯有大德寺木像事件才是直接原因。而间接的原因则是利休的傲骨和顽固，毫不惧怕武断和易发脾气的秀吉，说自己想说的，做自己想做的。”[②]

再者，嫉妒与反对者的适机陷害，增添了利休被赐死的口实。“因为利休的茶道优秀，利休喜欢的道具也人气高涨，被高价售出。例如，利休喜欢用长次郎做的乐烧茶碗，那种茶碗便立即得到好评。凡利休说喜欢的，顿时成为高价物。有人说利休将那些茶道具以不相适宜的高价售出，或者给那些东西出了不相当的鉴定，以此来非难陷害他。那些事情本不是什么不正当的行为，但从反对他的人口中说出，便成了各种各样的口实，终于导致了利休的杀身之祸。”[③]

临死之前，如果利休愿意进行辩解或道歉，或许能够幸免一死。但是，利休像古希腊的哲人苏格拉底一样，选择的是那唯一的通向永恒的向死而生之路。就像伊藤古鉴所描写的那样：

> “啊——就那样！”断然地死去！以这般悲壮所装饰的最后生涯，是茶圣的所为，是直至今天仍被人敬仰的生涯。这不是普通的茶人，乃是透彻[地表现][④]着茶之全部精神的茶圣所为，是浩气堂堂的伟大之举。[③]

悲乎哉！在日本茶道史上树立起一座不朽的里程碑的一代大宗师，就这样在独夫的意志下命丧黄泉了。

千利休在丰臣秀吉的支持与鼓吹下取得了成功，但是最终也被丰臣秀吉毁灭了！这难道不就是在一个独裁专制社会中的民族精英成也萧何败也萧何的宿命吗？

利休之死又一次提醒人们：“与暴君的友谊永远是一种危险的荣誉。”[⑤]

---

① 滕军：《日本茶道文化概论》，第59—60页。

② 伊藤古鉴：《茶和禅》，第94页。

③ 同②第94—95页。

④ 原译文缺此三字，故补入，否则，有语病。

⑤ 冈仓天心：《说茶》，张唤民译，天津：百花文艺出版社，2003年，第146页；这句话，许淑真译为：“伴君如伴虎，暴君的友谊是一项危险的光荣。”（见冈仓天心：《茶之书——茶道美学》，第112页）

千利休之死，其节气之壮烈，其风范之美丽，以及其在茶道史上的意义和影响，毫不逊色于古希腊的苏格拉底之死，以及其在哲学史上的意义和影响。对于千利休之死，伊藤古鉴评论说：

> 利休虽然依秀吉之命悲壮而去，但这一点，却是利休一生最为光彩耀人之处。①

如果说伊藤这一评论透显的是一种人生哲学的高度，那么冈仓天心则在审美极境上展现了利休之死的“悲壮宏伟之美”，他写道：

> 只有与美长相左右的人，才能死时也美。伟大茶人就连最后一刻也充满精致优雅，和生前没有两样。他们似乎永远和谐地追求宇宙间伟大的韵律——天籁，然后安宁地准备进入未知世界。利休的最后茶会是永远止于悲壮宏伟之美的顶点。②

无疑，这两段话也完全适合苏格拉底。实际上，伟大的哲人与伟大的茶人并无二致。千利休和苏格拉底都是被逼而死，但是他们却视死如归，死得悲壮，死得美丽，死得不朽，死得与众不同。从某种意义上说，千利休和苏格拉底都是道的殉难者。死，成全了他们的伟大，使他们变得完美，使他们具有永恒的光辉，使他们超越了东方和西方，使他们超越了历史和未来。

写于 2006 年

---

① 伊藤古鉴：《茶和禅》，第 97 页。

② 冈仓天心：《茶之书——茶道美学》，第 112 页；冈仓天心：《说茶》，第 146 页。

附录　人格-本体论的（历史）构架

人类的文明史迄今五千多年而不衰，仍在不断地向前演进。人类的文明去古逾远久逾发达，人类就愈加怀念往古，人们甚至常常生发“前不见古人，后不见来者，念天地之悠悠，独怆然而涕下”（陈子昂诗《登幽州台歌》）的失落之感和“乡愁”之情。事实上，每当历史在向一个新纪元作跃迁时，抚今追昔不可避免，多少朝代如此，几乎成为一种时代文化的祭典了。时下，人们喜欢称之为“寻根”意识或“挖根”意识（金克木先生语）。对于我们来说，这“根”究竟何在呢？

历史告诉我们：现代的一切人类文化，都与远古人类的宗教和神话有渊源关系。因此，“寻根”“挖根”就不能不“回到”那些童话般的时代去。解剖学给人以一个重要的启示：对人的解剖有助于我们去认识猴，而解剖猴则能使我们加深对人的理解。探究现代人格的原型和源泉，回溯远古的历史文化，乃是我们揭发和深入问题的肇端。

一、从神到人的历史转折——从崇拜神明到崇尚英雄

在文字记载的历史中，人类的文化是从原始宗教和神话轫始的。

据人类学和考古学的资料，旧石器时代中期的一些尼安德特人遗址发现的远古墓葬，是迄今所知最早的留下宗教迹象的物证。

在尼安德特人的信仰中，有太阳崇拜的萌芽和野兽崇拜的观念。这表明其中蕴含着泰勒所谓“万物有灵”的观念。盖自泰勒以来，人们便以为“万物有灵”是最早的宗教观念。①

其实，早在“万物有灵”以前，宗教就萌芽了。柯斯文认为，人类初期的宗教并没有什么特殊的关于灵魂的概念，实质上不过是人与自然的浑然一体，自然具有活力的而且颇不明晰的一般的概念。泰勒的继承者马利特提出“前万物有灵论”作为对“万物有灵论”的一种补充。与此相类，柏惠尔-勒舍则提出“物力说”，以取代“万物有灵论”②，中国学者吴泽和袁珂也持“活物论”

---

① 从前以至现在的一些书籍中，都认为宗教起源于“万物有灵”的观念，遂引出后来的柯斯文、马利特等的批评和学说。

② 列维-布留尔：《原始思维》，北京：商务印书馆，1981 年，第 95 页。

的观点[①]。这些观点都一致表明，人类的宗教不是起源于“万物有灵”的观念，而是置根于“活力”、“物力”或“活物”的观念。

到了出现“万物有灵”观念的时代（旧石器中晚期），原始宗教已经形成了。旧石器时代中期以后的宗教遗迹，世界各地都有所发现。大约一万八千年前的旧石器时代晚期，居住在北京周口店的山顶洞人遗址，发现有埋葬的遗迹。从其遗骸及随葬品的情况看，山顶洞人已有“灵魂不死”的观念。这当然是比较成熟的原始宗教了。在“万物有灵”和“灵魂不死”的观念的基础上，产生了对于自然神的崇拜、动植物神的崇拜即图腾崇拜、鬼神的崇拜和祖先神的崇拜等宗教形式和形形色色、神奇瑰丽的神话故事。

心理学和人类个体的经验都显示出，婴儿在母亲的怀抱中长大离开后，对母亲具有一种深深的敬畏之情。人类作为自然的产儿，从自然的衣胞中分离出来后，对于自然也会具有敬畏之情，因之而产生了对自然的崇拜。人类对自然的崇拜，最早表现在祭祀土地。土地，就是土神，或社神。它在古希腊神话中，称为“地母”（Gaia）。自从有了农牧业并且随着它的进步，中国原始先民对自然的了解逐渐增多了，崇拜自然的范围就随之而扩大，如天地、山川、日月、星辰等无一不是受祭祀的神祇，最后被归诸八种自然神即天神、地神、雷神、风神、水神、火神、山神、泽神，进一步就被抽象为“八卦”的原始标记或符号。中国古代人认为，“八卦”就是生成宇宙的本原。在“八卦”中没有一种金属，说明这是原始农业社会的宗教。自此以后（在高科技时代到来以前），金属崇拜也从未出现，说明人类在进入青铜时代后，自然神的崇拜久已衰隐，而代之以至高无上的“天”神、“上帝”以及传说的古史系列了。

崇拜自然神，尤其是祭祀土神，几乎是任何一个农耕民族的古代宗教都有的风尚，这正映现出原始农业社会的真实情况；土神被称为“地母”、“大（太）祖母大地”或“大地大（太）祖母”（据丁山先生说），则表现出母系社会时代的特征。事实上，古代先民所祭奉的原始农神，总以崇祀女性为多。当然，随着父权制的确立，所崇祭的女性神就几乎全都变成了男性神。这可以从始作八卦的包牺氏、发明用火的燧人氏、建筑居室的有巢氏、发展种植业的神农氏、创制牛车的五亥、创造弓矢的少昊之子，以及创造发明不可胜数的黄帝的传说中，窥见一斑。

对自然神的崇拜，显示出中国古代先民信仰的多样性。由于生产的不断发达，中国古人的抽象思维和想象的能力也在进步和提高，原来庞杂纷乱的自然神，现在已被更高地抽象了，归诸为“天”和“地”的二元系列，也就产生了“人本乎天，万物本乎地”的观念。人与天，天与地，人与地以及它们之间的内在关系，

---

① 袁珂：《中国神话史》，上海：上海文艺出版社，1988 年，第 11 页。

可能就是日后贯穿和隐见于中国哲学几千年的多元-一体执中思辨的滥觞。

中国古代人信仰天地神的宗教及至后来达到了登峰造极的地步，那就是帝王到泰山去建“封禅”。所谓“封禅”就是筑土祭天（“封”），下山除地（“禅”），以报天地之功德。①需要注意的是，天地孕育生化万物，实际上是宇宙的自我运化，却又归于“天命”的意志定律。这显然已是神权政治的表现了。建封禅是帝王称帝后必须要做的第一件大事，因为一如《五经通义》所云：“易姓而王，致太平，必封泰山，禅梁父，天命以为王，使理群生，告太平于天，报群神之功。”从这里可以看出，“封禅”出现之日，神已退到舞台的幕后，支配世界舞台和扮演角色的人，早就在创造自己的历史了。

对天地的信仰，酝酿出关于天地起源的神话。女娲化生万物、盘古开天辟地的传说，不胫而走。但是，女娲、盘古已经不完全是神，而成了创业的英雄始祖。

中国古代人不只是有过崇拜天神地母的历史，而且也像世界上的其他古先民一样有着崇拜动植物神即所谓图腾崇拜的丰富经历。中国史籍所记述的动植物神之多，堪与世界上的任何民族的动植物神相比，而绝不会逊色。综观而言，这些动植物神主要是以两种形式出现：其一是神兽一形，或神鸟一形，或鸟兽同体，如与炎帝大战阪泉之野的熊、罴、貔、虎都是神，如果黄帝是位大神，它们就是小神。这些小神，实质上是不同氏族部落图腾的标记。传说中的少昊氏以鸟名官，有五鸟五鸠五雉九扈，共二十四种。五鸟五鸠为凤鸟氏、玄鸟氏、伯赵氏、青鸟氏、丹鸟氏、祝鸠氏、雎鸠氏、鸿鸠氏、爽鸠氏、鹘鸠氏，全部是鸟图腾的残迹。至于填东海的精卫鸟的传说，就更是有口皆碑的了。鸟兽同体的神，见于《山海经》对山神形貌的描述，有作鸟身龙首的，还有作龙身鸟首的。②其二是人兽同体之神。《山海经》中的人物和神灵大多数人兽同体，构成兽身人首的生动形象。例如《海外经》描述南方神祝融的形象，便是“兽身人面，乘两龙”……不胜枚举。

中国古代人有了灵魂的观念之后，由此衍生成鬼神的观念，中国古代人认为，人死之后，肉体归土即成为鬼，而灵魂或精神则变为神。③这种观念，历经黄帝和尧、舜、禹、汤、周五代，而无改变，由来久矣。④仰韶文化时期的西安半坡村遗

① 丁山先生考证说，天神的最古尊号是“帝”。“帝”在甲骨文中为[illegible]或[illegible]或[illegible]等，其本义“当是束茅为藉以便缩酒；其谊为禘祭，其实即‘上帝’象征”。而且，用菁茅“缩酒”的仪式至晚不会迟于殷商中期武丁以后就发端了（丁山：《中国古代宗教与神话考》，上海：上海文艺出版社，1988 年，第 180—184 页）。因此，“封禅”最初是借菁茅缩酒、禘祭上帝的意思。

② 见《山海经·南山经·南次二经》。

③ 《礼记·祭义》记孔子向宰我说鬼云：“众生必死，死必归土，此之谓鬼。骨肉毙于下，阴为野土。其气发扬于上，为昭明，焄蒿，凄怆，此百物之精也，神之著也。”

④ 《礼记·祭法》有云：“大凡生于天地之间者皆曰命，其万物死皆曰折，人死曰鬼，此五代之所不变也。”孔颖达疏：“谓黄帝、尧、舜、禹。汤周之礼乐所存法也。”（《礼记正义》）今依此。

址中，发现有公共的墓地，而且死者往往有同一朝向，从民族学资料的证明看，可能是人们为了使死者在阴间过着同尘世一样的生活，以食物、衣服、工具、武器等作贡献。其中，公共墓地，可能是死者归居的村落；共同的朝向，则可能与该集团祖先迁徙的路线和死者鬼魂的去向有关。

当父权制确立起来后，便在图腾崇拜和鬼神崇拜的基础上出现了祖先神的崇拜。祖先死后，灵魂不死，先人之魂灵和物灵附和在一起，遗物——作为标记化了的符号保留下来，就成了先祖意志的代表，而成为部落或民族的保护神。殷人就是依靠对祖先神的信仰，全族出征，常战胜了𢀛方、土方、马方等部落，因此“祖先神显然比动植物图腾的旗帜是更有力的观念武器”[①]。所谓图腾“祖先”便是最早的祖先神。与此同时，也会流传出部落或氏族起源与图腾关系的神话。古代中国的祖先崇拜最为发达，久为世所公认。黄河流域的新石器时代晚期遗址，如陕西华县泉护村的早期龙山文化，西安客省庄二期文化发现的陶祖塑像，青海乐都柳湾发现的裸体男像陶罐，都是当时男性生殖崇拜的物证。祖先神的出现，将神性融入社会而转化为社会性，其人性的蕴含也时有外露。进入文明社会以后，祖先神与上帝天神合在一起，产生出祖先神“克配上帝”的观念，后来又演化为“三皇”“五帝”（先于独立的“三皇”出现）的古史系列，明显地带着父权威严的属人时代也就来到了。

概而言之，在传说的古史系列以前，远古中国一直处于神灵的时代，这个时代是同以女性为社会中心的母系氏族社会的建立和繁荣联系在一起的；至新石器时代末期及金石并用的时代，母系氏族业已向父系氏族社会转变，神逐渐向人退化并最终让位于人。当父权昭然于世的时候，母权很可能是在一种特殊的情形中消失的，那就是带着男权的打压征服而败退和消隐掉的。不过，公然凌驾在母权之上的神灵，也随同隐匿了。这时，史诗般的神话和传说空前繁茂，英雄辈出。古先人所崇拜的各种自然神、鬼神、祖先神一时都纷纷成了新世代的英雄。丁山先生曾就此指出：“所有的先公先王的名号，何尝不是天地日月山川草木昆虫禽兽之神！他们的事迹，也何尝不充满了创造神话的意味！可惜，在‘宗祖配天’，和‘五岳视三公，四渎视诸侯’几个祀典转变之下，一切天地山川草木鸟兽之神，都尸祝为古代的圣贤，求尊为各民族的先祖，而忘其本来的神格了。”[②]从神祇演而为“古代的圣贤”或“各民族的先祖”，展现出从神到人的转变，业告完成，“本来的神格”自然应该忘却。

然而，在这一转变过程中经过了一个重要环节——英雄时代。发明文物，创造历史的是人而不是神，所谓“圣贤”“先祖”，就是对先祖先烈的肯定。不过，

① 侯外庐、赵纪彬、杜国庠：《中国思想通史》第一卷，北京：人民出版社，1957年，第68页。

② 丁山：《中国古代宗教与神话考》，1988年，第6页。

这一点却是被经由筛选的英雄的史迹所构造的“三皇”“五帝”古史系列的圣王观所掩盖的。创造历史、发明文物的功勋，在古史系列中，全部归到帝王的名下了。可是，这并不能掩埋英雄出现的重要意义。

英雄的出现，去神渐远而向人渐近。开天辟地、救民于灾难、发明创造的业迹，虽留有神力作用的印迹，却是由一些与从前所禘祭的神鬼根本不同的英雄完成的。这些英雄正是人类的先祖，他们创造了伟大的奇迹，在进化着的社会中，将属人的主体性昭示于世，人类将不再如前那样完全依赖自然之神而苟活残延，他们在英雄祖先的历史中，发现和找到了创造历史的原动力。因此，一个划时代的转折发生了，人类开始向文明社会大步迈进。

二、对理想人格的追求——作为权威伦理-政治人格观念的构造

从神到人的历史，使人类的主体性精神得以发挥显现；同时，英雄形象的出现本身也表征着人类的憧憬和向往。英雄的原型是人类对自身的虚幻的模拟和幻化，是人类从远古的宗教和神话中借以提升自己达到理想人格的泰古范型。这是古代先民最初表达的“人的希望”，但它只是一种朴素的梦幻。美好的英雄人格理想，最终在伦理-政治人格的出现中，被毁灭了。关于英雄的业绩，只剩得一鳞片爪，且也只能保存在传说之中了。

英雄的传说系从先祖所崇祀的各类神祇中演化而来，十分庞杂和纷乱，描叙英雄的材料，亦多为零碎的片断，且常常模糊不清。不过，根据学者们的研究和历史学家的整理，我们这些后学后进的人，就省力和顺利得太多了。综览群雄的传说，我们一旦置身于远古时代，遇上形形色色的半神半人的被认为是我们的远祖的事物，我们就分不清亘古历史本来就是美丽的传说呢，还是动人的传说变成了古老的历史。这可能是因为史前无文字，历史真实的沉淀，只能保存于不尚发达的口耳传述之“史”，世代相传，且加之在流传过程中，难免出现人为的虚构、杜撰、掺入等因素，或者讲演者主观任性，添油加醋，配以佐料，事情就大大地失真走样了。在这个意义上说，传说就是历史，历史就是传说。因为人类的一切历史无不是从最古老的历史开始的，最古老的历史就是最远古的传说。

诚如上文中所指出，英雄传说的主题主要在于创世、救灾和文化器物的创造发明等几个方面，其实，主要就是以这三大主题为中心的历史故事。这些主题为形成“五帝”“三皇”古史系列的基本内容，提供了最初的构件，当其中的一些人物的人格经过不同时代的哲人形而上学化以后，就成了影响中国数千年的理想人格了。

在中国流传最广的创世英雄，是女娲和盘古。早在先秦时期，女娲的传说就出现了。《楚辞·天问》中有云：“女娲有体，孰制匠之？”由此可以看出，女

娲的传说在大诗人屈原的时代，就已经在流行了。但是，屈原为搞不清楚女娲的来历而陷于困惑。《山海经·大荒西经》也记载了有关女娲“创世”的神话。令人感到奇怪的是，在先秦的神话材料中，几乎见不到关于创世的神话。在汉代，女娲才具备了比较明确的创世神话的性质。许慎《说文解字》中说，女娲是“古之神圣女，化万物者”。的确，这就是那个（汉）帝国以“（气化的）宇宙论为中心”的时代精神之表现。盘古开天辟地的传说，创世性质鲜明昭著，也是到了三国时代才出现的。

综览中国古代的神话，创世神话是一个极薄弱的方面。这证明，中国古人对远离政治生活的创世神话根本不予重视。单襄公就说：“吾非瞽史，焉知天道！”（《国语·周语下》），视言说“天道”为“瞎说”。春秋的鲁国士大夫们开口必曰“《礼》《乐》《诗》《书》”，闭口不离“先王之训”，宁肯修德讲礼，而远去“天道”，因为在他们看来，“天道远，人道迩。非所及也，何以知之？”（《左传·昭公十八年》）这虽然似乎只是鲁国的情况，实际上，当时“全天下”（史称“春秋五霸”和“战国七雄”）的情况也大致旗鼓相当。因此，中国古代的哲学家很少去关心和专注于宇宙的“是什么”和“为什么”以及宇宙起源的问题，这是中国哲学的（宇宙）本体论和宇宙（发生）论不发达的重要原因之一。虽然女娲被看成是“古之神圣女”，极有可能是她为“化万物”、创造人类、普及文化技艺，对古代社会文明的发展，做出了伟大卓越的贡献，但是因为并没有直接对国家的政治生活产生重大的影响，尤其是没有对“天子”或大国君主产生足够的影响，因而统治者对这位“圣女”不感兴趣，更何况女娲是属于女流之辈，研究她的人格，对当时的社会没有多大的意义，几乎历朝历代仅为“烈女”“贞妇”立碑树传。诚然，历史也不乏例外。属于例外之中的，则有西汉的吕后、唐代的则天武后（后为皇帝）以及清末的慈禧太后（实为太上皇帝），也只是因为她们贵为皇妃皇后甚至本身就是皇帝，她们都是上层统治阶级中的最为尊贵的贵族（顶层贵族），举足轻重，从而受到史学家或小说家的重视；但是，就她们本人来说，也不免多有诽谤之言和寓于讥贬之辞，可以说，不妨立为镜鉴，也不失为教训的典范。相比之下，有功于人类社会的女娲一类的圣母似的女人，不是可以为统治者所接受和容纳的。因此，女娲就在有意识或无意识的忽略中被抹杀了。盘古氏虽然在牺牲中创立了宇宙的观点，他的命运却有如女娲一般。然而，在古希腊的文化中，如此这般的英雄的殉道者，却备受青睐，探究自然的精神奥秘，竟成了西方文化永恒的原动力和永不枯竭的源泉。

中国上古英雄传说，最重要的主题，乃在于救世。在原始社会，古代先民常常饱受战争、疾病、饥荒的暴虐与侵害，而同时还遭受天灾——洪水、火山和地震可能是最大的自然灾害——的危害，因此，黄帝、尧、舜、禹等，无不皆以救世英雄的身份，在传话中被突现出来。黄帝“营垒以灭四帝”（《太平御览》卷七九引《蒋子万机论》），阪泉之战大败炎帝，冀州大战诛杀蚩尤，使天下归于太平；尧射灭九个太阳（《论衡·感虚篇》），普救众生，“协和万邦”而“光被四表，格于上下”（《尚书·尧典》）；舜区划疆土，制定刑法，处罚共工、欢兜、鲧，战胜三苗，移风易俗（《尚书·尧典》《淮南子·原道训》），遂有太平盛业；禹伐共工（《战国策·秦策》），戮防风（《国语·鲁语下》《史记·孔子世家》），忧民救水（《越绝书·外传记地》），公而忘私（《孟子·滕文公下》），死后变为后土之神（《淮南子·汜论训》）……如此等等。从众多的传说中，可以看出，这些救世英雄是原始部族的首领，具有超凡的能力，辨别万物的才能，通于大道的智慧，公而无私的精神，为世立极的圣德，救灾民于水生火热之中的功勋。他们集圣德、智慧和才能于一身，拥有至高无上的权威，是社会的缔造者、管理者和保护者。他们始终同社会的公益事务紧密地联系在一起，在氏族的集团利益基础上树立起“公天下”的典范。这样，救世的英雄们，就具有了典型的权威人格即伦理-政治人格或权力-人格的特质，当这些英雄被列为古史的“五帝”系列的圣王之后，终于成为后世所极力尊崇、敬仰和追求的理想人格。

无疑，除了在创世和救灾的英雄传说的主题之外，还有文化英雄创制文物的主题。关于文化英雄的辉煌业绩，在中国古代典籍中的记述之多，可谓汗牛充栋，不可胜记，例如：发明用火的燧人氏、发明种植业的神农氏、始为牛耕的叔均（后稷之孙）、发明丝织养蚕的嫘祖、建筑居室的有巢氏、制作弓矢的倕或羿、创制木车的奚仲、始画八卦的伏羲，等等，不胜枚举（详见表 1）。这些文化英雄，为人类社会的运动扩张与发展，奠定了文明的原点。几千年以来，英雄的传说形成和塑造了勤劳勇敢和善良智慧的中华民族的人格的摇篮。从这些文化英雄的传世伊始，就表明了人们对这些英雄的崇敬之情，人们祭怀这些英雄，传颂这些英雄，正是对他们创造了最伟大的文明之功德的感激与纪念；同时，也包含着对自身的鞭策。英雄崇高的人格，正是人们的理想和追求，英雄（人格）的树立，凝集着中国古代先民的全部美德、智慧和力量。因此，人们争相传颂英雄的创造发明，古代典籍也不惜文字工本来记叙英雄的光辉业绩，累世传转，就滋生出各种不同的传说来了。

表 1 古代文物发明家传说异同简表

器物	儒家传记	晚周诸子	《天问》与《山海经》	《世本》
弓矢	《顾命》：和之弓，倕之竹矢。 《系辞》：黄帝弦木为弧，剡木为矢。 《左传·定公四年》：封父之繁弱。	《荀子·解蔽》：倕作弓，浮游作矢，羿精于射。 《墨子·非儒》：羿作弓。 《吕览·勿躬》：夷羿作弓。	《天问》：羿焉弹日。 《海内经》：少昊生般，始为弓矢。	挥作弓。 夷牟作矢。

续表

器物	儒家传记	晚周诸子	《天问》与《山海经》	《世本》
网罟	《系辞》：包牺氏作结绳而为网罟。	《吕览·异用》：蛛蝥作网。		芒作网。芒氏作罗。
耒耜	《系辞》：神农氏作耒耜。		《海内经》：后稷之孙叔均，始为牛耕。	垂作耒耜。（咎系作耒耜。）
杵臼	《系辞》：黄帝作杵臼。	《吕览·勿躬》：赤冀作臼。		雍父作杵臼。
驾车	《系辞》：黄帝服牛乘马。	《荀子·解蔽》：奚仲作车，乘杜作乘马。《吕览·勿躬》：寒哀作御，王冰作服牛，乘雅作驾。	《大荒东经》：王亥仆牛。《海内经》：奚仲生吉光，是始以木为车。	韩哀作御。胲作服牛。奚仲始作车，腊作驾，相土作乘马。
舟楫	《系辞》：黄帝作舟楫。	《墨子·非儒》：巧倕作舟。《吕览·勿躬》：虞姁作舟。	《海内经》：番禺是始为舟。	共鼓货狄作舟。
市	《系辞》：神农作市。			祝融作市。
宫室	《系辞》：后世圣人作宫室。	《吕览·勿躬》：高元作室。		尧使禹作宫室。
城		《吕览·君守》：夏鲧作城。		鲧作城郭。
井		《吕览·勿躬》：伯益作井。		化益作井。
陶	《考工记》：有虞氏上陶。	《吕览·君守》：昆吾作陶。		昆吾作陶。
衣裳	《系辞》：黄帝垂衣裳。	《吕览·勿躬》：胡曹作衣。		伯余制衣裳。胡曹作衣。
冠				黄帝作旃冕。胡曹作冕。
履				于则作扉履。
金属兵器	《顾命》：兑之戈。《左传·昭公廿九年》：金正曰蓐收，少昊子该为蓐收。《大戴礼记·用兵》：蚩尤作兵。	《管子·地数》：蚩尤受金，以为剑、铠、矛、戟、芮戈。《吕览·荡兵》：蚩尤作兵。	《大荒北经》：蚩尤作兵，伐黄帝。	蚩尤作，以金作兵器。
甲		《墨子·非儒》：伃作甲。		季杼作甲。
鼎		《墨子·耕柱》：夏后开使蜚廉铸鼎于昆吾。《吕览·离谓》：周鼎箸倕。		
书契	《系辞》：后世圣人作书契。	《荀子·解蔽》：好书者众而苍颉独传。《吕览·勿躬》：史皇作图。《吕览·君守》：苍颉作书。		史皇作图，沮诵、苍颉作书。

注：摘自丁山：《中国古代宗教与神话考》，第442—445页。

然而，英雄之人格的净化和升华同时也容易“历史化”，那就不免更容易被后来所兴起的历史意识消化和吸收。因此，在古史系列中，一切重大的发明和创造，就全部归于圣人的功业。而在圣人之中，尤以黄帝为代表。由此一来，黄帝不仅是圣王君圣，而且成了中国文明的创始人之一了。因此，历代的统治者祭祀古圣先王必有黄帝。历史保留了圣王贤君的至高无上的尊位，而真正的文物发明-创造者和历史的推动-推进者，却被排斥在“信史”以外的远古神话之中，随着时代发展和政治的需要涂脂抹粉，尤其是“城头之上大王旗”的更易，也就变得模糊不清了。屈原在《天问》中，就已经对众多的古神祇发出了种种疑问：

“遂古之初，谁传道之？”（关于远古的开头，谁个能够传授？——此引郭沫若译，下同）

“女岐无合，夫焉取九子？”（女岐没有丈夫，为什么云又生了九个儿子？）

“不任汩鸿，师何以尚之？”（说伯鲧不会治水，大众又何以都在推荐他？）

“登立为帝，孰道尚之？”（伏羲立而为帝正，是谁做他的先导而推戴？）

“女娲有体，孰制匠之？”（女娲人面蛇身，一日七十变，又是谁所安排？）

……

屈原尚且困惑不解，后来之人要想弄清楚，就更为困难了。因此，文化英雄虽然构成了中国古代人格理想之原初模型的原型，也确乎影响着中华民族之人格的构建，但是，由于文化英雄的发明权被帝王窃夺和控制。英雄的人格理就随之隐遁了，至多它也只能以一种残余的形式，在民间影响着大众的人格构造。

《易传·系辞》将一切文物归于包牺、神农、黄帝、尧、舜几位圣人的创造，而且都纳入了“三皇”“五帝”的古史系列中，他们在中国历史中的影响和地位却是大不相同的。综观中国的历史不难发现，包牺、女娲、神农等虽然曾有幸列入“三皇”系列之中，但是他们在中国的正史中并没有多少地位，而就其人格上说，也谈不上主导中华民族的人格；即便是黄帝、尧、舜，也只是作为一种伦理-政治的权威人格或权力-人格，对后世产生了深远的影响，被移聚和交会在他们身上发明-创制文物的人格属性，却没有表现出来。这似乎令人颇为震惊和不解。

其实，人类进入文明社会以后，就从以人与自然的关系为中心的社会转向了以人与人的关系（后来在某个特殊的历史时期被说成是“阶级关系”）为中心的社会了。统治者的兴趣和精力几乎完全集中在维护和巩固其政权之上，为社会制定秩序的政治生活；思想家的眼光，也专注于伦理-政治问题，因而在前述的三大主题中，救世的主题凸显出来，压倒了创世和发明创造文物的主题。因此，在中国卷帙浩繁的历史巨卷中，先秦诸子之说“皆起于救世之弊”（《淮南子·要略》），

“言治乱之事”（《史记·孟子荀卿列传》），就是有力的明证。这样一来，古帝王的传说被空前地高扬光大，自然也就不会有人去关注古圣人创生宇宙生命、居室用火、发明文字、教化人类、创作文物器制、示范耕种养殖等故事了。因此，在中国历史的巨幅长卷中，最显赫的名字从来就是帝王的名字，绝不能作第二人想；最威严的权力，历来就是自上而下的政治权力，而绝不会是自由的权力；皇权至高无上，明君功德无量，英明正确，伟大无比。在相当大的程度上说，一部中国的历史就是帝王的历史。站在人格研究的视角看，在中国人格的角色扮演中，无疑是由伦理-政治权威人格充当主角的。伦理-政治权威人格主宰着中国数千年人格的历史。

试看“五帝”系列的传说，中国的历史就是从这里写起的，中国的伦理-政治权威人格，也是从这里发轫的。

“五帝”古史的圣王系列，出于《大戴礼记·五帝德》。《史记·五帝本纪》只不过是“五帝德”的翻版，但是它取得了正史的性质，从而产生深远的影响。所谓“五帝德”，就是黄帝的“生而神灵”“成而聪明”；颛顼的“疏通而知事”“履时以象天”；帝喾的“仁而威，惠而信，修身而天下服”；尧的“其仁如天，其知如神”；舜的“畏天而爱民，恤远而亲亲”（《大戴礼记·五帝德》）。自从“五帝”形成古史系列，“以往‘上帝创造人文的神话’，都变成古圣先王创造人文的历史了”[①]。古史系列的“五帝”虽然是从传说或神话演变出来的，但是他们以人间帝王的面目出现，比之于传说中以半神半人的形象现世的黄帝、尧、舜、禹等英雄，就具有更典型的伦理-政治权威人格的特质了。列于古史中的“五帝”伦理-政治形象，为中国社会构建权成熟的伦理-政治权威人格，提供了最为重要的原型典范。

在“五帝”之中，尤其以尧舜的影响为大，先秦诸子“言必称尧舜”，著书立说，阐发圣德，均以尧舜为蓝本，各取所需，制定出了各种不同的人格框架，但几乎无一例外地具有伦理-政治权威人格的特质。诸子诸学派的传人继其后，而有更多的阐扬，主导和支配中国人格的伦理-政治权威人格就终于铸就了，深深地积淀在我们现代的人格之中。

---

① 丁山：《中国古代宗教与神话考》，1988年，第453页。

后　记

这个集子的文章，先后写于20世纪末叶和21世纪初叶，时间跨度超过了30年，之所以将它们合为一集，确实是因为这些文章之间的互相关联所凸显的共同主题，恰如书名所示的“古代哲学文化与人格型范”，在相当大的程度上，这一主题是我在学术求索道路上的兴趣印记和关注问题的中心。对我而言，以往的尝试性探索，与其说是结束，毋宁说是开始。实际上，一旦真正地开始，就步入了无限的旅途，就不会有结束。“顾往思今，发见在我学术之旅程中，新出于硎而莫能离于是。”序所自道，诚非虚言。

这些已然过去、成为历史的文字，现在既然结集公诸于世，那么，无论对己对人，就不能不有所交代，这既是学术的常规，也是一种应有的正当态度。在我，则更是一种前瞻与回顾的厘清。一如目录所显示的，集子中的文章分为两编：第一编为“古代文化与哲学”，第二编为“人格观念与型范”，此外有两篇附录，也是与文化和人格问题相关的内容。

第一编收入的文章有12篇，其中，《中国古代的“精神”与“文化”及其哲学意义释论》一文，初稿写于1997年2月，本是我在读博士研究生期间，上刘文英先生的“中国哲学史通论”一课，所交的一篇作业。先生阅后，专门让雷健坤师妹通知我，上他府上去谈了一次。尽管先生对文章的价值是肯定的，但是对于文中所用的某些材料，尤其是引用了《说文解字》以及相关解释的说法，是不以为然的。实际上，先生对我的做法是持批评态度的。先生批评我的理由是，《说文解字》对于“精”和“神”的解释，乃为后出，不足为证；还附带列举了日本学者（估计指的是本田成之）论《周易》的“易”字之义，附会以蜥蜴的例子，当然是意在告诫我：运用材料必须慎重，必须慎之又慎！我除了洗耳恭听以外，没有做任何申辩，只表示再去思考斟酌。此后，拙文的复印件就一直压在纸箱中，任由老鼠的牙齿去批判了。将近2014年底，景海峰教授与我们商议，在深圳举办一个关于儒家思想与经典经学诠释的国际会议（正式定名为“经典、经学与儒家思想的现代诠释”国际学术研讨会），临近会期，我才翻箱倒柜，找到纸已发黄且有霉味的这篇旧稿，匆忙修改，作为提交会议的论文发表，后载于景海峰教授主编的会议论文集《经典、经学与儒家思想的现代诠释》（北京：人民出版社，2015年）。收入此集时，个别地方仍有补订。需要附带说明的是，在此文的修订稿中，依然使用了《说文解字》对于“精”和“神”的释义，这主要是为了结合其他材料，来考辨此二字字义的由来与演变，而不是将它们作为一种证据来使用。这或许有违师教。非常遗憾，再也不能聆听先生的批评和指教了！忆及此事，诚为对于吾师文英先生的缅怀，但更重要的是，先生治学执教的严谨认真，是我永远的学习榜样。

《中的观念与中的文化》，是我于2016年5月20日在广州召开的“中国文化的历史反思和当代构建”学术研讨会上所作的大会发言，得到黄明同教授等的赞赏和鼓励，在此致谢！感谢李宗桂教授的安排与支持！会后本拟展开，作一完整论述，但忙于他事而来不及完成，说来颇感惭愧，只能略作修改，载于李宗桂教授和叶金宝教授主编的会议文集《中国文化的历史反思和当代构建》（广州：广东人民出版社，2019年）。

《龟占蓍卜解谜——论龟蓍作为卜筮具及其在古代卜筮中的作用和地位》，最初发表于2011年9月在福建师范大学召开的“黄寿祺教授百年诞辰纪念暨中国易学思想研讨会（国际学术会议）”，承蒙张善文先生的邀请和款待，不胜感荷！会后，经过修改，刊于《文史哲》2014年第2期，感谢王学典教授的关爱与支持！甚得刘康德教授的谬赞和鞭策；江陵昌教授读罢此文，专门打电话给我，大加赞赏与鼓励，在此铭感，以志不忘！

《虎食人卣纹饰与形塑中的意象观念之秘密：天人合一》，写于2018年春夏之际，完全是偶有想法的一个意外收获。这固然与我多年以来喜爱和关注青铜器有关，但是我毕竟只是一个青铜器的业余爱好者，本不敢贸然去触碰与青铜器相关的论题，只是因为在追索中国哲学起源问题的过程中，无意间与虎食人卣的意蕴关联起来，于是在一种不可抑制的冲动驱使下，草成此稿。2020年，对初稿进行过几次修订，并以“虎食人卣意象观念之意蕴”为题，在是年于珠海召开的第四届“湖广中哲论坛：中国哲学的多元开展与未来展望”（会议上）做了简要的报告。此文曾请我的同事刘鹏涛博士过目，谢谢他对我一贯的支持和帮助，并提出宝贵的建议！此外，文中的部分图像，是由内子和女儿帮忙绘画的，顺此申谢！

《前综合意识与中国哲学的起源》，是自探“中国哲学起源问题”的一个阶段性成果，最初以“中国哲学的起源与前综合意识刍议”为题，在2019年7月于山东大学易学与中国古代哲学研究中心和《周易研究》编辑部主办与召开的“中国哲学起源问题的新探索国际论坛”上发表，经修订删节后，刊于《周易研究》2019年第6期。此后，我将前综合思维的基本形式从三种（原始宗教、巫术—占卜和远古神话）扩充为六种（在前述三种的基础上增补了原始艺术、前科学知识和技术、人造符号三种），并贯彻在教学中，得到学生的响应，收到良好的效果。在此，感谢刘大均教授在会议上的评介。李尚信教授为本文的刊出，付出了不少的辛苦，并反复与我交换意见，在此深表谢忱！尤其令人感动的是，拙文刊出后，收到一位八十多岁的老先生亲笔书写的非常工整的一封长达数千字的来函，与我分享他的读后感，承蒙他的肯定与称许，且更以他对易学的研究来释读拙文，从而尝试回答中国哲学的起源问题。同时，他向我介绍了他多年以来的易学研究情况与取得的成果。这位可敬的老先生是隐居广东的一位深藏不露的易学家，名为钟炳涛。这是颇让我感到意外和惊喜的！故特此向钟老先生致谢！

《对原始思维之谜的新探索——读苗启明著〈原始思维〉》，是为苗启明先生的著作《原始思维》写的一个书评，刊于《云南学术探索》1994 年第 6 期。初稿大约近万字，刊出时根据杂志对书评的字数限制，做了大量删节。这大概与我国学术界对于书评所持的态度有关。国内的报刊杂志所发表的书评，一般都很短，大约在三千字的范围。这与国际上对于书评的态度，动辄数万字甚至数十万字的长篇大论比较起来，适为相反，对照鲜明。对于学术研究来说，书评其实相当重要，是促进学术进步的不可缺少的一环。然而，多年以来，学人对此认识不足。这里不禁啰嗦和吐槽几句，希望这种状况能有所改变！

《原始思维、梦意象思维和名辨学——南开大学哲学系的思维研究》是笔者于 2000 年 10 月 26—29 日在云南玉溪市召开的“思维方式与现代社会发展学术研讨会”上的大会发言。原来在发言中还简略介绍了恩师方克立先生对于中国哲学的范畴研究，但是由于内容过于简略和单薄，同时征询了李翔海教授的意见，刊出时就将这部分内容略去了。在此谨向李翔海教授致谢！此文原题为“南开大学哲学系的思维研究”，收入本集时作了更改。

《中国哲学与后现代科学研究评述》一文写作的缘起，说来话长。2000 年夏，吴卫国兄发起一个计划，希望在科学、哲学和历史之间搞一项跨学科的综合研究，于是邀请南开大学化学系的一位教授和我，加上他本人，组成一个三人研究小组。以教授为主，我们开了一个碰头会，初步达成了一些一致的意见，决定申报一个国家课题项目基金的资助，以便保证这一课题的展开和完成，并先做预前准备工作，这篇文章就是在预前资料准备过程中的一个小小的产物。由于内子大学学的专业是物理学，又曾经多年任教科学史的课程，所以我邀请她来帮忙，并一起讨论一些问题。文章刊出时，就共同署名了。遗憾的是，我们申报国家课题项目基金未能获批。此后，教授和吴兄都忙于其他的项目，而我也有自己的事情。计划就彻底泡汤了！然而，留下了一篇小文，可为纪念，算是没有白忙一阵。时值鞠曦先生自掏腰包创办《恒道》杂志，自任主编，四处征稿，于是奉寄此文，以表敬意和支持，承蒙不弃并大加赞赏，呼为“奇文”，在第二辑刊出。2004 年，中国文化研究发展基金会会长霍双印先生不顾年事已高，亲自偕同许纯素先生和霍历生先生来访，我以此文相示，深获霍老的赞赏与认可，在征得我同意后，刊发于该会的会刊《大学重华特刊》第二期（2004 年）。今天，霍双印先生和许纯素先生皆离别人间，墓木已拱，然而，他们对于复兴中国文化的志愿和流淌在他们骨子里的对于中国文化的挚爱深情，永远令我心潮澎湃。

此文的收入，也是对二位老先生的一种纪念。

《孟子哲学思想述要》，是所写孔孟荀哲学系列中的一篇。大约在1987至1989年间，我分别草成关于孔子哲学思想、孟子哲学思想和荀子哲学思想三篇稿子，是我研习儒家哲学的初步心得，随手写在许多张卡片上。1990年，先后将孟荀二篇誊抄出来，以供交流。记得写荀学的一篇，当年曾寄刘仲林教授阅正。写孟学的这篇，后经修改，应《曲靖社会科学》（这是曲靖市社会科学界联合会主办的一个内部双月刊）之约，刊于该刊1996年第3期。本拟将荀子哲学思想的一篇，也收入这个集子，因为数年以前还曾见到过原稿，便很自信地对编辑说，一定可以找到。但是，数月间搜寻多次未果，只得放弃。如果以后有幸找到了，再作增补罢。顺便在此对编辑说声抱歉！至于写孔子哲学思想的一篇，多年前就寻觅无果了，我早已置之于“失踪”之列。不过，这也许是天意吧！以我现在对孔子思想的了解来看，我那时写的孔子哲学思想，一定是稚拙的，甚至不免有错谬，怕应羞见，不见了也不值得惋惜。三十年以来，我经历了太多次搬家，每次搬家都不免丢失一些物品，最为惨重的一次，是在深圳居住不久，从桃源村迁往深大新村，那就不是丢失，而是直接被搬家公司的人员偷盗，被瞄上的东西大概无一幸免……后来在收拾整理中才又发现，被盗走之物不少，损失很大，但已于事无补。这对我是一次极惨痛的教训！道统中断，道德沦丧，这难道不是孔孟的悲哀吗？！

《〈孟子·知言养气章〉义解——兼论孟子与告子的不动心之道》一文，初稿写于2001年9月，后于2007年和2009年进行修订，在2009年10月于台湾“中研院”文哲研究所举办的“跨文化哲学中的当代儒学”第一次小型研讨会上发表，会后又略作修改，刊于《深圳大学学报（人文社会科学版）》2012年第5期。李明辉先生曾惠赠《孟子重探》，颇具参考价值，尤其是其中的《〈孟子〉知言养气章的义理结构》一文，实有启发，但拙稿未作大的修改，故未能引用，顺此致谢！此文在会议上得到刘述先生以及一位日本学者（博士后研究）的指正，也得到与会的德国友人何乏笔（Fabian Heubel）教授的支持和鼓励，顺便在此鸣谢。拙文虽经修订，但由于剪贴所导致的引文错误未能根除干净，造成文中的一个不可原谅的失误，幸好有深圳大学国学精英班的李汉聪同学为我指出了这个谬误，使此文得以在这次出版前予以更正，这是要特别感谢的！

《霞谷（郑齐斗）工夫论思想渊源探要》，本来是为2011年10月在韩国仁川市举行的“第8届江华阳明学国际学术大会”准备的论文，原题为“霞谷（郑齐斗）工夫论再探”，由于写得较长，直到提交论文的日期也未完稿，便只能节选出主要的部分交稿。尽管由于手续办理和时间仓促等原因，此次会议未能成行（事后方知，其实他们已经嘱托过大韩民国驻广州总领事馆，为我预留了特别的绿色通道，我却并不知情，错失良机），但是仍然要感谢郑仁在先生的帮助和黄渊甲先生的邀请。郑齐斗，无疑是韩国的三阳明。霞谷学，是地道的王学。我不仅对霞谷学有兴趣，而且对霞谷学在韩国的复兴是有信心的。只要条件允许，我还会对霞谷学做一些探究。2016 年 9 月，是文曾在于贵阳孔学堂召开的“第四届知行论坛暨东亚阳明学与地域阳明学派国际学术大会”上发表，感谢友人方旭东教授的指教和建议，会后略加修订，答应给一个杂志刊用，但收到了《王学研究》第六辑，才知道拙稿已在此辑刊出，可惜是未经修订的稿子，也不好再次刊出了。收入此集的，是修订稿。

《后现代视野中的儒家生态文明观》，最初在 2014 年 4 月于美国克莱蒙大学城召开的第八届“生态文明”国际论坛上发表，并于同年 9 月在北京举办的“纪念孔子诞辰 2565 周年国际学术研讨会暨国际儒学联合会第五届会员大会”上宣读，会后载于《儒学：世界和平与发展（纪念孔子诞辰 2565 周年国际学术研讨会论文集）卷二・儒学与社会发展》（北京：九州出版社，2015 年）之中。在克莱蒙，曾蒙王治河先生的关照和抬爱，在此顺致谢意！

第二编收入旧作 6 篇，其中，《中国古代人格观念初探》一文，是我在 20 世纪 80 年代末期研探中国古代人格观念问题的一个产儿，刊于《云南社会科学》1996 年第 3 期。拙文深得恩师赵仲牧先生以及柴毅龙教授的赞赏和鼓励，并在刊发过程中得到故友罗翊重先生的帮助，在此不仅是谢荷师友，更是表达一份对于逝去的恩师和老友翊重兄的怀念之情！

《如何了解孔子的人格精神——唐君毅的人格比较研究方法论》，于 2016 年 10 月在成都举行的《唐君毅全集》出版发行发布会暨“现代新儒家与现代世界”国际学术研讨会，和同年 11 月在山东师范大学召开的“齐鲁文化与中华文明国际学术研讨会”上发表，后刊于《人文论丛》2018 年第 1 辑，并收入杨永明教授主编的《当代儒学（特辑：“现代新儒家与现代世界”全国学术研讨会）》（成都：四川人民出版社，2018 年）。此文是为了参会的“做巧”之作，未能更深入地、系统地探讨和论究唐君毅先生丰富的人格观念，这是需要说明的。在此，对杨永明教授、欧阳祯人教授、江陵昌教授的支持和帮助表示谢忱！

《论中西方人格观念的深层差异》与《中国古代人格观念初探》同为一个系列，是有关中国古代人格观念问题研究的阶段性结果之一，后经修改，与孙利共同署名，刊于《云南社会科学》2002 年第 2 期。

《两个遗民典范：释大错与王船山》，是为 2014 年 11 月在鸡足山召开的首届“鸡足山迦叶宗风与山林佛教——纪念鸡足山佛教团成立一百周年”（国际）学术研讨会写的论文，并在该会议上发表，后刊于《船山学刊》2018 年第 3 期。顺便在此对黄夏年先生、惟升方丈、惟圣方丈、楚玲主编、陈立祥副主编的支持和帮助表示感谢！

《大错和尚与鸡足山》，是为 2003 年 4 月在宾川鸡足山召开的“鸡足山佛教文化论坛学术会议”（主题为“鸡足山与佛教发展”）写的论文并于会上宣读，会后分别载于《佛教与云南文化论集》（昆明：云南民族出版社，2006年）和《虚云法师与鸡足山佛教：中国宾川鸡足山佛教文化论坛论文集》（北京：宗教文化出版社，2008年）。拙文发表后，在教内外颇获好评与流传，此后更有他人的相似名称或类似相同的论文发表，我没有背负拾人牙慧的负担，略感欣慰。顺此致谢楼宇烈先生、黄夏年先生、惟升方丈和印顺大和尚以及云南省图书馆的支持和帮助！

《略说日本茶圣千利休之死》，乃为在吃茶的日常活计中，受东方茶气的浸润所写的一篇有关日本茶史和茶道的论文（写于2006年），但主题是论述日本茶圣千利休的人格精神，与本集的主题密切相关，所以不揣谫陋，收入进来，由此以见伟大的人格并不以国别、地域、民族、阶级、文化、时代为限，尤其重要的是，这关乎到一个不为国人所了解而特别值得瞩目的重大课题：茶道与人格。中国古来一直是产茶和饮茶的大国，然而，如何从饮茶之道中，培养和陶冶出健康、高尚、伟岸的人格，是一个不能不直面相对的重大问题。“他山之石，可以为错”，仍然是我们值得记取的古训。

附录《人格-本体论的（历史）构架》一文，原来是一部未能完成的著作的第二章。这部残稿虽然没有写完，但是留下了一个自用备忘的较为完整的书稿提纲，名为《人神和谐的社会与人格重建的形而上学基础——中国人格的一种哲学透视》。今年暑期在春城旧宅找到了较为详细的提纲初稿，以及原稿的第一章，可惜是一个受损严重而内容不全的残章，就不收入了。关于这部书稿，至今仍有人问起且与此书的主题有关，在此就多啰唆几句。这是我从1987年至1989年间，思考和研究中国古代人格思想与文化，所初步形成的一部书稿框架，旨在批判考察人格-本体论及其社会历史文化影响的前提上，重新探求建立一种人格的形而上学之基础。书稿仅写出了两章，就不得不中断了。有一次，良师益友韩敬先生对我说，希望我以后能将这部未竟稿写完，不然总是一个遗憾！确实如此。但是，如果真能写出来，可能与三十年前已经大不一致了。因为三十年后的思想，业已有了不小的而且是根本的变化，况且兴趣的中心和焦点发生了迁移。写书与打铁一样，讲究的是趁热，一旦冷却下来，再要重打，就很困难了。而今，韩敬先生也已驾鹤西归，只有他说的话还在我耳边萦回。在这个文集中，收入其中一章，算是留个纪念吧！这不仅是对于韩敬先生的一种缅怀，于我也有一种纪念的意义，而且更重要的是，在我那一时期的学思中，人格与哲学的问题实居于一中心的地位，多篇文章的写作均与此相关，尤其是本集第二编中的文章，或多或少，或直接或间接，都与这一问题有一些牵涉，在若隐若现之间，这就自然成为一条中心线索，而且人格与哲学问题的思考，并没有在我的学术探索中终结。

这部文集的文章编序，采纳了科学出版社编辑的建议，她们还提出了其他宝贵的建议，认真仔细，不辞辛劳编辑这些稿子，保证了此书的顺利出版，在此聊表谢意。还要特别感谢深圳大学人文学院的两任院长景海峰教授和沈金浩教授的关照和支持！如果没有他们的人文情怀、学术远见和对学术成果出版的大力扶持，这个集子是不可能如此顺利地面世的。

这部文集在人类抗击新冠肺炎疫情的斗争中得以出版，似乎预示着人类胜利的到来，这真是万幸！我希望她带来更多的幸运和喜悦！

王兴国

2021 年 7 月 28 日写于曲靖

2021 年 8 月 23 日订于深圳

2022 年 11 月 4 日凌晨再修订